21世纪高等院校财经管理系列实用规划教材

客户关系管理实务

主　编　周贺来
副主编　胡沛枫　吕　琦
参　编　李国栋　谢学军　刘建准
　　　　刘　鑫　严贝妮　杨　楠
　　　　曾伟忠　杨利红　李红娟

北京大学出版社
PEKING UNIVERSITY PRESS

内容简介

本书是依据"体系结构合理,编排条理清晰,文字通俗易懂,内容详略得当,案例丰富实用,版面设计新颖"的基本原则,专门针对市场营销、电子商务、信息管理与信息系统,以及其他经营管理类相关专业而编写的一本应用型教材。全书详尽、透彻地介绍了客户关系管理的概念、方法和典型应用,并在相关章节给出了 CRM 行业应用案例和软件模块介绍。

本书特别突出了应用型本科教材用书的实用性和可操作性。例如,为提高教师授课以及学生学习的方便性,本书主题章节均以"知识架构"和"学习目标"开头,以便让读者了解本章知识框架和学习要求,然后给出一个"导入案例",据此引出本章主题;在每章的各节中间,对于注意事项和需强调内容,以及补充的一些阅读材料,均设置特殊字体格式,以便醒目地显示;在全书主体部分各章最后,都给出了"本章小结"、"关键术语"、"复习思考"、"实践训练"等项目以及两三个与本章内容相关的"案例分析"题,这些内容的编排有助于读者复习巩固所学的知识,并可以利用所学知识去分析和解决企业中的实际问题。

本书可作为全国各应用型本科院校中市场营销、电子商务、工商管理、企业管理、物流管理、信息管理与信息系统以及其他经济与管理类各专业的指定教材,同时也可以作为各类企业中市场营销、销售管理、客户服务等人员的自修、培训参考书。

图书在版编目(CIP)数据

客户关系管理实务/周贺来主编. —北京:北京大学出版社,2011.9
(21 世纪高等院校财经管理系列实用规划教材)
ISBN 978-7-301-09956-8

Ⅰ. 客… Ⅱ. ①周… Ⅲ. ①企业管理:供销管理—高等学校—教材 Ⅳ. ①F274

中国版本图书馆 CIP 数据核字(2011)第 174047 号

书 名:	客户关系管理实务
著作责任者:	周贺来 主编
策划编辑:	王显超 李 虎
责任编辑:	王显超
标准书号:	ISBN 978-7-301-09956-8/C•0696
出 版 者:	北京大学出版社
地 址:	北京市海淀区成府路 205 号 邮编:100871
网 址:	http://www.pup.cn
电 话:	邮购部 010-62752015 发行部 010-62750672 编辑部 010-62750667
电子邮箱:	pup_6@163.com
印 刷 者:	北京虎彩文化传播有限公司
发 行 者:	北京大学出版社
经 销 者:	新华书店
	787 毫米×1092 毫米 16 开本 23.25 印张 534 千字
	2011 年 9 月第 1 版 2022 年 1 月第 9 次印刷
定 价:	49.00 元

未经许可,不得以任何方式复制或抄袭本书之部分或全部内容。
版权所有,侵权必究 举报电话:010-62752024
电子邮箱:fd@pup.pku.edu.cn

丛 书 序

我国越来越多的高等院校设置了经济管理类学科专业，这是一个包括经济学、管理科学与工程、工商管理、公共管理、农业经济管理、图书档案学6个二级学科门类和22个专业的庞大学科体系。2006年教育部的数据表明在全国普通高校中经济类专业布点1518个，管理类专业布点4328个。其中除少量院校设置的经济管理专业偏重理论教学外，绝大部分属于应用型专业。经济管理类应用型专业主要着眼于培养社会主义国民经济发展所需要的德智体全面发展的高素质专门人才，要求既具有比较扎实的理论功底和良好的发展后劲，又具有较强的职业技能，并且又要求具有较好的创新精神和实践能力。

在当前开拓新型工业化道路，推进全面小康社会建设的新时期，进一步加强经济管理人才的培养，注重经济理论的系统化学习，特别是现代财经管理理论的学习，提高学生的专业理论素质和应用实践能力，培养出一大批高水平、高素质的经济管理人才，越来越成为提升我国经济竞争力、保证国民经济持续健康发展的重要前提。这就要求高等财经教育要更加注重依据国内外社会经济条件的变化适时变革和调整教育目标和教学内容；要求经济管理学科专业更加注重应用、注重实践、注重规范、注重国际交流；要求经济管理学科专业与其他学科专业相互交融与协调发展；要求高等财经教育培养的人才具有更加丰富的社会知识和较强的人文素质及创新精神。要完成上述任务，各所高等院校需要进行深入的教学改革和创新。特别是要搞好有较高质量的教材的编写和创新。

出版社的领导和编辑通过对国内大学经济管理学科教材实际情况的调研，在与众多专家学者讨论的基础上，决定编写和出版一套面向经济管理学科专业的应用型系列教材，这是一项有利于促进高校教学改革发展的重要措施。

本系列教材是按照高等学校经济类和管理类学科本科专业规范、培养方案，以及课程教学大纲的要求，合理定位，由长期在教学第一线从事教学工作的教师立足于21世纪经济管理类学科发展的需要，深入分析经济管理类专业本科学生现状及存在问题，探索经济管理类专业本科学生综合素质培养的途径，以科学性、先进性、系统性和实用性为目标，其编写的特色主要体现在以下几个方面：

(1) 关注经济管理学科发展的大背景，拓宽理论基础和专业知识，着眼于增强教学内容的联系实际和应用性，突出创造能力和创新意识。

(2) 体系完整、严密。系列涵盖经济类、管理类相关专业以及与经管相关的部分法律类课程，并把握相关课程之间的关系，整个系列丛书形成一套完整、严密的知识结构体系。

(3) 内容新颖。借鉴国外最新的教材，融会当前有关经济管理学科的最新理论和实践经验，用最新知识充实教材内容。

(4) 合作交流的成果。本系列教材是由全国上百所高校教师共同编写而成，在相互进行学术交流、经验借鉴、取长补短、集思广益的基础上，形成编写大纲。最终融合了各地特点，具有较强的适应性。

(5) 案例教学。教材具备大量案例研究分析，让学生在学习过程中理论联系实际，特别列举了我国经济管理工作中的大量实际案例，这可大大增强学生的实际操作能力。

(6) 注重能力培养。力求做到不断强化自我学习能力、思维能力、创造性解决问题的能力以及不断自我更新知识的能力，促进学生向着富有鲜明个性的方向发展。

作为高要求，财经管理类教材应在基本理论上做到以马克思主义为指导，结合我国财经工作的新实践，充分汲取中华民族优秀文化和西方科学管理思想，形成具有中国特色的创新教材。这一目标不可能一蹴而就，需要作者通过长期艰苦的学术劳动和不断地进行教材内容的更新才能达成。我希望这一系列教材的编写，将是我国拥有较高质量的高校财经管理学科应用型教材建设工程的新尝试和新起点。

我要感谢参加本系列教材编写和审稿的各位老师所付出的大量卓有成效的辛勤劳动。由于编写时间紧、相互协调难度大等原因，本系列教材肯定还存在一些不足和错漏。我相信，在各位老师的关心和帮助下，本系列教材一定能不断地改进和完善，并在我国大学经济管理类学科专业的教学改革和课程体系建设中起到应有的促进作用。

2007 年 8 月

刘诗白 刘诗白教授现任西南财经大学名誉校长、博士生导师，四川省社会科学联合会主席，《经济学家》杂志主编，全国高等财经院校资本论研究会会长，学术团体"新知研究院"院长。

前　言

在当今的信息经济时代，客户关系已经成为现代企业商务活动中巨大的信息资源，商务活动所需要的很大一部分信息都来自客户关系。企业从"以产品为中心"逐步转入"以客户为中心"的理念已经形成，"以客户为中心"的机构设置、流程重组、文化氛围在相关企业中也已经稳步开展。企业中的各类管理人员、技术人员、市场人员和销售人员都必须高度重视客户关系，要能及时从客户那里获取有关市场、产品、技术的新信息和新知识，以便利用这些信息和知识进行相应的市场开拓、产品销售或技术研发活动。

随着企业信息化和电子商务的飞速发展，客户关系管理(CRM)已经成为市场营销、电子商务以及管理信息化中一个热门话题。据美国 Gartner Group 咨询公司所做的一项调查显示，CRM 已成为近年来最受追捧的 5 项技术之一。CRM 不仅仅是一项信息化技术，更是一项企业发展战略，其实施过程必须多头并进：一方面要加强 IT 技术和管理工具的应用，例如安装、部署现代化的 CRM 软件系统，组建以呼叫中心为核心的客户服务中心，大力建设客户档案数据库、客户营销数据仓库，全面开展面向客户行为分析的数据挖掘工作；另一方面，还必须做好与管理相关的配套调整，包括与"以客户为中心"的经营理念相匹配的管理战略变革，对传统营销方式和销售流程的优化和重组，以及从事销售、营销、服务等各类人员素质的提高和观念的更新。正因为如此，各家企业日益认识到，要获得持续的竞争优势，就必须转型成为客户导向企业，从而更有效地获取、保持和增加"客户份额"。

本书正是依据以上思想，按照"体系结构合理，编排条理清晰，文字通俗易懂，内容详略得当，案例丰富实用，版面设计新颖"的基本原则，专门针对市场营销、电子商务、信息管理与信息系统，以及其他经济管理类相关专业而编写的一本应用型教材，主要供这些专业的学生掌握客户关系管理的基础知识和应用技能。全书较透彻地介绍了客户关系管理的概念、方法和典型应用，并在相关章节给出了 CRM 行业应用案例和软件模块介绍。

本书由华北水利水电学院、河北工业大学、天津工业大学、南昌大学、安徽大学、中原工学院、大连大学等高校中多年从事客户关系管理相关理论研究与应用，并在客户关系管理教学岗位第一线从事教学的教师，根据本课程的特点精心编写而成。本书特别突出了应用型本科教材的实用性和可操作性。例如，为提高教师授课以及学生学习的方便性，本书主题章节均以知识架构和学习目标开头，以便让读者了解该章知识框架和学习要求，然后给出一个导入案例，据此引出该章主题；在每章的各节中间，对于注意事项和需强调内容，以及补充的一些阅读材料，均设置特殊字体格式，以便醒目地显示；在各章最后，都给出了该章小结、关键术语、练习题、实践训练等项目以及两三个与该章内容相关的案例应用分析题，这些内容有助于读者复习巩固所学的知识，并利用所学知识去分析和解决实际问题。

本书共 12 章，分为 4 个部分，章节组织结构如图 1 所示，其中：第 1～2 章为基本概念部分，概括性地介绍了客户关系管理的含义、内容、作用、目标等基本知识，以及客户生命周期管理与客户价值的相关内容；第 3～6 章为理论方法部分，分别介绍了客户关系管理中的 4 项核心内容，即客户关系识别、开发与分级，客户满意与客户忠诚管理，客户保持与客户流失管理，客户互动与客户投诉管理；第 7~10 章为技术系统部分，分别介绍了客户关系数据管理与分析、客户服务中心及其应用、CRM 软件系统介绍、CRM 软件系统模块功能示例等 4 项内容；第 11~12 章为实施应用部分，其中第 11 章介绍了客户关系管理战略及其实施，第 12 章介绍了客户关系管理在部分行业的应用分析和典型案例。

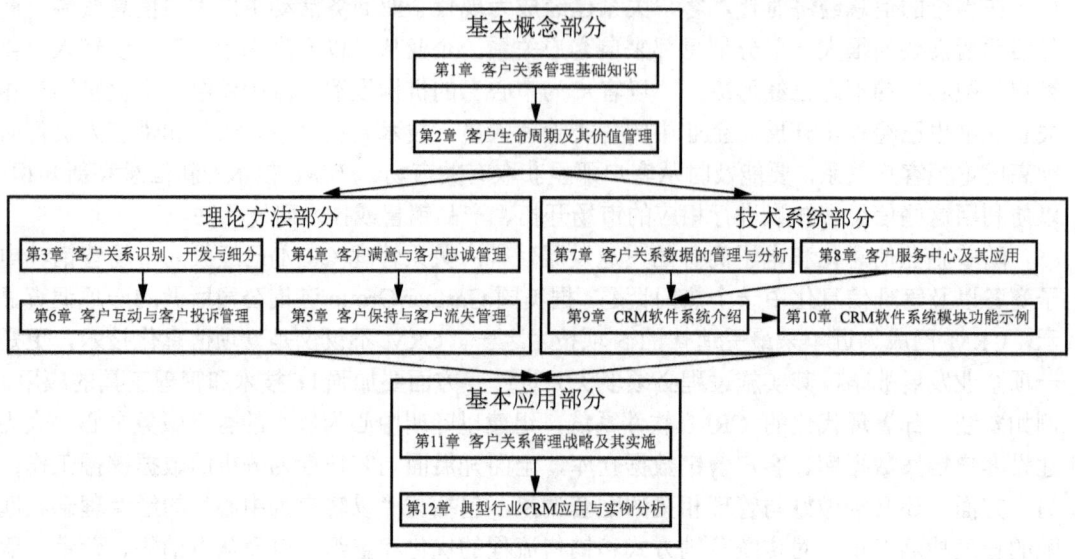

图 1　章节组织结构图

本书可作为全国应用型本科院校市场营销、电子商务、工商管理、企业管理、物流管理、信息管理与信息系统，以及其他经济管理类相关专业的教材，同时也可以作为各类企业中从事市场营销、销售管理、客户服务等社会工作人员的参考书。

本书由周贺来制定编写大纲，并负责初期的整体策划和后期的统稿定稿，胡沛枫和吕琦作为副主编，参与了本书初稿的审校工作。本书各章执笔情况如下：胡沛枫编写第 1~2 章，杨楠编写第 3 章，刘建准编写第 4 章，杨利红和李红娟编写第 5 章，严贝妮编写第 6 章，周贺来编写第 7~8 章，谢学军编写第 9 章，吕琦编写第 10 章，曾伟忠编写第 11 章，刘鑫和李国栋编写第 12 章。感谢金蝶郑州分公司提供的 CRM 系统相关文档。

本书在编写过程中，参考了许多前人的资料，大多数在引用资料处作了标注，或者在参考文献中进行了罗列，但受编写体例的限制，加上有些资料忘记了原始来源，故难免有所遗漏。在此对各位为本书的出版提供相关参考资料的同仁们表示衷心的感谢！

由于编者的水平有限，尽管已作了很大努力，再加上客户关系管理的理念发展迅猛，CRM 软件系统层出不穷，书中难免有疏漏或不妥之处，恳请专家与读者批评指正。

编　者
2011 年 6 月

课程教学建议

本课程属交叉学科，牵涉内容较多，既有企业管理、市场营销知识，又有计算机以及网络、信息管理与信息系统等知识。所以，编者建议本书最早在大学二年级下学期(第 4 学期)，最晚在三年级下学期(第 6 学期)授课。各章的学习要点与教学要求、理论课时与实践课时分配建议安排如下(老师在授课时可以根据不同专业课时量进行适当调整)。

章节内容	学习要点与教学要求	理论课时	实践课时	合计课时	实践内容设计
第 1 章 客户关系管理基础知识	重点：1.1～1.4 节 难点：1.5 节 方法：课堂讲解+多媒体演示+案例教学	4		4	
第 2 章 客户生命周期及其价值管理	重点：2.1～2.3 节，2.5 节 难点：2.4 节 方法：课堂讲解+多媒体演示+案例教学	4		4	
第 3 章 客户关系识别、开发与分级	重点：3.1～3.3 节 难点：3.1～3.3 节 方法：课堂讲解+多媒体演示+案例教学	4		4	
第 4 章 客户满意与客户忠诚管理	重点：4.1～4.3 节 难点：4.1～3.3 节 方法：课堂讲解+多媒体演示+案例教学+实践练习	4	2	6	客户满意度调查问卷设计与返回数据分析
第 5 章 客户保持与客户流失管理	重点：5.1 节，5.3～5.4 节 难点：5.2 节 方法：课堂讲解+多媒体演示+案例教学	4		4	
第 6 章 客户互动与客户投诉管理	重点：6.1 节，6.3～6.4 节 难点：6.2 节 方法：课堂讲解+多媒体演示+案例教学+角色表演练习	2	2	4	客户投诉处理的分角色练习
第 7 章 客户关系数据的管理与分析	重点：7.1～7.2 节 难点：7.3～7.4 节 方法：课堂讲解+多媒体演示+上级练习	4	2	6	利用 Excel 软件建立客户档案并进行分析
第 8 章 客户服务中心及其应用	重点：8.1 节，8.3～8.4 节 难点：8.2 节 方法：课堂讲解+多媒体演示	2		2	
第 9 章 客户关系管理软件系统介绍	重点：9.1～9.2 节 难点：9.3 节 方法：课堂讲解+多媒体演示	2	2	4	CRM 软件系统典型产品调查与功能分析
第 10 章 CRM 软件系统模块功能示例	重点：全章内容 难点：上机操作实践 方法：课堂讲解+多媒体演示+软件实际操作	2	4	6	金蝶 CRM 软件各模块操作演示与练习

续表

章节内容	学习要点与教学要求	理论课时	实践课时	合计课时	实践内容设计
第 11 章 客户关系管理战略及其实施	重点：11.1～11.2 节 难点：11.3～11.4 节 方法：课堂讲解+多媒体演示	2		2	
第 12 章 典型行业 CRM 的应用与实例分析	重点：全章内容，特别是前几节典型行业的应用分析 难点：相关案例分析与成功经验总结 方法：案例分析与讨论	2		2	
总计		36	12	48	

目 录

第1章 客户关系管理基础知识 …… 1

- 1.1 客户与客户关系 …… 2
  - 1.1.1 客户的含义 …… 2
  - 1.1.2 客户的分类 …… 4
  - 1.1.3 客户关系的内涵 …… 5
- 1.2 客户关系管理的定义与内涵 …… 6
  - 1.2.1 客户关系管理的定义 …… 6
  - 1.2.2 客户关系管理的内涵 …… 7
- 1.3 客户关系管理的发展动力 …… 9
  - 1.3.1 原动力：客户需求信息收集 …… 9
  - 1.3.2 拉动力：买卖双方地位的变化 …… 9
  - 1.3.3 牵引力：各方人员的业务需求 …… 10
  - 1.3.4 推动力：现代信息技术的发展 …… 11
- 1.4 客户关系管理的内容与作用 …… 11
  - 1.4.1 客户关系管理解决的问题 …… 12
  - 1.4.2 客户关系管理的主要内容 …… 12
  - 1.4.3 客户关系管理的重要作用 …… 13
- 1.5 客户关系管理目标及其实现 …… 15
  - 1.5.1 客户关系管理的"三维"发展目标 …… 15
  - 1.5.2 "更多"：带动客户关系数量的增长 …… 16
  - 1.5.3 "更久"：延长客户关系的生命周期 …… 18
  - 1.5.4 "更深"：促进客户关系的质量提高 …… 18
- 本章小结 …… 19
- 练习题 …… 20
- 实践训练 …… 26

第2章 客户生命周期及其价值管理 …… 27

- 2.1 客户生命周期管理内涵 …… 29
  - 2.1.1 客户关系发展四阶段模型 …… 29
  - 2.1.2 客户关系发展的不同模式 …… 29
  - 2.1.3 客户生命期阶段划分与特点 …… 32
- 2.2 客户关系的价值体现 …… 35
  - 2.2.1 客户价值选择的演变 …… 35
  - 2.2.2 客户关系的企业价值 …… 35
  - 2.2.3 客户让渡价值及其核算 …… 37
- 2.3 客户的终身价值 …… 37
  - 2.3.1 客户终身价值的含义与作用 …… 37
  - 2.3.2 客户终身价值的组成 …… 38
  - 2.3.3 影响客户终身价值的因素 …… 39
- 2.4 客户资产及其管理 …… 41
  - 2.4.1 客户资产的含义 …… 41
  - 2.4.2 客户资产的决定因素 …… 41
  - 2.4.3 客户资产与客户终身价值的关系 …… 42
  - 2.4.4 促进客户资产最大化的管理手段 …… 43
- 2.5 客户价值细分及其表示 …… 44
  - 2.5.1 客户细分的含义 …… 44
  - 2.5.2 客户细分的目的 …… 45
  - 2.5.3 客户细分的方式 …… 46
  - 2.5.4 客户价值细分矩阵 …… 46
- 本章小结 …… 49
- 练习题 …… 49
- 实践训练 …… 53

第3章 客户关系的识别、开发与分级 …… 55

- 3.1 客户关系的识别策略 …… 56
  - 3.1.1 进行客户识别的必要性 …… 56
  - 3.1.2 优质客户的甄别标准 …… 58
  - 3.1.3 目标客户识别的建议 …… 60
- 3.2 客户关系的开发策略 …… 61
  - 3.2.1 寻找目标客户的主要方法 …… 62
  - 3.2.2 说服目标客户加盟的策略 …… 67
  - 3.2.3 吸引目标客户的主要措施 …… 69
- 3.3 客户异议及其处理策略 …… 76
  - 3.3.1 客户异议的基本概念 …… 77

3.3.2 客户异议的不同类型 …………… 78
3.3.3 客户异议的产生原因 …………… 78
3.3.4 处理客户异议的基本原则 ……… 79
3.3.5 处理客户异议的主要方法 ……… 80
3.4 客户分级及其管理 …………………… 84
3.4.1 对客户进行分级的必要性 ……… 84
3.4.2 "客户金字塔"分级模型 ……… 86
3.4.3 不同级别客户的管理方法 ……… 88
本章小结 …………………………………… 94
练习题 ……………………………………… 94
实践训练 …………………………………… 98

第4章 客户满意与客户忠诚管理 …… 100

4.1 客户满意度管理 ……………………… 102
4.1.1 客户满意的含义 ………………… 102
4.1.2 客户满意的重要意义 …………… 103
4.1.3 客户满意度的衡量指标 ………… 104
4.1.4 提高客户满意度的措施 ………… 105
4.2 客户忠诚度管理 ……………………… 110
4.2.1 客户忠诚的含义 ………………… 110
4.2.2 客户忠诚的重要作用 …………… 110
4.2.3 客户忠诚度的衡量指标 ………… 113
4.2.4 提高客户忠诚度的措施 ………… 113
4.3 客户忠诚类型及其与客户满意的
关系 …………………………………… 120
4.3.1 客户忠诚的不同类型 …………… 120
4.3.2 客户忠诚与客户满意的关系 …… 121
4.3.3 完全满意情况下客户
忠诚度最大 ……………………… 122
4.4 客户满意度调查的方法与步骤 ……… 123
4.4.1 客户满意度调查的作用 ………… 123
4.4.2 客户满意度调查的方法 ………… 124
4.4.3 开展客户满意度调查的步骤 …… 126
4.4.4 客户满意度调查存在的误区 …… 128
本章小结 …………………………………… 129
练习题 ……………………………………… 129
实践训练 …………………………………… 132

第5章 客户保持与客户流失管理 …… 135

5.1 客户保持管理基本概念 ……………… 137

5.1.1 客户保持的含义与作用 ………… 137
5.1.2 客户保持的必要性分析 ………… 137
5.1.3 客户保持的相关模型 …………… 138
5.1.4 客户保持管理的内容 …………… 140
5.2 客户保持管理的方法与策略 ………… 140
5.2.1 影响客户保持效果的因素 ……… 141
5.2.2 客户保持管理的3个层次 ……… 142
5.2.3 不同类型客户的保持策略 ……… 142
5.2.4 实现客户保持的主要方法 ……… 143
5.3 客户流失的含义与类型 ……………… 145
5.3.1 客户流失的含义 ………………… 145
5.3.2 客户流失的识别 ………………… 145
5.3.3 流失客户的类型 ………………… 146
5.4 客户流失的防范与挽回 ……………… 147
5.4.1 客户流失的因素分析 …………… 147
5.4.2 客户流失的防范策略 …………… 148
5.4.3 流失客户的挽回措施 …………… 149
本章小结 …………………………………… 150
练习题 ……………………………………… 150
实践训练 …………………………………… 155

第6章 客户互动与客户投诉管理 …… 157

6.1 客户互动的基本概念 ………………… 158
6.1.1 客户互动的内涵分析 …………… 159
6.1.2 客户互动的类型划分 …………… 159
6.1.3 客户互动方式对比分析 ………… 160
6.2 客户互动管理及其实现 ……………… 161
6.2.1 客户互动管理的含义 …………… 161
6.2.2 有效客户互动管理的要求 ……… 162
6.2.3 客户服务人员的互动技巧 ……… 162
6.2.4 多渠道客户互动的整合 ………… 163
6.2.5 客户互动中心及其应用 ………… 164
6.3 客户关怀及其实施 …………………… 166
6.3.1 客户关怀的含义 ………………… 166
6.3.2 客户关怀的内容 ………………… 166
6.3.3 客户关怀的方法 ………………… 167
6.3.4 客户关怀系统的结构 …………… 168
6.3.5 客户关怀的实施 ………………… 170
6.4 客户投诉及其处理 …………………… 170
6.4.1 客户投诉的产生原因 …………… 170

6.4.2　正确看待客户投诉问题…………172
　　6.4.3　提高处理投诉质量的措施…………173
　本章小结……………………………………176
　练习题………………………………………176
　实践训练……………………………………180

第 7 章　客户关系数据的管理与分析……………182

7.1　客户数据及其重要性…………………183
　　7.1.1　客户数据的类型划分…………183
　　7.1.2　客户数据的质量保证…………186
　　7.1.3　客户数据的重要性……………187
　　7.1.4　从客户数据到客户信息与客户知识………………………189
7.2　客户数据的处理、分析与应用………190
　　7.2.1　客户数据的收集渠道…………190
　　7.2.2　客户数据的整理………………192
　　7.2.3　客户数据库及其建立…………193
　　7.2.4　客户数据库在 CRM 中的重要作用…………………………195
7.3　数据仓库及其在 CRM 中的应用……199
　　7.3.1　数据仓库基本知识介绍………199
　　7.3.2　CRM 中数据仓库的建立方法…201
　　7.3.3　CRM 中数据仓库的应用介绍…202
7.4　数据挖掘及其在 CRM 中的应用介绍…………………………………203
　　7.4.1　数据挖掘基本知识介绍………204
　　7.4.2　数据挖掘在 CRM 中的实施流程………………………206
　　7.4.3　数据挖掘在 CRM 中的应用介绍………………………207
　本章小结……………………………………209
　练习题………………………………………209
　实践训练……………………………………213

第 8 章　客户服务中心及其应用………………214

8.1　客户服务中心的基本概念……………215
　　8.1.1　客户服务中心场景实例………215
　　8.1.2　客户服务中心的含义…………217
8.2　呼叫中心及其发展历程………………217
　　8.2.1　呼叫中心的产生过程…………217
　　8.2.2　呼叫中心的类型划分…………218
　　8.2.3　呼叫中心的结构组成…………219
　　8.2.4　呼叫中心的发展历程…………222
　　8.2.5　呼叫中心的发展趋势…………226
8.3　客户服务中心在 CRM 中的作用……227
　　8.3.1　客户服务中心的重要作用……227
　　8.3.2　客户服务中心的具体功能……228
　　8.3.3　客户服务中心工作目标与职责…………………………229
　　8.3.4　呼叫中心在 CRM 中的应用介绍………………………230
8.4　企业客户服务中心的工作流程实例…………………………………232
　　8.4.1　银行客户咨询中心呼入服务处理实例……………………232
　　8.4.2　汽车企业市场部对潜在客户呼出调查实例………………234
　　8.4.3　IT 公司产品解决方案客户反馈的呼出调查实例…………235
　　8.4.4　自来水公司客户服务中心交互式语音(IVR)流程实例……235
　本章小结……………………………………236
　练习题………………………………………236
　实践训练……………………………………241

第 9 章　客户关系管理软件系统介绍…………………243

9.1　CRM 软件系统的模型与结构………245
　　9.1.1　CRM 软件系统的一般模型……245
　　9.1.2　CRM 软件系统的核心模块……246
　　9.1.3　CRM 软件系统的技术功能……247
9.2　CRM 软件系统的组成部分…………249
　　9.2.1　CRM 软件系统中的接触活动…249
　　9.2.2　CRM 软件的各业务子系统……249
　　9.2.3　CRM 中的客户信息数据库……251
9.3　CRM 软件系统的 3 种类型…………252
　　9.3.1　运营型 CRM 及其功能…………252
　　9.3.2　分析型 CRM 及其功能…………254

    9.3.3 协作型 CRM 及其功能·············257
    9.3.4 3 类系统的关系与定位·············259
  本章小结···260
  练习题···260
  实践训练···263

第 10 章 CRM 软件系统模块功能示例·············264

  10.1 金蝶 EAS—CRM 软件系统的解决方案·············265
    10.1.1 金蝶 EAS—CRM 软件系统的业务流程·············265
    10.1.2 金蝶 EAS—CRM 软件系统的整体结构·············266
    10.1.3 金蝶 EAS—CRM 软件系统的功能特点·············268
  10.2 金蝶 EAS—CRM 软件系统客户管理模块介绍·············269
    10.2.1 金蝶 EAS—CRM 软件系统客户管理的设计思想·············269
    10.2.2 金蝶 EAS—CRM 软件系统客户管理的解决方案·············269
    10.2.3 金蝶 EAS—CRM 软件系统客户管理的主要功能点·············270
  10.3 金蝶 EAS—CRM 软件系统销售管理模块介绍·············275
    10.3.1 金蝶 EAS—CRM 软件系统销售管理的设计思想·············275
    10.3.2 金蝶 EAS—CRM 软件系统销售管理的解决方案·············276
    10.3.3 金蝶 EAS—CRM 软件系统客户管理的主要功能点·············276

第 11 章 客户关系管理战略及其实施·············288

  11.1 企业 CRM 战略概述·············290
    11.1.1 CRM 战略的含义·············290
    11.1.2 CRM 战略的作用·············292
    11.1.3 CRM 战略的内容·············293
  11.2 CRM 战略类型选取·············294
    11.2.1 客户关系的类型·············294
    11.2.2 客户增长矩阵·············295
    11.2.3 几种典型的 CRM 战略·············295
  11.3 客户联盟及其常见模式分析·············297
    11.3.1 客户联盟含义与作用·············298
    11.3.2 客户联盟的运作模式·············299
    11.3.3 客户联盟的建立方法·············302
  11.4 CRM 项目的实施·············304
    11.4.1 CRM 项目实施的含义与目标·············305
    11.4.2 CRM 项目实施的具体方法·············305
    11.4.3 CRM 项目实施的成功因素·············306
  本章小结···311
  练习题···311
  实践训练···317

第 12 章 典型行业 CRM 的应用与实例分析·············318

  12.1 零售业 CRM 的应用与案例介绍·············319
    12.1.1 CRM 在商业零售业中的主要作用·············319
    12.1.2 零售企业实施 CRM 的方法与策略·············320
    12.1.3 北京翠微大厦 CRM 的应用实例·············323
  12.2 旅游业 CRM 的应用及其案例介绍·············326
    12.2.1 旅游企业管理中 CRM 的应用价值·············326
    12.2.2 旅行社 Web CRM 解决方案与应用实例·············327
    12.2.3 旅游服务业呼叫中心解决方案及其应用实例·············332
  12.3 饭店业 CRM 的应用与案例介绍·············333
    12.3.1 饭店业实施 CRM 的必要性·············334
    12.3.2 饭店业中客户关系管理的主要功能·············334
    12.3.3 希尔顿饭店集团 CRM 的应用实例·············335
  12.4 汽贸行业 4S 店 CRM 的应用与解决方案·············337

12.4.1 汽贸行业 4S 营销模式的特点 …… 337
　　　12.4.2 汽贸行业 4S 营销模式 CRM 需求分析 …… 337
　　　12.4.3 解决方案举例：博士德汽贸 4S 店管理系统介绍 …… 338
　12.5 医药行业 CRM 的应用及其应用案例 …… 342
　　　12.5.1 医药行业市场营销与客户服务的特点 …… 342
　　　12.5.2 医药行业客户服务常见问题及其 CRM 的应用价值 …… 342
　　　12.5.3 医药行业 CRM 应用实例：惠普公司为德国拜尔公司实施 CRM 项目 …… 343
　12.6 房地产行业 CRM 的应用及其解决方案 …… 344
　　　12.6.1 房地产企业对 CRM 的业务需求 …… 344
　　　12.6.2 房地产企业中 CRM 的功能实现 …… 345
　　　12.6.3 房地产行业 CRM 方案实例：创智 PowerCRM 房地产业方案 …… 345
　12.7 其他行业 CRM 的应用及其案例介绍 …… 346
　　　12.7.1 电信行业：内蒙古联通公司大客户管理系统成功案例 …… 347
　　　12.7.2 保险行业：中国平安保险北京分公司实施 CRM 的案例 …… 348
　　　12.7.3 IT 与网络服务业：搜狐公司 CRM 系统实施案例 …… 349
　　　12.7.4 出版传媒行业：北京晨报媒体 CRM 系统建设案例 …… 351
　　　12.7.5 电力行业：BEA 助力重庆市电力公司客户关怀系统项目 …… 352

参考文献 …… 353

本书课程思政元素

本书课程思政元素从"格物、致知、诚意、正心、修身、齐家、治国、平天下"的中国传统文化角度着眼,再结合社会主义核心价值观"富强、民主、文明、和谐、自由、平等、公正、法治、爱国、敬业、诚信、友善"设计出课程思政的主题,然后紧紧围绕"价值塑造、能力培养、知识传授"三位一体的课程建设目标,在课程内容中寻找相关的落脚点,通过案例、知识点等教学素材的设计运用,以润物细无声的方式将正确的价值追求有效地传递给读者,以期培养大学生的理想信念、价值取向、政治信仰、社会责任,全面提高大学生缘事析理、明辨是非的能力,把学生培养成为德才兼备、全面发展的人才。

每个课程思政元素的教学活动过程都包括内容导引、展开研讨、总结分析等环节。在课程思政教学过程,老师和学生共同参与其中。在课堂教学中教师可结合下表中的内容导引,针对相关的知识点或案例,引导学生进行思考或展开讨论。

页码	内容导引	思考问题	课程思政元素
2	案例:某豪华饭店员工的"超级记忆"能力	1. 如何理解某豪华饭店员工的"超级记忆"能力? 2. 当前很多企业为什么要树立"以客户为中心"的观念? 3. 如何才能将"以客户为中心"的观念落实到实处?一线员工应该怎么做?	专业能力 爱岗敬业 职业精神 责任使命
10	牵引力:各方人员的业务需求	1. 如何理解各方人员对于客户关系管理方面的实际业务需求? 2. 客户关系管理对企业中哪些职能领域能发挥作用?	沟通协作 集体主义
12	客户关系管理解决的问题	1. 客户关系管理要解决哪些问题? 2. 如何理解客户关系管理的重要性?	专业能力 包容、尊重 责任与使命 爱岗敬业
15	客户关系管理的"三维"发展目标	1. 客户关系管理的目标是什么? 2. 客户关系管理的目标包括哪些具体衡量指标?	逻辑思维 求真务实 爱岗敬业 团队合作 沟通协作
23	案例:万科地产公司 CRM 实践案例	1. 房地产企业如何加强客户关系管理?意义何在? 2. 万科作为一家大型房产企业,CRM 如何开展?	适应发展 辩证思想 实战能力

续表

页码	内容导引	思考问题	课程思政元素
33	图 2.5 客户生命周期的划分	1. 客户生命周期如何划分？ 2. 客户生命周期各阶段有什么特点？	努力学习 逻辑思维 求真务实 专业能力 集体意识
35	客户价值选择的演变	1. 客户价值选择经历了哪些阶段？ 2. 在每个不同阶段，客户价值选择的具体标准是什么？	努力学习 改革开放 经济发展
37	客户的终身价值	1. 如何理解客户的终身价值？ 2. 如何衡量客户的终身价值？	努力学习 逻辑思维 求真务实
44	客户价值细分及其表示	1. 为什么要对客户价值进行细分？ 2. 客户价值细分的具体方式有哪些？	科学素养 专业水准 实战能力 工匠精神
56	案例：主动舍弃非营利客户以便规避损失	1. 如何识别客户关系？ 2. 为什么有时候我们会主动舍弃一些客户？	求真务实 大局意识
68	表 3-7 不同类型客户的特点及其说服策略	1. 在业务实际中，企业通常都会遇到哪些类型的客户？他们各有什么特点？ 2. 针对不同类型的客户，我们应该采取什么样的说服策略？	实战能力 适者生存
77	正确看待客户异议	1. 在客户选择或者产品介绍中如何看待客户异议？客户异议一定是坏事吗？ 2. 面对不同类型的客户异议，我们应该采取什么样的态度？	努力学习 求真务实 专业能力 大局意识
86	"客户金字塔"分级模型	1. 为什么要对客户进行分级处理？如何进行具体分级？常见的分级模型有哪些？ 2. 对不同级别的客户，可以区别对待吗？	实战能力 适者生存 辩证思想 职业精神
98	案例：储户不满 VIP 客户插队，状告银行但最终败诉	1. 各类服务企业为啥要设置 VIP 客户？ 2. VIP 客户是否应该得到更为优惠的服务？是否就天然"高人一等"？	规范与道德 职业精神
105	提高客户满意度的措施	1. 为什么必须要提高客户的满意度？ 2. 为切实提高客户满意度，企业需要做好哪些方面的工作？	大局意识 科学发展观

续表

页码	内容导引	思考问题	课程思政元素
121	客户忠诚与客户满意的关系	1. 客户满意一定会导致客户忠诚吗?客户忠诚一定代表客户满意吗?请举例说明。 2. 客户忠诚与客户满意之间到底存在着什么样的关系?	辩证思想 专业技能
148	客户流失的防范策略	1. 为什么会出现客户流失的现象?常见客户流失原因有哪些?如何防范? 2. 如何对待流失的客户?挽回策略有哪些?	努力学习 辩证思想 逻辑思维 大局意识
173	提高处理投诉质量的措施	1. 如何看待客户投诉?没有投诉一定好吗?投诉都是找茬? 2. 如何科学、高效地处理客户投诉?	辩证思想 规范与道德 职业精神
290	企业 CRM 战略概述	1. 谈谈企业为什么要制定 CRM 战略? 2. CRM 战略的作用和内容是什么?	专业与国家 专业能力 责任与使命 行业发展
306	CRM 项目实施的成功因素	1. 如何衡量 CRM 项目实施是否成功? 2. CRM 项目实施的成功因素有哪些?	大局意识 辩证思想 职业精神

第 1 章　客户关系管理基础知识

> 知识架构

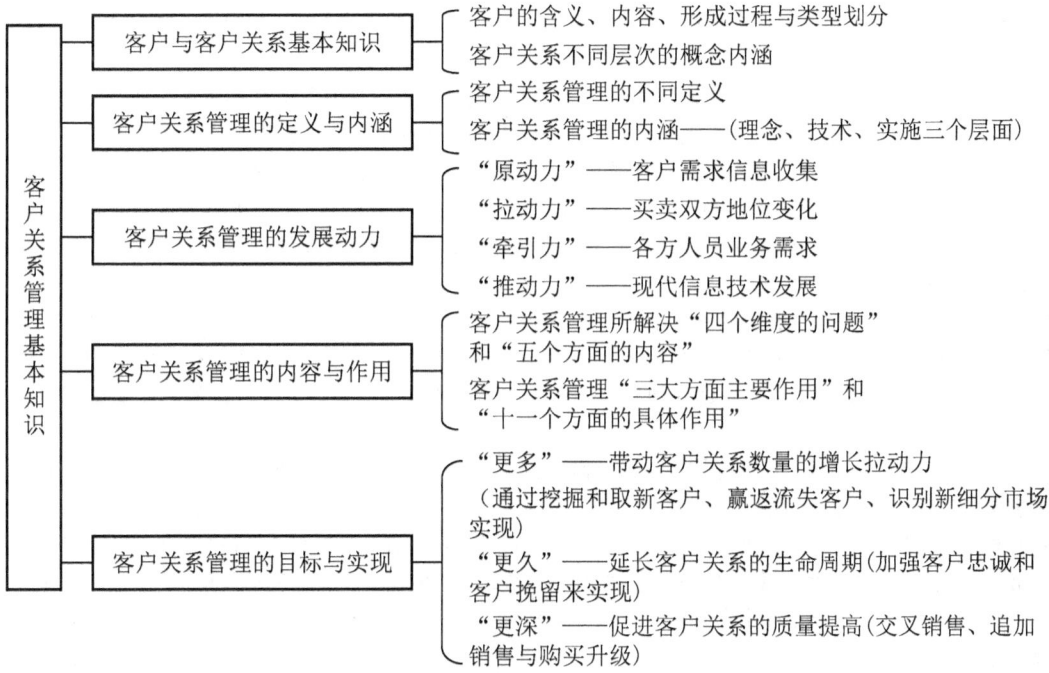

> 学习目标

通过本章的学习，读者应该能够：
- 熟悉客户的含义及其分类方法
- 掌握客户关系不同方面的含义
- 理解客户关系管理的定义与内涵
- 了解客户关系管理发展的动力
- 掌握客户关系管理的内容与作用
- 掌握客户关系管理的发展目标
- 理解客户关系管理的目标实现策略

导入案例

案例 1-0：某豪华饭店员工的"超级记忆"能力

于先生因公务经常到泰国出差。第一次入住堪称亚洲饭店之最的泰国东方饭店时，其良好的饭店环境和服务给他留下了深刻的印象，他第二次入住时的几个细节更使他对饭店的好感迅速升级。

那天早上，当他走出房门准备去餐厅时，楼层服务生恭敬地问道："于先生是要用早餐吗？"于先生很奇怪，反问"你怎么知道我姓于？"服务生说："我们饭店规定，晚上要背熟所有客人的姓名。"这令于先生大吃一惊，因为他频繁往返于世界各地，入住过无数高级酒店，但这种情况还是第一次碰到。

于先生高兴地乘电梯来到餐厅所在的楼层，刚刚走出电梯门，餐厅的服务生就说："于先生，里面请。"于先生更加疑惑，因为服务生并没有看到他的房卡，就问："你知道我姓于？"服务生答："上面的电话刚刚下来，说您已经下楼了。"如此高的效率让于先生再次大吃一惊。

于先生刚走进餐厅，服务小姐微笑着问："于先生还要老位子吗？"于先生的惊讶再次升级，心想"尽管我是第二次在这里吃饭，但距上次来也有一年多了，难道这里的服务小姐的记忆力有那么好？"看到于先生惊讶的目光，服务小姐主动解释说："我刚刚查过计算机中的客户档案，您去年6月8日在靠近第二个窗口的位子上用过早餐，"于先生听后兴奋地说："老位子！"小姐接着问："老菜单？一个三明治，一杯咖啡，一个鸡蛋？"现在于先生已经不再惊讶了，"老菜单，就要老菜单！"于先生已经兴奋到了极点。

上餐时，餐厅赠送了于先生一碟小菜，这种小菜于先生是第一次看到，他就问："这是什么？"服务生后退两步说："这是我们特有的某某小菜。"服务生为什么要先后退两步呢，他是怕自己说话的口水不小心落在客人食品上，这种细致的服务让于先生觉得非常满意。这一次的早餐他留下了终生难忘的印象。

后来，由于业务调整，于先生有3年的时间没有再到泰国去，在于先生生日时，突然收到了一封东方饭店发来的生日贺卡，里面附了一封短信，内容是："亲爱的于先生，您已经有3年没有来过我们这里了，我们全体人员都非常想念您，希望能再次见到您。今天是您的生日，祝您生日愉快。"于先生当时激动得热泪盈眶，发誓如果再去泰国，绝对还住在东方饭店，而且要说服所有的朋友也像他一样去入住东方饭店。于先生看了一下信封，信封上贴着一枚六元的邮票。六元钱就这样买到了一颗心，这就是客户关系管理的魔力。

 点评

这个案例很好地体现了先进的客户关系管理思想。在当前"以客户为中心"的经济时代，企业管理必须要从过去的"产品导向"转变为"客户导向"，只有快速响应并满足客户个性化与瞬息万变的需求，才能在激烈的市场竞争中得以生存和发展。

1.1 客户与客户关系

要想了解客户关系管理，首先必须熟悉客户和客户关系的含义。

1.1.1 客户的含义

对"客户"这一概念，应明确什么是客户，包含哪些内容，是如何形成和发展的。

1. 客户的概念

在日常的商务活动中，我们可以看到，"客户"几乎存在于商业社会的各种活动中。例如，在商场购物时，我们是商场的客户；在看电视时，我们是电视台的客户；在国际市场订购铁矿石时，我们又成了铁矿石供应国的客户。总之，只要细心观察，就可以发现客户这个概念几乎存在于社会的一切商务活动中。

客户是指购买企业产品或服务的个人或组织；同时也泛指企业的内部员工、代理商和分销商等合作伙伴，以及企业价值链中的上、下游伙伴，甚至竞争对手等。本书所指的客户不仅是消费者，而是与企业经营有关的任何客户。

2. 客户的内容

根据上述概念，以下4类对象都属于企业"客户"的核心范畴内容。

(1) 消费者——购买最终产品与服务的零售客户，通常是指个人或家庭。

(2) 企业——将购买的产品或服务并附加在自己的产品上出售给另外的客户；或附加到企业的内部业务上，以增加赢利或服务内容的客户；

(3) 渠道——是指代理商、分销商和特许经营者，不直接为企业工作，并且不需为其支付报酬的个人或组织。他们购买产品的目的是作为企业在当地的代表进行出售。

(4) 内部客户——企业或联盟公司内部的个人或业务部门，他们购买产品或服务以实现其目标，通常是最容易被忽略的客户，同时又是能长期获利的一类客户。

 **说明**

营销对象、客户、消费者和用户是几个容易混淆的概念：①营销对象是指企业营销活动的受体，也就是假想的目标客户群和影响到的受众，而不是客户；②客户(customer)，是指购买或者有意购买企业产品和服务的群体，核心是企业在与他的联系过程中掌握了部分关键信息，尤其是购买意向；③消费者(consumer)，是潜在的客户和客户的集合，泛指同类产品的购买者；④用户(user)，最好理解，就是正在使用产品或服务的群体，很特殊的一点是用户可能不是购买的客户而仅仅是使用者。

3. 客户的形成

客户的形成和发展过程如图1.1所示，下面对其内容进行简单介绍。

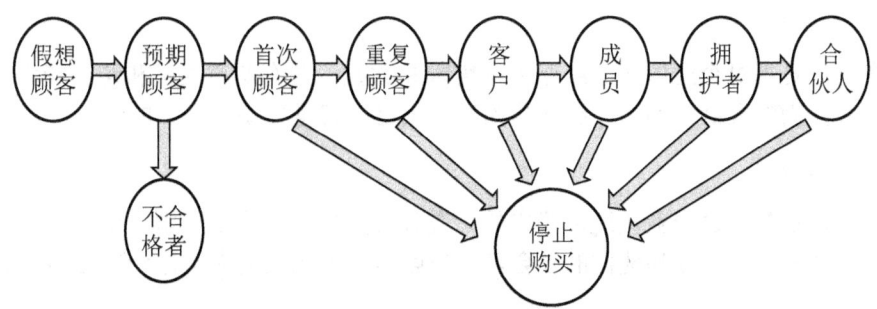

图1.1 客户的形成过程图

首先是假想顾客，假想可能会购买产品和服务的人或者组织，企业要把他们确定为预期顾客(对企业的产品有强烈的潜在兴趣和有能力购买的人或者组织)是困难的，不合格预期客户(由于他们缺乏信用或不能为企业提供利润)将遭到企业的拒绝。

接着,企业希望把合格预期顾客转变成首次购买客户,然后再把满意的首次购买客户转变为重复购买客户,但他们可能同时向竞争者购买,因此,企业必须把重复购买客户转化为忠诚的客户,即在相关的产品类目中只购买本企业的产品者。

下一步的挑战是把客户转化为成员,为其提供一套利益相关的成员计划方案,最终再把成员转化为拥护者,拥护者会称赞企业的产品并鼓励其他人也参与购买本企业的产品。

企业的最后一个挑战是把拥护者转化为合伙人,与企业共同工作,建立客户关系联盟。

需要注意,在从首次购买到成为合伙人的过程中,客户随时都有可能停止购买行为。

1.1.2 客户的分类

客户分类的标准见表 1-1,实际应用时需要根据具体的需求来划分制定。下面重点介绍第一种分类标准,也就是按照客户与企业之间的关系对客户分类。按照这种方法,可以将客户划分为 5 类,即非客户、潜在客户、目标客户、现实客户和流失客户。

表 1-1 按照不同标准进行的客户分类

分类标准	划分的客户类型
客户与企业的关系	非客户、潜在客户、目标客户、现实客户和流失客户
客户来源的部门	终端客户企业产品或服务的直接消费者,包括个人消费者和企业客户、中间客户购买企业产品或服务,但并不是直接的消费者,如销售商、公利客户代表公众利益,向企业提供资源,然后直接或者间接从企业获利中收取一定比例费用的客户,如政府机构、行业协会或新闻媒体等
客户所处的地域	国内客户、国外客户、本区域客户、外区域客户
与客户的结算方式	现金客户、预付款客户、赊销客户等
所欠应收款的情况	无欠款客户、短期欠款客户、长期欠款客户、呆死账客户等
对企业赢利的贡献	营利性客户和非营利性客户;一般客户、核心客户与 VIP 客户

1. 非客户

非客户是指与企业的产品或服务无关或那些不可能购买企业的产品或服务的人群。

2. 潜在客户

潜在客户是指对企业的产品或服务有需求和欲望,并有购买动机和购买能力,但还没有产生购买行为的人群。例如,已怀孕的妇女很可能就是婴幼儿产品的潜在客户。

3. 目标客户

目标客户是指经过企业挑选后确定的力图开发为现实客户的人群。例如,在汽车行业中,劳斯莱斯就把具有很高地位的社会名流或取得巨大成就的人士作为自己的目标客户。

 说明

潜在客户与目标客户的区别在于,潜在客户是指主动"瞄上"企业、有可能购买但还没有采取购买行动的客户,目标客户则是企业主动"瞄上"的具有一定购买能力,但是尚未有购买行动的客户。当然,客户与企业可以同时相互欣赏,也就是说,潜在客户和目标客户是可以重叠或者部分重叠的。

4. 现实客户

现实客户是指企业的产品或服务的现实购买者,具体又可以分为如下 3 种类型。
(1) 初次购买客户(新客户):是对企业的产品或服务进行第一次尝试性购买的客户。
(2) 重复购买客户:是对企业的产品或服务进行了二次及以上购买的客户。
(3) 忠诚客户:是对企业的产品或者服务连续不断地、具有指向性地重复购买的客户。

5. 流失客户

流失客户是指由于种种原因,现在不再购买本企业的产品或服务的原有客户。

以上 5 类客户之间可以相互转化。例如,潜在客户或目标客户一旦采取购买行动,就变成企业的初次购买客户,初次购买客户如果经常购买企业的产品或服务,就可能发展成为企业的重复购买客户,甚至成为忠诚客户。但是,初次购买客户、重复购买客户、忠诚客户也会因其他企业的更有诱惑的条件或因对企业不满而成为流失客户。流失客户如果被成功挽回,就可以直接成为重复购买客户或者忠诚客户;如果无法挽回,他们就将永远流失,成为企业的"非客户"。客户流转模式如图 1.2 所示。

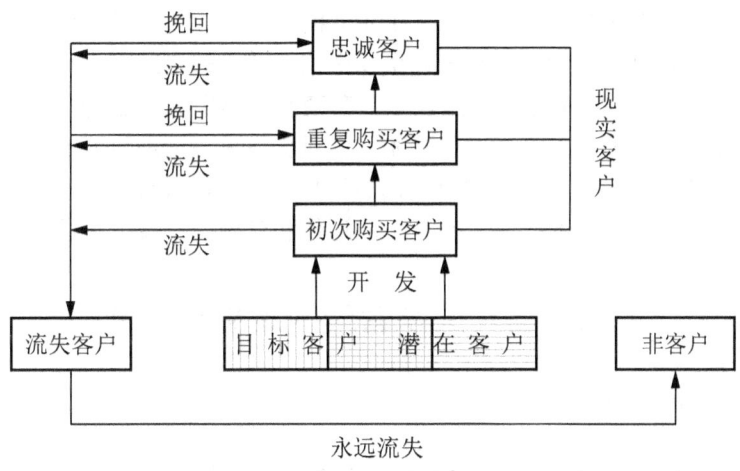

图 1.2 客户流转模式

资料来源:苏朝晖. 客户关系的建立与维护. 清华大学出版社. 2007.

1.1.3 客户关系的内涵

在《汉语大词典》中可以查到,对"关系"一词的解释包含 5 个意思,见表 1-2。

表 1-2 "关系"的 5 个不同意思

序号	含 义	举 例
1	事物之间相互作用、相互影响的状态	小王跟这件事没有什么关系
2	人和人或人和事物之间某种性质的联系	社会关系、党群关系等
3	有影响或重要性	没有关系,不会出什么大乱子的
4	泛指原因、条件	由于时间关系,我就不再往下讲了
5	牵涉到	交通安全是关系到千万人家庭幸福的大事

根据上述解释，可以给出"关系"一词的含义：关系是指两个人或两组人之间相互的行为以及相互的感觉。关系发生在人以及由人构成的组织之间，包括行为和感觉两个方面，二者缺一不可，并且可以相互转化。据此，可以推断出客户关系是一种企业与客户之间多方面的联系和利益权衡。对照上面"关系"一词的解释，可以分析出客户关系所包含的几层意思。

(1) 客户关系是企业和客户之间相互作用、相互影响的一种状态，可以是一种价值链中上下游的关系，可以是一种消费和提供消费的关系，或是一种非直接利益上的合作关系。

(2) 客户关系既是人与物的关系，也可以是人与人，或物与物的关系。客户关系在这方面很重要，一个商店的商品可能价廉物美，但是服务态度极其恶劣，那么人们宁可到那些物价比较昂贵，但是服务态度好的商店消费。

(3) 客户关系是一种原因和条件。客户关系的形成，是源于客户对企业的某种需求。同时，客户关系的产生，也是很多企业发展和战略制定的条件，只有把握足够多的客户，并了解足够多的客户信息，企业才能对市场做出合理的预测，以便满足市场的需要。

(4) 客户关系是一种影响和重要性的表现。客户关系的形成和存在，能够反映出企业的销售和生产对市场的影响程度。如果一个企业的产品在相关市场中赢得了 20%以上的客户，那么就可以断定这家企业是一家在该市场中比较重要的企业。

(5) 客户关系也是一种事务之间的联系。在交易过程中通过各种事务使得其中的人和人之间发生联系，事务和事务之间发生联系。而对客户关系管理研究的就是这种联系。

总之，客户关系是一种在企业的日常商务运作中时时、处处都存在的一种市场行为和联系状态，贯穿于商务活动的始终，对企业的运作和市场的发展有着巨大的影响。

1.2 客户关系管理的定义与内涵

1.2.1 客户关系管理的定义

客户关系管理(Customer Relationship Management，CRM)的概念最初是由 Gartner Group 咨询公司提出来的。对 CRM 的定义，目前还没有一个统一的表述，不同的研究机构、专家学者和相关企业均有不同的表述，代表性的定义有如下几种。

1. Gartner Group 咨询公司的观点

全球权威的研究组织 Gartner Group 咨询公司认为，客户关系管理就是为企业提供全方位的管理视角，赋予企业更完善的客户交流能力，最大化客户的收益率。它最早对 CRM 给出了定义，具体如下："客户关系管理(CRM)是代表增进赢利、收入和客户满意度而设计的企业范围的商业战略。"此处，Gartner Group 咨询公司强调的是，CRM 是一种商业战略而不是一套系统，涉及的范围是整个企业而不是一个部门，其战略目标是增进赢利、销售收入和提升客户满意度。

2. 卡尔松营销集团的观点

卡尔松营销集团(Carlson Marketing Group)把 CRM 定义为：通过培养企业的每一个员工、经销商或客户对该企业更积极的偏爱或偏好，留住他们并以此提高企业业绩的一种营销策略。其主要的任务是：① 搞清楚与某一笔生意相关的客户价值；② 了解这些价值对于每一类客户的相对重要程度；③ 判断如果提供这些价值对企业的利益能否产生积极影响；④ 以客户愿意接收信息的方式与客户进行交流，为每一类客户提供他们需要的价值；⑤ 测算结果、验算投资收益。

3. Hurwitz Group 公司的观点

Hurwitz Group 公司是世界著名的分析机构，他们认为，CRM 的焦点是自动化并改善与销售、市场营销、客户服务和支持等领域的客户关系有关的商业流程。CRM 既是一套原则制度，也是一套软件和技术。它的目标是缩短销售周期，缩减销售成本，增加收入，寻找扩展业务所需的新的市场和渠道，以及提高客户的价值、满意度、盈利性和忠实度。CRM 应用软件将最佳的实践具体化并使用了先进的技术来协助各企业实现这些目标。CRM 在整个客户生命周期中都以客户为中心，这意味着 CRM 应用软件将客户当作企业运作的核心。CRM 应用软件简化、协调了各类业务功能(如销售、市场营销、服务和支持)的过程并将其注意力集中于满足客户的需要上。CRM 应用还将多种与客户交流的渠道，如面对面、电话接洽以及 Web 访问协调为一体，这样，企业就可以按客户的喜好使用适当的渠道与之进行交流。

4. IBM 公司的观点

IBM 公司所理解的 CRM 包括企业识别、挑选、获取、发展和保持客户的整个商业过程。IBM 公司把 CRM 分为 3 类：关系管理、流程管理和接入管理。关系管理是与销售、服务、支持和市场相关的业务流程的自动化流程管理，使用数据挖掘技术或数据仓库分析客户行为、期望、需要、历史，并具有全面的客户观念和客户忠诚度衡量标准和条件。接入管理主要用来管理客户和企业进行交互的方式，如计算机电话集成(Computer Telephone Integration，CTI)、电子邮件响应管理系统(E-mail Response Manage System，ERMS)等，包括行政管理、服务水平管理和资源分配功能。CRM 成功实施的关键是业务流程必须灵活，必须要随商业条件或竞争压力的变化做出相应的改变。

IBM 公司对 CRM 的定义其实包括两个层面的内容：首先，企业实施 CRM 的目的就是通过一系列的技术手段了解客户目前的需求和潜在客户的需求，适时地为客户提供产品和服务；其次，企业对分布于不同的部门、存在于客户所有接触点上的信息进行分析和挖掘，分析客户的所有行为，预测客户下一步对产品和服务的需求，企业内部的相关部门实时地输入、共享、查询、处理和更新这些信息，并进行一对一的个性化服务。

综上所述，对 CRM 的定义，目前还没有一个统一的表述。但就其功能来看，CRM 是通过采用信息技术，使企业市场营销、销售管理、客户服务和支持等经营流程信息化，实现客户资源有效利用的一套应用软件系统，其核心思想是以"客户为中心"，提高客户满意度，改善客户关系，从而提高企业的竞争力。同时，CRM 也是一种以信息技术为手段，对客户资源进行集中管理的经营策略，该策略的顺利实施需要相关 CRM 软件系统的支持。

1.2.2 客户关系管理的内涵

综合上面众多国外研究机构和跨国公司对 CRM 的理解，现实中 CRM 的内涵可以理解为理念、技术、实施 3 个层面。其中，理念是 CRM 成功的关键，是 CRM 实施应用的基础和土壤；信息系统、IT 技术是 CRM 成功的手段和方法；实施是决定 CRM 成功与否、效果如何的直接因素。下面就从理念、技术、实施 3 个层面对 CRM 的内涵进行分析。

1. 第一个层面：CRM 是一种现代经营管理理念

作为一种管理理念，CRM 起源于西方的"以客户为中心"市场营销理论，是一种旨在改善企业与客户之间关系的管理机制。CRM 主要吸收了"数据库营销"、"关系营销"、"一对一营销"等最新管理思想的精华，通过满足客户的特殊需求，特别是满足最有价值客户的特殊需求，来建立和保持长期稳定的客户关系。近年来，IT 技术的长足发展为市场营销管理理念的普及和应用开辟了广阔空间。以客户为中心、视客户为资源、通过客户关怀实现客户满意度等是这些理念的核心所在。

CRM 的核心思想是将企业的客户(包括最终客户、分销商和合作伙伴)视为最重要的企业资产，通过完善的客户服务和深入的客户分析来满足客户的个性化需求，提高客户的满意度和忠诚度，进而保证客户的终生价值和企业利润增长的实现。CRM 的宗旨是通过与客户的个性化交流来掌握其个性需求，并在此基础上为其提供个性化的产品和服务，不断增加企业给客户的交付价值，提高客户的满意度和忠诚度，最终实现企业和客户的双赢。

2. 第二个层面：CRM 集合了当今最新的信息技术

CRM 作为一整套解决方案，集成了当今最新的信息技术，包括 Internet 和电子商务、多媒体技术、数据仓库和数据挖掘、专家系统和人工智能、呼叫中心以及相应的硬件环境，同时还包括与 CRM 相关的专业咨询等。CRM 主要的实现手段是融合了各种 IT 技术的 CRM 软件。CRM 软件是一种旨在改善企业与客户之间关系的一种应用信息系统，可以应用于企业的市场营销、销售、服务与技术支持等与客户相关的领域。作为一个应用信息系统，CRM 软件凝聚了市场营销等管理科学的核心理念。市场营销、销售管理、客户关怀、服务和支持等构成了 CRM 软件模块的基石。但是，CRM 软件不等于 CRM 理念，它只是先进理念的反映与体现，它吸纳了当今先进的软件开发技术、企业经营管理模式、营销理论与技巧。CRM 软件通过向企业的销售、市场和客户服务的专业人员提供全面的、个性化的客户资料，强化其跟踪服务、信息分析的能力，帮助企业与客户和生意伙伴之间建立和维护一种亲密信任的关系，为客户提供更快捷和周到的优质服务，提高客户的满意度和忠诚度。

3. 第三个层面：CRM 的实施是一套完整的业务解决方案

CRM 的实施是一套完整的业务解决方案，它要结合 CRM 软件与组织的管理状况，在调研分析的基础上最终做出。成功的 CRM 软件可以帮助企业建立一套完整的业务解决方案，在提高服务质量的同时，还可以通过信息共享和优化商业流程，有效地降低企业经营成本；随时发现和捕捉客户的异常行为，并及时启动适当的营销活动流程。这些营销活动流程可以千变万化，但是基本指导思想是不变的，即利用各种计算，在提高服务质量和节约成本之间取得一个客户满意的平衡，如把低利润的业务导向低成本的流程，如自动柜员机(ATM)和呼叫中心(call center)，把高利润的业务导向高服务质量的流程，如柜台服务。

CRM 软件将最佳的商业实践与数据挖掘、工作流、呼叫中心、企业应用集成等信息技术紧密结合在一起，为企业的销售、客户服务和决策支持等领域提供了一个智能化的解决方案，使企业能够顺利地实现由传统企业模式到以电子商务为基础的现代企业模式的转化。

CRM 的实施是一个艰苦而渐近的过程,拔苗助长、一蹴而就的做法都是危险和错误的。

总之,在 CRM 中,理念、技术、实施,一个都不能少。只有借助先进的理念,利用发达的技术,进行完美的实施,才能优化资源配置,在激烈的市场竞争中获胜。

1.3 客户关系管理的发展动力

CRM 是一种先进的营销管理思想,用户需求、市场变化和技术发展是其发展的动力。

1.3.1 原动力:客户需求信息收集

CRM 的理念由来已久,可以追溯到上千年前的中国,那时走街串巷的小商贩就是 CRM 的高手,他们可以记住方圆几十里内许多客户的需求与偏好,并能及时送上称心如意的商品。现代信息技术的发展,只不过是让我们能够以古老中国商人的智慧在更短的时间内处理更多的客户信息,服务于更多的客户罢了。

一般来讲,现代意义上的 CRM 起源于 20 世纪 80 年代初提出的"接触管理"(contact management),即专门收集整理客户与公司联系的所有信息。到 20 世纪 90 年代初期,则演变成为包括电话服务中心与支援资料分析的客户关怀(customer care)。经历了近 20 年的不断发展,CRM 不断演变发展并趋向成熟,最终形成了一套完整的管理理论体系。

1.3.2 拉动力:买卖双方地位的变化

随着由卖方市场(产品稀缺)向买方市场(客户稀缺)的转变,企业纷纷把目光由"产品"逐渐聚焦到"客户",其商务战略也从"以产品为中心"转向"以客户为中心"。纵观企业管理发展历程,其中心理念的变迁大致经历了 4 个阶段,见表 1-3。

表 1-3 企业管理理念的演变过程

演变阶段	产生背景	管理焦点	核心活动
产值中心论	卖方市场,产品供不应求	生产量	扩大生产规模
销售中心论	经济危机,产品大量积压	销售额	促销,质量控制
利润中心论	竞争激烈,实际利润下降	利润额	成本管理
客户中心论	客户不满,销售滑坡	客户满意	客户关系管理

同时,与企业管理中心理念变化类似,消费者的价值选择也由"理性消费"转向"感情消费",开始注重客户消费体验。客户价值选择经历了 3 个阶段的变化见表 1-4。

表 1-4 客户价值选择的演变过程

发展阶段	消费特点	价值选择标准
第一阶段:理性消费时代	不但重视价格,而且更看重质量,追求物美价廉	"好"/"差"
第二阶段:感觉消费时代	注重产品的形象、品牌、设计和使用的方便性等	"喜欢"/"不喜欢"
第三阶段:感情消费时代	追求产品购买和消费过程中感情上的满足感	"满意"/"不满意"

为了提高"客户满意度",企业必须完整地掌握客户信息,准确地把握客户需求,快速地响应客户的个性化需求,提供便捷的购买渠道、良好的售后服务与经常性的客户关怀等。

企业尝试着去衡量每一个客户可能带来的营利能力,并委派专门的客户代表负责管理客户。在这种时代背景下,CRM不断地被提升,并逐渐得到完善。

1.3.3 牵引力:各方人员的业务需求

在企业中,与客户发生业务几乎会涉及所有部门,很多企业在信息化方面虽然做了大量的工作,但销售、市场和客户服务部门的信息化程度却仍不能适应企业发展的需要。例如,在很多企业,会从客户、销售、营销和服务人员、企业经理那里听到如下各种抱怨。

(1) 来自销售人员的声音。

① 浪费大量时间,但从市场部提供的客户线索中仍未找到真正客户,我是不是该自己来找线索?

② 出差在外,要是能看到公司计算机里的客户、产品信息就好了,但现在为何不行?

③ 我这次面对的是一个老客户,应该怎样给他报价才能留住他呢?

(2) 来自营销人员的声音。

① 去年在营销上开销了2 000万元,我怎样才能知道这2 000万元的回报率?

② 在展览会上,我们一共收集了4 700张名片,怎么利用它们才好?

③ 展览会上,我向1 000多人发放了公司资料,我怎么才能知道这些人对产品的看法?

④ 我应该和那些真正的潜在购买者多多接触,但我怎么能知道谁是真正的潜在购买者?

⑤ 我怎么才能知道其他部门的同事和客户的联系情况,以防止重复地给客户发放相同的资料?

⑥ 有越来越多的人访问过我们的站点,但我怎么才能知道这些人是谁?他们究竟想买什么产品?

(3) 来自服务人员的声音。

① 其实很多客户提出的计算机故障都是由于其自身的误操作引起的,很多情况下都可以自己解决,但回答这种类型的客户电话占去了工程师的很多时间,工作枯燥而无聊,这种情况能否改善?

② 怎么其他部门的同事都认为我们的售后服务部门只是花钱而不挣钱?

(4) 来自客户的声音。

① 我从企业的两个销售人员那里得到了同一产品的不同报价,哪一个才是可靠的?

② 我以前买的东西现在出了问题,这些问题还没有解决,怎么又来上门推销?

③ 一周前,我通过企业网站发了一封E-mail,要求销售人员和我联系,怎么到现在还没人理我?

④ 我已经提出不希望再给我发放大量的宣传邮件了,怎么情况并没有改变?

⑤ 我报名参加企业网站上登出的一场研讨会,但一直没有收到确认信息,我是去还是不去?

⑥ 为什么我的维修请求提出一个月了,还是没有等到上门服务?

(5) 来自经理人员的声音。

① 有个客户半小时后就要来谈最后的签单事宜,但一直跟单的人最近辞职了,而我作为销售经理,对与这个客户联系的来龙去脉还一无所知,真急人,现在该怎么办呢?

② 有 3 个销售员都和这家客户联系过，我作为销售经理，怎么知道他们都给客户承诺过什么？

③ 现在手上有个大单子，我作为销售经理，该派哪个销售员去才放心呢？

④ 这次的产品维修的技术要求很高，我是一个新经理，该派哪一个维修人员呢？

上述各种问题可归结为两个方面：其一，企业的销售、营销和服务部门难以获得所需的企业—客户互动信息；其二，来自销售、服务、市场、制造、库存等部门的信息非常分散，难以在统一信息基础上面对客户。正是因为这两个原因，越来越多的企业要求提高销售、营销和服务的日常业务的自动化和科学化程度，这需要把企业中各部门面向客户的各项信息和活动进行集成，组建一个以客户为中心的信息网，实现对面向客户活动的全面管理。这是 CRM 应运而生的需求基础，企业面临越来越大的竞争压力，上述问题的改善将大大提高其竞争力，有利于企业赢得新客户、保留老客户，并提高客户的利润贡献度。

1.3.4 推动力：现代信息技术的发展

信息技术的进步是 CRM 发展的加速器，它使得 CRM 的理念不再停留在理论阶段，能使"客户是上帝"的口号真正落到了实处，使围绕客户展开的各种信息应用成为可能。

(1) 企业客户可通过电话、传真、网络等方式访问企业，进行业务往来。

(2) 任何业务人员都能全面地了解客户关系，并根据客户的需求进行交易，了解如何对客户进行纵向和横向销售，并记录客户的实时信息。

(3) 能够对市场活动进行规划、评估和监控。

(4) 能够对各种销售活动进行追踪、分析。

(5) 系统用户可不受地域限制，随时访问企业的业务处理系统，获取客户的相关信息。

(6) 能够从不同角度提供成本、利润、生产率、风险率等信息，并对客户、产品、职能部门、地理区域等进行多维分析。

一个管理水平低下、员工意识落后、信息化水平很低的企业将很难从技术上实现 CRM。办公自动化程度、员工的计算机应用能力、企业信息化水平、企业管理水平都是 CRM 得以实现的重要因素。特别是在目前的电子商务模式下，企业通过 Internet 开展营销活动、向客户销售产品、提供售后服务、收集客户信息，将是一种低成本的手段。客户信息是 CRM 的基础，而数据仓库、商业智能、知识发现等技术的发展，使得收集、整理、加工和利用客户信息的质量大大提高。

从技术的发展来看，IT 技术的发展，特别是互联网技术的进步推动了 CRM 的发展。科学技术的突飞猛进为 CRM 的实现和功能的扩张提供了前所未有的手段，比如数据挖掘、数据仓库、基于浏览器的个性化服务系统等，也使企业与客户之间进行交流的渠道越来越多，除了面对面的交谈和电话联络外，还有呼叫中心、移动通信、掌上计算机、电子邮件等。

1.4 客户关系管理的内容与作用

本节介绍客户关系管理解决的问题、主要研究内容，以及它对企业发展的重要作用。

1.4.1 客户关系管理解决的问题

从客户关系管理产生的背景来看,CRM 为企业解决的问题主要体现在以下 4 个方面。

(1) 选择对待客户的方式和从客户身上得到的收益。

(2) CRM 本质上是一种整体营销管理,是以客户为导向的企业营销管理的系统工程。

(3) CRM 是一种以客户为中心、以信息技术为手段,对业务功能进行重新设计,并对工作流程进行重组的经营策略。

(4) CRM 是一个以低成本来获取客户,并能有效地留住客户,实现客户利润率、行为和满意度最大化的过程。

CRM 要解决以上 4 个维度的问题,其整体解决思路如图 1.3 所示。

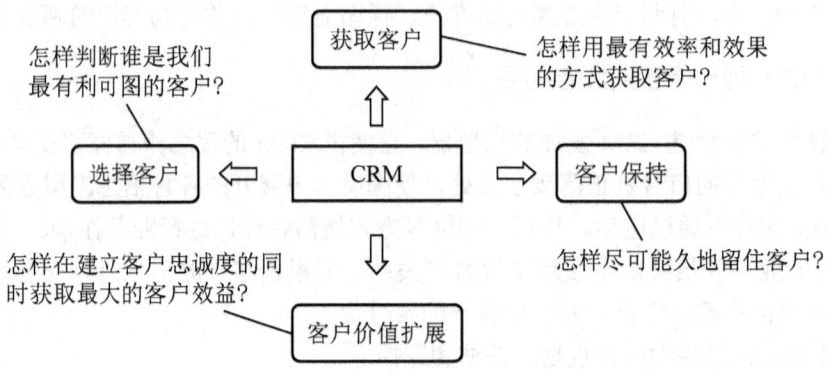

图 1.3 CRM 解决的问题及其思路

从图 1.3 中可以看出,CRM 可以解决企业营销大环境下各业务协调中的矛盾。在许多企业,前台的业务领域与后台部门是分开进行的,销售、营销、客户服务之间很难协同地对待客户;而 CRM 的理念要求企业完整地认识整个客户生命周期,并能提供与客户沟通的统一平台,提高员工与客户的接触效率,及时获取客户的反馈信息。

1.4.2 客户关系管理的主要内容

客户关系管理中的"管理"(management)一词,直接说明了 CRM 不只是一套软件,而是企业管理的范畴,涉及企业的运营战略、业务流程以及企业文化等各个方面。

众所周知,企业管理的核心是对企业的各种资源进行有效整合,以实现企业所确定的既定目标。对于 CRM 而言,其中的"管理"指的是对客户资源,以及客户关系的生命周期要积极地介入和控制,使客户关系能最大限度地帮助企业实现它所确定的经营目标。具体来讲,CRM 中的"管理"一词,一方面指企业要积极地而不是消极地管理这种关系,没有关系时要想办法"找关系",有关系时,应培养和发展这种关系,使客户和企业双方向良好的互利关系转变,并使这种关系永久化;另一个方面是企业要利用最大资源去发展和维持最重要的客户关系,即要区别对待具有不同潜在回报率的客户关系,而不是面面俱到。

根据上述理解,CRM 的内容主要是企业与客户如何建立、发展和维护关系,是管理学、营销学、社会学相结合的产物,将管理的视野从企业的内部延伸、扩展到企业外部,是企业管理理论发展的一个新领域,其主要内容包括如下 5 个方面。

(1) 如何建立客户关系。包括 3 个环节，即对客户的认识，对客户的选择，对客户的开发(将目标客户和潜在客户开发为现实客户)。

(2) 如何维护客户关系。包括 5 个环节，即对客户信息的掌握，对客户的分级，与客户进行互动与沟通，对客户进行满意度分析，并想法实现客户的忠诚。

(3) 如何挽回客户关系。在客户关系破裂时，如何恢复和挽回即将流失的客户。

(4) 如何建设和应用 CRM 系统。包括如何应用呼叫中心、数据仓库、数据挖掘、商务智能、Internet、电子商务、移动设备以及无线设备等现代技术工具来辅助 CRM。

(5) 如何实现 CRM 战略。这包括如何进行基于 CRM 理念下的销售、营销以及客户服务与支持的业务流程重组、经营方式转变和人员机构设置，以及如何实现 CRM 软件系统与其他信息化技术管理手段(如 ERP、OA、SCM、KMS)的协同与整合。

1.4.3 客户关系管理的重要作用

CRM 的作用总体上可归纳为 3 个，即提高效率、拓展市场和保留客户。

(1) 提高效率。通过采用信息技术，可以提高业务处理流程的自动化程度，实现企业范围内的客户信息共享，使企业的销售、营销、服务等工作高效运转。

(2) 拓展市场。通过新的业务模式(电话、网络)扩大企业经营活动范围，及时把握新的市场机会，占领更多的市场份额。

(3) 保留客户。客户可选择喜欢的方式同企业进行交流，方便地获取信息以得到更好服务。客户的满意度得到提高，可帮助企业保留更多的老客户，并更好地吸引新客户。

作为一种信息化管理软件，CRM 软件系统的基本功能包括客户管理、时间管理、联系人管理、销售管理、潜在客户管理、电话销售、电话营销、营销管理、客户服务，有的还涉及呼叫中心、合作伙伴关系管理、商业智能、知识管理以及电子商务等。其中，客户信息管理、市场营销管理、销售管理和服务管理与客户关怀是 CRM 的 4 大主要功能。

虽然 CRM 的功能很多，但是其根本作用就是为了提高客户满意度，其具体作用如下。

1. 提高市场营销效果

企业通过 CRM 的营销模块，对市场营销活动加以计划、执行、监视、分析。通过调用企业外部的电信、媒体、中介机构、政府等资源，与客户发生关联。同时通过 CRM 的销售模块提高企业自身销售过程的自动化程度。随着企业的网络化发展，订单处理和信息传递都会通过网络进行，并且通过 CRM 的前端销售功能模块完成与后端 ERP 的整合，协调企业的其他经营要素，在企业内部达到资源共享，以提高企业销售部门的整体反应能力和事务处理能力，强化销售效果，从而为客户提供更快速、更周到的优质服务，吸引和保持更多的客户。CRM 为客户带来了便利，客户能够根据需求迅速获得个性化的产品、方案和服务。

2. 为生产研发提供决策支持

CRM 的成功在于数据仓库和数据挖掘。企业通过 CRM 软件所收集的资料了解企业客户，发现具有普遍意义的客户需求，合理分析客户的个性化需求，从而挖掘存在市场需求而企业未提供的产品品种、产品功能以及需完善和改进之处等高附加价值的深加工信息，并通过对原料供应、社区环保、金融贸易政策等各项资源的收集分析，结合赢利模型测算，在企业生产研发环节中为确定产品品种、产品功能及性能、产品产量等提供决策支持。

3. 提供技术支持的重要手段

CRM 使企业有了一个基于电子商务的面向客户的前端工具，企业通过 CRM，借助 Internet 等手段，利用本企业及销售商、服务商等合作伙伴的共享资源，对已有客户自动化地提供个性化的技术解答、现场服务、产品维护等支持和服务，并优化其工作流程。

4. 为财务金融策略提供决策支持

企业通过中介机构和其他途径获得客户的信用状况，通过本企业 CRM 系统的检验和修正，反馈出企业对不同客户提供不同财务政策的决定，企业销售人员就可据此在与客户的前期洽谈、合同签订、货款回收等过程中采取相应合理的对策。

5. 为适时调整内部管理提供依据

企业的 CRM 系统是企业整个内部管理体系的重要部分，企业通过 CRM 系统的反馈信息可以检验企业已有内部管理体系的合理性，以便及时调整内部管理的各项政策和制度。

6. 使企业的资源得到合理利用

CRM 系统中承载着客户、企业、员工等各种资源。CRM 一方面可以对这些资源进行分门别类的存放；另一方面可以在整个客户关系生命周期内及时了解、使用和重组这些资源。

CRM 通过"提高客户满意度"的目标，整合客户、公司、员工等企业内部的经营要素，对这些资源有效地、结构化地进行分配和重组，使原本"各自为战"的销售人员、市场营销人员、电话服务人员、售后维护人员等能真正地协调合作，更合理地利用以客户资源为主的企业外部资源，最大程度地改善、提高整个客户关系生命周期的绩效。

7. 优化企业的业务流程

CRM 可以优化企业的业务流程。以往许多企业管理模式和软件应用系统比较教条和僵硬，强迫企业人必须遵从一种事先闭门造车、自以为是、缓慢的、单一的业务流程，无法满足新时代市场门户开放后的局面以及由市场和客户主导的、快节奏的、灵活多变的、多种线程的工作方式。CRM 的成功实施必须通过对业务流程的重新设计，使之更趋于合理化，才能更有效地管理客户关系，从而降低企业的运营成本。

8. 提高企业的快速响应和应变能力

简化、优化了各项业务流程，使得企业和员工在销售、客户服务、市场营销活动中，能够把注意力集中到改善客户关系、提升绩效的重要方面与核心业务上，提高企业对客户的快速响应和应变能力。

9. 改善企业服务、提高客户满意度

服务管理是 CRM 的核心业务组成部分。CRM 可以改善企业的服务能力和质量，CRM 强调服务是个性化的、是提高客户对企业满意度的、是企业整体营销中的一个环节。

CRM 中的服务可以是个性化的。对购买同样产品的不同客户，服务合约和服务方式可

能有所差别。CRM 中的客户满意度也是可以通过设置评价指标体系进行计量和评测的。

另外，在 CRM 中服务是企业整体营销中的一个环节，有效地避免了企业中销售、营销、市场等机构和客户服务与支持机构之间的传统壁垒。销售代表在与客户的接触中，可以及时地把客户的服务请求和感受传达给客服代表，及时响应、解决问题并提高客户满意度，或者由销售经理及时了解客户对服务的满意度。客服代表在与客户的接触中，迅速把新的商业机会转达给销售代表或直接受理，从而可以提升销售或交叉销售。

最后，CRM 注意收集各种客户信息，记录并管理客户价值的差别化和需求的多样化，使得企业"比客户更了解自己"。CRM 帮助企业明确目标、采用最合适的方法针对最具价值的客户和最具成长性的客户不断创收，并有助于开发一般客户和潜在客户。

10. 提高企业销售收入

CRM 的应用直接关系到企业的销售业绩，其实施成果经得起销售额、客户满意度、客户忠诚度、市场份额等"硬指标"的检测，以下一组数据足以说明问题。

(1) 50%以上的企业利用互联网是为了整合企业的供应链和管理后勤。
(2) 如果客户满意度有了 5%的提高，那么企业的利润将翻番。
(3) 一个非常满意的客户的购买意愿将 6 倍于一个满意的客户。
(4) 2/3 的客户离开其供应商，是因为客户关怀不够。
(5) 93%的 CEO 认为客户关系管理是企业成功和更富竞争力的最重要的因素。
(6) 根据对那些成功实现客户关系管理企业的调查表明，每个销售人员的销售额增加 51%，客户的满意度增加 20%，销售和服务的成本降低了 21%，销售周期缩短了 1/3，利润增加 2%。

11. 推动了企业文化的变革

CRM 作为支持新型企业文化的有力工具和一种全新的战略思维方法，对企业文化带来了新的变革。企业由重视企业内部价值和能力变革为重视企业外部资源的利用能力，是 CRM 给企业文化带来的最大变革，企业文化的其他许多变革都是由这一变革所衍生的，具体包括由重视企业与员工、员工与员工之间的关系变革为重视企业与客户、员工与客户之间的关系；由重视企业利润变革为重视客户利益；由关注客户群体需求变革为关注客户个性需求；由面向理性消费的经营思路变革为面向情感消费的经营思路等。

1.5 客户关系管理目标及其实现

客户关系管理的目标包括 3 个方面：获取更多数量的优质新客户、增强现有客户的盈利性和延长客户关系的生命周期。为了达到上述 3 个目标，企业必须采取一定的策略和途径。

1.5.1 客户关系管理的"三维"发展目标

客户关系管理的发展体现在 3 个方面：第一，挖掘、获得、发展和避免流失有价值的现有客户；第二，更好地认识实际或潜在的客户；第三，避免或及时处理"恶意"客户。

如图 1.4 所示，客户关系经过 3 个维度的发展，实现了客户关系在"更多"、"更久"、"更深" 3 个方向的全面发展。"更多"意味着客户关系数量的增加，即通过获取新的客户、赢返流失的客户和识别出新的细分市场等来增加企业所拥有的客户关系的数量，如图 1.4 (a)所示。

"更久"表示现有客户关系的寿命的延长，即通过培养客户忠诚、挽留有价值的客户关系、减少客户的叛逃和流失、改变或放弃无潜在价值的客户等来延长关系寿命的平均长度，发展与客户的长期关系，如图 1.4 (b)所示。

"更深"意味着现有客户关系质量的提高，即通过交叉销售和刺激客户的购买倾向等手段使客户购买的数量更多、购买的品种和范围更广，从而加深企业与客户之间的客户关系，提高客户关系的质量，如图 1.4 (c)所示。

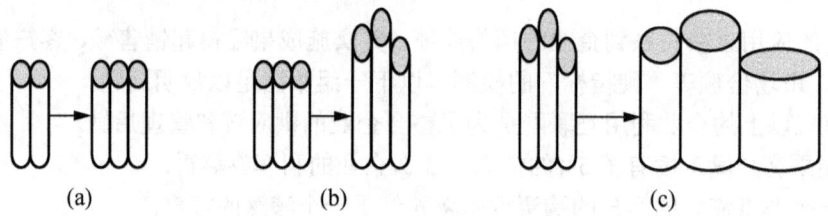

图 1.4 客户关系发展的 3 个维度

 **说明**

图中一个圆柱代表一个客户关系，其高度代表客户关系的寿命，其粗细代表客户关系的质量。

1.5.2 "更多"：带动客户关系数量的增长

客户关系管理的目标首先是"更多"，也就是带动客户数量的增长，这是提高企业利润的基础，实现的途径有 3 个：挖掘和获取新客户、赢返流失客户、识别新的细分市场。

1. 挖掘和获取新客户

虽然赢得一个新客户的成本要高于挽留一个老客户，但是由于企业不能保证不发生客户流失，因此企业在挽留老客户的同时，应当不断发展新客户，这可以起到补充和稳定客户源的作用。对大多数企业而言，获取新客户是企业扩大客户基础、实现企业成长的一种重要手段。所谓新客户，指的是以前并不知道企业产品或者以前不消费企业产品的客户。例如，过去未成年时从未用过信用卡的客户在有固定收入后，才会考虑办理信用卡业务。

如图 1.5 所示，获取新客户主要包括以下几个步骤：识别潜在客户群、估计客户获取的可能性、制定获取新客户的战略、实施获取有价值潜在客户的营销活动(如宣传促销、电视广告、网络广告、名人代言等)，最后达到把潜在客户转化为现实客户的目的。

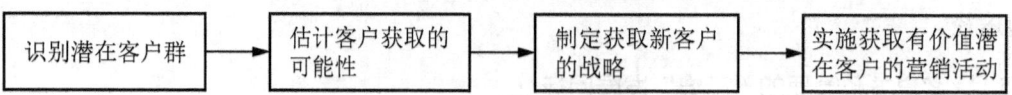

图 1.5 CRM 中获取新客户的步骤

识别潜在客户群的传统方法是：营销经理首先根据企业产品的属性选择可能的人口统计特征(如性别、年龄、职业、喜好等)；之后向数据商购买符合特征的客户名单、地址和电话；然后再通过信函、电话或其他方式直接与这些客户取得联系，进行产品信息沟通，激发客户的购买欲望。但随着潜在客户数量和客户特征的增加，信息和数据量会大大增加，单纯地依靠传统方法已经难以有效辨别目标客户。

现在，CRM 采用了先进的数据挖掘技术，探索客户特性与购买行为之间的模式，并据此开展营销活动，将具有较高的潜在关系价值的客户变成公司实实在在的客户。

如图 1.6 所示反映了 CRM 中识别潜在客户的主要步骤。

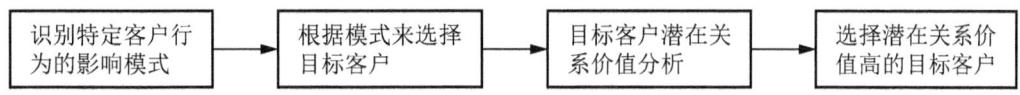

图 1.6　CRM 中识别潜在客户的主要步骤

2. 赢返流失客户

赢返流失客户，是指恢复和重建与已流失的客户之间的关系，主要针对那些曾经是企业的客户、因某种原因而终止与企业关系的客户。对于此类客户，一方面企业拥有大量关于该客户的数据，便于分析其行为特征和购买偏好；另一方面该客户可能是因为不满意企业的产品和服务质量而离开的，因此要改变企业在该客户心目中的形象，使其重新使用企业的产品。

在决定赢返流失客户前，企业首先要辨别出要赢返哪些客户，即企业要从所有流失的客户群细分出最具有潜在价值的流失客户，并根据其价值进行排序，而后再按照排序结果对有潜在价值的客户重点突破，争取赢返。一般来讲，细分流失客户具有以下两种方法。

(1) 根据流失客户的"重生"终身价值进行细分和排序。

对于流失客户，其"重生"后的第二个生命周期的价值将不同于第一个生命周期内的价值，原因主要在于：第一，流失客户较熟悉企业的产品或服务；第二，企业能够根据其拥有的大量流失客户的数据更有针对性地进行产品或服务的设计开发；第三，与第一次接触的新客户相比，成功赢返的流失客户可以增强企业对客户的认知；第四，在第二个生命周期内，从潜在客户向实际客户转换的时间会更短。

(2) 根据流失客户叛逃的原因进行细分和排序。

了解流失客户叛逃的原因，有助于进一步分析该客户的赢返前景。流失客户大致分为 5 类：第一，主动抛弃的客户，即不具有潜在价值而被企业放弃的客户；第二，非主动抛弃的客户，即企业努力挽留但因需求无法得到满足而流失的客户；第三，被竞争对手吸引的客户，也就是因竞争对手提供价值更高的产品(而非价格吸引)而流失的客户；第四，低价寻求型客户，即因竞争对手的价格较低而转向竞争对手的客户；第五，条件丧失型流失客户，即因客户的年龄、生命周期或所处的地理位置发生变化(如搬家、换工作地点)而流失的客户。

在完成识别和分类后，企业就要对流失客户进行细分和排序，然后编制赢返计划。通常，企业没有必要赢返那些主动抛弃的客户、低价寻求型客户和某些条件丧失型客户。

3. 识别新的细分市场

识别新的关系细分市场，也可以有效地增加企业的客户关系量。例如，强生公司原来的细分市场是婴儿产品市场，后来经过新的客户关系细分，定位到成人市场，向成人推销婴儿用的护肤品,从而开发了新的市场和新的客户。

1.5.3 "更久":延长客户关系的生命周期

客户关系管理的第二个重要任务就是"更久",也就是构建企业与客户之间的牢固关系,通过培养客户的忠诚度来实现长期的客户挽留。这里"更久"关注的主要是客户关系的持续时间增长,主要任务就是加强客户的忠诚度和客户挽留,延长客户关系生命周期。

1. 客户忠诚

很多人经常把客户的重复购买行为视为"客户忠诚"。实际上客户忠诚可能是形成重复购买行为的一种原因,但重复购买行为并不意味着客户忠诚。真正的客户忠诚包括行为和态度两个层面,意味着客户对自己偏爱的产品和服务具有强烈的在未来持续购买的愿望,并且付诸实践进行重复购买。这种客户不会因为外部环境变化或竞争对手的营销活动而改变购买行为。忠诚的客户具有 5 个方面的特征:第一,有规律的重复购买行为;第二,愿意购买供应商多种产品和服务;第三,经常向其他人推荐;第四,对竞争对手的拉拢和诱惑具有免疫力;第五,能够忍受供应商偶尔的失误,而不会发生流失或叛逃。

关于客户忠诚的概念、内容及影响因素将在本书第 4 章详细介绍。

2. 客户挽留

越来越多的证据表明"挽留一个现有客户比吸收一个新客户更经济"。美国一位学者通过研究发现,"客户挽留率每增加 5%,可带来企业 60%利润的增长"。

客户挽留的基本做法就是实时监控和评估客户与企业的关系质量,例如采用每年一次的客户关系调查来探查客户的感知价值、质量和满意度,进而采取相应的客户挽留策略。

CRM 提供的数据仓库和数据挖掘技术可以有效地辅助实现客户挽留。通过对数据库的分析,可以很容易地知道企业当前的客户是谁,这些客户的购买行为特征、其为企业创造的收益、相关的服务成本以及这些客户有怎样的偏好等信息。企业通过提供客户决策所需的信息,可以有效地提高客户对企业的信任,培养高度的客户忠诚,实现客户挽留。

对于可能流失的客户,从能否挽留的角度考虑,可以将他们分为两种:值得保留的客户和潜在危险的客户。其中,前者指的是那些曾经多次购买并且表现出 5 种忠诚特征中的一种或多种的客户;后者指的是多种迹象表明在未来有可能发生流失或叛逃的客户。对于值得保留的客户,企业应通过为客户提供更高价值的产品或服务,培养客户的忠诚度;而对于潜在危险的客户,企业则应该积极地探寻客户不满意的原因,针对具体问题,采用服务挽救或其他措施,力争稳定这种危险关系,将客户拉回企业的怀抱,避免客户流失。

1.5.4 "更深":促进客户关系的质量提高

客户关系管理的第三个重要任务就是"更深",其目的是加深企业与客户之间的客户关系,使客户关系的质量进一步提高,其实现手段有交叉销售、追加销售与购买升级。

1. 交叉销售

交叉销售指的是借 CRM 来发现现有客户的多种需求,并为满足他们的需求而销售多种不同的服务或产品的一种新兴销售方式;是努力增加客户使用同一家企业的产品或服务的销售方法。事实证明，客户往往会倾向于从同一家企业购买越来越多的种类的产品。

交叉销售的例子在生活中随处可见，例如，一家在线书店根据客户的购买记录向客户推荐其他可能需要的相关书籍；一家大型超市把啤酒和婴儿尿布摆放在相邻的货架上，因为当地家里有婴儿的男性客户来购买尿布时，很愿意顺便带瓶啤酒回家。

事实证明，交叉销售是一种培养稳固的客户关系的重要工具，因为交叉销售不仅可以提高现有客户对不同产品的购买，加深与现有客户的接触范围，增强对客户关系的支撑力度，分散关系破裂的风险，还可以大幅提升客户对于企业的忠诚度，减少客户转移到竞争对手那里的可能性，使客户关系更为牢固，从而提高客户关系的质量。

2. 追加销售与购买升级

追加销售和购买升级强调的是客户消费行为的升级，客户由购买低盈利性产品转向购买更高盈利性产品的现象。其特点是向客户提供的新产品或服务是建立在客户现行消费的产品或服务的基础之上的。例如，开始购买海尔冰箱的客户，后来又购买了海尔公司的台式计算机产品，再后来又从海尔公司购买其他计算机外围设备和海尔家庭影院系统。

必须指出的是，客户关系的以上3个成长维度并不是严格意义上的划分，而是一种理念上的考虑，为客户关系的发展提供可能的成长方向。事实上，各个成长维度之间存在着相互影响和互动，例如客户关系质量的提高本身就蕴涵着客户关系周期的延长，而客户关系周期的缩短可能也会导致客户关系数量的减少。而如果将潜在的客户关系视为一种特殊的客户关系，则新客户的增加可以看作是客户质量提高的结果，即关系在数量"多"上的发展是潜在关系在"深"度上发展的结果，将潜在的客户关系变成了现实的客户关系。此外，关系在"深"度上的发展扩大了客户与企业的关系接触范围，无疑可以分散关系风险，有利于关系在时间"久"上的发展。而且，3个成长方向的实现手段也并非完全独立，为实现某个方向的成长而做出的努力很有可能促进或阻碍在其他方向上的成长。因此，企业在进行客户关系管理时，应充分考虑各种因素，实现关系在3个方向上的协调发展。

本 章 小 结

本章首先介绍了客户关系管理的相关概念以及促进其发展的主要动力，包括客户的含义及其类型划分、客户关系不同层次的含义、客户关系管理的定义和内涵、客户关系管理的4种主要动力(用来进行客户需求信息收集是原动力；买卖双方地位的变化是拉动力；各方人员的业务需求是牵引力；而现代信息技术的发展是推动力)；然后介绍了客户关系管理所要解决的主要问题(选择客户、获取客户、客户保持和客户价值的提高)，客户关系管理包含的主要内容，以及在企业发展中的重要作用；最后，本章介绍了客户关系管理的工作目标：通过实现企业客户关系在"更多"、"更久"、"更深"3个维度上的全面发展，最终更好地获取新客户、增强现有客户盈利性，并设法延长高价值的客户关系。

通过本章学习，读者应熟悉客户的含义和类型客户关系的内涵，能够充分认识到客户关系管理的含义、内容、作用、需要解决的问题，以及"三维"发展目标及其实现途径。

关键术语

客户　　潜在客户　　目标客户　　客户关系　　客户关系管理　　客户关系管理"三维"发展目标

练 习 题

一、填空题

1. 客户的核心内容包括 4 个方面，分别是_____、_____、_____和_____。
2. 客户分类的标准很多，按照客户与企业之间的关系，可以将客户划分为 5 类，分别是：_____、_____、_____、_____和_____。
3. 客户关系管理的发展动力来自于 4 个方面，其中原动力是指_____，牵引力是指_____，拉动力是指_____，推动力是指_____。
4. 总体上来看，客户关系管理的作用可归纳为 3 个方面，分别是_____、_____、_____和_____。
5. 在客户关系管理的"三维"发展目标中，"更多"是指_____，"更久"是指_____，"更深"是指_____。

二、判断题

1. 所谓客户指的就是企业产品的最终消费者。（　　）
2. 信息技术对于客户关系管理理念的实现具有重要作用。（　　）
3. 所谓客户关系管理，就是购买一套 CRM 软件来管理客户资料。（　　）
4. 客户关系管理的内容是企业与客户如何建立、发展与维护关系。（　　）
5. 客户关系管理的目标仅仅就是实现客户数量的不断增长。（　　）

三、名词解释

1. 客户
2. 潜在客户
3. 目标客户
4. 客户关系
5. 客户关系管理

四、简答题

1. 如何正确地理解"客户"这一概念？
2. 对于企业各种各样的不同客户，可以怎样分类？
3. 请画图说明客户的形成和发展过程。
4. 什么是客户关系？如何理解其含义？
5. 什么是客户关系管理？如何全面地理解其真正内涵？
6. 客户关系管理的快速发展，主要是得益于哪些主要因素的驱动？
7. 客户关系管理所要解决的问题是什么？主要包括哪些内容？
8. 客户关系管理具有什么重要作用？
9. 客户关系管理的目标是什么？
10. 要想实现客户关系管理的目标，企业需要采取哪些策略和方法？

五、案例应用分析

案例 1-1　海尔集团客户关系管理技术手段的应用

海尔集团副总裁周云杰每天上班的第一件事是登录海尔集团的 CRM 网站(www.haiercrm.com)，按地域和产品查看销售信息。作为海尔集团商流本部的负责人，他会敏感地发现任何异常的情况。事实上，此类信息在 14 年前也有，那时周云杰刚刚分配到海尔集团一年。"不过那个时候用的是铁制的档案盒，里头有海尔集团的销售员手写的每家商场的销售档案。"

如今，海尔集团的客户档案盒已经被 CRM 信息系统取代，但是周云杰强调，CRM 不仅仅是一个技术手段，而是企业对待客户的态度，即使没有这些软件系统，海尔集团仍然会非常重视与客户的关系。

就像 CRM 的硬件系统在升级换代一样，海尔集团在 CRM 的理念上也在不断创新。现在，海尔集团对销售员的考核不再以销售量为依据，而是围绕"让客户赚钱"的核心思想，确定在 4 个指标上：客户库存的周转天数、客户利润率、客户问题的解决程度和海尔产品在客户销售额中的份额。也就是说，考核的指标不是你有没有帮助海尔赚钱，而是你有没有帮助客户赚钱。

C：客户

海尔集团的客户主要包括以下 5 类：跨国连锁公司(如美国沃尔玛)、本土连锁公司(如国美电器)、大商场(如北京西单商场)、加盟专卖店(专卖海尔产品)、专营店(专营空调等电器)。其中销售额较大的为专卖店和大商场，其销售额分别占海尔总销售额的 1/3 左右，但本土连锁的增长幅度飞速提高。尽管周云杰说对每一个客户海尔集团都一视同仁，海尔集团仍然需要将有限的资源向重点客户倾斜，为此他们在总部设有大客户部，同时在全国 42 个工贸公司中都设有专人为大客户服务。

海尔集团目前在全国的客户经理有 600 多个，平均 1 个人负责 10 个左右的客户，而海尔集团在全国的销售网点大概有 6 000～7 000 个。从 2000 年开始，海尔集团将以往以产品线为单元的客户管理整合为按区域划分的客户管理。此后海尔集团的 3 类经理将各司其职：产品经理负责了解产品知识并实施营销策略；客户经理发现客户需求并满足客户需求；型号经理找寻市场机会开发新产品。

"表面上的需求只要用心都可以看到。但是要做到聆听消费者的声音，那就需要全身心投入了"。周云杰说，对海尔集团目前 1.6 万人的营销队伍来说，观念的彻底改变仍待加强。

如果观念改变了，和客户的关系就能改变，海尔集团和国美电器公司的合作就是一个例子。

R：关系

国美电器公司与海尔集团的关系曾经不尽如人意。双方在做生意的理念上有差距：国美电器公司坚持提供价格最低廉的产品，而降价却是海尔集团最不愿意做的事情。然而，2003 年 1～4 月，海尔集团与国美电器公司在北京市场上的关系发生了大转折，销售额比去年同时期增加了 4 倍以上，国美电器公司成为海尔集团在北京市场销售额最大也是最重要的客户之一。不仅如此，国美电器公司与海尔集团还达成了战略伙伴关系，在北京市场上共同展开营销活动，进行强势联合。

负责海尔集团在北京地区销售的北京海尔工贸有限公司总经理张鹏对此变化的解释只有一个：海尔集团对客户，尤其是像国美电器公司这样的大客户的营销态度发生了变化。"说实话，对集团总部提出的让客户赚钱、用户满意、员工增值的说法，早先我们并没有悟透"。而在天才企业家加管理思想家张瑞敏的领导下，新的客户关系管理思想在员工的头脑中慢慢地渗透。同时，CRM 信息系统为差异化营销提供了支持。具体说来，张鹏每天登录的海尔集团 CRM 网络为他和其他销售人员掌握整体销售情况提供大量帮助，而总部的商流本部为各地销售员搭建整体营销舞台又使各地区获得极大支持。而且，国美电器公司在北京总部的负责人通过这个网络，可以同时从海尔在北京的负责人和青岛的负责人那里获得快速反馈。

张鹏发现，海尔集团和国美电器公司市场定位冲突是可解决的，以往海尔集团的销售者并未仔细研究国美电器公司的需求。一个销售代表被专门派往国美电器公司，了解对方的需求。"举个例子来说，尽管同为低价电器销售连锁店，国美电器公司和大中电器公司对海尔集团的需求有很大的不同。以冰箱为例，国美电器公司需要180～220L、价格在2000元左右的产品，功能上需要耗电少。而大中电器公司则需要品种更为齐全，不像国美电器公司需要高端精品和低价产品两个极端"。从去年开始，海尔在北京的销售人员行动起来，主动上门确定客户市场优势和所需产品，帮助客户完成差异化订单。

国美电器公司采购中心总经理李俊涛对海尔集团的服务很满意。"以往我们与海尔集团之间的冲突主要是价格冲突。随着海尔集团提供的定制产品策略推出，以往包销买断的矛盾就可以规避了。去年在北京市场上我们进行了大的整合，在此之前我们之间的交易量少，合作也不像现在这么通畅"。李俊涛强调国美电器公司目前在全国范围内都实行了新的采购方式，即定制的方式。以国美电器公司销售的海尔产品为例，其中70%～80%是应消费者需求而定制。

张瑞敏强调的速度也是和国美电器公司合作的一个法宝。"像按顾客需求定制产品的采购方式，我们与其他企业之间也采用。但是海尔集团的反应速度比较快，对我们需求的跟进速度快"。李俊涛说，"这种反应速度体现出海尔集团对客户需求的把握度，说明海尔集团略高一筹。"

M：管理

和张瑞敏一样，周云杰按照3个阶段来划分海尔集团的客户关系管理(1984—1991年的名牌战略阶段；1991—1998年的多元化阶段；1998年至今的国际化阶段)。不过，张瑞敏强调的是3个阶段不同的管理理念："质量"、"服务"和"文化"，周云杰则侧重于不同的管理实践。

在第一个阶段，即名牌战略阶段，海尔集团除了"抓质量抓服务"外，对国内的客户严格挑选，其主要目标是国内声誉较佳、规模较大的商场。1984年，在国内冰箱还处于买方市场时，海尔集团在国内挑选了10家大商场作为专门销售点。此后商场的数量不断扩大，海尔集团在每个商场都专门派一个人回访客户，了解销售动态、顾客反应等信息，并将客户资料放在铁制档案盒里。

在多元化阶段，为了将海尔集团的不同产品集中展示给顾客，海尔集团推行在大商场建立专卖店的销售方式。海尔集团曾在半年时间内一举与大商场共同建立了600多个这类的店中店。为了获得商场的支持，海尔集团向商场承诺专卖店的单位面积销售额会高于平均水平的1.2倍。

周云杰说，事后证明，海尔集团的店中店单位面积销售额已经达到了平均水平的1.5倍。这让海尔集团有机会把不同产品的CRM统一起来，而通过海尔集团当时执行的"日清日毕、日清日高"的制度，海尔集团的销售员能够迅速每天把客户的反应反馈回总部。

周云杰说，海尔集团此时的CRM处于"人盯人"战术阶段，销售员对各商场的情况被要求迅速返回总部。而海尔集团的呼叫中心体系也开始在全国建立起来。1997年，海尔集团第一个呼叫中心在青岛建立。此后的一年时间里，海尔集团在全国29个省市纷纷成立了呼叫中心，2000年省市范围扩大到了34个。

在国际化阶段，海尔集团开始整合内部资源，试图开放网络平台，为客户创造新的价值。2000年春节后，海尔集团上了由IBM公司和吉林大学合作研发的CRM系统。事实上，在此之前海尔集团就采用了SAP的ERP系统整合物流等内部流程。周云杰说，海尔集团对CRM系统的态度是实用就好，海尔集团希望用最少的投入取得最好的效果，从而为海尔集团的整个销售系统提供有力的支持。

目前，海尔通过CRM技术实现了与客户的"零距离接触"。海尔产品在各个销售点的每日销售情况在系统中会很快查询出来。具体说来，客户可以通过海尔集团的CRM网络获得3种服务：网上财务对账、费用查询等在线账务服务，管理咨询、客户投诉服务，以及企业文化、产品推介、促销活动等网上信息服务。对海尔集团内部的员工来说，他们作为内部客户可以享受到库存查询、日期查询、客户进销存查询、商业智能分析等在线系统服务。

周云杰说，CRM拆除了企业与客户之间的"墙"，从而达到快速获取客户订单，快速满足用户需求，缩短销售周期，降低销售成本的目的；使企业在最短的时间内了解并解决客户在营销和使用产品过程中遇到的问题，从而大幅度提高销售业绩与客户满意度。

最后，肩负海尔集团营销重任的周云杰概括说，就 CRM 而言："客户关系是树根，信息技术是树干，销售结果是树叶。"

(资料来源：http://i.cn.yahoo.com/zjh8807567/blog/p_235/2007-04-27)

案例讨论题：

(1) 在本例中，海尔集团是如何认识 CRM 的作用的？他们具体做了哪些工作？

(2) CRM 的应用对于海尔集团销售业绩与客户满意度的提高产生了什么积极影响？

(3) 从上述海尔集团 CRM 应用的案例中，你得到了什么启发？

案例 1-2　万科地产公司"非软件化"的 CRM

万科地产公司堪称中国房地产业 CRM 的成功典范，但万科地产公司并没有全面导入 CRM 系统软件，而是通过一系列的客户管理制度和客户服务体系进行关系管理。究其原因，缘于万科地产公司的客户关系管理的深厚内功。

1. 万科地产公司的客户服务体系

1) 客户服务理念

万科地产公司树立"以客户为中心"的经营管理思想，其客户服务理念包括"建筑无限生活"、"客户是万科存在的全部理由"、"衡量我们成功与否的最重要的标准，是我们让客户满意的程度"等等。

万科地产公司的服务质量有口皆碑，处处体现"以客户为中心"的服务理念，这在应对危机和细节中能够得到更全面的体现。例如，2003 年面对突如其来的 SARS，万科地产公司分别针对客户制订了全方位 SARS 应急方案，通过告示栏、宣传资料、网络等多种渠道对业主进行广泛的 SARS 预防普及教育，并且对所管理的物业定期进行彻底地消毒和严密的门禁管理。为保护广大客户的身体健康，确保公司销售认购工作的顺利进行，万科地产公司还在销售现场针对 SARS 采取了大量的防护措施。北京万科地产公司各楼盘工作人员对待消毒工作一丝不苟，加强对售楼中心的现场消毒、清洗接待桌、加强通风……甚至细致到屋顶、死角、模型，此外还摆放了多种花卉和绿色植物，打消了看房人对购房环境的顾虑。深圳公司制订了严格的 SARS 防止措施，并为客户准备了单人、双人、多人等游海专业自行车，让大家沐浴着阳光和海风，享受自行车自驾游的滋味。

除了消费者，对员工，万科地产公司也采取了一系列的安保举措。对合作伙伴，万科地产公司同样没有丝毫怠慢，各地公司与合作方进行了积极友好的沟通，分别加强了对合作伙伴的预防措施并普及预防知识，并和合作方一起对施工、销售等现场进行全面消毒清洁工作，同时制定了系列卫生措施，确保所有人的安全。

2) 客户服务中心

在 2003 年 9 月以前，万科地产公司的客户服务中心只是万科物业的一个职能部门，不与万科地产公司发生直接联系。不过，很多与客户有关的事务和万科地产公司都要直接发生关联，但这些事务必须经过物业公司后再与上一级的万科地产公司沟通，由此造成了客户服务效率低下的问题。为了缩短客户与万科地产公司的距离，提高客服务质量，万科地产公司把客户服务中心从物业公司剥离出来，并入万科地产公司，直接接受万科地产公司的领导。这之后，其部门职能得到进一步完善，客户与万科地产公司的距离被缩短。万科地产公司认为，"以人为本"的对象中心就是"客户"，所以万科地产公司的高层领导每天都会看万科地产公司的 4 个公开网站和客户服务中心呈报的资料，看的就是客户的投诉；所以客户服务中心会配备20多人的力量,而整个深圳公司只有170多人。

2. 销售管理系统

万科地产公司没有全面导入CRM软件,并不是万科地产公司轻视CRM软件作为CRM工具的重要作用,而是因为万科地产公司采取了稳步发展的策略。房地产销售流程复杂、管理难度大。销售管理水平不仅影响着销售效率和销售业绩,而且能否为客户提供方便快捷的服务直接影响着客户的满意度。因此,万科地产公司首先引入销售管理系统。

深圳万科地产公司于1999年初引入了明源企业版售楼管理系统,同时在万科地产公司四季花城、金色家园、温馨家园3个现场售楼部中使用,并通过ISDN通信线路将3个现场售楼部和深圳地产总部组成了广域网网络,以实现现场售楼部和公司总部的实时数据交换,使公司各与售楼业务相关的工作人员(包括销售部、财务部、按揭组、管理层等)全部可以通过明源企业版售楼管理系统进行实时的数据录入、修改、查询和统计分析。至今,万科地产公司内共有4家分公司(深圳、上海、北京和天津)先后采用了该售楼管理系统。

3. 会员管理信息系统——万客会

万科地产公司率先建立了自己的会员俱乐部——"万客会",倡导在"让万科理解客户、让客户了解万科"的基础上建立理性、对等、双赢的供求交流方式。之后,房地产业界的同行中海、华侨城、万通、招商和建业等知名房地产开发商也相继成立了自己的客户俱乐部。

1) 万客会概况

1998年8月15日,万客会招募会员广告于《深圳特区报》刊出,规定只需年满18周岁,无论性别国籍,在有效填写一张包含姓名、性别、年龄、工作单位、教育程度等内容的个人资料表格后即可入会。目前,在深圳、上海、北京、武汉、南京、南昌等几大城市,万客会的会员已达6万余人。

2) 万客会的服务内容

包括提前获得万科地产公司推出的楼盘资料和最新销售信息、在购置万科房产时可以享受会员优惠、参加各类由"万客会"组织的联谊活动和社会活动、定期收到会刊等等,这一切服务都是免费的。

3) 万客会的核心作用

通过万客会,万科地产公司得到的是和消费者建立起来的良好关系,以及大量的消费者最直接资料,这是金钱难以买到的。据最近相关法规规定,房地产商在没有拿到预售许可证前不能打广告,万科地产公司在上海"假日风景"的销售,通过万客会这一平台,让2 000多名有意向买房的上海人了解到"假日风景"的设计规划,其中400余人填写了购房意向登记表,而这一切是在没有花一分广告费的情况下进行的。万科地产公司认为,CRM是以客户为核心的市场策略,要真正能够"一对一"地了解到消费者的行为习惯、居住模式、审美倾向,这一切仅仅通过技术是不可能实现的,它必须通过传统的人与人之间的交往来实现。实际上,"万客会"已经成为一个天然的实验室。在万科地产公司开发"优诗美地"的前期,曾对万客会的会员做问卷调查,通过调查掌握到户型、价格等方面客户最为关心的信息,为该项目的开发起到了相当有价值的参考作用。

4) 解析"万客会"

在消费者导向的营销时代,企业一般采用3种建立顾客价值的营销方式。第一种是通过减少财务利益来加强与顾客的关系,比如赠送奖品、提供各种优惠。这些措施容易被竞争对手模仿,因此,常常很难保持产品与手法的差异性。第二种方法是制订个性化营销策略,通过了解各种客户的个人需求和爱好,将企业的服务差异化,和消费者建立良好的关系,这是通常所说的品牌建设。第三种方法是增加结构性联系,和消费者建立互动的CRM,这就是"万客会"模式所带来的新鲜理念。万科地产公司通过"万客会"正是和消费者建立后面两个层次的关系。在"优诗美地"的销售中,有60%为"万客会"资深会员重复购买或推荐购买，而在其他项目里，这个比例也在40%～70%。

CRM改变了企业与客户交流的传统方式，为企业与客户的有机联系注入了新的内涵，在"不经意间"增加了客户对企业的忠诚度，同时也扩大了企业的影响、增加了额外的利润。

4．提升客户忠诚度的具体措施

"衡量我们成功与否的最重要的标准，是我们让客户满意的程度。"这句话，是万科地产公司核心价值观的重要组成部分。万科地产公司充分认识到了客户满意度、忠诚度的重要性，万科地产公司是如何提升客户忠诚度的呢？

1）了解客户需求，是提升客户忠诚度的第一步

2002年年底万科地产公司委托盖洛普调查公司对万科所在城市的42 000多客户进行了一次满意度调查。调查结果显示，老业主的整体满意度为78%，新业主的整体满意度为77%，这同2001年9月中国质量协会在全国15个城市开展的"百万用户评住宅"活动的调查结果——消费者对住宅的综合满意度为45.5%相比要高出许多。万科地产公司进行客户满意度的调查，更为重要的是为了了解客户存在哪些方面的不满意，哪些因素影响客户的满意度，从而据此改善产品与服务。例如，本次客户满意度调查的结果显示，管线端口位置、户型设计是否充分考虑了摆放家具的便利等细节性因素，对于客户满意度、忠诚度，有着举足轻重的影响。

除了客户满意度调查这一途径外，万客会也日益成为万科了解客户需求的一个重要途径。

2）坚持透明原则，提供全面准确的信息

客户变为忠诚或不忠诚的过程，其实就是客户将他实际得到的和他所付出的东西进行比较的过程。只有当客户认为他的实际所得达到或超越了他的付出的时候，他才会感到满意。只有长期感到满意的客户，才可能变为忠诚。当向客户传递信息时，不管是信息遗漏还是无意中的"误导"，从长远看，就埋下了一个引发争议、增加交易成本的重大隐患。

为保证和帮助客户做出正确的购买决定，万科地产公司坚持透明原则，加强与客户的沟通，将客户应该知道的信息尽可能全面、完整地传递给客户。万科地产公司充分认识到误解的代价，意识到一言一行的后果，从而以谨慎、负责的态度，向客户传递这些信息。

3）点滴积累，不断进步

为了进一步挖掘造成业主忠诚与不忠诚的潜在驱动因素和情感因素，万科地产公司曾在定量分析报告的基础上，又委托调查公司进行了基于深度访谈的定性研究。通过引导客户回忆从认知万科到购买万科产品的全过程，对忠诚客户和非忠诚客户在不同阶段的感受特征进行对比分析，得出了初步结论，即无论非忠诚客户还是忠诚客户，都不会在一夜之间发生突变，而是存在着一个逐步演变的过程。

4）应对投诉的策略

如何面对和解决客户投诉是影响客户满意度和忠诚度的重要一环。目前，许多房地产开发企业在处理客户投诉问题仍停留在比较初级的方式：没有规范的投诉处理流程；在危机事件发生前没有预警方案，使得在处理危机事件时不能游刃有余，往往在突发危机事件处理中消耗比较大的成本和管理费用。

为了更好地解决客户投诉问题，万科地产公司在网站上设立了"投诉万科"的论坛。万科地产公司认为："投诉有可能会暂时令部分想买房的人犹豫，但最终它会改进我们的工作，从而使我们赢得更多的客户。"万科地产公司提供的数据是，99%的客户投诉都能得到妥善处理。当然，一些特殊的问题会有一个处理的过程。但客户服务中心的工作要求是：24h内必须对客户有直接的反馈。当许多开发商头疼于用户的投诉时，万科地产公司每年收到3万多条客户投诉，但万科地产公司也发现，投诉越多的客户其忠诚度也越高。万科地产公司每年提取5 000多条客户意见进行改变，于是有了今天在细节上日臻完美的产品。

对于客户投诉，万科地产公司认为："作为一个规范经营、信守承诺的上市公司，万科尊重自己的客

户,亦从不回避客户提出的问题,希望在客户的促进下努力改进自身的不足。客户可以通过多种方式提出问题,亦有多种渠道沟通解决;沟通不成,还可以通过法律手段维护自己的权益。"

(资料来源:中国房商网 http://www.ccmw.net/ 2008-08-19 16:56:12)

案例讨论题:
(1) 在本例中,万科地产公司是如何认识 CRM 的作用的?他们具体做了哪些基本工作?
(2) CRM 的应用对于万科地产公司的销售业绩与客户满意度的提高产生了什么积极影响?
(3) 通过万科地产公司与海尔集团 CRM 的对比,你认为企业实现 CRM 的关键因素是什么?
(4) 请根据以上两个案例的介绍,为你所熟悉行业中的一家企业进行 CRM 内容的设计。

实 践 训 练

1. 企业调查题

自己通过相关关系,联系 2~3 家企业,对其 CRM 工作开展情况进行调研,并写出初步的调查提纲和最终的调查报告。根据实际调研的结果,进行如下问题的分析:
(1) 如果你认为某一/几个企业的 CRM 工作开展的好,请介绍其主要做法。
(2) 如果你调查的某一/几个企业没有开展 CRM 工作,请分析其主要原因。
(3) 如果你认为某一个/几个企业的 CRM 工作已经开展,但是效果很差,请帮助诊断其中的原因,并根据本章所讲知识和所举案例,帮助其给出一些合理化建议。

2. 文献搜索题

通过查阅相关文献,系统地了解 CRM 的基本内容,深入地了解 CRM 的含义、作用和功能;并了解 CRM 软件系统的发展情况、主要厂商、产品定位,以及目前的主要研究热点。

3. 案例搜集题

通过网络搜索引擎检索或者查阅相关文献,找出更多的企业 CRM 的应用案例,并根据案例内容,模仿本章下面的"案例应用分析"的格式,设计讨论题目,同学之间进行学习交流。

第 2 章　客户生命周期及其价值管理

知识架构

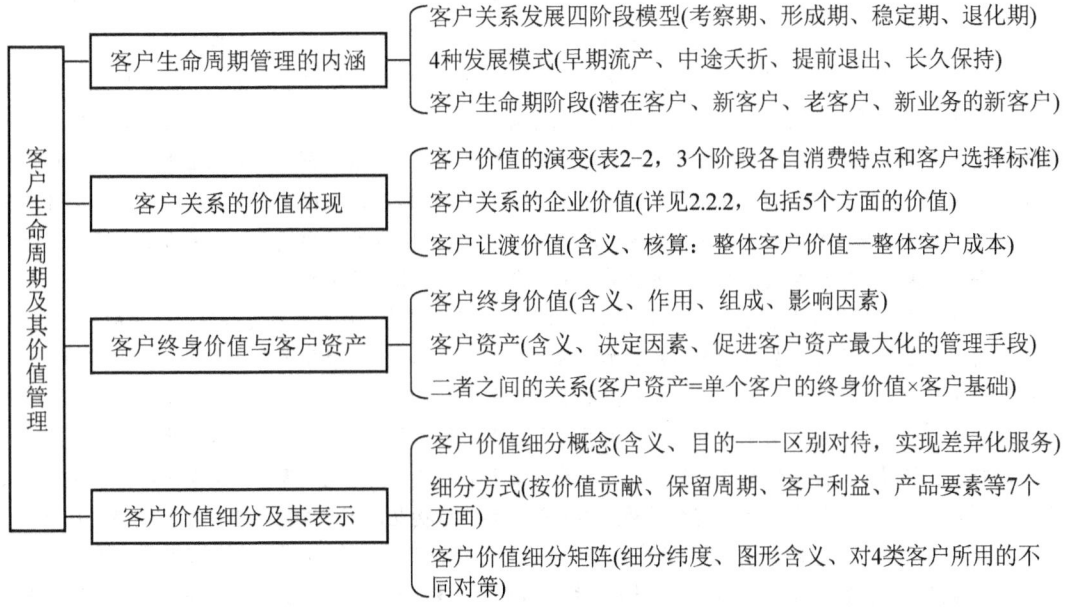

学习目标

通过本章的学习，读者应该能够：
- 熟悉客户关系发展的 4 个阶段及其各自特点
- 了解客户关系的生命周期曲线及其各种模式
- 掌握客户关系生命周期的划分阶段及其特点
- 熟悉客户让渡价值的基本含义及其组成部分
- 了解客户资产的含义、驱动因素与管理手段
- 掌握客户终身价值的含义、组成与影响因素
- 了解客户终身价值与客户资产间的相互关系
- 掌握客户价值细分矩阵与客户金字塔的含义

 导入案例

案例2-0：爱普生公司究竟是如何"创造客户价值"的？

在爱普生公司的整体服务理念中，服务其实是一种能"创造客户价值"的产品，因此在爱普生公司内每个员工都把客户放在心里，从客户的角度出发从事工作，不仅提供产品服务，而且还要不断为客户创造价值。

在业务范围不断扩大，客户的要求也变得多样化的今天，爱普生公司究竟是如何"创造客户价值"的呢？

简单来说，要想提供有价值的服务，首先就要善于了解客户的需求。而在这方面，爱普生公司的"客户呼叫中心"可谓是功不可没。据了解，爱普生公司在世界各地的销售公司均设有呼叫中心，通过这种直接和用户沟通的方式，同时借助可以共享的企业内部网，客户的意见会以最快的速度反映到企业服务、生产甚至是最高领导者那里。同时，为了消除客户的"挂不通"等不满，呼叫中心在每个区域都会根据客户的咨询人次，调整呼叫中心的人员配置，致力于向最佳状态的改善。尤其值得称道的是，2005年，爱普生公司的热线呼叫中心开通了网络呼叫中心，借助音频和视频为客户提供网上的互动服务。在这种服务模式下，呼叫中心把很多复杂的服务操作制作成Flash动画和视频影像，放在爱普生公司的网站上供用户查阅。而对于复杂服务，用户可以进入"爱普生用户俱乐部"，这里以互动形式为主，可为用户提供量身定制的服务。如果用户有摄像头，工程师可以看着用户操作，并做出正确的指导。从某种程度而言，爱普生公司通过呼叫中心这条"绿色通道"，能够更为全面地了解客户需求，从而制定符合用户需求的服务措施。

了解需求之后，爱普生公司会进一步更加积极的提供相关"行业主动服务"。比如从2007年度开始，爱普生公司针对银行、教育等大型行业客户推出了一种保修期内免费预防性上门巡检服务。爱普生公司通过大客户专业系统，了解行业大客户用户、机器以及维修信息，热线支持信息以及客户维系信息，针对大客户的特点和状况，向符合标准的大客户提供免费乡镇级别网点上门清洁、保养、维修和培训等一条龙服务，并不断完善大客户服务档案，充分了解大客户需求和使用状况，不断推出大客户期望的特色服务。

针对高端行业客户，爱普生公司在标准保修服务基础上提供了所谓的"心加心"升级服务。用户可根据需求选择超值维修服务，通过事先购买此服务，将保修期延长至2~3年，这期间，用户无须再支付维修费用。同时，针对不同高端客户的个性化需求，爱普生公司的"心加心"服务还会提供"一小时快修服务"，这种高响应速度满足了终端客户的服务需求。另外，"心加心"服务还允许用户以旧机器按照市场价以旧换新购买新机器，同时可以得到不同程度的免费服务或者礼品赠送。某种程度而言，爱普生公司用"心"为客户制定的特色服务，为爱普生公司赢得了更多新老用户的"心"，让爱普生的服务品牌更加家喻户晓。

服务就是竞争力，从1992年开始着手服务体系建设到现在，爱普生公司不断增加服务的内容，提高服务的专业性和主动性，满足客户对服务品质无止境的需求。用爱普生公司自己的话来说："只有产品+服务才能形成真正意义上的商品价值。在爱普生公司，服务已经成为产品的核心内容，是客户价值创造的根本所在。"

（资料来源：硅谷动力网站 http://www.enet.com.cn/article/2008/0424/A20080424245371.shtml）

点评

从本例可以看出，爱普生公司为了"创造客户价值"，采用了各种办法，例如通过设置各种互动渠道获取客户需求；想方设法提高企业的售后服务水平；开展有针对性的大客户服务方案等。许多企业的实践

已经证明，只有不断提高产品或服务的"客户感受价值"，才能在市场中获取更多的利润，也才能保持大量的忠诚客户。

2.1 客户生命周期管理内涵

CRM 理念要求企业必须完整地认识客户生命周期及其各阶段特点，然后作相应管理。本节介绍客户关系发展的阶段模型，以及客户生命周期阶段划分、各阶段特点及管理重点。

2.1.1 客户关系发展四阶段模型

客户关系发展的阶段划分是客户生命周期研究的基础。一般来讲，客户关系的发展划分为考察期、形成期、稳定期、退化期 4 个阶段，称为"四阶段模型"，内容描述如下。

1. 考察期——客户关系的探索和试验阶段

在这一阶段，双方的相互了解不足，考察和测试目标的相容性、对方的诚意，并考虑建立长期关系时对双方潜在的职责、权利和义务。不确定性是考察期的特征，评估对方的潜在价值和降低不确定性是这一阶段的中心目标。在这一阶段，客户会下一些尝试性订单。

2. 形成期——客户关系的快速发展阶段

双方关系能进入这一阶段，表明在考察期双方都相互满意，并建立了一定的相互信任和相互依赖。在这一阶段，双方从关系中获得的回报日趋增多，交互依赖的范围和深度也日益增加，逐渐认识到对方有能力提供令自己满意的价值(或利益)和履行其在关系中担负的职责，因此愿意承诺一种长期关系。在这一阶段，随着双方了解和信任的不断加深，关系日趋成熟，双方的风险承受意愿增加，由此双方交易不断增加。

3. 稳定期——客户关系发展的最高阶段

在这一阶段，双方或含蓄或明确地对持续长期关系做了保证，具有如下明显特征：双方对对方提供的价值高度满意；为能长期维持稳定的关系，双方都做了大量有形和无形投入；大量交易。因此，在这一极端双方的相互依赖水平，达到整个关系发展中的最高点。

4. 退化期——客户关系发展过程中关系水平逆转的阶段

引起关系退化的原因很多，例如，一方或双方经历了一些不满意；发现了更适合的关系伙伴；需求发生变化等。退化期的主要特征有：交易量下降；一方或双方正在考虑结束关系甚至物色候选关系伙伴(供应商或客户)；开始交流结束关系的意图等。

2.1.2 客户关系发展的不同模式

根据上面的描述，可以看出：考察期是客户关系的孕育期，形成期是客户关系的快速发展期，稳定期是客户关系的成熟期，退化期是客户关系水平发生逆转的时期。

1. 客户关系发展各阶段相关变量的变化情况

表 2-1 总结了上述考察期、形成期、稳定期和退化期 4 个不同阶段在交易量、价格、成本、间接效益、交易额以及利润等变量变化情况的分析结果。

表2-1　客户关系发展各阶段交易量、价格成本、间接效益、交易额以及利润等变量的变化情况

变量	考察期	形成期	稳定期	退化期
交易量	总体很小	快速增长	最大并持续稳定	回落
价格	为吸引客户，一般为较低的基本价格	有上升趋势，形成期后期变得明显	价格继续上升，具体取决于公司增值能力	开始下降
成本	最高	明显降低	继续降低至一个低限	回升，但一般低于考察期
间接效益	没有	后期开始有间接效益，并有扩大趋势	明显，且继续扩大	缩小，但滞后于关系的退化速度，如客户传递坏的口碑，则有负的间接效益
交易额	很小	快速上升，形成期后期接近最高水平	稳定在一个高水平上	开始下降
利润	很小甚至负利润	快速上升	继续上升，但后期减缓，最后稳定在一个高水平上	开始下降

2. 交易额和利润在生命周期各阶段的变化趋势

在上述6个对比变量中，交易额和利润是企业最为重视的两个变量。为了更直观地展示二者在客户关系发展各阶段的变化趋势，以及引起变化的原因，下面根据表2-1的结果，将其绘制成如图2.1和图2.2所示的两个柱状图(因为图书印刷方式限制，图中区分各项目的彩色显示效果无法显示，各图表下面的图例表示的为图中自上而下的各颜色块)。

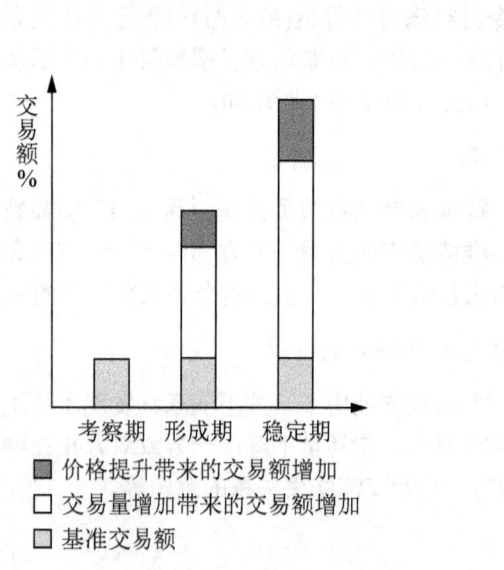

图2.1　各阶段交易额来源与变化原因示意图

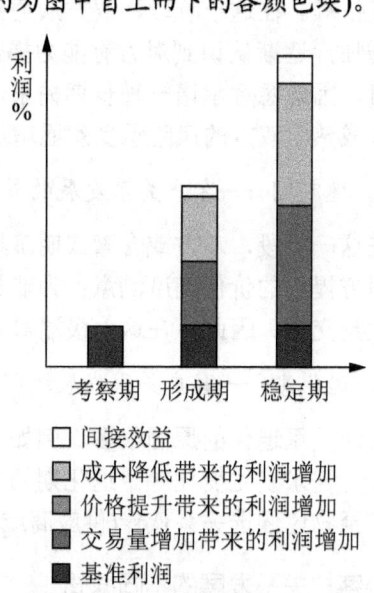

图2.2　各阶段利润来源与大小示意图

从图2.1中可以看出，在考察期、形成期和稳定期交易额依次增加，增加的原因是交易量的增加和价格的提升，其中交易量增加是引起交易额增加的主要原因。

从图2.2中可清晰地看出客户关系各个阶段利润的大小和来源：考察期利润总体很小(不考虑获取成本，否则可能是负利润)，利润的来源是价格与成本的差价(可称为基本利润)；形成期和稳定期与考察期相比，除因为交易量增加带来基本利润增加外，价格敏感度下降、

成本降低和间接效益将作为重要源泉给公司带来超级利润(基本利润以外的利润)。形成期和稳定期的主要区别在于无论单个利润部分还是总体利润，后者均远远大于前者。

根据上述讨论，交易额和利润在生命周期各阶段的变化趋势归纳如下。

(1) 交易额。客户关系水平越高，交易额越大。具体地说，在考察期总体很小且上升缓慢，形成期快速增长并在形成期后期接近最大，稳定期总体很大但上升十分缓慢，在某一时点达到最大，之后在最大值附近保持，退化期快速下降。

(2) 利润。客户关系水平越高，客户为企业创造的利润越大。具体地说，在考察期总体很小(甚至为负)且上升缓慢，形成期以较快速度增长，稳定期继续增长但比之于形成期速度相对较慢，在稳定期后期达到最大，退化期快速下降。

3. 客户生命曲线的表示方式

如图 2.3 所示，是根据上述分析给出的一个典型的客户生命曲线，曲线Ⅰ和曲线Ⅱ分别描述交易额(图中的 $TV(t)$)和利润(图中的 $P(t)$)随时间 t 的变化趋势。

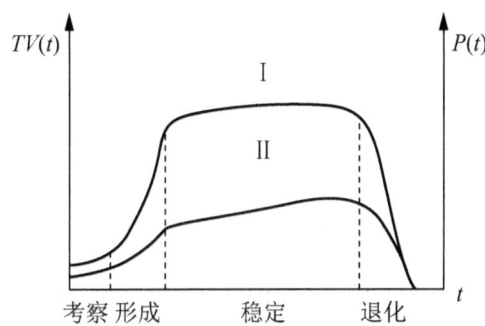

图 2.3　典型的客户生命曲线

说明

为清晰起见，曲线Ⅱ作了一定放大，$P(t)$ 单位刻度代表的数值小于 $TV(t)$ 单位刻度代表的数值。

从图 2.3 中可以看出，$TV(t)$ 和 $P(t)$ 具有类似的阶段特征：在考察期总体很小，且上升缓慢；形成期以较快速度增长；稳定期继续增长但增速减慢；退化期快速下降。两条曲线均呈倒 U 形。所以，往往只用一条曲线就可刻画出客户生命周期的特征。一般采用 $TV(t)$ 曲线，$TV(t)$ 曲线可看作狭义的客户生命曲线。但 $TV(t)$ 曲线和 $P(t)$ 曲线相比有两点不同：第一，交易额在形成期后期就接近最大值，稳定期在最大值附近保持，但利润在稳定期仍持续攀升，直到稳定期后期才达到最大值。这是由于在交易额达到最大时，价格提升、成本降低和间接效益对利润的贡献并没有达到最大，它们对利润的正效应一直要延续到稳定期后期，其中"口碑效应"甚至要延续到退化期。第二，在退化期利润回落的速度低于交易额的回落速度。原因是由于惯性作用，价格、成本和间接效益变化有一定的滞后效应。

4. 客户生命曲线的不同模式类型

图 2.3 描述的是一个理想的客户生命周期模式，即包含完整的 4 个阶段，稳定期持续较长时间，考察期和形成期相对较短。这样的客户关系发展轨迹将带给供应商丰厚

的利润。但是，客户关系并不总能按照供应商期望的这种轨迹发展，即客户生命周期模式存在多种类型，不同的类型带给供应商不同的利润，代表着不同客户关系的质量层次。

其实，在客户关系的发展中，关系的退化并不总是发生在稳定期后，实际上在任何一个阶段，关系都可能退化，有些关系可能永远越不过考察期，有些关系可能在形成期退化，有些关系则越过考察期、形成期而进入稳定期，并在稳定期维持较长时间后退化。

因此，根据客户关系退出时所处的阶段不同，可将客户生命周期模式划分成4种类型(由于在稳定期前期退出和后期退出的生命周期模式有显著差异，故将从稳定期退出的模式分成两种)。如图2.4所示给出了用狭义生命曲线($TV(t)$曲线)表示的4种客户生命周期模式。

可以看出，模式(a)——早期流产型中的曲线Ⅰ，模式(b)——中途夭折型中的曲线Ⅱ，模式(c)——提前退出型中的曲线Ⅲ、模式(d)——长久保持型中的曲线Ⅳ，分别表示客户关系在考察期、形成期、稳定期前期、稳定期后期4个阶段退出。

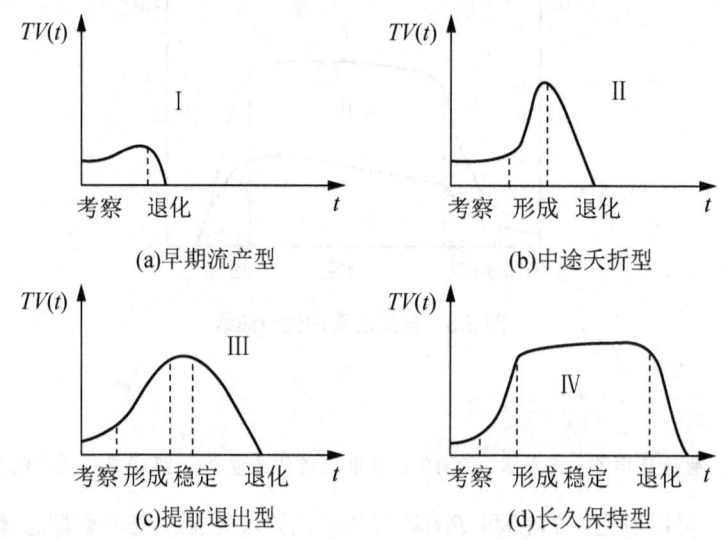

图2.4 客户生命周期的四种模式类型

2.1.3 客户生命期阶段划分与特点

客户生命期是客户关系生命周期的简称，是指客户关系水平随时间变化的发展轨迹，直观地揭示了客户关系发展从一种状态向另一种状态运动的阶段性特征。

如图2.5所示，从客户成为企业的潜在客户开始，客户的生命周期就开始了，该周期可划分为4个阶段，由前到后依次为：潜在客户、新客户、老客户、新业务的新客户。客户服务的目的就是要使这个生命周期不断地延续下去，让这个客户成为忠诚的客户。

客户生命周期是从动态角度研究客户关系的重要工具，它将客户关系发展过程划分为几个典型阶段，并对每一个阶段的客户特征进行描述，图2.5中各阶段的特点如下。

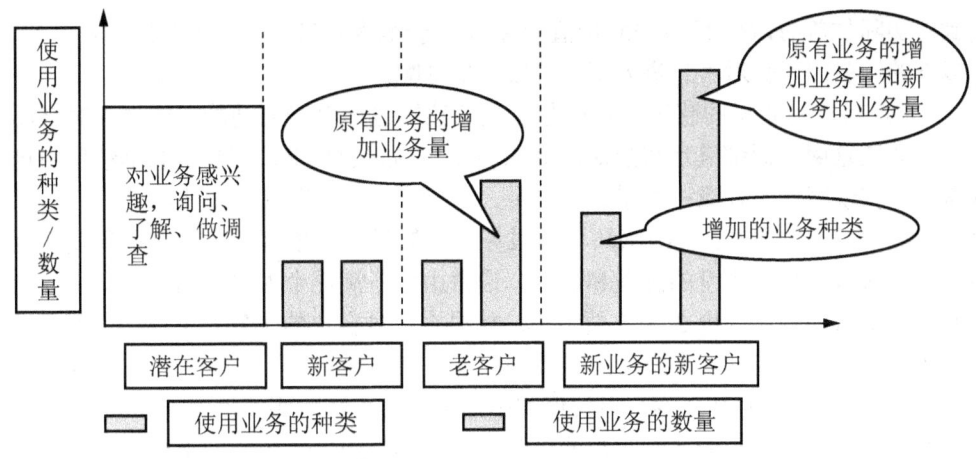

图 2.5　客户生命周期的划分

资料来源：汤兵勇. 客户关系管理(第 2 版). 北京：高等教育出版社. 2008.

1. 潜在客户阶段的特点

当个人或组织在询问企业的业务时，他(它)就开始表现出对该业务的兴趣，成为了该企业的潜在客户。在该阶段，客户会由于多种不同的需求(例如主要功能、辅助功能以及兼容功能等功能需求，质量、品牌外在包装等形式需求，性能价格比等价格需求，以及心理需求、服务需求、文化需求等外延需求)，产生一定的购买意识。

当客户对某种产品或服务的购买意识产生后，就会对有关这种产品或服务的信息感兴趣，会通过媒体广告、商品展示、他人推介、本人经历等多种途径去收集信息，为自己的购买决策提供依据。然后客户将收集到的各种信息进行处理，包括对不同企业生产或提供的同类产品或服务进行相互对比、分析和评估。有时这种对比、分析、评估会反复进行。

在这个阶段，客户最需要的就是建立对企业产品的信心，潜在客户对业务或产品的信任程度或认可度，决定了他上升为新客户的可能性，但也可能就此丧失信心，从而让企业失去这个客户。以下的一些因素会对客户进入下一阶段产生影响。

(1) 外界评价。对该企业业务评价的高低，将会影响客户对企业业务的信心和兴趣。

(2) 客户的层次。潜在客户所属的层次越高，对企业业务了解得越多，就越能明确自己的行为，受到外界的影响就越少，更易在询问后确定使用。

(3) 客户的所属行业。潜在客户的行业与企业业务越是有联系，就越会有助于客户了解他所选择的业务，越有助于客户尽快做出采购决策。

2. 新客户阶段的特点

当客户经过需求意识、信息收集、评估选择后，对企业业务会有所了解，或者在别人的推荐和介绍下会将某种产品和服务的期望同属于自己的价值观念密切联系在一起，客户决定使用或者购买某一企业的某个产品或服务时，就由潜在客户上升为新客户。

在这个阶段，还是需要逐步培养客户对该企业业务和产品的信心和信任感，同时，也为继续使用该企业业务进而使用更多业务奠定基础。对新客户的呵护和培养，是让新用户继续消费产品的生命周期的前提。此时客户的购买经历、使用体验以及客户对这次购买的价值评判产生了客户对质量的实际感受和认知(即客户对质量的感知)；对所支付的费用和所达到的实际收益的体验(即客户对价值的感知)将影响客户进入下一个时期。

以下的一些因素会对客户进入下一阶段产生影响。

(1) 客户对产品质量的感知。对产品质量的感知包括对产品功能的感知和对产品形式的感知。如果这两方面都满足客户对产品的功能和形式的需求，客户就会继续使用这种产品和服务，实现客户的升级；如果无法满足，客户就可能转向其他企业。

(2) 客户对产品服务质量的感知。对服务质量的感知是指客户在产品购买和使用过程中对外延需求方面满足程度的感受和认知。通常由服务满足个人需求的程度、服务的可靠性和对服务质量的总体评价 3 个方面组成。如果企业对客户的服务效果很好，就会满足客户的情感需求，就可能延长客户的使用周期；反之则相反。

(3) 客户对价值的感知。客户对价值的感知是指客户在购买和消费产品或服务过程中，对所支付的费用和所达到的实际收益的体验。客户感知的价值核心是价格，但不仅仅是价格。从广义角度考虑，客户对价值的感知体现在 3 个方面：客户总成本的感知、质量与价格之比的感知以及价格与质量之比的感知。客户对价值的感知会使客户考虑这次购买感觉是否值得？如果值得，会产生下次购买；反之则相反。客户的价值感知取决于客户的价值取向，而处在不同需求层面的客户自身的价值观念又影响着客户的价值取向。

(4) 企业竞争者的资费信息。如果本企业的直接/间接竞争者，或者替代品生产厂商提出更适合客户的资费信息，就可能使客户在使用业务后在很短的时间内就转向新的企业。

(5) 客户需求的情况。如果客户的需求在此期间上升，而现有的企业业务无法满足对方的增长需求(比如对方订单中对产品数量的需求过大)，客户就可能转向新的竞争对手。

3. 老客户阶段的特点

在该阶段，客户使用该企业的业务也持续了一段时间，对企业培养了基本的信任，从而成为了该企业的老客户。这时候，客户的满意度、忠诚度和信用度是企业关心的焦点，要想法将此老客户发展成为忠诚客户，争取更多的客户钱包份额，同时要让客户在有或者还没有使用本企业新业务的需求时，对新的业务感兴趣，通过交叉销售扩展客户营利性。

以下的一些因素会对客户进入下一阶段产生影响。

(1) 企业的服务情况。企业持续的、良好的客户服务会有助于保持老客户，因为这个时期最重要的是情感上的满足，客户服务的具体和详尽程度可以决定客户日后的选择。

(2) 客户新的业务需求。如果客户有新的业务需求，并且这项需求可以由该企业提供，客户极有可能仍然选择现有的企业，进而实现客户的升级。

(3) 竞争者的情况。如果竞争者提供更优廉的服务和业务，那么客户可能会转向竞争对手。

4. 新业务的新客户阶段的特点

这里的新业务的新客户，是指由原来的老客户发展而来的，即原有的老客户由于建立起对该企业业务的信任感，进而使用了该企业的新业务，这时的使用是建立在一种相互的信任上的，不同于一个纯粹新客户对新业务的接受。影响新业务的新客户的因素主要有以下几种。

(1) 老业务的运行情况。如果老业务不尽如人意，就可能影响客户对新业务的信心。

(2) 新业务的发展情况。其好坏影响客户对企业的信心，也会影响继续使用的决心。

(3) 客户的满意程度。在该阶段，如果客户不满意，就可能终止生命周期的继续。

(4) 企业的发展状况。在这个时期，客户一般都愿意与企业建立长期的合作关系，如果企业的发展状况达不到客户的预期和期望，客户就可能转向他认为更有前途的企业。

当客户进入该阶段时，客户生命周期就进入了循环阶段，客户潜力也发挥到了极致，延长了客户的使用周期，从而保持了客户，节约了成本。当然，这种生命周期的划分可能会有交叠的部分，企业客户服务的目的就是要使客户在接受企业服务的那一天，或是在有这种需求的开始，就能持续不断地沿着这种周期发展，从而为企业节约成本，创造更多的利润。

2.2 客户关系的价值体现

客户关系对于企业来说具有重要的商业价值，本节介绍客户价值趋向的变化过程，客户关系对企业的重要价值及其创造过程，以及用于客户自身衡量的客户让渡价值。

2.2.1 客户价值选择的演变

随着市场竞争的加剧，许多商品或服务的同质化倾向越来越强。这使得商品品质不再是客户消费选择的主要标准，客户越来越看重企业能否满足其个性化需求和能否为其提供高质量的服务。伴随着该过程，客户价值趋向经历了一个演变的过程，见表2-2。

表2-2 客户价值选择的演变过程

阶　　段	消费特点	价值选择标准
理性消费时代	不但重视价格，而且更看重质量，追求物美价廉	"好"／"差"
感觉消费时代	开始注重产品的形象、品牌、设计和使用的方便性等	"喜欢"／"不喜欢"
感情消费时代	重视产品购买和消费过程中带来感情上的满足感	"满意"／"不满意"

客户价值趋向的演变从注重物质利益到注重精神感受，实际上是人类社会追求更高层次需求在市场经济中的体现，这也充分反映了学习和研究客户满意的重要意义。

2.2.2 客户关系的企业价值

客户关系对企业的价值体现在多个方面，它是企业利润的主要源泉，是对付激烈竞争的主要利器，同时还具有聚客效应、口碑效应和重要的信息价值。

1. 客户是利润的源泉

企业要实现赢利必须依赖客户。因为只有客户购买了企业的产品或服务，才能使企业的利润得以实现，因此客户是企业利润的源泉，管好了客户就等于管好了企业的"钱袋子"。

企业的命运是建立在与客户长远利益关系基础之上的，二者之间的关系好比是"船与水"的关系，水能载舟也能覆舟，客户可以给企业带来利润，同时也可以使企业倒闭。

对于客户在企业发展中的重要性，许多管理大师和著名企业家都有论述，例如：

(1) "公司无法提供职业保障，只有客户才行。"——通用电气公司总裁韦尔奇

(2) "企业的首要任务就是'创造客户'。"——管理学大师彼德·德鲁克

(3)"实际上只有一个真正的老板,那就是客户。他只要用把钱花在别处的方式,就能将公司的董事长和所有雇员全部都炒鱿鱼。"——沃尔玛公司创始人山姆·沃尔顿

可见,客户是企业生存和发展的基础,客户起的作用是决定性的,一个企业不管有多好的设备、技术、品牌和团队,如果没有客户及客户的忠诚,那么一切都将为零。

2. 客户是对付竞争的利器

在当前激烈的市场竞争中,一个企业的竞争力有多强,不仅要看技术、看资金、看管理、看市场占有率,更为关键的是要看企业到底拥有了多少忠诚的优质客户。

业务流程重组的创始人哈默先生就曾说过:"所谓新经济,就是客户经济。"

在产品与服务供过于求,买方市场已形成的今天,客户对产品或者品牌的选择自由越来越大,企业间的竞争已经从产品的竞争转向对有限的客户资源的争夺,尽管当前企业间的竞争更多地表现为品牌竞争、价格竞争和广告竞争等方面,但实质上都是在争夺客户资源。

在小地摊买一根油条要 0.5 元,而在麦当劳却要 3 元,并且购买者都是心甘情愿的,因为他们觉得值。所以,企业如果能够拥有较多的、以较高满意度、以较高价格去购买企业的产品或者服务的客户,企业就能在激烈的竞争中站稳脚跟,立于不败之地。

此外,企业如果拥有的客户越多,就越可能降低企业为客户提供产品或者服务的成本,这样企业就能以等量的费用比竞争对手更好地为客户提供更高价值的产品和服务,提高客户满意度,从而在激烈的竞争中处于领先地位,有效地战胜竞争对手。

3. 庞大的客户群具有聚客效应

自古以来,人气就是商家发达的生意经。一般来说,人们的从众心理都很强,总是喜欢锦上添花,追捧那些"热门"企业,因此,是否已经拥有大量的客户会成为人们选择企业的重要考虑因素。也就是说,已经拥有较多客户的企业容易吸引更多的新客户加盟,从而使企业的客户规模形成良性循环。如果没有老客户所带来的旺盛人气,很难想象企业能够源源不断地吸引新客户,企业也不可能长久地持续发展。

4. 庞大的客户群会带来口碑价值

客户的口碑价值是指由于满意的客户向他人宣传本企业的产品或者服务,从而吸引更多的新客户加盟,而使企业的销售增长、收益增加所创造的价值。研究表明,在客户购买决策的信息来源中,口碑传播的可信度最大,远胜过商业广告和公共宣传对客户购买决策的影响。因此,客户主动的推荐和口碑传播会使企业的知名度和美誉度迅速提升。

5. 庞大的客户群会带来信息价值

客户的信息价值是指客户为企业提供信息,从而使企业更有效、更有的放矢地开展经营活动所产生的价值。这些基本信息包括:企业在建立客户档案时由客户无偿提供的信息;企业与客户进行双向、互动的沟通过程中,由客户以各种方式(如抱怨、建议、要求等)向企业提供的各类信息,包括客户需求信息、竞争对手信息、客户满意程度信息等。

客户提供的这些信息不仅为企业节省了收集信息的费用,而且为企业制订营销策略提供了真实、准确的一手资料,所以,客户给企业提供的信息也是企业的巨大财富。

2.2.3 客户让渡价值及其核算

客户让渡价值是指整体客户价值与整体客户成本之间的差额部分,如图 2.6 所示。

整体客户价值是指客户从给定产品或服务中所期望得到的所有利益,包括产品价值(指产品的质量和功能)、服务价值(反映企业从售前、售中到售后整个过程所提供的服务水平)、人员价值(企业员工与客户互动过程中所体现出来的知识水平和责任感)和形象价值(与企业品牌与公众形象有直接的联系)4 个方面,是这 4 个方面的综合体现。

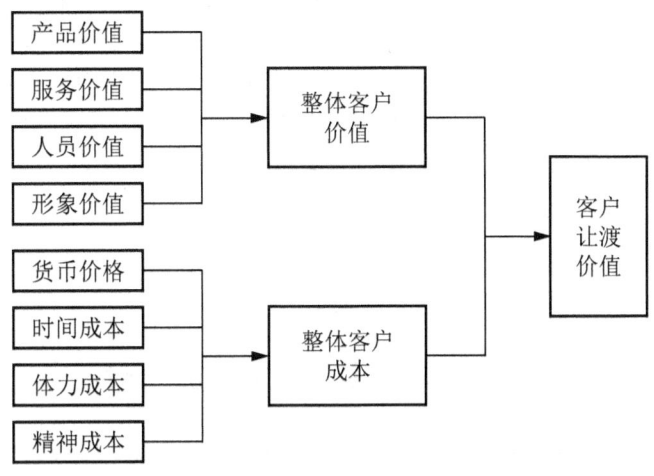

图 2.6 客户让渡价值的决定因素

当然,仅仅从客户获取价值的角度还不足以解释客户的最终购买行为。如果假设 A 公司能比 B 公司提供更大的整体客户价值,那么是否意味着客户就一定会购买 A 公司的产品呢?不一定,因为客户还要考虑他的整体成本问题,其涵盖的内容远不止货币成本,还包括预期时间、体力和精神成本。购买者对整体成本的评估构成了整体客户成本的框架。

2.3 客户的终身价值

客户对企业的价值不单是客户直接购买而为企业带来的利润贡献,而应该是客户在其整个生命周期内为企业创造的所有价值的总和,这就是客户终身价值的基本理念。

本节介绍客户终身价值的含义、作用、内容组成以及影响客户终身价值的主要因素。

2.3.1 客户终身价值的含义与作用

1. 客户终身价值的含义

对于客户的价值,不仅是发掘客户的单次价值,更重要的是挖掘客户的终身价值。

所谓客户终身价值,是指企业与客户在整个交易关系维持的生命周期里,减除吸引客户、销售以及服务成本并考虑资金的时间价值,企业能从客户那里获得的所有收益之和。

如果不考虑货币的时间价值,客户终身价值就等于客户在关系生命周期内各个时期所得收益的简单加总。例如,假设某公司某个客户的保留时间是 10 年,若每个客户平均每年给公司带来 100 美元的利润，吸引、推销、维系和服务一个新客户的成本是 80 美元，那么该公司平均每个客户的终生价值就为 10 年×100 美元/年-80 美元=920 美元。

但是，实际上在计算每一个客户的终身价值时，应该将该客户在关系生命周期内的不同年度为企业带来的净利润进行折现后，再进行加总，这样才能得到该客户的终身价值。

2．客户终身价值的作用

客户终身价值在客户管理中具有重要作用，是企业长期持续稳定发展的基础。

客户终生价值既包括历史价值，又包括未来价值，会随着时间的推移而增长。因此，企业千万别在意老客户一次花多少钱，购买了多少产品或者服务，而应该考虑他们一生给企业带来的财富。企业必须把眼光放长远——不但要重视客户眼前的价值，更需要进一步创造和提高客户的终身价值。客户终身价值的意义就在于表达忠诚客户对企业生存和发展的重要和长远的影响，以刺激企业对忠诚客户的高度重视，努力维系自己的忠诚客户。

阅读材料

几家企业对其客户终身价值的预测

1．可口可乐公司预测：其一位忠诚客户 50 年能给公司带来的收益是 1.1 万美元。
2．万宝路公司预测：其一个忠诚的烟民 30 年能给公司带来的收益是 2.5 万美元。
3．AT＆T 公司预测：其一位忠诚客户 30 年能给公司带来的收益是 7.2 万美元。

2.3.2 客户终身价值的组成

根据对客户价值内容的研究分析，客户终身价值的组成公式见式(2-1)。

$$CLV = CLV_1 + CLV_2 + CLV_3 + CLV_4 + CLV_5 + CLV_6 \qquad 式(2-1)$$

在式(2-1)中，各个变量的具体含义见表 2-3。

表 2-3 客户终生价值组成公式中各变量的具体含义

变量	含 义
CLV	表示客户终生价值，即指客户在其一生中有可能为企业带来的价值之和
CLV_1	指客户初期购买给企业带来的收益
CLV_2	以后若干时间内重复购买以及由于客户提高购买支出份额，为企业所带来的收益
CLV_3	指交叉销售带来的收益，客户在长时期内倾向于使用一家企业的更多种产品和服务
CLV_4	指由于企业和客户都知道如何在长期内更有效地相互配合，使得服务成本降低并能原谅某些失误及提高营销效率所带来的收益
CLV_5	指客户是企业的一个免费的广告资源，客户向朋友或家人推荐企业的产品或服务所给企业带来的收益，即推荐收益
CLV_6	指随着时间推移，重复购买者或忠诚客户对价格的敏感性降低，不需要等到降价或不停地讨价还价才购买产品所获得的收益

2.3.3 影响客户终身价值的因素

按照前面介绍的客户终生价值计算含义，下面给出一个客户终身价值的简单计算公式，见式(2-2)

$$CLV = \frac{R \cdot \{1 - [1/(1+r)^n]\}}{r} \qquad 式(2-2)$$

式中：CLV 表示客户终身价值的当前值；R 表示企业每年从客户那里获得的收入；r 表示贴现率；n 表示客户关系生命周期的年数。

 说明

式(2-2)对有些因素进行了简化处理，其中的具体推导过程在此略去，不再详细说明。

从式(2-2)中可以看出，影响客户终身价值的变量主要有 R、r、n 等 3 个，也就是说客户终身价值的大小，主要受客户关系生命周期内每个相关时期的客户盈利值、贴现率以及客户生命周期长度的影响。其中，每个相关时期的客户盈利值的测算，还需要考虑吸引客户、销售以及服务的成本等因素。综合来看，影响客户终生价值的主要因素有以下几种。

1. 客户关系生命周期长度

客户关系生命周期长度，又称关系寿命，是与客户的关系所能维持的时间。

根据常识可以想到，客户关系生命周期较长的客户通常具有比较牢固的关系基础和稳固的关系联结，因而客户终身价值就高；与之相对的是，客户关系生命周期长度的缩短，也将会减少客户终生价值。另外，量化结果也可以说明，例如，在式(2-1)中，如只是考虑一个周期，则 $CLV = CLV_1$，即客户的终生价值只等于客户初期销售所带来的收益。因为客户终生价值的其他组成部分 CLV_2、CLV_3、CLV_4、CLV_5、CLV_6 是随着时间的推移逐渐加入到客户终身价值中的，并且随着时间的推移，各项在客户终身价值中的比例会逐渐变化增加。

2. 贴现率

在式(2-2)中，对 CLV 求 r 的一阶导数，可得

$$\frac{dCLV}{dr} = R \cdot \left(-\frac{1}{r^2} + \frac{1+nr(1+r)^{-1}}{r^2(1+r)^n}\right) \leqslant 0$$

所以，可以看到，客户的终身价值与贴现率成反比。贴现率越高，客户的终身价值越小。当贴现率高时，客户在未来期间对企业的贡献在客户终身价值中的比例下降。

3. 客户的维持率

客户的维持率指客户经过一个购买周期后仍被维持住的概率。由于客户给予企业的回报是随着时间的推移而逐渐产生的。客户维持率越高，客户生命周期年数 n 就越大，则最终计算的 CLV 就越大。所以，客户的终身价值与客户的维系率成正比。

4. 产品被提及率

推荐效益指由客户口碑宣传所带来的效益。所以产品被客户提及率与客户终身价值中的推荐收益有密切的关系。如果产品被客户正面提及，则就产生正的推荐收益，会使客户终身价值增大；如果产品被负面提及，推荐收益是负值，会使客户终身价值减少。

5. 客户的收入变化

当客户的收入增加时，一般用于消费的开支会增加，这会对客户终身价值的几个方面发生影响。随着收入的增加，有可能增加重复购买及交叉销售，使 R 增加。例如，大学生毕业参加工作后随着收入的增加，则有可能增加出游的次数，以及可能参加以前对于客户来说由于价格太高不能参加的旅游项目，这就提高了旅行社的收入，对旅行社来说，客户的终身价值随着客户收入的增加而增加。反之，当客户的收入减少时，他们就会减少出游的次数。所以，一般客户的终身价值与客户的收入成正比。

6. 客户关系的维系成本

客户关系的维系成本指为了维系客户关系所发生的成本。这个成本能促使客户的数量保持在一定的范围内，并且促使客户的购买持续期在一定的时期之上。

客户关系的维系成本对客户终身价值的影响非常复杂。首先单纯从维系成本来看，它是客户终身价值的减少项目，也就是说客户关系的维系成本的增加会减少客户的终身价值。但是客户关系的维系成本的适当增加，对客户的行为可能会有很大的影响，如提高客户的维系率，提高客户的支出分配，增加客户的重复购买，客户会增加对企业其他产品的购买数量及金额，客户更愿意向其他人推荐等，而这一切都增加客户的终身价值。

7. 营销费用

营销费用包括广告费用、客户数据库建立以及客户资料分析费用等。一般营销费用属于客户终身价值的减少项目。营销费用越高的客户，其客户终身价值相对越低。

8. 其他

影响客户终身价值还有其他的一些因素，如市场出现了新的竞争者，以及竞争者的退出等，都有可能影响客户的终身价值。另外，竞争者的一些行为，例如降低产品或服务的价格，提高产品或服务的质量，对产品或服务进行技术创新等也都可能影响客户终身价值。

 阅读材料

5 招让他做终生客户——提升客户的价值

《专家杂志》日前发表文章《终生客户!》，介绍了 5 个非常有效的客户服务的技巧。

(1) 低调承诺，超额兑现。要建立信誉度，不要做出你不能兑现的承诺。君子一言，驷马难追。

(2) 关注小事情。要养成快速回电话、回邮件和做出其他回应的习惯。跟进，跟进，再跟进。

(3) 与客户保持联系，并做好记录。花些时间来记录会议和电话交流的相关内容。保留一份客户服务的书面记录——当客户被重新分配给另外一位客服代表时，这种做法就非常奏效。

(4) 给客户发送促销礼品。比如印有你公司图片或联络电话的咖啡杯、日历等。

(5) 建立一个反馈系统，来了解客户是如何评价你提供服务的质量和数量的。服务不是由你预先设定和想象的，而是取决于客户是如何感知、如何评估其价值的。对于客户服务而言，客户的感知说了算。

2.4 客户资产及其管理

发展新客户，实现客户关系数量的增长；挽留老客户，实现客户关系时间的延长；实现交叉销售，实现客户关系深度的成长，都是 CRM 的策略和方法。而 CRM 的最终目标是实现客户资产的最大化，这是实施有效的 CRM 的关键。本节介绍客户资产的含义、驱动因素、管理手段，以及客户资产与客户终身价值的关系。

2.4.1 客户资产的含义

国外学者在 20 世纪 80～90 年代就提出了"客户资产"的概念。例如，SAS 航空公司的前首席执行官 Jan Carlson 认为：在公司资产负债表的资产栏，记录了 10 亿的飞机价值，仅仅只有这些是不够的，还应该在资产栏记录去年企业拥有多少满意和忠诚的客户，因为企业唯一能得到的资产是对企业的服务满意并愿意再次成为客户的客户。

与资产负债表中的股东资产类似，也存在着客户资产。所谓客户资产，就是指企业当前客户与潜在客户的货币价值潜力，即在某一计划期内，企业现有的与潜在的客户在忠诚企业的时间里，所产生盈利的折现价值之和。企业要真正实现以客户为中心的经营思想，就必须重视客户的终身价值，把客户作为企业最重要的资产进行经营，通过客户资产的最大化来构建强大的客户忠诚，塑造动态竞争优势和获取持续的超额收益。

2.4.2 客户资产的决定因素

如图 2.7 所示，客户资产整体受价值资产、品牌资产和关系资产 3 个因素影响，其中：

(1) 价值资产是客户对某个品牌的产品和服务效率的客观评价，在客户获取和客户挽留方面扮演着重要的角色，主要由产品服务质量、价格、便利性等因素驱动。

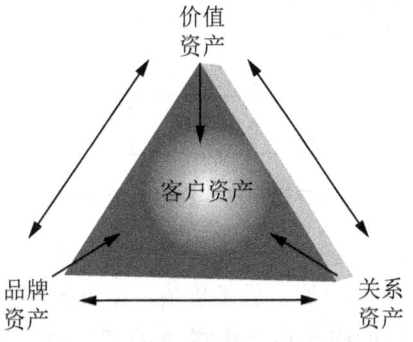

图 2.7 客户资产的决定因素模型

(2) 品牌资产是客户对品牌的主观评价，是超出客观感知价值的部分，在构建认知度、构建感情联系、提高客户的重复购买率，以及在吸引新客户方面作用重大，其构成要素包括客户对品牌的认知度、对品牌的态度和对公司伦理的感知等。

(3) 关系资产是指客户偏爱某一品牌的产品和服务的倾向，在客户挽留、促使客户购买成熟品牌的产品方面有决定性的影响，涉及客户忠诚项目、特殊认可项目等。

客户资产的决定因素之间相互影响、相互制约，彼此之间有很密切的关系。如图 2.7 所示，价值资产、品牌资产和关系资产三者之间相互作用，动态地决定了客户的终身价值，从而决定企业的客户资产。例如，通过创造和交付强大的价值资产，企业不仅可以更有效地挽留客户，促使客户进行种类更多、数量更大的资源投入，不断提升关系资产，还可以帮助企业建立强大的品牌和良好的企业形象，提升品牌资产。

但是对于不同的行业，客户对各种资产及其驱动因素有不同侧重。例如，在汽车租赁市场，对客户最重要的是关系资产；而对于汽车销售市场而言，客户更看重价值资产，而在价值资产中又最看重质量。因此企业要能够界定对本行业最重要的客户资产(价值资产、品牌资产和关系资产)及各资产中对本行业最重要的驱动因素。只有了解影响资产的哪种活动更有效果，企业才能制定出有针对性的策略来提升客户资产。

2.4.3 客户资产与客户终身价值的关系

客户资产是企业客户终身价值之和，因此常常用客户终身价值来测度客户资产，即

"客户资产=单个客户的终身价值×客户基础"

如图 2.8 所示为客户资产与客户终身价值的一个结构模型。

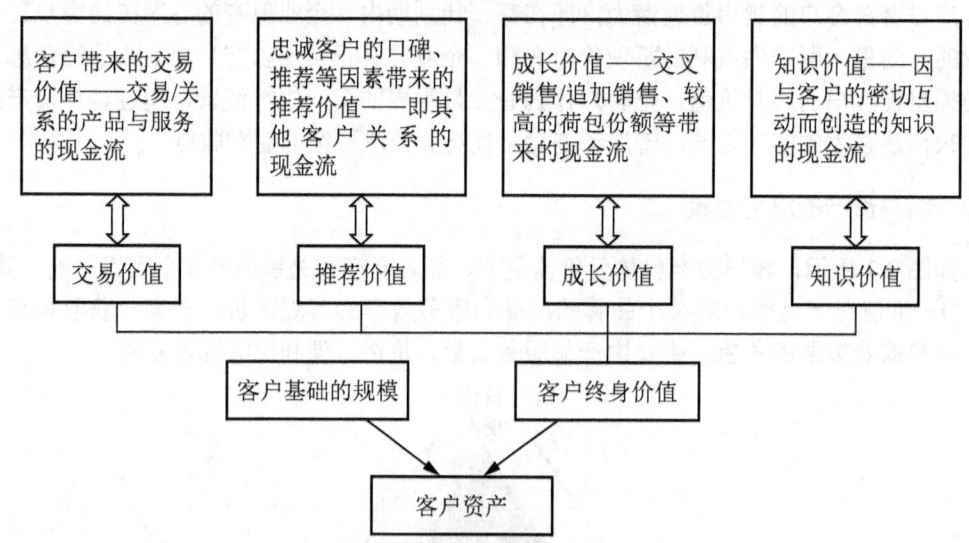

图 2.8　客户资产与客户终身价值的结构模型

从图 2.8 所示的模型可以看出，客户资产的大小依赖于客户基础的规模以及客户终身价值；而客户终身价值包括交易价值、成长价值、推荐价值和知识价值 4 个方面。

(1) 客户的交易价值是指构成核心交易/关系的产品与服务的现金流，是指客户直接购买为企业提供的价值，是企业从客户那里获得的核心价值。

(2) 推荐价值主要指因口碑与推荐等因素而形成的新客户关系所带来的现金流。例如，购买了海尔产品的某些客户，向他人推荐海尔产品或海尔品牌，从而说服他人深信海尔品

牌/产品，并在需要时发生购买行为，与海尔集团建立起新的关系。

(3) 成长价值主要指源于交叉销售和较高的荷包份额等渠道的现金流，又称交叉销售/追加销售/升级购买价值。

(4) 知识价值主要指因企业与客户之间的密切互动而创造的知识所带来的价值。例如，通过与客户的密切合作，广泛理解、吸收和运用客户知识，与客户共同开发定制化的产品所带来的价值；同时，在与客户的频繁而密切的互动过程中，企业不仅可以更深入地了解客户需求，为客户提供更好的服务，还可以把这种专长运用到面向其他客户的服务中去，从而使企业的整体服务水平不断提高。此外，企业对客户需求的理解能力和快速反应能力本身，也是一种可以运用到不同客户服务过程中去的独特知识，而由此带来的价值，同样也是知识价值的一种体现。

2.4.4 促进客户资产最大化的管理手段

企业进行客户资产管理的最终目标是客户资产最大化。因此，企业在经营管理中的生产、经营、投资等任何一项战略决策都必须参考是否能达成客户资产最大化这一标准。具体来讲，企业要使客户资产达到最大化，可以考虑从以下几个方面入手。

1. 实施客户基础管理

客户资产主要取决于客户终身价值和客户基础两个方面，因此，企业需要识别新的有价值的客户来扩大企业的客户基础，同时充分运用客户基础，深入开发已有客户，提高客户份额。具体做法可以通过前面所论述的客户关系的多、久、深3个维度进行客户基础的拓展。例如现在很多银行就常常会通过交叉销售或组合销售来开发已有客户，提高客户份额。银行客户经理不仅可以向个人客户提供储蓄账户服务，还可以同时提供信用卡、消费信贷、保险、住房贷款和财务咨询等业务方面的服务。

2. 实施客户终身价值管理

由于客户在不同生命周期会有不同的需求，客户生命周期阶段的变化往往会影响行业的发展趋势，因此企业可以根据客户的生命周期实施客户终身价值管理。企业可以通过了解客户不同生命周期的不同需求来开发商品或服务，满足客户在生命周期不同阶段的需求。

例如，银行客户经理常常会采取客户终身价值管理，如针对年轻夫妇提供储蓄账户、消费信贷等金融产品来满足他们的需求；当他们变为有子女的家庭时，进而向其提供抵押住房贷款、子女教育基金准备储蓄等金融产品；而当他们步入老年时，则向其提供重置抵押或更换住房改善贷款、信托投资服务和服务咨询等金融产品来满足他们的需求。

3. 建设以客户需求为导向的差异化渠道

随着渠道影响力在客户购买决策中作用的日益上升，从客户资产管理的角度看，企业还应该从成本效率、客户偏好及客户关系建立能力等维度出发，进行差异化渠道建设。美国的通信企业是这方面的榜样，他们根据客户行为与实际需求建立差异化的渠道，然后针对不同的渠道提供不同等级的资源配置支持。例如，美国某电话公司就是根据客户对渠道偏好需求，调研通过实施"渠道转换计划"，将自己5%的业务量委托给较低成本的渠道，为企业节省了1 500万美元的成本支出，同时还带来了4 000万美元的营业收入增长。

4. 以客户为导向的内部业务流程重组

只有实现内部业务流程与客户需求取向相匹配，才能使企业获得更高的客户满意度，进而使自己在营销和客户服务上的投资"物超所值"，最大化企业的客户资产。

例如美国一家美容沙龙为了塑造其高端品牌进行了大量的投入，但其糟糕的"纽约快餐式"客户预约服务却吓跑了许多本想得到"巴黎式情调"服务的客户。后来美容沙龙的管理层及时调整了呼叫中心的预约流程，设定了更高的客户服务标准：负责客户预约的话务员必须在铃响两声内接通100%的客户来电，且90%的预约要求必须在45s内处理完毕。同时，该美容沙龙还特意从法国航空公司雇佣了具有法国南部口音的乘务员作为呼叫中心的兼职话务员。她们的法国口音与美容沙龙所要营造的整体形象完全一致，其高标准的客户服务亦满足了客户的期望，最终造就了其在美容沙龙业的良好口碑。

5. 利用数据挖掘技术进行数据库动态管理

利用数据挖掘技术有助于提高企业识别和满足客户需求的能力，实现客户资产的最大化。为此，企业首先要构建一体化的动态客户数据库。通过客户数据库，企业可以不断挖掘、再发掘现有客户潜力，并且随着客户的成长演进和变化不断调整对客户的理解。例如，通过记录客户的购买历史及企业的营销活动，企业可以生成当前客户的简要信息，如客户的特征、偏好和价值潜力等信息。这样就可以更好地掌握客户的购买情况，识别营利能力强的客户，进行更有效的目标沟通，减少在营利能力差的客户身上所花费的成本，促进交叉购买和购买升级等。关于数据挖掘的具体知识，本书后面的有关章节还将详细介绍。

2.5 客户价值细分及其表示

企业的市场和营销管理人员要善于识别能产生最大利润的客户，同时，也要敢于抛弃那些毫无利润可言的客户。这些工作的前提是必须要做好客户细分工作。本节介绍客户细分的含义、目的、方式，并特别强调客户价值细分矩阵的相关知识。

2.5.1 客户细分的含义

客户细分是指将一个大的客户群体划分成一个个细分群(客户区隔)的动作，同属于一个客户区隔的客户彼此相似，而隶属于不同客户区隔的客户具有差异性。

比如说，在企业的客户数据库中将客户信息按照年龄段(20以下、20～30、30～40、40～50、50以上等不同的区隔)的不同来组织分析，这就是客户细分。

阅读材料

某房地产公司对客户群进行细分后形成的 5 类客户

1．社会新锐，即工作 3～5 年，有一定的积蓄和经济基础的年轻人。
2．核心家庭，家庭有一个生活核心，家庭抉择优先考虑核心人物的生活，以"望子成龙型"为主。
3．活跃长者，有着足够的经济实力，退休的老人，同时又关心自己老年生活。

4. 社会标签，各类成功人士，追求豪宅的人。不是本企业的主力目标客户。

5. 经济务实型，拆迁后需要新的房子生活的人群。

同一客户区隔的客户可以因为多种要素或者多种要素组合而被称之为相似，他们可能在年龄段上相似，也可能在职业上相似，甚至可能"在年龄段+职业"的组合要素上相似。当然，这个要素或者要素组合首先是企业认为有价值或者重要的要素。比如说，喜欢小户型的人属于一个客户区隔，喜欢跃层或复式的大户型的人属于一个客户区隔，而这种要素的细分只有房地产公司感兴趣，对于其他行业的企业则可能是不重要或者没有价值的。

2.5.2 客户细分的目的

客户细分可让企业在一个较高的层次来分析整个数据库中的客户信息，同时客户细分也可以使企业用不同的方式对待处于不同客户区隔的客户，这是客户细分的意义所在。

例如，在目前流行的会员制管理中有一般会员、金卡会员、白金卡会员以及钻石卡会员的等级划分，就是一个典型的客户细分的例子。这样的市场细分非常有用，企业很愿意分析和预测白金卡和钻石卡会员的消费行为，因为这些客户与普通客户的消费方式不一样，对企业的利润贡献也不同，需要针对不同的持卡客户制定不同的促销活动。

客户细分的结果，指出了客户是谁、客户是什么样的、客户与客户之间是如何不同的，以及他们将被如何区别对待。为了有效地达到 CRM 一对一营销差异化服务的目的，客户细分应该作为企业的战略指导思想在全企业范围内部署，从而使整个企业，从研发部门到生产部门、从市场部到销售部到客户服务部到财务部，都知道客户之间存在差异，只有这样，一个区别对待不同客户的计划才能够部署下去。

例如，如果销售部细分出了贵宾级别的客户群，并知道这些客户承载了其他细分的客户群多倍的业务，那么销售部就可以针对这些客户策划有针对性的活动；市场部门就可以举办相应的市场活动来支持销售部，而客户支持部门就可以启用特殊的热线、配备专业人员以给这些贵宾级客户群提供更好的服务。所以说，准确、有效的客户细分规划可以指明企业经营的正确方向。正因为如此，客户细分规划是需要不断完善和重新细分的，必须是经过深思熟虑的，必须是正确的。如果客户细分规划不符合企业客户的实际行为，那么企业无疑会被客户细分规划指引到错误的方向并失掉大部分客户，甚至使企业完全陷入困境。

阅读材料

客户细分的 7 个诀窍

1. 每个客户只能归入一个类别。否则，客户可能因此陷入多种相互矛盾的产品信息而无所适从。

2. 不要有渠道差异。客户从不同渠道获得的产品信息都应该是相同的。每个直接接触客户的员工都能够随时知道产品信息并传递给客户。

3. 提供直接接触客户的员工有针对性的、可执行的对策。不要把仍需解释的信息提供给他们。应准确地告诉他们对客户来说哪种产品是最适合的。

4. 在客户细分之初，应给销售人员提供最佳名单，确保高成功率。不断抓住机会扩大客户名单，并给出每个客户的"购买可能性"评分，以帮助销售人员了解客户可能接受的程度。

5. 每一细分类别由一位高级经理负责盈亏平衡。这样做的目的是确保细分战略的最大收益。

6. 由高级管理人员负责推动客户细分。若企业仅仅在一个产品线上推行细分，企业就有可能忽略部分客户的感受；若由企业总部而不是某一部门负责，客户细分就有可能不太受预算的制约。

7. 自小处着手，再不断扩大。开始把客户粗略地分成几个大类，然后再逐渐进行更细致、更准确地划分。但是不要等到一切都尽善尽美了再去做，要先迈出第一步。

资料来源：Alice Dragoon. 客户细分.《首席市场官》杂志：2006-03-06

2.5.3 客户细分的方式

CRM 活动的基础是进行客户群的细分。客户细分方式很多，一般可按照下列要素进行。

1. 按客户价值和周期细分

根据客户对企业市场目标的价值贡献度和保留周期进行细分，包括财务价值、影响力价值和忠诚周期价值等，如区分为高/中/低价值客户，忠诚客户/重要客户/基础客户等。

2. 按客户利益细分

客户之所以购买某项服务是因为能从中获益。因此，可以根据客户在购买过程中对不同利益的追寻进行细分。

3. 按产品和服务要素细分

了解客户对企业产品和服务中不同要素的看法及反应，也可利用对产品和服务要素进行市场细分，此时要考虑如下 3 个问题：第一，是否存在拥有同种服务要求的客户群体？第二，企业能否使自己的产品差异化？第三，是否所有的产品都需要同一水平的服务？

4. 按人口和社会经济因素细分

这是一种比较传统的经典细分方法。这里的人口因素包括年龄、性别、家庭人数、生命周期等；社会经济因素则是指收入、教育、所处行业、社会阶层和宗教种族等。

5. 按照心理因素细分

在客户进行产品或服务的消费时，影响其购买行为的心理因素很多，如生活态度、生活方式、个性和消费习惯等，这些也都可以作为客户细分的依据。

6. 按促销反应细分

显然，不同的客户对于诸如广告、销售推广、室内演示和展览等促销活动的反应是各不相同的，据此可以根据客户对促销活动的反应，进行客户细分。

7. 基于某一细分要素的交叉细分

这是为个性化的客户获得和客户保留而使用的技术，锁定一种要素(如年龄或行业)后，观察其他要素变化而引起的客户需求变化。

2.5.4 客户价值细分矩阵

在客户细分中，有一种基于客户生命周期利润的细分方法，称为客户价值细分，其进行细分的两个维度是客户当前价值和客户增值潜力,每个维度分成高、低两档,由此可将整个客户群分成4组,细分结果可用一个矩阵表示,称为客户价值矩阵,如图2.9所示。

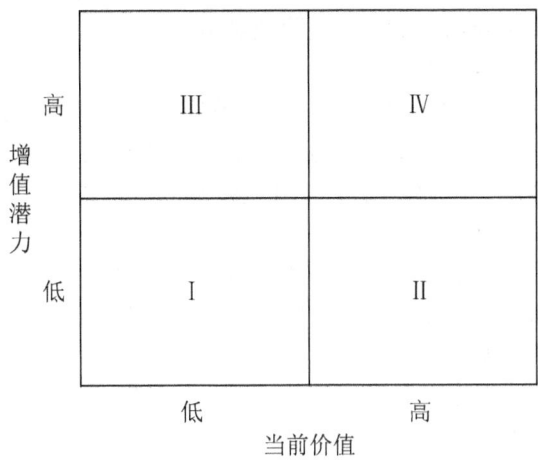

图 2.9　客户价值矩阵

1. 客户当前价值

客户当前价值是假定客户现在的购买行为模式保持不变时,客户未来可望为企业创造的利润总和的现值。根据这一定义,可简单地认为,客户当前价值等于最近一个时间单元(如月/季度/年)的客户利润乘以预期客户生命周期的长度,再乘以折现率。

2. 客户增值潜力

客户增值潜力是指如果企业愿意增加一定的投入,进一步加强与该客户的关系,则企业可望从该客户处获得的未来增益。客户增值潜力是决定企业资源投入预算的最主要依据,主要取决于客户增量购买、交叉购买和推荐新客户的可能性和大小。

(1) 客户增量购买。指的是客户增加已购产品的交易额,其大小决定于客户份额、客户关系的水平和客户业务总量。其中,客户份额是客户给予本企业的业务量占其总的业务量的比例,显然客户份额越小,增量购买的可能性越大(如果一个客户已将100%的业务给了本企业,则已没了增量购买的余地)。增量购买的可能性还决定于客户关系的水平,客户关系水平越高,说明客户对企业的产品和服务越满意,因而客户加大交易量的可能性越大,反之,则会缩小给予本企业的业务份额。客户业务总量主要决定增量购买的大小,一个业务总量很大的客户,即使客户份额增加一个很小的比例,增加的交易量也很可观。

(2) 客户交叉购买。指的是客户购买以前从未买过的产品类型或拓展与企业的业务范围。客户交叉购买的可能性取决于两个因素:一是本企业能提供而客户又有需求的产品数量(当然这些产品是客户以前从未购买过的),这种产品数量越多,客户交叉购买的可能性越大;二是客户关系的水平,客户关系水平越高,客户交叉购买的可能性越大。

(3) 推荐新客户。指企业的忠诚客户把一些潜在客户推荐给本企业,也包括为企业传递好的口碑。推荐新客户是客户关系发展到稳定期以后客户高度忠诚的一种行为表现。因此,推荐新客户的可能性取决于客户关系有无可能进入稳定期。

3. 4类客户的不同管理对策

根据每个客户的当前价值和客户增值潜力，公司的所有客户可以分成 4 类，下面讨论每类客户的特点以及应该分别采用的相关管理对策。

1) Ⅰ类客户——"铅质客户"

Ⅰ类客户是最没有吸引力的一类客户，其当前价值和增值潜力都很低，甚至是负利润。如偶尔下一些小额订单的客户、经常延期支付甚至不付款的客户(高信用风险客户)、提出苛刻客户服务要求的客户、定制化要求过高的客户等。这些客户是企业的一个负担。

2) Ⅱ类客户——"铁质客户"

Ⅱ类客户有很高的增值潜力，但目前尚未成功地获取其大部分价值。可以预计，如果加深与这些客户的关系，在未来这些客户将有潜力为企业创造可观的利润。因此，对这类客户，要不断向其提供高质量的产品、有价值的信息、优质服务甚至个性化方案等，让这类客户持续满意，并形成对企业的高度信任，从而促进客户关系越过考察期，顺利通过形成期，并最终进入稳定期，进而获得客户的增量购买、交叉购买和新客户推荐。

3) Ⅲ类客户——"银质客户"

Ⅲ类客户有很高的当前价值和低的增值潜力。从客户生命周期的角度看，这类客户可能是客户关系已进入稳定期的高度忠诚客户，他们已将其业务几乎 100%地给了企业。因此，未来在增量购买、交叉购买和新客户推荐等方面已没有多少潜力可供进一步挖掘。

显然，这类客户十分重要，是企业仅次于下面第Ⅳ类客户的一类最有价值的客户。

4) Ⅳ类客户——"金质客户"

Ⅳ类客户既有很高的当前价值，又有巨大的增值潜力，是企业最有价值的一类客户。

和上面第Ⅲ类客户一样，从客户生命周期的角度看，这类客户与企业的关系可能也已进入稳定期，他们已将其当前业务几乎 100%地给了本企业，也一直真诚、积极地为企业推荐新客户。与第Ⅲ类客户不同的是，这类企业本身具有巨大的发展潜力，业务总量在不断增大，因此，这类客户未来在增量购买、交叉购买等方面尚有巨大的潜力可挖。这类客户是企业利润的基石，企业要千方百计、不遗余力地作出各种努力，以便保持住他们。

4. 4类客户组成的客户金字塔

上面的 4 类客户在数量上形成一个正金字塔，Ⅳ类客户最少，在塔顶，Ⅲ类客户在塔肩，Ⅱ类客户在塔身，Ⅰ类客户最多，在塔基。四类客户的利润则相反，刚好形成一个倒金字塔。客户的利润决定了企业的资源配置，因此这四类客户的资源配置大致也是一个倒金字塔。这三个金字塔合称为"客户金字塔"，如图 2.10 所示，用三角形描绘了这 3 个金字塔。

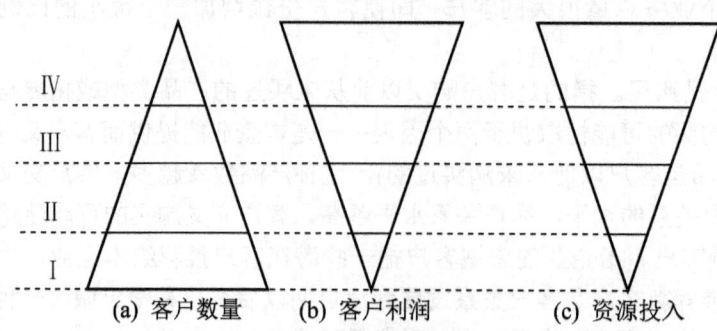

图 2.10　客户金字塔

如果公司根据客户利润的预测，将相应的 4 类客户填入图中，根据客户金字塔，各类客户的组成、每个客户对公司的贡献、每类客户大致的资源投入比例便可一目了然。因此和客户价值矩阵一样，客户金字塔也是 CRM 的一个很有用的工具。

本 章 小 结

所谓客户关系生命周期，就是指客户关系的发展具有一定的阶段性。在不同的阶段，客户的价值是不一样的，因此要分类管理，区别对待。本章首先介绍客户关系发展的阶段划分与生命曲线模型，客户的让渡价值及其创造过程；然后介绍了客户终身价值和客户资产的含义、决定因素以及二者间的关系；最后，介绍了客户细分和客户价值细分矩阵。

通过本章的学习，读者应理解客户生命周期、客户让渡价值、客户终身价值、客户资产、客户价值细分矩阵等概念；能充分认识到客户关系发展的阶段性特点，客户资产在企业整体资产中的重要地位；同时会依据客户价值细分矩阵，对不同的客户进行相应管理。

 关键术语

客户关系发展"四阶段模型"　　客户让渡价值　　客户终身价值　　客户资产
客户细分　　客户价值细分矩阵

练 习 题

一、填空题

1．一般来讲，客户关系的发展划分为_____、_____、_____、_____ 4 个阶段，称为客户关系发展的"四阶段模型"。

2．根据客户关系退出时所处的阶段不同，可将客户生命周期模式划分成 4 种类型，分别是_____、_____、_____和_____。

3．从客户成为企业的潜在客户开始，客户的生命周期就开始了，该周期可划分为 4 个阶段，由前到后依次为_____、_____、_____和_____。

4．客户让渡价值是指_____与_____之间的差额部分。

5．从整体上来看，客户资产受到_____、_____和_____ 3 个因素的影响。

二、判断题

1．稳定期是客户关系发展的最高阶段。　　　　　　　　　　　　　　　　　　（　　）

2．在感情消费时代，客户开始重视产品购买和消费过程中带来感情上的满足感，与之对应，他们的选择标准开始变为"满意"或是"不满意"。　　　　　　　　　　　（　　）

3．如果不考虑货币的时间价值，客户终身价值就等于客户在关系生命周期内各个时期所得收益的简单加总。　　　　　　　　　　　　　　　　　　　　　　　　　（　　）

4．客户终身价值受客户关系生命周期内每个相关时期的客户赢利值、贴现率以及客户生命周期长度的影响。其中贴现率越高，客户的终身价值越大。　　　　　　　（　　）

5．在客户价值细分矩阵中，用来对客户进行细分的两个维度分别是客户终身价值和客户增值潜力。

（　　）

三、名词解释

1. 客户让渡价值
2. 客户终身价值
3. 客户资产
4. 客户细分
5. 客户价值细分矩阵

四、简答题

1. 客户关系的发展可以划分为哪几个阶段？各个阶段分别具有什么特点？
2. 什么是客户的让渡价值？如何进行衡量？
3. 什么是客户终身价值？企业为什么要重视客户终身价值？
4. 客户终身价值主要由哪些要素组成？影响其大小的因素有哪些？
5. 什么是客户资产？它与客户终身价值之间有什么关系？
6. 为什么要进行客户细分？常见的细分方式主要有哪些？
7. 什么是客户价值细分矩阵？它对客户关系管理具有什么作用？
8. 针对客户价值细分矩阵所分成的4类客户，应该分别采取什么样的管理对策？

五、案例应用分析

案例 2-1　上海移公司的动客户生命周期管理的尝试与经验

通信市场经过几年来的快速发展，一些主要城市如北京、上海目前的移动用户的普及率已趋于饱和，新增市场空间狭窄。面对这样的经营环境，运营商必须在发展模式、经营模式和管理模式上努力创新。近日，记者采访了上海移动公司总经理郑杰，他热情地介绍了上海移动公司在实现客户生命周期管理方面的经验。

记者：上海移动率先引入并付诸实施"客户生命周期管理"这一理念，请您谈谈为什么要这么做？

郑杰：引进客户生命周期管理，可以说是贯彻落实科学发展观、推广国际先进管理理念的一次全新的尝试。今年年初，中国移动公司提出了"从以企业扩张、投资拉动为主的规模型发展阶段，转向以企业价值最大化为核心发展目标、以市场需求为基本驱动力、以精细管理为主要管理方式、以团队经营为总体经营理念的规模效益型发展阶段"的工作要求。这就要求我们认真思考如何正确地对待竞争，如何很好地处理规模与效益之间的矛盾。针对这些问题，上海移动公司进行了深入思考。首先，我们始终坚持聚焦客户而非竞争对手，以客户需求为出发点，积极主动地推出新业务，实现服务和业务领先。同时，要做到新增与存量兼顾，保证新增客户的质量和存量用户价值贡献的最大化。基于这些考虑，上海移动公司将2004年作为"效益年"，大力推进企业实现从规模型发展向规模效益型发展的转变。围绕这一工作主线，公司就年度经营工作进行了周密的规划和部署，通过多项战略、经营和管理举措以求真正做到客户价值、股东价值和企业价值的保护和提升。这些举措之一就是对客户生命周期管理工作的启动和推广。

记者：如何理解"客户生命周期管理"的内涵？

郑杰：所谓"客户生命周期管理"，即从客户的角度考虑购买哪一家运营商的服务，到入网后对其收入贡献和成本的管理，离网倾向的预警和挽留直到客户离网后进行赢回的整个过程。这个过程包括了11个关键的价值创造环节，即客户的购买意向，新增客户的获取，客户每月收入贡献的刺激与提高，客户日常服务成本的管理，交叉销售/叠加销售，话费调整，签约客户的合同续签，客户在品牌间转移的管理，对离网的预警和挽留，对坏账的管理，对已流失的客户进行赢回。这些环节实际上包括了运营商日常经营工作的各个重点。11个环节环环相扣，形成一条营销价值链，也是运营商制订客户策略的入手点。

客户生命周期管理是围绕着这11个关键价值创造环节，利用丰富的客户数据进行深入分析，设计针对单个客户的个性化策略，继而通过运营商与客户间的大量接触点，执行这些策略。

记者：进行客户生命周期管理时，应注意哪些问题？

郑杰：在关注单个价值创造环节的同时，运营商必须注意各环节之间的关系。比如，向客户提供更为优惠的资费可以降低离网率，但资费下降可能会带来话费收入的减少；为降低服务成本而使用语音服务，可能会引起一些对服务要求高的客户的离网，同时会减少交叉销售的机会。因此，运营商必须建立针对11个价值创造环节的一体化的分析和评估方式，从而既找到改善的机会又预先防范可能出现的副作用。

欧美一些领先的运营商正是看到了客户生命周期管理对保证新增客户质量及提高存量客户价值贡献的巨大作用，因此在两年前就开始实施这项工作。上海移动公司意识到客户生命周期管理体系正是我们从规模型发展向规模效益型发展、从粗放型管理向精细化管理转型过程中所需要的科学理念。同时，我们也注意将国际领先的理念与中国以及上海的特色相结合，使得理论和实践能够充分地结合。

为了实施客户生命周期管理，我们提出了"两个贯穿"的观点。横向上，我们以科学的方法贯穿各个关键的价值创造环节，形成营销价值链的闭环。纵向上，我们确保业务流程和IT系统的发展与市场策略齐头并进，从而形成执行管理的闭环，确保对市场策略的有效支撑。

通过"两个贯穿"的落实，我们保证了科学分析与业务应用的有机结合，使之成为科学的管理。同时，也避免了一些企业在实施CRM的过程中常出现的误区，如以IT为驱动而不是以业务为驱动，最终成果变为黑箱而无法操作，或是工作仅停留在分析层面上而无法进行实际应用。

记者：上海移动公司是如何建设客户生命周期管理体系的？

郑杰：客户生命周期管理体系的建设并非一蹴而就，而是需要通过坚持不懈的努力。借鉴国际领先运营商的经验，结合今年移动市场经营工作的重点，我们遵循总体规划、分步实施的原则制订了总体蓝图。2004年，我们以交叉销售、叠加销售这一关键的价值创造环节为突破口，同时带动市场营销策略、业务流程管理和IT系统能力的建设。我们将以各方面能力为基础，加速推进步伐，争取两年内完成整体转型。

(资料来源：陈琳.上海移动公司郑杰总经理谈客户生命周期管理.人民邮电报.2004年09月02日)

案例讨论题：

(1) 请分析本例中上海移动公司采用的客户生命周期管理办法的产生背景及其预期目标。

(2) 上海移动公司在推进客户生命周期管理时，都采取了什么措施？注意了哪些问题？

(3) 本例中上海移动公司的客户生命周期管理办法，能否移植到其他行业？

案例 2-2　联想集团如何发掘大客户的终身价值

联想大客户市场策略的实质就是大客户市场的"VIP模式"。这种模式既关注短期利润，又注重长期收益；既关注单笔交易，又注重长期关系。其核心是挖掘"客户终身价值"。

"20 000多个行业大客户，我们用300个客户经理和1 000多家渠道商一一锁定。"联想集团副总裁、大客户业务部总经理蓝烨在接受《成功营销》记者专访时表示，"联想大客户这一块，已经占到联想集团在中国PC销售额的1/3左右。"

从2005年新财年开始，联想集团将大客户业务部设立为单独的业务部门，面向政府、金融、电信等重点行业提供全面的针对性服务。有数据表明，"集成分销"策略经过几个月的运作，已经在大客户市场中发威。联想集团正在从对手嘴里全面抢回失去的蛋糕。

关注客户"终身价值"

"我们内部建立了自己的商机管理系统，我现在每天的工作除了打开计算机看报表和商机分析，就是去拜访客户。"在蓝烨看来，联想集团的大客户策略吸取了惠普和戴尔公司的优势，并结合了自身的特点，发展成了一套独特的大客户市场运作体系。

"我们针对大客户，不仅仅是销售渠道变了，而是企业各个环节都变了。产品、营销、销售、供应、售后服务，从企业资源这块看，我们对零散消费者和大客户打造的5个价值链完全不同。"从目前联想集团推行"大客户市场"策略的手法来看，可以认为实质就是一种有针对性的"VIP模式"。这种模式既关注短期利润，又注重长期收益；既关注单笔交易，又注重长期关系。其核心是挖掘"顾客终身价值"。同时，联想大客户市场"VIP模式"既保障了联想的利益，也顾及了分销渠道的利益，并调动了渠道的积极性。

"VIP模式"的优势

"和竞争对手相比，联想集团在大客户市场方面有3大优势，"蓝烨强调，"第一是产品品质，第二是服务，再有就是我们的销售队伍和合作伙伴的稳定性。"

首先是产品线的区隔。与针对中小客户市场和家用电脑市场不同，大客户对产品的稳定性、安全性等具有较高的要求，同时还要求较低的价格。大客户的个性化需求必须用定制服务来满足。而且大客户市场更强调服务增值，有时甚至是整体解决方案的提供。联想集团针对大客户市场将产品线独立了出来，以"开天"、"启天"系列PC和"昭阳"系列笔记本专供于大客户市场。

其次是服务体系的区隔。在新的客户模式下，联想集团专门为大客户设立了以400打头的服务专线，提供VIP服务。如对大客户出现的售后服务问题，会挑选最优秀的工程师上门服务，而不是像对普通用户那样就近派员。对一些重要的大客户，联想集团甚至提供"驻厂工程师"服务。

除此之外，巨大的服务网络也成为联想大客户的卖点。"我们在全国有3 000多个服务站点，在全国30多个城市，能够承诺48小时修好。"蓝烨底气十足，"即使是到县一级，也有70%能够做到同城维修。"

双重界面锁定大客户

联想集团夺回大客户市场重要的杀手锏之一就是捆绑式合作带来的稳定与透明。"戴尔公司的流程、价值链很优越，但人员流动性太大，导致短期行为比较多，"蓝烨这样评价联想与戴尔大客户市场模式的不同，"而我们通过客户经理与代理商的双重界面来锁定客户。"

在联想大客户模式下，客户经理与代理商同时面对客户，但客户经理只管谈判不管签单，联想客户经理的主要任务是协助代理商获取大客户信任，以利于合同进行，而并非与代理商争利。

在与代理商的合作上，戴尔公司通常都采用"按单合作、下回再说"的方法。而联想集团通过签署合作协议的方式，从法律上保障了与代理商合作关系的稳定性，"我们跟渠道商之间都签了一年的法律协议，正常情况下还会续签。"蓝烨表示。

无论是对大客户，还是渠道商，联想大客户市场"VIP模式"关注的都是"长期价值"和"深度开发"，强调一种共同利益的和谐构造，并在重整竞争力的过程中实现联想、渠道商与客户的三赢。

(资料来源：邓勇兵，齐馨.联想发掘大客户终身价值——VIP模式的优势.成功营销：2005-08-15)

案例讨论题：

(1) 为什么联想集团要重视大客户的终身价值？他们做了哪些主要工作？

(2) 与其主要竞争对手(如戴尔)相比，联想集团在进行大客户管理方面有哪些独到之处？

(3) 从上面案例的内容进行总结分析，说明联想集团是如何发掘大客户终身价值的？

案例2-3 美国两家房地产公司不同的客户细分策略

美国两家著名的房地产公司Pulte和Iennar，在客户细分模式上，采用了完全不同的分类策略。

其中，Pulte 公司通过客户的生命周期(生命阶段)和其支付能力，建立了"生命周期与支付能力矩阵"。运用这个矩阵，Pulte 公司将所有的潜在客户和现实客户分为两个大类，共有 11 类细分客户。

第一大类是以个人为单位的客户，具体包括首次置业者、常年工作流动人士、大龄单身贵族、活跃长者。首次置业者以年轻未婚青年居多，他们的支付能力最低，购房主要是满足单纯的居住需要；常年工作流动人士也多以单身为主，由于他们常年在外，需要解决"居无定所"的问题；大龄单身贵族在物质上比较充裕，对房子的舒适程度有较高要求；活跃长者虽然大多数面临退休或已经退休，但是他们已经积累了较多的财富，追求幸福晚年，这一阶层的住房需求近年来迅速增加，是美国房地产的一个重要战略机会。

第二类是以家庭为单位的客户，其中有单人工作丁克家庭、双人工作丁克家庭、有婴儿的夫妇、单身家庭、成熟家庭、富足成熟家庭、空巢家庭。夫妻二人都有工作，收入比单人工作的自然高一些，购房能力也要高一些；而有了孩子以后，家庭的经济负担就随之加重，体现在住房购买行为上，一方面要考虑经济负担，一方面要考虑抚养婴儿的需要；单身家庭在收入上比有婴儿的家庭要低一些；工作逐步稳定，孩子也长大成人，就成了成熟家庭；接下来随着财富的积累就成了富足成熟家庭；而子女最终也要离开，就成了空巢家庭。这个分类中，各个细分客户的年龄段逐步上升。而按照支付能力的上升排序则依次是：单人工作丁克家庭、有婴儿的夫妇、单身家庭、成熟家庭、空巢家庭、双人工作丁克家庭、富足成熟家庭。

然而，与 Pulte 公司完全不同，Lennar 公司是根据客户的购买决策过程，把客户分成了两个大类，15 个不同的小类。第一类客户为喜欢购房过程的自我主导型，喜欢自己设计自己的住房，所以 Lennar 公司让客户参与住房的设计过程，通过标准化的模块设计，让客户像搭积木一样，定制化自己的住房，这一类他们称为 DesignStudio®(译：设计工作室)。另外一类客户群不喜欢繁杂的房屋设计过程，喜欢能够购买一个完全设计好了的，但是又满足自己一般性需求的住房。Lennar 公司为这些客户群设计了不同的住房，他们称为 Everything Included®(译：应有尽有)。根据客户群定位的不同，这两个品牌下面有设计了几个不同的品牌满足不同客户的需求。

通过客户细分，两家公司都建立起了自己的特色，满足客户的特殊需求，将客户的选择从价格的衡量转移到对特色的评定上。同时这两个公司也基于客户细分，不断地获取相关的竞争资源，同时发展企业的能力。这就是企业核心竞争优势的来源。其实每个地产公司在面对客户时，都有自己的细分法则，该法则是否适用，效果是不是最好，都是值得地产人士深究的。

案例讨论题：

(1) 请分别对以上 Pulte 和 Iennar 两家房地产公司客户细分的策略进行评判，你认为哪种细分方案更适合目前我国的房地产市场的营销现状？

(2) 从 Pulte 和 Iennar 两家房地产公司客户细分的成功案例中能借鉴什么？

(3) 请调查了解我国一些著名房地产公司(如万科地产)的客户细分策略，与上面介绍的细分方法进行对比分析。

实 践 训 练

一、社会调查题

请深入社会和相关企业，调查目前我国如下行业中不同客户的细分情况：

(1) 保险行业

(2) 房地产行业

(3) 移动通信行业

(4) 轿车行业

(5) 自选一个感兴趣的其他行业

二、文献搜索题

请搜索有关客户价值、客户终身价值、客户终身价值或者客户细分中某一个主题的相关文献，然后对搜集的资料进行整理，并撰写成一篇 3 000 字左右的小论文。

第 3 章 客户关系的识别、开发与分级

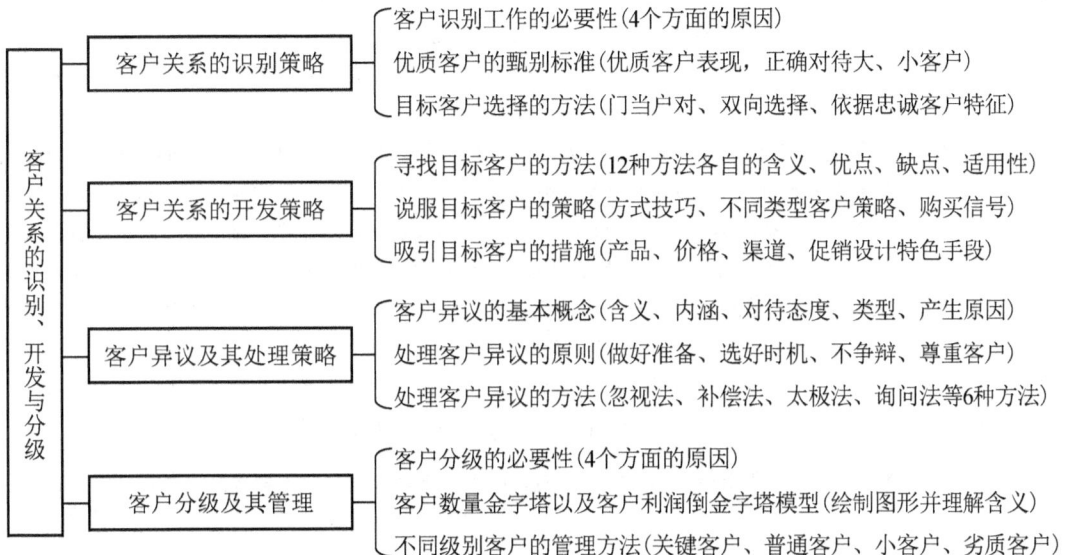

学习目标

通过本章的学习,读者应该能够:
- 理解客户识别的必要性及其选择标准
- 熟悉目标客户的识别方法与开发策略
- 掌握寻找客户的主要方法与劝说技巧
- 了解企业能吸引目标客户的主要策略
- 熟练掌握客户异议的处理原则和方法
- 理解企业进行客户分级工作的必要性
- 熟悉"客户金字塔"分级模型的含义
- 掌握对于不同级别客户的管理方法

 导入案例

案例 3-0：主动舍弃非营利客户以便规避损失

2005 年，美国得克萨斯州的一家大型电力供应商——TXU 公司实施了一项名为"严厉的爱"的市场营销策略，以应对来自于能源市场的竞争压力。这家公司对拖欠费用的客户采取严厉的措施，中止对他们提供服务，并对按时付费的客户予以奖励。如此一来，这家公司不仅减少了坏账损失，而且通过减少员工与拖欠费用的客户斡旋的时间提高了生产力。TXU 公司的一位财务高层管理人员说，从一个按时付费且从不打电话咨询的客户身上获取的利润要远远高于一个天天打电话咨询的客户。

与此相似，2007 年 7 月 29 日，Sprint Nextel 公司给大约 1 000 人发出了通知，告知他们被"解雇"了，接收通知的人不是这家公司的员工，而是其客户。这家无线服务提供商对自己的一组高端客户进行了为期一年的关于客户求助电话的次数、频率的跟踪调查。Sprint Nextel 公司的一位发言人说："有时候这些客户会在一个月内对于同一个问题呼叫客户服务中心上百次，而我们觉着这些问题已经解决了。公司最终做出决定，因无法满足这部分客户的服务要求而中止与其商业往来。"

另外，保险公司、服务业和零售业也都曾经通过舍弃客户来避免损失。2005 年，Allstate 和 Nationwide 公司就分别舍弃了佛罗里达州的 9.5 万个和 3.5 万个家庭保险客户，这是因为 2004 年和 2005 年佛罗里达州先后 7 次遭受大飓风的侵袭。2003 年，总部位于波士顿的 Basement 公司就舍弃了两个全国范围的长期客户，因为这两个客户过度的反馈和投诉耗费了 Basement 公司宝贵的时间和资源。2006 年，卫星电视服务提供商 EchoStar 公司对信誉差的客户采取预付费措施，将这些客户迁徙到另一种支付形式。而零售商 Sears 和 BestBuyer 公司对特定商品收取返货费，以阻止客户返还产品，因为这些产品由于过期或原始包装缺失而必须降价出售。轿车租赁公司对那些曾经损坏过其交通工具的棘手客户也曾"说不"。一位经理说，采取保护措施是绝对有必要的，如果有人想抬高我们的经营成本，就必须进行自我保护。

（资料来源：[美]Vikas Mittal 等著，赵磊阳译，正确管理非营利顾客. 新营销，2008-09-21）

 点评

企业对现有客户停止提供产品或服务，曾被认为是不可理解的。然而，客户终止如今已成为许多组织的战略选择。当然，鉴于获取新客户的高额成本，必须采取切实的措施，认真对待，以便保留高回报率的"优质"客户，摒弃一些有问题的"劣质"客户。

3.1 客户关系的识别策略

在垄断市场或物资匮乏的卖方市场中，企业可单方面选择自己的服务对象，而客户一般来讲是不能够选择企业的。然而，在当今产品和服务极为丰富的买方市场中，情况却颠倒了过来——客户可以自由选择企业，而企业是不太容易选择客户的。尽管如此，从追求自身最大利润的角度考虑，企业还是应当主动识别适合自己的"最优客户"。

3.1.1 进行客户识别的必要性

企业之所以要对自己的目标客户进行识别选择，主要基于以下几方面原因考虑：

1. 不是所有的购买者都是企业的目标客户

由于不同客户需求的差异性和企业本身资源的有限性,每个企业能够有效地服务客户的类别和数量是有限的,市场中只有一部分客户能成为企业产品或服务的实际购买者,其余则是非客户。既然如此,在那些不愿意购买或者没有购买能力的非客户身上浪费时间、精力和金钱,将有损企业的利益。相反,企业如果准确选择属于自己的客户,就可以避免花费在非客户上的成本,从而减少企业资源的浪费。因此,企业应当在众多购买人群中选择属于自己的客户,而不应当以服务天下客户为己任,不能把所有的购买者都视为自己的目标客户。有所舍,才能够有所得,盲目求多求大,结果可能是失去所有的购买者。

2. 不是所有的购买者都能给企业带来收益

传统观念认为"登门的都是客",认为所有客户都是重要的,因而盲目扩大客户的数量,而忽视客户的质量。事实上,客户天生就存在差异,有优劣之分,不是每个客户都能够带来同样的收益,都能给企业带来正价值。一般来说,优质客户带来大价值,普通客户带来小价值,劣质客户带来负价值,甚至还可能给企业带来很大的风险,或将企业拖垮。

众所周知,选择正确的客户能增加企业的赢利能力。客户的稳定是企业销售稳定的前提,因为稳定的客户给企业带来的收益远大于经常变动的客户,而客户的每一次变动对企业来说都意味着风险和费用。这就要求企业在选择客户时一定要慎重——首先要区分哪些客户是能为企业带来赢利的,哪些不能,然后根据自身的资源和客户的价值选择那些能为企业带来赢利的客户作为目标客户,从源头上减少或者干脆不与"劣质"客户交往。

3. 正确识别客户是成功开发客户的前提

企业如果选错了客户,则开发客户的难度将会比较大,开发成本将比较高,开发成功后维持客户关系的难度也比较大,维护成本也会较高,企业很难为客户提供相应、适宜的产品和服务。另一方面,客户也会不乐意为企业买单。例如,一些小企业忽视了对自身的定位,没有采取更适合自身发展的战略,如市场补缺战略等,而盲目采取进攻战,与大企业直接争夺大客户,最终导致被动、尴尬的局面——既失去了小客户,又没有能力为大客户提供相应的服务,遭遇大客户的不满,未能留住大客户,结果是两手空空。

相反,企业如果经过认真识别,选对、选准了目标客户,那么开发客户、实现客户忠诚的可能性就很大,也只有选准了目标客户,开发客户和维护客户的成本才会最低。

4. 目标客户的识别有助于企业的准确定位

不同客户群是有差异的,企业如果没有识别客户,就不能为确定的目标客户开发恰当的产品或服务。另一方面,形形色色的客户共存于同一家企业,也可能会造成企业的定位混乱,从而导致客户对企业形象产生模糊不清的印象。例如,一个为专业人士或音乐发烧友生产高保真音响的企业,如果出击"大众音响"的细分市场无疑是危险的,因为这样会破坏它生产高档音响的专家形象。同样,五星级酒店在为高消费的客户提供高档服务的同时,也为低消费的客户提供廉价的服务,就可能令人对这样的五星级酒店产生疑问。

相反,如果企业主动选择特定的客户,明确客户定位,就能够树立鲜明的企业形象。例如,美国的"林肯"汽车定位在高档市场,"雪佛莱"定位在中档汽车市场,而"斑马"则定位在低档汽车市场。又如,新加坡航空公司、德国汉莎航空公司定位在高端市场,以航线网络的全方位服务和品牌优势为商务乘客服务；而美国西南航空公司和西方喷气航空公司定位在低端市场，为价格敏感型乘客提供服务。

总之，不是所有的购买者都是企业的客户，不是所有的客户都能够给企业带来收益，成功开发客户、实现客户忠诚的前提是正确选择客户。而对客户不加选择可能造成企业定位模糊不清，不利于树立鲜明的企业形象。

3.1.2 优质客户的甄别标准

企业选择目标客户时，要尽量选择好的优质客户，但是，什么是好的"优质"客户呢？

1. "优质客户"与"劣质客户"的不同表现

"优质"客户是指客户本身的"素质"好，对企业贡献大，他们是能不断产生收入流的个人、家庭或公司，其为企业带来的长期收入应该超过企业长期吸引、销售和服务该客户所花费的可接受范围内的成本。一般来说，"优质"客户要满足以下条件。

(1) 购买欲望强烈、购买力大，有足够大的需求量来吸收企业提供的产品或服务。

(2) 能够保证企业赢利，对价格的敏感度较低，付款及时，有良好的信誉。

(3) 客户服务成本的相对比例值较低，最好是不需要过多的额外服务成本。

(4) 能够正确处理与企业的关系，忠诚度高，经营风险小，有良好的发展前景。

(5) 让企业做擅长的事，通过提出新的要求，友善地教导企业如何超越现有的产品或服务，从而提高企业产品的技术创新和业务服务水平，并积极与企业建立长期伙伴关系。

阅读材料

银行贷款时选择优质客户的主要标准

1．法人治理结构完善，组织结构与企业的经营战略相适应，机制灵活、管理科学。
2．有明确可行的经营战略，目前的经营状况良好，经营能力强。
3．与同类型客户相比，有一定的竞争优势。
4．财务状况优良，财务结构合理，现金回流快。
5．属于国家重点扶持或鼓励发展的行业，符合产业技术政策的要求。
6．产品面向稳定增长的市场，拥有有力的供应商和畅通的销售网络与渠道。

相对来说，"劣质"客户一般满足以下几个条件。

(1) 只向企业购买很少一部分产品或服务，但要求很多，花费企业高额的服务费用。

(2) 不讲信誉，给企业带来呆账、坏账、死账以及诉讼等，给企业带来负效益。

(3) 让企业做不擅长或做不了的事，分散企业的注意力，使企业改变战略方向。

应当注意，"优质"客户与"劣质"客户是相对的，只要具备一定条件，他们是有可能相互转化的，"优质"客户会变成"劣质"客户，"劣质"客户也会变成"优质"客户。

2. 大客户不一定等同于"优质"客户

大客户因为购买量大，往往成为所有企业关注的重点。但是，如果认为所有的大客户都是"优质"客户，而不惜一切代价地角逐和保持大客户，企业就要为之承担一定的风险。

(1) 较大的财务风险。大客户在付款方式上通常要求赊销，这就容易使企业产生大量的、长期的应收账款，也容易成为"欠款大户"，使企业承担呆账、坏账、死账的风险。

(2) 较大的利润风险。客户越大，脾气、架子就越大，所期望获得的利益也大。另外，某些大客户还会凭借其强大的买方优势和砍价实力，或利用自身的特殊影响与企业讨价还价，向企业提出诸如减价、价格折扣、强索回扣、提供超值服务甚至无偿占用资金等方面的额外要求。因此，这些订单量大的客户往往不但没有给企业带来大的价值，没有为企业带来预期的赢利，反而使企业陷于被动局面，减少了企业的获利水平。例如，很多大型零售商巧立进场费、赞助费、广告费、专营费、促销费以及上架费等费用，而使企业(供应商或生产商)的资金压力很大，增加了企业的利润风险。

(3) 较大的管理风险。大客户往往容易滥用其强大的市场运作能力，扰乱市场秩序(如窜货、私自提价或降价等)，给企业的管理造成负面影响，并可能影响小客户的生存。

(4) 较大的流失风险。一方面，激烈的市场竞争往往使大客户成为众多商家尽力争夺的对象，大客户因而很容易被腐蚀、利诱而背叛。另一方面，在经济过剩的背景下，产品或服务日趋同质化，大客户选择新的合作伙伴的风险不断降低。这两个方面决定大客户流失的可能性加大，他们随时都可能叛离企业。同时，大客户往往拥有强大实力，容易采取纵向一体化战略，自己开发品牌，这就存在着他们"自立门户"的风险。

可见，大客户未必都是"优质"客户，为企业带来最大利润和价值的通常并不是购买量最大的客户。此外，团购也未必都是"优质"客户，因为团购未必忠于企业，像团购礼品，往往追求时尚，总是流行什么就买什么，而不能够持续、恒久地为企业创造利润。

3. 小客户也有可能是"优质"客户

在什么样的客户是好客户的标准上，要从客户的终生价值来衡量。实际上，小客户不等于"劣质"客户，过分强调当前客户给企业带来的利润，其结果有可能会忽视客户将来的合作潜力。因为今天的"优质"客户也经历过创立阶段，也有一个从小到大的过程。例如，家电经销商国美电器公司在初创时并不突出，但有着与众不同的经营风格，如今已经成长为家电零售的"巨鳄"。同样，2000年成立的百度公司在短短数年间从一个名不见经传的小企业成长为一个大企业，它们都是从"蚂蚁式"企业成长为"大象式"企业的实例。

可见，衡量客户对企业的价值要用动态的眼光，要从客户的成长性、增长潜力及其对企业的长期价值来判断。一些处于成长期的绩优中小客户，如一些中小型高新技术企业一旦得到大力支持，往往能快速成长为大客户，而且可能成为"优质"客户。

因此，企业要善于发现和果断选择可以从"蚂蚁"变为"大象"的有潜力的小客户，给予重点支持和培养，甚至可以考虑与管理咨询公司合作，提升有潜力的小客户的"品质"。这样，小客户在企业的关照下成长壮大后，它们对企业的产品或者服务的需求也将随之膨胀，而且会知恩图报，对培养它们的企业有感情，有更强的忠诚度。在几乎所有优质客户都被各大企业瓜分殆尽的今天，这显然是培养优质客户的好途径。

 阅读材料

IBM公司弃"小"的短视

20世纪80年代初期,个人计算机市场还是一个很小的市场,那时IBM公司最有价值的客户是主机用户,因此,IBM公司决定放弃追求个人计算机这个小市场,虽然它在这个市场上有绝对的优势。

然而,个人计算机市场却是在近20多年中增长最快的市场之一,并且主宰了整个计算机市场。微软公司因生产个人计算机软件而成为世界上最大的公司之一,戴尔、联想和许多其他公司则因为生产个人计算机而享誉全球。相反,IBM公司则错失良机,在个人计算机市场上越来越落后于竞争对手,最终只有主动出局。

3.1.3 目标客户识别的建议

在目标客户的识别方面,以下一些建议值得企业借鉴。

1. 选择客户必须"门当户对"

众所周知,年轻人谈对象时,如果要成功,一般要讲究"门当户对"。同样,在企业进行客户选择时,也要注意"门当户对",这是因为——好客户不一定是企业的"目标客户"。"低级别"的企业如果瞄上"高级别"的客户,尽管这类客户很好,但是由于双方的实力过于悬殊,"低级别"的企业服务的能力不够,这样"高级别"的客户就不容易开发。即使最终开发成功,勉强建立了关系,以后维持关系的难度也较大。现实中,有些企业只注重服务于大客户,动辄宣称自己可以满足大客户的任何要求,似乎不如此不足以显示自己的实力。然而,由于双方实力的不对等,企业只能降低标准,委曲求全,甚至接受大客户提出的苛刻条件,或者放弃管理的主动权,从而无法对大客户的潜在风险进行有效的控制,结果一旦这些大客户出事,企业只能干着急,什么都做不了。同样,"高级别"的企业如果瞄上"低级别"的客户往往也会吃力不讨好——由于双方关注点"错位"的原因,会造成双方不同步、不协调、不融洽,结果可能是不欢而散。

可见,实力相当的客户才是最好的目标客户,"门当户对"是企业选择客户的宗旨。

 阅读材料

XL公司汽车配件公司客户定位的调整

XL公司是天津市一家生产汽车配件的企业,该公司开始打算把目标客户锁定为大型汽车制造厂,企图尽快达到盈亏平衡点,但经过几年的努力都未成功,因为这些大型汽车制造厂根本没把XL公司当成一回事。无奈之下,XL公司把目标转向了一些中小型汽车制造厂,而这些中小型的汽车制造厂也正在寻找具有价廉物美且未被大型汽车制造厂锁定的供应商,双方建立了长期稳定的关系,取得了双赢的局面。

2. 确定企业与客户之间是双向选择

企业要寻找"门当户对"的客户,必须要实现企业与客户之间的双向选择。这就需要结合客户的综合价值与企业对其服务的综合能力进行分析,然后找到两者的交叉点。

首先,企业要判断目标客户是否有足够的吸引力,是否有较高的综合价值,是否能为企业带来大的收益,这些可以从以下几个方面进行分析。

(1) 客户向企业购买产品或服务的总金额。
(2) 客户扩大需求而产生的增量购买和交叉购买等。
(3) 客户的无形价值,包括规模效应价值、口碑价值和信息价值等。
(4) 企业为客户提供产品或服务需要耗费的总成本。
(5) 客户为企业带来的风险,如信用风险、资金风险、违约风险等。

其次,企业必须衡量一下自己是否有足够的综合能力去满足目标客户的需求,即要考虑自身的实力能否满足目标客户所需要的技术、人力、财力、物力和管理能力等。对企业综合能力的分析不能从企业自身的感知来确定,而应该从客户的角度进行,可借用客户让渡价值的理念来衡量企业的综合能力。也就是,企业能够为目标客户提供的产品价值、服务价值、人员价值及形象价值之和减去目标客户需要消耗的货币成本、时间成本、精力成本、体力成本,这样就可以大致得出企业的综合能力。

再次,寻找客户的综合价值与企业的综合能力两者的结合点,如图3.1所示。

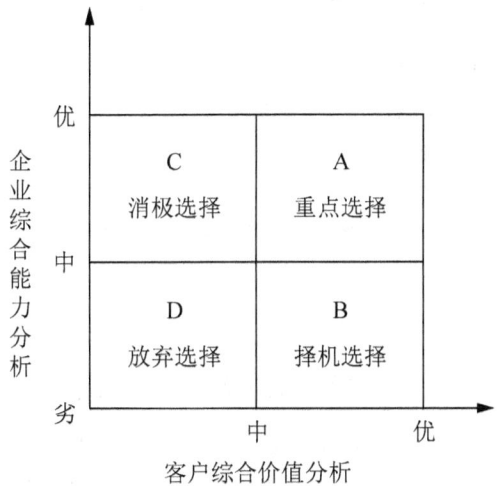

图3.1 目标客户选择矩阵图

从图3.1可以看出,A区域是企业应该重点选择的目标客户群;B区域是应该择机选择的目标客户群;C区域是应该消极选择的客户群;D区域是应该放弃选择的客户群。

3. 依据现有忠诚客户的特征来识别目标客户

企业可以进行类比,通过分析现有忠诚客户具有的共同特征,来寻找最适合的目标客户,即以最忠诚的客户为标准去寻找目标客户,这是选择目标客户的一个捷径。

3.2 客户关系的开发策略

客户关系的开发,就是企业将目标客户和潜在客户转化为现实客户的过程。对新企业来说,要想在激烈的竞争中站稳脚跟,首要任务就是吸引新客户;而对老企业来说,也要在努力培养客户忠诚度的同时,不断加强开发新的优质客户。这样,一方面可以弥补客户流失的缺口，另一方面可以壮大客户队伍，增强企业的赢利能力，实现可持续性发展。

3.2.1 寻找目标客户的主要方法

主动出击是企业开发客户的一种重要策略。该策略的成功包括两个环节：第一是想办法寻找目标客户，第二是最终说服他们成为现实客户。其中，前一个任务尤为关键。

在寻找目标客户过程中，企业要熟练掌握和灵活运用以下一些常用的实际操作方法。

1. 逐户访问法

逐户访问法是指推销人员在所选择的目标客户群活动区域内，对目标客户进行挨家挨户的访问。采用此法成功开发客户的数量与访问人数成正比，要想获得更多客户，就得访问更多的人。

阅读材料

能够获得被访客户好感的常见做法

1．注意礼貌。与客户问候要面带微笑，打招呼要有礼貌，适当地尊称对方，或热情地称呼名字。

2．学会感谢。首先感谢对方的接见，语气要热忱有力，要对客户做出具体、真诚的称赞，而不要随便奉承——如果做不到，就不要勉强，宁可省略，否则会产生反效果。

3．作好介绍。大大方方地介绍自己的公司、自己的名字，自信地说出拜访的理由，对自己上门推荐的产品或服务要认真熟练地介绍，并认真回答对方的疑问，让客户感觉你的专业及可信赖。

4．吸引。说一些对方感兴趣的话题，或者告诉客户一些有用的信息，或者使客户获得一些实在的利益，或者为客户解决有关问题，或者向客户请教，以激发客户的兴趣。

另外，逐户访问法本身存在一定的优点和缺点(表 3-1)需要进行合理应用。

表 3-1 逐户访问法的优点和缺点

优　　点	缺　　点
● 在目标客户中不放过任一有可能成交的客户 ● 可借机进行市场调查，了解目标客户需求倾向 ● 企业与各类客户打交道并积累经验的好机会	● 家庭或单位出于安全考虑，一般多会拒绝访问 ● 需耗费大量的人力，若赠送样品则成本更高 ● 推销人员为人处世的素质和能力是成功的关键

2. 会议寻找法

会议寻找法是到目标客户出席的各种会议中，如订货会、采购会、交易会、展览会和博览会，捕捉机会与目标客户建立联系，从中寻找开发客户的机会的方法。如出版社利用"全国书市"聚集全国各地的大小书店、图书馆等的机会，与他们接触、交谈，争取把他们培养成为自己的客户。运用会议寻找法时要注意技巧，否则有时容易引起对方的反感。

3. 特定场所寻找法

"物以类聚、人以群分"，每个人都有自己的小圈子和自己特定的活动场所，因此，如果能够进入目标客户的社交圈，对其开发工作也就容易进行了，胜算也大一些。

例如，打高尔夫球的一般是高收入阶层的人士，有个叫小张的保险推销员为了能够接触到这类人士，很用心，也花了不少钱，参加了一家高尔夫球俱乐部，这使得他有机会经常与这些高收入人士交流球技，与他们做朋友……，结果，他签到了许多大的保险单。

4. 人际关系网寻找法

人际关系网寻找法是指将自己接触过的亲戚、朋友列出清单，然后拜访，争取在其中寻找自己的客户。每个人都有一个关系网，如同学、同乡、同事等，因此可以依靠人际关系网进行客户开发。该方法的优点、缺点以及运用时候的注意事项见表3-2。

表3-2 人际关系网寻找法的优缺点和注意事项

优　　点	缺　　点	注意事项
• 容易接近，不需要过多地寒暄和客套即可切入主题 • 较易成功，比陌生拜访的成功率要高出许多倍	• 因为是亲朋好友，可能会害怕遭拒绝、丢面子而不敢提出 • 碍于面子，有时候进行价格交涉时，患得患失，难以开口	• 为亲友负责，绝不欺骗、隐瞒，否则将众叛亲离 • 绝不强迫营销 • 要提供最优质的服务

 阅读材料

几种快速接近客户的方法

以上4种方法都需要推销人员直接面对客户，那么如何更有效地接近客户呢？下面介绍几种常用方法。

(1) 馈赠接近法。是指通过赠送礼物来接近客户的方法，此法比较容易博得客户的欢心，取得他们的好感，从而拉近推销人员与客户的关系，而且客户也比较乐于合作。

(2) 赞美接近法。是指利用客户的虚荣心，以称赞的语言博得客户好感，从而接近客户的方法。需要注意的是，推销人员称赞客户时要真诚、要恰如其分，切忌虚情假意，否则会引起客户的反感。

(3) 服务接近法。是指通过为客户提供有效的、并符合需要的服务，如维修服务、信息服务、免费试用服务、咨询服务等来博得客户的好感，赢得客户的信任，从而接近客户的方法。

(4) 求教接近法。是指利用对方好为人师的特点，通过请客户帮忙解答问题，从而接近客户。但是要提对方擅长的问题，而不要考问对方。在求教后要及时、自然地将话题导入有利于促成交易的谈话中。

5. 资料查询法

指通过查询与目标客户相关的资料来寻找目标客户，可供查询的资料见表3-3。

表3-3 资料查询法寻找客户的主要来源

资料名称	主要内容
电话号码黄页	记录了部分个人、公司或机构的名称、地址和电话号码
团体会员名册	如刊物订阅者名册、协会会员名册、股份公司的股东名册、行业内公司名册等
证照核发机构	如工商企业名录、企业经营许可证、烟酒专卖证、驾驶执照等
税收缴纳名册	有助于确定一定财力范围的人员名单，可向他们营销汽车、楼房一类的高档品
报纸期刊杂志	包含新公司成立、新商店开业、新工程修建以及一些公开招标信息等，他们往往需要多种产品和配套服务，企业可以主动上门，有可能会将他们发展成为企业客户
信息服务报告	利用信息服务机构、管理咨询公司、数据调查公司所提供的有偿报告来寻找目标客户

资料查询法的优点在于可以较快地了解市场需求量和目标客户情况,且成本较低。但其也有缺点,那就是时效性较差,有些最新的目标客户数据资料,可能无法实时查到。

6. 介绍寻找法

指企业通过老客户的介绍来寻找有目标客户。人与人之间有着普遍的交往与联系,消费需求和购买动机常常互相影响,同一个社交圈内的人可能具有某种共同的消费需求。只要取得现有客户的信任,给以他们一定的好处(给予优惠待遇和一定比例提成),就可以通过现有客户的自愿介绍,向其亲朋好友进行产品推荐,寻找到目标客户。

阅读材料

吉拉德和他的"250人法则"

乔·吉拉德是美国著名的汽车推销大王,他推销出 13 000 多辆汽车,创下吉尼斯世界纪录。他曾自豪地说:"'250人法则'的发现,使我成为世界上最伟大的推销员!"

有一次,吉拉德从朋友的母亲葬礼的主持人那里偶然了解到,每次葬礼来祭奠死者的人数平均为250人左右。后来,吉拉德参加一位朋友在教堂里举行的婚礼,又偶然从教堂主人那里得知,每次婚礼新娘方参加婚礼的人数大概为250人,新郎方大概也有250人参加婚礼。

由此,他总结出"社交圈250人法则",即认为一个人一生的亲戚、朋友、同学等经常往来的人数平均大约是250人。他联想到他的客户后说,能把产品卖给一位客户,就意味着可能再卖给250位客户,但关键是要让他将亲朋好友介绍给自己。

为此,吉拉德非常善于让老客户来帮助介绍新客户,并给以一定的"报酬"——如果介绍成功、生意谈成,则客户可提成25美元,就这样他不断开发了许多新的客户。

此外,商业伙伴也可以帮助介绍和推荐。企业和其进货的"上家"和销售的"下家"都处在同一利益链中,很容易因"唇亡齿寒"的"同伴意识"而"互相捧场",如果能利用这种心态和利害关系,请上家和下家帮助介绍客户,将会有不小的收获。

介绍寻找法的优点、缺点,以及运用时的注意事项见表3-4。

表3-4 介绍寻找法的优缺点和注意事项

优 点	缺 点	注意事项
• 客户知道何时、他的哪位朋友需要产品,信息比较准确,可减少客户开发的盲目性 • 由于是经熟人介绍,容易取得客户的信任,成功率较高	• 介绍的客户数量多,但质量不一,需要进行严格筛选和甄别 • 只适用于寻找具有相同消费特点的客户,或在销售群体性较强的产品时采用;不适合开发新型客户	• 不管业务是否能够达成,都请他尽力帮忙介绍,要坚持不懈 • 一定要让客户信任你的为人、你的产品,才有可能为你介绍 • 必须给介绍的客户一定好处

7. "中心开花"法

"中心开花"法是指在某一特定的目标客户群中选择有影响的"中心"人物或组织,并使其成为企业的客户,然后借助其"中心效应",将该目标客户群中的其他对象转化为现实客户。

第3章 客户关系的识别、开发与分级

一般来说，可作为"中心"人物的有政商要人、文体巨星、知名学者，组织有名牌大学、星级酒店、知名企业等，他们往往在公众中具有很强的影响力和很高的社会地位，拥有很多的崇拜者，他们的购买与消费行为有很好的示范作用，从而能引发甚至左右崇拜者的购买行为。当前，很多企业在产品广告中的请"名人代言"就是这种方法的典型应用。

"中心开花"法的优点在于，可利用"中心"人物或组织的影响力，迅速扩大产品的影响，容易让更多的客户接受。但是，这种方法也有一定的缺点：一方面，完全将开发客户的希望寄托在某一个人或组织上，风险较大；另一方面，这个"中心"的后期表现非常关键，这同样会影响其所介绍客户的忠诚，否则可能会出现"成也萧何，败也萧何"的局面。

阅读材料

广州邮政选准目标客户实现"中心开花"

广州邮政在业务徘徊不前时，按照选择"有影响力的，可带来长期、稳定、高额回报的行业性大客户"这个思路，决定在金融行业中选择工商银行作为第一个目标大客户，为其提供单证速递、账单商函、信用卡配送、单据交换、商函广告、企业邮品、储蓄中间业务……使工商银行的服务质量、信用卡销售量得到显著提升，在银行界引起很大震动，当然也给广州邮政带来每年500万元的收入。

有了工商银行这个典型引路，中行、建行、农行、民生、招商、华夏等银行先后成为广州邮政的大客户，仅银行界大客户的业务，每年就为广州邮政创造2 000万元以上的收入。

国美电器公司进入广州市场前期，广州邮政大客户服务中心深入分析家电零售行业的特点，以及国美电器公司开拓南方市场所关注的问题，为国美电器公司设计了包括物流、广告促销、代理销售等业务的综合服务方案。国美电器公司对广州邮政的服务方案非常满意，立即与之签订了全面合作协议。双方合作推出的创新服务，在广州家电零售行业产生了强烈反响，于是，其他家电零售商也纷纷主动联系广州邮政，希望广州邮政也为它们提供类似的服务。就这样，在国美电器公司的示范作用下，广州邮政又顺利开发了广州的其他家电零售客户。

（资料来源：邓学军，张勇．透视大客户服务营销．中国邮政，2005(4)）

8. 电话寻找法

指以打电话给目标客户的形式来寻找客户的方法。这种方法的优点是成本较低，节约人力。但是，电话寻找法也有缺点，那就是无法从客户的表情、举止判断他的反应。

阅读材料

采用电话寻找法来开发客户的注意事项

因为电话寻找法没有"见面三分情"的基础，很容易遭到拒绝。为此，必须要注意以下几点问题。

(1) 电话寻找是一项重复性高、易疲劳的工作，需要一个良好的交流环境，要保证电话推销人员在与客户交流时有一个放松的心情，如配备半封闭式的工作台，甚至要有私密的空间等。

(2) 打电话前，必须提前做好准备：必须记住目标客户的单位名称、公司基本情况以及联系人的职务、名称，设计好自己要说的内容以及目标客户可能会提出的问题，并做好如何应对目标客户的拒绝等。

(3) 打电话时口齿要清晰，语气要热情，另外要注意通话的时机(一般应是正常的工作时间)，也要注意通话时间的长短和谈话技巧，最好能用简短的话语引发对方的兴趣，激发其想进一步了解产品的欲望。

(4) 如果第一个接听电话的是总机或者秘书，你必须简短地介绍自己，接下来要用礼貌、坚定的语气，说出要找的客户的名称，要让秘书感觉你很重要，你和老板谈论的事也很重要，但是不要说得太多。

(5) 如果感觉这次电话开发的成功性不大，就要退而求其次，争取获得一个见面的机会，对方如果答应，就要立即确定时间和地点，收线之前，要再重复与对方见面的时间和地点。

9. 信函寻找法

信函寻找法是指以邮寄信函的方式来寻找客户的方法。如向目标客户寄送邮购产品目录、宣传单、插页等，向他们介绍公司的产品或者服务以及订购和联系的方式，信函寻找法的优缺点和注意事项见表3-5。

表3-5 信函寻找法的优缺点和注意事项

优　点	缺　点	注意事项
• 覆盖范围较广，传达信息较多，可涉及目标客户数较多 • 成本较低	• 除非产品有特殊的吸引力，否则一般回复率较低 • 时间较长	• 信函的格式必须符合商务信函的基本要求，内容要完整 • 电子邮件也要注意落款方式

10. 网络寻找法

指借助互联网宣传、介绍自己的产品从而寻找客户的方法。随着上网人数的日渐增多，企业很容易在网络上找到客户，因此该方法前景广阔，其实施步骤见表3-6。

表3-6 网络寻找法的实施步骤

阶段	名　称	主要内容
1	登录专业网站查找/发布信息	根据自己的经营范围登录专业网站，浏览国内外的需求信息，并与这些有需求的客户联系，还可以在网上发布供应信息，吸引客户，进而积累客户资源
2	登录专门商务网站寻找客户	登录专门的电子商务交易网站，如阿里巴巴的商务通、贸易通，去寻找客户并与之时沟通，从而挖掘和开发客户；也可以在这些网上发布产品供应信息
3	通过网络公共空间发布信息	通过多种网络交流渠道，例如可以进入聊天室，以及一些专业BBS、论坛、博客，广交海内外的朋友，从中寻找客户，或者请结交的朋友帮忙介绍客户
4	自身网站宣传	企业在自己的公司网站上设计产品宣传页，吸引潜在的客户来与自己联系

网络寻找法的优点是方便、快捷，信息量大，成本低。

网络寻找法的缺点是受到网络普及、上网条件以及网络诚信的影响，不过这些因素正随着我国电子商务发展在逐步改善。

11. 短信寻找法

短信寻找法是指通过发送短信来寻找客户的方法。这种方法具有以下优点：省略电话的客套和迂回，方便、快捷；价格低廉，能够打破地域限制；发出的信息只要不删除，就一直能够保留在客户的手机上,可以随时提醒短信的接收者;客户可以就一些他们感兴趣的问题进行交流;以短信的方式问候客户,可以增进与客户的感情。

但短信寻找法也有缺点:受虚假诈骗短信的影响,人们对短信的信任度较低,另外,有的客户对无关短信很反感,也不愿意进行短信回复,因此该方式的信息反馈效果较差。

12. 从竞争对手那里"挖"客户

这种方法是指企业运用各种竞争手段,如通过创新产品、免费培训和优惠价格等方式,从竞争对手手中争夺目标客户。当对手产品、服务明显不能满足目标客户需求时,此法最为适合。

例如,2002年中国联通公司推出 CDMA 时,采用"预存话费、赠送手机"的销售方式,吸引了众多其他通信企业的客户跳槽到联通,使中国联通公司当年实现了新增 700 万客户的目标。

 阅读材料

供过于求状态下,巧妙地出租写字楼

有家企业想把自己的高档写字楼租出去,而当时写字楼出租市场处于严重的供过于求状态。

经过分析,该企业认为客户来源只能是在其他写字楼办公的公司,于是派销售人员收集客户情报,与这些客户保持密切联系,并赠送一些内部刊物——即把工作做在前面,以使自己处在"替补"地位。

果然,有些租期已满、而又对现租的写字楼不满意的客户,后来纷纷选择了这家"替补"的写字楼。

3.2.2 说服目标客户加盟的策略

寻找到客户不等于开发成功,还需要一个说服客户的过程,下面介绍其技巧和方法。

1. 说服客户的方式和技巧

在说服客户的技巧上,一般可以采用"富兰克林式"表达方式,就是销售人员向客户说明,如果买了我们的产品,能够得到的第一个好处是什么,第二个好处是什么,第三个好处是什么,第四个好处是什么;同时也向客户说明不买我们的产品,蒙受的第一个损失是什么,第二个损失是什么,第三个损失是什么,第四个损失是什么。这样,客户权衡利弊得失后,就会做出选择。

例如,日产汽车公司的首席推销员奥成良治,整整想了 100 条客户买他的汽车能够得到的好处,以及说明客户不买他的汽车会蒙受的损失。

2. 不同客户类型的说服策略

由于客户的学识、修养、个性、习惯、兴趣及信仰等的不同,对于各种人、事、物的反应及感受有相当大的差异,因此必须区别对待不同类型的客户,才能事半功倍。

常见的 10 种不同类型客户的主要特点以及相对应的说服策略见表 3-7。

表 3-7　不同类型客户的特点及其说服策略

类型名称	客户特点	说服策略
客观理智型	考虑周详，决策谨慎，客观理性	按部就班，不投机取巧，而要规规矩矩、不卑不亢、坦诚细心地向他们介绍产品的情况，耐心解答疑点，并尽可能提供有关证据
个性冲动型	情绪不稳定，易激动，且反复无常，对自己决策易反悔	对待这类客户一开始就应该大力强调所推销产品的特色和实惠，促使其尽快购买，但是要注意把握对方的情绪变动，要有足够的耐心，不能急躁，要顺其自然
思想顽固型	具有特别的消费偏好，对新产品往往不乐意轻易接受	对这类客户不要试图在短时间内改变他，否则容易引起对方强烈的反应以及抵触情绪和逆反心理，要善于利用权威、有力的资料和数据来说服对方
争强好斗型	比较专横，征服欲强，喜欢将自己的想法强加于别人	对待这类客户要做好被他步步紧逼的心理准备，切不可意气用事，贪图一时痛快，与之争斗，相反，以柔克刚，必要时丢点面子，适当做些让步也许会使事情好办得多
优柔寡断型	缺乏决策能力，没主见，胆小怯懦	应以忠实的态度，主动、热情、耐心地做介绍并解答提出的问题，要让这类客户觉得你是可信赖的人，然后帮助他们做出决策
孤芳自赏型	喜欢表现自己，不喜欢听别人劝说，任性且嫉妒心较重	首先，在维护其自尊的前提下向其客观地介绍情况；其次，要讲他感兴趣的话题，为他提供发表高见的机会，不轻易反驳他；最后，推销人员不能表现太突出，不要给对方造成对他极力劝说的印象
盛气凌人型	常摆出一副趾高气扬的样子，不通情达理，表现非常高傲，常自以为是	不卑不亢，用低姿态方式充当他的忠实听众，给予附和，表现出诚恳、羡慕及钦佩，并提出一些问题，向对方请教，让其尽情畅谈，以满足其发表欲。如仍遭受对方刻薄、恶劣地拒绝时，可用激将法，寻找突破口，但也不能言词激烈，以免刺激对方，引起冲突
生性多疑型	不相信别人，无论是对产品还是销售人员都会疑心重重	要充满信心，以端庄外表与谨慎态度说明产品特点和客户将获得的实惠。某些专业数据、专家评论对建立这类客户的信任有帮助，但切记不要轻易在价格上让步，否则会使对方对你的产品产生疑虑
沉默寡言型	性格比较内向，对外界事物表现冷淡	对待这类客户应主动向其介绍情况，态度要热情、亲切，要设法了解其对产品的真正需要，注意投其所好，耐心引导
斤斤计较型	精打细算，精明能干，讨价还价，爱贪便宜且不知足	应避免与其计较，一方面要强调产品的优惠和好处，且事先提高一些价格，让客户有讨价还价的余地；另一方面可赠予小礼物，让他觉得占了便宜，一旦他有了兴趣，接下来就会跟定你了

3. 客户被说服时所表现出的购买信号

客户一旦被说服、产生购买欲望时，往往会有意无意地发出一些购买信号(表 3-8)。当出现这些信号时，表明客户即将被说服，且有成交意向，这时推销人员要再接再厉、把握时机，争取最终说服客户。反之，说明说服工作还没有做到家，应当继续说服。

表 3-8　客户被说服时所表现出的购买信号

信号内容	表示含义
当你将产品的有关细节以及各种交易条件介绍之后，客户表现出认真的神情，并且与竞争对手的条件进行比较	第一印象较好，已经开始引起了对方的兴趣
诉说使用其他品牌的同类产品或服务的不满	开始进行产品比较，此时应强化自己的优势

续表

信号内容	表示含义
以种种理由要求降低产品或服务的价格	对价格开始提出异议，说明有购买的倾向
要求详细说明产品或服务内容、注意事项、售后服务等	开始关注细节问题，有进一步深入的可能
主动、热情地将你介绍给所在的部门经理或总经理	引见给具有决策权的人员，开始重点关注
对你的接待态度明显好转，接待档次明显提高	合作比较明显，购买的意向已经非常明显

3.2.3 吸引目标客户的主要措施

客户关系开发的第二种策略，就是企业通过采取多种不同的手段，依靠企业本身的产品、价格、渠道和促销等特色，积极吸引目标客户和潜在客户，使其最终成为现实客户。

1. 提供适当的产品或服务

适当的产品或服务是指企业提供给客户的产品或服务，要确实能满足客户的实际需要，不仅包括功能、质量、外观、规格，还包括品牌、商标、包装以及相关服务保证等。

(1) 产品或服务的功能。功能是吸引客户的最基本的立足点，一个功能上能够满足客户需求的产品或服务肯定会吸引客户前来购买。对于相似的产品或服务来说，功能越强，对客户的吸引力就越大。例如，海尔集团在市场调研时，一个客户随意说到冰箱里的冻肉拿出来不好切，海尔集团意识到这是一个未引起冰箱生产企业重视的共性问题。根据食品在$-7℃$时营养不易被破坏的原理，海尔集团很快研制出新产品"快乐王子 007"。这款冰箱的冷藏冻肉出箱后可即时切，于是很快走俏，受到了广大客户的追捧。

(2) 产品或服务的质量。质量在吸引客户上起着重要的作用。一个质量有问题的产品或者服务即使非常便宜，也没有人愿意购买。相反，对于高质量的产品，即使价格高一些人们往往也愿意接受。人们之所以购买名牌产品或服务，最主要的就是看中其过硬的质量。例如，德国麦德龙公司对产品质量的要求永远排在第一位，所有进入麦德龙公司采购系统的产品先要在国内的一个区域销售，如果效果好才可以进入全国市场，最后才能分销到国外。

阅读材料

航空公司以优质的产品——上乘的服务吸引乘客

法国航空公司上海至巴黎的空中客车是直航，可是坐在飞机上的 15 个小时并不觉得烦闷，因为座位上配有耳机，并可选择 7～8 个频道的音乐节目，座椅旁拉出超薄型电视可选择 15 个频道的节目，并且配有中文字幕。虽然法国葡萄酒在世界各地卖得很贵，可是在法国航空公司的航班飞机上却可以像喝汽水和矿泉水一样，让乘客过足瘾、喝个够。因此，法国航空公司吸引了许多往来上海和巴黎的乘客。

德国汉莎航空公司在头等舱和商务舱推出了机上卧床、自选菜单和不停播放影视节目等服务项目，还为乘客设计了"快乐星期"，其中为短程游客设计"快乐一日"，为各季节设计"特别季节游"，所有这些项目都将租车、宾馆住宿、延伸服务、联运和转运捆为一体，实施"一条龙"服务。尽管德国汉莎航空公司的机票卖得很贵，但是这些周到的服务仍然有效地吸引了目标乘客。

此外，在激烈的航空市场竞争中，为更好地吸引乘客，有的航空公司推出了其他优质机上服务，如专为 60 岁以上的老年乘客提供的温情服务——提供专座、老花眼镜、热饮软食、御寒毛毯以及引领如厕、专人护送等敬老服务;专为年幼乘客提供的游戏服务,让孩子开心,对无家长陪伴的小乘客还提供特殊的全程服务,让家长放心;为当天生日或蜜月旅行的新婚夫妇乘客,送上最诚挚的祝福和精美的纪念品;提供有营养且有当地特色的空中套餐,并考虑不同种族、不同信仰乘客的饮食习惯,特别提供专门服务。

(资料来源:苏朝晖.航空公司的市场营销策略.中国市场,2005(6))

(3) 产品或服务的特色。现在市场上同类同质的产品或服务越来越多,因此,企业要想在激烈的市场竞争中脱颖而出,其产品或服务必须有足够特色,才能吸引客户的光顾。

阅读材料

不同特色吸引不同的客户

在芝加哥斯泰特大街3个街区的短短距离内,就有美国最大的女鞋零售商爱迪生兄弟企业的3家不同定位的连锁店,虽然它们相互靠近,却不影响彼此的生意,这是因为它们针对不同的细分市场。

爱迪生兄弟企业经营着900多家鞋店,分为4种不同的连锁形式,每种连锁形式针对不同的细分市场。如钱德勒连锁店专卖高价鞋,贝克连锁店专卖中等价格的鞋,勃特连锁店专卖廉价鞋,瓦尔德派尔连锁店专卖时装鞋,各有特色。这就是为什么它们同处一地,却相互不影响的原因——它们各自有自己的目标客户,所以相互不"打架"。

(资料来源:黄文庆.市场细分——企业成功的关键.管理科学文摘,2000(7))

(4) 产品或服务的品牌。品牌是用以识别某个产品或者服务,并使其与竞争对手的产品或服务相区别的标志。品牌对于客户的吸引力在于它是一种承诺。无论购买地点在哪里、无论分销形式如何,品牌向客户提供了一种统一标准,减少了客户可能冒的风险,能够更好地维护客户的利益,让客户信任、放心。品牌对于客户的吸引力还在于品牌不仅有利于维护客户的利益,还有助于提升客户的形象,特别是有些产品的购买被称为社会地位标志性的购买,如服装、酒、汽车等。品牌将自己的身份传递到人们的身上,提高了使用它的人的身价,给人们带来心理上、精神上更高层次和最大限度的满足感。

(5) 产品或服务的包装。包装是指为产品设计并制作容器或包扎物的一系列活动。包装能够方便产品的保护、运输、储存、摆放上架、携带和使用,还有助于吸引客户的注意,从而促进产品或服务的销售,增加企业的利润。包装吸引客户的作用主要体现在"无声销售员"上。一方面,当产品被放到自选柜台或者自选超市时,好的包装能够吸引客户的视线,引起或加强客户的购买欲望。例如,好的食品包装可以引起人们的食欲,并能够提示产品的口感和质量。另一方面,当各个品牌之间的"内在"差异很小,或很难被消费者感知的时候,包装在功能方面或视觉方面的优势就会让产品"占上风",左右客户的购买决策。此外,颜色、造型、风格、陈设、标签等功能因素,实际也是"大包装"的范畴,它们可以建立赏心悦目的形象,吸引客户的光临。例如,住房装潢设计室摆上计算机,给人以现代、高科技的感觉;面包房清新而芳香的空气能够提示所出售的面包新鲜程度高;温暖、宜人的气温,柔和的灯光和音乐能够提示西餐厅温情、细腻的服务。

 阅读材料

天津亨得利钟表店的刻意"包装"

天津亨得利钟表店在布局上全力推出一个"准"字,沿客户行走路线的柜台橱窗中陈列了样式各异的数千种钟表,并且全部处于走时状态,表针整齐划一,尤其是整点时,所有钟表都发出悦耳的声音,组成和谐的乐章,这样刻意的"包装"无疑有助于提升这里钟表的质量,给客户留下深刻的印象。

(6) 产品的附加服务。服务是指伴随着产品的出售,企业向客户提供的各种附加服务。例如,产品介绍、送货、安装、调试、维修、技术培训、产品保证等。企业向客户提供的各种服务越完备,产品的附加价值就越大,客户从中获得的实际利益就越大,从而也就越能够吸引客户。如今,为了提供优质和完善的服务,争取更多客户,许多企业通过时间上和空间上为客户提供方便,以便吸引客户的购买。首先,越来越多的企业延长了营业时间。例如,"永和豆浆"为了方便客户,推出24小时服务,满足了喜欢休闲式"夜生活"客户的需要。再如,有些企业则开展流动服务和上门服务,如天津市一些物流服务公司将流动服务车开进大学校园,为毕业的学生上门提供包裹递送服务。

 阅读材料

IBM公司一个超一流客户服务的实例

IBM公司曾经发生过这样一件事情:一位客户住在一个偏远小镇的一个小岛上,一天,该客户的ThinkPad型计算机发生了故障,呼叫中心咨询后,判断必须由服务人员现场解决,但当地没有服务网点,公司决定派工程师乘飞机到当地城市,然后再坐出租车到小镇,然后租用快艇到小岛进行维修。

碰巧当天下暴雨,工程师在深夜两点才赶到小岛,为了不打扰客户,工程师露宿于小岛,第二天上门并很快排除了故障。这件事情不久后就得到了积极的市场响应,那就是小镇上几乎所有准备购买计算机的人全都选择了或者表示将选择IBM公司——这就是优质服务的魅力。

(7) 承诺与保证。企业对提供的产品或服务做出承诺与担保,就可以降低客户购买的心理压力,引起客户的好感和兴趣,从而促使客户放心地购买和消费。例如,航空公司承诺航班准点,同时承诺当航班因非不可抗拒因素的延误、延期、取消、提前时,保证赔偿乘客的损失,这样便可使乘客在一定程度上增强对航空服务可靠性的信心。例如,美国肯德基公司有两条服务标准,即"客户在任何一家肯德基快餐店付款后必须在2min内上餐"和"炸鸡在15min内没有售出,就不允许再出售"。再如,杭州大众出租汽车公司承诺:凡是气温在30℃以上时,一律打开空调,如没有打开的,乘客可以要求退回所有的车费,并且获得面值30元的乘车证一张,公司还将对违纪司机给予处罚。

 阅读材料

BBBK 灭公司的承诺营销

美国强生公司所属的 BBBK 灭虫公司生产的杀虫剂的价格是其他同类产品的 5 倍,它之所以能够获得溢价价格是因为它把销售中心放在一个对质量特别敏感的市场,即旅店和餐馆,并且向旅店和餐馆提供它们认为最有价值的东西:保证没有害虫而不只是控制害虫。

BBBK 灭虫公司对要求其提供服务的旅店和餐馆承诺:在您那里的所有害虫被灭光之前,您不欠我们一分钱;如果您对我们的服务不满意,您将收到相当于 12 个月服务的退款,外加第二年您选择新的灭虫公司所需要的费用;如果您的客人在您房间里看到一只害虫,我们将支付客人本次和下次的全部费用,并送上一封道歉信;如果您的酒店因为害虫的存在而停业,我们将赔偿全部罚金和利润损失,并再加 5 000 美元。该公司为了提供如此高档的服务,在一年中花费了十多万的成本,但是赢来了 3 300 万美元的服务销售——实际服务承诺的费用是营业额的 0.36%。正是由于通过无条件的服务承诺与保证,使 BBBK 灭虫公司不但可以收取超过同行 600%的费用,而且吸引了许多大客户的追捧。

(资料来源:尹启华,单山鸣.销售溢价上海企业,2002(1))

2. 适当的商品和服务价格

客户购买产品或服务时一般都有一个期望价格,当市场价格高于其期望价格时,就会有更多的客户放弃购买这个产品或减少购买量;而当市场价格低于其期望价格时,客户又可能认为"便宜没好货",而不购买。企业应通过制订适当的价格来吸引客户。

(1) 折扣定价。即企业用折扣价格、数量折扣等方式,来吸引客户的购买。例如,宾馆把客房的价格定得低一些,就可以吸引更多的住客,或者将原定的价格打个折扣,以鼓励客户购买;再如,某城市一家超市采用数量折扣,对于购买 10 箱啤酒以下的,按每箱 30 元计算,而购买 10 箱以上的,按每箱 25 元计算;国内某电视机生产厂家曾经推出以旧换新的价格折让,客户购买新的电视机时可以用旧的电视机折价,这样可以吸引老客户重复购买,或者有相应旧货的新客户前来购买,因为可以享受一定的抵扣价。

(2) 高价策略。即企业利用有些客户往往以价格高低来判断产品的质量,认为高价位代表高质量,尤其是当这种产品会影响他们的形象、健康和威望这种情况,把产品或服务定成高的价格。高价策略尤其适合对有声望需求的产品或服务的定价,如高档汽车、别墅、西服、香水、高级酒店的房价、著名医院、学校的服务费用等。例如,1945 年美国雷诺公司最先制造出圆珠笔,并且作为圣诞礼物投放到市场上成为畅销货。虽然当时每支成本只需 50 美分,但是公司以每支 10 美元的价格卖给零售商,零售商再以每支 20 美元卖出。尽管价格如此之高,但仍然受到追时尚、赶潮流的客户的追捧。

(3) 心理定价。依据消费者对数字的不同联想而进行定价,常见的技巧有以下 3 种。

① 吉利数字定价——像价格中带上 6、8、9 等数字,如饭店推出的宴席:一路顺风 666 元/桌,恭喜发财 888 元/桌,幸福到永久 999 元/桌。

② 整数定价——如某名牌白酒,3 个档次分别定价为 60 元、80 元和 180 元,这给客户以产品的质量也没有零头的感觉,可吸引对质量敏感而对价格不敏感的客户。

③ 零头定价——即利用有些人的求廉心理，在价格上不进位，保留零头(如一台电视机的定价为 2195.90 元)，给人以便宜的感觉，或是让客户感觉到该价格是经过认真的成本核算的，给人以作风严谨，没有水分的感觉，从而吸引客户购买。

(4) 差别定价。按照时间、客户、数量的不同进行差别定价，包括下面几种情况。

① 消费时间差别定价，指按照不同的时间(如季节、时期、日期、钟点)来制订不同的价格，从而达到吸引客户、刺激消费的目的。例如，在旅游淡季时，将旅游景点的门票改定为价，或使用折扣价、优惠价等，可以吸引游客。又如，电信公司在节假日和晚上 9 点后都推出各种优惠的价格，进行让利销售，可以吸引客户对"长途电话"的购买。再如，北京音乐厅推出"开场打折"的措施，即无论什么音乐会，也无论日场或夜场，只要一到开场时间，售票大厅的计算机便会以半价自动售票。这项措施吸引了大量的对价格敏感的客户(只要迟到、少看那么一小会儿，就可以打很低的折扣——合算)，音乐厅的上座率大幅度增加。

② 客户差别定价，指针对不同的客户制订不同的价格，以吸引特定类型的客户群。例如，航空公司每年寒暑假向教师和学生提供优惠票价；又如，宾馆为吸引回头客，对一部分忠实的老客户提供较优惠的价格。

③ 购买批量差价，指当客户成批购买时要比单个购买要便宜。例如，足球赛的套票平均每场的价格低于单场票，城市公园、游乐场所、博物馆推出的通用年票，平均每场的价格也远低于单场票，从而吸引了频繁光顾的客户的购买。

(5) 招徕定价。利用部分客户求廉的心理，将某种产品的价格定得较低以吸引客户，而客户在采购了廉价品后，还往往会选购其他正常价格的产品，从而促进企业的销售。

 阅读材料

招徕定价的一组实例

例子1：超市把一些广大客户熟悉的产品的价格定得很低。其实超市并没有打算从这些产品上赚钱，而是寄希望客户被这些"招牌产品"吸引来，并且购买其他可为超市带来较多利润的产品。

例子2：旅行社打出旗号"能够提供价格非常优惠的线路"，然而被吸引来的客户却发现，由于出游时间或其他原因，实际上享受不到这些优惠，这时客户就可能被说服接受价格更高的其他线路。

例子3：餐厅为了增加客户惠顾而提供价廉物美的"特价菜"，但大多数客人一旦进入餐厅，最后还是会点其他比较高价的菜肴，并大量地消费各种酒水。

例子4：汽车修理厂对一般性修理服务收费较低，为的是吸引客户，从而招徕高价的修理服务。

(6) 组合定价。先为一个产品的销售定低价，以此吸引客户购买，然后通过客户以相对高价或者正常价购买同系列的其他"互补"产品来获利。这种定价方法主要用在同一个系列的产品上。例如，照相机必须与胶卷配套使用，而机械剃须刀要有刀片才能使用。在这种情况下，可以使互补性产品的主体产品(照相机、剃须刀具)以极低的价格进行销售，甚至可以不赚钱，以吸引客户的购买，然后寄希望于从其互补的产品(胶卷、刀片)的销售中获利。再如，美容院对初次惠顾美容院的客户实行很低的体验价格，而以后的护理费用则较高；饭店通过价格相对较低的食品来吸引客户前来用餐，而在酒水上获利。

(7) 关联定价。关联定价是指企业对其关联企业的客户的消费实行优惠价，当然这种优惠是相互的。例如，上海新世界商厦与邻近的金门大酒店签订了联合促销协议，凡在金门大酒店住宿、用餐的游客可享受新世界商厦的购物优惠；在新世界商厦购物满800元以上，可在金门大酒店享受8折以下的住宿、用餐折扣。通过这种商厦与酒店的互惠互利，吸引和促进了客户在商厦更多的相关消费。再如，书店和快餐店联手，规定在书店一次性购买50元图书就可获得10元的餐饮券，而在快餐店一次消费满50元后，在书店购买所有图书就可以享受95%的优惠。书店和快餐店相互借力、聚敛人气，乃"双赢"之举。

(8) 结果定价。有时，企业可以根据产品或者服务的使用效果或者服务效果进行定价，即保证客户得到某种效用后再付款，这有利于吸引客户放心地购买或消费。例如，职业介绍所推出"等到当事人获得了适当的工作职位后才收取费用"，婚姻介绍所推出的"拿到结婚证再交手续费"等。再如，广告公司推出收费标准：广告后，产品销售额增长不低于10%，全价收费；广告后，产品销售额增长低于10%且不低于5%，半价收费；广告后，产品销售额增长低于5%，不收费。结果定价方法可以降低客户的风险，对客户有吸引力，尤其是当高质量的产品或者服务无法在削价竞争的环境中获取应有的竞争力，且企业提供的产品或服务的效果是明确的、有把握的、可以保证的时候，特别适合使用。

3. 适当的商品和服务分销

适当的分销就是通过适当渠道，使客户很容易、很方便地购买到企业的产品或服务。例如，寿险公司为了吸引和方便客户购买寿险，面对新的市场情况和技术情况，开通了寿险超市、网上寿险、银行寿险以及邮政寿险等形式来吸引和方便人们购买寿险。再如，商店、电影院、餐厅等，如果能够位于人口密集、人流量大、人均收入高、交通便利的地段，就能够吸引和方便客户的消费，其营业收入和利润也会比较高。

阅读材料

航空公司的分销策略

航空公司的分销策略很多，以下是随着航空市场的竞争和发展而不断推出的一些常用分销手段。

(1) 在航空市场欠发达的地区建立代销网络，如通过当地旅游部门、民航等代理机票销售，可以方便有需求的乘客，还可在一定程度上使航空公司摆脱因资金和人力的有限而对销售网络的发展产生的制约，同时降低机票的销售成本。

(2) 在航空市场相对发达的地区建立直销网络，如在这些地区的主要城市的机场、繁华地段、高级宾馆、银行等开办机票直销处，可以吸引和方便乘客购买机票，同时增强航空公司自主营销的能力，减少销售代理费的长期支付，降低机票的销售成本，从而增加收益。

(3) 开通网上机票销售业务。互联网是一种非常经济的分销渠道，它不需进行直销点建设，乘客可以通过信用卡来支付票款，航空公司通过邮递系统、传真或专门派员等手段将机票送给乘客。例如，美国轻松航(Easy Jet)公司90%的座位是通过互联网销售出去的——无论何时何地，只要你拥有一台可上网的计算机，你就能够轻松订购到轻松航的机票。

(4) 航空公司还可以广泛地在机场、银行、高级宾馆等地方使用自动售票机，也可以通过问询电话和常旅客计划进行电话直销，这些都是吸引乘客购买机票的有效渠道。

(资料来源：苏朝晖. 航空公司的市场营销策略. 中国市场, 2005(6))

4. 适当的商品和服务促销

适当的促销是指企业利用各种适当的信息载体,将企业及其产品的信息传递给目标客户,并与目标客户进行沟通的传播活动,旨在引起客户注意,刺激客户的购买欲望。

(1) 广告。广告可以大范围地进行信息传播和造势,起到提高产品或服务的知名度、吸引客户和激发客户购买欲望的作用。例如,耐克公司请著名的职业篮球明星乔丹在亚洲做广告,吸引了无数崇拜乔丹的亚洲球迷购买耐克运动鞋;再如,在我国近几年"脑白金"保健饮品的巨大成功,与其在中央电视台十年来频频投放广告不无关系。此外,广告运用象征、主题、造型等方式,也适合于品牌形象的推广,以及创造品牌的特色和价值。

 阅读材料

美国西南航空公司的"省钱"广告

美国西南航空公司是美国赢利最多、定价最低的航空公司,它往往以低于竞争对手的价格扩大市场。因此,其竞争对手通过刻画"登上西南航空公司飞机的乘客须掩上面颊"的形象,来嘲笑美国西南航空公司的定价有损乘客的形象。作为回应,美国西南航空公司的总裁亲自上广告,他手举一只大口袋,大声地说:"如果您认为乘坐西南航空公司的飞机让您尴尬,我给您这个口袋蒙住头;如果您并不觉得尴尬,就用这个口袋装您省下的钱。"画面上随之出现大量的钞票纷纷落入口袋,直至装满……

由于这则广告让客户明明白白地看到了美国西南航空公司提供的利益所在和服务优势——省钱!因此,广告播出后,吸引了许多对价格敏感的乘客。

(2) 销售促进。是指企业利用短期诱因,刺激客户购买,主要手段见表 3-9。

表 3-9 销售促进的主要手段以及实例

手段	实 例
免费试用	例如,早在中国改革开放之初,IBM 公司曾经免费赠送给中国工业科技管理(大连)培训中心 20 台 IBM 计算机。该中心的学员都是来自全国各地的大中型企业的厂长和经理,他们在培训中心使用 IBM 计算机后,印象很好,很多人回去后很快就做出了购买 IBM 计算机的决定
免费服务	例如,电器商店为购买者提供免费送货上门、免费安装、免费调试;皮革行除免费为客户保修外,还免费为用户在夏季收藏皮夹克,从而吸引了对服务要求甚高的客户前来购买。再如,很多酒楼看准每年国庆期间有很多新人办喜事,而竞相推出针对婚宴的附加优质服务——有的降价供应啤酒,有的免费代送宾客,有的免费提供新婚礼服、化妆品、花车及结婚蛋糕……
赠送礼品	例如,某汽车 4S 店推出购买一辆汽车可获赠一台 DVD;某酒厂承诺凭若干个酒瓶盖就可换得若干奖金或者一瓶酒;各大航空公司纷纷推出的"里程奖励"活动,对乘坐航空公司班机的乘客进行里程累计,当累计到一定公里数时,就奖励若干里程的免费机票
优惠券	例如,在美国,人们在周五下班后就纷纷走进商店采购,准备度周末,而在前一天,许多商店已经在报纸上刊登减价广告和赠券,客户如被赠券所说的产品吸引,可将赠券剪下来,然后持券购买该产品便可获得相应的优惠。再如,美国一家公司为了把它的咖啡打入匹兹堡市场,向潜在客户邮寄了一种代价券,客户每购一听咖啡凭代价券可享受 35% 的折扣,每听中又附有一张折价 20 美分的代价券,这样,客户就会不断地被这种小利小惠所刺激,从而对该产品保持长久的兴趣

续表

手段	实 例
会员制	例如：上海华联商厦对持有"会员卡"的客户在商厦购物可享受一定折扣，并根据消费金额自动累计积分；会员还可通过电话订购商厦的各种产品，不论大小，市区内全部免费送货上门，对电视机、音响等产品免费上门调试，礼品实行免费包扎；商厦还注意倾听会员的意见和建议，不定期地向会员提供产品信息和市场动态等各种资料，会员生日还能收到商厦的祝福贺卡及小礼物
客户俱乐部	例如，目前很多著名的化妆品公司都组建了客户俱乐部，凡是老客户，每年可以免费美容若干次，购买产品的可以享受优惠，介绍新客户参加俱乐部的，还给予一定奖励。这样的公司经过一段时间的稳定运营，将能形成一支很大规模的忠诚客户队伍

(3) 公共关系。是指企业采用各种交际技巧、公关宣传、公关赞助等形式来加强与社会公众沟通的一种活动，其目的是为了树立或维护企业的良好形象，建立或改善企业与社会公众的关系，并且控制和纠正对企业不利的舆论，引导其朝着有利于企业的方向发展。与广告相比，公共关系更客观、更可信，影响更深远。公共关系的应用类型很多，如服务性公关、交际性公关、社会性公关、宣传性公关、营销性公关等，限于篇幅，表3-10仅给出了各类型的一些实例，关于公共关系的更详细内容介绍，请读者参阅专门的书籍。

表3-10　公共关系的应用类型以及实例

类型	实 例
服务公关	在美国纽约梅瑞公司的营业店堂里，有一个小小的咨询服务亭。如果你在梅瑞公司没有买到自己想要的产品，那么你可以去那个服务亭询问，它会指引你去另一家有这种产品的商店，即把你介绍到它的竞争对手那里。这种一反常态的做法收到了意想不到的效果——该公司既获得了广大客户的普遍好感，招徕了更多的客户，又向竞争对手表示了友好和亲善，从而改善了竞争环境
交际公关	法国化妆业巨子伊夫·罗歇每年要向客户投寄8000万封信函，信函内容写得十分中肯，无一点招徕客户之嫌，并经常提醒大家有节制的生活比化妆更重要。罗歇作为一个经营化妆品的商人，能够这样做实在难能可贵，因此他得到了广大客户，尤其是妇女的信赖，其事业自然蒸蒸日上
社会公关	美国玩具商为创造我国儿童市场对"变形金刚"玩具的需求，先向我国的电视台赠送了星球大战儿童系列电视片，当小朋友对"变形金刚"产生了强烈兴趣后，便及时将产品投放到市场上，结果销路畅通。这是培育市场、吸引客户、开发客户的又一妙招
营销公关	某商店为推出一种最新"强力万能胶水"，老板别出心裁，用这种胶水把一枚价值数千元的金币贴在墙上，并宣布谁能用手将其掰下，这枚金币就归谁所有。一时间，该商店门庭若市，观者如潮，只可惜谁也无法将其掰下。"强力万能胶水"大出风头，吸引了众多客户前来购买
宣传公关	法国白兰地在美国市场上没有贸然采用常规手段进行销售，而是借美国总统艾森豪威尔67岁寿辰之际，把窖藏达67年之久的白兰地作为贺礼，派专机送往美国，同时宣布将在总统寿辰之日举行隆重的赠送仪式。这个消息通过新闻媒介传播到美国后，一时间成了美国民众的热门话题。到了艾森豪威尔总统寿辰之日，为了观看赠酒仪式，不少人从各地赶来目睹盛况。就这样，新闻报道、新闻照片、专题特写，使法国圣酒在欢声笑语中昂首阔步地走上了美国的国宴和家庭餐桌

3.3　客户异议及其处理策略

从市场调查、接近客户、产品介绍、示范操作、提出建议书，到与客户签约合同的每一个步骤中，客户都有可能提出异议。只有懂得客户异议的处理技巧，才能冷静、坦然地化解客户的异议，每化解一个异议，就能摒除与客户的一个障碍，使客户关系更近一步。

3.3.1 客户异议的基本概念

1. 客户异议的含义

客户异议是指客户针对销售人员及其在销售中的各种活动所做出的一种反应，一般表现在对销售介绍和销售示范所提出的质疑、否定或不同意见与不同看法。

例如，您要去拜访客户，客户却说没时间；您询问客户需求时，客户隐藏了真正的动机；您向他解说产品时，他带着不以为然的表情等，这些都称为客户异议。

2. 客户异议的内涵

在很多时候，客户异议不是简单的抱怨、挑剔，而是蕴含着丰富的内容。销售人员要成功地解决客户异议，首先要搞清楚客户异议的真实内涵。

(1) 客户异议是对销售行为的必然反应。销售员都希望自己遇到这样的客户——听过你的陈述后，露出笑脸说："太好了，这正是我所需要的东西，多少钱，我买了"。但事实客户的反应是——"我不需要买什么，请不要浪费我的时间"。"销售是从客户的拒绝开始的"——这是销售行业的至理名言。因为拒绝通常是客户提出的第一个异议，而对于销售员来说，却意味着销售的开端，尽管这不够美好。

(2) 客户异议既是成交障碍，也是成交信号。当客户一味赞美产品如何好时，很可能他心里根本就不想买；相反，客户挑三拣四满嘴抱怨，恰恰表示他在认真衡量产品优缺点，至少有购买打算，嫌货才是买货人，对于这一点，销售人员必须有清楚的认识。

(3) 客户异议是企业获取市场、产品和客户信息的源泉。客户对销售员说产品价格太高，款式不好，功能不全等，从售出产品的角度来看，是客户在挑剔产品，但从企业生产者角度看，却提供了产品改良方向。换句话说，客户异议直接向企业提供了更有价值的信息，销售人员通过对这些信息的搜集，可以很快反馈给生产者，促进产品优化发展。

3. 正确看待客户异议

通过客户提出来的异议，销售人员可以了解客户到底在想什么。有经验的销售人员知道，最困难的是面对那些保持沉默、不愿交流的客户；而那些提出异议的客户实际上是对产品感兴趣的人，所以，正确对待异议的态度应当是欢迎它。如果没有异议，就可能没有买卖。有研究表明：当顾客有异议时，64%的结果是成功的；而当异议不存在时，则成功的概率只有54%。一般来说，在面对客户的异议时，最好要抱着以下的态度和看法。

(1) 异议是宣泄客户内心想法的最好指标。
(2) 异议经由处理能缩短销售周期，而争论则会拖延甚至葬送销售进程。
(3) 没有异议的客户才是最难应对的客户。
(4) 异议表示你提供的利益仍然不能满足对方的需求。
(5) 注意聆听，区分真异议、假异议及隐藏异议。
(6) 不用夸大不实的话来处理异议，当不知道答案时，请说"我将尽快提供答案"。

(7) 将异议视为客户希望获得更多信息的信号。

(8) 有异议表示客户仍有求于你。

3.3.2 客户异议的不同类型

客户异议具有不同的类型，可以按照其内容和性质两个方面的标准进行划分。

1. 按客户异议的内容分类

(1) 需求异议。需求异议就是指客户以自己没有这种产品需求而提出异议。这方面的原因有两个：第一，真的是不需要，可能他已经有了；第二，客户其实需要，只是还没最后决定购买。例如仅仅只是觉得款式太旧、颜色不好、大小问题等细节原因，客户表示不喜欢(此时需要进行深层挖掘，找出客户拒绝的真正原因，并进一步深入解决)。

(2) 价格异议。讨价还价是购买习惯，可以用产品质量、款式等打消这种价格异议。

(3) 产品异议。也称质量异议，对产品质量提出质疑，是异议中较难攻克的一种。

(4) 购买时间的异议。多数是借口，销售人员要有效地让客户表达出未说明的原因。如果是由于企业供货不及时，那么，销售人员就要诚恳解释原因，以获得客户谅解。

(5) 销售人员异议。包括语言、行为、眼神，不注意销售礼仪，工作不专注等。

(6) 服务异议。是就购买前后一系列服务的具体方式、内容、时间等方面提出的反对意见。要提高服务水平，尽量同客户进行协商，最好能采取一些补救措施。

(7) 支付能力异议。这种异议很少直接表现，往往转变成其他异议。如果直接表示没钱时，可能是在掩饰需求或者价格等，即便是真的没有支付能力，也要真诚对待，给对方留下好的印象；对于假装不具备支付能力的客户，要想方设法找到真正原因，然后攻克。

2. 按客户异议的性质分类

(1) 真异议。客户认为目前没有需求，或对产品不满意，或对产品持有偏见，例如，客户从别人那里听说你的产品容易出故障。对于此类"真异议"，销售人员必须视情形考虑是立刻处理还是延后处理，具体处理时机在本节后面将进行介绍。

(2) 假异议。假异议通常可以分为两种，一种是指客户用借口、敷衍的方式应付销售人员，目的是不想诚意地和销售人员会谈；另外一种是客户提出很多异议，但这些异议并不是他们真正在意的地方，如"这件衣服是去年流行的款式，已过了时"、"这车子的外观不够流线型"等，虽然听起来也是异议，但不是客户真的异议。

(3) 隐藏的异议。隐藏的异议指客户并不把真异议提出，而是提出各种假异议，目的是要借此假象达成隐藏异议解决的有利环境。例如客户希望降价，但却提出其他如品质、外观、颜色等异议，以降低产品的价值，从而达到降价的目的。

3.3.3 客户异议的产生原因

只有了解客户异议的产生原因，并针对原因采取有的放矢的对策，才能真正有效地化解客户异议。客户异议的产生原因来自于客户和销售人员两个方面，见表3-11。

表 3-11 客户异议的产生原因

类型	原因名称	内容解释
客户原因	拒绝改变	多数人对改变都会习惯性地产生抵触情绪,因为销售人员的工作或多或少会给客户带来一些改变。例如,从目前使用的 A 品牌转换成 B 品牌;从目前可用的预算中拿出一部分来购买未来的保障,等等
客户原因	情绪处于低潮	当客户的情绪正处于低潮时,可能没有心情来谈,也容易提出异议
客户原因	没有购买意愿	客户的意愿没有被激发出来,没有能引起他的注意及兴趣
客户原因	无法满足需求	客户的需要不能充分被满足,因而无法认同你的产品
客户原因	预算不足	当客户预算不足时,会自然地产生价格上的异议
客户原因	借口、推托	客户不想花时间来谈时,他会找出各种各样的借口
客户原因	抱有隐藏的异议	客户抱有隐藏的异议时,会提出各式各样的异议
销售人员原因	无法赢得客户好感	销售人员的不雅举止、语气态度、邋遢的服务等让客户产生反感
销售人员原因	使用过多专门术语	如专业术语过多,客户觉得自己无法胜任使用并提出异议
销售人员原因	内容陈述夸大不实	如以不实的说辞哄骗客户,结果带来了更多的异议
销售人员原因	事实调查不正确	销售人员引用不正确的调查资料,引起了客户的异议
销售人员原因	不当的沟通	说得太多或听得太少,无法把握住客户的需求点,因而产生许多异议
销售人员原因	产品展示失败	进行产品展示或功能演示时,如果当场失败会立刻遭到客户的质疑
销售人员原因	姿态过高	如处处强势,让客户理屈词穷,感觉不愉快,进而提出主观异议

3.3.4 处理客户异议的基本原则

1. 事前做好充分准备

"不打无准备之仗"是销售人员战胜客户异议应遵循的一个基本原则。销售人员在走出公司大门前就要将客户可能会提出的各种异议列出来,然后考虑一个完善的答复。

面对客户异议,做一些事前准备可以做到心中有数、从容应对,反之,则可能惊慌失措、不知所措,或不能给客户一个圆满的答复以说服客户。国外的许多企业经常组织一些专家来收集客户异议,制订标准应答用语,并要求销售人员牢记、运用。

在实践中,编制标准应答用语是一种较有效的方法,具体程序如下。

(1) 步骤 1:把大家每天遇到的客户异议写下来。

(2) 步骤 2:做分类统计,依照出现频率排序,出现频率最高的异议排在最前面。

(3) 步骤 3:以集体讨论方式编制适当的应答用语,并编写、整理成文。

(4) 步骤 4:请大家熟记在心。

(5) 步骤 5:由有经验的销售人员扮演客户,大家轮流练习标准应答用语。

(6) 步骤 6:对在练习过程中发现的不足,通过讨论进行修改和完善。

(7) 步骤 7:对修改过的应答用语进行再练习,并最后定稿备用。最好是印成小册子发给大家,以供随时翻阅,达到运用自如、脱口而出的程度。

2. 答复时机要选择适当

优秀的销售人员对客户异议不仅要能给予较圆满的答复,而且还要能选择恰当的时机进行答复。销售人员对客户异议答复的时机选择有如下 4 种情况。

(1) 在客户异议尚未提出时解答。销售人员觉察到客户会提出某种异议,最好在客户提出前就主动提出并给予解释,这样可使销售人员争取主动,做到先发制人,避免因纠正客户看法或反驳客户的意见而引起不快。销售人员完全有可能预先揣摩客户异议并抢先处理，因为客户异议的发生有一定的规律性，如销售人员谈论产品的优点时，客户很可能会从最差的方面去琢磨问题；有时，客户没有提出异议，但其表情、动作及措辞和声调却可能有所流露，销售人员觉察到这种变化时可以抢先解答。

(2) 在异议提出后立即回答。在有些情况下，客户异议需要立即回答，这样，既可以促使客户购买，又表示对客户的尊重。一般来讲，对于以下问题，要立刻处理客户异议。

① 当客户提出的异议是属于他关心的重要事项时。
② 您必须处理后才能继续进行销售的说明时。
③ 当您处理异议后，能立刻要求订单时。

(3) 过一段时间再延期回答。有时候，急于回答客户的此类异议是不明智的。经验表明：与其仓促地答错十题，还不如从容答对一题。以下异议需要销售人员暂时保持沉默：

① 当异议显得模棱两可、含糊其辞、让人费解时。
② 当异议显然站不住脚、不攻自破时。
③ 当异议不是三言两语就可以辩解得了时。
④ 当异议超过了销售人员的能力水平时。
⑤ 当异议涉及较深的专业知识，不易为客户马上理解时。

(4) 不回答。许多客户异议不需要回答，如无法回答的奇谈怪论、容易造成争论的话题、废话、可一笑置之的戏言、异议具有不可辩驳的正确性、明知故问的发难等。销售人员可以采取以下处理技巧：沉默；装作没听见，按自己的思路说下去；答非所问，悄悄扭转对方的话题；插科打诨幽默一番，最后不了了之等。

3. 不要与客户争辩

不管客户如何批评，销售人员永远不要与客户争辩，争辩是销售的第一大忌，它不是说服客户的好方法。与客户争辩，失败的永远是销售人员。正如一句销售的行话所说："占争辩的便宜越多，吃销售的亏越大。"实际上，客户异议中提出的要求就是对销售人员的考验，如果销售人员积极地想办法、动脑筋，达到了客户的要求，那销售人员就取得了成功；如果销售人员固步自封、骄傲自满、尽力争辩，那么就会被竞争对手抢占先机，最终，所服务的企业也会被竞争对手打败。

4. 尊重客户的想法

销售人员要尊重客户的想法和意见。客户的想法和意见无论对还是错、深刻还是幼稚，销售人员都不能表现出轻视的样子(如不耐烦、轻蔑、走神、东张西望、绷着脸、耷拉着头等)。销售人员要双眼正视客户，面部略带微笑，表现出全神贯注的样子。并且，销售人员不能语气生硬地对客户说："你错了"、"连这你也不懂"；也不能显得比客户知道的更多："让我给你解释一下……"、"你没搞懂我说的意思，我是说……"。这些说法明显地抬高了自己，贬低了客户，会挫伤客户的自尊心。

3.3.5 处理客户异议的主要方法

1. 忽视法

忽视法就是当客户提出一些反对意见，这些意见和眼前的交易扯不上直接关系时，销售人员只要面带笑容，表面同意他就行。对于一些"为反对而反对"或"只是想表现自己的看法高人一等"的客户意见，如果认真地处理，不但费时，而且会引出其他细节问题。因此，你只要让客户满足了表达的欲望，就可采用忽视法迅速引开话题，例如微笑点头(表示"同意"或表示"听了你的话")、"你真幽默"、"嗯！高见！"等。

 阅读材料

忽视法案例

一位销售人员去拜访服装店的经销商，老板一见到销售人员就开始抱怨说："哎呀！你们这个广告为什么不找某某明星拍呢？如果你们找比较有名的明星的话，我早就向你进货了。"这名销售人员只是面带微笑说"您说得对"。然后就接着向经销商介绍自己的产品了。这就是忽视法。因为这个问题的重点不是请某某明星拍广告的问题，重点是我要和经销商谈进多少货，而此时如果只是谈广告的话可能是浪费时间。

2. 补偿法

当客户提出异议且有事实依据时，你应该承认并欣然接受，强力否认事实是不明智的举动，但要设法给客户一些补偿，让他取得心理上的平衡。世界上没有十全十美的产品，补偿法能有效地弥补产品本身的弱点。补偿法的运用范围非常广泛，效果也很实际。

 阅读材料

补偿法案例

美国艾维士汽车出租公司一句有名的广告"我们是第二位，因此我们更努力！"这就是一种补偿法。当一家汽车4S店中一个客户嫌车身过短时，销售人员可告诉客户"车身短有助于你方便地停车"。在一个皮包店的一个潜在客户说"你这个皮包设计的颜色非常棒，令人耳目一新，可惜啊这个皮子的品质不是最好的"。销售人员可以说"某某先生，您真的眼力特别好，这个皮料啊，的确不是最好的，若选最好的皮料的话，这个价格可能就要比现在这个价格高出好几倍了。"

3. 太极法

太极法取自太极拳中的"借力使力"。太极法用在销售上的基本做法是当客户提出某些不购买的异议时，销售人员能立刻回复说："这正是我认为你要购买的理由！"也就是销售人员能立即将客户的反对意见，直接转换成他必须购买的理由。太极法能处理的客户异议多半是客户通常并不十分坚持的异议，特别是客户的某些借口，其最大的目的是让销售人员能借助处理客户异议，而迅速地陈述能带给客户的利益，以引起客户注意。

我们在日常生活中也经常碰到类似太极法的说辞。例如主管劝酒时，你说不会喝，主管立刻回答说："就是因为不会喝，才要多喝多练习。"你想邀请女朋友出去玩，女朋友推托心情不好，不想出去，你会说："就是心情不好，所以才需要出去散散心！"

 阅读材料

太极法案例

一个经销店的老板说:"你们这个企业都把太多的钱花在这个广告上,为什么不把这个钱省下来,作为我们进货的折扣,让我们多一点利润那多好呀。"销售人员却说:"就是因为我们投下了大量的广告费用,客户才会被吸引到指定的地方去购买我们的品牌。这不但能够节省您的销售时间,同时也能够顺便销售其他商品,您的总利润还是最大的吧?"

在保险业里,客户说"我收入少,没有钱买保险。"保险业务员却说"就是因为你收入少,才更需要购买保险,以便从中获得更多的保障"。

服装企业的客户会说"我这种身材,穿什么都不好看。"销售人员应说"就是因为你身材不好,才更需要加以设计,来修饰你身材不好的地方。"

向年轻父母推销儿童图书,年轻父母就会说"我的小孩连学校的课本都没兴趣,怎么可能会看这种课外读物呢。"此时,销售人员就说"我们这套读本,就是为激发小朋友的学习兴趣而特别编写的。"

4. 询问法

询问法在处理异议中扮演着两个角色。首先,透过询问,可以把握住客户真正的异议点。销售人员在没有确认客户异议重点及程度前,直接回答客户异议可能会引出更多的异议。销售人员不要过于自信,认为自己已能猜出客户为什么会这样或为什么会那样,要让客户自己说出来。当你问为什么的时候,客户必然会做出以下反应:他必须回答自己提出反对意见的理由,说出自己内心的想法;他必须再次地检视他提出的反对意见是否妥当。此时,销售人员能听到客户真实的反对原因及明确地把握住反对的项目,他也能有较多的时间思考如何处理客户的反对意见。

 阅读材料

询问法案例1——错误应用的例子

潜在客户:"这台复印机的功能,好像比别家要差。"销售人员:"这台复印机是我们最新推出的产品,具有放大缩小的功能、纸张尺寸从B5到A3;有3个按键用来调整浓淡;每分钟能印20张,复印品质非常清晰……"。潜在客户:"每分钟20张实在不快,别家复印速度每分钟可达25张,有6个按键用来调整复印效果的浓淡,操作起来好像也没那么困难,副本品质比您的要清楚得多了……"

这个例子告诉我们,销售人员若是稍加留意,不要急着去处理客户的反对意见,而能提出这样的询问,如"请问您是觉得哪个功能比哪一家的复印机要差?"客户的回答也许只是他曾经碰到××牌的复印机,具有6个刻度调整复印的浓淡度,因而觉得您的复印机的功能好像较差。若是销售人员能多问一句,他所需要处理的异议仅是一项,可以很容易地处理,如"贵企业的复印机不是由专人操作,任何员工都会去复印,因此调整浓淡的按键过多,往往员工不如何选择,常常造成误印,本企业的复印浓度调整按键设计只有3个,一个适合一般的原稿,一个专印颜色较淡的原稿,另一个专印颜色较深的原稿。"经由这样的说明,客户异议便可获得化解。

其次，通过询问，直接化解客户的反对意见。有时，销售人员也能使用向客户提出反问的技巧，直接化解客户异议。

阅读材料

询问法案例 2——正确应用的例子

客户说："我希望你们的价格再下降 10%。"销售人员说："我知道你一定希望我们给你百分之百满意的服务，难道你希望我给你的服务打折吗？"

客户说"我希望你们所提供的颜色能够让客户选择。"销售人员说"报告某某总经理，我们已经选了 5 种最容易被客户接受的颜色了，难道你们希望拥有更多颜色的产品来增加你们的库存负担吗？"

5. "是的……如果"法

人有一个通性，不管有理没理，当自己的意见被别人直接反驳时，内心总会感到不快，尤其是当他遭到一位素昧平生的销售人员的正面反驳时。屡次正面反驳会让客户恼羞成怒，就算你说得都对，而且也没有恶意，也会引起客户的反感，因此，销售人员最好不要开门见山地直接提出反对的意见。在表达不同意见时，尽量利用"是的……如果"的句法，软化不同意见。请比较表 3-12 中 A、B 的两种说法，感觉是否有天壤之别。

表 3-12　直接反驳法与"是的……如果"法的比较

A（直接反驳法）	B（"是的……如果"法）
"您根本没了解我的意见，因为状况是这样的……"	"平心而论，在一般的状况下，您说的都非常正确，如果状况变成这样，您看我们是不是应该……"
"您的想法不正确，因为……"	"您有这样的想法，一点也没错，当我第一次听到时，我的想法和您完全一样，可是如果我们做进一步的了解后……"

请养成用上面所列 B 的方式表达您不同的意见，这样您将受益无穷。

阅读材料

"是的……如果"法案例

客户说："你这个金额太大了，不是我们马上能够支付的。"销售人员说"是的，我想大多数人跟您都是一样的，对于这么大的金额，是不容易立刻支付的。但是，如果我们能够看到您的收入状况，在您发年终奖金时，您先支付其中一部分，其余的再配合您每个月的收入。这样您采用分期付款的方式，是不是会来得一点都不费力？"

6. 直接反驳法

直接反驳客户容易陷于与客户争辩而不自知，往往事后懊悔，但已很难挽回。但有些情况你必须直接反驳以纠正客户的错误观点。例如，当客户对企业的服务、诚信有所怀疑或当客户引用的资料不正确时,你就必须直接反驳,因为客户若对你企业的服务、诚信有所怀疑,你拿到订单的机会几乎是零。例如,当保险企业的理赔诚信被怀疑时,你还会去向这家企业投保吗?如果客户引用的资料不正确,你用正确的资料佐证你的说法,客户会很容易接受,反而对你更信任。

使用直接反驳技巧时,在遣词造句方面要特别留意,态度要诚恳,本着对事不对人的原则,切勿伤害客户的自尊心,要让客户感受到你的专业与敬业。

阅读材料

直接反驳法案例

客户买房子时说:"你这个公共设施占总面积太大了吧。"销售人员说:"您大概有所误解,这次推出的花园房公共设施占总面积的18%,一般大厦占的是19%以上,我们比那些还要低呢。"

3.4 客户分级及其管理

对客户实行分级管理是有效管理客户关系的前提,也是提高 CRM 效率的关键。所谓客户分级,就是企业依据客户对企业的不同价值和重要程度,将客户区分为不同的层级,从而为企业资源分配提供一定的依据。本节介绍客户分级及其管理的相关知识。

3.4.1 对客户进行分级的必要性

企业只有对客户进行分级管理,才能强化与高价值客户的关系,降低为低价值客户服务的成本,也才能更好地在实现所有客户利益最大化的同时,实现企业利润的最大化。

1. 不同的客户带来的价值不同,应区别对待

在企业的所有客户中,因为大小各异,贡献不一,所以每个客户能给企业创造的收益也是不同的。例如,据国外的一份统计资料证明,23%的成年男性消费了啤酒总量的81%,16%的家庭消费了蛋糕总量的62%,17%的家庭购买了79%的速溶咖啡。这正如帕累托定律所揭示的企业中的 80/20 现象——企业 80%的收益总是来自于 20%的高贡献度的客户,即少量的客户为企业创造了大量的利润,其余 80%的客户是微利、无利,甚至是负利润的。另外,根据美国学者雷奇汉的研究,企业从 10%最重要的客户那里获得的利润,往往比企业从 10%最次要的客户那里获得的利润多 5~10 倍,甚至更多。

正是因为不同客户所带来的价值不同,所以必须对他们进行合理分级管理。

阅读材料

美国大通银行对其所有客户进行的五级划分

1. 蓝色客户:每年能为银行提供 500 万美元的综合效益或 300 万美元的中间业务收入。

2．绿色客户：每年能为银行提供 300 万美元的综合效益或 100 万美元的中间业务收入。
3．红色客户：需求比较单一，赢利少，但却是银行的忠诚客户。
4．转移客户：需求复杂，却不能给银行带来很大利润。
5．清退客户：基本上不能给银行带来利润，甚至亏损。

2．企业应该根据客户的不同价值，来分配不同的资源

尽管每一个客户的重要性都不容低估，但是由于不同的客户创造的价值不同，而企业资源又有限，因此企业没有必要为所有的客户提供同样卓越的产品或服务，否则，往往"事倍功半"，造成企业资源的浪费。对于为企业创造不同价值的客户，应该"分开抓"，而不是"一把抓"，企业不能将资源和努力平均分摊给每一个客户，而必须根据客户带来的不同价值对客户进行分级，然后依据客户的级别分配企业的资源。

 阅读材料

IBM 公司客户服务宗旨的变化

开始，IBM 公司原先的服务宗旨是"令所有客户满意"，他们坚信任何一个客户都有可能成为 IBM 大宗产品和 IBM 主机的购买者，所以即便是小客户他们也提供专家销售力量且上门服务，即便是赢利能力差的客户他们也为其免费修理旧机器，为此公司赢得了很高的美誉度，然而，这是以牺牲利润为代价的。

后来他们意识到，在短期内产生极佳效果的"令所有客户满意"的策略在长期来看并不可行。于是，20 世纪 90 年代后，IBM 公司果断地决定，要区别对待不同层级的客户，以便降低服务小客户的成本，并开始适当地收取维修费，这些措施实行一年以后，使公司的整体利润大幅上扬。

3．不同价值的客户有不同的需求，企业应该分别满足

一方面，每个客户为企业带来的价值不同，他们对企业的预期价值也就会有差别。一般来说，为企业创造主要利润、带来较大价值的关键客户期望能得到有别于普通客户的待遇，如更贴心的产品或服务以及更优惠的条件等。企业如果能区分出这部分利润贡献大的客户，然后为他们提供有针对性的服务，他们就有可能成为企业的忠诚客户，从而持续不断地为企业创造更多的利润。例如，航空公司将客舱分为头等舱、公务舱、经济舱，每种客舱对应的客户都有不同的需求。航空公司通过不同的营销组合，如机票价格的差异、服务的差异来区别对待不同客舱的乘客。这样做的结果是，在从伦敦飞往纽约的同一个航班上，对于同样 7h 的飞行，乘客所付的费用可以从 200 英镑到 6000 英镑不等。而这样大的差价，乘客并没有意见，相反，各得其乐，因为他们的需求不同。

另一方面，客户个性化、多样化的需求决定了其希望企业能够提供差异化的产品或服务，因此企业必须对客户进行分级，然后根据不同级别客户的不同需求给予不同的服务和待遇，这样才能有效地满足不同级别客户的个性化需求。例如，沃尔玛公司针对不同的目标消费者，采取了不同的零售经营形式。如针对中层及中下层消费者的沃尔玛平价购物广场；只针对会员提供各项优惠及服务的山姆会员商店；以及深受上层消费者欢迎的沃尔玛综合性百货商店等。通过这些不同的经营形式，沃尔玛公司分别占领了零售的各档市场。

阅读材料

不同级别，不同服务

美国 First Union 银行客户服务中心采用了一套客户分级系统，它能在计算机屏幕上用颜色对客户的分级进行区别。例如，红色标注的是不能为银行带来赢利的客户，对他们不需要给予特殊的服务，利率不得降低，透支也不准通融；绿色标注的是能为银行带来高赢利的客户，需多方取悦，并给予额外的服务。

英国巴克莱银行也有一套划分客户的办法，主要标准就是看给银行带来利润的大小，同时注意潜在的重点客户，即能给银行带来潜在利润的客户。巴克莱银行将客户共分为4级，相应地，将服务分为4个层次——第一层次是基本的、必不可少的服务；第二层次是一般服务，即在基本服务基础上增加一些不是对所有客户都提供的服务，如电话银行；第三层次是高级服务，包括一些可以不提供但提供了能使客户很高兴的服务；第四层次是全面服务，包括一些客户本身都没有想到的、为客户特定提供的服务。

（资料来源：邵景波，宁淑慈. 基于金字塔模型的顾客关系资产管理. 中国软科学，2005(4)）

4. 客户分级是有效进行客户沟通、实现客户满意的前提

有效的客户沟通应当根据客户的不同采取不同的沟通策略，如客户的重要性和价值不同，就应当根据客户的重要性和价值的不同采取不同的沟通策略。因此，区分不同客户的重要性和价值是有效进行客户沟通的前提。实现客户满意也要根据客户的不同采取不同的策略，因为不同客户的满意标准是不一样的。所以，实现客户满意的前提是要区分客户的满意标准，这就要区分客户之间的差别。

3.4.2 "客户金字塔"分级模型

为进行客户分级，企业可根据客户给企业创造的利润和价值的大小按由小到大的顺序排列，将给企业创造利润和价值最大的客户位于客户金字塔模型的顶部，给企业创造利润和价值最小的客户位于客户金字塔模型的底部，从而得到如图3.2所示的客户金字塔模型，该模型对客户划分了4个层级，分别是重要客户、主要客户、普通客户和小客户。

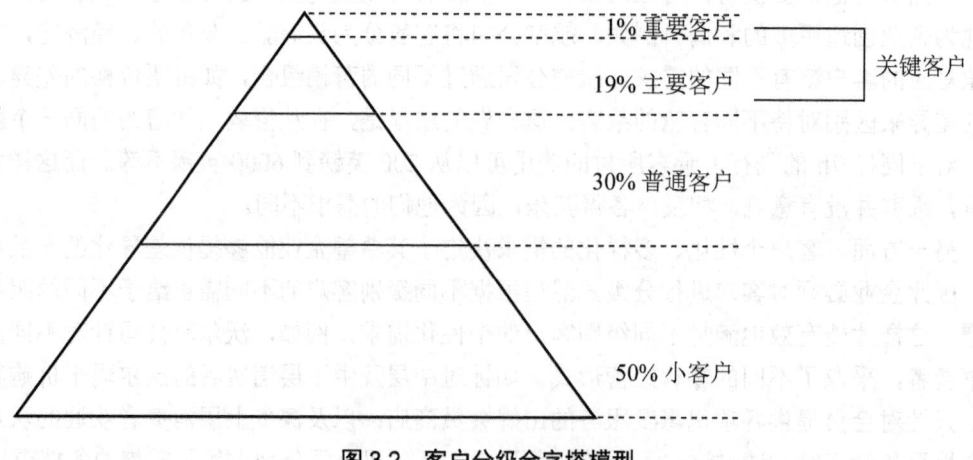

图3.2　客户分级金字塔模型

1. 重要客户

重要客户，在有些行业中也称为 VIP 客户，是客户金字塔模型中处于最高层的客户，他们是那些能够给企业带来最大价值的前 1%的客户。对于企业来说，重要客户是最有吸引力的一类客户，可以说，企业拥有重要客户的多少，决定了其在市场上的竞争地位。

重要客户一般都对企业非常忠诚，是企业客户资产中最稳定的部分，他们为企业创造了绝大部分和长期的利润；他们对价格不敏感，也乐意试用新产品，还可帮助企业介绍潜在客户，为企业节省开发新客户的成本；他们不但有很高的当前价值，而且有巨大的增值潜力，其业务总量在不断增大，未来在增量销售、交叉销售等方面仍有潜力可挖。

2. 主要客户

主要客户是客户金字塔中次高层客户，他们和重要客户一起构成了企业的关键客户，二者占企业客户总数的 20%，企业 80%的利润靠他们贡献，因此是企业的重点保护对象。

主要客户也是企业产品或服务的大量使用者或中度使用者，但他们对价格的敏感度比较高，因而为企业创造的利润和价值没有重要客户高；他们也没有重要客户忠诚，为了降低风险，他们会同时与多家同类型的企业(供应商)保持长期关系；他们也在真诚、积极地为本企业介绍新客户，但在增量销售、交叉销售方面已经没有多少潜力可供进一步挖掘。

3. 普通客户

普通客户是客户金字塔中处在第三层的客户，是除重要客户与主要客户之外的为企业创造最大价值的前 50%的客户，一般占到客户总数的 30%。

普通客户包含的客户数量较大，但他们的购买力、忠诚度、能够带来的价值却远比不上重要客户与主要客户，不值得企业去特殊地对待。

4. 小客户

小客户是客户金字塔中最底层的客户，指除了上述 3 种客户外，剩下的后 50%的客户。小客户既包含了利润低的"小客户"，也包含了信用低的"劣质客户"。

这类客户是最没有吸引力的一类客户，购买量不多，忠诚度也很低，偶尔购买，却经常延期支付甚至不付款；他们还经常提出苛刻的服务要求，几乎不能给企业带来赢利，而又消耗企业的资源；有时他们是问题客户，会向他人抱怨，破坏企业的形象。

如图 3.3 所示是"客户数量金字塔"和"客户利润倒金字塔"模型，其中体现了客户类型、数量分布和创造利润能力之间的关系。

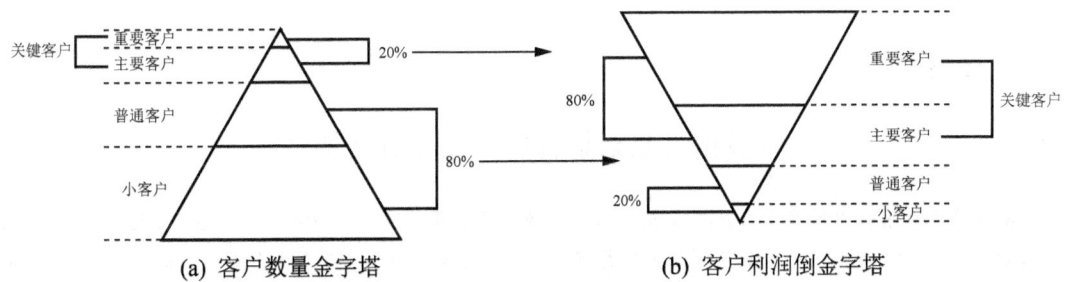

图 3.3　客户数量金字塔和客户利润倒金字塔

"客户金字塔模型"等级划分法包含着一种重要的思想,即企业应为对本企业的利润贡献最大的关键客户,尤其是重要客户提供最优质的服务,配置最强大的资源,并加强与这类客户的关系,从而使企业的赢利能力最大化。

3.4.3 不同级别客户的管理方法

客户分级管理是指企业在依据客户带来利润和价值的多少对客户进行分级的基础上,依据客户级别高低的不同设计不同的客户服务和关怀项目——不是对所有客户都平等对待,而是区别对待不同贡献的客户,将重点放在为企业提供80%利润的关键客户上,为他们提供上乘的服务和特殊的待遇,提高他们的满意度,维系他们的忠诚度,同时,积极提升各级客户在客户金字塔中的级别,放弃不具赢利能力的客户(尤其是劣质客户)。

1. 关键客户管理法

关键客户管理的目标是提高关键客户的忠诚度。为此,要做好以下3方面的工作。

(1) 成立为关键客户服务的专门机构。

目前,许多企业对关键客户都比较重视,经常由企业高层亲自出面处理与他们的关系,但是这样势必分散高层管理者的精力。如果企业成立一个专门服务关键客户的机构,便可一举两得。一方面可使企业高层不会因为频繁处理与关键客户的关系而分散精力,以便集中精力考虑企业的重大战略决策,另一方面也有利于企业对关键客户进行系统化管理。

总体来讲,设置为关键客户服务的机构,主要可以提供如下的应用服务功能。

第一,负责联系关键客户,一般来说,要给重要的关键客户安排一位优秀的客户经理,并长期固定地为其服务,规模较小的关键客户可以几个客户安排一位客户经理。

第二,为高层提供准确的关键客户信息,包括获取关键客户相关人员的个人资料,并协调技术、生产、营销、销售、物流等部门,根据关键客户的不同要求设计不同的产品。

第三,利用客户数据库分析关键客户的交易历史,注意了解其产品需求和采购情况,及时与关键客户就市场趋势、合理存量进行商讨。在销售旺季到来前,要协调好生产及运输等部门,保证在旺季能对关键客户的供应,避免出现因缺货而导致关键客户的不满。

第四,关心关键客户的利益得失,把服务做在前面,并且注意竞争对手对他们所抛的"媚眼",千方百计地掌握住关键客户,决不能让他们转向竞争对手。

最后,还要关注关键客户的动态,并强化对关键客户的跟踪管理,对出现衰退和困难的关键客户要进行深入分析,必要时伸出援手。当然,也要密切注意关键客户的经营状况、财务状况、人事状况的异常动向等,以避免出现倒账的风险。

 阅读材料

英国巴克莱银行客户经理的设置

英国巴克莱银行为其重要的个人客户(收入或金融资产5万英镑以上)设立了要客经理,为特大户(收入或金融资产在25万英镑以上)设立了私人银行部。该行在全英设立了42个与分行并行的要客中心,700多名要客经理,每人配一名助理,每个要客经理大约为300名要客提供全面的服务。

(2) 集中优势资源服务于关键客户。

由于关键客户对企业的价值贡献最大,因而对服务的要求也比较高,但是目前有些企业没有为关键客户提供特殊服务,而让关键客户与小客户享受同等待遇,以至于关键客户的不满情绪不断地增长。其实,为了提高企业的赢利水平,只要按帕累托定律的反向操作即可,也就是:要为20%的客户花上80%的努力。即企业要将有限的资源用在前20%的最有价值的客户上,用在能为企业创造80%利润的关键客户上。为此,企业应该保证足够的投入,集中优势"兵力",优先配置最多最好的资源,加大对关键客户的服务力度,采取倾斜政策,加强对关键客户的营销工作,并向其提供"优质、优先、优惠"的个性化服务。

除了为关键客户优先安排生产、提供能令其满意的产品外,还要主动提供售前、售中、售后的全程、全面、高档次的服务,包括专门定制的服务,以及针对性、个性化、一对一、精细化的服务,甚至可以邀请关键客户参与企业产品或服务的研发、决策,从而更好地满足关键客户的需求。企业还要准确预测关键客户的需求,把服务想到他们的前面,领先一步为他们提供能为其带来最大效益的全套方案,持续不断地向他们提供超预期的价值,给关键客户带去更多的惊喜。例如,当出现供货紧张的现象时,要优先保证关键客户的需求,从而提高关键客户的满意度,使他们坚信本企业是他们最好的供应商。

此外,企业也要增加关键客户的财务利益,为他们提供优惠的价格和折扣。如一次性数量折扣、定期累计数量折扣、无期限累计数量折扣、直接折扣等,以及为关键客户提供灵活的支付条件和安全便利的支付方式,并且适当放宽付款时间限制,甚至允许关键客户一定时间的赊账,目的是奖励关键客户的忠诚,提高其流失成本。

另外,还可实行VIP制,创建VIP客户服务通道,从而更好地为关键客户服务,这对拓展和巩固与关键客户的关系,提高关键客户的忠诚度,可以起到很好的作用。

 阅读材料

福州银行服务贵宾又多了一种新模式

建设银行福州金龙支行是一家并不显眼的银行网点,位于福州市五四路金龙大厦一楼。"金龙支行于去年底开业,是全国建设银行系统内第一个仅面向贵宾客户专属服务的网点。"该支行行长黄晓清介绍说。

事实上,这种经营模式的银行,不仅在建设银行系统内是首创,就整个福州市而言,也是第一次出现。

专属网点如何诞生

金龙支行的前身是建设银行城北支行七星井储蓄所。去年底搬到繁华的五四路,变化的不仅是地点,建设银行将此营业部改造成了面向高端客户的专属网点。"普通客户可以在这里的自助设备上操作,进网点内则要刷贵宾卡。"黄晓清说,"建设银行城北支行将全行1/3的专业AFP(金融理财师)配备在我们行,保证提供相对专业的服务。"从业10年的黄晓清认为,这种创新可以为客户提供真正的"一站式"服务。"这是银行业务发展到一定阶段的产物。高端人士的理财需求日趋强烈,各家银行也积极通过创新服务和产品来满足客户的需求。"她如此分析。现在,如果你到福州银行办理业务,会发现几乎每家网点都配备了理财室。它们一般位于柜台的边上,有一小门进去,里头比较安静,也不用排队。这只是目前最低层次的贵宾服务,享受的也只是办理业务的优先权。

追溯：贵宾服务如此出现

从优先排队到专门开辟贵宾理财室，福州银行的贵宾服务一步步升级。

而十几年前，大家对这种"优先权"都可能比较陌生。那是这么一幅场景：一排柜台，大家站着排队，取钱存钱，隔着玻璃，银行的工作人员不紧不慢地办理着业务。

"最开始的贵宾服务雏形，应该是银行柜台出现'贵宾优先办理'的字样。"黄晓清说。

不过，这种情况却在执行过程中引起不少争议。很多散户排队办理业务时，突然冒出一个贵宾客户插队，这让很多人不满。去年，福州仓山的一位客户就因为不满银行贵宾插队，将银行告上法庭。

为了避免这种纠纷，银行想出另一招，就是在几个柜台中专门设立"贵宾专窗"。

再后来，在网点原先布局的基础上，福州各家银行纷纷开辟"贵宾理财室"。

2007年下半年，福州掀起贵宾理财室升级的高潮。建设银行福州城区的4家支行分批对网点进行改造升级，工商银行福建省100家网点升级设立贵宾理财中心，各家股份制银行也纷纷进行网点改造。

建设银行福州金龙支行就是在这种趋势下成立的。

探秘：客户层次这么划分

银行业内将客户分为一般客户、金卡客户、白金卡客户、财富管理中心客户、私人银行客户等几个等级。每家银行的门槛也大概相近，比如20万～50万是金卡；50万～300万是白金卡；300万到1 000万是财管中心客户；1000万以上就是私人银行。目前，北京、上海、深圳已经陆续有私人银行开业。而在福州，目前只有唯一的一家财富管理中心，位于古田路建设银行城东支行。

不过，多家银行的相关人士在接受记者采访时都表示，他们的财富管理中心即将成立。

你到一般网点内的理财室，可以享受"一对一"的服务，一个理财师跟你聊天，建议你买什么产品。但财富管理中心背后的，就是整个团队。随着客户层次的提高，银行提供的服务场所也不同，从网点内的单间理财室到会所式的场所。目前建设银行金龙支行似乎介于两者之间。

(资料来源：蓝晋平. 福州银行服务贵宾有了新招. 东南快报，2008-06-17)

(3) 通过沟通和感情交流，密切双方的关系。

第一，有目的、有计划地拜访关键客户。一般来说，有着良好业绩的企业营销主管每年大约有 1/3 的时间是在拜访客户中度过的，其中关键客户正是他们拜访的主要对象。对关键客户进行定期拜访，有利于熟悉关键客户的经营动态，并且能够及时发现问题和有效解决问题，有利于与关键客户搞好关系。

第二，经常征求关键客户的意见。企业高层经常性地征求关键客户的意见，将有助于增加关键客户的信任度。例如，每年组织一次企业高层与关键客户之间的座谈会，听取他们对企业产品、服务、营销、研发等方面的意见和建议，以及对企业下一步的发展计划进行研讨等，这些都有益于企业与关键客户建立长期、稳定的战略合作伙伴关系。

第三，及时、有效地处理关键客户的投诉或抱怨。客户的问题体现了客户的需求，无论是投诉或抱怨，都是寻求答案的标志。处理投诉或抱怨是企业向关键客户提供售后服务的必不可少的环节之一，企业要积极建立有效的机制，优先、认真、迅速、有效专业地处理关键客户的投诉或抱怨。关于客户投诉的处理策略，将在第5章介绍。

第四，充分利用包括网络在内的各种手段与关键客户建立快速、双向的沟通渠道，不断、主动地与关键客户进行有效沟通，真正地了解他们的需求，甚至了解他们的客户的需求或能影响他们购买决策的群体的偏好，只有这样才能够密切与关键客户的关系。

第五，增进与关键客户的感情交流。企业应利用一切机会，如关键客户开业周年庆典，或关键客户获得特别荣誉时，或关键客户有重大商业举措时，表示祝贺与支持，这些都能加强企业与关键客户之间的感情。此外，当关键客户遇到困难时，如果企业能够及时伸出援手，这也能提升关键客户对企业的感情。

阅读材料

宝洁与沃尔玛公司的合作实现了双赢

宝洁与沃尔玛公司的合作堪称是企业与关键客户合作的典范。1987年，沃尔玛公司成为宝洁公司的主要零售商，两家公司的高层主管经过会晤，提出双方的主要目标和关注的焦点始终应该是：不断改进工作，提供良好的服务和丰富优质的商品，保证客户满意。

此后，宝洁公司安排了一个战略性的客户管理小组与沃尔玛公司总部的工作人员一起工作，双方共同制订出长期遵守的合约。宝洁公司还向沃尔玛公司透露了各类产品的成本价，保证沃尔玛公司有稳定的货源，并享受尽可能低的价格；沃尔玛公司也把连锁店的销售和存货情况向宝洁公司传达。

双方还共同讨论了运用计算机交换每日信息的方法，宝洁公司每天将各类产品的价格信息和货源信息通过计算机传给沃尔玛公司，而沃尔玛公司每天也通过计算机把连锁店的销售和存货信息传给宝洁公司。

这种合作关系让宝洁公司更加高效地管理存货，因而节约了约300亿美元的资金，而且毛利大约增加了11%。另一方面，这种合作关系也使沃尔玛公司能自行调整各商店的商品构成，做到价格低廉，种类丰富，从而使其客户受益。

(资料来源：李伟．从"宝洁——沃尔玛模式"看渠道创新合作策略．现代家电，2004(10))

2. 普通客户管理法

根据普通客户创造价值的特点，对他们主要强调提升级别和控制成本两个方面。

(1) 针对有升级潜力的普通客户，努力培养其成为关键客户。

企业要增加从普通客户上获得的价值，就要设计鼓励普通客户消费的项目，如常客奖励计划，及对一次性或累计购买达到一定标准的客户给予相应级别的奖励，或让其参加相应级别的抽奖活动等，以鼓励普通客户购买更多数量的产品或服务。例如，影音租售连锁店 Blockbuster 运用"放长线钓大鱼"的策略，让客户以约10美元的会费获得各种租片优惠，包括每月租5张送1张、每周一到周三租1张送1张等，从而提升了客户的层级。

企业还可根据普通客户的需要扩充相关的产品线，或者为普通客户提供"一条龙"的服务，以充分满足他们的潜在需求，这样就可以增加普通客户的购买量，提升他们的层级。例如，美国时装零售业巨头丽姿·克莱朋通过扩充产品线，涵盖了上班服、休闲服、超大号服装及设计师服装等系列，有效地增加了客户的购买量，从而实现了客户层级的提升。

总之，对于有升级潜力的普通客户，企业要制订周密、可行的升级计划，吸引普通客户加强与企业的合作。随着普通客户升级为关键客户，他们理当获得更多更好的服务。

 阅读材料

Home Depot 公司通过"一条龙"服务提升了客户的层级

美国家居装修用品巨人 Home Depot 公司，锁定两大潜力客户群——想要大举翻修住所的传统客户和住宅小区与连锁旅馆的专业维护人员。为此，特意在卖场内增加"设计博览区"，展示了运用各种五金、建材与电器组成的新颖厨房、浴室，系列产品装修的高档样品房。这些设计中心为客户提供他们可能会需要的一切产品和服务，包括装修设计服务和装修用品。此外，还提供技术指导、员工培训、管理咨询等附加服务。

由于 Home Depot 公司，为客户提供了"一条龙"服务，增加了客户对企业的需要，也因此增强了客户与企业的关系，伴随着客户级别的提升，企业的利润也提升了。

(资料来源：邵景波，宁淑慧．基于金字塔模型的顾客关系资产管理．中国软科学，2005(4))

(2) 针对没有升级潜力的普通客户，减少服务，降低成本。

针对没有升级潜力的普通客户，企业可以采取"维持"战略，控制人力、财力、物力，在一定的条件下，不增加投入，甚至减少促销努力，以降低交易成本，还可以要求普通客户以现款支付甚至提前预付。另外，还可以缩减对普通客户的服务时间、服务项目、服务内容，或对普通客户只提供普通档次的产品或一般性的服务，甚至不提供任何附加服务。例如，航空公司用豪华轿车接送能带来高额利润的关键客户，而普通客户则没有这种待遇。

3. 小客户管理法

对于小客户，要准确判断，合理对待，能升级的不断努力，实在不行的要考虑淘汰。

1) 认真判断有无升级的可能

企业要在认真分析小客户价值低的原因后，准确甄别这类客户是否有升级的可能。

对小客户的评判要科学，不能只看目前的表象，要立足于一段时间的跟踪，而不能根据某一时点的表现就轻易判断，要用动态的眼光看待小客户，要看未来的发展趋势。

如果认定这类小客户有升级的可能，企业就应加强对他们的培育，帮助其成长，挖掘其潜力，可通过客户回访、邮寄赠品或刊物等不同的手段与这类小客户建立特殊的关系。

如果认定这类小客户没有升级的可能，(通常来说，把小客户转变成高层级客户不是一件容易的事，除非深具未来获利潜力，例如目前还是赔钱客户的大学生，可能在就业后会成为好客户)企业也不能说淘汰就淘汰，而要搞清楚是不是非淘汰不可。

2) 确定是不是非淘汰不可

开发一个新客户的成本相当于维护 5～6 个老客户的成本，因此，企业必须珍惜现有的每一个客户，慎重地对待每一个客户。客户在自己手里时，企业往往不珍惜，虽然一些小客户给企业带来的利润很少甚至根本没有利润，但是他们仍然为企业创造和形成了规模优势，在降低企业成本方面功不可没。因此，保持一定数量的低价值客户是企业实现规模经济的重要保证，是企业保住市场份额、保持成本优势、遏制竞争对手的重要手段。

然而，企业一旦放弃这些低价值的小客户，任其流失到竞争对手那里，就可能会使企

业失去成本优势，同时壮大了竞争对手的客户队伍和规模。一旦竞争对手由于客户多了、生产服务规模大了，成本得以下降了，就会对本企业不利。所以，企业在决定淘汰小客户时，要权衡利弊得失，纵观全局，认真地研究是不是非淘汰不可。

3) 有理有节地淘汰部分小客户

假如企业非淘汰某些小客户不可，那么也应当做到有理有节地淘汰。之所以这样，是因为如果企业生硬地把小客户"扫地出门"，可能会引发小客户对企业的不良口碑，他们可能会向其他客户或者亲戚朋友表达他们的不满，从而给企业形象造成不良影响。此外，被"裁减"的小客户还可能投诉企业，而且媒体、行业协会等社会力量也有可能介入，弄不好企业就会背上"歧视消费者"这个"黑锅"，所以企业不能直接拒绝为小客户提供产品或服务，不能随意地把小客户甩掉，而只能小心谨慎，间接地、变相地、有理有节地将其淘汰。一般来讲，可以考虑采取提高价格或降低成本两种基本方法。

在提高价格方面，可以有如下的 3 种具体策略：第一，向小客户收取以前属于免费服务的费用。这样，真正的小客户就会流失掉，因为他们不会付费，而其他选择留下的小客户就会增加企业的收入，从而壮大普通客户的行列。例如，香港汇丰银行对存款不足 5000 港元的储户每月征收 40 港元的服务费，这样储户要么增加存款达到 5000 港元，要么自行退出。第二，提高无利润产品或服务的价格，或者取消这些无利润的产品或服务。具体操作时，如果该产品或服务在市场上仍然有良好的发展前景、值得保留，那么可以提高其价格，从而使其变成赢利产品；如果该产品或服务已经没有发展前景，根本不值得保留，那么就应该放弃它，取消这些无利润的产品或服务，把资源转到能带来更大利润的产品或服务上去。第三，向小客户推销高利润的产品，使其变成有利可图的客户。

在降低成本方面，首先，可以适当限制为小客户提供的服务内容和范围，压缩、减少为小客户服务的时间。如从原来的天天服务改为每周只提供一天服务，从而降低成本、节约企业的资源。其次，可以运用更经济、更省钱的方式提供服务，如从原来面对面的直接销售方式转为电话销售或由经销商销售，这样不仅保证了销售收入，也减少了成本，提高了利润水平。例如，银行通过减少分支机构的数量，以及用 ATM 机代替柜员和银行职工，从而降低服务成本。如能够削减花在低价值客户上的成本，企业就能创造出高的收益。

实际上，提高价格或降低成本的目的是那些"小客户"要么接受提高价格或降低成本，成为产生利润的客户，要么选择离开，通过间接的方式让小客户自行选择去留。

4. 劣质客户管理法

对于劣质客户，与其让他们消耗企业的利润，还不如及早终止与他们的关系，压缩、减少直至终止与其的业务往来，以减少利润损失，将企业的资源尽快投入到其他客户群体中。适时终止与没有价值、负价值或者前景不好的客户的关系，企业才能节省有限的资源去寻找和服务于能够更好地与企业的利润、成长和定位目标相匹配的新客户和老客户。

企业针对不同级别的客户采取分级管理和差异化的激励措施，可以使关键客户自豪地享受企业提供的特殊待遇；可以刺激和鞭策有潜力的客户不断升级，以争取享受更高级别客户所拥有的"优待"；还可以让不带来利润的客户要么成为产生利润的客户，要么选择离开。这样，就可以使企业在客户管理整体成本不变的情况下，产生可观的利润增长。

本 章 小 结

准确选择客户，并尽力开发有价值的潜力客户，是 CRM 的基础工作。

本章首先介绍了客户选择和开发的相关知识，包括客户选择的必要性及其标准、目标客户的选择方法，寻找客户的方法与劝说技巧，企业能吸引目标客户的策略；然后介绍了客户异议的处理原则和具体方法对策；最后对客户分级进行了内容介绍，包括客户分级必要性的介绍，客户金字塔模型的介绍以及不同级别客户进行管理的各种方法。

通过本章学习，读者应充分理解客户选择与开发的作用并掌握寻找客户的各种方法，吸引客户的主要措施，处理客户异议的主要对策以及针对分级客户的不同管理对策。

关键术语

客户识别　客户开发　寻找客户　说服客户　客户异议　客户分级　客户金字塔模型

练 习 题

一、填空题

1. 主动出击是企业开发客户的一种重要策略。该策略的成功包括两个环节：第一是_____，第二是_____。
2. 按客户异议的内容，可以将其分为7种类型，分别是_____、_____、_____、_____、_____、_____和_____。
3. 按客户异议的性质，可以将其分为 3 种类型，分别是_____、_____、和_____。
4. 客户金字塔模型对客户划分了 4 个层级，分别是：_____、_____、_____和_____。

二、判断题

1. 所有的购买者都是本企业的目标客户。（　）
2. 正确识别客户是成功开发客户的前提。（　）
3. 大客户一定就是"优质"客户。（　）
4. 小客户也有可能是"优质"客户。（　）
5. 对待客户异议，一定不要采用直接反驳法。（　）

三、名词解释

1. 客户识别
2. 富兰克林式说服方式
3. 客户异议
4. 客户分级管理
5. 客户金字塔模型

四、简答题

1. 企业为什么要对客户进行选择？一般的选择标准是什么？
2. 目标客户的选择方法与开发策略主要有哪些？
3. 寻找客户的主要方法有哪些？各有什么特点？
4. 对于找到的不同客户，应该如何分类型地进行说服？
5. 企业吸引目标客户的主要策略有哪些？
6. 什么叫客户异议？可以分为哪些类型？
7. 对于客户异议，企业需要采取什么样的处理原则和方法？
8. 为什么要对客户进行分级？一般的分级结果是怎样表示的？
9. 什么是客户金字塔模型？它有什么实际用途？
10. 对于不同级别的客户，应该如何进行分类管理？

五、案例应用分析

案例 3-1　美国西南航空公司对目标客户的选择

美国西南航空公司以机票低廉著称，其竞争对手不怀好意地说："乘坐西南航空廉价航班的旅客应该感到羞耻。"原来，美国西南航空公司为了与美国其他航空公司进行差别化竞争，将目标客户定位在对航空票价敏感的低端市场上，飞机上不设商务舱和头等舱，而且对航空服务进行了一系列的简化。

乘客到了机场的候客厅后，也不给安排座位，乘客要像坐公共汽车那样去排队，上了飞机后自己找座位，如果你到得很早，可能可以找到一个好座位，如果你到得晚，就很可能坐在厕所边。飞机上也不供应餐饮，乘客一坐下就可以听非常幽默的笑话，直到飞机降落，一路上嘻嘻哈哈、闹哄哄的。

美国西南航空公司的这种"节约"服务，对收入低、消费低的人士有很大的吸引力，因为可以用极低的价格乘坐飞机。但对于稍微上层的白领人士来说，就不适合了——他们不太在乎机票价格，但需要较好的航空服务，他们受不了要自己去"抢"座位。另外，他们上飞机后往往要想问题、做事情或者休息，不喜欢吵吵嚷嚷的⋯⋯因此，中产阶级、官员、大亨很少愿意乘坐美国西南航空公司的班机。

不过，这正是西南航空公司所追求的效果，它很清楚自己的服务对象，因此，公司总裁凯勒尔在电视上说："我认为乘客根本没有必要理会这种诬蔑，因为每坐一次西南航空的航班，你的包里就又省下了一笔钱。如果你对我们提供的服务感到不满，那么非常抱歉地告诉你，你不是我们服务的目标客户，我们不会因为你的抱怨而改变我们的服务方式。如果你认为我们的服务令你感到不满的话，你可以去乘坐别的航空公司的飞机。当你感觉需要我们服务的时候，欢迎你再次乘坐西南航空的班机。"

(资料来源：周贺来. 客户关系管理实用教程[M]. 北京：机械工业出版社，2009)

案例讨论题：

(1) 在本例中，美国西南航空公司的目标客户定位是什么样的人群？
(2) 本例中，美国西南航空公司总裁凯勒尔对其他航空公司对自己的诬蔑采取了什么态度？
(3) 从本实例的内容叙述，分析企业在选择目标客户时候需要注意什么策略？

案例 3-2　携程网的客户开发策略：从"硬销"到"诱销"

一边是庞大的会员群体，一边是从酒店和航空公司获取更低的折扣，这就是携程网的商业模式。这个商业模式诞生在互联网如日中天的 1999 年。4 个出身背景全然不同的创始人在上海决心创业，大方向是电子商务，每个人都提出了自己精心设计的商业模式，最终进入旅游业的建议战胜了另外两个——网上书店和建材超市。于是，以互联网技术整合旅游业的携程网诞生了。

时至今日，在存活率极低的网络公司中，携程网已发展成为中国最大的在线旅游服务公司，并努力打造中国人自己的"旅游帝国"。不久前，携程网开始变招，在南京、杭州、成都等机场推出了全新的"携程度假体验中心"，密谋一年的品牌推广新策略渐渐浮出水面。这正应验了携程网CEO范敏曾经说过的话：在线旅行服务行业发展到今天，回归管理和营销层面的竞争是个必然趋势。

当终端拦截遭遇"审美疲劳"

"你好，这是携程网免费赠送的旅行会员卡。"在北京首都机场，一个身着黑蓝色西装的小伙子正向匆匆走过的旅客发放会员卡。近年来，这样的场景在中国主要城市的机场、商业区随处可见。着装各异的"发卡一族"在中国正在成为一个新的职业，而这种终端拦截战术最初就是由携程网开始采用的。在携程网，这样的"发卡一族"构成的人海战术形成了营销的一个前端战场。而在上海携程总部，一个上千人规模的电话呼叫中心是其后端战场。应该说，最初，终端拦截是行之有效的营销手段，通过携程网孜孜不倦地大规模拦截，的确吸引了众多会员，尤其是商务差旅客户，他们对携程网会员卡的使用频率很高。

但是，随着加入发卡行列的机构越来越多，盲目模仿让这种手段不可避免地遇到"审美疲劳"：有的旅客正直线走着，但一看到发卡人员来了便马上绕个弯道然后继续走；有的经常乘坐飞机的已有会员卡的"老熟客"则干脆一手麻利地接过，二话不说扔进包里，快走离开，可那张卡却说不定已经被扔进了垃圾桶……

"由携程网开创的这种'硬销'推广模式正在沦为'鸡肋'，不大量发放会员卡的话没办法获得下游客户，但发卡的效果已经降到了最低点。虽然未来发放会员卡还会是网络服务公司获取下游客户的重要手段，但推广方式必须进行改进和创新。采取更加精准的方式进行推广可能是最有效的方式，对某些特定的人群进行推广，在特定的地点进行推广，在特殊的时间进行推广等等。推广方式的核心是窄众，而不是见人就发放会员卡的大众推广行为。"铭泰铭观咨询机构侯军伟指出。

从空中战到地面渗透

日前，携程网已经做出了改变，不再单纯依靠发放会员卡的方式。曹先生是典型的"空中飞人"。上周，当他在南京禄口机场候机时，发现这里新开了一家"携程度假体验中心"，店面装修风格明快，店里摆放着几台笔记本计算机，穿戴整齐的工作人员来回走动请客人使用计算机，教他们如何上携程网预订酒店、机票或是度假产品，销售柜台则成了"陪衬"。同时，现场正在举办"玩转长周末"互动活动，客人有机会赢取小礼品。曹先生用一张名片换了一本《携程自由行》杂志。

"我们的度假体验中心和普通意义上的销售柜台不同，更不是销售柜台的升级版。"张迪说。张迪是"携程度假体验中心"的工作人员，"销售柜台的面积小，主要是给销售人员做个基地。现在的度假体验中心不但面积更大，也更气派，公司请了专业人员进行设计装潢。这里的设备好，功能更多，客人可以使用这里的笔记本计算机直接下单预订酒店床位、机票和名目繁多的度假产品。"

虽然度假体验中心会对销售带来很大帮助，但"携程度假体验中心"的工作人员却不是携程网的销售人员，没有销售指标，销售部依然有专门的人员在机场内发放会员卡，并会把客人带到这里进行亲身体验。正是因为没有销售压力，"携程度假体验中心"的工作人员不会像一般的销售人员那样喋喋不休地"推销"，在用户体验方面可以取得更好的诱人效果。

携程网是如何找到这个突破口的？从酝酿到实施，携程网市场营销副总裁汤澜坦言这个过程大约花了一年多时间。他说："起初是看到一些数码品牌设立了体验店，于是我们就想我们的度假产品也可以尝试这种形式。毕竟发放会员卡的方法已经被越来越多的公司所模仿，就我们自己而言也需要突破，并且到了该突破的时候了。""体验中心的目的就是让客人亲身感受网上预订服务，而不是靠空洞的口头说服。进入体验中心的客人本身就是对携程网或对度假产品有兴趣的人，邀请他们上网体验预订服务，有利于他们更直观地了解携程网的产品。"一位携程内部人士这样说。

把形象从空中转移至地面，离目标消费者更近一点，携程网并不是唯一的在线旅游商。

e龙网在今年3月底开设了自己的第一家实体店，而芒果网则致力于原有地面资源的整合。业内人士认为，这些举动表明，在线旅游服务商已不再局限于原有的单一推广策略，对客户需求的理解正在从产品逐渐向服务过渡，强调客户的体验和面对面服务，而这正是传统旅行社的强项。实体店的出现正是在线旅游商向传统旅行社学习的成果之一，不过它们的侧重点有所不同。携程网和e龙网集中在机场建设体验中心，而芒果网则是从传统旅行社改造而来的营业网点及柜台。值得注意的是，传统旅行社也在改变自己的营销方式，扩大连锁店规模、开展在线销售。可以预见的是，随着业务的扩展和营销模式的互相学习，未来在线旅游和传统旅行社的模式愈发趋同，双方努力靠近并尽力争夺的都是终端消费者。

"品牌体验"折射携程网销售心理的变化

就在2007年7月，携程网的直接竞争对手e龙网不再开展度假业务，原因是无法营利。芒果网也在经营少量度假业务，但由于前期投入巨大，至今尚未营利。2008年3月，芒果网调整了经营策略，宣称暂时不打算扩大度假业务，主打散客市场。

尽管在线旅游度假业务遇到了冷空气，度假产品却被携程网称为"战略级种子业务"。

"每个公司和企业的定位和发展方向毕竟是不一样的。"汤澜说，"携程网最先做的是酒店和机票预订业务，做度假业务是水到渠成的事情。机票和酒店预订业务易于操作，而度假业务需要预先订购机票和酒店，然后根据订购的机票、酒店按照时间、地点、季节和市场热点的不同安排成不同的旅行线路。一般来说，做度假产品难度更大，需要将酒店和机票这两个资源进行很好的结合。此前的'自由行'也是携程网针对度假业务推出的概念，经过一段时间，市场认知度还是很高的。现在的度假体验中心也是一个需要大家逐渐接受和认知继而去体验的概念。携程度假业务每年的营业额按三位数的百分比增长，在所有产品中位居第一位。度假产品是我们今后的一个重要发展方向。"汤澜说。

"过去在销售柜台发卡一般只能预订机票、酒店，对度假产品几乎没有直接帮助，因为度假产品信息量大，从目的地信息、产品特点到出发日期，这些很难在电话预订时三言两语说清楚，现在客人可以在体验中心上网，海量度假信息一览无余，预订也非常方便，这对携程度假业务的拉动非常大。"携程网度假业务总监郭光说。

的确，度假体验中心的建立在某种意义上是携程网为其发展度假业务所做的重要布局，但绝不仅仅如此，携程网对于度假体验中心有着更大的期待。"各大机场是携程网目标客户最为集中的地方，携程网选择在机场建立度假体验中心，也是希望借此实现品牌推广和营销方法的转型，全面提升品牌形象。"

"度假体验中心是携程网服务的延伸，与一般旅行社不同，携程网没有具体的门店，客人对携程网的印象只来自于网站与电话服务，有了度假体验中心后，携程可以借助它展示携程网专业化、高品质服务的形象，这也是体验经济的一种。"汤澜说。"携程网开设体验中心是一种进步。携程提供的服务产品(旅行、住宿等)原本就有着很强的体验性，如今与现场体验中心相结合，效果肯定会更好。携程度假体验中心更多地发挥着品牌传播、提升品牌美誉度的作用。"侯军伟指出，携程网这一举动表明其营销策略有了重大突破。

(资料来源：客户世界网站　http://www.ccmw.net/　2008-5-17)

案例讨论题：

(1) 本例中，携程网为什么要改变自己的客户开发计划？

(2) 本例中，携程网新的客户开发计划主要包括哪些内容？起到了什么作用？

(3) 从本实例的内容叙述，你悟出了什么道理？受到了什么启发？

案例 3-3　储户不满 VIP 客户插队，状告银行但最终败诉

CCTV 5 月 13 日报道，因不满 VIP 客户插队办理业务侵犯了小户的利益，福州市民李先生把银行告了，这在当时是全国首例。2008 年 5 月 12 日该案一审判决，市民输了。"实在没想到是这样的结果！"老李说，宣判后他表示很难理解，一个简单的民事案件，这样的宣判结果，为什么让他足足等了一年多。

宣判结果出来后，引起各方争议，银行嫌贫爱富，使普通客户尊严受损，一时间，骂声四起……有网友称：恭喜银行，贺喜银行，今后可以把"为有钱人提供更优质的服务，让穷人排队去吧"坚持到底了。

原来，2007 年 4 月 7 日，福州市民李先生来到中国农业银行福州仓山支行三高路分理处，准备领取 1 万元的 1 年期定期存款。由于办理业务的人很多，营业窗口排起了长队。李先生排队等候了 20 多分钟后仍未轮到办理业务。这时，一个客户径直走到营业窗口，要求办理业务。为了维护自己和其他排队人员的权益，李先生当即提醒这名客户要排队，对方未予理睬。银行保安随即走过来解释说，这名客户是贵宾，可优先办理。原来营业窗口上张贴有"VIP 客户、西联汇款优先办理"的告示。

李先生认为，银行张贴告示并优先办理 VIP 客户业务，侵害了普通客户的人格尊严，遂向法院提起诉讼，要求法院确认该告示无效、银行赔礼道歉。储户不满 VIP 插队状告银行，这个受到很多人关注的案子，一年多之后一审结果终于出来了：储户败诉！福州大学法学教授叶知年表示，银行允许 VIP 客户在普通窗口插队，这种做法体现其职业道德方面存在问题，是不妥的。但上升到法律层面，却很难认定银行违法。因此，这样的结果既在意料之外，更在意料之中，有悖道德，却法无禁止。

（资料来源：客户世界网站　http://www.ccmw.net/　2008-05-17　）

案例讨论题：
(1) 在本例中，你认为李先生状告银行的主要理由和依据是什么？
(2) 银行粘贴"VIP 客户优先办理"的告示，体现了银行客户关系管理中的什么思想？
(3) 法院为什么最终做出李先生败诉的结果？整个官司一年多之后才出结果说明什么？
(4) 对于该案件你如何评判？现实生活中你还能举出类似"VIP 优先办理"的例子吗？

实 践 训 练

1. 案例搜索题

每位同学先自己通过图书、杂志、网络以及人际关系，搜寻尽可能多的企业开发客户的策略和方法，然后在同学们之间进行交流学习，最后对各种方法策略进行归纳分类。

2. 方案设计题

请选择某种特定商品或服务，根据其特点，为其设计一套客户选择和开发的方案。

3. 角色模拟题

根据如下问题情景和题目要求、提示，进行角色模拟练习。

今天晚上和几个朋友在吃饭，我们点了一些菜，其中有一道菜就是海带丝，可是过了一会儿，服务员过来对我们点菜的同事说："抱歉，海带丝没有了。"同事说："没有，太过分了，那就算吧，退钱。"（注意此处同事表现出了异议），"行，那给你退了吧！"，然后服务员就把这道菜的钱退掉了。

事实上，如果服务员(销售员)能够很好地解决这个客户的异议，完全可以不用退钱，也一样可以很满意地解决客户的异议，同时还为企业增加了产品的销售额，这不是很好的事情吗？

作为服务员他思考过没有，客户为什么要点海带，其实，我们的那个同事只是为了减肥，因为海带是可以减肥的，如果这时，服务员能够了解客户(我的女同事)购买点海带的背后动机，我相信服务员就可以帮她再选择一道和海带功能类似的产品，而且，我的同事也会非常的开心，不是吗？

所以说，要想解决客户的异议，就必须了解客户购买产品的动机，这就是所谓的以不变应万变，这也是站在客户角度看问题的思考模式。这样的案例，每天在我们的销售经历中发生的还少吗？我们每天就像上面的服务员一样没有处理好这样的异议，导致企业损失的事件还少吗？

请同学们分组模拟以上同事和服务员两个角色，采用不同方法解决此处的客户异议。

提示

客户为什么会有异议呢？这个问题的答案才是解决客户异议的本质方法和相应措施。

第 4 章 客户满意与客户忠诚管理

知识架构

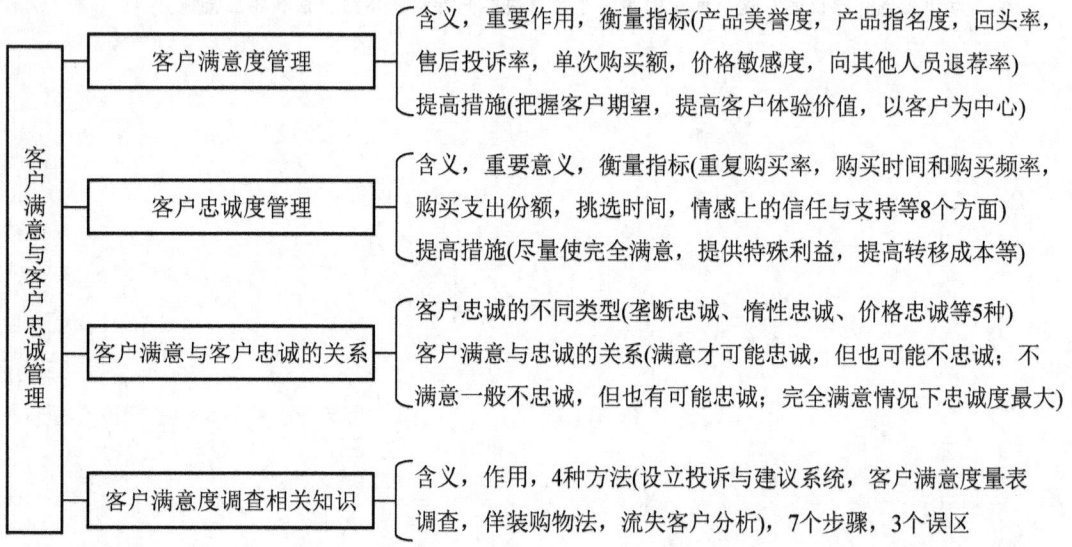

学习目标

通过本章的学习,读者应该能够:
- 理解客户满意的含义和衡量指标
- 熟悉提高客户满意度的主要措施
- 掌握客户满意度测评的常用方法
- 了解客户忠诚的含义、作用和类型
- 熟悉客户忠诚度的常用衡量指标
- 熟悉提高客户忠诚度的主要策略
- 理解客户满意与客户忠诚的关系

第4章 客户满意与客户忠诚管理

 **导入案例**

案例4-0：德士高通过"俱乐部卡"实现的客户忠诚方案

德士高超市连锁集团从1995年前开始实施的忠诚计划——"俱乐部卡"，帮助公司将市场份额从1995年的16%上升到了2003年的27%，成为了英国最大的连锁超市集团。德士高的"俱乐部卡"被很多海外商业媒体评价为"最善于使用客户数据库的忠诚计划"和"最健康、最有价值的忠诚计划"。

在英国，有35%的家庭加入了"俱乐部卡"，注册会员达到了1300多万。据统计，有400万家庭每隔三个月就会查看一次他们的"俱乐部卡"积分，然后冲到超市，像过圣诞节一样地疯狂采购一番。

"俱乐部卡"≠折扣卡

德士高"俱乐部卡"的设计者之一，伦敦Dunnhumby市场咨询公司主席Clive Humby非常骄傲地说："俱乐部卡的大部分会员都是在忠诚计划推出伊始就成为了我们的忠诚客户，并且从一而终，他们已经和我们保持了9年的关系。"Clive Humby介绍说，"俱乐部卡计划"设计之初就不仅仅将自己定位为简单的积分计划，它就是德士高的营销战略，是德士高整合营销策略的基础。

在设计"俱乐部卡"时，德士高公司的营销人员注意到，很多积分计划章程非常繁琐、积分规则很复杂，消费者往往是花很长时间也不明白具体积分方法。还有很多企业推出的忠诚计划奖励非常不实惠，看上去奖金数额很高，但是却很难兑换。这些情况造成了消费者根本不清楚自己的积分状态，也不热衷于累计和兑换，成为忠诚计划的"死用户"。而德士高"俱乐部卡"的积分规则却十分简单易懂，客户可以从他们在德士高消费的数额中得到1%的奖励，每隔一段时间，德士高公司就会将客户累计到的奖金换成"消费代金券"邮寄到客户家中。这种方便实惠的积分卡吸引了很多家庭的兴趣，据德士高公司自己的统计，"俱乐部卡"推出的头6个月，在没有任何广告宣传的情况下，就取得了17%左右的"客户自发使用率"。

在同行业中的Sainsbury、Asda等连锁超市也相继推出了类似的累计积分计划后，德士高公司并没有陷入和它们打价格战、加大客户返还奖励等误区中。德士高公司通过客户在付款时出示"俱乐部卡"，掌握了大量翔实的客户购买习惯数据，了解了每个客户每次采购的总量，主要偏爱哪类产品、产品使用的频率等。Clive Humby说："我敢说，德士高公司拥有英国最好、最准确的消费者数据库，我们知道有多少英国家庭每个星期花12英镑买水果，知道哪个家庭喜欢香蕉，哪个家庭爱吃菠萝。"

通过软件分析，德士高公司将这些客户分成了十多个不同的"利基俱乐部"，比如单身男人的"足球俱乐部"、年轻母亲的"妈妈俱乐部"等。"俱乐部卡"的营销人员为这十几个"分类俱乐部"制作了不同版本的"俱乐部卡杂志"，刊登最吸引他们的促销信息和其他一些他们关注的话题。一些本地的德士高连锁店甚至还在当地为不同俱乐部的成员组织了各种活动。现在，"利基俱乐部"已经变成一个个社区，大大提高了客户的情感转换成本(其中包括个人情感和品牌情感)，成为德士高有效的竞争壁垒。

有效的成本控制

德士高公司要维持一个拥有1 000万会员的俱乐部，而且是以现金返还为主要奖励方法，还要为不同"利基俱乐部"成员提供量身定做的促销活动，这其中的日常管理和营销沟通支出非常庞大。如果不进行有效的成本控制，肯定会陷入自己设计的成本泥潭。据德士高公司自己的统计，"俱乐部卡"每年返还给客户的折扣大约为1.5亿英镑，已经共为此付出了10多亿英镑的代价。因此，德士高总结了一整套成本控制方法。

首先，德士高公司几乎从来不使用电视等大众媒介来推广"俱乐部卡"。Clive Humby的解释是："德士高公司以前是电视媒体的主要广告商之一，但是后来我们通过调查发现，直接给客户寄信，信息到达率更高，更加能引起客户的注意。并且，很多客户认为，定期收到一些大公司的沟通信件，让他们有抬高了社会地位的感觉。在英国这个有限的市场里，德士高公司的市场目标不可能是赢得更多的消费者，而是怎样增加单个消费者的价值，所以直接和消费者建立联系，既便宜又有效。"

如果有的"利基俱乐部"要进行一次"获得新客户"的营销活动时，他们往往会选择一两本这些细分市场经常阅读的杂志。然后花很低的广告费，在杂志中夹带"利基俱乐部"的促销信件。

为了更好地控制成本，德士高公司还经常和供应商联手促销，作为返还给消费者的奖励，把维系忠诚计划的成本转移到了供应商身上。由于德士高公司这种按照消费者购买习惯细分市场的"利基俱乐部"数据库内容真实详细，促销非常具有针对性，供应商十分愿意参加这样的促销活动，提高品牌知名度、加强与消费者的关系。相比较沃尔玛公司强制供应商降价促销，供应商基本上都是自愿与德士高联手，实现了共赢。

相关业务的延伸

1996 年开始，德士高公司不再满足于经营单纯的零售积分卡，而是把业务延伸到了金融服务领域，于当年 6 月推出了"Clubcard Plus"联名卡。联名卡一般是非金融界的营利性公司与银行合作发行的信用卡，近年来被市场广泛接受、发展很快。较成功的先例有美国航空公司与花旗银行联名发行的 Aadvantage 卡、AT&T 和美国运通卡联合发行的 AT&T Universal Card 等。在管理方式上，联名双方(或多方) 签有详细的利润分成，可以利用公司的品牌和忠诚客户基数，针对有一定特殊共性的消费群体来设计品牌。

德士高公司的"Cluboard Plus"推出时针对的是"俱乐部卡"会员中最忠诚、消费额度最高的那 20% 中产阶级家庭。Clive Humby 说："在英国，客户对于德士高公司的信任度大大超过了一般的金融服务公司，因此与德士高联名推出信用卡是理所当然的。"现在，不仅"Clubcard Plus"信用卡在英国颇受欢迎，2003 年公司在"俱乐部卡"的基础上还推出了"德士高个人金融服务"和"德士高电信服务"等其他利润更高的衍生服务。推出不到一年，用户已经超过了 50 万。正如德士高公司自己所作的评价："我们不仅仅是用'俱乐部卡'的积分来奖励消费者，我们还根据它的数据来决定企业的发展方向。"

点评

德士高超市连锁集团通过合理设计"俱乐部卡"，一方面为各类消费者提供了具有针对性的商品服务，并为客户提供了实在的财务利益，从而保证了客户的忠诚；另一方面，德士高公司加强成本控制，避免自身陷入"成本泥潭"，推出的"利基俱乐部"和联名卡也为自身带来了丰厚的利润。从此可以总结出，客户忠诚计划的合理设计，对于提高企业效益，提高企业市场占有份额，以及保持优质客户方面的作用都是非常巨大的。

4.1 客户满意度管理

本节介绍客户满意的含义、理念、重要意义，客户满意度的测度指标以及提高措施。

4.1.1 客户满意的含义

客户满意是客户的一种心理感受，具体说就是客户的需求被满足后形成的一种愉悦感或状态。此处的"满意"不仅仅是客户对服务质量、服务态度、产品质量和产品价格等方面直观的满意，更深层的含义是企业所提供的产品或服务与客户期望的吻合程度如何。

客户满意度指客户满意程度的高低，为客户体验与客户期望之差。用公式表示为

客户满意度=客户体验−客户期望

当客户体验与期望一致时,上述差值为零时,客户是基本满意的。当客户体验超出客户期望时,上述差值为正数时,客户就感到"物超所值",就会很高兴,甚至赞叹,这个正数数值越大,客户满意度越高。例如,旅客奔波一天回到房间,惊喜地发现饭店送的生日蛋糕和鲜花,出乎他的预料,旅客的高兴和满意程度是不言而喻的。相反,当差值为负数时,即客户体验低于客户期望,客户是不满意的,这个负数数值越大,客户满意度越低。

如图4.1所示的模型也说明了客户满意的产生原因及其主要影响因素。

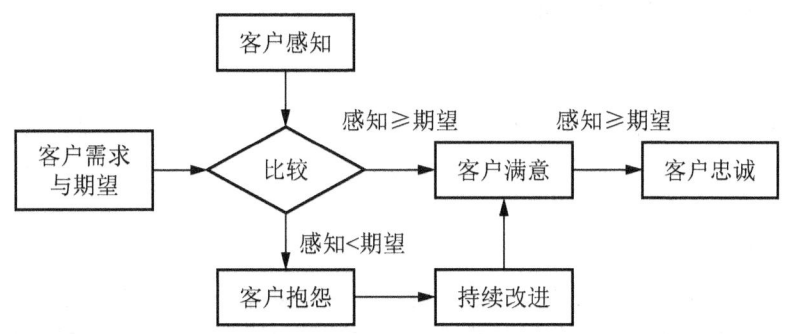

图 4.1　客户满意的决定模型

客户满意作为一种经营战略,是"以客户为中心"理念的集中体现。1965年,美国学者首次将客户满意的观点引入营销领域,之后,学术界掀起了研究客户满意的热潮。20世纪80年代初,日本本田汽车公司开始运用客户满意作为改进服务质量的依据。在汽车行业取得显著成效后,客户满意开始逐渐在各行各业得到了广泛应用和迅速发展。

4.1.2　客户满意的重要意义

1. 客户满意是企业战胜竞争对手的重要手段

在当今的买方市场上,客户对产品或服务能满足或超越他们期望的要求日趋强烈。例如,客户不但需要优质的产品或服务,同时希望能以最低的价格、最好的服务获得这些产品或服务。

客户是企业建立和发展的基础,如何更好地满足客户的需求,是企业成功的关键。如果企业不能满足客户的需求,而竞争对手能够使他们满足,那么客户很可能就会投靠竞争对手。只有能够让客户满意的企业才能在激烈的竞争中获得长期的、起决定作用的优势。

市场竞争的加剧,使客户有了充裕的选择空间。在这场竞争中,谁能更有效地满足客户需求,让客户满意,谁就能够营造竞争优势,从而战胜竞争对手。

2. 客户满意是企业取得长期成功的必要条件

客户满意是企业实现效益的基础。客户满意与企业赢利之间具有明显的正相关性。客户只有对自己以往的购买经历感到满意,才可能继续重复购买同一家企业的产品或者服务。

现实中经常发生这样的事情,客户因为一个心愿未能得到满足,就毅然离开一家长期合作的企业,为此企业失去一位老客户的损失很大。某企业评估其一位忠诚客户10年的终生价值是8 000美元,并以此来教育员工失误一次很可能就会失去全部,要以8 000美元的价值而不是一次20美元的营业额来接待每一位客户,并提醒员工要时刻让客户满意,才能确保企业得到客户的终生价值。此外,客户满意还可以节省企业维系老客户的费用,同时,满意客户的口头宣传还有助于降低企业开发新客户的成本,并且树立企业的良好形象。

 阅读材料

关于客户满意的几个影响数据

美国客户事务办公室提供的调查数据表明：平均每个满意的客户会把他满意的购买经历告诉至少 12 个人以上,在这 12 个人里面,在没有其他因素干扰的情况下,有超过 10 个人表示一定会光临；平均每个不满意的客户会把他不满意的购买经历告诉 20 个人以上,而且这些人都表示不愿接受这种恶劣的服务。

另据美国汽车业的调查显示,一个满意的客户会向 25 个人进行宣传,并能引发 8 笔潜在生意,其中至少有 1 笔能成交(著名的 1∶25∶8∶1 定理)；而一个不满意的客户也会影响 25 个人的购买意愿。

3. 客户满意是实现客户忠诚的基础

从客户的角度讲,曾经带给客户满意经历的企业意味着可能继续使客户再满意,或者是减少再次消费的风险和不确定性。因此,企业如果上次能够让客户满意,就很可能再次得到客户的垂青。客户忠诚通常被定义为重复购买同一品牌的产品或服务,不为其他品牌所动摇,这对企业来说是非常理想的。但是,如果没有令客户满意的产品或服务,则无法形成忠诚客户——只有让客户满意,他们才可能成为企业的忠诚客户,也只有持续让客户满意,客户的忠诚度才能进一步得到提高。可见,客户满意是形成客户忠诚的基础。

4.1.3 客户满意度的衡量指标

1. 对产品的美誉度

美誉度是客户对企业或品牌的褒扬程度。一般来说,持褒扬态度、愿意向他人推荐企业及其产品或服务的,肯定对企业提供的产品或服务是非常满意或者满意的客户。

2. 对品牌的指名度

指名度是客户指名购买某品牌的产品或服务的程度。如果客户在消费或购买过程中放弃其他选择而指名购买、非此不买,表明客户对这种品牌的产品或服务是非常满意的。

3. 消费后的回头率

回头率是客户消费了某企业或某品牌的产品或服务后,愿意再次消费的次数。客户是否继续购买产品或服务,是衡量客户满意度的主要指标。该数值越大,满意度越高。

4. 消费后的投诉率

投诉率是指客户在购买某企业产品或服务后所产生投诉的比例,投诉率越高,表明客户越不满意。这里的投诉率不仅指客户表现出的显性投诉,还包括未倾诉的隐性投诉。

5. 单次交易的购买额

购买额是指客户购买某产品或服务的金额多少。一般而言,客户对某产品的购买额越大,表明客户对该产品的满意度越高,反之,则表明客户对该产品的满意度越低。

第 4 章 客户满意与客户忠诚管理

6. 对价格变化的敏感度

客户对产品或服务的价格敏感度,也可以反映客户对某产品的满意度。当产品或服务价格上调时,客户如表现出很强的承受能力,则表明客户对该产品或服务的满意度很高。

7. 向其他人员的推荐率

客户愿不愿意主动推荐和介绍他人购买或者消费,也可以反映客户满意度的高低。一般来说,表明他的满意度是比较高的。

4.1.4 提高客户满意度的措施

1. 把握客户的期望

要提高客户满意度,企业必须采取措施来引导客户在消费前对企业的期望,让客户对企业有合理的期望值,这样既可吸引客户,又不至于让客户因期望落空而失望,产生不满。

(1) 不过度承诺。如果企业的承诺过度,客户的期望就会被抬高,从而会造成客户感知与客户期望的差距。可见,企业只能谈自己能够做得到的事,而不能夸大其词。

(2) 宣传留有余地。企业在宣传时恰到好处并且留有余地,使客户的预期保持在一个合理的状态,那么客户感知就很可能轻松地超过客户期望,客户就会感到"物超所值"。

阅读材料

日本美津浓公司留有余地的许诺

日本美津浓公司销售的运动服里,有纸条写着:此运动服用最优染料、最优技术制造,遗憾的是还做不到完全不褪色,会稍微褪色的。这种诚实的态度既赢得了客户的信赖,又使客户容易达到满意——因为期望值不高。假如运动服的褪色不明显,客户还会很满意。因此,这家公司每年的销售额都达 4 亿日元。

(3) 适时超越客户期望。企业如果善于把握客户期望,然后根据具体情况适时地来超越客户期望,就能够使客户产生惊喜,这对于提高客户满意将起到事半功倍的作用。

2. 提高客户体验价值

提高客户体验价值,既要增加客户总价值,包括产品价值、服务价值、人员价值以及形象价值,还要设法降低客户总成本,包括货币成本、时间成本、精神成本以及体力成本。

(1) 提升产品价值。在提升产品价值方面,企业需要做到如下几点:第一,要不断创新。要顺应客户的需求趋势,站在客户的立场去研究和设计产品,不断地开发出客户真正需要的产品。第二,要为客户提供订制产品或服务。通过提供特色的产品或超值的服务来满足客户的需求,提高客户的感知价值。第三,树立"质量是企业生命线"的意识。产品质量是提高客户体验价值的基础,高质量的产品是维系客户的有效手段。企业如果不能保证产品的质量,或是产品的质量随时间的推移而有所下降,那么,即使客户曾经满意,也会逐渐不满,最终降低客户的感知价值。第四,塑造品牌。品牌可以帮助客户节省时间成本、精神成本和体力成本,可以提高客户的体验价值,进而可以提高客户的满意水平。

 阅读材料

海尔集团的按需生产

为适应各地消费群体的不同需求,海尔集团为北京市场提供了最新技术的高档冰箱;为广西市场开发了有单列装水果用的"果蔬王"冰箱;海尔冰箱从"大王子"到"小王子"再到"双开门",为的就是适应上海居民住房很小的现状,后来又为上海家庭生产了瘦长体小、外观漂亮的"小小王子"冰箱。由于满足了不同客户群的需求,客户对海尔集团的美誉度和满意度得到了大幅度提升,海尔也得到了丰厚的回报。

四川的客户反映,海尔集团的洗衣机洗地瓜时,经常阻塞出水道。为满足了四川农民轻松洗地瓜的要求,海尔集团又为四川市场开发了"地瓜洗衣机",能洗土豆、地瓜。尽管"地瓜洗衣机"的销量不大,但却真正体现了产品开发以客户为导向的理念,因而提高了客户的感知价值和满意度。

(2) 提升服务价值。随着购买力水平的提高,客户对服务的要求也越来越高,服务的质量对客户购买决策的影响越来越大,能否给客户提供优质的服务已经成为提高客户的体验价值和客户满意度的重要因素。这就要求企业站在客户的角度,想客户所想,在服务内容、服务质量、服务水平以及物流配送等方面提高档次,提供全过程、全方位的服务,从而提升客户的体验价值,进而提高客户的满意度。如果客户想到的企业都能给予,客户没想到的企业也能提供,这必然使客户感到企业时时刻刻对他的关心,从而会对企业产生满意感。

 阅读材料

服务超越客户期望

日本东京的一家贸易公司有一位小姐专门负责为客商购买车票的事务,有段时间,因为业务贸易关系,她需要经常为德国一家大公司的商务经理购买往返东京与大阪的火车票。不久,这位德国经理发现:每次去大阪,座位总在右窗口,从大阪返回东京,座位总在左窗口。经理觉得非常奇怪,就问这位小姐,这是怎么回事。这位小姐笑答道:"我想,大家都喜欢日本富士山的壮丽景色,所以我特意安排了座位。您去大阪时,富士山在您的右边,就买了右窗口的票。您返回东京时,富士山在您的左边,我就买了左窗口的票。"

听了这席话,德国经理大受感动,他想,在这样一个小事上,这家公司的职员能够想得这么周到,那么跟他们做生意还有什么不放心的呢?于是决定将与这家公司的贸易额由 400 万马克提高到 1 200 万马克。

(3) 提升人员价值。提升人员价值包括提高企业全体员工的经营思想、工作效益与作风、业务能力、应变能力以及服务态度等,从而提高客户的感知价值及客户的满意度。例如,法国的化妆业巨子伊夫·罗歇,每年向客户投寄 8 000 万封信件,信的内容写得十分中肯,而且还编写《美容大全》,提醒大家有节制地生活比化妆更重要,因此他得到广大客户,尤其是妇女的信赖,成为女士心中的美容导师,从而提升了客户的感知价值和满意度。企业可通过培训和加强制度建设来提高员工的业务知识和专业技术水平,提

高员工为客户服务的娴熟程度和准确性,从而提高客户的感知水平,进而提高客户的满意度。提高员工满意度也是提升人员价值,进而提升客户感知价值和客户满意度的手段。20世纪70年代,日本企业的崛起,很重要的原因是由于日本企业采用人性化管理,大大提升了员工的满意度,激励员工为客户提供优质的产品或者服务,从而提高了客户感知价值和满意度。

阅读材料

接待不同类型的客户的方法

1. 接待熟悉的老客户——要热情,要有如遇故友的感觉。
2. 接待新客户——要有礼貌,以给其留下良好的第一印象。
3. 接待精明的客户——要有耐心,不要显示出厌烦的情绪。
4. 接待性子急或有急事的客户——,要注意快捷,提高效率。
5. 接待需要参谋的客户——要当好他们的参谋,不要推诿。
6. 接待自有主张的客户——要让其自由挑选,不要去干扰他。
7. 接待女性客户——要注重新颖和时尚,满足她们爱美和求新的心态。
8. 接待老年客户——要注意方便和实用,要能让他们感到公道和实在。

(4) 提升形象价值。企业的良好形象能为企业的经营发展创造良好的氛围,也可提升客户对企业的感知价值,从而提高对企业的满意度。企业形象的提升可通过公益广告、赞助活动、形象广告、新闻宣传、庆典活动以及展览活动等方式来进行,尤其是公益广告、赞助活动对于提升企业形象具有重要的作用。

阅读材料

公益广告提升企业形象价值的例子

在最早发现SARS疫情的广东,民营药品经营企业香雪药业公司得知"非典"有蔓延的迹象后,第一时间增加了1 000万元的广告经费,买断了当地主要电视台和主流媒体的黄金时段及黄金版面,大做公益广告,其中就有献给白衣天使和坚守岗位的劳动者的电视短片《感谢你》。正是这种对公众利益的关心和对公益事业的支持,使香雪药业公司给公众留下了一个良好的印象,也提升了企业的形象价值。

赞助活动提升企业形象价值的例子

"零售商业帝国"沃尔玛公司的创始人山姆·沃尔顿积极资助公立和私立学校,还成立特殊奖学金,协助拉丁美洲的学生到阿肯色州念大学。沃尔玛公司在公益活动上大量的、长期的投入,以及活动本身所具有的独到创意,大大提高了品牌知名度,成功塑造了沃尔玛公司在广大客户心目中的卓越形象。

(5) 降低货币成本。合理地制定产品价格是提高客户感知价值和满意度的重要手段。企业定价应以确保客户满意为出发点,依据市场形势、竞争程度和客户的接受能力,尽可

能做到按客户的"预期价格"定价,并且千方百计地降低客户的货币成本,坚决摒弃追求暴利的短期行为,这样才能提升客户的体验价值,提高客户的满意度。

(6) 降低时间成本。就是在保证产品与服务质量的前提下,尽可能地减少客户的时间支出,从而降低客户购买的总成本,提高客户的感知价值和满意度。例如,花王公司在销售其产品的商场中安装摄像头,以此来记录每位客户在决定购买"花王产品"时所用的时间。花王公司根据这些信息改进了产品的包装,对产品陈列进行重新布置,让客户可以在最短时间内完成消费行为。据公司统计,经过产品摆设的重新布置和品种调整后,客户决定购买花王洗发精所用的时间为由原来的 83 秒降低为 47 秒。再如,你要是美国租车公司 Avis 的老客户,你乘飞机到达目的地后,可直接到 Avis 公司在机场的停车场,这时钥匙已经插在车里面,你发动汽车就可把它开走,只要在门口时把你的证件给工作人员看一眼就可以了,没有任何多余手续,根本不用到柜台去排队。这样周到的服务节省了客户的宝贵时间,降低了客户的时间成本,提升了客户的感知价值,也提高了客户的满意度。

(7) 降低精神成本。降低客户的精神成本最常见的做法是推出承诺与保证。另外,企业为客户买保险,或者提供细致周到、温暖的服务也都可以降低客户的精神成本。

 阅读材料

不同企业降低客户精神成本的一些做法

1. 某汽车销售 4S 店企业承诺永远公平对待每一位客户,保证如果客户在同一月份购买汽车,无论先后都是同一个价格,这样今天购买的客户就不用担心明天的价格会更便宜了。

2. 某美容企业推出"美容承诺",并在律师的确认下,与客户签订美容服务责任书,以确保美容服务的安全性、无后遗症等。

3. 迪斯尼、麦当劳等公司都对其服务质量进行全面承诺,为的就是降低客户的精神成本。

4. 航空公司、旅行社等为旅客买保险,目的是减少客户的意外事故风险,从而降低客户的精神成本。

5. 家电销售企业工作人员在为客户维修、安装家电时,自己带上拖鞋和毛巾,安装好后帮客户把房间打扫干净,把对客户的打扰减少到最低限度。这些细节都可降低客户的精神成本,给客户留下好印象。

6. 在韩国一些高层旅馆里,每个房间的床下都备有一条"救命绳",绳子坚韧结实,端部有金属环,遇到火灾或其他险情,旅客来不及从门撤出,可用这条救命绳套在室内稳固的物体上,迅速从窗口顺墙滑下逃生。天有不测风云,人有旦夕祸福——有了这条"救命绳",旅客就可以高枕无忧。

(8) 降低体力成本。如果企业能够通过多种销售渠道接近潜在客户,并且提供相关的服务,那么就可以减少客户为购买产品或服务所花费的体力成本,从而提高客户的感知价值和满意度。例如,对于装卸和搬运不太方便、安装比较复杂的产品,如果企业能为客户提供良好的售后服务,如送货上门、安装调试、定期维修以及供应零配件等,就会减少客户为此所耗费的体力成本,从而提高客户的感知价值和满意度。

 阅读材料

零售企业应为客户提供的几项便利

当零售企业的服务出现供不应求时,就可能会怠慢客户,导致客户的时间成本、体力成本、精神成本增加,而导致客户的反感与不满。国外的研究成果表明,83%的女性和91%的男性会因为需要排长队结账而放弃购物。因此,零售企业要为客户减少时间成本、精神成本、体力成本提供各种便利,从而创造美好的购买体验。从国外的经验来看,零售企业至少可以为客户提供4个方面的便利。

一是进入便利,即要让客户很方便地与商家进行往来。首先,零售企业的选址起着关键的作用,如果能够位于人口密集、交通便利的地段,就能够为客户提供进入便利,零售企业的营业收入和利润也自然比较高;其次,营业时间也影响客户的进入便利,所以零售企业要尽可能延长营业时间,如24小时营业,也可以采取灵活的营业时间,如服务于高峰时间段的7—11便利店;再次,通过提高服务效率,如电话订货、网上服务、特快递送服务等也可以为客户创造进入的便利。

二是搜寻便利,即要让客户很容易找到自己所需要的产品。浪费客户的时间和体力是零售经营中普遍存在的通病,造成这种通病的主要原因有产品陈列不当、结算不便等,所以零售企业在产品布局、场地布置、通道线路上要合理,要根据客户的时间价值来进行设计,以方便客户选购。

三是占有便利,即要让客户能够很快地得到自己所选购的产品。这就要求零售企业存货要合理,交货要及时、快捷,并且提供送货上门、上门安装等服务。

四是交易便利,即要让客户很快和很容易地完成交易。服务设施是影响服务质量的重要因素,如果服务设施落后、故障多,就会妨碍服务质量的提高。例如,收款机经常出故障,影响和延长了客户结算付款的时间,客户的满意度就会下降。因此,零售企业应该不断改善自己的服务设施,提高设施的完好率。

为了提供上述便利,零售企业还要努力提高服务人员的技能和积极性,必要时增加员工或兼职雇员,或者通过外部合作与互助协议来预备不时之需。

(资料来源:苏朝晖. 如何提升零售市场服务管理水平. 商业时代,2005(30))

3. 以客户为中心,实现客户满意

目前,"以客户为中心"的客户导向理念大多停留在口头上,很少落实在行动上。究其原因,无外乎有3个:第一个原因是很多企业根本就不知道什么是客户导向,或者是对客户导向一知半解,要做到客户导向更无从谈起;第二个原因是企业在制度建设上没有跟上,缺乏制度保障;第三个原因是没有将客户导向渗透在企业文化的建设中,没有使客户导向成为一种习惯、一种潜意识的行为,在这种情况下,要真正做到客户导向很难。

那么,怎么才能真正做到客户导向呢?要做到客户导向,首先必须有强有力的制度作为保障,企业的所有活动必须围绕客户的需求展开,对非客户导向的行为进行约束。例如,有的医院推出了"病人选医生"的制度,将医生分成若干治疗小组,让病人自由选择,而且一旦不满意还可以重选。此项举措明确了服务关系中的角色定位,病人成了医院的"主人",而医生无论水平多高都是服务者。其次,要真正做到客户导向,还需要在强化制度保障的基础上,把客户导向融入企业文化中,并使其成为企业文化的核心。最后,为强化"以客户为中心"的经营理念,实现客户满意,还必须做到以下几点:第一,充分掌握客户信息,实施有针对性的客户满意策略;第二,针对不同级别的客户实行不同的客户满意

策略；第三，加强与客户进行充分的双向互动和沟通，让客户了解企业，也要使企业了解客户；第四，要重视对客户投诉和抱怨的及时处理，只有这样才能增进与客户的感情。

4.2 客户忠诚度管理

忠诚客户能为企业带来丰厚利润，具有很高的客户价值。本节介绍客户忠诚的含义、类型与作用，说明客户忠诚与客户满意之间的关系，客户忠诚度测度指标以及提高策略。

4.2.1 客户忠诚的含义

客户忠诚是指客户对某企业产品或服务一种长久的忠心，并且一再指向性地重复购买该企业的产品或服务。忠诚的客户具有如下特征：当他们想购买一种他们曾经购买过的产品或者服务时，他们会主动去寻找原来向他们提供过这一产品或服务的企业，甚至有时因为某种原因没有找到所忠诚的品牌，他们也会主动抵制其他品牌的诱惑，甚至暂时搁置需求，直到所忠诚的产品或者服务的再度出现。

忠诚的客户是企业最基本的、可以信赖的客户，是企业的产品或者服务的长期、持续、重复的购买者，他们的忠诚也表明企业现有的产品和服务对他们是有价值的。

4.2.2 客户忠诚的重要作用

客户忠诚能为企业带来丰厚利润，具有非常重要的作用，主要体现在如下几方面。

1. 节省企业综合成本

客户忠诚能节约企业的综合成本，包括节省客户开发成本，降低交易和服务成本。

首先，客户忠诚能节省客户开发成本。目前，企业之间为争夺客户而展开的竞争日趋白热化，开拓新客户很不容易，企业必须花费较高的成本，包括广告宣传费、推销费和促销费，还有大量的登门拜访以及争取新客户的人力成本、时间成本和精力成本等，而且这些成本还呈不断攀升的趋势。在相当长的一段时间内，以上付出的成本很难在新客户创造的利润贡献中得到补偿。而比起开发新客户，留住客户的成本要相对"便宜"很多，特别是客户越"老"，其维系成本越低，有时候一些定期的回访或者听取他们的抱怨就能奏效。即使是激活一位中断购买很久的"休眠客户"的成本，也要比开发一位新客户的成本低得多。美国的一项研究表明：吸引一个新客户要付出119美元，而维系一个老客户只需要19美元，即获得一个新客户的成本是维系一个老客户的成本的5～6倍。总之，在企业开发客户的成本高、开发难度大的情况下，如果企业能够提高客户忠诚，减少客户流失，使企业每年都能从相同的客户(忠诚客户)上赚到钱，那么就可以大大降低企业为弥补老客户流失而不断开发新客户的耗费，从而节省企业开发客户的成本。

其次，客户忠诚能降低交易成本。交易成本是指交易双方用于寻找交易对象、签约及履约等方面的金钱、时间和精力上的支出成本，具体包括搜寻成本(搜寻交易双方的信息所发生的成本)、谈判成本(为签订交易合同所发生的成本)、履约成本(为监督合同的履行所发生的成本)3个方面。由于忠诚客户比新客户更了解和信任企业，因此，企业对新客户必须支付的许多成本在忠诚客户那里都可以省去。另外，忠诚客户与企业已经形成一种合作伙伴关系，彼此之间已经达成一种信用关系，因此，忠诚客户与企业交易的惯例化可使企业大大降低搜寻成本、谈判成本和履约成本，从而最终使企业的交易成本降低。

最后，客户忠诚能还降低企业的服务成本。一方面，服务老客户的成本比服务新客户的成本要低很多。这是因为新客户对企业的产品或服务还相当陌生，需要企业多加指导，而老客户因为对企业的产品或服务了如指掌，因此不用花费企业太多的服务成本。另一方面，由于企业了解和熟悉老客户的预期和接受服务的方式，所以可更顺利地为老客户提供服务，并可提高服务效率和减少员工的培训费用，从而降低企业的服务成本。

2. 增加企业综合收益

首先，忠诚客户会持续不断地重复购买企业的产品或者服务，并能放心地增加购买量，或者增加购买频率，从而能增加企业的销售量，为企业带来更大的利润。

其次，忠诚客户在面对企业推出的新产品时，很容易受"光环效应"的影响，自然对该企业的新产品或新服务产生信任和购买欲望，愿意尝试新产品或新服务，因而他们往往是新产品或新服务的早期购买者，为企业的新产品或新服务的上市铺平了前进的道路。

再次，忠诚客户对价格的敏感度较低、承受力强，比新客户更愿意以较高价格来接受企业的产品或服务，而不是等待降价或不停地讨价还价。由于他们信任企业，所以购买贵重产品或服务的可能性也较大，因而忠诚客户可使企业获得溢价收益。

最后，忠诚客户相对于新客户来说是最有利可图的，因为客户忠诚于同一家企业的时间越长，他们就越舍得花钱。忠诚客户的维系成本较低而再购率较高，这是企业从忠诚客户中获取长期收益的最重要的原因。通常，流失一个忠诚客户所造成的利润损失需要争取10个新客户才能挽回。客户忠诚度提高5%，企业的利润将会增加25%～85%。

3. 确保企业长久效益

客户忠诚比客户满意更能确保企业的长久效益。仅仅有客户满意是不够的，客户忠诚才是目标。关于二者之间的关系，在本书后面的内容中将进行详细描述。只有忠诚的客户才会持续购买本企业的产品和服务，才能给企业带来长久的收益。这主要是因为一方面，忠诚客户能够自觉地排斥"货比三家"的心理，会主动抑制对其他品牌需求的欲望，他们能够在很大程度上自觉抗拒其他企业提供的优惠和折扣等促销诱惑，而一如既往地购买所忠诚的企业或品牌的产品或服务。第二，忠诚客户还注重与企业在情感上的联系，寻求一种品牌上的归属感，他们对所忠诚企业的失误会持宽容的态度，当发现该企业的产品或服务存在某些缺陷时，能以谅解的心情主动向企业反馈信息，求得解决，并且不影响再次购买。

 阅读材料

客户忠诚使客户的终生价值提高

某商务饭店每年的客户流失率是20%，每个客户平均每年带来2 000元的利润，吸收一个新客户的成本是800元。企业现决定实施客户忠诚计划，将客户年流失率从20%降低到10%，该计划的实施成本是每个客户每年200元。现在来分析这家饭店客户终生价值的变化情况。

(1) 每年流失20%的客户，意味着平均每个客户的保留时间大约是5年。
(2) 每年流失10%的客户，意味着平均每个客户的保留时间大约是10年。
(3) 忠诚计划实施前，平均每个客户的终生价值为：5年×2 000元/年−800元=9200元。
(4) 忠诚计划实施后，平均每个客户终生价值为：10年×(2 000元/年−200元/年)−800元=17 200元。

也就是说，通过实施客户忠诚计划，平均每个客户的终生价值增加了8 000元。

4. 降低企业经营风险

随着科技的发展和企业经营水平的提高，同行业企业间产品和服务的差异化程度越来越低，竞争品牌之间的差异性也越来越小，客户因改变品牌所承受的风险大大降低，因此，当前企业的客户普遍存在易流失的特点。据统计，如果没有采取有效措施，企业每年要流失10%~30%的客户。这造成了企业经营环境的不确定性风险和来自外界的不稳定因素都有所增加。

而相对固定的客户群体和稳定的客户关系，可使企业不再疲于应付因客户不断改变而造成需求的变化，有利于企业排除一些不确定因素的干扰，制订长期规划，集中资源去为这些固定的客户提高产品质量和完善服务体系，并且可以降低企业的经营风险。同时，企业能够为老客户提供熟练的服务，也意味着更高的效率和更低的成本。此外，忠诚客户易于亲近企业，能主动提出改进产品或服务的合理化建议，从而提高企业决策准确性。

5. 获得良好口碑效应

忠诚客户因为总是满意自己的选购经历，所以喜欢与人分享，他们会主动推荐，甚至积极主动地向亲朋好友和其关系范围内的人介绍，从而帮助企业增加新客户。

随着市场竞争的加剧，各类广告信息的泛滥，人们面对大量眼花缭乱的广告难辨真假，无所适从，对广告的信任度在大幅度下降。而"口碑"是比当今"满天飞"的广告更具有说服力的宣传，人们在进行购买决策时，往往越来越重视和相信亲朋好友的推荐。例如，万科房产公司的销售就有相当比例得益于原有客户的口碑。一些有创意的企业对老客户推荐新客户的行为还给予奖励，这在一定程度上又刺激了这支义务宣传队伍的迅速扩大。

美国有一项调查表明，一个高度忠诚的客户平均会向5个人推荐企业的产品和服务，这不但能节约企业开发新客户的费用，而且可以在市场拓展方面产生乘数效应。一个对欧洲7000名客户的调查报告表明，60%的被调查者购买新产品或新品牌是受到家庭或朋友的影响。可见，忠诚客户的正面宣传是难得的免费广告，可以使企业的知名度和美誉度迅速提高，通过忠诚客户的口碑还能够塑造和巩固良好的企业形象。

6. 促进企业良性发展

随着企业与忠诚客户关系的延续，忠诚客户带来的效益呈递增趋势，这样就能够为企业的发展带来良性循环，这个循环包括如下4个阶段。首先，客户忠诚的企业，增长速度快、发展前景广阔、潜力巨大，可以使企业员工树立荣誉感和自豪感，有利于激发员工士气；其次，客户忠诚的企业获得的高收入可以用于再投资、再建设、再生产、再服务，也可以进一步提高员工的待遇，进而提升员工的满意度和忠诚度；再次，忠诚员工一般都是熟练的员工，工作效率高，可以为客户提供更好的、令其满意的产品或者服务，这将更加稳固企业的客户资源，进一步强化客户的忠诚；最后，客户忠诚的进一步提高，又将增加企业的收益,给企业带来更大的发展,从而进入下一个良性循环。

总而言之,忠诚客户使企业获得了丰厚的利润,保证了企业的可持续发展。

另外,客户忠诚还能够获得客户数量的增长,从而壮大企业的客户队伍,这一点是比较容易理解的。从下面的阅读材料中,读者可以有一个更好的定量的认识。

 阅读材料

客户忠诚获得客户数量增长的一个假设例子

假设有 3 家公司,A 公司的客户流失率是每年 5%,B 公司的客户流失率是每年 10%,c 公司的客户流失率是每年 15%,再假设 3 家公司每年的新客户增长率均为 15%。

那么 A 公司的客户存量将每年增加 10%,B 公司的客户存量将每年增加 5%,而 C 公司的客户存量则是零增长。这样一来,7 年以后 A 公司的客户总量将翻一番,14 年后 B 公司的客户总量也将翻一番,而 C 公司的客户总量将始终不会有实质性的增长。

可见,客户流失率低、客户忠诚度高的企业,能够获得客户数量的增长,从而壮大企业的客户队伍。

4.2.3 客户忠诚度的衡量指标

客户对某企业(品牌)产品或服务的忠诚度,可以通过一些主要指标来衡量表 4-1。

表 4-1 客户忠诚度的主要衡量指标

指标名称	指标含义
重复购买率	客户对某种产品或服务重复购买次数越多,说明对其的忠诚度就越高
购买时间和购买频率	忠诚客户会较长期地购买,而且购买频率高
购买支出份额	客户为购买某一品牌产品或服务,或从某一企业购买商品的支出在其总的消费支出中所占份额越大,说明对此种产品或服务以及对该企业的忠诚度越高
挑选时间	客户挑选产品或服务所用时间与忠诚度成反比
情感上的信任与支持	忠诚是基于对产品或服务、对企业或品牌的高度信任与支持的
潜在客户推荐数量	忠诚客户乐于向潜在客户推荐,或间接认同
对企业竞争对手的态度	对企业竞争对手的排斥态度也可表明忠诚度
对价格或质量的态度	忠诚客户对质量信赖或宽容质量上的一些瑕疵,对价格不是很敏感

4.2.4 提高客户忠诚度的措施

忠诚客户是企业的巨大财富,是无价之宝。企业若想要维系客户、保持客户忠诚,就必须与客户持续建立一种有价值的关系,这可以通过如下几项主要措施来实现。

1. 想方设法,努力实现客户的完全满意

完全满意而形成的信赖忠诚才最有价值。为此,要想提高客户忠诚度,首先要实现客户的完全满意。而企业要想实现客户的完全满意,首先必须要努力提供优质的产品、优质的服务、合理的价格,并不断提高客户的利益。其次,企业还应当重视来自客户的反馈意见,不断满足他们的需求。例如,施乐公司为求客户完全满意,承诺在客户购后 3 年内,

如有任何不满意，公司保证为其更换相同或类似产品，一切费用由公司承担，这样就确保了客户愿意持续忠诚于施乐公司。最后，应当注意的是，忠诚应该是企业与客户之间双向、互动的，不能单方面追求客户对企业的忠诚，而忽视了企业对客户的忠诚。

 阅读材料

德国商业巨头麦德龙公司在中国的定位策略

德国商业巨头麦德龙公司以现购、自运著称，主要特点是进销价位较低，现金结算，勤进快出，客户自备运输工具。麦德龙公司准备进入中国开拓市场时，考虑到中国市场上的情况，决定其服务对象是中小型零售商、酒店、餐饮业、工厂、企事业单位、政府和团体，即主打团体消费，不为个人客户提供服务。

麦德龙公司之所以不面向个体客户，是因为麦德龙公司的一条宗旨是"给中小零售商以竞争力"，既然已经为中小型零售商提供了服务，按照利益共享的原则，个人客户由中小型零售商负责提供服务。

由于麦德龙公司充分考虑了中小型零售商的利益，忠诚于中小型零售商，所以也赢得了中小型零售商对麦德龙公司的完全满意和忠诚。在麦德龙公司的帮助下，它们增强了与大型超市竞争的能力。中小零售商壮大了，自然增加对麦德龙公司的需求，这样双方相得益彰，形成双赢的格局。

2. 通过财务奖励措施，为忠诚客户提供特殊利益

企业的利益建立在客户能够获得利益的基础上，因此，企业要赢得客户忠诚，就要对忠诚客户进行财务奖励和特殊关照，特别是用价格这一直观、有效的手段予以回报。

首先，要清除妨碍和不利于客户忠诚的因素，废除一些不合理的规定，如老客户没有得到比新客户更多的优惠和折扣。要让老客户从忠诚中受益，得到更多的实惠。

其次，企业要奖励重复购买，奖励的目的就是要让忠诚客户得到回报，让若即若离者得到激励。为此，企业要制订有利于与客户形成持久合作关系的价格策略。

再次，企业要想法设法找到对忠诚客户进行奖励的有效措施。企业可采用多购优惠的办法促进客户长期重购、更多购买。例如，对重复购买的客户根据购买数量的多少、购买频率的高低实行价格优惠和打折销售，或者赠送积分、礼品、奖品等，或者实行产品"以旧折价换新"，以此来表示对老客户的关爱，降低他们重复购买的成本，从而建立企业与客户的长久关系。例如，酒店向常客提供"住十天赠送一天"的优惠，饭店或者零售商向经常光顾的老客户提供折扣等额外利益；再如，有家餐厅将客户每次用餐后结账的账目记录在案，显然账目金额大的客户都是该餐厅的常客。到了年终，餐厅将纯利润的10%按客户总账目金额的比例向客户发奖金。这项"利润共享"的策略，使得该餐厅天天客满。

 阅读材料

为保证中间商的忠诚而需要采取的一些措施

中间商作为企业整体销售渠道中的一个重要部分，对于企业的发展至关重要。为了提高中间商的忠诚度，企业也要对他们提供一定的奖励和帮助，给他们实实在在的好处和利益，具体措施如下。

(1) 授予中间商以独家经营权。这样可以树立中间商在市场上的声望，有利于调动其经营积极性。

(2) 降低中间商的产品代理价格，使其有足够的利润空间，提高其销售的积极性。
(3) 组织各地的中间商进行销售竞赛，对绩效显著的优胜者给予适当奖励。
(4) 为中间商培训销售和服务人员，特别是当产品技术性强，推销和服务都需要一定专门技术时。
(5) 为中间商承担经营风险(比如企业承担产品价格波动带来的损失)，让中间商吃上定心丸。
(6) 由企业出资为中间商做广告，也可以请中间商在当地做广告，由企业提供部分甚至全部资助。
(7) 向一些规模较小或出现暂时财务困难的中间商提供信贷援助，如允许延期付款、赊购等。
(8) 建立一定的互购模式，既向中间商推销产品又向中间商购买产品。

最后，奖励计划也有其弱点，必须严加防范。这些弱点主要表现在：第一，未能享受到奖励计划的客户可能对企业产生不满；第二，企业之间的奖励计划大战使客户享受到越来越多的优惠，客户的期望也因此越来越高，企业为了迎合客户的期望所投入的奖励成本也越来越高；第三，由于奖励计划操作简单，很容易被竞争者模仿——如果多数竞争者加以仿效，则奖励计划会趋于雷同，结果企业提高了成本却不能形成相应的竞争优势，而成为企业的负担。因此，奖励计划使得企业的获利能力下降，但企业又不能轻易中断这些计划，因为一旦停止立即会产生竞争劣势。于是，企业面临一个恶性循环：奖励计划——初显成效——大量仿效——失去优势——新的奖励计划……，企业成本不断上升，但成效甚微，最多也只是获得虚假忠诚的客户。可见，奖励计划不应作为保持客户忠诚的最佳手段。

3. 采取多种有效措施，切实提高客户的转移成本

第一，加强与客户的结构性联系。经验表明，客户购买一家企业的产品越多，对这家企业的依赖就越大，客户流失的可能性就越小。因此，企业在为客户提供物质利益的同时，还可通过向客户提供更多、更宽、更深的服务来建立与客户结构性的联系或者纽带，如为客户提供生产、销售、调研、管理、资金、技术、培训等方面的帮助，以及开展交叉销售与关联销售，为客户提供更多的购买相关产品或服务的机会。企业要不断地让客户有这样的感觉：只有购买我们的产品，他们才会获得额外的价值，而其他企业是办不到的。如果能够做到这一点，就可以增加客户对企业的依赖性，从而坚定客户对企业的忠诚。

 阅读材料

宝洁公司的"助销"行动让客户更忠诚

宝洁公司的成功在很大程度上得益于其"助销"理念指导下的渠道动作综合管理体系——帮助经销商开发、管理目标区域市场，它是"全渠道销售"指导原则下的一种区域市场开发和管理策略。宝洁公司提出的"经销商即办事处"的口号，就是宝洁公司"助销"理念通俗化、形象化的理解；而全面"支持、管理、指导并掌控经销商"是宝洁公司"助销"理念的核心。

宝洁公司每开发一个新的市场，原则上只物色一家经销商(大城市一般2~3家)，并派驻一名厂方代表。厂方代表的办公场所一般设在经销商的营业处，他肩负着全面开发、管理该区域市场的重任，其核心职能是管理经销商及经销商下属的销售队伍。

宝洁公司要求经销商组建宝洁产品专营小组，由厂方代表负责该小组的日常管理。专营小组一般由十多个人组成，具体又可分为大中型零售店、批发市场、深度分销3个销售小组。每个销售人员在给定的目标区域和目标客户范围内开展订货、收款、陈列、POP张贴等系列销售活动。

为了提高专营小组的工作效率，一方面宝洁公司不定期派专业销售培训师前来培训，具体内容涉及公司理念、产品特点及谈判技巧等各个方面，进行"洗脑式"培训；另一方面，厂方代表必须与专营小组成员一起拜访客户，不断进行实地指导与培训。

同时，为了确保厂方代表对专营小组成员的全面控制和管理，专营小组成员的工资、奖金、甚至差旅费和电话费等全部由宝洁公司提供。厂方代表依据销售人员业绩，以及协同拜访和市场抽查结果，确定小组成员的奖金额度。宝洁公司还要求经销商配备专职文员以及专职仓库人员，工资、奖金亦由宝洁来承担。

为了改善卖场陈列，一方面，宝洁公司要求小组成员通过良好的"客情关系"来免费争取最佳、最多的陈列位；另一方面，宝洁公司有"专项陈列费"、"买位费"及"进场费"提供给各大卖场，由此确保宝洁公司的产品在大卖场能获得最佳的陈列效果。

资料来源：郑锐洪，王丽芳．宝洁的"助销模式"．经营与管理，2005(12)

第二，提高客户服务的独特性与不可替代性。个性化的产品或服务是客户关系发展到一定程度时客户的必然要求，一个企业如果不能满足这种要求，将始终无法成为客户心目中最好的企业，也就无法成为客户的唯一、持久的选择。为此，企业必须不断创新，不断地利用高新科技成果，开发出独特的产品或者服务，不断提供竞争对手难以模仿的个性化产品或者服务。如提供个性化信息、个性化售后服务和技术支持，甚至个性化的解决方案。此外，企业还可通过技术专利等与竞争对手拉开差距，构筑防止竞争者进入的壁垒，有效地阻止竞争对手的进攻，实际上也等于构建和提高了客户的转移壁垒。企业只有想方设法比竞争者做得更多、更快、更好，才能给客户留下深刻印象，从而增进客户忠诚。

 阅读材料

几家软件企业的客户忠诚的原因

微软公司就是凭借其功能强大的 Windows 系列产品，几乎垄断了 PC 操作系统软件市场，而功能实用、性能良好的 AutoCAD 在计算机辅助设计软件领域，SPSS 和 SAS 软件在科学统计与数据处理软件领域占有很高的市场份额，它们都是凭借不可替代的产品或者服务赢得了客户的忠诚。

第三，设法增加客户的转移成本。一般来讲，如果客户在更换品牌或企业时感到转移成本太高，或客户原来所获得的利益会因为更换品牌或企业而损失，或者将面临新的风险和负担，就可以加强客户的忠诚。例如，软件企业一开始为客户提供有效的服务支持，包括提供免费软件、免费维修保养及事故处理等，并帮助客户学习如何正确地使用软件。那么，一段时间以后，客户学习软件使用所花的时间、精力将会成为一种转移成本，使客户在别的选择不能体现明显的优越性时自愿重复使用，成为忠诚客户，而不会轻易流失。此外，个性化的产品或服务在可能增加客户满意度的同时，也增加了客户的特定投入，如时间、精力等，即增加了转移成本，因而能够提高退出壁垒，从而有效地阻止客户的叛离。例如，Amazon 网上书店具有基于历史交易数据的客户需求推荐系统，客户能够从中获益，如果客户转向另一家网上书店，就将损失其在 Amazon 网上书店中的交易积累和大量交互点击的投入，失去本来可以得到的利益，这样就会使客户选择留下。

4. 增加客户对企业的信任感与情感交流

一系列的客户满意必然会产生客户信任，长期的客户信任会形成客户忠诚。企业要建立高水平的客户忠诚，还必须把焦点放在赢得客户的信任上，而能不仅仅只是客户满意上，并且要持续不断地增强客户对企业的信任，这样才能获得客户对企业的永久忠诚。

除了增加客户信任感之外，还要加强企业与客户的情感交流。俗话说："没有留不住的客户，只有不会留客的商家！"建立客户忠诚说到底就是赢得客户的心。联邦快递公司的创始人佛莱德·史密斯有一句名言："想称霸市场，首先要让客户的心跟着你走，然后才能让客户的腰包跟着你走。"因此，企业在与客户建立关系之后，还要努力寻找交易之外的关系，如加强与客户的感情交流和感情投资，这样才能巩固和强化企业与客户的关系，从而提高客户转换购买的精神成本，使客户不忍离去。那么如何增强企业对客户的情感交流呢？

一方面，企业要与客户积极沟通，密切交往。企业应当积极地与客户进行定期或不定期的沟通，如定期对客户进行拜访或者经常性的电话问候，真正了解和重视客户的想法和意见，并邀请客户参与到企业的各项决策中，让客户觉得自己很受重视。对于重要的客户，企业负责人要亲自接待和登门拜访，努力加深双方的情感联系，并且发展联盟式的客户关系。在客户的重要日子(如生日、结婚纪念日、厂庆日等)，采取恰当的方式予以祝贺，如邮寄节日贺卡、赠送鲜花或礼品等。例如，汽车销售大王吉拉德在他经销汽车十多年间，每个月给每个客户寄一张不同款式的、像工艺品那样的精美卡片，为此他每月要寄出1~3万多张卡片，而客户会将这些卡片长期保存，并视吉拉德为亲密朋友。在酒店服务中，如果酒店善于通过前台全面收集客户的详细资料，了解到今天是哪位客户过生日或其他纪念日，从而进行相应的关怀，如送鲜花、生日蛋糕、寿面等，就会使客户感觉到自己受重视。此外，企业邀请客户参加娱乐活动，如打保龄球、观赏歌舞、参加高级晚会等，投其所好，加强感情投资，表达对客户的关爱，也可以增进友情、强化关系。

 阅读材料

海尔集团通过俱乐部对客户进行感情投资

海尔集团在全国48个城市成立了海尔俱乐部，凡购买海尔产品总量达到会员资格要求的客户都可以成为海尔俱乐部的会员。海尔俱乐部依据客户价值的不同将会员分为准会员、会员、金卡会员，并确定不同会员享有不同的权利。

海尔集团通过俱乐部这种特殊渠道对客户进行感情投资，如每年给会员过生日，会员可享受延长5年的保修期待遇，会员可应邀参加俱乐部定期组织的文体活动，并可获赠为期半年的当地报纸等一系列优惠政策。

事实表明，海尔俱乐部这种客户关系经营模式，增进了海尔集团与客户的感情交流，使海尔集团的企业文化与品牌形象深入人心，不仅提高了会员的忠诚度，而且在促使准会员向会员发展的过程中使客户关系增值。

另一方面，企业要学会雪中送炭，并能够超越客户的期待。企业应时刻留意客户需求的变化，不断地满足和超越客户的期待，给客户意外的惊喜。例如，当你走进家门口的一

家超市，拿起一瓶醋看了看，然后又放了回去，这时老板走过来告诉你："先生，您夫人平常买的是××牌子的醋，她是我们的老客户，可以记账消费，并且打九折，您只要签个名，就可以拿走。"这家超市老板的客户关系就做得不错，他首先认得自己的常客，并且认得她的丈夫你，而且记得她一贯购买的品牌，不仅如此，这家超市还允许老客户记账。因为超出了你的期待，你自然会对这家超市留下好印象。再如，现在客户对酒店的要求越来越高，尤其是老客户，他们不希望每次用餐都要重复做一些相同的事情，如回答"喝点什么酒"、"吃些什么菜"、"需要什么烟"等这样的老问题，因为，这使老客户感到自己是酒店的陌生人的感觉，心中自然不快。如果酒店能够做到对老客户喜欢喝的酒、吃的菜、抽的烟都记得一清二楚，那么就会使老客户有"在家的感觉"，也就能够保证老客户的满意度和忠诚度。此外，当客户有困难时，企业如果能够伸出援手，如利用自己的社会关系帮助客户解决孩子入托、升学以及就业等问题，雪中送炭，就会令客户感动。

阅读材料

东方大酒店的"超级服务"

新加坡的东方大酒店实施了一项"超级服务"计划，就是服务人员要尽可能地满足客户的需求，不管是否属于分内的事。某天，酒店咖啡厅来了4位客人，他们一边喝咖啡，一边拿着文件认真地商谈问题，但咖啡厅的人越来越多，嘈杂的人声使得这4位客人只好大声说话。受过"超级服务"训练的服务员，立刻觉察到了这一点，马上向客房部打电话，询问是否有空的客房可以借给这4位客人临时一用，客房部立即答应提供一间。当这4位客人被请到这间免费的客房，并知道这是为了让他们有一个不受干扰的商谈环境时，他们对这样好的"超级服务"感到难以置信。事后他们在感谢信中写道："我们除了永远成为您的忠实客户之外，我们所属的公司以及海外的来宾，将永远为您做广告宣传。"

5. 加强企业内部管理，为客户忠诚提供基础保障

首先，要提高员工的满意度。研究发现，员工的满意度与客户的满意度之间呈正相关的关系——员工的满意度提高5%，客户的满意度提高10%。因此，企业应该通过培养和提升员工的满意度与忠诚度，为提升客户的满意度和忠诚度奠定坚实的基础。

阅读材料

有助于企业提高员工满意度的一些做法

1．寻找优秀的员工。企业应寻找那些特质、潜力、价值观与企业的制度、战略和文化相一致，才识兼备、技术娴熟、工作能力强、能够长期做出令人满意的贡献的员工。

2．加强员工的培训。使员工树立"以客户为中心"的理念，并使其认识到他们的工作将影响客户和其他部门的人员，从而又最终影响到客户的忠诚和企业的生存，并给予相关知识和技能的培训与指导。

3．对员工充分授权。企业要赋予一线员工充分的权力和灵活性，使员工感到自己受重视、被信任，进而增强其责任心和使命感，激发其解决生产、服务等环节问题的创造性和主动性，使每个员工都积极参与到超越客户期望的目标中去，并想办法赢得客户忠诚。

第 4 章 客户满意与客户忠诚管理

4．建立有效的激励制度。企业要善于发现和嘉奖业绩突出的员工，并将员工的报酬与其满足客户需要的程度相挂钩，这可以激发员工的工作热情，挖掘员工的潜力，并有助于促使员工努力留住客户。

5．充分满足员工的需要，尊重员工的合理要求，在员工培训和个人发展上舍得投资，对员工遇到的问题能及时解决，从而不断提高员工的满意度。

6．不轻易更换为客户服务的员工。熟悉就会亲切，熟练就会有效率。如果一个员工在一个工作岗位上呆的时间长了，不仅可以了解工作的要求及做好工作的技巧，而且能够了解客户的兴趣与需求。

其次，要通过制定严格的制度，以避免员工流动造成客户的流失。有些客户之所以保持与某家企业的往来，主要是因为与其联系的该企业员工的出色表现以及与他们建立的良好私人关系。因此，如果这个员工离开了这家企业，客户就会怀疑该企业是否仍能满足他们的要求。为了消除这种疑虑，企业要建立统一的员工形象，特别要强调企业所有的员工都非常优秀。但是，等新员工上任后才向客户说明这一点是没有用的，必须在平时就要将企业拥有高素质员工的信息不断地向客户宣传。这样，即使某个员工流失，其他员工也可以顺利接替他的工作，继续为客户提供优质的服务。此外，要扩大客户与企业的接触面，减少客户对企业内某一单个员工的依赖，主要途径有两个：第一是建立适度的人员轮换制度。即每隔一段时间更换与客户联系的员工，这样当某个员工离职时，就能保证仍有客户熟知的员工为之服务。第二是以客户服务小组代替单兵作战。客户服务小组可采取各种形式，如宝洁公司的客户服务小组成员由跨部门的人员组成，海尔的客户服务小组成员则由同一部门不同级别的人组成。以客户服务小组的形式要确保每个成员输出信息的一致性，自相矛盾的信息或缺乏团队精神都会让客户怀疑服务小组能否胜任他们的角色。

 阅读材料

法国一家咖啡饼屋连锁店经理雇佣员工的特殊做法

法国一家名为 Au Bon Pain 的咖啡饼屋连锁店的经理 Gary Aronson 在雇佣服务员时，有个特殊的规定：只雇佣愿意每周为该企业工作 50~60 小时的人，而这一行业中每位员工平均每周工作时间是 40 小时。为此，他需要对这些员工多工作的 10~20 小时支付 2 倍加班工资。他之所以愿意这样高成本地做，主要目的是希望每天光顾的大部分客户能够见到同一张面孔为他服务。正是这样，该店的许多服务员能够记住一百多位老客户的名字和喜好，因此该咖啡饼屋连锁店的客户"回头率"非常高。

6．建立不同类型的客户组织，有效稳定客户队伍

企业运用某种形式将分散的客户组织起来，建立客户组织，如会员制或客户俱乐部制，并向客户提供价格或非价格的刺激，可以将一系列相对独立的与客户的交易转变为具有密切联系的交易，使企业与客户进入长期稳定的关系，并可使企业与客户的关系更加正式化、稳固化，使客户感到自己是最有价值的，感到自己最受欢迎和重视，感到自己得到了最多的关心，从而使客户自觉地产生参与感和归属感，有利于企业与客户建立超出交易关系之外的情感关系。另外，客户组织还使企业与客户之间由短期联系变成长期联系，由松散联系变成紧密联系，由偶然联系变成必然联系，从而保持现有客户和培养忠诚客户，确保企业有一个基本的忠诚客户群。因此，建立客户组织是巩固和扩大市场占有率、稳定客户队

119

伍的一种行之有效的办法，有利于建立长期稳定的主顾关系。

阅读材料

一些企业建立和维护客户组织的具体做法

1．摩托罗拉公司的"网上俱乐部"。摩托罗拉公司在其网站上很早就开设了"摩托罗拉俱乐部"，只要是摩托罗拉公司的用户都可以随时加入，一旦加入，不仅意味着在售后服务和购买配件时可以得到更周到的服务和更优惠的价格，而且还是享受优质的客户关怀的开始。陆续的各种活动和抽奖以及年终赠送的礼品都会使客户有意外的惊喜，虽然这些奖品和礼品并不昂贵，可是足以体现摩托罗拉公司的细心以及对客户的重视和关怀。不仅如此，俱乐部的会员卡还可以作为消费的折扣卡，让每个客户享受到最真挚的服务，得到了客户的普遍赞扬。正是这样，摩托罗拉公司赢得了众多客户的忠诚。

2．美国哈雷摩托车公司客户俱乐部。美国哈雷摩托车公司建立客户俱乐部后，每年向会员提供一本杂志(介绍摩托车知识、报道国际国内骑乘赛事)、一本旅游手册，并且提供紧急修理服务、保险项目等，俱乐部还经常举办骑乘培训班和周末骑车大赛，及向度假会员廉价出租本公司的摩托车。

3．迪斯尼公司的客户俱乐部。迪斯尼公司把客户俱乐部当作创造和维护良好的客户关系的战略武器，600万迪斯尼乐园优惠卡的持有者能够得到一份特别的杂志，在购买门票和商品时可以打折，与迪斯尼公司的合作伙伴如德尔塔航空公司和全国汽车租赁公司交易时，也可以享受特定优惠。迪斯尼公司还经常与俱乐部会员交流，鼓励他们及其家人经常到迪斯尼乐园游玩。总之，客户俱乐部使迪斯尼获得大批忠诚和稳定的客户。

4．沃尔玛公司的山姆会员店。沃尔玛公司的山姆会员店实行会员制经营，会员可享受各种免费和优惠的服务，虽然利润率调低了一些，但实行会员制给沃尔玛公司带来了许多利益。首先，以组织约束的形式，把大批不稳定的客户变成了稳定的客户，客户忠诚的时间大为延长，客户忠诚度也显著提高；其次，会员长期在山姆会员店购物，很容易产生购买习惯，从而培养了客户的品牌忠诚，培育了稳定的客户队伍；再次，会费虽相对于个人是一笔小数目，但对于会员众多的山姆店来说，却是一笔相当可观的收入，往往比销售的纯利润还多，同时会费也在一定程度上构成了客户转换购买的壁垒。总之，实行会员制使得沃尔玛公司的客户维系成本降到了最低的水平，同时又实现了客户的高度忠诚。

5．我国上海益民商厦的"客户假日俱乐部"。现在，我国已经有越来越多的企业利用会员制或俱乐部制来维系老客户。例如，上海益民商厦设立了"客户假日俱乐部"，每周六举办产品知识讲座，内容有计算机、黄金珠宝、皮革等产品的性能、使用和保养等知识，受到了消费者的欢迎。商厦还设立了"老客户联谊会"，建立了老客户档案，经常为他们寄发产品信息资料，过节还邀请他们参加聚会，并听取他们的意见，从而牢牢地"拴住"了一大批忠诚的客户。

4.3 客户忠诚类型及其与客户满意的关系

客户忠诚具有不同的类型，要区别看待。另外，客户忠诚与客户满意之间具有既复杂又微妙的关系。正确认识客户忠诚的类型以及与客户满意之间的关系，具有重要的现实意义。

4.3.1 客户忠诚的不同类型

有学者从研究角度出发，把客户忠诚细分为行为忠诚、意识忠诚和情感忠诚，但是，

对企业来说，他们最关心的是行为忠诚，如果只有意识忠诚或者情感忠诚，却没有实际的行动，对于企业来说就没有直接意义(因为企业能够从中获得多少收益是不能肯定的)，而只有行为忠诚才能够给企业带来实实在在的利益。鉴于这个原因，本章所探讨的忠诚都是指客户的行为忠诚。对于客户的行为忠诚，又可以划分为几种类型，见表4-3。

表4-3　客户行为忠诚的几种类型

类　型	含　义	特　点	举　例
垄断忠诚	客户别无选择，该类企业通常为垄断经营	低依恋、高重复购买	坐火车外出办事者
惰性忠诚	客户由于惰性而不愿去寻找其他供应商	低依恋、高重复购买	上下班路途购物者
价格忠诚	指客户忠诚于提供最低价格的产品供应商	低依恋、低重复购买	对价格敏感的客户
激励忠诚	当企业有促销活动时会来购买；当活动结束，就会转向其他有促销活动的公司	低依恋、高重复购买	商务航空飞行者
超值忠诚	客户对企业有很深的感情，非常愿意购买企业的产品，自觉地为企业做正面宣传，不会总是等到打折时才购买，对企业的满意度很高，此类客户对企业最有价值	高依恋、高重复购买	购物俱乐部成员

4.3.2　客户忠诚与客户满意的关系

对于任何一家企业来说，客户满意是推动客户忠诚的重要因素，但二者之间的关系既复杂，又微妙。一般来讲客户满意度越高，客户忠诚度就会越高，反之亦然，但又不尽然。

1. 客户满意才可能忠诚

一般来说，客户满意是导致重复购买最重要的因素，如果企业不能让客户满意，就没有建立客户忠诚的基础。虽然一个满意的客户不一定现在就是忠诚客户，但很有可能将来会成为忠诚客户。根据客户满意的状况，可将客户忠诚分为信赖忠诚和势利忠诚2种。

(1) 信赖忠诚。当客户对企业及其产品或服务完全满意时，往往会表现出对企业及其产品或服务的"信赖忠诚"。信赖忠诚的客户在思想上对企业及其产品或服务有很高的精神寄托，在行为上表现为指向性、重复性、主动性、排他性购买。

(2) 势利忠诚。当客户对企业及其产品或服务不完全满意，只是对其中某个方面满意时，往往会表现出对企业及其产品或服务的"势利忠诚"。也就是说，"势利忠诚"是客户受企业提供的产品、价格、服务、促销等其中一个或几个因素的影响，是为了能够得到某个(些)好处或者害怕有某个(些)损失，而长久地重复购买某一产品或服务的行为。一旦没有了这些诱惑和障碍，他们也就不再"忠诚"，很可能就会转向其他更有诱惑的企业。

阅读材料

客户"势利忠诚"的几个例子

1. 有些客户是因为"购买方便"，也就是说，这类客户之所以忠诚仅仅是为了产品购买的方便性。
2. 有些客户是因为"价格诱人"，也就是说，这类客户之所以忠诚是为了便宜的价格。

3. 有些客户是因为"可以中奖"、"可以打折"、"有奖励"、"有赠品"等。

4. 有些客户是因为"转移成本太高"——或者风险更大、或者实惠变少、或者支出增加等。

2. 客户满意也可能不忠诚

一般认为，满意的客户很大可能就是忠诚的客户，但实际上这两者之间并没有存在着必然的联系。许多企业销售和营销管理人员发现：有的客户虽然满意，但最终还是离开。

据《哈佛商业评论》报告显示，美国汽车制造业曾经投入大量资金，制订了一系列奖励制度，以便提高客户满意度，借此与外国汽车制造厂争夺市场。现在，美国汽车制造厂的客户满意率超过了90%，然而，只有30%～40%的满意客户会再次购买美国汽车。也就是说，虽然许多汽车制造企业的客户满意度不断提高，但是其市场占有率和利润却在不断下降，可见，客户满意也可能不忠诚。要想有效地控制客户流失，还必须考虑其他因素。关于客户流失的管理方法与防范措施，将在后续章节专门进行详细介绍。

3. 客户不满意一般不忠诚

一般来说，要让不满意的客户忠诚的可能性是很小的，如果不是无可奈何、迫不得已，客户是不会"愚忠"的。或者说，一个不满意的客户迫于某种压力，不一定会马上流失、马上变得不忠诚，但条件一旦成熟，就会不忠诚。

4. 客户不满意也有可能忠诚

客户不满意也有可能忠诚，这有两种情况，一是"惰性忠诚"，另一种是"垄断忠诚"。

(1)"惰性忠诚"是指客户尽管对企业的产品或服务不满，但是由于本身的惰性而不愿意去寻找其他供应商或服务商。例如，有些客户只是图方便，每天在楼下超市购物。

(2)"垄断忠诚"是指在卖方占主导地位的市场条件下，或者在不开放的市场条件下，尽管客户不满却因为别无选择，找不到替代品，不得已只能忠诚。例如，市场上仅有一个供应商，或是政府规定的，或是通过兼并形成的寡头垄断，就会形成"垄断忠诚"。在这些垄断的背景下，满意度对忠诚度不起什么作用——尽管不满意，客户也别无选择。

4.3.3 完全满意情况下客户忠诚度最大

从以上的分析来看，客户忠诚在很大程度上受客户满意的影响，但不是绝对的。一般来说，忠诚的客户通常来源于持续满意(完全满意或者不完全满意)的客户，但满意的客户也并不一定忠诚；只要客户有足够的选择机会和选择意愿，不满意就不会忠诚；但是，忠诚的客户也未必满意——尽管不满意也可能迫于无奈而忠诚。

如图4.2所示是英国电信对其客户所做的调查，从图4.2中可以看出：客户忠诚的获得必须有一个最低的满意水平，在这个满意水平以下，忠诚度将明显下降，而最不满意的15%的客户会积极去寻找其他更好的选择；在该满意水平线以上的一定范围内，忠诚度不受影响，即使客户满意，也仍有很大的概率会流失；但是满意水平达到某一高度，忠诚度就会大幅增长，最满意的15%的客户具有相当高的忠诚度。

1987年施乐公司在进行客户满意度的评估中得出进一步的结论，即不仅客户满意与再购买意愿相关，而且完全满意的客户的再购率是满意客户的6倍。

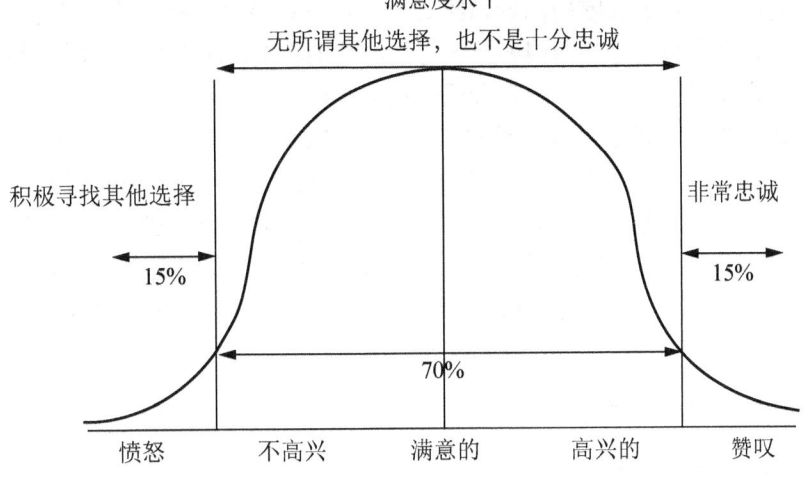

图 4.2 客户满意度与忠诚度的关系

4.4 客户满意度调查的方法与步骤

客户满意度是一种很难测量的、暂时的、不稳定的心理状态。为了了解各类客户对本企业的客观评价,企业应该经常性地通过一定的渠道和方法,来测试客户的满意程度。

4.4.1 客户满意度调查的作用

客户满意度调查的目的是测量一家企业或一个行业在满足或超过客户购买产品的期望方面所达到的程度。通过调查,可以找出那些与客户满意或不满意直接有关的关键因素,根据客户对这些因素的看法而测量出一些统计数据,进而得到综合的客户满意度指标。

例如,企业可经常性地在现有客户中随机抽样,采取当面递交或打电话、网络调研等方式,及时向客户发送满意度调查表,向客户询问以下信息:对企业的产品或服务是否满意?如果满意,达到了什么程度?满意的是哪些方面?不满意的是哪些方面?对改进产品或服务有什么建议?等等。根据客户反馈的相关数据,可以统计出对应的调查结果。如果客户满意度普遍较高,则说明企业与客户的关系处于良性状态,企业的产品或服务是受欢迎的,企业就应该再接再厉,反之,企业则需下大力气进行改进。

客户满意度调查具有以下 3 个方面的重要作用。

第一,能具体地体现"以客户为中心"这个理念。企业依存于其客户,因此应理解客户当前和未来的需求,满足客户要求并尽量争取超越客户的期望。在任何情况下,产品的可接受性由客户最终确定。但是,客户的需求和期望是随时不断变化的,客户当时满意不等于以后都满意。要获得主动,企业必须通过定期和不定期的调查来了解不断变化的客户需求和期望,并持续不断地改进产品和提供产品的过程,真正做到以客户为中心。

第二,通过客户满意度调查,能确定企业的客户满意策略。企业进行客户满意度调查,能发现影响客户满意度的关键因素,以在提高客户满意度的过程中能对症下药,制定有效的客户满意策略。客户满意度的测量始终要考虑竞争对手的情况，并进行比较，确定企业与其主要竞争对手在满足这些期望和要求方面成功的程度，即优势和劣势各处在什么位置。这样可以使企业做到知己知彼，制定合适的竞争策略。

第三，能节约企业成本，提高经济效益。客户满意度调查贯穿企业生产经营的全过程，从设计产品之初就考虑到客户的需求和期望，使其提供的产品或服务得到客户的认可，并获得客户满意。之后，在企业定期的客户满意度调查中，企业会越来越了解客户，准确地预测到客户的需求和愿望的变化。这样，企业就不用花更多的时间和精力去做市场研究，新产品研制和生产也会少走不少弯路，在很大程度上减少企业的浪费，压缩了成本。

4.4.2 客户满意度调查的方法

客户满意度调查的方法很多，大多企业主要采用的是如下几种。

1. 设立投诉与建议系统

以客户为中心的企业应当能方便客户传递他们的建议和投诉，设立投诉与建议系统可以收集客户的意见和建议。例如，很多餐厅和旅馆都为客人提供表格以反映他们的意见。医院可以在走道上设置建议箱，为住院病人提供意见卡，以及聘请一位病人专门搜集病人的意见。

一些以客户为中心的企业，像宝洁、松下、夏普等公司都建立了一种称为"客户热线"的免费电话，从而最大程度地方便客户咨询、建议或者投诉。这些信息流有助于企业更迅速地解决问题，并为这些企业提供了很多开发新产品的创意，如 3M 公司声称其产品改进主意有 2/3 是来自客户的意见。

2. 客户满意度量表调查

作为一个企业，不要以为建立了投诉与建议系统，就能全面了解客户的满意和不满意。一项在新加坡商场中所作的调查表明，当客户对劣质服务不满意时，会有以下反应：70%的购物者将到别处购买；39%的人认为去投诉太麻烦；24%的人会告诉其他人不要到提供劣质服务的商店购物；17%的人将对劣质服务写信投诉；9%的会因为劣质服务责备销售人员。上述结果说明并不是所有不满意的客户都会去投诉，因此，企业不能用投诉程度来衡量客户的满意程度，应该通过开展周期性的调查，获得有关客户满意的直接衡量指标。

企业可通过电话或信件等方式向客户询问他们的满意度是多少。在这些询问客户满意度的测试中，调查问卷或测试量表一般从以下两方面进行设计。

一是列出所有可能影响客户满意的因素，然后按照重要程度由最重要到最不重要排列，最后选出企业最关心的几个因素，让受访者帮助判断这些因素的重要程度。

二是就所选要评价的重要因素的满意度让受访者做出评价，一般以五级量表居多，如"很满意，满意，一般，不满意，极不满意"。这是发现客户满意与不满意的主要方法，企业将利用这些信息来改进下一阶段的工作。

某企业的客户满意度调查问卷表实例，见表 4-4。

表 4-4　客户满意度调查问卷表实例

客户满意程度调查表			
编号：J/YX—821—03			序号：
客户名称		地址	
电话		联系人	
订购产品时间、方式、型号、规格、数量等：			
对公司产品的满意度： 质量： 价格： 交货期： 请分别说明原因(可另附纸)	□ 很满意 □ 很满意 □ 很满意	□ 一般 □ 一般 □ 一般	□ 不满意 □ 不满意 □ 不满意
对公司产品的服务满意度： 维修保养： 咨询培训： 备件供应： 请分别说明原因(可另附纸)	□ 很满意 □ 很满意 □ 很满意	□ 一般 □ 一般 □ 一般	□ 不满意 □ 不满意 □ 不满意
对代理商的满意度： 维修保养： 咨询培训： 备供供应： 请分别说明原因(可另附纸)	□ 很满意 □ 很满意 □ 很满意	□ 一般 □ 一般 □ 一般	□ 不满意 □ 不满意 □ 不满意
其他意见、要求或建议，如其他厂家同类产品的差距、市场信息、改进的建议等(可以单独附纸，对于好的建议一经采用，本公司将对顾客给予奖励)：			
请贵单位填好此调查表并于 2 周内传真回我公司。 谢谢配合		号码 022-×××××××	
编制：	审核：		时间：

3. 伴装购物法

另一种了解客户满意度的有效方法是雇用一些人员装作潜在购买者，以报告他们在购买企业和竞争者的产品的过程中所发现的优点和缺陷。这些伴装购物者甚至可以故意找些麻烦，以考察企业的销售人员能否将事情处理好。企业不仅应该雇用伴装购物者，而且管理者本人也应该不时地离开办公室，微服出访，到企业和竞争者那儿从事购物活动，亲自体验客户的经历。对于管理者来说，还有一种不同寻常的方法是，以客户的身份向自己的企业打电话提出各种问题和抱怨，看看企业的职员是如何处理这些问题的。

4. 流失客户分析

企业应当同流失客户进行接触，以便了解真正原因。例如，IBM 公司每当失去一个客户时，就会竭尽全力探讨分析失败的原因：是价格太高？服务有缺陷？还是产品不可靠？等等。从事"流失调查"和控制"客户损失率"是十分重要的。因为客户流失率上升，就表明企业在使客户满意方面不尽如人意。

上述客户满意程度的调查方法说到底是搜集有关信息。一般来讲，取得信息的渠道有正式和非正式两种，正式渠道主要是公开、程序化的渠道，如客户投诉系统、客户满意调查即属此类；非正式信息渠道是非公开的、隐蔽的信息渠道，如伴装购物法、微服出访、在客户中安排"眼线"、"卧底"等即属此类。正式信息渠道的优点是程序化，弱点是太慢，另外由于面子、情感等因素的作用，客户有些不满不便表达。非正式渠道的优点是快速，能得到来自客户一些隐秘的信息，弱点是非程序化，存在将个别客户意见普遍化倾向。市场、营销和客户经理要灵活驾驭这两条渠道，以非正式渠道弥补正式渠道的不足。

4.4.3 开展客户满意度调查的步骤

客户满意度调查工作的顺利开展，必须遵循一定的工作步骤。

1. 确定调查的内容

开展客户满意度调查研究，必须首先识别客户和客户的需求结构，明确开展客户满意度调查的内容。不同的企业、不同的产品拥有不同的客户。不同群体的客户，其需求结构的侧重点是不相同的，例如，有的侧重于价格，有的侧重于服务，有的侧重于性能和功能。一般来说，调查的内容主要包括以下几个方面：产品内在质量，包括产品技术性能、可靠性、可维护性、安全性等；产品功能需求，包括使用功能、辅助功能(舒适性)等；产品服务需求，包括售前和售后服务需求。产品外延需求，包括零备件供应、产品介绍料、培训支持等；产品外观、包装、防护需求；产品价格需求等。

2. 量化和权重客户满意度指标

客户满意度调查的本质是一个定量分析的过程，即用数字去反映客户对测量对象的属性的态度，因此需要对调查项目指标进行量化。客户满意度调查了解的是客户对产品、服务或企业的态度，即满足状态等级，比如可以采用7级态度等级：很满意、满意、较满意、一般、不太满意、不满意和很不满意，相应赋值为7、6、5、4、3、2、1。

一般而言，很满意表明产品或服务完全满足甚至超出客户的期望，客户非常激动和满足；满意表明产品或服务在各方面均基本满足客户期望，客户称心愉快；较满意表明产品或服务在许多方面满足客户的期望，客户有好感、肯定；一般表明产品或服务符合客户最低的期望，客户无明显的不良情绪；不太满意表明产品或服务未满足客户的主要期望，客户抱怨、遗憾；不满意表明产品或服务的某些方面存在缺陷，客户气愤、烦恼；很不满意表明产品或服务有重大的缺陷，客户愤慨、恼怒。

对不同的产品与服务而言，相同的指标对客户满意度的影响程度是不同的。例如，售后服务对耐用消费品行业而言是一个非常重要的因素，但是对于快速消费品行业则恰恰相反。因此，相同的指标在不同指标体系中的权重是完全不同的，只有赋予不同的因素以适当的权重，才能客观真实地反映出客户满意度。权重的确定建议邀请有关专家协商确定。

3. 明确调查的方法

目前通常采用的方法主要包括3种。

(1) 问卷调查。这是一种最常用的客户满意度数据收集方式。问卷中包含很多问题，需要被调查者根据预设的表格选择该问题的相应答案，客户从自身利益出发来评估企业的服务质量、客户服务工作和客户满意水平。同时，也允许被调查者以开放的方式回答问题，从而能够更详细地掌握客户的想法。

(2) 二手资料收集。二手资料大都通过公开发行刊物、网络、调查公司获得，在资料的详细程度和资料的有用程度方面可能存在缺陷，但是这些资料毕竟可以作为企业深度调查前的一种重要参考。特别是进行问卷设计时，二手资料能为企业提供行业的大致轮廓，有助于设计人员对拟调查问题的把握。

(3) 访谈研究。包括内部访谈、深度访谈和焦点访谈。内部访谈是对二手资料的确认和对二手资料的重要补充。通过内部访谈，可以了解企业的经营者对所要进行的项目的大致想法，同时内部访谈也是发现企业问题的最佳途径。深度访谈是为了弥补问卷调查存在的不足，有必要时实施典型用户深度访谈。深度访谈是针对某一论点进行一对一的交谈，在交谈过程中提出一系列探究性问题，用以探知被访问者对某事的看法，或做出某种行为的原因。一般在实施访谈之前应设计好一个详细的讨论提纲，讨论的问题要具有普遍性。焦点访谈是为了更周全地设计问卷或者为了配合深度访谈来获取信息。焦点访谈就是一名经过企业训练过的访谈员引导 8～12 人(客户)对某一主题或观念进行深入的讨论。焦点访谈通常避免采用直截了当的问题，而是以间接提问的方式激发与会者自发的讨论，可以激发与会者的灵感，让其在一个"感觉安全"的环境下畅所欲言，从中发现重要的信息。

4. 选择调查的对象

有些企业在确定调查的对象时往往只找那些自己熟悉的老客户(忠诚客户)，排斥那些可能对自己不满意的客户。有时，一些企业只是在召开产品产销会、订货会时进行客户满意调查，来者往往有求于企业，也只好多说好话少说坏话。而且，由于这样的座谈会往往局限于经销商，而参加产销会、订货会的往往又只是经销商的采购人员，他们不是产品的最终使用者，甚至没有直接接触过产品的购买者或最终使用者。

如果客户较少，应该进行总体调查。但对于大多数企业来说，要进行客户的总体调查是非常困难的，也是不必要的，应该进行科学的随机抽样调查。在抽样方法的选择上，为保证样本具有一定的代表性，可以按照各级经销商和最终使用者、客户的区域范围(华东、华南、华北、华西)分类进行随机抽样。在样本的大小确定上，为获得较完整的信息，必须要保证样本足够大，但同时要兼顾调查的费用和时间的限制。

5. 客户满意度数据的收集

客户满意度数据的收集可以是书面或口头的问卷、电话或面对面的访谈，若有网站，也可以进行网上客户满意调查。调查中通常包含很多问题或陈述，需要被调查者根据预设的表格选择问题后面的相应答案，有时候调查时让被调查者以开放的方式回答，能够获取更详细的资料，掌握关于客户满意水平的有价值信息。调查法使客户从自身利益出发来评估企业的服务质量、客户服务工作和客户满意水平。

6. 对调查结果进行统计分析

客户满意度调查问卷回收后，企业还要进一步选用合适的分析工具和统计方法，对数据进行统计处理，以便提供许多有用的信息。为此，企业应将客户资料输入到数据库中，不断采集客户的有关信息，并验证和更新客户信息，删除过时信息。同时，还要运用科学方法，分析客户消费行为变化状况和趋势，寻找变化规律，为提高客户满意度和忠诚度打好基础。某企业的客户满意度调查统计表见表 4-5。

表 4-5　某企业客户满意度调查统计表

客户满意度调查统计表

发出份数		回收份数		其他方式调查份数		调查起止日期	
客户满意度目标		各项满意度设定目标				统 计 日 期	
序号	调 查 项 目		单项应得总分	单项实得总分	单项总体满意率	是否采取改进措施	
1	对本院产品综合质量评价						
2	对本院产品交期的评价						
3	对本院产品设计效果的评价						
4	对本院图纸装订的评价						
5	对本院售前/中/后服务评价						
6	对本院业务联络人员的评价						
7	对本院处理投诉的评价						
8	对本院改善和预防不合格再发生的评价						
9	对本院产品价格的评价						
满意度的计算方法	a 单个客户满意度=单份调查表实得总分/单份调查表应得总分×100% b 总体客户满意度=各客户满意度之和/各客户调查表份数×100% c 各客户单项总体满意度=各客户单项应得总分/各客户单项实得×100%						
统计图	客 户 满 意 度 总 结 分 析						
备注	1. 客户满意度调查每半年一次，调查表回收率达 80%以上时方为有效调查，未达 80%以上时可采用电话或其他方式调查，直到达到 80%以上时进行统计分析。 2. 凡单项总体满意率未达设定目标时，须向责任部门下发"纠正与预防措施表"限期改善结案。						

7. 改进计划和执行

在对收集的客户满意度信息进行科学分析后，企业就应该立刻检查自身的工作流程，在"以客户为关注焦点"的原则下开展自查和自纠，找出不符合客户满意管理的流程，制订企业的改进方案，并组织企业员工实行，以达到客户的满意。

4.4.4　客户满意度调查存在的误区

当前在客户满意度调查中，存在着一些较典型的误区，下面是其中的几种主要表现。

1. 对客户满意度调查缺乏正确的认识

目前在我国对客户满意度调查仍存在两种看法，一种是认为客户满意度调查很容易做，另一种是认为客户满意度调查很难做。认为客户满意度调查很容易做的许多人，实际上并不能采取科学认真的态度来做，致使调查结果没有可信度，甚至对行业、企业和客户产生误导作用。认为客户满意度调查很难做的，只看到客户满意度调查需要大量的人力、物力、财力，调查的科学组织很难，因此消极对待。这两种看法都是片面的，都阻碍了客户满意度调查在大范围进行和发挥其重要作用。另外，我国目前已经有一些从事客户满意度调查的专门机构，其中有些机构的调查工作做得很好，企业也可以委托这些专门机构来做。

2. 企业没有引起足够的重视

许多企业表现在理论上是很重视的，每天都在喊着"客户就是上帝"、"一切为了消费者的利益"和"客户是企业的衣食父母"等口号，但在实际上却没有把客户的想法放在心上。客户满意度调查更是不能排上企业的工作日程，许多企业从主观上和客观上都不想开展这项工作。长期来看，这会毁坏企业的根基，影响企业的发展，危及企业的生存。

3. 测量因素选择不合适，测量方法有待改进

企业在进行客户满意度测量时，是根据自认为对客户重要的标准来评估，而不是客户的想法和感受。一些高级主管和客户服务专家足不出户，用他们的个人经验来定位测量客户满意度的因素，例如，是否及时回复电话，是否准时发货等等。他们并没有意识到，客户对他们的评判还有其他因素，与企业系统地发展起来的高质量服务关系不大。对于企业所测量和评估的内容，特别是企业的日常业务，客户会不以为然，这是因为客户认为企业的工作本应该这么做。如果企业在客户满意度调查中长此以往，将会麻痹自己，导致工作没有任何改进，客户也会形成这种概念，导致客户最终背叛他的企业。

本 章 小 结

> 客户满意是企业战胜竞争对手，并取得长期成功的必要条件。而客户忠诚是企业实现长期、持续稳定发展的重要保证。本章首先介绍了客户满意与客户忠诚管理的相关知识，包括客户满意的含义、意义、客户满意度衡量指标以及提高措施；客户忠诚的含义、类型、作用、衡量指标以及提高策略；然后介绍了客户满意与客户忠诚之间的关系；最后详细介绍了客户满意度调查的含义、作用、方法、步骤以及存在的误区，并给出了实例。
>
> 通过本章学习，读者应熟悉客户满意、客户忠诚的含义、类型、作用、衡量指标，能充分认识二者之间的关系，能熟练掌握客户满意度调查的方法步骤，会设计调查问卷表。

关键术语

客户满意　　客户满意度　　客户满意度调查　　客户忠诚　　客户忠诚度
垄断忠诚　　惰性忠诚　　　价格忠诚　　　　激励忠诚　　超值忠诚

练 习 题

一、填空题

1. 客户满意度指客户满意程度的高低，为_____与_____之差。
2. 客户满意度衡量指标包括对产品的_____，对品牌的_____，消费后的_____和_____，单

次交易的_____，对价格变化的_____，以及向其他人员的_____。

3．客户忠诚能节约企业综合成本，包括节省_____，降低_____和_____成本。

4．有学者从研究角度出发，把客户忠诚细分为_____、_____和_____，但是，对企业来说，他们最关心的是_____。因为只有它才能够给企业带来实际利益。

5．客户满意度调查的方法主要有_____、_____、_____、和_____。

二、判断题

1．客户必须满意才可能忠诚。（ ）
2．客户不满意一定不会忠诚。（ ）
3．客户满意度越高，忠诚度就会越高，反之亦然，但又不尽然。（ ）
4．完全满意情况下客户忠诚度最大。（ ）
5．客户满意度调查必须通过让客户填写问卷表查表方式进行。（ ）

三、名词解释

1．客户满意
2．客户满意度
3．客户忠诚
4．客户忠诚度
5．客户满意度调查

四、简答题

1．什么是客户满意？客户满意具有什么重要意义？
2．什么是客户满意度？其衡量指标都有哪些？
3．试举例说明提高客户满意度的主要措施。
4．什么是客户忠诚？有什么作用？
5．客户忠诚度的主要衡量指标有哪些？
6．客户忠诚主要包括哪些常见类型？
7．谈谈对客户满意与客户忠诚之间关系的理解。
8．什么是客户满意度调查？有什么作用？
9．简述开展客户满意度调查的方法和步骤。
10．当前客户满意度调查中存在着哪些常见的误区？

五、案例应用分析

案例 4-1　奇瑞汽车公司三大举措提升客户满意度

奇瑞汽车公司推出"纵横中国"服务战略的出发点是想加强自身服务系统能力，从整体规划、技术、硬件、管理等方面保证客户满意度的稳定提升。"纵横中国"服务战略下的技术服务中心定位于两条主线，一是着力于直接客户关系管理，直接服务客户，使客户能够享受更高标准服务；二是着眼于间接客户服务，通过对同区域的服务网络技术支持，拉升区域整体服务能力，从而提高全区域的客户满意度。

直接客户关系管理主线具备3大功能：区域救援中心、区域客户管理示范中心、区域快乐体验示范中心；区域技术支持管理主线具备5大功能：区域检测鉴定中心、区域技术资讯中心、区域培训中心、区域新产品新技术管理中心、区域备件中心。这种设计更利于区域客户享受快速高效的厂商联动服务。

另外，为了提升客户满意度，奇瑞汽车公司还推出了以下3大举措。

第一，延长整车免费服务周期和降低用户单次服务支出。具体包括：整车提供 A1 级别的 4 年 12 万千米质保期限，这给消费者带来了很大实惠；8 608 种备件价格全线下调 30.1%，降低了客户客观的维修费用；另外，全部原厂配件、先进技术与设备、全球知名供应商还提供了更多的备件服务保障。

第二，便捷方面，奇瑞汽车公司着手于网点布局、救援保障、备件储备：近 600 家服务网点大大缩小了服务半径；耗资 1.14 亿元向全国服务站投放了 1 000 辆带有 GPS 全球卫星定位系统和车载电话功能的服务救援车，实现 24 小时全天候救援；"1+15"全国备件库分布，将备件配送距离半径缩短至 500 千米范围内。

第三，在提升客户满意度方面，奇瑞汽车公司从服务标准提高、技术支持、服务站升级 3 个方面着手，发布了八步服务流程和 99 项保养标准，使服务每个环节都有法可依。

案例讨论题：
(1) 请分析奇瑞汽车公司推出"纵横中国"服务战略的初衷，并分析其将会带来的直接效果。
(2) 本例中，奇瑞汽车公司在客户关系管理方面主要做了哪些工作？
(3) 请对奇瑞汽车公司为提升客户满意度而采取的上述"三大举措"进行评价。

案例 4-2　代顿-哈德森公司培养顾客忠诚案例

公司简介与问题应对

代顿-哈德森(Dayton-Hudson)公司是世界最大的零售商之一，由 3 家在美国拥有独立品牌的连锁百货零售公司构成，即明尼苏达州明尼阿波利斯市的代顿零售公司，底特律的哈德森零售公司和芝加哥马绍尔费尔德百货连锁公司。这 3 家公司都因为能够提供给顾客具有个性化的款式新颖、领先潮流的产品而受到顾客的青睐。但是从 20 世纪 80 年代末期开始，一些以折价闻名的低价零售店和一些产品的专卖店由于能够提供给购买者更加多样化的选择，使得代顿-哈德森连锁店公司在顾客心目中的地位受到很大影响和挑战，于是该公司开始采取措施加强与顾客之间的联系，以此来加大顾客的忠诚度。

实施"金卡计划"

代顿-哈德森连锁店公司采取的加强与顾客联系的第一步措施是跟踪研究流动的顾客。1989 年，代顿-哈德森公司决定投资建立一个消费者信息系统，在外界专家的帮助下，这个信息系统不到一年的时间就建成了。这个系统容纳了 400 万消费者的人员基本信息和他们的消费习惯。计算机分析的结果显示了一个令人惊奇的事实：有 2.5% 的顾客消费额居然占到公司总销售额的 33%，而这 2.5% 的顾客正是公司特别研究和关注的。这些发现吸引了高层董事的关注，他们急切想留住这些高消费者。公司聘请了管理咨询顾问，他们提供了发展消费者的一些策略，而第一条建议就是开展忠诚性计划。他们将其命名为"金卡计划"。

执行"金卡计划"遇到的第一个问题就是要提供什么样的优惠。其他部门的商店在他们的忠诚性计划里为消费者提供免费购物的优惠。那么代顿-哈德森公司也要采取同样的方法吗？忠诚性计划的一个最有名的例子就是航空公司的飞行里程累积制。代顿-哈德森公司是不是也应该采取类似的方式呢？

代顿-哈德森连锁店公司的高级管理层和分店经理们没有把自己的关于消费习惯和偏好的想法强加给他们的客户，相反，他们完全依靠对客户消费习惯和偏好的细心观察。他们在客户购物的过程中，积极的留心每个顾客的消费习惯。经过他们的细致的观察，研究小组发现，客户最关心的是与店员的充分交流，客户希望店员能够与他们一起分享商品信息，甚至一些小的不被注意的细节也能够赢得客户的好感。所以公司最终决定提供一些费用不是很高的软性优惠条件，如赠送一张上面有有关流行时尚信息的新闻信笺；给消费者提供一些即将要销售的产品信息；一张金卡；购物时附带的一些优惠，比如免费包装，免费咖啡，以及专为关系金卡用户提供的特殊服务号码。每个季度还与他们邮寄一些赠券。

"金卡计划"的效果评估

接下来的重心主要放在建立客户联系及评估上。为了评估"金卡计划"的效果，代顿-哈德森公司设置了一个对照组，即不享受任何优惠和个性化服务的一组客户。公司内部为这个设想有过激烈的争论，但是最终大家都理解了对照组到底有什么样的好处。评估在营销中是非常重要的，一些公司认为仅仅通过询问消费者他们的满意程度就可以评估出消费者对忠诚计划的积极性，但实际上这是不可能的。

代顿-哈德森公司还开通了消费者服务热线电话。热线一开通马上就爆满。热线工作组原预计一年可能会接到3 000个电话。可是第一个月就已经大大超过了原先的估计。消费者对热线有很高的期望。他们有时宁愿回到家中，坐下来打一个电话，而不愿直接与管理人员或商店经理交谈。

"金卡计划"带来的良好结果使代顿-哈德森公司决定在接下来的时间里用不同寻常的方式继续这项行动，他们把那些高度忠诚的客户集合起来，让他们参加一些重大的特殊仪式和会议，比如关于流行趋势的论坛，甚至是公司举行的盛大的招待晚宴，这些活动的作用类似于一个巨大的实验室，在这个实验室里，公司的员工可以有更多的机会认真、细致地观察客户的消费态度和行为习惯，同时，也使得这些客户们感到了自己身份的特殊性，从而进一步增加了他们对公司的认同感和归属感。

在这项活动运作了一年的时间后，"金卡计划"取得了成功。成员增加到了40万人。在这一年的时间里，举办了许多艺术演出活动、时尚研讨会，还尝试了一些降价活动，而且越来越多的活动也正在筹备和策划当中。与对照组相比，金卡用户明显消费比较高。"金卡计划"取得了极大的成功。这项计划使消费者感到很满意，并且他们很乐意继续购买代顿-哈德森公司的商品。同样，从公司的长远及股东的长远利益来看，这项计划也大大增加了销售量。随着销售额以百万美元的数量递增，"金卡计划"被公司认为是一本万利的举措，这项举措在赢得客户的高度忠诚方面实在功不可没，在今后的公司运作中，代顿-哈德森公司决定将这项运动的核心理念运用到公司的更多客户身上。

案例讨论题：

(1) 代顿-哈德森公司是在什么样的情况下决定实施"金卡计划"的？
(2) 代顿-哈德森公司实施"金卡计划"时，具体有哪些做法？取得了什么效果？
(3) 从本案例的内容描述中，你受到了什么启发？
(4) 你能为我国零售企业客户忠诚度的培养提供一些什么样的意见和建议？

实 践 训 练

1. 案例搜索题

自己通过Internet搜索、期刊杂志阅读、实地企业调查、相关人员访问等方式，分别搜寻关于保障客户满意和促使客户忠诚方面的3~5个企业实际应用案例。

2. 情景分析题

(1) 最近我去某市一家电器产品贸易市场买手表。在去之前，我咨询了一些行情，知道店主的底线是标价的40%左右，而我最喜欢的那款手表标价是500元，目标成交价也就是200元。等我就到了那家手表店，假装随便逛逛，却漫不经心的多看了这块手表几眼。当店主问我心理价位时，我已知道游戏规则——先开一个离谱的价格，然后再开始讨价还价最后成交。所以我说100元，并起身开始离开，不出3秒，店主就把我叫回去并以100元成交！请分析：

① 如果当时是你，当以100元买到了预期价格200元的手表时，你有何感想？
② 对我来说购买价格比我的预算低，理应感到满意，但实际上却是相反，为什么我花比预算少的钱

却没达到更多的满意?请用本章介绍的客户满意的因素进行分析。

(2) 到一家餐馆第一次吃饭后,餐馆老板应该采取哪些行动,才能确保客户还会"快乐地"再次光顾?请你给出一些合理化建议。

3. 方案设计题

(1) 如习题图 4.1 所示为出租汽车服务客户满意度的感知测评指标的设立方法,在习题表 4-1 中选择某一类产品/服务,为其构建客户满意度的三级感知测评指标体系。

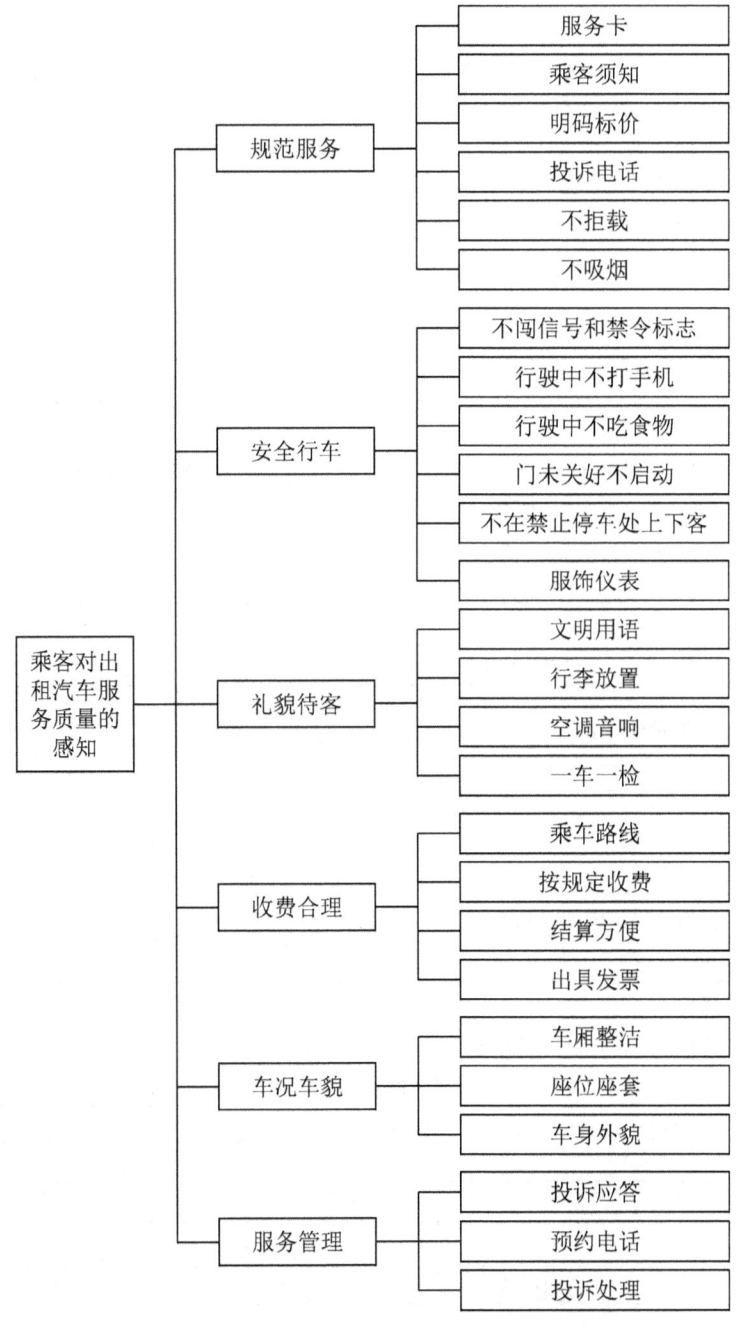

习题图 4.1 出租汽车服务客户满意度的感知测评指标

习题表 4-1　相关产品/服务列表

1. 电视机	2. 电冰箱	3. 空调	4. 洗衣机	5. 热水器
6. 饮水机	7. 抽油烟机	8. 微波炉	9. 照相机	10. DVD
11. 汽车	12. 手机	13. 笔记本计算机	14. 打印机	15. MP3
16. 矿泉水	17. 方便面	18. 果汁饮料	19. 洗发水	20. 牙膏
21. 连锁超市	22. 银行	23. 快餐店	24. 快递公司	25. 网上商店

提示

可登录国家质量监督检验检疫总局的网站，搜寻列表中各产品/服务质量考察的主要方面。

(2) 应用本章所学知识，为某企业的产品设置一套客户满意度调查问卷调查表。

(3) 应用本章所学知识，为你所在学校的电影院/食堂/超市/打印店/书店等服务单位，提供所能采取行动的建议，以便提高学生对其服务项目以及在学生中形象的忠诚度。

(4) 下面是贺泰公司客户满意度调查表，请对该调查表进行评价，并进行优化设计。

贺泰公司客户满意度调查表

您从何处购买我公司的产品？					
代理商：					
广州贺泰 ○　南京苏荣 ○　长春泰兴 ○　西安智海 ○　成都世纪瑞达 ○　福州鑫祥○					
杭州泰兴 ○　山西三元 ○　上海时趋 ○　哈尔滨泰兴 ○　新疆乌市联合泰兴 ○					
公司本部： ○　　其他： ○(请注明　　　　　　)					
您所购买的产品类别？					
阅读机：贺泰 20U ○　　贺泰 50U ○　　贺泰 OMR98B ○　　贺泰 OMR90U ○					
信息卡： ○　　其　他： ○(请注明　　　　)					
顾客评价项目	非常满意	满意	一般满意	不满意	非常不满意
您对硬件设备的质量满意吗？	○	○	○	○	○
您对所使用的应用软件满意吗？	○	○	○	○	○
您对用户使用培训满意吗？	○	○	○	○	○
您对技术支持工程师解决问题能力满意吗？	○	○	○	○	○
您对服务响应时间满意吗？	○	○	○	○	○
您对服务态度满意吗	○	○	○	○	○
您认我们最应该改善的是：产品硬件质量○　产品软件质量○　客户培训○ 　　　　　　　　　　　　服务响应时间○　工程师解决问题能力○　服务态度○					
用户建议/意见：您对评价项目中满意或不满意请详细说明＿＿＿＿＿＿＿＿＿＿ ＿＿＿＿＿＿＿＿＿＿＿＿＿＿＿＿＿＿＿＿＿＿＿＿＿＿＿＿＿＿＿＿＿＿＿＿＿＿ ＿＿＿＿＿					

公司名称＿＿＿＿＿＿　电话＿＿＿＿＿＿　填表人＿＿＿＿＿＿　填表时间＿＿＿＿＿

第 5 章 客户保持与客户流失管理

知识架构

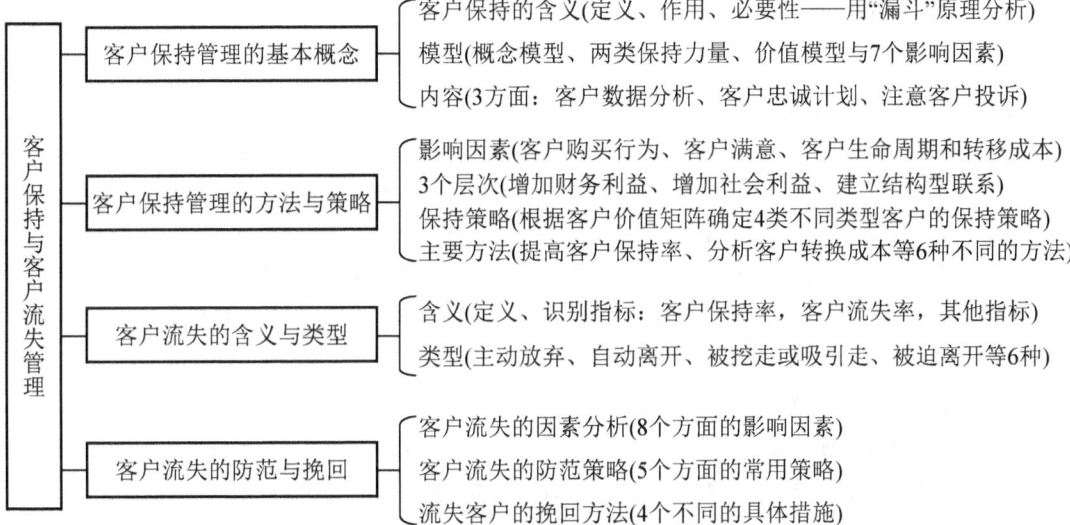

学习目标

通过本章的学习，读者应该能够：
- 理解客户保持的含义及其作用
- 了解描述客户保持的 3 种模型
- 熟悉客户保持的主要实现方法
- 了解客户保持策略的 3 个层次
- 熟悉不同类型客户的保持策略
- 理解客户流失的含义及其类型
- 理解识别客户流失的主要因素
- 熟悉客户流失防范和挽回措施

导入案例

案例 5-0：烟草零售户客源流失 5 大因素分析

在烟草零售中很多零售户由于各种原因总是出现客源流失的情况。下面总结了其中 5 大常见因素。

1. 卷烟品种较少，导致客源流失。

典型例子：A 烟草零售商店位于城镇的主干道，经营环境相对繁华，但客流量却一直偏少。经过对其经营情况分析发现，该零售商由于卷烟的品种偏少，许多客户购买不到所需要的卷烟品牌，便不愿再到其店中购买卷烟，久而久之，导致该零售商的客源不断流失，客流量越来越少。

对策建议：萝卜蔬菜，各有所爱。不同的客户有不同的消费习惯和喜好。作为卷烟零售商，应适当地增加卷烟的品种来满足不同的消费需求，从而招徕更多的客源，让自己的生意更加红火。

2. 售卖假烟，导致客源流失。

典型例子：B 烟草零售商店位于居民区，但前来购买商品的客户同样很少，有些客户宁愿多走路也不愿到这家零售店购买。后来，从一些消费者了解到，该零售商由于数次售假贩假被查处，导致其在周边客户群体中的信誉度降低，客户担心购买到假冒伪劣产品，因而不愿到其店中购买卷烟。

对策建议：售假贩假，害人终究害己。一旦售假贩假，通过客户的口口相传，零售商的信誉会不断降低，最终将导致客源消失殆尽。作为零售商，一定要将诚信经营放在首位，才有可能留住老客户，结交新客户，让自己的零售店持续经营，并不断的发展壮大。

3. 店面形象不佳，导致客源流失。

典型例子：C 烟草零售商店位于三岔路口边，人流量大，但客源却很少，星级也一直在二到三星之间徘徊。经过对其卷烟的经营能力，店堂形象，卷烟陈列等多方面内容进行分析后发现，该零售商由于店堂凌乱，卷烟陈列杂乱无章，无法吸引客户驻足停留，导致客源减少。

对策建议：店面如脸面，店容店貌在卷烟经营中也是至关重要的。脏、乱、差的店堂形象和杂乱无章的卷烟陈列不仅不能够吸引客户的眼球，而且还会让消费者觉得肮脏、不卫生，很容易导致客源流失。零售商在经营过程中，要时刻注意做好店堂环境的整理和卷烟的陈列工作，才能不断吸引消费者的注意力，让自己的生意红火。

4. 待客冷淡造成客源流失。

典型例子：D 烟草零售商店位于工业园区，附近有几家大工厂，周边的人流量大，但前来店里购买卷烟的客户却很少。分析原因，主要是因为 D 店老板的性格较为古板、不苟言笑，待客较为冷淡，导致其与客户的关系一般，无法建立属于自己的固定消费群体，前来购买商品的一直是一些过路客和散客。

对策建议：做生意其实也是在做人脉。良好的人际关系，可以帮助零售商确立良好的口碑并建立稳固的客户群体，从而不断的扩大自己的商品销量。作为零售商，在客户进门时多一点微笑，在客户购买商品时多一点热情，在客户离开时多一句问候，虽然很简单，却能够真真切切的让客户感觉到你的诚意，从而聚拢人气，将生意不断地做大做强。

5. 经常性关门，导致客源流失。

典型例子：E 烟草零售商店同样位于一个小区内，平常的人流量也比较大，但近一阶段，E 烟草零售商店老板由于忙于其他事物，开店三心二意，经常关门，经过一段时间后，E 烟草零售商店猛然发现其客

源正在慢慢流失,许多原本在其店中购物的客户,跑到了其他地方,给他带来了不小的损失。

对策建议:经常性的关门是客源减少的一个重要原因。经常性的关门停业,使原本属于自己的固定消费者转移至其他客户,久而久之自己辛辛苦苦培育起来的消费群体便会被其他客户瓜分,商品销量也会随之减少。所以,持之以恒,一心一意地打理自己的零售店,也是留住客源,增加销量的一个关键因素。

资料来源:改编自 张绪光. 客源流失五大典型案例. 烟草在线网站[2011-3-25]
http://news.tobaccochina.com/business/network/terminal/20113/201132282312_455434.shtml.

点评

做生意,客户盈门是每个零售企业所盼望的,但一些零售店却总是出现客源流失的情况。商业经营其实是一门学问,也是一门艺术。持之以恒,注意方式、方法,并从最小、最简单的事情做起,一步一个脚印,生意红火也就是水到渠成的事情。在当前激烈竞争的市场环境下,企业必须想方设法做好客户服务工作,以便使客户满意,建立客户忠诚,最终稳步保持良好的客户关系;否则,必将造成优质客户的不断流失。

5.1 客户保持管理基本概念

客户保持对企业维持一定的利润空间有重要的作用。能否有效地保持有价值的客户,已成为企业成功的关键。本节介绍客户保持的含义、作用、必要性、模型以及内容。

5.1.1 客户保持的含义与作用

客户保持是指企业维持已建立的客户关系,使客户不断重复购买产品或服务的过程。

过去大多数企业都以短期的市场份额变化来估计企业的得失,其实,增加市场份额并不一定能够改善收益。因为企业争取高市场份额的成本可能会大大超过所能获得的收入。

目前,衡量一家企业是否成功的标准不再仅仅是企业的投资收益率和市场份额,而是该企业的客户保持率、客户份额及客户资产收益率等指标。一家企业只要多维系5%的客户,则企业的利润就可有显著增加。这样,以客户份额作为衡量企业的业绩显得更为现实。

增加客户份额有两种手段:一是多吸引新客户;二是保留好老客户。其中,保留老客户是目前使企业纷纷投资 CRM 系统的主要目标之一。客户保持的重要作用就在于,它能从现有客户中获取更多市场份额,以便增加企业的产品营利、降低企业的销售成本;并能赢得客户的口碑宣传,提高员工的忠诚度;同时,还可以提高企业的信誉度、美誉度等。

5.1.2 客户保持的必要性分析

客户是企业生存和发展的基础,市场竞争的实质就是争夺客户资源。但是在企业的营销活动中,争夺的重点是新客户还是老客户呢?这里可以用"漏斗"原理来分析一下。

如果企业将管理重心置于售前和售中,造成售后服务中存在的诸多问题得不到及时有效的解决,会使现有客户大量流失。企业为保持销售额,必须不断地补充"新客户",如此不断循环。企业可以在一周内失去 100 个客户,而同时又得到另外 100 个客户,表面看来销售业绩没有受到任何影响,但是争取新客户的成本显然要比保持老客户昂贵得多。

下面的一组研究数据可以很好地说明上面这个问题。

(1) 发展一位新客户的成本是保持一个老客户的 5～10 倍。
(2) 向新客户推销产品的成功率是 15%，而向现有客户推销产品的成功率是 50%。
(3) 向新客户进行推销的花费是向现有客户推销花费的 6 倍。
(4) 如果企业对服务过失给予快速关注，70%对服务不满的客户还会继续与其进行商业合作。
(5) 60%的新客户来自现有客户的推荐。
(6) 一位对企业的服务不满的客户会将他的不满经历告诉其他 8～10 个人，而一位满意的客户则会将他的满意经历告诉 2～3 人。
(7) 客户忠诚度下降 5%，则企业的利润下降 25%。
(8) 客户保持率增加 5%，行业平均利润增加幅度为 25%～85%。

以上数据充分说明，争取新客户的成本显然要比保持老客户昂贵得多，从客户营利性的角度考虑是非常不经济的。因此，越来越多的企业转向保持老客户，把营销重点放在获利较为丰厚的客户群上，即使不在新客户上投资，企业也能够实现大部分的营利目标。

因此，客户关系管理的策略主要在于维持现有客户，而不是一味地争取新客户。

5.1.3 客户保持的相关模型

对于客户保持以及与之相关的决定因素，可以通过下面的两个不同模型来进行描述。

1. 客户保持的概念模型

如图 5.1 所示为客户保持的概念模型，该模型描述了客户保持的决定因素(客户满意、客户认知价值、转移成本)与客户保持绩效的度量维度(重复购买的意向)之间的关系。

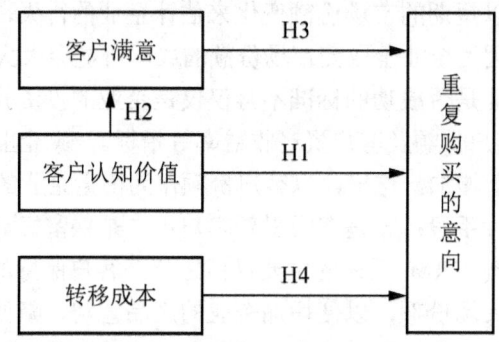

图 5.1 客户保持的概念模型

在图 5.1 中，箭头表示了重复购买的意向、客户满意、客户认知价值、转移成本之间的因果关系和影响方向。每一个因果关系用一个假设表示，图中对应的 4 个假设表述如下。

H1——客户认知价值越高，重复购买意图越强；
H2——客户价值越高，客户满意度越高；
H3——客户对企业越满意，重复购买意图越强；
H4——转移成本越高，重复购买意图越强。

可以看出，客户保持实际上是一个建立和保持客户忠诚的过程，客户忠诚是客户保持的目标，因为高度客户忠诚是客户不断重复购买的保证。

2. 客户保持的价值模型

维持客户关系保持的力量包括动力和阻力两个方面。其中的动力指能够驱动客户主动保持关系的力量，从根本上说主要是价值或利益驱使。阻力是指如果客户关系破裂给客户带来的损失(包括各种壁垒和成本因素)。企业要长期保持客户关系，从战略上就要对动力因素不断诱导和创新，对于阻力因素要筑高退出壁垒。而这两个方面尤其以动力因素保持为首要。根据对动力和阻力两种力量的分析可以给出如图 5.2 所示的客户保持价值模型。

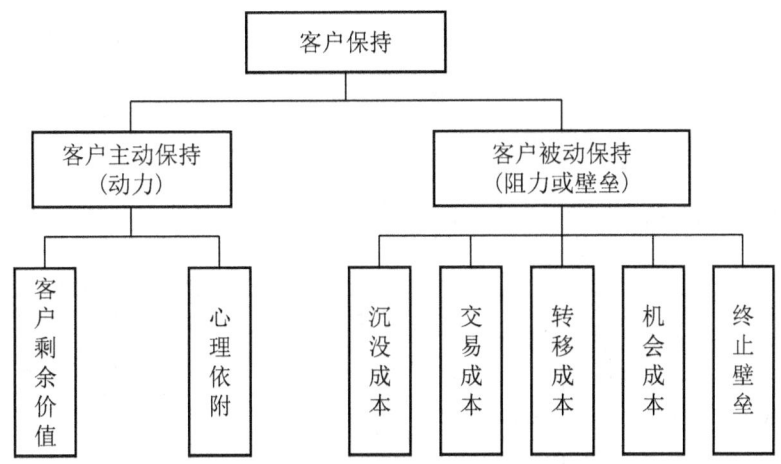

图 5.2　客户保持的价值模型

资料来源：齐佳音，万映红著．客户关系管理理论与方法[M]．北京：中国水利水电出版社，2006

从图 5.2 中可以看出，客户保持可以分为主动保持和被动保持两个方面。

客户主动保持对应于图 5.2 中的动力因素，主要指客户能够自觉地维系与企业的关系，而客户之所以会自觉地维系这种关系，可从客户剩余和心理依附两个方面进行分析。

客户被动保持对应于图 5.2 中的阻力因素，主要指客户如果终止客户关系而不得不承受的代价和成本，对于企业来说，这样的保持策略是消极的策略，是不得已而为之的，分解为沉没成本、交易成本、转移成本、机会成本和终止壁垒 5 个方面。

影响客户保持效果的力量、因素以及主要内容见表 5-1。

表 5-1　客户保持影响因素分析表

力量	因素	含义	内容
客户主动保持动力	客户剩余价值	为取得某产品所愿支付的价格与他取得该产品实际支付价格之间的差额	产生客户剩余的原因在于客户基本期望和潜在期望的满足。基本期望包括高质量的核心产品以及配套的必要辅助服务。潜在期望包括更大的物质利益、获得企业的服务补救工作、行业内最专业的服务能力、完善的一体化解决方案等
	心理依附	客户心理上对企业产生的良好印象	包括企业的品牌定位、良好信誉，企业的客户关怀，自我对企业文化与企业综合竞争实力、企业的重要价值等的认同

续表

力量	因素	含义	内容
客户被动保持阻力	沉没成本	无论目前做任何选择都不可能回收的、已经花费的开支。因此，具有理性的决策者把它忽略不计	对于客户来说，沉没成本是过去交易已经发生的各种不可收回的费用。这种成本只有在客户关系继续维系的情况下才能创造价值。包括基础性投资、专用性投资或耐用品投资，学习成本，学习特定品牌的使用所花费的时间、精力以及培训费用，若不能向其他品牌延伸，就会转变为沉没成本 虽然理性投资者会把它忽略不计，但是沉没成本越大，越可能给客户在理上造成不肯割舍的依赖性
	交易成本	进行交易的额外成本（购买价额以外的部分），包括支付金钱、时间，还有造成的不便	具体来说交易成本包括：对交易过程各个环节的熟悉，商务谈判所花费的时间、精力、金钱，由于客户的长期购买或者大宗购买而可以得到的企业的各种优惠或者折扣，由于销售渠道的重新选择的成本等。客户更换供方后的交易成本越大，则本企业对该客户的吸引力也越大
	机会成本	选择一种东西意味着要放弃其他东西。机会成本也就是所放弃的其他物品或劳务的价值	客户更换原有供方企业，意味着必须放弃如下几个方面：原有企业的各种配套服务、与原来企业建立的良好的关系、原供方企业已经为该客户建立起来的一整套解决方案、原供方企业在未来内可能由于创新为该客户带来的新的收益等
	转移成本	客户从一个供应商转移到另外一个供应商的过程中所付出的成本	客户要转换供应商必须增加如下几个方面的附加成本：新的信息收集成本，新的渠道构建成本，新的谈判所花费的时间、精力、人员等
	终止壁垒	客户退出时所受到的各种阻碍因素	包括：违背契约所必需的赔偿、人际关系的阻力、双方权利失衡所带来的威胁等

资料来源：改自齐佳音，万映红著. 客户关系管理理论与方法[M]. 北京：中国水利水电出版社，2006

5.1.4 客户保持管理的内容

实施客户保持这一理念，需要从以下3个方面进行。

第一，重视客户数据库的建立和管理工作，注意利用数据库来开展客户关系管理。

第二，通过客户关怀提高客户满意度与忠诚度。企业必须通过对客户行为的深入了解，主动把握客户的需求，通过持续的、差异化的服务手段，为客户提供合适的服务或产品，最终实现客户满意度和忠诚度的提升。

第三，利用客户投诉或抱怨等相关资料，分析客户流失的原因，从而改进企业的服务。

5.2 客户保持管理的方法与策略

要想实现较好的客户保持，进而最终提高客户终身价值，必须首先分析影响客户保持的主要因素，然后在此基础上制定客户保持的相应策略，并确定客户保持的实现方法。

5.2.1 影响客户保持效果的因素

影响客户保持效果的因素有客户购买行为、客户满意、客户生命周期和转移成本等。

1. 客户购买行为对客户保持的影响

对于一个特定客户来说，其购买行为要受到来自文化传统、社会环境、个人特性和心理动机等多个因素相互影响和作用。一般来讲，这部分因素是企业无法控制的，也是企业的营销者无法改变的。但是，了解客户的个体特征具有重要意义。由于来自同一类社会阶层或具有同一种心理、个性的客户往往具有相似的消费行为。因此，一方面，企业可以通过聚类分析，按这些因素对客户进行分类，对不同种类的客户实施不同的营销策略。另一方面，企业可以将对不同客户的销售结果与客户特性作对比，了解它们之间的关联，进而借助于有效的产品、价格、地点和促销管理诱发客户的反应，实现客户保持。

2. 客户满意对客户保持的影响

对于客户满意与客户忠诚之间的关系，本书第 4 章已经分析过，客户满意是导致购买或重复购买的最重要的因素，二者之间有明显的相关关系，但是只是一种非线性关系。

而客户忠诚和客户保持之间也是具有密切关系的，二者是站在两个不同角度上的定义。忠诚客户在购买行为上对企业具有专一性，不会轻易流失到竞争企业中，这对于企业而言，则是有很高的客户保持水平。客户忠诚与客户保持之间的关系如图 5.3 所示。

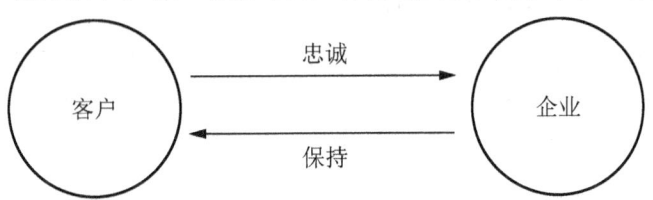

图 5.3 客户保持模型

显然，客户满意是影响客户保持的效果的一个重要因素，客户满意与客户保持之间也应该存在着非线性的正相关关系。但是，满意的客户产生的重复购买行为并不针对某一家企业的产品，有可能同时也对其他企业的产品保持满意的态度，所以客户满意并不是达到客户保持的唯一因素，客户还受感情、外部环境等诸多因素的影响。企业可以从建立顺畅的沟通渠道、及时准确地为客户提供服务、提高产品的核心价值和附加价值等方面来不断提高客户的满意度，进而不断地提高客户保持的水平。

3. 转移成本对客户保持的影响

转移成本对客户保持的效果具有重要影响。所谓转移成本，就是指客户对结束当前供应商的关系和建立新的替代关系相关成本的主观认知，包括两个部分，一是过去投入的、在转移时将损失的关系投资；二是建立一个新的替代关系时所涉及的潜在的调整成本。

转移成本与客户保持之间存在着正相关关系。因为客户在考虑是否转向其他供应商时必然要考虑转移成本，其大小受市场竞争环境和客户建立新的客户关系的成本的影响。

4. 客户生命周期对客户保持的影响

客户关系在不同的生命阶段中具有不同的特点，所以考察客户生命周期对于客户保持有着重要意义。在不同的生命周期阶段中，客户保持具有不同的任务。一般来说，识别期客户的转移成本较低，客户容易流失。随着交易时间的延长，客户从稳定的交易关系中能够获得越来越多的便利，节省了转移成本，客户越来越趋于稳定，客户容易保持原有的交易关系。这时企业需要一如既往地提供令客户满意的产品和服务。

5.2.2 客户保持管理的3个层次

1. 第一层次：增加客户财务利益

这一层次是利用价格刺激来增加客户的财务利益。在该层次，客户乐于和企业建立关系的原因是希望得到优惠或特殊照顾。例如，酒店可对常客提供高级别住宿，航空公司可给予经常性旅客奖励，超级市场可对老客户实行折扣退款等。尽管这些奖励计划能改变客户的偏好，但也很容易被竞争对手模仿，因此不能长久保持与客户的关系优势。

2. 第二层次：优先增加社会利益

在这一层次既增加财务利益，又增加社会利益，社会利益要优先于财务利益。企业的员工可以通过了解单个客户的需求，使服务个性化和人性化，来增加企业和客户的社会性联系。例如，在保险业中，与客户保持频繁联系以了解其需求的变化，逢年过节送一些卡片之类的小礼物以及共享一些私人信息，都会增加此客户留在该保险公司的可能性。

3. 第三层次：附加深层次的结构性联系

该层次在增加财务利益和社会利益的基础上，附加了更深层次的结构性联系。所谓结构性联系即提供以技术为基础的客户服务，从而为客户提高效率和产出。这类服务通常被设计成一个传递系统。而竞争者要开发类似的系统需要花上几年时间，因此不易被模仿。

5.2.3 不同类型客户的保持策略

客户保持是需要代价的，公司必须首先根据客户价值的不同决定如何在客户中分配有限资源。在如图5.4所示的客户价值矩阵中，两个具体维度分别是客户的当前价值和客户的增值潜力，每个维度都分成了高、低两档，由此可以将企业的整个客户群分成4组。

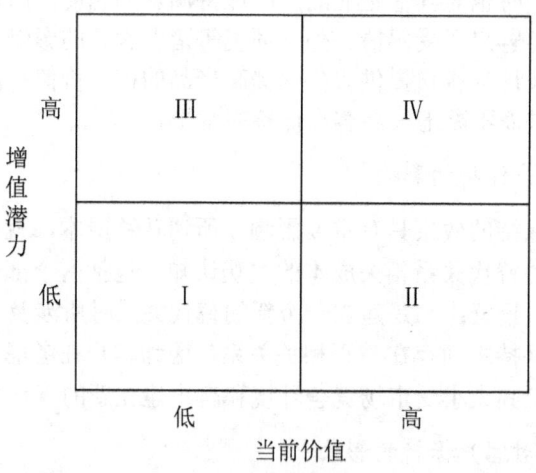

图5.4 客户价值矩阵

根据图 5.4 中 4 组客户的特点,总结出对待这 4 类客户的资源配置和保持策略,见表 5-2。

表 5-2　四类客户的资源配置和保持策略

客户类型	客户对公司的价值	资源配置策略	客户保持策略
Ⅰ	低当前价值,低客户增值潜力	不投入	关系解除
Ⅱ	低当前价值,高客户增值潜力	适当投入	关系再造
Ⅲ	高当前价值,低客户增值潜力	重点投入	高水平关系保持
Ⅳ	高当前价值,高客户增值潜力	重中之重投入	不遗余力保持、发展客户关系

5.2.4　实现客户保持的主要方法

根据以上效果影响因素的分析,结合客户保持策略,有以下方法可以实现客户保持。

1. 提高客户保持率

提高客户保持率的关键是通过确定客户愿意与企业建立关系的本质和内容、加强客户与企业关系中认为重要的方面。例如,某位光顾特殊服装商店的客户认为特殊赞赏和特殊对待活动有价值,而对价格根本就没有敏感性。这时可以采用"指定某位店员为她服务,这位店员知道她的尺寸和品位,当有新品到货时会与她联系"。这种活动比"在特定日子里全场给予 15%的折扣"更能维持与她的关系。

阅读材料

提高客户保持率的 7 大建议

1. 认真对待客户的褒贬。企业要严谨地处理每一次的服务失误或产品缺陷,认真对待每一次的客户抱怨,确保同样的错误不会再次发生。此外,善用客户抱怨还能敦促企业积极寻求新的方法来改善自己的产品或服务。如果有客户表扬,企业也不要自满,应该让自己在原有的基础上百尺竿头、更进一步。

2. 征询客户的意见。满足客户的需求对客户保持率的改善至关重要。企业可以通过问卷、在线调查、电话或 E-mail 等媒介来征询客户的意见。同时,这一方式还能为企业节省大笔的市场调研开支。企业还可考虑筹划一个客户代表小组,通过该小组来收集有代表性的想法与需求。作为回报,企业可以在他们下一次采购时提供一定的折扣,以向他们表达真诚的谢意。

3. 制定忠诚度计划。有不少航空公司就制定了完善的忠诚度计划,并取得了令人满意的客户保持率。著名的咖啡连锁店星巴克就是一个典型的例子,他们将客户服务与忠诚度计划紧密结合到一起,产生了大量的回头客。企业可根据自己的情况来制定相应的忠诚度计划。

4. 微笑服务。尽管不是每位企业经营者都坚信"客户永远是对的"或"客户就是上帝",但当客户有情绪化的行为时,企业还是应通过微笑服务来抚平客户的情绪,避免事态的恶化。微笑服务总是不会错,它能积极反映出企业的精神面貌,并对你的客户保持率有所助益。

5. 当一个解决方案提供者。相比从前,现在的客户精明了不少,他们能敏锐地捕捉到任何销售陷阱。因此,企业如今应考虑如何做好一个解决方案提供者,这样才能让客户感觉到企业真正在关心客户的需求。用心聆听客户的心声,让客户知道企业并非只想着从他们口袋中赚钱。相反,企业应提供一种双赢的方式来帮助客户满足所需,这才是提高客户保持率的诀窍所在。

6. 当一个价值提供者。许多企业都声称自己能为客户提供价值,但却鲜有企业真正了解什么是价值。其实,向客户提供价值并不复杂,只要做到先求付出,再问回报。比方说,作为一家食品公司,可以向客户发送邮件,免费向客户提供其他竞争对手需要收费的果汁制作方法。这能让企业与竞争对手形成差异,同时也向客户提供了价值。

7. 提供令人难忘的服务。当客户体验到令人难忘的服务时,通常就会成为这家企业的忠实拥趸。企业越能急客户之所急,客户就越满意,就会越忠诚,进而长期保持关系。比如,你可以规定客服电话必须在响铃3次以内接听,避免自动语音应答或像迷宫一样让客户摸不着头脑的电话自助菜单。

资料来源:企业管理培训网 http://www.yuloo.com/manager/gx/sc/1101/550362.html

2. 分析客户的转换成本

首先分析如果客户转到竞争对手那里购买,必须放弃什么?然后评估忠诚回报活动是否对优秀客户十分重要:如果重要,那么企业就需要开发这种活动,从而降低优秀客户受到竞争对手诱惑的可能性,并提高客户保持的可能性和提高企业的营利能力;但是如果客户认为其离开本企业的转换成本不高,那么高费用的忠诚活动只能成为企业换取短期市场份额提升的应急之举,常常会使企业陷入"囚徒困境"的两难境地。

3. 实施特殊的赞赏活动

确定企业是否面临为优秀客户开发和实施特殊赞赏和特殊对待活动的挑战。如果客户希望受到关心和赞赏,那么特殊赞赏活动就能提升客户保持率。不过,奖励活动通常蜕化成价格折扣或返回的一种替代形式(如旅客回报活动中的回程票)。因此,在现实生活中,企业的优秀客户通常认为其他形式的利益比金钱回报更有价值。例如,特殊赞赏和特殊对待活动,例如给予客户"铂金"等级的待遇(如可提前登机,检票时直呼客户姓名),客户认为这比类似奖励飞行里程券和升级至头等舱等回报方式要有价值得多。

4. 加强与客户的情感联系

首先要了解客户的爱好,加强与客户的情感联系,并真正领会这种情感联系的重要价值;然后通过这种情感联系,以及口碑推荐所带来的附加利益,来提升客户保持率。

5. 组织团体活动

为实施客户保持,企业可组织一些团体活动。实施团体活动前,先要确定客户是否认为团体活动有意义,分析企业是否有明显的"品牌个性"。若有,可考虑组织团体活动。成功的团体活动能提高转换成本,客户会认为整个团体必须成为保护团体利益的组织。

6. 开展知识学习活动

建立学习关系也是维持客户的重要策略。实现知识学习活动前,确认客户同意使用客户信息来建立个性化的关系,利用获得的客户信息,建立学习关系,向客户提供个性化的利益。当客户发现与其他企业建立学习关系的成本很高时,学习活动通常能提升客户保持率。

5.3 客户流失的含义与类型

据有关调查数据显示，在自然状态下，一家企业的客户年流失率为 10%～25%。根据美国营销学者赖克海德和萨瑟的理论，一个企业如果将其客户流失率降低 5%，利润就能增加 25%～85%。由此可见，研究客户流失，防止关键客户流失对企业来说具有重要意义。

5.3.1 客户流失的含义

客户流失是指本企业的客户由于种种原因，而转向购买其他企业的产品或服务的现象。由于当今市场竞争的白热化及客户购买行为的个性化，许多企业的管理者都把客户流失看成是自然而然的现象，对其视而不见。事实上，客户流失对于一个企业系统来说，就像摩擦力对于一个机械系统的作用，摩擦力损耗着机械系统的能量，客户流失则不断损耗着企业的人力、财力、物力。不重视对客户流失原因的分析和改善，往往是一个成功企业逐渐丧失竞争优势的开始。如果企业存在的问题不能及时解决，客户资源的流失就不会停止。

客户流失可以是与企业发生一次交易的新客户的流失，也可以是与企业长期交易的老客户的流失，还可以是中间客户(代理商、经销商、批发商和零售商)的流失，甚至是最终客户流失。通常老客户的流失率小于新客户，中间客户的流失率小于最终客户的流失率。

5.3.2 客户流失的识别

对于企业而言，目前主要从以下几个方面进行客户流失的定量识别和数据分析。

1. 以客户为基础

以客户为基础的测量方法要求获得客户指标。传统的客户指标主要包括客户流失率、客户保持率和客户推荐率等。

客户流失率是客户流失的定量表述，是判断客户流失的主要指标，直接反映了企业经营与管理的现状。用公式表示为

$$客户流失率 = 客户流失数 / 消费人数 \times 100\%$$

客户保持率是客户保持的定量表述，也是判断客户流失的重要指标，反映了客户忠诚度的水平。用公式表示为

$$客户保持率 = 客户保持数 / 消费人数 \times 100\%$$

客户保持率与客户流失率其实是从两个不同方面衡量了客户保持情况的相关指标，二者之间是一种相互彼此"你消我涨"的关系，二者之和恒为 1。用公式表示为

$$客户保持率 = 1 - 客户流失率$$

客户推荐率是指客户消费产品或服务后介绍给他人消费的比例。客户流失率与客户保持率、客户推荐率成反比。通过客户调查问卷和企业日常记录，可获得上述客户指标。

2. 以市场为基础

市场也是衡量客户流失的有效手段，与客户相似可以建立市场指标。传统的市场指标主要包括市场占有率、市场增长率和市场规模等。通常，客户流失率与上述指标成反比。

企业可通过市场预测统计部门获得这方面的信息。

3. 以企业财务指标为基础

这里的财务指标主要是收入利润指标。例如销售收入、净利润、投资收益率等。通常客户流失率与此类指标成反比。企业可通过营业部门和财务部门获得这方面的信息。

4. 以企业竞争力为基础

在激烈的市场竞争中，一家企业所流失的客户必然是另一家企业所获得的客户。因此，判断一家企业的竞争力，便可了解该企业的客户流失率。通常竞争力强的企业，客户流失的可能性要小些。但是，企业的竞争力是难以定量测量的，为此企业可借助行业协会所开展的排名、达标、评比等活动或权威部门和人士所发布的统计资料获得这方面的信息。

5.3.3 流失客户的类型

从客户价值和客户满意的角度来看，流失的客户主要有以下几种类型。

1. 企业主动放弃的客户

由于企业产品的技术含量提高，升级换代，目标客户群体发生改变，从而使企业主动放弃部分原来的客户。比如，某酒厂以前生产普通白酒，客户定位在低收入消费者，而引进先进生产工艺后生产的特制醇酿，口感和味道均有提高，因而也提高了价格，目标市场变为中高端市场，于是主动放弃了以前的低端客户。

2. 自己主动离开的客户

由于对企业的产品或服务的质量感到不满，且通过直接或间接的抱怨未解决的客户，会转而投向竞争对手。这类客户的离开，对企业造成的负面影响最大。

3. 被竞争对手挖走的客户

竞争对手通过向客户提供特殊的、经正常业务途径无法获得的物质利益的措施(如采取优惠、特价、折扣等)，将原先属于本企业的客户挖走。

4. 被竞争对手吸引走的客户

由于竞争对手推出功能和质量更高的产品或服务，从而将本企业的客户吸引过去。

5. 被迫离开的客户

由于客户的经济情况发生变化，或发生地域上的迁徙等，将会被迫和企业断绝交易关系。这样的客户流失是不可避免的，应该在弹性流失范围内。

6. 其他原因离开的客户

除上述几种情况外，还有很多导致客户流失的原因。例如，由于企业员工跳槽而带走的客户；由于企业对市场监控不力，市场出现混乱，客户经营企业的产品时不能获利而导致的客户流失等。

流失客户的类型划分有助于制定客户流失的防范措施。根据以上的分析，如果只存在"主动放弃的客户"、"被迫离开的客户"和"被竞争对手挖走的客户"，则企业所提供的产品或服务并没有让客户感到不满，发生客户流失主要与客户自身的客观原因以及竞争对手采取的不正当手段有关，企业的客户流失基本在正常范围内。而如果存在"自己主动离开的客户"，"被竞争对手吸引走的客户"，以及其他原因导致的客户流失，则说明企业的客户流失现象严重，而且客户流失是由企业自身造成的，应采取有效措施加以防范。

5.4 客户流失的防范与挽回

企业为了防止客户流失，对客户流失的因素进行分析，并制定一定的防范策略是非常必要的。同时，对于某些有价值的流失客户，采取一定的措施积极挽回也是非常重要的。

5.4.1 客户流失的因素分析

对客户流失产生关键影响的因素有 8 项，分别是核心服务的失误、销售人员的失误、价格、不方便、对失误的反应、竞争、伦理道德以及非自愿的流失。

1. 核心服务的失误

核心服务的失误是导致客户流失的最大因素。其中，第一类失误是一系列失误屡次发生，服务水平降低，在一次产品或服务过程中发生了多项失误，在一次产品或服务过程中发生了一个大的失误，提供不完整的服务或无法提供服务等。第二类失误包括错误的账单和没有及时更正错误的账单。第三类失误指产品或服务对客户个人、家庭、宠物或个人物品构成了伤害。

2. 销售人员的失误

销售人员的失误(如"不关心"、"不礼貌"、"没有反应"、"无知无能")是导致客户流失的第二大因素。其中，"不关心"包括产品或服务的提供者没有倾听客户的意见；在提供服务时关注别人，对客户草率，不友好和表现出冷漠，无兴趣。"不礼貌"的销售人员被客户描述成粗鲁、怨恨和缺乏耐心。"没有反应"的销售人员包括拒绝满足客户的特殊需求，与客户缺少沟通，忽视了客户的提问。"无知无能"是指那些缺乏经验，能力不足，难以使客户对产品和服务树立信心的销售人员。

3. 价格因素

价格因素是导致客户流失的第三大因素。在美国学者对 500 名客户的一次调查中，30%的人认为价格因素是导致他们转换商家的因素，9%的客户把价格因素列为导致客户转换的唯一因素。价格因素还可细分成 4 种子因素：一是"高价"。客户由于价格高于自己的参考价格而流失。参考价格可以是某种标准价格，也可以是相对于接受的产品或服务，客户自我认知的价格，还可以是竞争对手的价格。二是"价格提高"。客户由于价格提高而流失。实际上，这一类客户的参考价格是前一次购买时的价格。三是"不公平的价格措施"。客户认为受到欺骗或认为价格不公平。四是"欺诈价格"。客户因为感到价格有欺骗成分而流失，如客户最后偿付的价格高于企业最初的报价。

4. 不方便因素

不方便因素包括客户对企业的地理位置、营业时间、等待服务的时间、等待预约的时间等方面的不方便的感觉。在上面调查中，20%的被访问者把其归为导致客户流失的因素。

5. 对失误的反应

在一些客户流失行为的研究中发现，客户流失并不是因为产品或服务的失误，而是因为产品或服务的提供者对失误作出了一些不恰当的反应。具体包括 3 个方面：第一，产品或服务的供应商对客户指出的失误虽然做出了正面反应(如改正错误或补偿损失)，但这种反应显得十分勉强和被动，显示出供应商缺乏诚意。第二，对客户的抱怨和投诉没有反应。第三，对客户指出的失误做出负面的反应，把错误归咎于客户。

6. 竞争因素

客户被竞争对手吸引，而转向竞争对手的产品或服务。客户因为竞争对手提供更为个人化的，更可靠或更高质量的产品或服务。

7. 伦理道德问题

客户由于产品或服务的供应商在其经营行为中存在不诚实的行为或强迫行为，或存在不合法、不道德、不安全、不健康和违背社会规范的因素，也会发生客户流失。不诚实行为是指供应商欺骗客户，偷窃个人财产，对没有提供的服务收费或建议客户购买不需要的产品。强迫行为包括过分主动地兜售产品，向客户高声叫卖或因为客户不购买产品而恐吓客户。如修理工因为客户在一次汽车维修中拒绝接受一项暂不需要的维修，而威胁客户说，不接受这项维修，开车就有危险。

8. 非自愿的流失

非自愿的流失是由于一些客户和企业都无法控制的因素而导致的客户流失，如客户迁移或商家经营地点的转移等。这是企业无法左右的一个因素，属于正常的客户流失。

5.4.2 客户流失的防范策略

1. 实施全面质量管理

关系营销的中心内容就是最大程度地达成客户满意，为客户创造最大的价值，提供高质量的产品或服务，是创造价值和达成客户满意的前提。而实施全面质量管理，有效控制影响产品和服务质量的各个环节、各个因素，是创造优质产品和服务的关键。

2. 重视客户抱怨的管理

客户抱怨是客户对企业的产品或服务不满的反应，表明企业在经营管理中存在缺陷。很多企业对客户抱怨持敌视的态度，对这部分客户的抱怨感到厌恶和不满，认为会有损企业的声誉，这种看法是不对的。其实，客户抱怨是推动企业发展的动力，也是企业创新的信息源泉。例如在很多行业都具有显赫地位的日本松下公司，其创始人松下幸之助在创业之初，偶然听到几个客户抱怨说："现在的电源插座都是单孔的，使用起来很不方便，如果能做成多孔的，可以一次插几个电器就好了。"松下幸之助从这个抱怨中得到启发，马上组织力量进行开发生产，推出了"三通"插座。这种插座投入市场后，取得了巨大的成功，几乎垄断了插座的市场，也为松下公司的进一步发展积累了丰厚的资金。

3. 建立内部客户体制，提升员工满意度

员工满意度的增加会使员工提供给客户的服务质量的增加，并最终使客户满意度增加。20 世纪 70 年代，日本企业崛起的一个重要原因就是日本企业采用了人性化的管理，极大地提升了员工的满意度，由此激励员工努力工作，为客户提供高质量的产品。

4. 建立以客户为中心的组织机构

拥有忠诚客户的巨大经济效益让许多企业深刻地认识到，与客户互动的最终目标并不是交易，建立持久忠诚的客户关系才是最终的目的，在这种观念下，不能仅仅把营销部门看成是唯一的对客户负责的部门，而企业的其他部门却各行其是，关系营销要求企业的各个部门、每一位员工都应以客户为中心，所有的工作都应建立在让客户满意的基础上，为客户增加价值，以客户满意为中心，加强客户体验，让客户达到长期满意。

5. 建立客户关系的评价体系

客户关系的正确评价对于防范客户流失有着很重要的作用，只有及时地对客户关系的牢固程度作出衡量，才有可能在制定防范措施时有的放矢。尽管对客户关系评价的做法各有特点，但在方法上仍然具有相似性，一般都是采用一系列的可能影响客户满意度的指标来进行衡量，然后对每一项指标进行得分加总，最后得出结论，看看客户在多大程度上信任企业，企业在多大程度上对客户的需求作出了适当的反应。通过评价，可以分辨客户关系中最牢固的部分和最薄弱的部分，还可以分辨出最容易接纳的客户关系和有待加强的客户关系。

5.4.3 流失客户的挽回措施

在客户流失前，企业要极力防范，而当客户关系破裂，客户流失已成事实后，企业要采取挽救措施，竭力挽留有价值的流失客户，最大限度地争取与这些客户"重归于好"。

1. 调查原因，缓解不满

首先，企业要积极与流失客户联系，访问流失客户，诚恳地表示歉意，缓解流失客户的不满；其次要了解客户流失的原因，虚心听取客户的意见、看法和要求，给客户反映问题的机会。

2. "对症下药"，争取挽回

企业要根据客户流失的原因制订相应的对策，尽力争取及早挽回流失客户。

3. 分门别类，各个对待

在资源有限的情况下，企业应该根据客户的重要性来分配投入挽回客户的资源，要对不同级别的流失客户采取不同态度。挽回的重点应该是那些最能盈利的流失客户。

针对下列 3 种不同级别的流失客户，企业应当采取的基本态度如下。

(1) 对"有重要价值的客户"要极力挽回。一般来说，流失前能够给企业带来较大价值的客户，被挽回后也将给企业带来较大的价值。因此，给企业带来价值大的关键客户应是挽回工作的重中之重，如果这类客户流失，企业就要不遗余力地在第一时间将其挽回。

(2) 对"普通客户的流失"和"非常难避免的流失"，可见机行事。企业可根据自身的实力和需要决定投入到对"普通客户的流失"和"非常难避免的流失"的挽回工作。

(3) 基本放弃对"小客户"的挽回努力。由于"小客户"的价值低，对企业又很苛刻，数量多且很零散，挽回这类客户需要很多成本。因此，对这类客户企业可以顺其自然，不予理会。

4. 必要时候要彻底放弃

有时需要彻底放弃一些不值得挽留的流失客户，例如以下情形的客户就不值得挽留。
(1) 不可能再带来利润的客户。
(2) 无法履行合同规定的客户。
(3) 无理取闹、损害了员工士气的客户。
(4) 需要超过了合理的限度，妨碍企业对其他客户服务的客户。
(5) 声望太差，与其建立业务关系会损害企业形象和声誉的客户。
(6) 信用恶劣，应收账款长期拖欠，影响企业正常财务运转的客户。

本 章 小 结

> 要想实现客户满意，进而达到客户忠诚，必须采取一定的管理对策，做好客户保持工作，同时要尽量避免优质客户的流失。只有这样，才能不断地提高企业客户资产的价值。
>
> 本章首先介绍了客户保持管理的相关知识，包括其含义、作用、必要性、模型与内容；然后介绍了影响客户保持效果的因素，不同类型客户应该采取的保持策略以及客户保持管理的实现方法；最后，介绍了客户流失的含义、类型、防范策略和挽回措施。
>
> 通过本章学习，读者应能理解客户保持策略和客户流失管理相应概念、办法与策略。

 关键术语

客户保持　　客户主动保持　　客户被动保持　　客户保持价值模型　　客户流失

练 习 题

一、填空题

1. 增加客户份额通常有两种手段：一是_____；二是_____。
2. 维持客户关系保持的力量包括动力和阻力两个方面。在客户保持价值模型中，动力指能够驱动客户主动保持关系的力量，包括_____和_____。阻力是指如果客户关系破裂给客户带来的损失，包括_____、_____、_____、_____和_____5个方面。
3. 影响客户保持效果的因素有_____、_____、_____和_____4个方面。
4. 客户保持率与客户流失率之间的关系用公式可以表示为_____。
5. 对客户流失产生影响的因素很多，总结一下其中的关键因素总共有八项，其中影响最大的前3项分别是_____、_____和_____。

二、判断题

1. 增加客户份额的工作中，发展新客户比保留老客户更重要。　　　　　　　　　　(　　)

2. 一般来讲，客户的转移成本越高，其客户保持的效果越好。　　　　　　　（　　）
3. 客户满意与客户保持之间存在着一种非线性的正相关关系。　　　　　　（　　）
4. 在特定的情况下，企业也会自己主动放弃一部分原有的客户。　　　　　（　　）
5. 当各种客户关系破裂，客户流失已成事实后，企业都要竭力来挽回。　　（　　）

三、名词解释

1. 客户保持
2. 客户主动保持
3. 客户被动保持
4. 客户保持价值模型
5. 客户流失

四、简答题

1. 举例说明客户保持的含义与作用。
2. 简述客户保持概念模型的内容。
3. 简述客户保持力量与客户保持价值模型的内容。
4. 举例说明客户保持管理的必要性、内容和应该实施的3个层次。
5. 要想实现客户保持，可以采用哪些方法？
6. 对于企业而言，目前主要从哪些方面进行客户流失的定量识别和数据分析？
7. 从客户价值和客户满意的角度来看，流失的客户主要包括哪些类型？
8. 对客户流失产生关键影响的因素有哪些？
9. 为了预防客户流失，企业应该采取什么样的防范策略？
10. 企业要竭力挽留有价值的流失客户，为此可以采取什么样的措施？

五、案例应用分析

案例 5-1　移动通信业客户流失分析与客户保持模型构建

1. 案例背景

中国移动通信市场的竞争从 2002 年开始变得非常激烈，这使得中国移动公司原本近 80%的市场份额不断下跌。从广告、网络、销售渠道、资费和价格战等各方面，都可窥见市场竞争的激烈性，这种激烈的竞争导致客户的强不稳定性，移动通信业客户的月流失率曾一度达到 3%～10%，这一数字相对于其庞大的客户基数来说，客户流失带来的损失很大，如果不采取有效的客户保持策略来稳定客户，这一流失数字还会继续上升。

2. 移动通信业客户流失分析

客户流失有两种表现形式：客户被动流失与客户主动流失。客户被动流失表现为运营商由于客户欺诈或恶意欠费等行为而主动终止客户使用网络和业务，这不是本案例研究的范畴，这里重点研究客户主动流失。客户主动流失分为4种情况：第一，客户不再使用任何一家移动通信运营商的通信业务，而是简单地选择退出该通信业务。第二，客户选择了另一家运营商。例如，原中国移动公司的客户选择了中国联通公司。这种情况可能是客户认为公司不能提供他所期待的价值，即公司为客户提供的客户让渡价值低于另一家运营商，其中的具体的原因有多方面，需要认真分析。第三，客户转移至本通信运营商的不同网络、不同业务或不同品牌。如原"全球通"客户转为"动感地带"、"神州行"或"大众通"客户。这种变化往往往是受到个人因素、运营商网络服务质量与资费结构调整等的影响。第四，客户的每月平均消费量降低，从高价值客户变成低价值客户，或是从原来的消费层次滑向较低的消费层次。这有可能是客户在使用原运营商服务的同时，开始使用另一家运营商或原运营商的其他网络品牌服务所导致的。

3. 移动通信业客户保持的困惑

在移动通信业客户保持管理实践中，日益凸现出以下几个困惑：第一，我国移动客户群体庞大，中低端客户在不同运营商网间流动性强，不存在明显的客户忠诚的特征。运营商过度采用超低话费、赠手机等非理性竞争手段，更是降低了客户转网壁垒，促进了客户的网间流动，弱化了客户忠诚，传统的客户忠诚理论对这些客户保持问题分析遇到了困难。第二，尽管移动客户数在持续增长，可是客户 ARPU 值(平均每客户每月收入)逐年下降，运营商的利润降低，说明存在潜在的客户价值流失的危险。过去的研究核心是如何保持客户不离网，而对客户的保值并没有涉及。第三，对客户保持管理凭经验和直觉，缺乏关于移动通信业客户保持及其具体影响因素的系统性研究。因此，随着行业竞争愈来愈激烈和获得一个新客户的代价愈来愈大，保持原有客户的工作就愈来愈有价值。谁能留住那些能给企业带来丰厚利润的有价值客户，并赢得客户长久的信任和支持，谁就能获得满意的客户投资回报，进而赢得持续的竞争优势。

4. 移动通信业客户保持的主要策略

在移动通信业中，各运营商常用的客户保持策略包括业务玩家培养计划(主要目的在增大客户学习成本，提高离网的壁垒)、"老客户新奖励"策略(主要用于屏蔽竞争对手的诱导因素和消减由于该运营商新客户发展促销优惠造成老客户的不满意)、"预存话费送话费"策略(主要用于筑高离网壁垒，提高客户转移成本)、"客户满意百分百计划"(主要用于消除客户不满意和提高客户满意度)和"合约管理"思路(主要用于提高客户离网壁垒)等，这些策略大大改善了移动运营商单纯依靠价格来笼络客户的老做法。

5. 移动通信业客户保持模型构建

基于上面的背景分析，某移动通信服务商构建了如图 5.5 所示的移动通信服务客户保持模型。该模型的思路是，达到客户保持在网有 3 个途径：其一是客户主动去维系作为原运营商客户的关系；其二是客户没有要转网/离网的理由，没有要终止与原运营商的客户关系的原因；其三是即使客户想离开却因转网壁垒太高不得不被动地维系作为原运营商的客户的关系。这 3 个方面合力作用将最大可能保持客户在网。

如图 5.5 所示的模型从结构上分为运营商决策区、运营商动作区、客户反应区和运营商目的区等 4 个步骤。

(1) 信息收集、归类。运营商对从客服热线、营业厅、大客户部等采集的信息进行判断与归类整理，以区分出归属于不同类影响的因素。例如，运营商知晓竞争对手将对近似移动业务进行大规模促销，这一信息可能会引起自己客户的流失，因此要归属于离网的诱导因素。该步骤提炼出有价值的信息并判断该信息的重要性至关重要，因为这一步将影响到接下来的该运营商决策、实施、客户反应等步骤。

(2) 策略制定、执行。该步骤包含两步：第 1 步，运营商针对决策区送上来的信息，依据相应保持规则，制订严密的保持措施。第 2 步，协调各部门实施此措施。客户保持措施分为短期措施和长期措施，有奖充值赠话费等措施属于短期措施，而积分回报措施则属于长期措施。这些措施的目的在于提高客户离网壁垒因素，屏蔽离网诱导因素，清除在网的不满意因素，以及增大在网满意因素。

(3) 客户行为调整。客户感受到了运营商的策略影响，并对自己的行为或心理进行调整。客户在各种策略作用下，行为忠诚和态度忠诚都将有了提高。

(4) 客户保持实现。通过主动保持、被动保持和保持零点来实现客户在网的行为。客户产生意见、运作效果鉴定将通过运营商的信息渠道反馈回运营商，作为新一轮客户保持策略制定的依据。

第 5 章 客户保持与客户流失管理

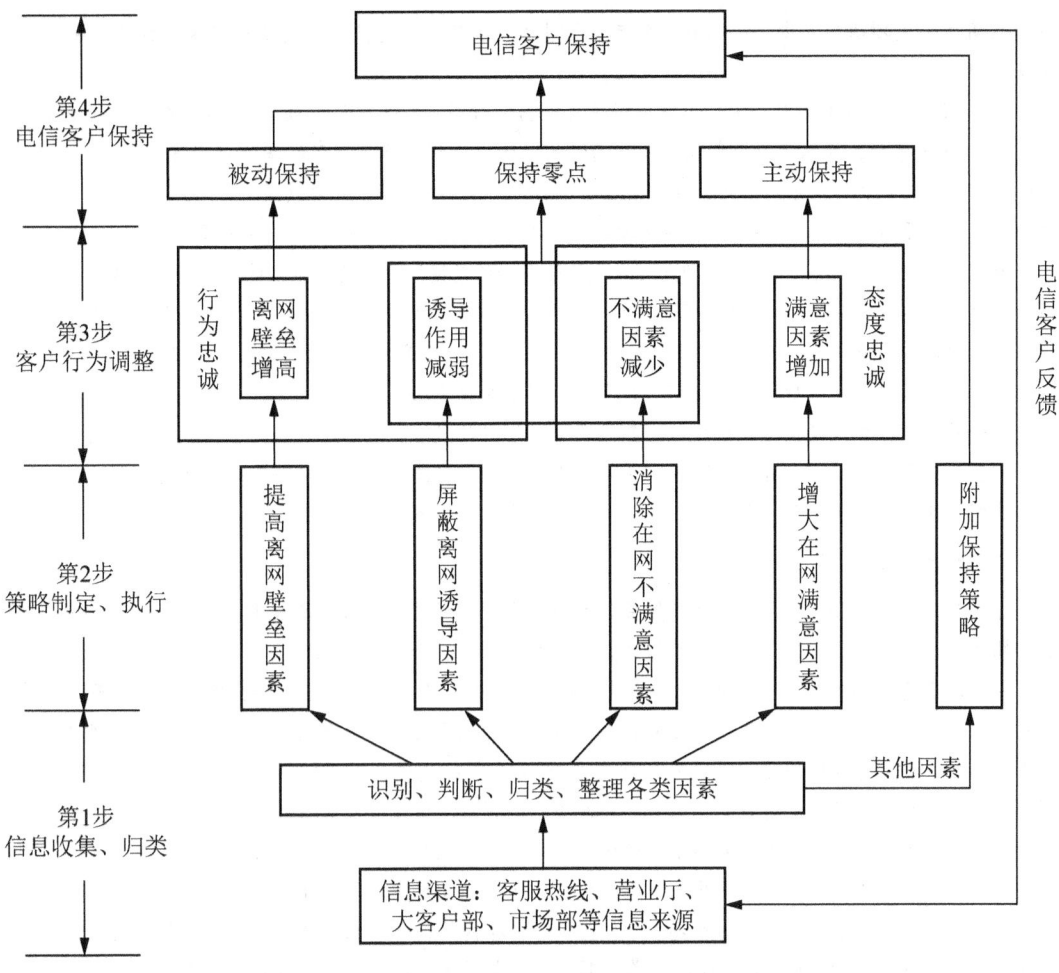

图 5.5 移动通信业客户保持模型

案例讨论题：

(1) 分析移动通信业客户流失的主要类型以及影响客户保持问题的主要困惑。
(2) 你是如何理解本案例中移动通信业客户保持模型的？你对其有何改进意见吗？
(3) 你遇到过移动通信业进行客户保持管理的具体方法吗？你还能想出哪些方法？

案例 5-2 麦德龙公司独特的客户选择造成中国客流"流失"

进入中国 10 年来的麦德龙公司备受争议却一直不肯放弃的"专业性"——专业客户服务，这既是一块培育专业客户忠诚度的"金字招牌"，同时也成为了一道拒人千里之外的樊篱。

"德国个性"造成客流流失

与大多数卖场不同，早在国家还没有对商场进行"禁塑"时，在麦德龙公司的商场内购物塑料袋都是要付费的，小的 0.3 元，大的 0.5 元，商场内还标明"敬请反复使用"的字样，以提倡环保。

很多商家喜欢抓住"小顾客"消费群体，而麦德龙公司不允许 1.2 米以下儿童入场，因为这个高度以下的儿童正好是其货用叉车的盲点；与其他大多数商场不同，在麦德龙公司内办理会员卡需要出示营业执照或单位介绍信；与所有商场不同，麦德龙公司采用 A4 大小的"透明发票"，购物单位名称和所有商品明细一项项明列其中……而这些特色在过去的 10 年中令麦德龙公司赢得了客户的同时也流失了很多客户。

早在 10 年前，当家乐福、沃尔玛等公司进入中国的时候，麦德龙公司也于 1996 年在上海开出了第一家门店。10 多年后，家乐福公司凭借"入乡随俗的"的本土化策略争得了在华外资零售企业的龙头之位，而一直宣称美国风格的沃尔玛公司也在中国遭遇了工会问题，并不得不妥协以谋求更积极的发展。只有麦德龙公司，虽然面临 10 年仍未全面盈利的质疑，仍然禀性难移。"10 年前刚刚进入中国的时候，就有消费者对麦德龙公司的收费塑料袋有异议，包括 A4 大小的'透明发票'。不得不承认的是，由于'透明发票'等问题，麦德龙公司确实失去了一部分客户，尽管如此，面向专业客户服务的特色我们一直没有放弃。因为麦德龙公司所做的很多事情不仅仅是谋求短期的经济效益。"麦德龙公司中国华北区总经理张守川表示。

独特的运营模式有独特的盈利方式。据了解，目前麦德龙公司"现购自运"业态在全世界的 28 个国家全部是同一种经营模式，而截至目前，全球都没有关闭过门店。张守川认为，专业性是麦德龙公司一贯的宗旨，而在不同的国家培育市场需要的时间长短也不同。"目前专业性做得非常成功的国家是法国，专业顾客的采购比例几乎达到百分之百。而这种专业性在一个国家或者地区达到一定程度，需要时间。"

细节服务专业

据了解，麦德龙公司只为专业客户服务，包括中小型零售商、酒店、餐饮业、工厂、企事业单位、政府和团体等，而为了锁定这些专业客户服务，麦德龙公司有很多独特的细节。

目前，麦德龙公司北京首店有约 50 人的专业咨询团队，专门针对专业的餐饮客户上门服务；而其促销邮报也不同于其他卖场，而是分列专刊，如细分为办公用品专刊、福利专刊、咖啡专刊、红酒专刊等；麦德龙公司全年的营业时间是从早上 6 时到晚上 10 时，能在凌晨 3 时开始销售生鲜肉类产品；商场内为不同大类的食品设有不同的收货口，以免交叉污染；在商品出售环节，麦德龙公司会向顾客提供专用的保温袋，以确保特殊商品的温度环境不出现过大的波动……如果说针对"专业顾客"的门槛将一部分消费者拦在了门外，那么这也是麦德龙公司认为所做的专业服务的制胜所在。张守川坦承，这些特色给麦德龙公司乃至与其合作的供货商带来很多困惑。"包括供货商在内的很多人都不解，为什么麦德龙公司要强制执行高于国家标准的国际标准(haccp)，工作刀具一定是特殊的，操作区的垃圾桶一定是用脚踩的……而面对这些疑惑，麦德龙公司依旧坚持了下来。"记者在麦德龙万泉河店发现，办理会员卡对客户有严格的法人资格要求，因 1.2 米以下的孩子被拒之门外饱受普通消费者指责，麦德龙公司有苦难言。

会员制培育市场

"作为为专业客户服务的商场，我们很难面面俱到。"张守川表示，"对于普通消费者，我们不是不欢迎，而这部分消费者并不是麦德龙公司的目标顾客群，麦德龙公司希望将会员尽量过滤，最后锁定在专业的消费者身上，这样严格控制，无论从购物环境等方面还是在服务的专业性方面都会更有针对性。"

目前，会员店在国内已不是新概念。高调开业而于 2004 年底全面崩盘的普尔斯玛特公司是会员店的代表之一。一直以"仓储式会员店"自称，而今会员卡形同虚设的万客隆公司和一直不温不火的沃尔玛山姆会员店都令会员店在中国陷入尴尬境地。麦德龙公司一直坚持的服务专业客户的理念，虽然也将一部分客户拦在了自家商场的大门外，却有着明确的目标市场定位，思路清晰。张守川表示，目前开业的北京万泉河店拥有 15 万会员，随着时间的推移，这部分人也会慢慢过滤，最后沉淀为对麦德龙公司有品牌忠诚度的专业客户。

麦德龙公司的 4 大特色

特色一：可爱又可恨的"透明发票"

在麦德龙公司商场内，每个消费者购物后取得的发票都有 A4 大小，而购物单位抬头、商品名称、价格和购买数量打印的一清二楚。而这对于很多采购人员来说，对其已经习惯的"灰色运作"是一种挑战。

麦德龙公司也坦然承认因此而丧失掉一部分客流。张守川表示，很多会员单位的高层领导都非常欣赏这样的透明制度，而目前要让所有的采购人员习惯麦德龙公司的"现购自运"和"透明发票"也许需要时间，麦德龙公司这样的特色不会丧失，因为为了适应市场去处处妥协，就将丧失了麦德龙公司的"灵魂"。

特色二：反向会员服务

"现购自运"的麦德龙公司提供的是针对专业客户的服务。张守川表示，麦德龙公司希望在准入时就对会员资格有严格的审查。据了解，麦德龙公司的会员卡上明确表明了客户的单位名称，还有个人照片，不收取费用。麦德龙公司之所以严格把关会员审批，就是要保证对专业会员承诺的特殊服务。

不同于普尔斯玛特、万客隆和沃尔玛山姆会员店针对所有消费者的服务，麦德龙公司会员是以法人为单位的，这样的市场定位使得其与仓储式大卖场有所区别，将市场细分为专业客户而提供针对性服务。

据张守川介绍，就顾客手中的会员卡而言，就有专业的"反向服务功能"。客户办卡时，商店内的信息系统就对其信息备份记录，这便于企业对目标客户的需求做研究，而当客户每次购物过后，信息也会储存在系统里，每当客户希望了解这一年的采购情况时，麦德龙公司可提供详细数据，做到对顾客的信息反馈。

特色三：卖场主题专区

虽然必须坚持同样的运营模式，麦德龙公司也在寻求创新。在北京万泉河商场内，约120平方米、储藏超过200种从世界各地引进的高级名贵葡萄酒的精品酒廊成为一大特色。在出售精品红酒的同时传递酒文化，成为星级酒店及酒吧和中小零售商的采购最佳选择。而通过设立培训厨房，麦德龙公司由简单的商品销售商转化为商品知识的传递者，向客户"授之以鱼"并"授之以渔"。张守川表示，培训厨房的相关工作正在积极开展中，除了对内培训之外，也是对外的培训和对新产品的推广宣传途径。此外，记者发现，为企事业机关单位提供服务的麦德龙公司在商场内还专门设有福利礼品专区。张守川表示，除了特色，一站式购物是麦德龙公司追求的境界，到目前为止，麦德龙公司基本可以全部满足客户的需求。

特色四：色彩斑斓的"haccp"

麦德龙公司的客户群体中，餐饮专业客户超过了20%，包括星级酒店和餐馆食堂，而当下在食品安全问题尤为敏感。在这方面，麦德龙公司一直坚持国际食品质量控制体系"haccp(hazard analysis and critical control point)"这一高于国家标准的国际标准。在这个质量控制体系内，对消毒方法、冷冻控制有严格的规定。麦德龙公司最有意思的特点是"以色彩区分"。在这个体系内，将产品分为6类不同的颜色，如水产品是蓝色，奶制品是白色，果蔬产品是绿色，肉类产品是红色，熟食类是棕色，禽类是黄色。对应这些细分区域，操作员的工作服和工作器具必须采用与其对应颜色，以做到专业并避免交叉感染。

张守川表示，虽然目前包括供货商在内对这些严格的标准都有"有没有必要采用"的疑惑，但是麦德龙公司10年以来一直坚持。麦德龙公司认为，这些都是赢得专业客户信赖的保障。

(资料来源：北京商报 2008-06-11 作者：张晓蕊)

案例讨论题：

(1) 请分析实例中麦德龙公司在客户选择方面主要有哪些独特的地方？
(2) 麦德龙公司独特的客户选择在中国造成一定的"客户流失"，对此你如何认识？
(3) 请预测麦德龙公司在中国的今后发展战略。你认为它有必要改变自己的"个性"吗？

实 践 训 练

1. 社会调查题

通过相关关系，联系2～3家企业，对其客户保持与客户流失管理的开展情况进行调研。

2. 情景分析题

阅读下面某销售人员一个客户订单流失的情景问题，分析造成该客户流失的原因。

我是一个做电器设备产品的销售人员，有一个葡萄牙的客户在 2010 年与我公司做了 450 万的生意，客户关系维护的很好。2010 年底，我跟她联系业务时却一直没有消息，当时想着可能是年底忙就没有多考虑其他原因。2011 年过完春节，我一到单位，就给客户发送电子邮件，向她问好。而对方邮件却只有回执，没有回复。当时以为客户忙没有时间回复，况且根据客户往年的销售记录，2 月份到 3 月份不是出货季节，所以就没有太在意。

到了 4 月初，按照惯例客户应该下单了，因为之前每年都有一张 300 万的单子在 5 月份出货，所以客户必须要在 4 月份下单。于是我就再发送电子邮件，仍是有回执，没回复；发传真，也没反应。又过了两周，我着急了，就直接打了电话，是他们公司前台人员接的电话，说负责跟我公司联系的客户代表元旦前请假回家生小孩了。我当时就懵了，赶快问是谁接替她的工作。前台说客户 5 月份就已经回来上班了。

我着急 5 月份的订单啊，就再追问这几个月谁帮她做的工作。前台说是经理。我就请她帮忙接了经理的电话。经理接到后，我先客套性询问了客户最进的销售情况，然后就直截了当的谈到了 5 月份的订单。经理说货已到仓库。还反问不是从你们公司采购的吗？我差点吐血！我说没有啊，一直联系不上你们的客户代表。经理突然明白过来了，说是让另一个人负责的这件事情⋯⋯

我设计好的这个葡萄牙客户今年的销售计划，就这样泡汤了⋯⋯

 说明

1．要主动询问客户的休假计划，特别是长假；2．要跟客户随时保持联系，一旦联系不畅通，要提高警惕；3．要与客户尽可能多的联系方式，甚至包括客户同事的联系方式；4．要有敏锐的洞察力！

第 6 章 客户互动与客户投诉管理

> 知识架构

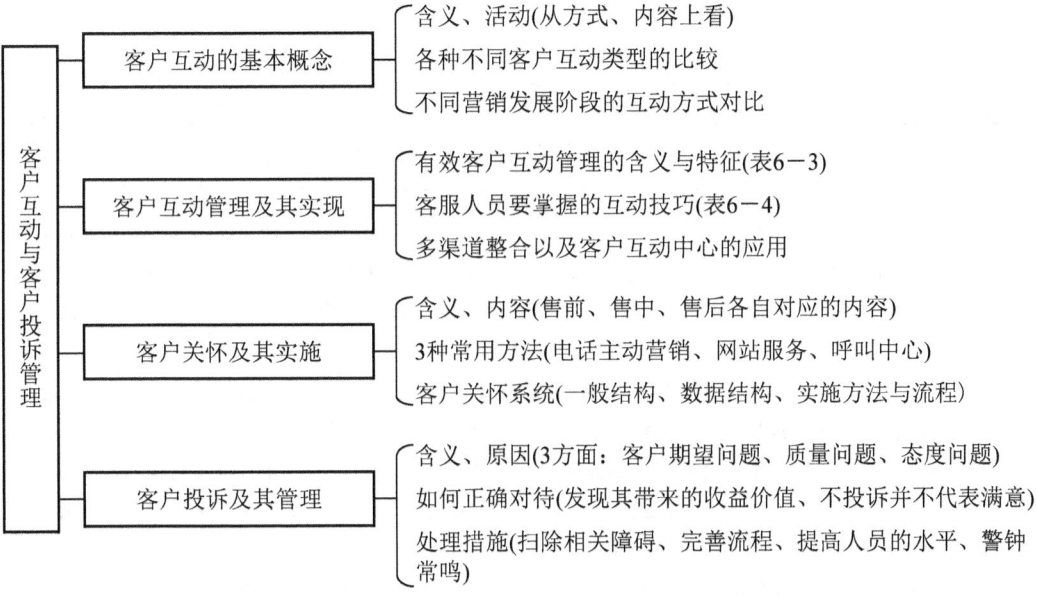

> 学习目标

通过本章的学习，读者应该能够：
- 理解客户互动含义、类型及功能
- 掌握客户互动管理的技巧与方法
- 了解客户互动的多渠道整合策略
- 理解客户互动中心的组成与功能
- 掌握客户关怀含义、内容与手段
- 正确认识并熟练地处理客户投诉
- 了解提高处理投诉质量主要措施

> **导入案例**

案例 6-0：客户在线互动在 A 花卉公司的应用

CRM 是建立在产品或服务的提供者与购买者(包括组织购买者和最终消费者)之间互动的基础上的，这种互动关系已经成为市场营销中重要的因素。目前很多企业都非常重视这种客户互动管理。

例如，A 花卉公司是一家专业经营各类花卉产品，并提供专业的花卉培训等多项服务的民营中型花卉公司。公司成立 5 年以来，各方面的经营和销售情况一直不错。目前，随着电子商务的兴起，A 花卉公司建立了专业的网上商城，可以在线与客户展开即时交流，定期组织会员提供专业的技术服务又成为该公司的又一项业务需求。

如今，随着互联网业务的不断升级，企业利用网络展开服务的形式也越来越多样化。如何与客户展开即时沟通、如何利用网上商城组织会员、如何利用网络定期与群体客户进行交流等一系列伴随电子商务发展所产生的问题日益突显，解决好这些问题将成为企业提高市场竞争力一大优势。A 花卉公司的王总在启用了某公司开发的一种称为"今目标管理平台"的网络工具加强公司内部管理取得成效后，决定继续试用该公司的"今目标在线客服系统"，用于对网上商场进行专业的在线客户服务。

在 A 花卉公司的网站上，访客浏览网上商城的同时，可以随时开启"今目标在线客服系统"，与在线客服人员展开即时沟通，进行营销或是提供咨询服务。会话窗口除了具备基本的文字会话、传输图片等功能，还可以对客服人员进行评分，方便公司考核员工，提高客服人员的服务技能。所有会话记录都将完整地保存在"今目标管理平台"中，客服人员可根据时间进行查询。为了方便管理客户信息，客服人员可以随时创建客户名片、修改客户基本资料，对客户提出的常见问题进行集中管理，以提高客服人员的专业服务水平。

在试用过程中，客服人员发现，"今目标在线客服系统"可以同时与"今目标内部管理平台"相关联。开启企业内部管理系统，客服人员可以接收来自企业内部的信息，又可同时对在线访客进行操作管理。访客的会话记录、名片信息等重要数据资料都能够保存在"今目标管理平台"中，这样在同一设计结构的系统下，便于信息资料的查询、共享与传递。另一方面，"今目标"还提供了专属服务器、文件加密传输等多项安全保障服务，让企业管理人员可以不必担心关键信息的泄露问题。

使用"今目标在线客服管理"，A 花卉公司能够将网上的资料信息进行集中存储和利用，准确把握潜在客户的需求，及时提供所需要的帮助，同时能第一时间抓住商机。在试用了一个阶段"今目标在线客服系统"之后，A 花卉公司感受到了与在线访客展开即时交流的便捷商务优势，经过一段时间的客户积累，A 花卉公司成功举办了多次专题性花卉技术培训，这项服务已经成为公司又一项增值点。

> **点评**

在客户中心时代，最重要的是如何与客户建立起长期的互动关系，即使在虚拟市场上，也必须珍视这种客户互动关系。围绕着这种客户互动关系，企业可以通过有效的整合渠道向客户提供质量和价值较高的产品和服务，从而提高客户满意度和忠诚度。

6.1 客户互动的基本概念

企业与客户互动的情况如何，如何管理客户互动，都将直接影响客户的购买行为，最终影响到客户关系的稳定和持久。本节介绍客户互动的一些基本概念。

6.1.1 客户互动的内涵分析

为了在市场上为客户提供优质的产品或服务，企业需要充分利用客户信息的潜在内涵和各种与客户的互动技巧，努力在客户的购买过程中发展与客户的合作关系。

那么，什么是客户互动呢？实际上，客户互动的概念十分广泛，产品或服务的交换、商品信息的交流，以及对业务流程的了解等都包含其中。可以说，客户与企业双方的任何接触，都可以视为互动。从互动的方式上来看，客户互动包括面对面的互动、电话和短信互动、书信和 E-mail 互动、语音自动应答互动，以及网上的即时通信、在线留言、网络论坛、在线客服互动等。从双方互动的内容来说，客户互动包括产品或服务的信息咨询与介绍、客户关怀管理、客户投诉处理、客户抱怨及其挽救、客户异议及其处理等。

在客户关系管理中，企业与客户之间的互动应当是双向沟通，也就是要包括两个方面。一方面是企业与客户的沟通，指企业积极保持与客户的联系，通过人员沟通和非人员沟通的形式，把企业的产品或服务的信息及时传递给客户，使客户了解并且理解和认同企业及其产品或服务；另一方面是客户与企业的沟通，是指企业要为客户提供各种沟通的渠道，使客户可以随时随地与企业进行沟通，包括客户向企业提出的意见、建议和投诉。

阅读材料

网络营销中的客户互动方式

互动是网络营销中最重要的一环，网站访问者浏览企业网站时，企业网站需要提供更多手段来支持"互动"，其中电话只是一种方式，网站需要在醒目的位置显示"联系电话"，客户电话是最有价值的，但数量非常有限，并且提高非常困难。即时通信也是一种不错的方式，客户在浏览企业网站时，如果需要了解更多信息，即时通信将促进交流，更重要的是企业可以主动联系正在浏览网站的每一个客户，这正在成为网络营销的主要手段。还有，网站注册不能忽视，通过网站内容的优化来满足客户的需求，由此建立与客户的互动，以获取客户的采购意向、联系方式等重要的商业信息，从而将网站浏览者都转变成为真正的客户。此外，网络环境下的客户互动还有更多的方式，如客户留言、在线广播、集成短信等。

6.1.2 客户互动的类型划分

企业与客户之间的互动类型可以根据不同的标准加以区分。例如，按照参与的互动方是人工还是机器，可以分为人工互动和机器互动；按照互动的方式可以分为个人互动和媒体支持互动；按照互动双方的同步性可以分为同步互动和异步互动等。另外，对于以上的不同分类标准，还可以组合起来进行客户互动类型的划分和比较，见表 6-1。

表 6-1 客户互动的类型及其比较

互动方	人工			机器	
互动方式	面对面互动	媒体支持互动			
同步性	同步	同步	不同步	同步	不同步
模拟沟通能力	高	中	低	很低	很低
数字沟通程度	中	高	高	很高	很高
提升潜能	中	高	很高	很高	很高
适应能力	很高	高	高	低	低
面向客户类型	高价值客户	大众客户	大众客户	大众客户	大众客户
需要支持类型	咨询与沟通	时效性强的交易	标准化的信息	自助服务	简单信息
举例	个人对话	视频会议、屏幕共享、电话、网上即时通信/聊天	书信、E-mail、短信息	互动式语音应答、自助服务助理和基于网络的自助服务	自动短信息应答、自动E-mail应答

(资料来源:改编自王永贵. 客户关系管理[M]. 北京:清华大学出版社 2007.)

从表 6-1 可以看出,媒体支持互动允许完全独立的个体之间的互动,扩大了潜在互动人员的范围;面对面互动总是同步的。类似地,媒体支持互动也可以实现同步互动,但不同的是互动步骤被分散开来,只有相当有限的模拟互动程度,并有一定的时间跨度,如使用邮件、E-mail 和短信息等进行的互动。在直接对话中,比较而言,媒体支持互动的特征则是认知范围缩小了。例如视频会议,尽管包含了几种方式的互动(语言、文本、图像等),并且具有较为广泛的认知范围,但也存在着一定的不足,例如,它们对互动进行调整并使其适应客户类型和行为的能力具有一定的局限性。如果将视频会议应用于客户关系的话也存在一定的不足,这是因为容易增加导致误解的几率,或许会造成客户关系的终结。

6.1.3 客户互动方式对比分析

企业的营销与实践经历了一个从以前的直接销售到 20 世纪 60 年代的大众营销,80 年代的目标营销、数据库营销、电话销售、互动营销,再到当前的关系营销和客户关系管理的发展过程。相应地,在每个营销发展阶段中,客户关系都呈现出不同的特征。客户关系在不同营销阶段的主要特征,以及客户互动的方式演变与比较见表 6-2。

表 6-2 不同营销阶段客户互动方式的演变与比较

进化阶段	时间	主要特征	客户互动方式
直接销售	20 世纪 60 年代前	小商店;熟客;重视关系;增加对客户了解,培养客户忠诚度和信任感	个人互动
大众营销	20 世纪 60 年代	集中化大规模生产,大范围分销,单向媒体沟通为主;成本效益高;大众媒体促销;品牌认知和市场份额是衡量成功的重要标志	以人工为主的媒体支持互动,频率低,缺少个性化
目标营销	20 世纪 80 年代	通过邮件或电话等手段,联系特定目标客户;与目标客户进行双向沟通;具有获得客户直接回应的潜在可能性	以人工为主的媒体支持互动,注重反馈

续表

进化阶段	时间	主要特征	客户互动方式
关系营销与客户关系管理	20世纪90年代至今	在维持大规模生产和分销体系的同时,发展与客户亲密的接触;客户知识和个人接触都是为了赢得客户信任感和忠诚度;客户份额是衡量成功的重要指标	媒体支持互动出现,互动深度增加,开始对互动进行定制化

(资料来源:改编自王永贵编著. 顾客资源管理[M]. 北京:北京大学出版社 2005.)

6.2 客户互动管理及其实现

对于客户互动管理而言,客户与企业的互动并不只是简单地信息交换。随着目前客户角色的转变和企业竞争的加剧,必须促成企业与客户之间建立一种长期的联系,并由此实现一种长期、稳定、有效的客户互动关系。本节介绍客户互动管理的有效实现策略。

6.2.1 客户互动管理的含义

客户互动管理指的是当企业与客户接触时(可以通过面对面、电话、网络、E-mail 或传真等不同接触方式),如何向客户提供最佳、最适合的服务或支援(如投诉问题的及时处理、快速为客户进行信息介绍服务、后勤支援业务、客户关怀问候、客户异议处理等),并将接触过程中的互动信息记录下来(例如联系记录交办事项,与相关部门和人员进行及时联系,布置后续作业等),是企业进行客户关系管理时面对的重要任务。

有效的客户互动管理必须依赖于互动技巧、员工培训以及互动渠道的整合与选择。

 阅读材料

有效的客户互动管理是促进客户满意的重要因素

虽然人们已经对客户满意及其重要性达成了共识,但长期以来,理论界和企业界对"客户互动"的关注却相对较少。所谓"客户互动"就是指企业与自己的客户之间的"互动",这种互动的根本含义在于企业要了解客户,企业要持续地了解客户,要使客户了解企业、关注企业,就要在企业和客户之间建立起"情感"纽带。也许,有人对"客户了解企业"已经有了一定的认识,因为客户如不了解企业,也就不可能成为企业的客户。但大量事实表明,较多企业对"使客户了解企业"的认识不足,或感到无能为力。正是由于这种"无能为力",使企业在客户满意方面所做的很多努力的效果打了折扣。

"客户互动"的关键是"互动",这种"互动"表现在企业的"动"和客户的"动"两个方面。可能有人认为企业"动"容易,让客户"动"难。实际上,客户时刻都在"动",只不过是企业没有去关注,没有去利用而已,如所有客户都会很认真地把自己的需求告诉供应商,所有客户都愿意把自己的不满告诉供应商,所有客户都更愿意看到供应商在进行改进等。但问题是,有些企业对客户的心态不了解、不关注,也未建立相应的互动渠道去倾听客户的心声,更不愿把自己的努力告知客户,这就产生了认为客户互动相对较难的认识。

在实践中,多数企业都会不惜成本地宣传自己的产品或服务,宣传自己的企业,但往往对了解客户、倾听客户心声的投入不够。也有的企业只让客户了解自己的正面,对企业的负面和困难,对企业的改进的

努力则闭口不言，甚至纳入"保密"范畴。殊不知，没有一个客户会相信自己选择的供应商是十全十美的。大量研究和事实表明，真诚有效的客户互动将产生良好的效果。常见的客户互动活动包括拜访、建立信息沟通渠道、互派培训师、联谊活动、共同组成改进专案组等。在互动活动中，形式是需要的，但内容更为重要。在内容方面，把产品或服务的真实质量水平，把一时难以克服的困难，把企业改进的努力和成效以适当的方式告知客户，这是一个普遍未引起重视的领域。"客户互动"的实施主体应该是企业，但这一互动需要的真正主体实际上是客户。只要企业努力了，客户将会乐观其成，将会积极配合，将会促进客户满意的提升。

6.2.2 有效客户互动管理的要求

下面从尊敬、帮助、移情作用、社会适应、可信任性、明确性等方面概括出有效客户互动管理的主要特征，并指出了一些常见的具有一定共性的失败例子，见表6-3。

表6-3 有效客户互动管理的特征

特 征	评 论	失败共性举例
尊敬的	不浪费消费者的时间，只在需要时才询问客户问题，并给出一套建议方案	网站一次又一次地不接受顾客提交的表格，提示顾客必须完成每个问题
有帮助的	促使任务完成	在线银行系统要求输入账户号码，而操作员又重复同样的问题
界面友好	使界面满足不同偏好和个性	网站的设计过于简单和冗长
社会适应	方式以是否确实需要为限，以适应环境	对于不需要邮寄的，可发送 E-mail
可信任的	提供可以影响行动的正确数据	网站不提供任何联系电话或邮寄地址
明确的	赋予每个声明或要求唯一的含义	有歧义的承诺和规则
预想的	可以预测需求	第一次接触时注册，然后在所有后来的联系中，要求重新输入相同的信息
有说服力的	应用社会技能来说服客户采取特定行动	网站内容无法引发客户注意或促使其采取进一步行动
反应性	对客户的输入做出反应	绝不对客户的咨询给予回答
情感的	以积极影响客户感情的方式做出回应	自动化的电话问询系统，提供多种选择

(资料来源：改编自王永贵. 客户关系管理[M]. 北京：清华大学出版社，2007.)

6.2.3 客户服务人员的互动技巧

有效客户互动中客户服务人员所应该具有的能力，以及客户互动中应该注意的因素还有很多，限于篇幅，在此不详细说明。与客户互动的主要技巧见表6-4。

表6-4 客户互动的主要技巧

技 巧	内 容
明确目标	基于持久关系理念，与客户发展关系，关注客户关系而不是客户交易
及时回应	收到客户的各种相关请求以后，应尽快地反馈并告知客户有关的计划
理解客户	尽可能多地了解客户的信息，掌握一些相关个人信息(如生日等)，从而理解客户

续表

技 巧	内 容
客户信任	与客户的每次接触都是增强信任度的良好机会，要加以充分利用
有效倾听	以理解客户为目的，积极倾听客户心声，了解客户之所想
完美终结	当与客户无法建立良好的关系时，可以用对双方都没有伤害的完美方式结束关系
会外之会	尽早与会者见面并进行社交活动；会后与有共同商业兴趣的与会者交谈
正直坦诚	不要刻意对客户隐瞒必要信息，但也不能跨越界限或自己角色，个人要正直坦诚
宽慰客户	不要与客户争吵，了解客户的业务受到影响的程度，不要做自己无法履行的承诺
密切接触	经常与客户接触，把与客户的接触看成机会，但是在交谈中不刻意掺杂商业要素
注意界限	在权责范围内对客户做出承诺，不说过于夸大的话或者作出超越自己权限的承诺
良好态度	注意态度，有礼貌，穿着得体，满足客户期望，展示对别人的敬意(包括竞争对手)

(资料来源：整理自王永贵. 客户关系管理[M]. 北京：清华大学出版社，2007.)

6.2.4 多渠道客户互动的整合

当前，企业中的客户互动正在朝着多渠道整合的方向迈进。当面会谈、电话交流、E-mail、即时通信、移动通信、网络交流、通过合作伙伴信息交流以及多媒体呼叫中心等多种方式都已经深入到客户互动中，以上多种互动渠道的整合已成为了企业的重要任务。

1. 多渠道客户互动管理的含义

所谓多渠道客户互动管理，就是指运用一个以上的渠道或媒介来与客户开展互动活动，而且在跨渠道或媒介中，这些互动活动能表现出协调一致性。

需要强调的是，这里的各个渠道或媒介应该协调一致，但并没有说是不一定需要采用同样的方式，这是因为不同渠道有着不同的使用目的，而且使用方式也存在差异。

例如，在一个复杂的、技术性的、B2B环境中，销售人员可能在解释产品性能、满足目标、处理客户疑问、建立首次客户接触方面做得最好。但是，即使在这种情形下，也可以利用网站或者呼叫中心来记录和检查企业产品和服务的交付能力。

类似地，在某些情况下同一互动渠道的使用方式可能会存在差异。例如，如果有人想购买其他客户在最后一刻退掉的飞机票，他可以登录拍卖网站，因为其他互动渠道并不能具备这种渠道的成本收益比率。换句话说，多种互动渠道综合运用，往往可以发挥每一种渠道的优势。一般而言，多渠道客户互动战略，可以为许多客户提供众多的接触点，客户可以通过这些接触点与企业进行更有效的互动。

阅读材料

客户对多渠道整合的需求

客户对便利性的渴求推动了多渠道整合需求的增长。客户期望进一步提高互动的反应速度，而且可供选择的互动方式也逐渐增加。通常，客户会倾向于为某一特定种类的互动选择特定的渠道。例如，在实际采购时，不少客户最可能选择的渠道是亲自去商店。比较而言，在购买前进行选择时，可能选择的是比较方便的网络渠道。在Forrester公司进行的一项调查中，46%的客户通过网络进行决策，但购买却不是通过网络进行的。与此相对，约有27%的客户不通过网络做决策，但却通过网络进行采购；通过网络做出决策并通过网络进行购买的只占17%左右。实际上，多数企业可能都无法在每个渠道上很好地满足客户的需求。其实，企业需要做的，只是在特定的渠道上满足目标客户群体的特定需求。

2. 多渠道客户互动的重要性

多渠道客户互动的重要性主要体现在两个方面：第一，增加了互动信息的可靠性、存储量，并有助于远程信息的交流以及音频、视频和数据的会聚；第二，这也是客户的期望，这些客户期望可以用更加一致的方式使用技术和流程并对互动加以管理。

3. 多渠道客户互动的收益

多渠道客户互动的整合与应用可以带来巨大好处，主要表现为以下4个方面。

(1) 有助于客户关系改善。具体包括确认和利用增加每位客户价值的机会；增加便利性和改善客户体验；增强客户购买产品的动机；改善企业新品牌运营的能力，为品牌认知创造积极影响，降低品牌失败的风险，同时还能够诱导客户对品牌忠诚并增加购买率。

(2) 有助于企业效率的提升。具体包括通过共享流程、技术、信息来提高企业效率；增加企业柔性；提高与业务伙伴交易的效率，并削减他们的成本；提升从客户数据中寻找客户需求信息的效率，为企业的增长标明新的路径等。

(3) 客户能够得到一定的好处，包括增加客户与企业互动的渠道选择自由度；提升在不同渠道之间进行转换的能力，并轻松地根据情境选择相应的互动渠道。这里所说的情境包括客户的偏好、特定的用途及互动的类型等。

(4) 企业能够得到一定的好处，包括渠道整合加深了客户数据在不同渠道间共享的程度，丰富了客户资料，增加了交叉销售机会，使企业更有可能充分满足顾客的需求。

阅读材料

几个典型的用户应用多渠道客户互动的例子

让我们看几个典型的客户应用多渠道客户互动的例子。某人想要在到达机场后立即知道他的航班的位置，于是他一边开车，一边用移动电话与航空公司联系。当客户互动中心接听他的电话时，他只需要说出航班号，而无需耐心地听完一整套菜单选项，或使用手机键盘吃力地输入信息。接着，他请客户互动中心发送一个包括航班号的语音邮件给他，以便再次查询。只用了两个步骤，他就得到了需要的东西。

在其他情况下，数据和语音相结合可能是更有效的。例如，某人打电话要求得到一份洗衣机故障排除指南，根据选择，指南被自动发送到她的E-mail或传真到她的家里，中心知道如何处理这类请求。这项技术可以灵活地接收客户通过语音或音调的输入，进行处理，并以客户极为方便的方式做出响应，如将电话转发给代理，或通过记录留言、文语转换、E-mail、传真等方法，自动交付所请求的信息。

6.2.5 客户互动中心及其应用

客户互动中心是过去企业中客户联系中心新的发展方向，这种发展深深地影响了企业与客户之间的互动方式，已经成为整合客户战略和优化关系价值的有效途径。

第6章 客户互动与客户投诉管理

1. 客户互动中心的含义

客户互动中心(Costumer Interactive Center，CIC)是站在现代信息技术发展的前沿，利用电话、计算机网络、数据库等一切先进的信息技术，将资源进行有效整合，并通过电话、E-mail沟通的形式，进行现代化客户互动的一种重要沟通渠道和手段。

只有建立客户互动中心，才能真正为企业实现实时的、全面的客户互动管理奠定技术基础。而且，客户互动中心的理念可以帮助企业改进原有的客户联系中心，使客户与企业之间的互动更富有效率。一般而言，客户互动中心都是从客户战略开始的，它整合了从特定的客户细分中获取收入和利润的业务流程，从而为企业带来了持久的竞争优势。

2. 客户互动中心的组成

客户互动中心是各种互动智能工具集成在一起而形成的交流应用软件套装。在技术层面上，CIC主要包含技术文档管理(Technical Document Management，TDM)和以IP为基础的数据交换，以及桌面呼叫软件(能够进行完全的呼叫控制)、基于技术的路由和多媒体排队与路由(可以自动分配呼叫)、带有选择性语音识别的互动语音应答(Interactive Voice Response，IVR)、传真服务器、屏幕弹出功能、网页聊天与呼叫回应、统一信息，以及呼叫管理与记录等功能。如图6.1所示描绘了CIC的典型技术构成。

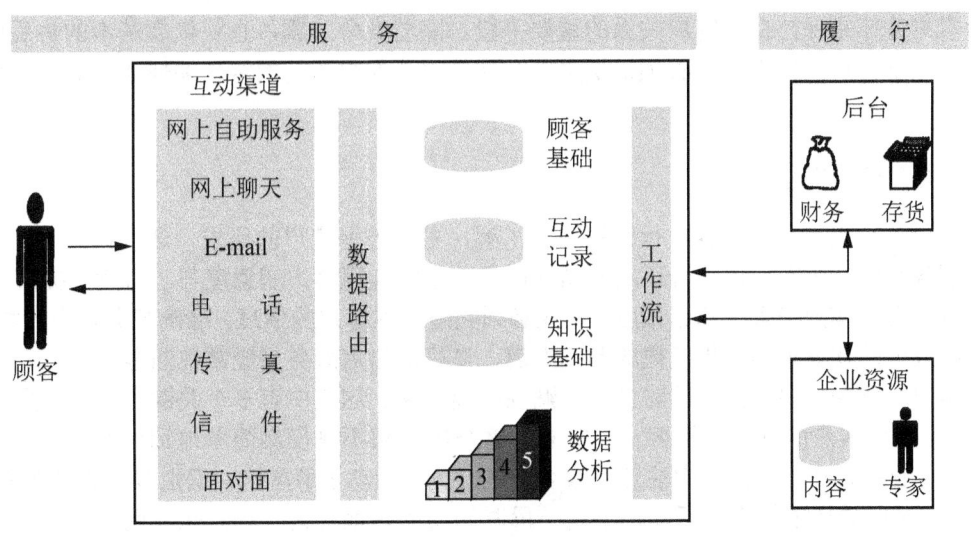

图6.1 CIC典型的技术组成

(资料来源：改编自王永贵. 客户关系管理[M]. 北京：清华大学出版社，2007.)

3. 客户互动中心的应用实例

下面的阅读材料提供了企业客户互动中心的一个应用实例，读者可以阅读领会。

 阅读材料

华晨金杯的中华轿车客户互动中心的应用案例

中华轿车客户互动中心的总部设在上海，与其他多数客户服务中心相比，该中心最大的特点是提供多

种服务，例如投诉回访、汽车保养提醒、用户专项调查等。这些服务使华晨金杯能够主动、及时地与客户进行沟通，了解消费者的最新需求，真正做到对中华轿车客户的"互动"与"关怀"。

该中心提供的其他服务还包括客户热线、专家咨询、产销问答、紧急求助等几大板块，向客户提供产品服务投诉、技术指导、产销信息、紧急订货、救护报警处理、快速救援小组等数十项服务。以快速救援为例，一旦用户的中华轿车出现问题，可拨打服务电话，中心在确认用户位置后立即与距该车最近的服务站直接联系，使用户可以在最短时间内得到救助。这一服务可覆盖全国30个省、自治区、直辖市的60多个城市，并且还将继续增加。该中心采用了Nortel CTI平台，是国内目前设备最先进的呼叫中心之一。

从规模上来讲，该中心属于国内汽车行业中规模最大的客户关怀中心，全天24小时为客户提供服务，设计能力可以同时满足50万中华轿车客户的服务需求。

中心将突破传统的服务模式，把网络、电话、现场以及分销商等多种服务整合到统一的客户平台，使客户无论在何时、何地、以何种方式都能感受到厂商的贴心服务。

(资料来源： 周贺来. 客户关系管理实用教程[M]. 北京：机械工业出版社，2009.)

6.3 客户关怀及其实施

客户关怀是保持良好客户关系的重要手段。随着竞争加剧，企业依靠基本的售后服务已不能满足客户的需求了，必须提供主动、超值、让客户感动的客户关怀才能赢得客户的信任。

6.3.1 客户关怀的含义

客户关怀就是通过对客户行为的深入了解，主动把握客户的需求，通过持续的、差异化的服务手段，为客户提供合适的产品或服务，最终实现客户满意度与忠诚度的提高。

为了提高客户满意度和忠诚度，企业必须完整掌握客户的信息，准确把握客户的需求，快速响应个性化需求，提供便捷的购买渠道、良好的售后服务与经常性的客户关怀。

客户关怀的主要特点是针对性、体贴性、精细化。这其中有多个关键点需要把握。

(1) 通过客户的行为了解客户的需求。客户的需求不是仅靠简单地询问客户就可以得到的，企业必须在日常工作中注意观察客户的行为，主动了解客户，识别客户的真实需求。

(2) 客户关怀不是市场活动，不是一段时间内的短期行为。一旦企业明确了客户差异化的体验标准，就必须成为企业日常组织习惯的一部分，而不仅仅停留在规则里。

(3) 客户关怀不是营销。客户关怀并不是追求客户买一件产品或一种服务，而是首先追求客户尽可能长时间留下来。在此基础上，通过客户的整个生命周期价值来提升获益。

6.3.2 客户关怀的内容

客户关怀的应用开始主要是服务领域。目前，它不断地向实体产品销售领域扩展，贯穿了市场营销的所有环节，主要包括售前服务(向客户提供产品信息和服务建议等)、产品质量(应符合有关标准、适合客户使用、保证安全可靠)、服务质量(指在与企业接触的过程中客户的体验)、售中服务(产品销售过程中客户所享受到的服务)、售后服务(包括售后的查询和投诉，以及维护和修理)。也就是说，目前企业的客户关怀活动已经包含在产品和服务的售前、售中、售后的整个客户体验的全部过程中。

1. 售前的客户关怀

售前的客户关怀能加速企业与客户之间关系的建立,为鼓励和促进客户购买产品或服务起到催化剂的作用,能够发现客户的需求,并向客户提供产品信息和服务建议等。购买前的客户关怀,主要是就是在产品销售前先让客户观看或体验,其主要形式包括产品推广、展示会、广告宣传和知识讲座等。例如,上海交大昂立走的是一条知识营销的道路,它在产品销售前主要客户关怀手段就是在市场上向客户传授知识,在产品科普知识的推广上投入大量的人力和财力,这为产品打开销路奠定了良好的基础。

2. 售中的客户关怀

售中的客户关怀,与企业提供的产品或服务紧紧地联系在一起。包括订单的处理以及各种有关的细节,都要与客户的期望相吻合,满足客户的需求。好的售中服务可以为客户提供各种便利,如与客户洽谈的环境和效率,手续的简化,以及尽可能地满足客户的要求等。客户购买期间售中服务体现为过程性,在客户购买产品的整个过程中,让客户去感受。客户所感受到的售中服务优秀,则容易促成购买行为。

3. 售后的客户关怀

售后的客户关怀,主要集中在高效地跟进和圆满地完成产品的维护和修理的相关步骤,以及围绕着产品、客户,通过关怀、提醒或建议、追踪,最终达到企业与客户互动,促使客户产生重复购买行为。向客户提供更优质、更全面周到的售后服务是企业争夺客户资源的重要手段,售后服务实行跟踪服务,从记住客户到及时解除客户的后顾之忧,要经常走访客户,征求意见,提供必要的特别服务。要把售后服务视为下一次销售工作的开始,积极促成再次购买,使产品销售在服务中得以延续。

 阅读材料

一家商场对苗先生太太怀孕期间的细心关怀

苗先生在美国留学,2000年他的太太前往伴读,半年后,苗先生太太怀孕了。在临产前的3个月内,他家定期收到附近一家商场的有关孕妇用品的广告,孩子出生前后那几天,又陆续收到婴儿用品广告及免费试用的几种小包装奶粉。苗先生夫妇对此感觉奇怪:来美国时间不长,常来往的也只有几个国人,当地的商家是如何得知他太太怀孕了呢?后来才得知,他太太常去购物的这家商场,是根据她以前购买卫生巾的频率及间隔这么长时间没有购物的记录,而推断出她怀孕的。苗先生夫妇为商家对一个普通女客户的细心关注感到非常满意。从此,苗先生一家成了该商场的固定客户。

这个例子实质上表明了客户管理中的客户关怀就是对客户细微的关心,客户关心不仅表现在厂家对客户言语上的关心,更表现在行动上的关心,这才是真正体现了客户管理营销"想客户之所想"的思想。

(资料来源:彭志忠. 客户关系管理:理论、实务和系统应用[M]. 济南:山东大学出版社,2005.)

6.3.3 客户关怀的方法

客户关怀手段是指企业与客户交流的手段,主要有呼叫中心、网站服务、主动电话营

销等。企业应该根据自身产品的特点，制定自己的关怀策略。企业应该区分不同规模、贡献、层次、地区甚至民族、性别，采取不同的策略，从关怀频度、关怀内容、关怀手段、关怀形式上制订计划，落实关怀。例如企业为金牌客户每年安排一次旅游，为银牌客户安排节日礼品，为普遍客户发送贺卡等，体现关怀的区别。

1. 主动电话营销

主动电话营销是指企业充分利用营销数据信息，通过电话主动拜访客户和推荐产品，以便达到充分了解客户需求的服务理念，同时也有助于提高销售机会，挖掘潜在客户。

主动电话营销必须注意两个问题：第一，要有针对性。通过其他渠道精心挑选客户，针对不同客户的具体情况，推荐可能符合其需要的产品与服务，不能千篇一律。第二，要实现信息共享。如果客户有回应，可能接电话的不是原来的那位销售人员，甚至是其他的部门人员，这就要求企业各部门之间要协同工作。当一个销售人员联系的客户把电话打到其他人员/部门时，这个人员/部门不应该说不知道，或做出与前面不同的解释。

2. 网站服务

通过网站和电子商务平台，企业可以提供及时且多样化的服务。企业可以根据客户点击的网页、在网页上停留的时间等信息，实时捕捉网页上客户要求服务的信息。企业将客户浏览网页的记录提供给服务人员，服务人员可通过不同的方式服务客户，包括电话、影像交谈、与客户共享服务软件等方式。同时企业应利用文字、语音、影像等组合多媒体的实时功能与客户进行互动和网上交易。通过网站进行客户关怀应注意以下几点。

(1) 必须提供客户需要的内容，而不是企业想让客户看到的内容。

(2) 必须定期维护与更新网站内容，这样才能吸引客户持续参访、浏览。至于一些过时的旧内容，可视需求情况整理成资料库，以供后来的使用者参考查询。

(3) 网站设计要人性化，使客户乐于登录。例如，美观、花哨的网页固然令人赏心悦目，不过客户可能受限于带宽，不见得有耐性等待漫长的下载时间；需要加入会员并登录网站的，最好简化注册与登录程度，并让使用者可以容易地查询或增加、修改个人相关资料。

3. 呼叫中心

呼叫中心是一种利用现代通信网和计算机网进行集成，并与企业整体流程巧妙融为一体的、完整的交互式综合信息服务系统，通过高素质的坐席代表，使用一个公开的电话特服号码提供对客户的电话服务。呼叫中心突破了时间和空间的限制，在人工坐席和自动语音应答设备的配合下，利用强大的数据库功能可以方便地提供24小时和分布式呼叫服务，极大提高企业的服务效率和管理水平，帮助企业了解客户、服务客户和维系客户。

呼叫中心集成了人工坐席、自动语音、传真、互联网、E-mail、网络电话等多种服务形式，可对企业的售前、售中、售后服务的各个环节实施有效的监管。

有关呼叫中心的详细介绍，请参见本书第8章的相关内容。

6.3.4 客户关怀系统的结构

1. 客户关怀系统一般结构

客户关怀系统的一般结构应该包括接触层、运作层和分析层，如图6.2所示。

第6章 客户互动与客户投诉管理

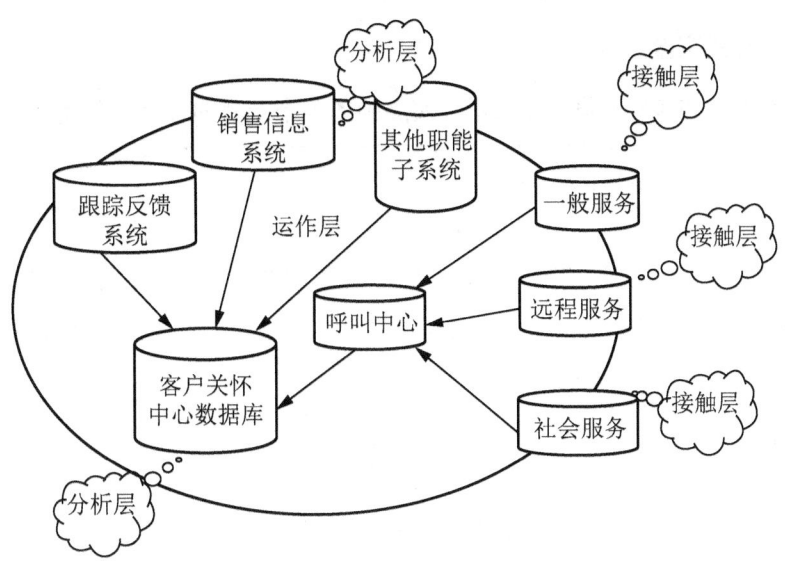

图 6.2 客户关怀系统层次结构

(1) 接触层。客户关怀系统应该能够支持客户和企业之间各种各样的接触活动，如一般服务、远程服务、社区服务、E-mail、呼叫中心以及信息咨询等。企业必须协调这些沟通渠道，保证客户能够采取其方便或偏好的形式随时与企业交流，并且保证来自不同渠道的信息完整、准确和一致。客户关怀系统与 Internet 进一步紧密结合，发展成为基于 Internet 的应用模式。如产品、使用、维护等信息可以通过网站的形式发布，客户的资料能在有安全保障的前提下达到共享。利用客户关怀系统能大大加强服务范围和反应速度。

(2) 运作层。客户关怀系统的运作层包括的各个职能子系统的独立和协同运作。客户关怀系统运作层主要有销售系统、客户信息系统、跟踪反馈系统。

(3) 分析层。客户关怀系统的分析层是构建在中心数据库上的。在中心数据库上通过对无用信息的过滤、数据整合组建数据仓库，应用数据挖掘技术提取信息，组建专家系统和智能系统，对于企业的发展有不可低估的强大作用。

2. 客户关怀系统数据结构

客户关怀系统的数据结构如图 6.3 所示。从图 6.3 可以看出，客户关怀系统根据客户的基本数据、财务数据、行为数据，通过对有效数据的抽取，建立分类关联，再利用数据的挖掘和分析，按照需要生成智能判别模式可以被应用在多个部门中。

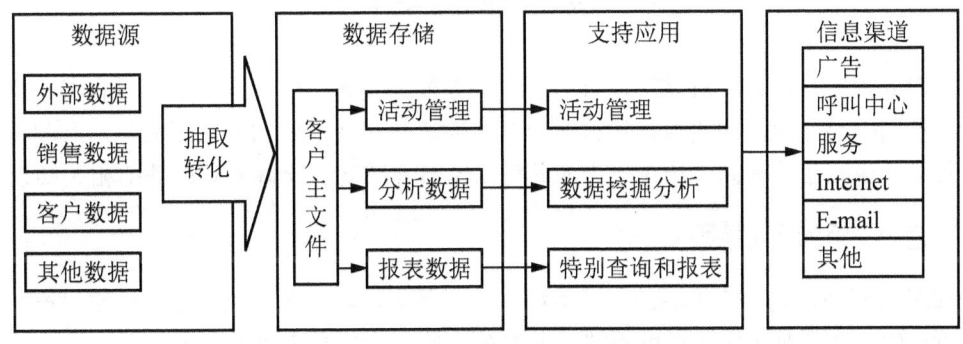

图 6.3 客户关怀系统数据结构

6.3.5 客户关怀的实施

客户关怀的实施步骤如图 6.4 所示。实施中的各个步骤的含义和作用如下。

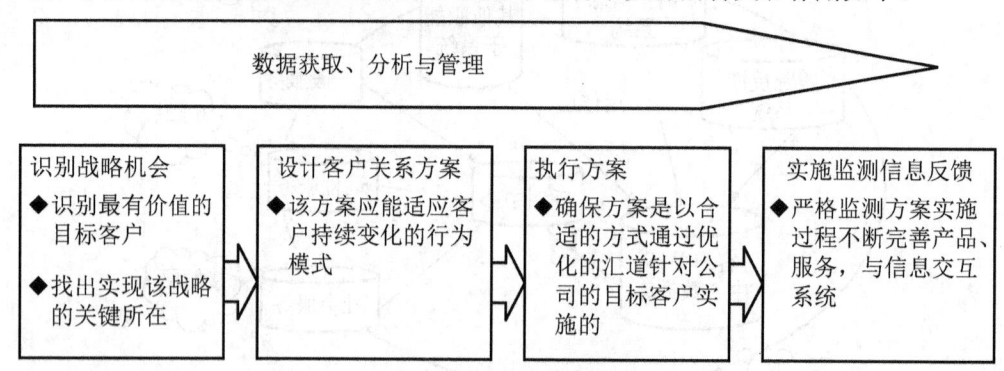

图 6.4　客户关怀的实施

(1) 全员贯彻客户关怀的理念和宗旨。因为服务本身具有无形性，它体现在企业每一位员工的具体行为中。每一个面对客户的环节和机会都是提供客户服务、实施客户关怀的渠道。只有将客户关怀理念贯穿于企业上下，激发全员参与，才能保证客户关怀制度切实可行并行之有效。

(2) 识别战略机会。深入地对客户进行研究和分类，建立差别化的客户关怀体系。由于客户对企业的贡献率是有差异的，为平衡收益与客户关怀的成本支出，应该建立差别化的客户关怀体系。所以应该先对所有的客户交易数据进行系统的研究和分类，并按照客户的贡献度将客户分层，按照 20/80 原则建立差别化的客户关怀体系。

(3) 设计客户关怀方案。客户关怀的实施必须是持续性行为，所以需要整体策划。

(4) 执行方案。统筹安排客户关怀计划的实施，从细节着手，从小处实施，以周到而细微的服务打动客户，从而提升客户的满意度，增强客户的忠诚度。

(5) 实施监测信息反馈。建立投诉、抱怨渠道，并保持渠道通畅，企业必须重视引导客户表达不满的方式。及时对客户的不满进行化解，这样才能真正做到客户导向型，同时也可以提高客户的满意度。当然，沟通渠道建立的同时，必须要保持渠道的通畅，并适当地对一线员工授予解决问题的权限，以做到及时处理客户的投诉。

6.4　客户投诉及其处理

正确处理客户投诉，对保持现有的客户关系能起到促进作用，甚至可以将客户投诉转变为企业的收益。快速解决客户投诉的问题，使客户享受更好的产品或服务，有利于提高企业信誉，也是企业提高市场竞争力的关键。本节介绍客户投诉及其处理的相关知识。

6.4.1 客户投诉的产生原因

如图 6.5 所示为客户投诉的产生流程。可以看出，客户之所以提出投诉或对产品或服务进行抱怨，主要是因为满意度不够，究其最终原因，主要有以下几个方面。

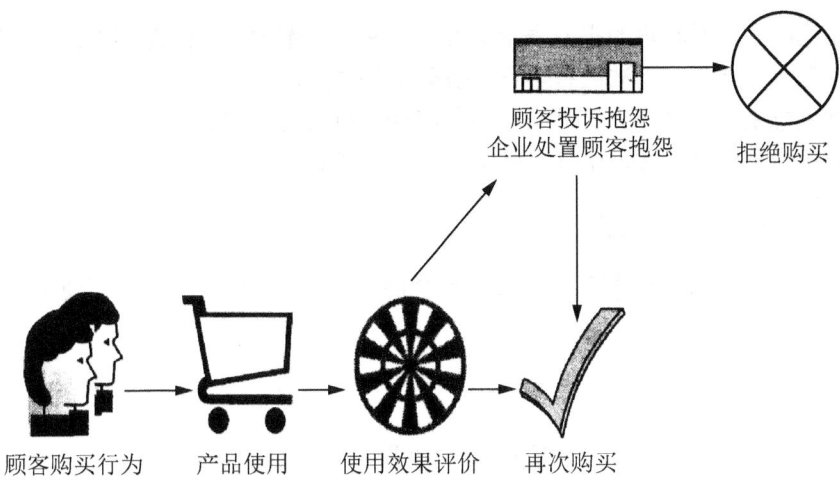

图 6.5　客户投诉的产生流程

1. 供应商未适度地管理客户期望

在一般情况下，当客户的期望值越高时，购买产品的欲望也就越大。但当客户的期望值过高时，就会使客户的满意度降低。比较而言，当客户的期望值较低时，客户的满意度可能会有所提高。因此，供应商应该适度地管理客户的期望。当期望管理失误时，就容易导致客户投诉。其中，客户期望管理的失误主要体现在两个方面。

(1) 过度承诺。如有的网上商城承诺包退包换，但一旦客户提出时，总找理由拒绝。

(2) 隐匿信息。例如，在广告中过分宣传产品的某些性能，故意忽略一些关键的信息，转移客户的注意力，引诱客户上当，造成客户预期的落空。这样的管理失误往往导致客户在消费过程中产生失望，乃至上当受骗的感觉，从而产生抱怨，甚至进行投诉。

2. 产品或服务的质量问题

产品或服务的质量问题也是引起客户投诉的一个重要原因。这主要表现在以下方面。

(1) 产品本身存在问题，质量没有达到规定的标准。

(2) 产品包装存在问题，以至于导致产品损坏。

(3) 产品的质量虽然没有大问题，但是存在小的瑕疵。

(4) 客户没有按照操作说明进行操作而导致故障。

例如，在通信服务企业中，其他通信企业给客户提供越来越多的功能，网络覆盖不断扩大，接通率不断提高，网络掉线率不断下降；而本企业提供的通信服务却在很多地方打不通，或经常掉线，那么客户埋怨就会不断增加，从而产生投诉。

3. 服务态度或服务方式问题

企业通过服务人员为客户提供产品或服务，服务人员缺乏正确的推荐技巧和工作态度都有可能导致客户的不满，并产生投诉。这方面的主要表现有以下几种。

(1) 对客户冷漠、粗鲁，表情僵硬，或者表示出不屑。

(2) 不尊重客户，不礼貌，缺乏耐心，对客户的提问和要求表现出烦躁情绪。

(3) 服务僵化、被动，没有迅速、准确处理客户的问题。

(4) 措辞不当，用词不准，引起客户的误解。

(5) 缺乏耐心，对客户的提问表示烦躁，不情愿，不主动，爱理不理，言语冷淡。
(6) 缺乏专业知识，无法回答客户的提问或答非所问。
(7) 过度推销，过分夸大产品与服务的好处，引诱客户购买。
(8) 有意设立圈套让客户中计，强迫客户购买等。

6.4.2 正确看待客户投诉问题

企业必须认真对待客户投诉，一方面可解决客户问题，另一方面也可使企业从中受益。

阅读材料

一个美国商人对于客户投诉的看法

"那些购买我的产品的人是我的支持者；那些夸奖我的人使我高兴；那些向我投诉的人是我的老师，他们纠正我的错误，让我天天进步；只有那些一走了之的人是伤我最深的，他们不愿给我一丝机会。"

——美国商人马歇尔·费尔德

1. 客户投诉的收益价值

将客户投诉转变为企业收益的前提是正确看待客户投诉，并从中挖掘对企业有价值的信息。客户投诉是企业非常有价值且免费的信息来源。
(1) 客户投诉可使企业及时发现并修正产品或服务中的失误，开创新的商机。
(2) 客户投诉可使企业获得再次赢得顾客的机会。
(3) 客户投诉可以帮助企业建立和巩固企业自身的形象。

2. 不投诉并非客户满意

国外的研究者将客户投诉比喻为冰山现象，已投诉客户是冰山周围的水，只是很小的一部分，而准备投诉和未投诉的客户才是冰山的主体，如图 6.6 所示。只有在矛盾激化时，不满的客户才上升，浮出水面，变成准备投诉的客户。潜伏在水底的是大量不满的客户，但他们并不打算将不满告知企业。另据美国调查机构 TRAP 调查，只有 1%～5%的投诉反映到了高层管理者，45%的投诉反映到代理机构、分支机构和一线人员，50%的客户遇到问题从不投诉。虽然客户投诉是司空见惯的事情，但为什么大部分不满的客户不愿投诉呢？

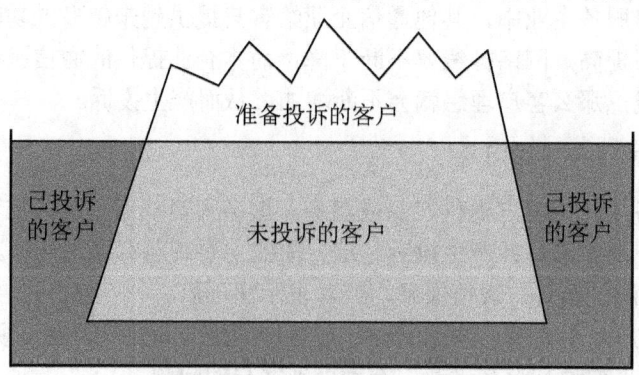

图 6.6 客户投诉问题"冰山模型"

客户关系来源于客户忠诚,客户忠诚来源于客户满意。客户满意度是客户对产品的实际效果与期望效果的比较。过高的期望与过低的效果,带来的就是客户的不满、抱怨和投诉。然而,大部分客户是遭受不满但不抱怨和投诉。

 **阅读材料**

可口可乐公司对顾客抱怨的一次调查

1981年,可口可乐公司进行了一次顾客沟通的调查。调查是在对公司抱怨的客户中进行的。下面是那次调查的主要发现。

(1) 超过12%的人向20个或更多的人转述可口可乐公司对他们抱怨的反应。

(2) 对公司的反馈完全满意的人们向4~5名其他人转述他们的经历。

(3) 10%对公司的反馈完全满意的人会增加购买可口可乐公司的产品。

(4) 那些认为他们的抱怨没有完全解决好的人向9~10名其他人转述他们的经历。

(5) 在那些觉得抱怨没完全解决好的人中,有1/3的人完全抵制可口可乐公司的产品,其他45%的人会减少购买。

6.4.3 提高处理投诉质量的措施

1. 扫除客户投诉的障碍

(1) 鼓励客户投诉。要在企业内部建立尊重每一位客户的企业文化,并通过各种渠道告知客户企业尊重他的权利。要让全体员工,而不仅仅是客户服务部门的员工,认识到客户的投诉可为企业提供取得竞争优势的重要线索,而不是给工作带来麻烦。

 **阅读材料**

一些公司鼓励客户投诉的做法

联邦快递公司保证,如客户在递交邮件次日10:30前没收到邮件,邮递费用全免。在此基础上还要增加处理投诉的透明度,设立奖励制度鼓励客户投诉,从而加强客户与企业、企业与员工、员工之间的理解。

芝加哥第一银行定期将客户的投诉信件公布在布告栏中,并选择典型事例发表在企业内部刊物上。同时奖励由于其投诉给企业带来产品或服务改进的客户,及正确处理客户投诉、提高客户忠诚度的员工。

(2) 引导客户投诉。在鼓励客户投诉的基础上,企业还应设计方便客户投诉的程序,并在客户中进行宣传,以鼓励和引导客户投诉。例如,加拿大的斯考特银行在每个营业处都摆放有名为"服务指南"的小册子,其中详细说明了帮助客户投诉的各个步骤,包括向谁投诉,如何提出意见和要求等。同时"服务指南"还提供了一位银行负责服务管理的副总经理的电话号码,如果客户对投诉结果不满意,可以直接打电话向副总经理反映情况。

 阅读材料

某汽车4S店致投诉用户的一封信

感 谢 信

尊敬的×××先生/女士：

　　您好！

　　非常感谢您选用"××"汽车，并选择本公司为您提供服务，而且在信任我们的同时给予了我们非常宝贵的建议和意见。

　　饮水思源。我们深知所取得的每一点进步和成功，都离不开您的关注、信任和支持，您的满意将是我们的最终目标。我们的工作还存在不足之处，请相信我们真诚为您服务的意愿，我们始终努力，并将继续努力为您提供优质、满意的服务，让您的爱车在这里得到专业的维护，免除您的后顾之忧。希望我们的努力能得到您的认可，我们的服务能让您满意。

　　再次感谢您给予我们的帮助，在您回到这里时请到客服中心领取我公司为您精心准备的礼品。

　　客服中心服务质量监督电话：×××××××

　　祝您身体健康！合家欢乐！

公司总经理：×××
20××年××月××日

　　（3）方便客户投诉。企业应尽可能降低客户投诉的成本，减少其花在投诉上的时间、精力、金钱等。方便、省时、省力的信息接收渠道使客户投诉变得容易。许多公司已开通了"800"投诉专线，客户可以很方便地告知他们的问题，而且电话费用由公司支付。与处理信函相比，不仅提高了反馈速度，还能节约10%～20%的成本。

 阅读材料

美国通用电气公司开展的电话沟通

　　早在20世纪80年代初，美国通用电气公司就提出了客户"亲情营销"战略，其核心是"精确化服务"，即以10倍于追求情人的热情，精确地了解客户希望的商品或服务的个性，找准客户，精确地介入其购买和更新产品的意愿。"亲情营销"缩短了企业与客户之间的距离。

　　通用电气公司经常听取免费使用"800"电话的客户意见，它总共设立了5个"电话应答中心"，每年接受的电话询问达310万人次，其中80%来自客户，20%来自零售商和制造商。电话应答中心为客户提供了使用、保养家用电器的知识，诊断他们遇到的故障与问题，为他们提供最迅速的技术援助。

　　该公司的150位从事电话服务的工作人员都具有大学学历和一定的销售经验，上岗前还要接受为期6个星期的强化训练。他们不仅能及时妥善处理客户投诉、提供正确的产品使用方法及完成小修理的指导，而且能从数以万计的电话内容中分析、发现有关的市场信息，预测客户需求变化的趋势及产品的改进与开发的线索。公司每年耗费在电话服务上的费用高达1000万美元。客户与公司之间已建立了良好的沟通。

　　20世纪90年代，通用电气公司首先构建了遍及全球的电子邮件网。今天，通用电气公司已拥有世界上最大的"客户记录资料库"与"解决问题资料库"，内存客户档案3 500万份，几乎占美国家庭的1/3。

2. 建立完善的客户投诉处理流程

完善的客户投诉处理流程要对每一位客户的投诉及处理都要做出详细的记录,包括客户投诉的内容、处理投诉的过程及结果、客户是否满意等。这样做的目的是全面收集、统计和分析客户的意见,不断改进客户投诉的处理办法,并将获得的信息整理后传达给其他部门,以便及时总结经验和教训,为将来更好地处理客户投诉提供参考。

 阅读材料

客户投诉处理流程的一般流程

客户投诉处理流程一般说来包括以下几个步骤。

(1) 记录投诉内容。利用投诉记录表,详细记录投诉人、投诉时间、投诉对象以及投诉要求等内容。

(2) 判定投诉是否成立。包括理由是否充分,要求是否合理。如果不成立,以婉转的方式答复客户。

(3) 确定投诉处理责任部门。根据实际问题,确定相关的具体受理单位、部门和受理负责人,如属于运输问题的交给储运部处理,属质量问题的交给质检部处理,属于售后服务问题的交给客户服务部。

(4) 责任部门分析投诉原因。要查明客户投诉的具体原因及具体造成客户投诉的责任人。

(5) 提出处理方案。根据实际情况,参照客户的投诉,提出解决具体的方案,如退货、换货、维修、折价、赔偿等。

(6) 提交主管领导批示。对于客户投诉问题,企业领导应予以高度重视,主管领导应对投诉的处理方案过目,并及时做出批示。

(7) 实施处理方案。对直接责任人要按照规定进行处罚,依照投诉造成的损失额,扣罚责任人一定比例的绩效工资或奖金;对不及时处理问题造成延误的责任人也要进行追究,并将处理结果及时通知客户。

(8) 总结评价。对投诉处理过程进行总结与综合评价,吸取经验教训,提出改进对策,不断完善企业的经营管理和业务运作,以提高客户服务的质量和服务水平,降低投诉率。

3. 提高一线员工处理投诉的水平

一线员工往往是客户投诉的直接对象,然而目前许多企业不注重这方面的训练,员工处理客户投诉凭的是经验和临场发挥,缺乏平息客户怨气的技巧。

企业应当利用各种形式,对一线员工进行培训,教会他们掌握处理客户投诉的技巧,使一线员工成为及时处理客户投诉的重要力量。此外,要赋予一线员工一定的权力,使他们在处理一些无法预见的问题时有相对较大的自主权,以便对客户提出的意见和建议做出迅速的反应,从而保证为客户提供迅速、及时、快捷、出色的服务。

 阅读材料

如何应对3种特殊客户的投诉

1. 应对感情用事的客户。保持镇定,让其发泄,仔细聆听,尽力安抚,语气谦和但有原则。
2. 应对固执己见的客户。先表示理解客户,然后劝客户站在互相理解的角度看问题,并耐心劝说。
3. 有备而来的客户。要谨言慎行,尽量避免使用书面材料,要充满自信,明确表示解决问题的诚意。

4. 警钟长鸣，防患于未然

首先，分析客户投诉的原因，查明具体责任人，并对直接责任人和部门主管按照有关规定进行处罚，必要时将客户投诉及相关处理结果在企业内部进行通报，让每一个员工都知道这件事，以避免类似错误再度发生；其次，提出"对症下药"的防止投诉问题再次发生的措施，不断改进企业工作中的缺陷；最后，要避免一些常见投诉处理的错误方法。

 阅读材料

处理客户投诉常见的错误行为

1．在事实澄清以前便承担责任，一味的道歉或者批评自己的同事。
2．与客户争辩、争吵，不承认错误、只强调自己的正确方面，言辞激烈，带攻击性。
3．教育、批评、讽刺、怀疑客户，或者直接拒绝客户，说"这种事情绝对不会发生"。
4．表示或暗示客户不重要，为解决问题设置障碍、吹毛求疵、责难客户，期待客户打退堂鼓。
5．问一些无意义的问题，以期找到客户的错误，避重就轻，假装关心，实际却无视客户的关键需求。
6．言行不一，缺乏诚意，拖延或隐瞒事情的真相，只是想蒙混过关，而不是处理解决问题的心态。

本 章 小 结

采取有效方式，通过多种渠道，加强与客户的有效互动是企业保持客户关系稳定和持久的重要手段，这将直接影响到客户今后的购买行为。本章首先介绍了客户互动的含义、类型及功能，客户互动管理的含义、标准、方法与途径；然后介绍了客户互动中一种重要形式——客户关怀的含义、内容及其方法；最后，本章介绍了如何正确认识并熟练地处理客户投诉，以及提高处理投诉质量的一些主要措施，例如，扫除客户投诉的障碍，建立完善的客户投诉处理流程，提高一线员工处理投诉的水平，经常进行投诉工作检查等。

通过本章学习，读者应能够充分认识到客户互动工作的主要作用；灵活掌握常用的客户互动方式；熟悉客户关怀的常见做法；掌握处理客户投诉问题的工作流程和处理方法。

 关键术语

客户互动　　客户互动管理　　多渠道客户互动　　客户互动中心　　客户关怀　　客户投诉

练 习 题

一、填空题

1．从企业与客户双方互动的内容来说，客户互动包括产品或服务信息咨询与介绍、_____、_____、_____、客户异议及其处理等。

2．客户关怀手段是指企业与客户交流的手段，主要有_____、_____以及主动电话营销等。

3．客户关怀系统的一般结构包括3层，分别是_____、_____和_____。
4．企业必须设法提高处理客户投诉问题的质量，为此可以采取的措施包括 4 个方面，分别是_____、_____、_____和_____。

二、判断题

1．客户互动仅仅就是要求企业及时给客户提供产品或者服务信息。　　　　　　（　）
2．在客户关系管理中，企业与客户之间的互动应当是双向沟通的。　　　　　　（　）
3．在多渠道客户互动管理中，各种互动活动要表现出协调一致性。　　　　　　（　）
4．客户不投诉就表示客户满意。　　　　　　　　　　　　　　　　　　　　　（　）
5．客户投诉问题的处理只是客户服务部门自己的事情。　　　　　　　　　　　（　）

三、名词解释

1．客户互动
2．客户互动管理
3．客户互动中心
4．客户关怀
5．客户投诉

四、简答题

1．什么是客户互动？客户互动可以分为哪些类型？客户互动的方式是如何发展演变的？
2．什么叫客户互动管理？有效的客户互动管理具有哪些主要特征？
3．客户服务人员在进行客户互动时，需要注意哪些基本技巧？
4．什么是多渠道客户互动？多渠道客户互动在客户服务中具有什么优势？
5．什么是客户互动中心？客户互动中心一般由哪些部分组成？
6．什么是客户关怀？其基本内容和实现手段是什么？
7．什么是客户投诉？其产生原因主要有哪些？
8．如何正确地认识和看待客户投诉问题？
9．如何采取措施，切实提高处理客户投诉的质量？
10．通过本章内容学习，你对客户互动在客户关系管理中的重要性如何认识？

五、案例应用分析

案例6-1　一汽大众公司mySAP CRM客户互动中心的应用

一汽大众公司的总部设在长春，是中国第一汽车制造厂和德国大众奥迪公司1991年联合组建的大型合资汽车制造企业，也是中国唯一中档型和豪华型轿车的生产企业。目前，该公司利用mySAP客户关系管理解决方案(mySAP CRM)，实现了先进的客户关系管理。

负责信息管理服务工作的高级经理王强先生介绍说："我们主要采用mySAP CRM解决方案克服目前客户服务反应迟钝和应答次数较低的问题。在支持客户服务方面，原有IT系统无法提供实时信息，数据和业务流程的集成不完整，而且缺少IT专业人员。"一汽大众公司通过地区经销商销售产品，不能直接获得所需的客户反馈意见，因而无法保证为客户提供优质服务并对市场进行智能化管理。公司在短短6个月的时间实施了mySAP客户关系管理解决方案(mySAP CRM)，从而改进了客户服务质量，并能掌握更多与客户群相关的重要信息。王先生说，"mySAP CRM明显巩固了我们与客户之间的关系，并且从销售、服务到市场营销过程，在一个平台上集成了所有客户服务功能。"

一汽大众公司实施了集销售、服务和营销为一体的mySAP CRM客户互动中心(CIC)。现在，客户可以通过电话、传真、E-mail和互联网等多种方式与客户联系中心联系。在一汽大众项目中，mySAP CRM与核心SAP企业解决方案紧密集成，客户、服务代表及企业内部可以共享通信和信息。

王先生评价这套系统时说，"现在，通过mySAP CRM与核心SAP企业解决方案的集成，我们可以随时访问产品、经销商和客户的相关信息。因此，客户服务代表能掌握最新的产品信息，随时随地解决客户提出的问题。由于mySAP CRM系统中嵌入汽车生产的全部流程，因此服务代表们可以根据第一手资料做出更为准确可靠的决定，监控并更好地满足客户的需求。"

王先生说，"mySAP CRM使我们更好地与客户进行沟通，提高服务和产品质量，实现成为中国汽车生产龙头企业的战略目标。这一解决方案可以提高我们企业的整体形象，对市场变化做出更快速的响应，进一步提高客户的满意度。mySAP CRM能为客户提供最佳服务，因此还能吸引潜在客户，从而提高我们的经济效益。"

在选择mySAP CRM之前，一汽大众公司也曾考虑过其他一系列的解决方案。"在对可靠性、灵活性和稳定性进行了综合评估之后，我们在各种客户关系管理解决方案中选择了mySAP CRM，"王先生补充说，"而且这一解决方案可与我们现有的SAP核心企业解决方案全面集成。mySAP CRM良好的架构还有利于系统今后的升级。"一汽大众公司采用AcceleratedSAP快速实施技术迅速部署了mySAP CRM。公司的mySAP CRM服务端为运行在UNIX环境下的惠普企业级服务器，客户端为Oracle数据库和Windows NT系统。mySAP CRM安装在一汽大众公司的客户中心，与集成话音响应(IVR)系统、诊断系统和西门子系统构成计算机和电话解决方案集成。

客户联系中心有十多位客户服务人员，每天处理往来呼叫约800人次。mySAP客户集成中心解决方案可处理往来呼叫、管理电子邮件和各种活动，跟踪、监控并提高客户联络的整体水平。

到目前为止，实施的解决方案已明显改善公司的运营状况。一汽大众公司下一步计划实施mySAP CRM市场扩展功能和信息挖掘功能，进一步提高客户服务水平。

王先生最后说，"mySAP帮助我们快速准确地响应客户的要求，使他们对公司的服务感到满意，并进一步提高了客户的忠诚度。这一解决方案还有助于理顺我们的业务流程，提高工作效率，改进关键运营指标。"mySAP CRM已经大大提高了一汽大众公司的竞争实力。

(资料来源：一汽大众公司案例：mySAP CRM客户互动中心. 中国电子政务网 2007-6-15)

案例讨论题：

(1) 客户互动中心在客户服务方面具有什么重要作用？
(2) 在本案例中，一汽大众公司的客户互动中心都采用了哪些先进技术？
(3) 一汽大众公司的客户互动中心要想发挥自身作用，企业还需要作好哪些相关的工作？

案例 6-2　移动公司营销代表用微笑服务应对"大叔"投诉

江小姐2005年进入中国移动××省分公司××营业厅工作。3年多来，江小姐作为营销代表中的一员，每天都会遇到各种各样的客户，其中有素质较高的大学生，也有文化程度较低的农民工。无论面对的是什么素质的客户，在日常工作中她都能专心倾听客户的各种需求，并耐心与细心地为客户服务。

在今年7月的一天傍晚，当营业厅正准备结束一天的营业之时，一位操着一口浓重东北口音的50岁上下的大叔怒气冲冲地走来，前脚还没踏入营业厅的门口就大骂"中国移动乱扣费"。江小姐见此情形，马上站起来用热情的笑容迎接该客户，并询问他需办理什么业务。大叔大声地说：自己用的是神州行畅听卡，每月只扣10元月租，但在前两天才刚充了50元，没打几个电话就收到语音提示"余额不足了请及时充值"。该大叔觉得中国移动公司是在乱扣费，还肯定是中国移动公司内部的员工做了什么"手脚"，把他手机账户里的钱都转走了。当时，大叔的情绪异常激动。

江小姐当时的第一反应就是要稳住客户情绪，缓解其怒气。于是就恭敬地请大叔坐到她的前台座席处，给他倒了一杯凉开水，并温和地说："您不用着急，一切交给我帮您查证，如果确实是移动公司给您多扣了话费，肯定会给您一个满意的解决方法的。"大叔疑惑地看了看自己眼前的年轻女孩，显然之前的"火气"已经消了一些，回答道："我上个月听老乡说你们移动公司为我们外来工开通了一个名叫'我爱我家'的业务，说可以发信息申请就每月能免费打15分钟。我已经办了，但这个月却没有话费返还。"江小姐在耐心地听了大叔的诉求后，立刻帮大叔查询他是否在编制亲情号时输错了号码，但查询结果显示大叔编制的亲情号码是正确的。江小姐再一次温和地询问大叔："大叔，您知道您手机的服务密码吗？如果有服务密码的话可以在那台自助终端机上打印上个月的通话清单和查询这个月的实时清单，通过清单就可以详细了解扣费情况了。"大叔皱着眉头："服务密码？可能是⋯⋯我要去试试才知道！"江小姐引导大叔到自助终端机前，耐心地教大叔操作。

待大叔把上月的通话清单打印出来后，江小姐仔细地核对，发现清单上出现两处问题。

(1) 在拨打亲情号码前加了12593，而没有直拨，因此不能享受"我爱我家"的优惠。

(2) 拨打的日期并不是在星期六或星期天，所以产生的话费都是要按标准资费计费的。

江小姐轻声细语地向大叔讲解了扣费的原因，并双手给大叔递去了"我爱我家"的宣传单，教会了他使用"我爱我家"打电话给家人的正确操作方法，并提醒他服务密码的重要性，叮嘱他要牢记好。大叔在了解了"乱收费"的来龙去脉后，有点不好意思地说："哎呀！原来我的钱突然被扣得那么厉害是因为我对"我爱我家"没有了解清楚和错误拨号造成的！刚才我那么凶，你的态度还是很友善，而且你年纪轻轻就这么能干，我一开始还怀疑你能否帮我解决问题。现在让你下班晚了，不好意思啊！"江小姐连忙微笑着说："谢谢您对我的夸奖！尽心尽力服务客户是我应该做的，非常感谢您对中国移动的支持！"

在江小姐心中，总是有一个坚定的信念：虽然自己只是移动公司中微不足道的一员，虽然自己也只是一名普通的营销代表，但自己每天都是直接面对客户的，自己的形象代表了中国移动员工的精神面貌和素质，所以一定要让每位客户都在接受自己的服务后，满意地离开。

案例讨论题：

(1) 在面对非常愤怒的客户进行投诉时，接待的服务人员第一举动应该是什么？

(2) 从上述实例中江小姐处理农民工大叔的投诉处理过程，你受到了什么启发？

(3) 根据本案例的描述，请你总结出优秀客户服务人员应该具备的基本素质。

案例6-3 著名制鞋企业——LaNew公司别致的客户关怀策略

台湾是制鞋王国，但多以外销为主，一些真正为客户量身定做、符合人体力学的鞋，虽在台湾生产，但并未在台湾的商场或鞋店出售。台湾消费者的消费行为和消费习惯是，鞋只要穿得漂亮美观就可以了。因此，台湾制鞋商也就顺理成章地养成"客户喜欢什么，就卖什么"的习惯，不管消费者舒不舒服。而在制鞋行业的竞争中，价格往往主宰一切。

拥有127家门市的老牛皮(LaNew)国际公司是第一家标榜"先量脚，再选鞋"的制鞋商。LaNew公司的副总经理王瑞敦表示："客人喜欢穿什么就卖什么，这样卖鞋似乎太笼统。其实每个人种的脚型都不一样。如不能先了解顾客的脚型，这双鞋穿起来一定不会舒服，穿起来不舒服的鞋久而久之就被放在角落，然后，一两年就丢弃，这样卖鞋实在没有意义。"

价值才是维系顾客忠诚的所在

"我们相信顾客要的是价值，而不是价格。"王瑞敦这样认为现代消费者的消费模式与思维。过去消费者买鞋主要挑选款式和价格，而很少考虑舒适性，但是现在的消费者开始懂得体惜自己，愿意花比较高的价钱来获取足部的舒适感。LaNew 公司除训练员工简易的足部护理概念外，更注重品牌的长期耕耘。"不强迫顾客购买"是 LaNew 公司坚持的经营理念。正因为 LaNew 公司发自真心的服务，使得 LaNew 公司的客户流失率颇低。这种特殊的服务、产品品质和理念是 LaNew 公司产品价值的体现。

首创医鞋院和足部研究所

所谓医鞋院，其主要业务就是为鞋品进行维修的一套系统，为了强调 LaNew 公司鞋子的独特和舒适性，每双鞋都附有保修半年的保证书。曾经有个工地的负责人半年内修鞋不下 3 次，后来 LaNew 公司了解到他的工作环境是有高危险性的工地，于是着手进行这类顾客鞋种的改善，并定期追踪其适穿性，以解决客户的问题，此举也奠定客户的长久忠诚度。另外，LaNew 公司还别出心裁地成立了足部研究所，不但聘请专任医师来讲解，使其全部员工知道足部的病理，还针对台湾人的足部进行了 1 万多份的问卷调查，发现 10 个人中就有 7 个人的足部有问题，原因大多是鞋子不合脚、穿起来不舒服或是使力不对。正因为 LaNew 公司在制鞋上对客户需求表现出高度的关心，很多医院的医生都会建议病人到 LaNew 公司找一双最适合自己的鞋子，"广告费省了不少。"王瑞敦打趣地说。

从活动中找到研发的动力与依据

成立将近 6 年，施行连锁店制度 3 年，LaNew 公司认为市场和需求变化甚快，唯有以快速和超值的服务来满足顾客方是良策。为了研发出最适合台湾人的鞋，LaNew 公司不断地定期举办活动作为研发的动力与依据。LaNew 为推出休闲气垫鞋举办了第一届"勇敢的台湾团仔走世界"，次年更是不惜巨资带领挑战者勇闯新疆帕米尔高原。通过登山活动，可以了解到 LaNew 公司的鞋需要加强之处何在，适不适合各地不同的地形和气候。以此再进行最后的改善和研发，可见 LaNew 公司对于制鞋的细心程度。

王瑞敦认为，当价值提升后，顾客会发现所需要的不只是鞋，而是足部健康、相关知识和信息的分享，以及舒适的行走权利。

(资料来源：中国经营报 时间：2003-6-10)

案例讨论题：

(1) LaNew 公司作为一家知名制鞋企业，与其他类似企业的价值定位有什么不同？它是如何实现这个不同的企业价值定位的？

(2) LaNew 公司为什么要首创医鞋院和足部研究所？请从成本投入和收益获得两个方面进行分析。

(3) LaNew 公司技术研发的主要源泉来自哪里？该公司是如何收集这些信息的？

(4) 本实例中企业的具体做法对我国国内的制鞋企业有什么指导作用？

实 践 训 练

1. 社会调查题

自己通过相关关系，联系 2~3 家企业，对其客户互动服务工作的开展情况进行调研。根据实际调研的结果，进行如下问题的分析：

(1) 如果你认为某一个/几个企业的客户互动工作开展的很好，总结其主要做法。

(2) 如果你调查的某一个/几个企业根本没有开展客户互动工作，分析主要原因。

(3) 如果你认为某一个/几个企业客户互动工作已经开展，但是效果很差，请帮助诊断其中的原因，并根据本章所讲的知识，帮助其给出一些合理化的建设性建议。

2．方案设计题

假设你是一家人寿保险公司客户服务部的负责人，请设计一些客户关怀的具体方案。

【提示样例：在客户本人的生日时，送上生日礼物；在一些节日，如中秋节送上礼物】

3．情景分析题

你是某食用油企业的客户服务人员，请根据如下情形，说明如何处理客户投诉问题。

今天上午，公司在 W 市一家代理商反映，有一大桶"××"牌花生油在终端客户使用时发现有浑浊。该代理商已经向客户服务部打电话反映此问题，希望公司检验该桶油的质量，并对该问题予以解决。

目前，你们部门已经了解的基本情况如下。

(1) 该客户是一家销售业绩和经营信誉很不错的代理商；

(2) 该桶花生油包装上的批号已经无法看清楚，并且目前只剩半桶；

(3) 根据反映的情况来看其实是属于产品储存的问题，跟生产厂家是无关的。

请问此问题该怎么进行处理？

 提示

首先应安抚客户的情绪，然后询问客户购买时间及储存时间，和与产品相关的信息，搞清由于何原因导致这种情况。如确实是客户储存方面的问题，可以向客户解释；如客户要求强烈，可以为客户更换或赠送客户一小桶同类型产品，同时提醒客户一定要注意食用油的保存方法和储存时间。

第 7 章　客户关系数据的管理与分析

知识架构

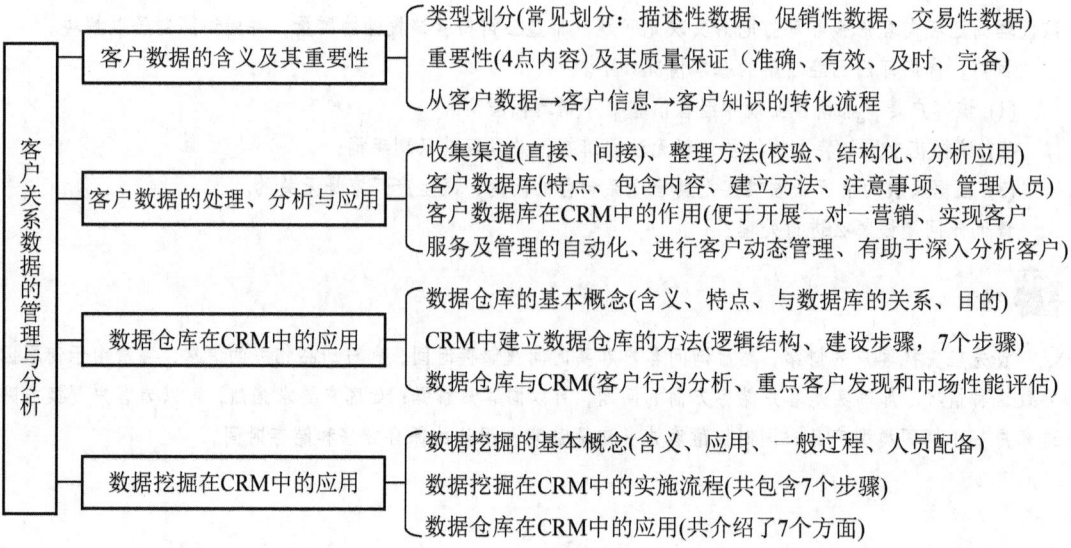

学习目标

通过本章的学习，读者应该能够：
- 熟悉客户数据的内容与类型划分
- 理解客户数据的质量及其重要性
- 了解客户信息、客户知识的含义
- 掌握客户数据收集、处理与应用
- 了解 CRM 中客户数据库的作用
- 了解数据仓库在 CRM 中的应用
- 了解数据挖掘在 CRM 中的应用

第7章 客户关系数据的管理与分析

导入案例

案例7-0：沃尔玛公司发现"啤酒+尿布"的故事

CRM中数据管理与分析最有趣的例子，莫过于沃尔玛公司"啤酒加尿布"的故事(其实质是数据挖掘技术的应用)。一般看来，啤酒和尿布是客户群完全不同的商品，啤酒是成年男子的杯中物，尿布则是婴儿的必需品；喝啤酒的人是不带尿布的，带尿布的人也不可能喝啤酒，二者看似难以发生商业联系。

但是，美国第一大零售商沃尔玛公司对大量新生的三口之家周末家庭采购记录进行的数据分析发现，啤酒和尿布的购买时间和购买主体有着惊人相似性。之后，沃尔玛公司对客户数据资料的细化分析揭穿了其中的秘密：原来，美国大量的年轻母亲在周末都喜欢放松一下身心，孩子的尿布在周末需要大量补充，购买尿布的差事自然就落到孩子父亲的肩上；而这些年轻的爸爸在超级市场选好尿布之余，总是要顺便给自己拎上几罐啤酒。因此啤酒和尿布一起购买的机会是最多的。这个故事被公认为商业领域数据挖掘的诞生。

每一个独到的商业发现都有其对应的市场价值。沃尔玛公司随即采取了行动，将原本分散在两层的啤酒和尿布集中到一起摆放，使那些周末才出现在超市里的年轻父亲节约了采购时间。与此同时，该公司主动向这些年轻的三口之家提供包括啤酒和尿布在内的周末送货上门服务。在这一年，沃尔玛公司的销售额同比增长了30%以上。

这是一个现代商场智能化信息分析系统发现的秘密。沃尔玛公司之所以能够跨越多个渠道收集最详细的客户数据，并且能够造就灵活、高速供应链的信息技术系统，就是因为沃尔玛公司的信息系统是最先进的，其主要特点是投入大、功能全、速度快、智能化和全球联网。目前，沃尔玛中国公司与美国总部之间的信息联系和数据传递都是通过卫星来传送的。沃尔玛公司使用的大多数系统都已经在中国得到充分的应用发展，包括存货管理系统、决策支持系统、管理报告工具以及POS系统，特别是RFID技术已经开始在沃尔玛公司使用，大大提高了其销售、结账、采购的效率。

点评

从本例可以看出，CRM运用的成功必须依靠客户数据，对客户数据进行科学地分析，往往会带来意想不到的商机：对客户数据进行初级处理，可以完成基本业务过程；对数据进行高级处理(如数据挖掘)，可以提供企业决策，促进销售，保持消费群体的稳定。所以说，客户数据是整个CRM运用的灵魂。

7.1 客户数据及其重要性

客户数据是进行CRM的基础，CRM运用的成功必须依靠客户数据。本节介绍客户数据的类型划分、质量保障及其在CRM运用中的重要性等相关内容。

7.1.1 客户数据的类型划分

CRM的客户数据，一般从企业在与终端消费者以及企业客户的销售过程、客户服务过程、业务推广的过程或采用其他多种形式获得，其中会产生大量的数据，这些数据可以通过不同的方式进行归纳分类。几种常见的客户数据类型的划分方法见表7-1。

表 7-1　客户数据的不同类型划分

依据	类型	含义
渠道来源	内部来源数据	企业在实际经营过程中产生、记录的数据，以及采用有奖登记卡、积分和折扣券、会员俱乐部、零售点、利用 E-mail 或网站调查等收集客户数据。如沃尔玛公司通过记录、整理、分析其全球各个卖场销售数据，形成了举世无双的庞大信息系统，目前其容量已达到 PB 数量极（1PB=1024TB，1TB=1024MB）
	外部来源数据	通过企业外部渠道产生的客户数据，其中来源包括政府各种机构、各类商务团体和专业协会、专业调查市场公司、行业期刊和业务通信。例如国家旅游局每年都定期发布我国每年、每月的出入境客人数的统计，各地旅游局/旅游行业协会也会发布各个地区或各个行业的一些旅游人数、旅游收入等统计数据
采集方式	E-mail	客户可以通过自己的免费邮箱，或者通过网上留言的方式给呼叫中心发邮件。客户发送的 E-mail 通过公司的智能分析，按照相应的系统要求加以记录
	电话语音	既包括传统的电话语音，也包括互联网电话。客户可通过拨打电话直接与呼叫中心联系。业务代表也可主动联系客户。这都可以产生大量有价值的数据
	文字交谈	客户可以利用呼叫中心提供的文字交谈功能代替语音，同业务代表进行实时的文字交流。文字交谈的内容经业务员整理，可以形成相关客户数据并加以记录
	多媒体数据	多媒体呼叫中心将语音、数据和视频集成，使得交换系统和语音资源之间不仅可以传输电话，而且还可以快速而准确地传输数据、图像等多媒体信息
部门用途	客户信息数据	包括现有客户、各类潜在客户、其他合作伙伴以及代理商等的基本状况数据、联系人信息、相关业务记录数据和客户类别记录数据等各种外在特征数据
	销售信息数据	销售过程中相关业务的跟踪情况，与客户的所有前期接触活动、客户的信息征询、客户询价和相应报价、每个类型业务的竞争对手以及销售订单的信息等
	服务信息数据	对产品售后进行服务的数据记录，包含产品销售时间、使用状况、上次维修时间、客户所购买产品剩余的服务期限等。这几类数据需与其他类型数据放在同一个数据库中实现信息共享，以提高企业前台业务的运作效率和工作质量
数据性质	描述性数据	描述了客户的基本情况，可用于判定"谁是我们的客户"，可以通过对记录以往交易情况的数据进行分析和定性调研的方法获取
	促销性数据	描述对客户所进行的针对性的营销或者促销活动。这些数据详尽描述了企业所采取的促销活动，从内容上讲，这些数据涵盖了一次促销活动的各个方面
	交易性数据	这一类数据描述客户对企业各种促销活动的反应，即他们与企业的交易情况

下面重点对表 7-1 中最后一种类型划分方法进行详细介绍。

从商业活动行为的需要来看，企业有一个对客户了解、针对性促销、产生交易的过程，正是这些不同的行为过程产生了不同类型的数据，如图 7.1 所示。

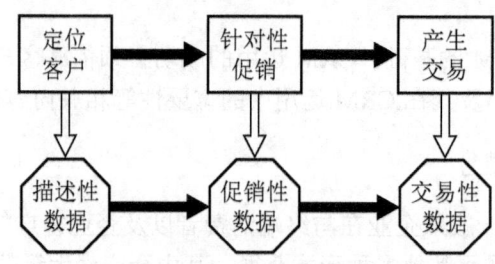

图 7.1　客户数据按性质的划分及其相应来源

1. 描述性数据

描述性数据用来描述客户或消费者的基本特征,通常是表格型的摘要数据,主要包括人口、地域和联系方式等基本数据,并具有一定的稳定性,变动不是很快,可在较长一段时间使用。当然,数据库中的通讯地址或者电话号码信息也可能会发生变化,因此需要进行适时的调整。在 CRM 中通常把客户分为个人客户和团体客户两类,收录的客户数据也会有不同表现。描述性数据的典型结构模型见表 7-2 和表 7-3。

表 7-2　个人客户描述性数据的信息结构模型

大类信息	详细信息
基本情况	姓名、地址、性别、出生年月、电话、工作类型、收入水平、婚姻状况、家庭成员情况
信用情况	会员卡号、信用卡号和信贷限额、忠诚度指数(与公司交易占总花费的比例)、潜在消费指数、客户类型(现有客户、潜在客户、目标客户、流失客户)
行为爱好	生活方式、特殊爱好、对企业产品和服务的偏好、对问卷和促销活动的反应、其他产品偏好、试用新产品的倾向

表 7-3　团体客户描述性数据的信息结构模型

大类信息	详细信息
公司的基本情况	公司名称、总部及相应机构营业地址、电话、传真;主要联系人姓名、头衔及联系渠道;关键决策人姓名,头衔及联系渠道;公司其他部门和办公室;行业标准分类代码及所处行业;公司基本情况(注册资本、员工数、年销售额、收入及利润等)
公司的行为情况	客户类型(分销商、咨询者、产品协作者等);银行账号、信贷限额及付款情况;购买过程;与其他竞争对手的联系情况;忠诚度指数、潜在消费指数;对新产品的倾向

2. 促销性数据

促销性数据描述对客户进行营销或者促销活动的信息,主要包括市场活动的类型、预算或描述等。其详细设计取决于 CRM 数据库系统的复杂程度。最简单的形式就是列表,列出对该客户进行过的促销活动(例如,商品目录、邮件的寄送、免费样品或者赠券)。另外,还包括一些不太精确的促销活动,比如广播、电视、网络、报纸和杂志所做的广告。当然,也可以是非常精确的个性化信息,比如非匿名用户的 E-mail 发送情况和网站点击情况。可能收集到的典型市场促销数据见表 7-4。

表 7-4　促销性数据的典型结构模型

大类信息	详细信息
促销活动的类型	降价销售、电话促销、业务推广活动、纸媒广告、广播型广告和 Web 广告
促销活动的描述	厂家促销活动组织形式,如寄明信片的颜色、业务推广人员的性别、礼品发放形式等
促销采用的媒体	电视、报纸、广播、网络等
促销活动的时间	进行促销活动的日期,包括年、月、日,有时甚至要细致到时刻
促销活动的意图	对目标客户采取该活动的简单说明(如解释为什么要选择这样的颜色或背景音乐)
促销的成本信息	包括促销活动的固定成本和变动成本

3. 交易性数据

交易性数据用来描述客户与企业交易的信息,主要是过程信息与结果信息的结合,并往往按照时间进行标识。从与客户的通话到服务中心所得的数据以及客户所购产品的描述都包括在内。这类数据和促销活动的数据一样,都会随时间迅速变化。因此,通常是将交易性数据存放在特殊的数据库中,要求这种存储结构能方便地支持带有时间标记的交易数据的更新和改变。对客户的描述性数据与此不同,在那里,就连数据字段的类型都不大可能随时间发生显著的变化(例如,企业存放的客户信息,与国家统计局存放的每个公民的信息不会有根本的不同)。但是,在短时间内,交易数据的组成就可能发生显著的变化(例如,提供了客户可以购买的新商品,但对一些旧的商品却不再供货)。

可能收集到的典型交易性数据的结构模型见表7-5。

表7-5 交易性数据的典型结构模型

大类信息	详细信息
购买商品类数据	过去的购买记录、购买频率和购买数量、购买金额及其累计金额、交货要求、产品规格、商品购买过程及付款方式
商品售后类数据	售后服务的内容、使用后对产品的评价、对服务的评价、曾有的问题和不满、要求退货记录,投诉记录,提出合理化建议的记录

7.1.2 客户数据的质量保证

1. 客户数据质量的重要性

在CRM系统中,客户数据是重要的核心价值资源,客户数据的质量优劣直接关系到整个系统的成败。如何保证客户数据的质量,使得数据准确可信,是CRM软件系统建设的一大难点。受到数据收集系统现状的影响,如数据源的数据不完整、不一致、数据抽取时间点不能同步、客户的配合程度不是太高、行业之间存在市场竞争及业务规则的差异、各专业之间统计口径的不一致等,导致数据质量问题客观存在,为此必须加强数据质量管理。

数据的质量问题就像齿轮中的沙子,不会完全阻挡企业前进的步伐,但会让企业越走越慢,不断地消耗企业的努力。所以企业的CRM系统是否有效很大程度上决定于企业是否具有相关的商业数据以及数据的可靠性,企业必须要详细考查在CRM系统中使用的商业数据的质量。CRM系统中的商业数据不但来源于企业的其他内部系统,而且还包括许多外部资源,如新闻报道和行业调查分析报告等。这些数据与企业的客户密切相关,可以帮助企业更加清晰地分辨潜在客户,进行更有效的关联销售,更容易地扩展客户关系。

阅读材料

几个用来说明数据质量有多重要的鲜活例子

1. 某电子元件公司向一个大型工厂供货,产品销往该工厂的多个分厂。但是该电子元件公司只有20条客户记录,其中一半的数据都是重复的,并且多数记录只与其中一个分厂有关。有的记录联系人相同,但地址却不同,更糟的是该电子元件公司根本无法理清其他同样采购该公司产品的联系人的种种记录。这些脱节的、不完整的数据使企业丧失关联销售和向上销售的商机,甚至危害整个客户关系。事实上,不良数据会使企业在很多方面受到不良影响。

2. 某金融服务公司拥有大量的客户,以中高收入的客户为目标市场,该公司向客户提供信用卡、现金和各类账户的服务。但是如果这些数据分别来自不同的系统,许多 E-mail 地址或邮政编码信息不全,CRM 系统中 20%的数据重复或不全,该公司根本不可能开展有效的直销式的促销活动,因为不完整的数据可能导致该公司与同一个客户联系了 5 次,而与其他很多客户根本没有联系过。

3. 在一个公司的呼叫中心,由于没有完善的坐席代表管理制度和绩效考核方法,当客户打进电话时,根本没有完备的客户记录,客户服务人员根本无法判断客户的情况,也不知道应该向客户提供什么样的服务。客户服务人员更无法知道打进电话的客户的价值,该客户过去对向上销售的反应如何,以及当前的促销是否对该客户有吸引力等问题。

4. 根据统计,每个月有 2%的客户信息过时,即每年有近 25%的客户信息会过时。这使得企业不得不思考一些可能就发生在身边的问题,例如,呼叫中心是否正在试图向客户销售他们已经拥有的产品?企业是否正每年花费 50 万或 100 万给那些早已不对的地址邮寄促销信息?目前的客户系统是否能帮企业确定独立客户的数量?企业的客户真正的生命周期价值是多少?如果 5%的最佳客户被误解,企业的损失将是多少?

2. 高质量数据的评判标准

高质量的数据可为使用者提供准确的信息报告,同时降低企业与低质量数据相关的潜在成本。比如冗余成本(在不止一个数据库中存储相同的数据)和基础设备成本(用于存储数据的硬件的成本)。那么,什么才是符合数据质量标准的高质量数据呢?

总体上来说,CRM 系统(具体说是其中的数据仓库)对数据质量的要求可归纳为以下几点。

(1) 数据的准确性。准确的数据首先必须是正确的,是否正确体现在可证实的数据源上。其次,准确的数据必须是完整的,这是指数据之间的参照完整性是否存在或一致。

(2) 数据的有效性。客户数据必须是有效的,要在企业定义的可接受的范围之内。

(3) 数据的及时性。有效的数据还必须具有时效性,即数据在需要的时候是否有效。数据信息的有效期一般较短,超过一定的时间,再准确和完整的数据,都可能毫无价值。

(4) 数据的完备性。数据的时效性不能以牺牲数据的完备性为代价。数据的完备性是指所需要的数据是否都存在,并且数据要易于获取、易于理解和易于使用。

另外,客户数据既要符合逻辑,又不能冗余。逻辑性主要从业务逻辑的角度判断数据是否正确,同时客户数据中要避免不必要的冗余(如客户出生日期和年龄同步采集)。

7.1.3 客户数据的重要性

客户数据在 CRM 中具有重要的作用和价值,这可以通过以下几个作用得以体现。

1. 客户数据是进行客户分级的依据

企业只有收集全面的客户数据,特别是客户与企业的交易信息,才能够知道客户群分布,才能知道客户的价值大小,从而才能识别哪些是优质客户,哪些是劣质客户,最终也才能根据客户带给企业价值的大小和贡献的不同,对客户进行分级管理。例如,美国联邦快递公司根据客户基本数据和历史交易信息来判断每位客户的赢利能力,把客户分为"好"、"不好"和"坏"3种,并且为3种不同价值的客户提供不同档次的服务。

2. 客户数据是开展企业决策的基础

企业想要维护好不容易与客户建立起来的关系,就必须充分掌握客户的相关数据,要必须像了解自己的产品或服务那样了解客户,像了解库存的变化那样了解客户的变化。

任何一个企业总是在特定的客户环境中经营发展的,有什么样的客户环境,就应有与之相适应的经营战略和策略。如果企业对客户的相关数据掌握不全、不准,判断就会失误,决策就会偏差。如果企业无法制订出正确的经营战略和策略,就可能失去好不容易建立起来的客户关系。所以,企业必须全面、准确、及时地掌握客户的相关数据。

3. 客户数据是加强客户互动的指南

随着市场竞争的日趋激烈,客户数据越显珍贵,拥有准确、完整的客户数据,既有利于了解客户、接近客户、说服客户,也有利于客户沟通。如果企业能够掌握详尽的客户数据,就可以根据每个客户的不同特点,有针对性地实施营销活动,如发函、打电话或上门拜访,从而避免大规模的高额广告投入,使企业的营销成本降到最低,而成功率却达到最高。一般来说,大面积地邮寄宣传品的反馈率只能达到 2%~4%,但是,在了解客户"底细"的基础上经过筛选,有针对性地邮寄宣传品,反馈率就可以达到25%~30%。

 阅读材料

中原油田销售公司对客户数据的应用

中原油田销售公司设计了统一的"客户基本信息"表格分发给各个加油站,其中有关客户数据的内容包括:司机的姓名、性别、出生年月、身份证号、家庭住址、联系电话、个人爱好、车型、车号、单位、承运类型、车载标准、动力燃料、油箱容量、主要行车线路、经过本站时间,并有累计加油获奖记录。通过这些基本数据,中原油田公司建立了客户数据库,架起了加油站与客户之间的友谊桥梁,并开展了相关的客户关怀活动。例如,加油站每天从计算机中调出当天过生日的客户,向其赠送蛋糕等生日礼物。

4. 客户数据是达到客户满意的要求

企业要满足现有客户、潜在客户以及目标客户的需求,就必须掌握客户的需求特征、交易习惯、行为偏好和经营状况,从而制订和调整营销策略。例如,花王公司就随时将收集到的客户数据、意见或问题输入计算机,现在已经建立了 8 000 多页的客户资料,每年花王公司凭借这些资料开展回报忠诚客户的活动,以此来巩固与老客户的关系,并且吸引新客户。下面几种情况下企业利用客户数据开展的活动值得企业借鉴。

(1) 如果企业能够掌握详尽的客户数据,就可以在把握客户需求特征和行为爱好的基础上,有针对性地为客户提供个性化的产品或者服务,满足客户的特殊需要,从而提高他们的满意度。

(2) 如果企业能够及时发现客户的订货持续减少的信息,就可以赶在竞争对手之前去拜访该客户,同时采取必要的措施进行补救,从而防止客户流失。

(3) 如果企业能够及时掌握客户对企业的产品或服务的抱怨信息，就可以立即派出得力的人员妥善处理和解决，从而消除客户的不满。

(4) 如果企业知道客户的某个纪念日，就可以在这个日子送上适当的礼物、折扣券、贺卡或电影票，或在知道客户正为失眠困扰时，寄一份"如何治疗失眠"的资料给他，这些都会给客户带来意外的惊喜，从而使客户对企业产生依赖感。

阅读材料

被胡萝卜汁留住的客户

一个客户说，十年前他在香港丽晶饭店用餐时无意识地说他最喜欢胡萝卜汁，大约 6 个月后，当他再次住进丽晶饭店时，他在房间的冰箱里意外地发现有一大杯胡萝卜汁。

十年来，无论该客户什么时候住进丽晶饭店，丽晶饭店都为他备有胡萝卜汁。他说，在最近一次旅行中，飞机还没在香港启德机场降落，他就想到丽晶饭店为他准备好的胡萝卜汁，顿时兴奋不已。十年间，尽管丽晶饭店的房价涨了 3 倍多，但他还是住这个饭店，就因为丽晶饭店每次都为他准备了胡萝卜汁。

丽晶饭店之所以能培养出这样忠诚的客户，重要原因之一就是详尽地掌握了客户的信息(如收集和储存客户爱喝胡萝卜汁的信息)。

丽晶饭店建立了一个信息量很大的客户数据库，将客户的姓名、生日、家人情况、工作单位、工作性质、爱吃的东西、爱听的歌、喜爱的颜色、什么时间来的饭店、住了几天、每次住宿的价位是什么范围、每次都住什么类型的房间、房间是向阳还是背阳、喜欢的温度和湿度是多少、喜欢什么样的环境等信息输入到客户数据库里，这样就对客户信息了如指掌，进而就可以为客户提供更好的服务，使客户满意。

7.1.4 从客户数据到客户信息与客户知识

在第 6 章，本书讨论了客户互动的问题。企业为什么要与客户进行有效的互动？其重要的目的之一，就是以低成本、有效地获取客户数据，并进而为客户提供优异的客户价值。客户信息并不仅仅意味着客户数据，定性的判断及情绪和情感等，都是客户信息的一部分。

但是，对数据进行整合之后所得到的客户信息，就是企业所需要的全部资料吗？答案是否定的，因为当前知识型的 CRM 对企业提出了更高的要求。可以确信，无论是简单的 CRM，还是任何形式的变种，缺乏对客户知识的了解都会给企业的管理带来灾难性的后果。单纯地收集客户信息是不够的，企业必须学会分析信息并把这种信息转化为客户知识，进而依据这些知识制订有效的行动方案来影响客户行为和购买意向。可以说，把知识管理和 CRM 整合到一起，增加了企业对客户信息进行分析和理解的深度。

如图 7.2 所示，把获取客户数据、生成客户信息和提升客户知识的过程连接到一起。例如，企业通过呼叫中心、网上交流、E-mail、传真和直接接触等多种整合渠道与客户进行互动并收集各种客户数据，构建和更新客户数据仓库，然后再以数据仓库为基础，通过联机信息分析处理(OLAP)和数据挖掘两种方式生成客户信息和提升客户知识，并用于运营分析和市场分析等经营活动。实际上，图 7.2 所囊括的内部逻辑贯穿了本章的始终。

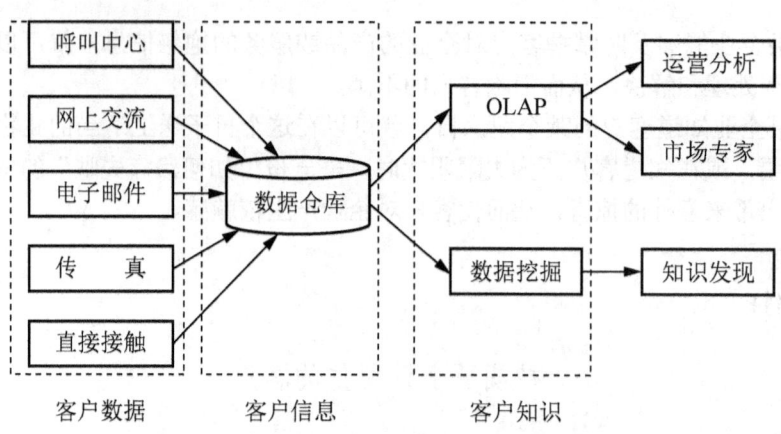

图 7.2 客户数据—客户信息—客户知识过程图

7.2 客户数据的处理、分析与应用

对客户数据的应用，要经过数据采集、数据处理以及数据分析等环节，其中还要建设客户档案数据库以及数据仓库，必要时还需要利用数据挖掘技术，以便发现一些客户消费数据后面隐藏的一些规则和模型。本节介绍数据采集、处理以及客户数据库的相关知识。

7.2.1 客户数据的收集渠道

建立客户档案数据库，首先要收集客户数据，收集渠道包括直接渠道和间接渠道。

1. 直接渠道

所谓直接渠道，就是指通过客户与企业的各种直接接触机会，收集客户的数据。以电信业为例，客户数据的直接收集渠道包括营业厅、呼叫中心、公司网站、客户经理等从客户购买前的咨询开始到售后服务的全过程。另外，也有很多企业通过展会、交易会、市场调查等途径来获取客户数据。具体来说，直接收集客户数据的渠道如下。

1) 在市场调查中获取客户数据

主要指市场调查人员通过面谈、问卷调查、电话调查等方法得到第一手的客户资料，也可以通过仪器观察被调查客户的行为并加以记录而获取信息。例如，美国著名的尼尔森市场调查公司就曾通过计算机系统，在全国各地 1250 个家庭的电视机里装上了电子监视器，每 90s 扫描一次电视机，只要收看 3 分钟以上的节目，就会被监视器记录下来，这样就可以得到家庭、个人收视偏好的信息。优秀的营销人员往往善于收集、整理、保存和利用各种客户数据。如在拜访客户时，除了日常的信息搜集外，还会思考这个客户与其他客户有什么相同？有什么不同？并对重点客户进行长期的信息跟踪。

目前，很多公司，尤其是服务行业(例如电信、保险、IT、银行、证券等)大多都在已有市场经理、销售经理职位的基础上，增设了客户关系经理，其职责就是尽可能详尽地收集一切相关的客户资料，追踪所属客户的动向，判断和评估从客户那里还可能获得多少赢利的机会，并且努力维护和发展客户关系，以便争取更多的优质客户和赢利机会。

2) 在营销活动中获取客户数据

在营销活动中也可以获取客户数据,例如,广告发布后,潜在客户或者目标客户将会与企业联系——或者打电话,或者剪下优惠券寄回,或者参观企业的展室等,一旦有所回应,企业就可以把他们的信息添加到客户数据库中。再如,与客户的业务往来函电,以及在与客户的谈判中,客户的经营品质、经营作风和经营能力以及对本企业的态度也都会得到体现,因此,与客户的往来函电以及客户谈判也可以帮助企业获取客户数据。另外,也可以开展特价商品或企业商品知识竞赛活动,由潜在客户填上信息后寄回,以换取免费赠品、特价品或奖品。一般来说,通过活动反馈回来的客户数据也非常具有针对性。

此外,启动频繁营销方案,或者实行会员制度,或者成立客户联谊会、俱乐部等,也可以收集到有效的客户数据。例如,麦德龙公司是一家实行会员制的企业,会员入会不需要交纳会员费,只需填写"客户登记卡",主要项目包括客户名称、行业、地址、电话、传真、地段号、市区、邮编、税号、账号和授权购买者姓名。此卡记载的资料输入计算机系统,就有了客户的初始资料,当购买行为发生时,系统就会自动记录客户的购买情况。

3) 在服务过程中获取客户数据

对客户的服务过程也是企业深入了解客户、联系客户、收集客户数据的最佳时机。在服务过程中,客户通常能够直接并且毫无避讳地讲述自己对产品的看法和期望,对服务的评价和要求,对竞争对手的认识,以及其他客户的意愿和销售机会,其信息量之大、准确性之高是在其他条件下难以实现的。此外,服务记录、客户服务部的热线电话记录以及其他客户服务系统也能够收集到客户数据。

4) 在终端收集客户数据

终端是直接接触最终客户的第一线,通过面对面地接触可以收集到客户的第一手资料。但是终端收集难度较大,必须通过激励机制,调动商家积极性,促使其乐意去收集。例如,服装商场可以要求客户在优惠卡上填写基本情况,如住址、电话、邮编、性别、年龄、家庭人数等,当客户采购时,只要在收款处刷一下,就可以将采购信息记录在数据库中。商场通过客户采购商品的档次、品牌、数量、消费金额、采购时间、采购次数等,可以大致判断客户的消费模式、生活方式、消费水平以及对价格和促销的敏感程度等。

这些信息不仅对商场管理和促销具有重要价值,因为可据此确定进货的种类和档次以及促销的时机、方式和频率,而且对生产厂家也具有非常重要的价值——通过这些信息,生产厂家可以知道什么样的人喜欢什么颜色的衣服,何时购买,在什么价格范围内购买,这样生产厂家就可以针对特定的客户来设计产品,以及制定价格策略和促销策略。

5) 通过博览会、展销会、洽谈会等获取客户数据

由于博览会、展销会、洽谈会针对性强且客户群体集中,因此可以成为迅速收集客户数据、达成购买意向的场所。

6) 网站和呼叫中心是收集客户数据的新渠道

随着电子商务的开展,客户越来越多地转向网站去了解企业的产品或者服务,以及即时完成订单操作,企业可通过客户访问网站进行注册的方式,建立客户档案资料。此外,客户拨打客服电话,呼叫中心可以自动将客户的来电记录在计算机数据库中。

另外,在客户订货时,通过询问客户的一些基本送货信息,也可以初步建立起客户数据库,然后逐步补充。由于网站和呼叫中心收集客户数据的成本低,所以通过网站、呼叫

中心收集客户数据越来越受到企业的重视,已经成为企业收集客户数据的重要渠道。

7) 从客户投诉中收集

客户投诉也是企业了解客户数据的重要渠道,企业可将客户的投诉意见进行分析整理,同时建立客户投诉的档案资料,从而为改进服务、开发新产品提供基础数据资料。

在以上这些渠道中,客户与企业接触的主动性越强,客户数据的真实性和价值就越高,如客户呼入电话,包括投诉电话、请求帮助或者抱怨时所反馈的客户数据就比呼叫中心的呼出电话得到的客户数据价值高。

同时,客户与企业接触的频率越高,客户数据的质量就越高,如在营业厅或呼叫中心获取的客户资料一般要比在展会中得到的客户数据真实,而且成本较低。

2. 间接渠道

间接收集客户数据的渠道,是指企业从公开的信息中或者通过购买获得客户数据,一般可通过以下渠道获得。

1) 各种媒介

国内外各种权威性报纸、杂志、图书和国内外各大通讯社、互联网、电视台发布的有关信息,这些往往都会涉及客户的信息。

2) 工商行政管理部门及驻外机构

工商行政管理部门一般掌握客户的注册情况、资金情况、经营范围、经营历史等,是可靠的信息来源。对国外客户,可委托我国驻各国大使馆、领事馆的商务参赞,以及我国一些大公司的驻外业务机构帮助了解客户的资信情况、经营范围、经营能力等。

3) 国内外金融机构及其分支机构

一般来说,客户均与各种金融机构有业务往来,通过金融机构调查客户的信息,尤其是资金状况是比较准确的。

4) 国内外咨询公司及市场研究公司

国内外咨询公司及市场研究公司具有业务范围较广、速度较快、信息准确的优势,可以充分利用这个渠道对指定的客户进行全面调查,从而获取客户的相关信息。

5) 从已建立客户数据库的公司租用或购买

中小企业由于实力有限或其他因素限制,无力自己去收集客户数据,对此可通过向已经建立客户数据库的公司租用或者购买来获取客户的信息,这样做费用的消耗要低得多。

6) 其他渠道

例如,从战略合作伙伴或者老客户,以及行业协会、商会等也可以获取相关的客户数据,另外,还可以与同行业的一个不具有竞争威胁的企业交换客户数据。

总之,客户数据的收集有许多途径,在具体运用时要根据实际情况灵活选择,有时也可以把不同的途径结合在一起综合使用。相对来说,银行、保险、电信、医院、教育机构、旅游、航空运输等服务业最容易在企业内部收集客户数据,因为这些行业在与客户交易的过程中已经产生了很多客户数据,只要进行稍微的加工整理就可应用。

7.2.2 客户数据的整理

由于从目标客户群收集的数据一般是离散的、非结构化的、待验证的,其中充斥着许多无效甚至容易起误导作用的信息。这就需要采用科学的方法来清洗、提炼这些海量的数据,达到去芜存菁的目的,为企业各个层级的部门提供经营、决策上的支持。

形成有用的客户数据是一个不断剔除无用数据、不断聚合的过程,并在这过程中逐渐凸现隐藏在数据后面那些规律性的东西。一般而言,客户信息处理有3个步骤。

第一步骤是把从多渠道集成平台获得的数据进行一些基本的校验,去除有明显错误的数据。如根据身份证号的放号规则、信用卡的取号规则把不符合规则的数据剔除。

第二个步骤是结构化。由于获得的原始数据是非结构化的、多维的,需要把它转化为易于处理的二维表,把性质类似的数据归为相同的客户属性。

第三个步骤是进行数据的使用和分析。数据使用指的是企业的内部人员以一种可预测的、重复性的方式使用数据。比如前台工作人员回答外部客户的咨询。而数据分析则是一种不可预测的、非重复性的数据使用模式,并借助于一些分析模型对数据进行分析。

7.2.3 客户数据库及其建立

1. 客户数据库的特点

在 CRM 应用中,数据处理主要集中于客户数据库。客户数据库具有以下一些特点。

(1) 动态整合客户数据管理和查询系统。所谓动态,是指数据库能够实时地提供客户的基本资料和历史交易行为等信息,并在客户每次交易完成后,能够自动补充新的信息。所谓整合,是指客户数据库与企业其他资源的整合,如一线服务人员的终端根据职能、权限的不同,可实施信息查询和更新功能,客户数据库与公司其他媒体(邮件、电话、互联网)的交互使用等——这些要求是进行客户关系管理的前提条件,在技术实现上已经十分成熟。

(2) 基于数据库支持的客户关系格式或结构系统。简单说,企业要像建立雇员的提升计划一样,建立一套把新客户提升为老客户的计划和方法。例如,航空公司的里程积累计划——客户飞行一定的公里数,便可以获得相应的免费里程,或根据客户要求提升舱位等级等。特惠润滑油公司吸引客户的一个格式是提供客户优惠卡——只要客户 1 年内光顾 3 次以上,第 3 次就可以享受比正常价 24.95 美元低 3 美元的优惠,第 4 次可以享受低 5 美元的优惠。结果,90%的客户成为回头客。这个计划看上去会提高成本,降低收益,但由于生意主要来自老客户和慕名而来的新客户,企业不需要花大本钱做广告。给老客户寄发提醒通知、提供优惠卡等,比通过广告来吸引新客户花费少得多,因此这种格式或结构建立了一套吸引客户多次消费和提高购买量的计划。它不仅是给予客户享受特殊待遇和服务的依据,也有效地吸引客户为获得较高级别的待遇和服务而反复购买。

(3) 基于数据库支持的忠诚客户识别系统。及时识别忠诚客户十分重要,在每次客户交易时,给予老客户区别于一般客户的服务,会使老客户保持满意,加强他们的忠诚度。例如,现在多数航空公司都实行的里程积累计划。对于航空公司的常客,基于数据库的识别系统在旅客购票时及时检查客户已经积累的里程,从而根据客户的级别主动地给予客户提升等级,或给予免费机票等忠诚客户应该享受的服务。

(4) 基于数据库支持的客户购买行为参考系统。企业运用客户数据库,可以使每一个服务人员在为客户提供产品和服务的时候,清楚客户的偏好和购买习惯,从而提供更具针对性的基于数据库支持的客户流失警示系统。如一位常客的购买周期或购买量出现显著变化时,都是潜在的客户流失迹象。例如,特惠润滑油公司的客户数据库在客户超过 113 天(这个数字已经过该公司多次验证,是客户平均的换油时间)没有使用公司的产品或服务,便会自动打出一份提醒通知。

(5) 个性化服务。例如,现在的读者俱乐部都在进行定制寄送,他们会根据会员最后一次的选择和购买记录,以及他们最近一次与会员交流获得的有关个人生活信息,向会员推荐不同的书籍。这样做使客户感到公司理解他们,知道他们喜欢什么,并且知道他们在什么时候对什么感兴趣。这种个性化的服务对培养客户忠诚无疑是非常有益的。

2. 客户数据库的内容

在设计客户数据库的内容来源时,可参考如图 7.3 所示的构造。尽管企业可能期望客户数据库中有尽可能多的客户群体类型,但一般情况下,客户数据库只包括以下 4 种客户类型。

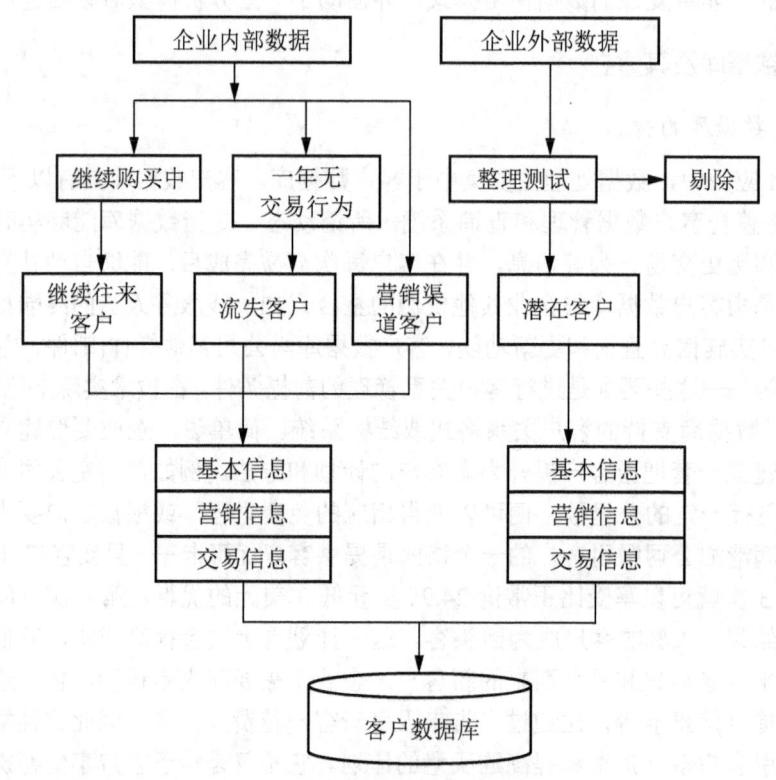

图 7.3　企业数据信息来源表

(1) 现有客户。这类客户的识别主要通过最近购买情况、购买的频率、每次购买的金额和交叉销售、终生价值等指标来识别。

(2) 潜在客户。这类客户的识别主要靠与现有客户的相似性分析或同类产品的购买客户特征。如果有的潜在客户已经购买竞争对手的产品或服务,对其购买行为信息的收集和分析,将为企业的 SWOT 分析和竞争战略提供宝贵资料。

(3) 流失的客户。根据有关客户满意度、忠诚度的分析,流失的客户不一定是不满意的客户,有时候只是客户的需求发生变化,如果将他们从客户数据库里删除出去则意味着完全放弃。为此,企业应该收集整理关于这些客户的信息并继续保留,以便在适当时机采取相应措施重新挽回这些客户。

(4) 分销商。批发商、零售商、分支机构、销售代理等市场营销渠道也可以看做是广义的客户。他们的偏好和业绩信息也应该纳入客户数据库的范围。

3. 建立客户数据库的注意事项

客户数据库的建立是一切数据分析工作的基础。在建立时应遵循以下几条原则。

(1) 按照预测所需的信息量，尽可能多地考虑客户购买产品的情况和购买后的反应。

(2) 深入策划客户数据库的组成部分，应保留一定的弹性，以满足未来变化的需要。

(3) 不需要因谋求建立一个详细完备的数据库而推迟建成时间，可先建成一个小而实用的数据库，并对其评价获得经验，然后再不断改进。

(4) 构建客户数据库时，让尽可能多的部门和人员参与。这样一方面使信息采集得科学完备，另一方面让数据库的使用者充分了解设计者的思想。

前面已经讲过客户数据的类型及采集渠道、信息处理等内容，其实运行客户数据库所要求的数据很容易获得，但很多企业没有对其进行结构优化整理供各部门使用，相应的数据价值也没有得到体现。这就需要根据企业的实际情况，设计和开发合适的客户模型。由于收集到的客户数据对企业管理者和各级经销商都有作用，因此，客户模型的设计必须考虑将来的需要。另外，由于客户信息是动态的，客户数据会不断进行变化，为此必须做好客户数据的及时更新(不断补充更新信息、定期删除陈旧过时的信息)，以便保证数据的准确性、时效性和详细性。另外，设计的客户数据库的结构，还必须是可以进行扩展的。

 阅读材料

什么情况下企业不用考虑建立客户数据库

建立和维护客户数据库需要投入庞大的资金，因此，在以下情形下，可以考虑不建立客户数据库。

(1) 客户一生当中对企业的产品或服务只需购买一次，或者重复购买的可能性很小，如丧葬品、昂贵的轿车、别墅等，因为没有第二次消费的可能，所以建立客户数据库的意义就不大。

(2) 没有品牌忠诚度的客户，对他们也没有必要建立数据库。

(3) 考虑成本核算，如建立客户数据库的代价远远高于从中得到的收益，也不用考虑建立客户数据库。

4. 客户数据库的管理人员

客户是企业最宝贵的资产，是企业的命脉，客户档案的泄密势必会影响企业的生命。现实中曾经发生过员工跳槽前将企业所有的客户资料刻录下来，将其作为"见面礼"送给竞争对手的事情。因此，企业对客户数据库的管理要慎之又慎。

对客户数据库的管理应当由专人负责，并且要选择在企业工作时间较长、对企业满意度高、归属感强、忠诚度高、有一定的调查分析能力的老员工作为客户数据库的管理人员，要避免低工资人员、新聘用人员、临时人员做这方面的工作。

7.2.4 客户数据库在 CRM 中的重要作用

利用客户数据库，企业能够全面收集、追踪和掌握现有客户、潜在客户或目标客户的

基本情况、商品需求和个人偏好，并且还能够深入统计和分析，从而使营销工作更有针对性。可以说，客户数据库是企业维护客户关系、获取竞争优势的重要手段和有效工具。

1. 运用客户数据库可以对客户开展一对一的营销

客户数据库是企业内部最容易收集到的营销信息，稍微对这些数据进行加工，就可以使其成为营销决策最有价值的信息来源。运用客户数据库，企业可以了解和掌握客户的需求及其变化，还可知道哪些客户何时应该更换产品。例如，美国通用电器公司通过建立详尽的客户数据库，可以清楚地知道哪些客户何时应该更换电器，并时常赠送一些礼品以吸引他们继续购买公司的产品。运用客户数据库，直接针对目标客户进行"一对一"的营销，还可使企业之间的竞争变得更加隐秘。因为企业无需借助大众宣传的方式，从而减少了竞争对手的注意力，有效地避免了"促销战"、"价格战"等公开的对抗行为。

客户过去的购买行为和习惯是未来购买模式的最好指示器。客户数据库可以帮助企业通过了解客户过去的购买习惯来推测其未来的购买行为，帮助企业预测客户有多大的可能来购买多大量的产品。通过客户数据库对客户过去的购买习惯进行分析，企业还可以了解到客户是被产品所吸引还是被服务所吸引，或是被价格所吸引，从而有根据、有针对性地开发新产品，或向客户推荐相应的服务，或调整价格。因此，成功的企业大多拥有自己的客户信息管理系统或客户数据库。例如，饭店通过数据库建立详细的客户档案，包括客户的消费时间、消费频率以及偏好等一系列特征，如客户喜欢什么样的房间和床铺、喜爱哪种品牌的香皂、是否吸烟，有什么特殊的服务要求等。通过这个客户数据库，饭店可使每一位客户都得到满意的服务，从而提高营销效率，并降低营销成本。

 阅读材料

常旅客数据库是航空公司的营销武器

有些航空公司利用常旅客留下的信息建立了"常旅客数据库"，为每位常旅客建立了一个档案。在此基础上，航空公司可统计和分析常旅客的构成、流向、流量，分析常旅客出行及消费的趋势，订票、购票的方式与习惯，以及对航空公司市场营销活动的反应等，从而采取相应的措施，如挑选适当的时机定期、主动对常旅客进行回访，变被动推销为主动促销。

例如，某航空公司内存60万人的资料，这些人平均每年搭乘航班达12次之多，占其总营业额的63%。因此，航空公司每次举行的促销宣传活动都以他们为主要对象，极力改进服务，满足他们的需要。当然，该航空公司也获得了丰厚的利润。

资料来源：苏朝晖．航空公司的市场营销策略．中国市场，2005(6)

2. 运用客户数据库，可以实现客户服务及管理的自动化

客户数据库还能强化企业跟踪服务和自动服务的能力，使客户得到更快捷和更周到的服务，从而有利于企业更好地保持客户。例如，通过对客户历史交易行为的监控、分析，当某一客户购买价值累计达到一定金额后，可以提示企业向该客户提供优惠或个性化的服务。同时，客户数据库还可与企业的其他资源进行整合，使各业务部门根据其职能、权限实施信息查询和更新功能。特别需要说明的是，连锁经营公司运用客户数据库营销更加有

效,因为如果客户在某一连锁分店购买商品或服务时表现出某些需求特点,其他连锁分店的店员也可以了解到并在客户光临时主动给予满足。

阅读材料

澳大利亚国民银行运用客户数据库实现对客户的自动管理

澳大利亚国民银行是一家全球性的大银行,每天都会将所收集到的客户信息放在数据库中,并且设定了一些智能分析机制,对客户交易状态进行管理。例如,对一些非正常的交易金额,即大额的提款和大额的存款进行专门的处理,一旦有异常客户状态发生,客户数据库就会自动做出相关统计,并将统计的结果提交给营销部门的人员,由营销人员及时与客户进行接触,找出客户状态异常的原因。

一次,银行发现一位77岁的老太太提款很多,原来老太太提款是为女儿买房子,于是银行立即与老太太的女儿联系,表示愿意为其提供买房贷款。结果,老太太将从银行提的款项又全部存回银行,而且银行为老太太的女儿提供了一笔贷款,老太太的女儿也将自己在其他银行的存款转存到这家银行,这样的结果是一举三得,银行和客户共同受益。

资料来源:王广宇.客户关系管理方法论.北京:清华大学出版社,2004.

3. 运用客户数据库,可以实现对客户的动态管理

由于客户的情况总是在不断地发生变化,所以客户的资料应随之不断地进行调整。企业如果有一套好的客户数据库,就可以对客户进行长期跟踪,通过调整,剔除陈旧的或已经变化的资料,及时补充新的资料,使企业对客户的管理保持动态性。

阅读材料

金日集团依靠信息调整营销策略

香港金日集团在东南亚素有"西洋参之王"的美称。在推出护心健脑功能性保健品——金日心源素的3个月后,金日集团的客户服务部在收到了来自全国各地近900多封来信的基础上建立了金日心源素的客户数据库,结果发现真实情况与原来的主观判断存在较大偏差。

在这些反馈信中,20~30岁这个年龄段的客户最多(占总数的20%),其次是40~50岁(占总数的13%),50~60岁(占总数的12.9%),而且实际服用人群的性别区分不明显,男女比例均衡——这与公司事前把金日心源素定位为"40岁以上男人"的保健品出现了分歧。此外,客户症状最多的是头晕、失眠、记忆力减退,而金日心源素对头晕、失眠、胸闷、记忆力差、头痛、嗜睡等症状效果明显,但是客户对"耐缺氧"、"抗氧化"的宣传不知所云。

为此,金日集团调整了市场定位——淡化了目标消费群的性别区分,将其定位为"中老年人"的保健品;增加了"延缓衰老"的功效诉求;停止宣传"耐缺氧"、"抗氧化",集中诉求对"胸闷、心悸、头晕、失眠、心慌、气喘、疲劳、体虚"8大症状的疗效。

经过调整,金日心源素上市几年就取得了骄人的业绩,成为心脑保健领域的领导品牌。

资料来源:乔辉.战胜对手的秘密武器:数据库营销.上海商业,2003(6)

4. 客户数据库能为企业深入分析客户提供帮助，并指导客户关系的努力方向

客户数据库能为企业深入分析客户提供帮助，其中一个重要工具就是 RFM 模型——选择最近一次消费(Recency)、消费频率(Frequency)、消费金额(Monetary)3 个要素，作为分析客户的指标，这可帮助企业识别最有价值的客户、忠诚的客户和即将流失的客户。

(1) 最近一次消费。最近一次消费是指客户上一次购买的时间，是维系客户的一个重要指标，可反映客户的忠诚度。如果最近一次消费时间离现在很远，说明客户长期没有光顾，就要调查客户是否已经流失。最近一次消费还可监督企业目前业务的进展情况——如果最近消费的客户人数增加，则表示企业发展稳健；反之则表明企业的业绩可能滑坡。

(2) 消费频率。消费频率是指客户在限定的时间内购买本企业的产品或服务的次数。一般来说，最常、最频繁购买的客户，可能是满意度最高、忠诚度最高、最有价值的客户。

(3) 消费金额。消费金额是客户购买本企业产品金额的多少。通过比较客户在一定期限内的消费金额，可以知道客户购买态度的变化，如果购买量下降，则要引起足够的重视。

阅读材料

RFM 模型的综合应用

利用 RFM 模型，综合分析最近一次消费、消费频率、消费金额的变化，可推测客户消费的异常状况。

(1) 将最近一次消费、消费频率结合起来分析，可判断客户下一次交易的时间距离现在还有多久。

(2) 将消费频率、消费金额结合起来分析，可计算出在一段时间内，客户为企业创造的利润，从而帮助企业明确谁才是自己最有价值的客户。

(3) 当客户最近一次消费离现在很远、而消费频率或消费金额出现显著萎缩时，可以提示这些客户很可能即将流失或者已经流失，从而促使企业做出相应的对策，如对其重点拜访或联系等。

除了 RFM 模型所包含的 3 个指标外，客户数据库的如下几个指标也有重要价值。

(1) 客户平均消费额——可说明客户结构，帮助企业认清目前客户的规模以及市场是否足够大。

(2) 客户的地域分布——企业应当重点吸引附近区域的客户，他们应是企业的主要客户，因为远的客户变数大，如果不能很好地吸引附近区域的客户，则存在一定的危机。

(3) 客户所处的行业、职业及住所——可对客户群进行细分，有针对性地开展广告、促销等。

另外，营销专家还用消费频率与平均消费金额构造了客户价值矩阵，如图 7.4 所示。

(1) 对于"最好的客户"，企业要全力保留他们，因为他们是企业利润的基础。

(2) "乐于消费型客户"和"经常消费型客户"是企业发展的保证，企业应该想办法提高"乐于消费型客户"的购买频率，通过交叉购买和增量购买来提高"经常消费型客户"的平均消费金额。

(3) 对于"不确定型客户"，企业需要找出有价值的客户，促使其向另外 3 类客户转化。

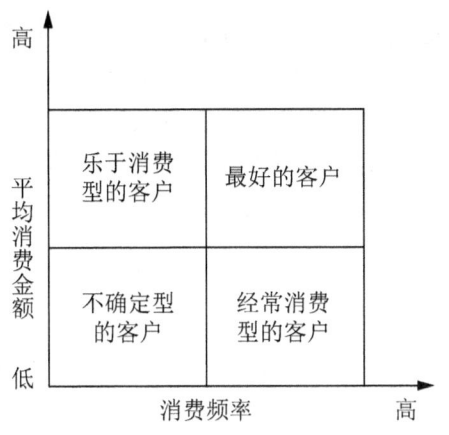

图 7.4　客户价值矩阵

7.3　数据仓库及其在 CRM 中的应用

数据仓库在 CRM 的应用中具有非常重要的作用。一方面，目前几乎所有的 CRM 软件厂商都有数据仓库方面的考虑；另一方面，国际著名的顾问公司在其有关 CRM 的分析报告中，都重点突出了数据仓库的作用。本节介绍数据仓库的基本知识及其在 CRM 中的主要应用。

7.3.1　数据仓库基本知识介绍

1. 数据仓库的含义

数据仓库概念始于 20 世纪 80 年代中期，首次出现是在"数据仓库之父"W.H.Inmon 的《建立数据仓库》一书中。目前，对于数据仓库的概念，权威的定义是"数据仓库是在企业管理和决策中面向主题的、集成的、与时间相关的、不可修改的数据集合"。

2. 数据仓库的特点

根据上面的定义，数据仓库具有以下几个特点。
1) 面向主题
在逻辑意义上，主题是对应企业中某一宏观分析领域所涉及的分析对象，是针对某一决策问题而设置的。面向主题的数据组织方式，就是在较高层次上对分析对象的数据的一个完整的、统一的、一致的描述，能完整、统一地刻画各个分析对象所涉及的企业的各项数据以及数据之间的联系。目前，数据仓库的实现主要基于关系数据库，每个主题由一组关系表实现。这些关系表的内容与原来各个运行系统数据源的数据在本质上是一致的，但为了方便支持数据分析处理，对数据结构进行了重组，其中还可能会增加一些数据冗余。
2) 集成的数据
数据仓库中存储的数据是从原来分散的各个子系统中提取出来的，但并不是原有数据的简单复制，而是经过统一、综合的。其一，数据仓库中的数据不能直接从原有的数据库系统中得到。原有数据库系统记录的是每一项业务处理的流水账，这些数据不适合于分析处理，在进入数据仓库前必须经过综合、计算，抛弃不需要的数据项，增加一些可能涉及的外部数据。其二，数据仓库中的每一个主题所对应的源数据在原分散数据库中有许多重复或不一致的地方，必须将这些数据转换成全局统一的定义，消除不一致和错误的地方，以保证数据的质量。否则，对不准确甚至不正确的数据分析得出的结果将不能用于指导企业做出科学的决策。其中对源数据的集成是数据仓库建设中最关键、也是最复杂的一步。

3) 数据不可更新

从数据的使用方式上看，数据仓库中的数据不可更新，这是指当数据被存放到数据仓库后，最终用户只能通过分析工具进行查询、分析，而不能修改其中存储的数据。另外，由于数据仓库的查询数据量往往很大，并且查询分析的用户多是企业的高层领导，所以对数据查询、查询界面的友好和数据的表示提出了更高的要求。

从数据的内容上看，数据仓库存储的是企业当前的和历史的数据，在一定的时间间隔以后，当前的数据需要按一定的方法转换成历史数据，年代久远的、查询率低的数据需要从数据仓库脱离到廉价的慢速设备(如磁带)上，对分析处理不再有用的数据需要从数据仓库中删除。但这些工作是由系统管理员来做或由系统自动完成的。因此，也可以说数据仓库在一定时间间隔内是稳定的。

4) 数据随时间不断变化

数据仓库数据的不可更新是针对应用而言的，即用户进行分析处理时不对数据进行更新操作，但不是说，数据从进入数据仓库以后就永远不变。数据仓库中的数据随时间变化而定期地被更新，每隔一段固定的时间间隔后，运作数据库系统中产生的数据被抽取、转换以后集成到数据仓库中，而数据的过去版本仍被保留在数据仓库中。随着时间的变化，数据以更高的综合层次被不断综合，以适应趋势分析的要求。当数据超过数据仓库的存储期限或对分析不再有用时，这些数据将从数据仓库中删去。关于数据仓库的结构信息、维护信息被保存在数据仓库的元数据中，数据仓库维护工作由系统根据元数据中的定义自动进行，或由系统管理员定期维护，用户不必关心数据仓库被更新的细节。

3. 从数据库系统到数据仓库

数据仓库来源于数据库系统，是在原来存储数据库的基础上整合而成的。但数据仓库并非是一个仅仅存储数据的简单信息库，因为它与传统数据库存在差别。数据仓库实际上是一个"以大型数据管理信息系统为基础的、附加在这个数据库系统之上的、存储了从企业所有业务数据库中获取的综合数据的、并能利用这些综合数据为用户提供经过处理后的有用信息的应用系统"。如果说传统数据库系统的重点与要求是快速、准确、安全、可靠地将数据存进数据库中的话，那么数据仓库的重点与要求就是能够准确、安全、可靠地从数据库中抽取数据，经过加工转换成有规律的信息后，再供管理人员进行分析使用。

4. 建立数据仓库的目的

建立数据仓库并不是要取代原有的运作数据库系统，建立数据仓库的目的是为了将企业多年来收集到的数据按统一、一致的企业级视图组织、存储，并对这些数据进行分析，从中得出有关企业经营状况、客户需求、对手情况、发展趋势等有用信息，帮助企业及时、准确地把握机会，以求在激烈的竞争中获得更大的利益。

7.3.2 CRM 中数据仓库的建立方法

1. CRM 中的数据仓库的逻辑结构

在 CRM 中，数据仓库的逻辑结构如图 7.5 所示。可以看出，CRM 中的整个数据仓库系统可以划分为数据源、数据仓库系统和 CRM 分析系统 3 个部分。

(1) 数据源。主要有 4 个方面：客户信息、客户行为、生产系统和其他相关数据。

(2) 数据仓库系统。主要有数据仓库建设和数据仓库两个部分，前者利用数据仓库的数据分析和设计工具将客户相关的数据集中到数据仓库中。在数据仓库的基础上，通过 OLAP 和报表等将客户的整体行为分析、企业运营分析等传递给数据仓库用户。

(3) CRM 分析系统。由数据准备、客户分析数据集市、客户分析系统和调度监控模块构成。在数据仓库的基础上，由分析数据准备模块将客户分析所需要的数据形成客户分析数据集市。在客户分析数据集市上，客户分析模块进行客户行为分组、重点客户发现和性能评估模板的设计和实现。CRM 分析系统的分析结果由 OLAP 和报表等传递给市场专家。

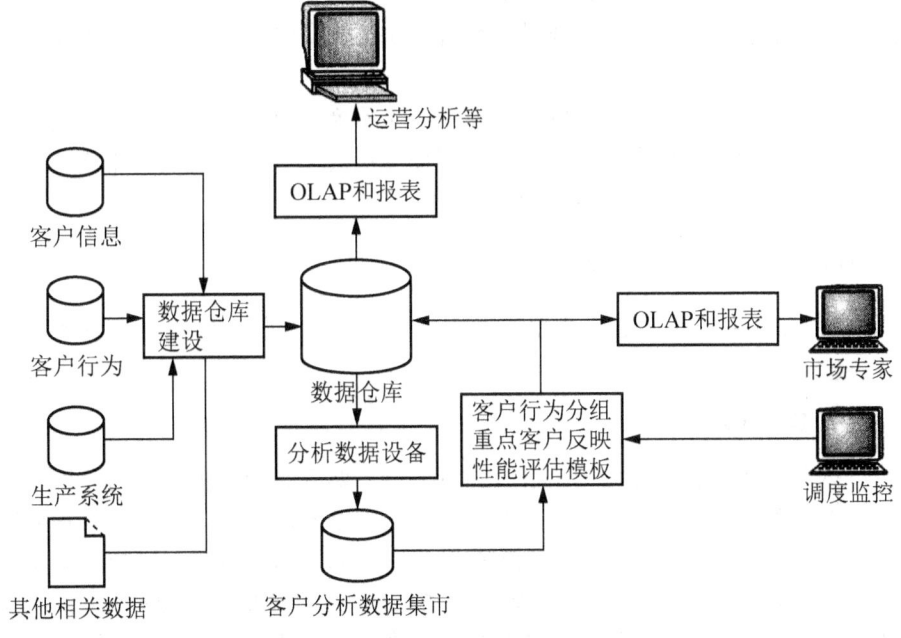

图 7.5 CRM 中的数据仓库逻辑结构

2. CRM 中数据仓库建设的基本步骤

企业数据仓库的建设通常按照快速原型法予以实施，包括确定范围、环境评估、分析、设计、开发、测试和运行等几个阶段，是一个在原型的基础上不断迭代的过程。

(1) 确定范围。这个阶段的主要任务包括了解方向性分析处理需求、确定信息需求、确定数据覆盖范围。方向性需求包括决策类型、决策者感兴趣的问题(或对象)等。在确定范围时应该重视的因素是用户驱动和数据驱动必须相结合，同时可以借鉴国内外已有的成功经验。

(2) 环境评估。环境评估是对企业数据仓库系统建设的硬件环境和软件环境进行选型和准备。在硬件平台选择中需要选择与数据仓库系统规模相适应的核心服务器；在软件平台的选择上主要包括数据仓库引擎、OLAP 引擎、前端分析展现工具的选择。产品进行测试是软件选型的一种有效方法，各个企业可以根据自身的数据状况对各类产品进行测试。

(3) 分析包括两个方面的任务，深入了解数据源和分析数据仓库系统所包含的主题域及其相互关系。分析阶段必须坚持用户参与，并与原有系统人员进行深入沟通。

(4) 设计。这个阶段的主要任务包括与操作型系统接口的设计和数据仓库本身的设计两部分内容。其中与操作型系统接口的设计主要是指数据抽取、清理、转换和刷新策略的设计。从多个不同的数据源中抽取数据，需要解决数据的不一致性，保证数据的质量。

(5) 开发。这个阶段的主要任务包括数据仓库建模、数据抽取和加载模块、数据访问模块以及实际应用开发。实际应用开发应从急需的业务开始，且必须有行业专家和数据仓库专家的同时参与。

(6) 测试。测试是保证系统可靠性的重要手段。数据仓库测试与一般软件系统测试不同，数据仓库测试不仅包括对软件系统的测试，同时包括对数据的测试。在测试阶段必须保证测试的充分性，同时注意测试数据的覆盖范围。

(7) 运行。运行主要包括用户培训、数据加载、数据访问及应用等，在数据仓库系统的运行过程中不断收集用户新的需求。

数据仓库系统的建设不可能一蹴而就，是一个不断建立、完善、健全的过程。这个过程是随着业务量、业务范围和客户的不断发展而发展的，其成长的速度非常之快，同时随着业务的发展，数据仓库的价值也将随之增长。

7.3.3 CRM 中数据仓库的应用介绍

CRM 中数据仓库的应用包括 3 个方面，即客户行为分析、重点客户发现和市场性能评估。

1. CRM 客户行为分析

客户行为分析包括整体行为分析和群体行为分析两个方面。整体行为分析用来发现企业所有客户的行为规律。例如，在电信企业里，发现客户的忙时。然而，只有整体行为分析是不够的。企业的客户千差万别，众多的客户在行为上可以划分为不同的群体。这些群体有着明显的行为特征，在 CRM 中行为分组也就成为 CRM 的一个重要组成部分。

行为分组是按照客户的不同种类的行为，将客户划分成不同的群体。通过行为分组，CRM 用户可以更好地理解客户，发现群体客户的行为规律。在这些理解和规律的基础上，市场专家可以制定相应的市场策略。同时对不同客户的组之间的交叉分析，可以使 CRM 用户发现客户群体间的变化规律。行为分组只是分析的开始。在行为分组完成后，要进行客户理解、客户行为规律发现和客户组之间的交叉分析等过程。

(1) 客户理解。客户理解也称为群体特征分析。通过行为分组，将客户划分成不同的组，这些客户组在行为上有着许多共同特征。这些行为特征必须和已知的资料结合在一起，才能被 CRM 用户所利用。因此，需要对这些不同的行为分组客户的特征进行分析。特征分析可以使企业了解以下内容。

① 哪些人具有这样的行为？是年轻人，还是老年人？
② 哪里人具有这样的行为？是北京的，还是上海的？

③ 具有这样行为的人，给企业带来多大的利润？
④ 具有这样行为的人，对于企业来说是忠诚的吗？
⑤ 这样通过对不同群体客户的特征分析，使企业能够更加了解客户。

(2) 行为规律分析。即发现群体客户的行为规律。行为规律分析可以帮助企业了解以下内容。
① 这些客户都拥有企业的哪些产品？
② 这些客户的购买高峰是什么时候？是在节假日，还是在工作日？
③ 这些客户通常的购买行为是在哪些地方发生？是在合作商户，还是在营业厅等？

通过对这些客户的行为分析，能够对企业在确定市场活动的时间、地点与合作商等方面提供确凿的依据。

(3) 组间交叉分析。组间交叉分析通过对群体客户的特征分析、行为规律分析使企业在一定程度上了解自己的客户，对企业有着非常重要的作用。例如，一些客户在两个不同的行为分组中，且这两个分组对企业的价值相差又较大，然而，这些客户在基本资料等其他方面非常相似。这时，就要充分分析客户发生这种现象的原因，这就是组间交叉分析的重要内容。通过组间交叉分析，企业可以了解以下内容。
① 哪些客户能够从一个行为分组跃进到另一个行为分组中？
② 行为分组之间的主要差别在哪里？
③ 客户从一个对企业价值较小的组，升到对企业有较大价值组的条件是什么？原因是什么？

通过这些分析使企业能够准确地制定市场策略和活动，从而为企业带来较大的利润。

2. 重点客户发现

主要是发现能为企业带来潜在效益的重要客户。这些重点客户主要特点有以下几点。
(1) 潜在客户。有价值的新客户。
(2) 交叉销售。同一客户有更多次的消费。
(3) 增量销售。同一客户更多地使用同一种产品或服务。

根据客户的这些属性特点就可以挖掘出这些重点客户，然后做好保持和提高这些重点客户忠诚度的工作。另外，通过数据仓库的数据清洗与集中过程，可以将客户对市场的反馈自动地输入到数据仓库中。这个获得客户反馈的过程被称为客户行为跟踪。

3. 性能评估

根据客户行为分析，企业可以准确地制定市场策略和开展市场活动。然而，这些市场活动是否能够达到预定的目标是改进市场策略和评价客户行为分组性能的重要指标。因此，在 CRM 系统中必须对行为分析和市场策略进行评估。同样重点客户发现过程也需要对其性能进行分析，在此基础上修改重点客户发现过程。这些评估都是建立在客户对市场反馈基础上的。

7.4 数据挖掘及其在 CRM 中的应用介绍

企业通过建立数据仓库系统，尽可能多地收集顾客的信息之后，还需要借助各种分析方法，透过无序的、表层的信息挖出内在的知识和规律，这就是当前十分流行的数据挖掘技术所研究的主要内容。采用数据挖掘技术，企业可以从数据仓库中挖掘相关规律，然后根据这些规律设计数学模型，对未发生的行为做出结果预测，为企业的综合经营决策、市场策划提供依据。本节介绍数据挖掘的基本知识以及数据挖掘在 CRM 中的主要应用。

7.4.1 数据挖掘基本知识介绍

1. 数据挖掘的含义

简单地说，数据挖掘是从大量的数据中抽取出潜在的、有价值的知识、模型或规则的过程。对于企业而言，数据挖掘可以有助于发现业务发展的趋势，揭示已知的事实，预测未知的结果，并帮助企业分析出完成任务所需的关键因素，以增加收入、降低成本，使企业处于更有利的竞争位置。

2. 数据挖掘的基本应用

数据挖掘的基本应用主要包括 6 种，分别是分类、估值、预测、确定关联规则、聚类、描述和可视化。

(1) 分类。首先从数据中选出已经分好类的训练集，在该训练集上运用数据挖掘分类的技术建立分类模型，对于没有分类的数据进行分类。

(2) 估值。估值与分类类似，不同之处在于分类描述的是离散型变量的输出，而估值处理连续值的输出；分类的类别是确定数目的，估值的量是不确定的。

(3) 预测。通常，预测是通过分类或估值起作用的，也就是说，通过分类或估值得出模型，该模型用于对未知变量的预测。从这种意义上说，预测其实没有必要分为一个单独的类。预测的目的是对未来未知变量的推测，这种推测是需要时间来验证的。

(4) 确定关联规则。确定变量之间的关联规则，就是决定哪些事情将一起发生。如超市中客户在购买 A 的同时，经常会购买 B，这就是一种 A-B 的关联规则。

(5) 聚类。聚类是对记录分组，把相似的成员记录在一个集合里。聚类和分类的区别是聚类不依赖于预先定义好的类，不需要训练集。聚类通常作为数据挖掘的第一步。例如，"哪一种促销对客户最好？"，对于这一类问题，首先对整个客户做聚类，将客户分组在各自的集合里，然后对每个不同的集合回答问题，可能效果更好。

(6) 描述和可视化。描述和可视化是对数据挖掘结果的表示方式。

上面的 6 种数据挖掘的基本应用可以分为两类：直接数据挖掘和间接数据挖掘。

直接数据挖掘的目标是利用可用的数据建立一个模型，这个模型对剩余的数据或对一个特定的变量(可以理解成数据库中表的属性，即列)进行描述。上述的分类、估值、预测属于直接数据挖掘；而间接数据挖掘的目标中没有选出某一具体的变量用模型进行描述，而是在所有的变量中建立起某种关系，上面的后 3 种基本应用属于间接数据挖掘。

 阅读材料

数据挖掘应用的几个成功案例

数据挖掘目前已经在许多领域得到了应用。下面的几个成功案例反映了数据挖掘技术的应用趋势。

1) 数据挖掘应用到 NBA 竞技中

IBM 公司开发的数据挖掘应用软件 Advanced Scout 被美国 NBA 大约 20 个队的教练使用。据说，Advanced Scout 帮助魔术队成功分析了不同的队员布阵的相对优势，并找到了获胜迈阿密热队的方法。

2) 数据挖掘应用到商业银行中

数据挖掘技术在美国银行和金融领域应用广泛。金融事务需要搜集和处理大量数据，对这些数据进行分析，可以发现潜在的客户群、评估客户的信用等。例如，美国 Firstar 银行等使用的 Marksman 数据挖掘工具，可以根据消费者的家庭贷款、赊账卡、储蓄、投资产品等，将客户分类，进而预测何时向哪类客户提供哪种产品。另外，近年来在信用记分的研究和应用方面也取得了可喜的进步。

3) 数据挖掘应用到电信行业中

数据挖掘技术在电信行业也得到了广泛应用。这些应用可以帮助电信企业指定合理的电话收费和服务标准、针对客户群的优惠政策、防止费用欺诈等。

4) 数据挖掘应用到科学探索中

近年来，数据挖掘开始应用到尖端科学的探索中。例如，DNA 序列分析被认为是人类征服顽疾的最有前途的攻关课题。但是，DNA 序列的构成是千变万化的，数据挖掘技术的应用可能为发现特殊疾病蕴藏的基因排列信息等提供新的解决途径。

3. 数据挖掘的一般过程

数据挖掘的一般过程如图 7.6 所示，它不是一个线性的过程，包括很多反馈回路在内，其中的每一步都有可能回到前面的一个或几个步骤往复执行。

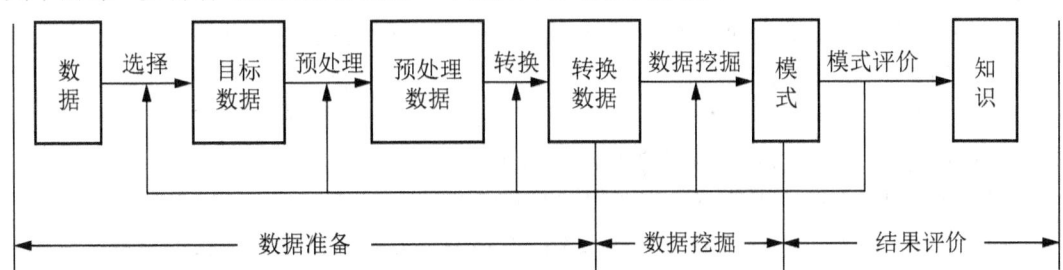

图 7.6 数据挖掘的一般过程

数据挖掘一般可以分为以下 4 个阶段。

(1) 确定目标。了解应用的范围，预先知道相关的知识，了解最终用户的目标。把用户的业务问题转化为数据挖掘目标。目标可以是关联规则发现、数据分类、回归、聚类、数据汇总、概念描述、相关分析或误差检测等。如果能把用户或分析者的经验和知识结合进来，既可减轻工作量，又能使挖掘工作更有目的性、更有效率。

(2) 数据准备。数据准备又可分为 3 个子步骤：第一，数据选取。其目的是确定发现任务的操作对象，即目标数据是根据用户的需要从原始数据库中抽取的一组数据。此时应考虑如何选取同类的数据，考虑过程中的动态情况和变化，采样策略、样本是否足够、自由度和其他一些问题。第二，数据预处理。一般包括消除噪声、推导计算缺失值数据、消除重复记录、完成数据类型转换(如连续型数据与离散型数据之间的转换)等。第三，数据变换。主要目的是削减数据的维，即从初始特征中找出真正有用的特征，以减少数据挖掘时要考虑的特征或变量个数。根据任务的目标，查找有用的特征来表示数据。利用空间压缩或变换的方法来减少要考虑的有效变量数目或找到数据的不变表示。

(3) 实施数据挖掘。首先要确定挖掘的任务或目的，如数据分类、聚类、关联规则发现或序列模式发现；然后决定使用什么样的挖掘算法(选择实现算法有两个考虑因素：一是不同的数据有不同的特点，因此需要用与之相关的算法来挖掘；二是用户或实际运行系统的要求，有的用户可能希望获取描述型、容易理解的知识，而有的用户只是希望获取预测准确度尽可能高的预测型知识)；最后实施数据挖掘操作，获取有用的模式。

(4) 结果的解释与评估。实施数据挖掘阶段发现出来的模式，经过评估，可能存在冗余或无关的模式，需要将其剔除；也有可能模式不满足用户的要求，需要退回到发现过程前面的阶段，如重新选择数据、采用新的数据变换方法、设定新的参数值甚至换一种挖掘算法等。另外，数据挖掘的结果最终是面向用户的，因此可能要对发现的模式进行可视化操作，或把结果转换为用户易懂的方式，如把分类决策树转换为"if...then..."的形式。

数据挖掘质量的好坏有两个影响要素：一是所采用的数据挖掘技术的有效性；二是用于挖掘的数据的质量和数量(数据量的大小)。如果选择了错误的数据或使用了不适当的属性，或对数据进行了不适当的转换，则挖掘的结果不会成功。

4. 实施数据挖掘的人员配备

数据挖掘过程分步实现，不同的步骤需要不同专长的人员，大体可以分为以下几类。

(1) 业务分析人员。要求精通业务，能够解释业务对象，并根据各业务对象确定用于数据定义和挖掘算法的业务需求。

(2) 数据分析人员。精通数据分析技术，并对统计学有较熟练的掌握，有能力把业务需求转化为数据挖掘的各步操作，并为每步操作选择合适的技术。

(3) 领域专家。帮助数据和业务分析人员确保获得正确的数据和发现有效的业务指标，同时帮助决策制定人员确保解决方案有重要的业务意义。

(4) 决策制定人员。评估业务方案和批准解决方案。

(5) 数据管理人员。精通数据管理技术，并从数据库或数据仓库中收集数据，这样有助于获得项目数据，实施产品系统，并对结果进行度量。

7.4.2 数据挖掘在 CRM 中的实施流程

为了在 CRM 中建立良好的数据挖掘模型，实际操作中需要遵循以下有效步骤。

1. 定义商业问题

每一个 CRM 应用程序都有一个或多个商业目标，为此需要建立恰当的模型。根据特殊的目标，如"提高响应率"或"提升每个响应的价值"，需要建立完全不同的模型。

2. 建立营销数据库

下面的步骤是组成数据准备的核心，花费的时间或努力比其他几步加起来还多，大概要占去全部数据挖掘过程的 50%~90%的时间和努力。首先需要建立一个营销数据库，因为操作型数据库和共同的数据仓库常常没有提供所需格式的数据。在建立营销数据库的时候，需要对它进行净化。如果想获得良好的模型，必须有干净的数据。需要的数据可能在不同的数据库中，如客户数据库、产品数据库以及事务处理数据库。这意味你需要集成和合并数据到单一的营销数据库中，并协调来自多个数据源的数据在数值上的差异。

3. 探索数据

在建立良好的预测模型前，必须理解所使用的数据。可以通过收集各种数据描述和注意数据分布来开始进行数据探索。可能需要为多元数据建立交叉表(枢轴表)。

图形化和可视化工具可以为数据准备提供重要帮助，但不能过分强调它们对数据分析的重要性。数据可视化常产生可引出新的洞察力和成功的内容。非常有用和普遍使用的图形是直方图和箱图，它们显示了数据的分布情况，也可以使用不同变量组的二维或三维散点图。这种增加第三覆盖变量的能力极大地提高了一些图形的可用性。

4. 准备数据

这是建立模型前数据准备的最后一步，包括 4 个部分：首先要为建立模型选择变量，将拥有的所有变量加入到数据挖掘工具中，找到那些最好的预示值。其次，从原始数据中构建新的预示值。例如，使用债务——收入比来预测信用风险能够比单独使用债务和收入产生更准确的结果，并且更容易理解。再次，需要从数据中选取一个子集或样本来建立模型。建立模型有两种选择，使用所有数据建立少数几个模型，或者建立多个以数据样本为基础的模型。最后，需要转换变量，使之和选定用来建立模型的算法一致。

5. 建立模型

这是一个迭代的过程，需要研究可供选择的模型，从中找出能解决商业问题的一个。在寻找模型的过程中，所获悉的知识或许要求回头修改正在使用的数据，甚至修改问题。

6. 评价模型

在模型评价的方法中，最可能产生评价过高的指标就是精确性。假设有一个提议仅仅有 1%的人响应。模型预测"没有人会响应"，这个预测 99%是正确的，但这个模型有 1%是无效的。另一个常使用的指标是"提升多少"，用来衡量使用模型后的改进有多大，但是它并没有考虑成本和收入。所以最可取的评价指标是收益或投资回报率。

7. 将数据挖掘运用到 CRM 方案中

在建立 CRM 应用时，数据挖掘常常是整个产品中很小但意义重大的一部分。例如，通过数据挖掘而得出的预测模式可以和各个领域的专家知识结合在一起，构成一个可供不同类型的人使用的应用程序。

数据挖掘建立在应用程序中的方式由客户交互作用的本质所决定。例如，与客户交互作用的两种方式：呼入(inbound)和呼出(outbound)在部署方面的需求就是完全不同的。

(1) 在 inbound 事务中，如电话订购、Internet 订购、客户服务呼叫等，应用程序必须实时响应。因此数据挖掘是内含在这种应用程序中并且积极地做出推荐动作的。

(2) 在 outbound 事务中，特征由公司所决定，因为联系活动是由公司发起，例如直接邮寄活动、DM 广告投放等。结果可以通过运用模型到客户数据库来选择客户进行联系。

7.4.3 数据挖掘在 CRM 中的应用介绍

在 CRM 中，数据挖掘可以应用在以下几个方面。

(1) 客户特征多维分析。挖掘客户个性需求，客户属性描述要包括地址、年龄、性别、收入、职业、受教育程度等多个字段，可以进行多维的组合型分析，并快速给出符合条件的客户名单和数量。

(2) 客户行为分析。结合客户信息对某一客户群体的消费行为进行分析。针对不同的消费行为及其变化，制定个性化营销策略，并从中筛选出潜在客户。

(3) 客户流失分析。挽留一个老客户比争取一个新客户付出的代价要小得多。对客户持久性、牢固性以及稳定性的分析可以及时发现问题并采取补救措施。

(4) 销售分析与销售预期。包括按产品、促销效果、销售渠道、销售方式等进行的分析。同时，分析不同客户对企业效益的不同影响，分析客户行为对企业收益的影响，使企业与客户的关系及企业的利润得到最优化。同时，根据一些影响消费情况的因素，对未来某段时间的销售水平做出预测，或对销售走势做出预测。影响将来销售水平的因素是多方面的，且与具体情况密切相关，一般的因素包括上一个相同间隔的时间段的销售情况、去年同期的销售情况、季节变化情况等。

(5) 交叉销售。在产品促销活动中，企业利用数据挖掘可以通过从销售记录中挖掘关联信息，了解某些产品具有关联销售的可能性，进而可以向已经购买相关商品的客户推销关联产品，提高产品促销的成功率。在交叉营销活动中，数据挖掘可以帮助企业寻找影响客户购买行为的因素，帮助销售人员了解哪些客户最有可能购买新产品以及哪些产品通常被一起购买，进而在一对一的营销活动中，企业可以利用数据挖掘中的分类与聚类技术把大量的客户分成不同的类，使每个类里的客户拥有相似的属性，进而使企业给每种不同类型的客户提供完全不同的服务，最终提高客户的满意程度。

(6) 客户细分。客户细分可以让企业的管理者在较高的层次上查看整个数据库中的数据，也可以使企业的管理者使用不同的方法处理不同细分的群体客户。数据挖掘可以根据客户的预测行为来定义客户细分群。例如，决策树的叶子节点可视为一个独立的客户细分群，每个叶节点由某些特定的客户特征来定义，对所有符合这些特征的客户存在一些预测行为。

(7) 客户获取。在开发新客户的过程中，可利用数据挖掘建立一个预测性分析模型。但是，企业对当前不属于自己的客户的了解程度，远没有对现有客户的了解程度高，客户获取的关键在于寻找那些已知信息和想要得到的行为模型之间的关系。

在这个过程中，企业必须获得一些潜在客户的名单，在潜在客户名单中列出可能对企业的产品或服务感兴趣的消费者信息。接下来，企业要做的就是通过一些小规模的实验活动，收集、分析有用的数据。当有了实验活动中取得的反馈数据后，企业就可以对客户的反应模式进行实际分析。在这个阶段中要挑选一些需要预测且对企业感兴趣的行为模式，并决定在什么样的粒度上进行分析。一旦原始数据准备好，就可以在上面进行数据挖掘。数据挖掘软件将依据所选择的反应模式的类型来预测一些指标变量。通过这些指标变量，就可以找出那些对企业所提供的服务感兴趣的客户，进而达到获取客户的目的。

(8) 客户营利能力分析。数据挖掘技术可以用来预测在不同的市场活动情况下客户营利能力的变化。在客户的营利能力分析中，需要做的是基于市场营销策略预测营利能力。为此，首先需要设定一些优化目标。设定优化目标的意图就是企业必须确定一种计算客户营利能力的方法。这种方法可以是一种简单的计算公式，如从每个客户身上获取的收入减去提供产品、服务、市场活动、促销活动的成本,再减去通常由客户所负担的那些固定费用。也可以是一种更复杂的计算公式。然后利用数据挖掘工具从客户的交易记录中发现一些行为模式,且用这些行为模式来预测客户盈利能力的高低,进而帮助分析和提高客户营利能力,使企业在市场竞争中获取优势。

(9) 风险评估和防止诈骗。风险评估与欺诈行为几乎在每个行业中都会遇到,尤其是在 CRM 中。利用数据挖掘中的神经网络分析模型可以探察具有诈骗倾向的客户,这就有可能使企业对这些客户加强监控,防止诈骗的发生。数据挖掘中的孤立点分析也可识别那些具有诈骗倾向的客户。例如,一个邮购零售商可以区分来自同一地址不同客户的付款模式。当同一客户使用不同的名字时,可以识别潜在的诈骗行为。银行在贷款给公司之前,可以查明这家公司是否处于财政危机之中。

本 章 小 结

企业必须作好各类客户数据的收集、整理和分析工作。各类与客户相关数据的管理与分析是实施 CRM 系统的重要基础工作,是 CRM 作用能够得以顺利发挥的保障。

本章首先介绍了客户数据的基本知识,包括客户数据的类型、质量标准、重要性,以及从客户数据到客户信息、客户知识的转化流程;然后介绍了对客户数据进行处理、分析和应用的相关知识,包括客户数据的收集渠道、客户数据的整理、客户数据库的建立及其在 CRM 中的应用;最后浅谈了数据仓库和数据挖掘的基本知识及其在 CRM 中的应用。

通过本章学习,读者应充分认识数据管理和分析在 CRM 中的主要作用,养成重视客户档案数据库的习惯;同时要基本理解数据仓库和数据挖掘技术在 CRM 中的应用。

关键术语

客户数据   描述性数据   促销性数据   交易性数据   客户数据库   RFM 模型   数据仓库
数据挖掘

练 习 题

一、填空题

1. 按照客户数据的性质,可将其分为 3 类,分别是_____、_____和_____。
2. 总体上来说,CRM 系统(具体说是其中的数据仓库)对数据质量的要求可归纳为 4 个方面,分别是_____、_____、_____和_____。
3. 建立客户档案数据库,首先要收集客户数据,收集渠道包括_____和_____。
4. 客户数据库包括的 4 种客户类型分别是_____、_____、_____、和_____。
5. 数据仓库在 CRM 中的应用包括 3 个方面,分别是_____、_____、和_____。

二、判断题

1. 描述性数据用来描述客户的基本特征,通常是表格型的摘要数据。   (   )
2. 客户数据是进行客户分级的依据。   (   )

3. 客户信息与客户数据是同一个概念，含义是一样的。（   ）
4. 客户与企业接触的频率越高，客户数据的质量就相对越高。（   ）
5. 对于流失的客户，其数据在客户数据库中不再保留，需要立即删除。（   ）

三、名词解释

1. 促销性数据
2. 客户数据库
3. RFM 模型
4. 数据仓库
5. 数据挖掘

四、简答题

1. 客户数据可以如何进行类型划分？每类数据各有什么特点？
2. 客户管理中的数据须具有好的质量。请问：高质量的客户数据应满足哪些要求？
3. 请举例说明客户数据在 CRM 中的重要作用。
4. 请举例说明客户数据的主要收集渠道。
5. 客户数据库具有什么特点和作用？
6. 在建立客户数据库时需要注意哪些基本原则？
7. 什么是数据仓库技术？它有什么作用？在 CRM 中有哪些主要应用？
8. 什么是数据挖掘技术？它有什么作用？在 CRM 中有哪些主要应用？

五、案例应用分析

案例 7-1　亚马逊公司利用客户数据库为客户简化交易手续和推荐书目

亚马逊书店成立之初，就清楚地说明了公司的设立用意，即"在网络上设立一家以客为尊的书店，方便顾客在线漫游，并尽可能提供多元化的选择"。

亚马逊公司网上书店的销售一直保持高速增长，这与其利用客户数据库不断改进服务质量和客户关系是分不开的。为了方便顾客买书，并且使在线购买对消费者来说是一个愉快而迅速的过程，亚马逊书店结合多种工具和手段，给顾客提供"最快捷、最方便、最易用"的服务。

例如，通过"一点就通"的 One Click 设计，客户只要在该网站购买过一次书，其通信地址和信用卡账号就会被安全地存储下来，下次再购买时，客户只要单点击一下货物，网络系统就会自动完成接下来的所有手续。

当客户在亚马逊网上书店购买图书时，它的销售系统就会自动记录书目，生成有关客户偏好的信息。当客户再次进入书店时，销售系统就会识别其身份，并依据其爱好来推荐书目，巧妙提醒客户去浏览可能会引发兴趣的其他书籍等。客户与书店的接触次数越多，系统了解客户的信息也就越多，服务也就越好。

总之，坚持以客户为中心安排业务流程，处处为顾客着想，创建方便、快捷、安全、有效的个性化服务使亚马逊成为书店行业的典范。

(资料来源：郑亚琴. 感受"亚马逊"文化，实施图书馆服务理念再造. 现代情报，2003(3))

案例讨论题:

(1) 请分析亚马逊公司是如何利用客户数据库,以便推荐书目进而实现交叉销售的。

(2) 从本案例中可以看出,亚马逊公司之所以成功,其中一个主要原因就是——非常重视客户体验,并尽力精简用户操作流程。那么,对于 CRM 在电子商务中的重要性,你如何认识?

(3) 我国的网上书店(例如当当网、卓越网),在简化客户交易手续方面都做了哪些具体工作?请自己进行实际调研,然后进行相关内容的总结。

案例 7-2 美国第一银行:借助数据仓库系统支持"如您所愿"

作为世界上最大的 Visa 信用卡发卡行,拥有超过 5 600 万信用卡客户的美国第一银行的核心理念是"成为客户信任的代理人",在与客户建立联系时采用一种被称之为"ICARE"的要诀:I(Inquire)——向客户询问并明确其需求;C(Communicate)——向客户保证将尽快满足其需求;A(Affirm)——使客户确信有争先完成服务工作的能力和愿望;R(Recommend)——向客户提供一系列服务的选择;E(Express)——使客户银行接受单个客户的委托。在"ICARE"的基础上,美国第一银行推出了一项名为"At Your Request"(如您所愿)的客户服务,赢得了客户的信任,获得巨大的商业成功。但无论是"ICARE"还是"At Your Request",都离不开第一银行先进的数据仓库的全面信息支持。

美国第一银行的客户可通过电话、电子邮件或网络得到"At Your Request"提供的 3 项服务:金融服务、旅行娱乐服务和综合信息服务。客户在使用美国第一银行的信用卡一定时期后,在信用记录良好的情况下,银行会寄一份"At Your Request"业务邀请函给客户。客户如果接受,只需填写一份爱好简介,包括其每个家庭成员的姓名、生日、最喜欢的杂志、最喜欢的文娱活动等,就可获得各种相关服务。银行通过"At Your Request"帮助客户满足其各种需求,比如"At Your Request"提供"提醒服务"功能,称为"Just-in-Time",在客户的周年纪念日、特殊事件和重要约会前,会按客户所希望的时间、方式、渠道来提醒。再比如客户想在饭店订座或想要送花,都可以通过"At Your Request"来实现。

在业务后台,第一银行开发了庞大而先进的数据仓库系统,从每一笔信用卡交易中提取大范围的有重要价值的数据。在银行看来,可以从大多数使用信用卡的客户的业务记录中"发现"客户最感兴趣的商品或服务。利用所掌握的交易数据,第一银行建立了高度准确、按等级分类的单个客户实际偏好的记录,当然也能分析群体客户的消费情况和偏好。银行可以根据客户的消费偏好信息确定商业合作伙伴,从他们那里得到最优惠的价格并提供给客户。银行的数据仓库通过持续的更新,会越来越清晰地反映出客户的需求和消费偏好,这为"At Y0ur Request"业务的开展提供了最有力的信息支持。

(资料来源:王广宇.客户关系管理方法论.北京: 清华大学出版社,2004:P297-298)

案例讨论题:

(1) 你如何看待第一银行的"ICARE"和"At Your Request"的客户服务理念?

(2) 第一银行数据仓库系统是如何支持其"At Your Request"(如您所愿)服务的?

(3) 本案例中第一银行的客户服务理念观念,对我国银行业的启示有哪些?

案例 7-3 天津联通公司利用 SAS 数据挖掘技术实现精细营销

电信业的竞争日趋白热化,运营商们推出新业务的节奏也越来越快。过于激烈的竞争使得决策不免仓促,而缺乏扎实的市场依据,最后沦为"价格战"。在新的竞争环境下、中国联通公司在香港上市后国际投资人对公司管理水平和公司赢利能力水平的提升都提出了更高的要求,天津联通公司感受到需求的迫切，引进先进的软件和服务系统，成为提升其管理科学化的重要步骤。

在数据挖掘方面，天津联通公司选择了世界上著名的数据分析公司 SAS。其中的原因在于，在全球市场，SAS 服务于众多大型电信运营商，SAS 的产品功能模块建立在对这些电信运营商业务分析的基础上，具备行业通用性。同时，SAS 也与上海、北京、浙江、河北等地的很多家电信运营商存在合作关系，对国内运营商个性化的业务需求非常了解，兼具国际化的背景和本地化的经验，是天津联通公司选择 SAS 的关键。

同时，天津联通公司认为，商业智能软件不仅投入较大，而且涉及企业的关键业务数据，只有具备相当资质的大公司才值得信赖，而 SAS 的资质和实力无疑获得了天津联通公司的信任。

实现营销精细化

显然，在今天中国的电信市场上，粗放式的营销已经无法确保市场回报，营销精细化、科学化是运营商生存的唯一选择。而精细化、科学化的营销决策需要情报支持系统，电信运营商每天产生的业务数据不计其数，这些数据之间是否存在诸如"尿布与啤酒"这样的关系？这种关系又蕴涵着哪些潜藏的商机？

仅凭直觉和观察，能经营小超市，但经营一家大型的电信企业，就需要专业的商业智能软件做决策支持，这正是 SAS 所擅长的。

天津联通公司根据其业务需要与企业的实际情况，选择了 SAS 电信业智能解决方案中的 3 个组成部分：客户挽留解决方案、电信业客户细分解决方案、电信业交叉销售和提升销售解决方案。

这 3 个项目的实施，分别帮助天津联通公司解决 3 个决策的问题。

第一，预测哪些客户最具有流失的倾向以及影响客户流失的关键因素，通过预制的分析模型提供"流失记分"帮助识别风险客户，在客户流失之前采取针对性措施来留住他们。

第二，根据客户可能的行为和潜在的营利性对客户进行分类，制定更准确的产品组合、更准确的产品介绍和产品捆绑服务。

第三，从现有客户中识别出有可能接受交叉销售和提升销售的客户人选，评估客户过去的购买模式，预测客户下一步可能购买什么。

通过运行该系统，并对业务数据进行分析，天津联通公司制订了更为精细的营销策略，留住了利润贡献最高的客户，并且开发了更有针对性的新业务，提高了每用户平均收入(Average Revenue Per User, ARPU)，增强了赢利能力。

天津联通公司的客户对变化也有直接感受，一位入网 4 年多，每月消费额在 500 元以上的老客户评价说，"天津联通公司推出的客户关怀活动让我们感受到了作为老客户的'价值'，如果有人向我咨询，我会向他们推荐使用联通公司的服务。"

SAS 授之以渔

尽管 SAS 是一家国际型企业，但是在与天津联通公司的沟通过程中，SAS 的服务团队还是让天津联通公司感觉到了沟通的融洽。从 2000 年到现在，SAS 一直致力于中国团队的建设，目前有两支团队已是相当成熟，一个是技术支持和本地化开发队伍，另外一个就是致力于客户关系管理、客户商务智能分析的销售队伍。

天津联通公司计费营账中心数据挖掘项目经理田龙认为，SAS 的技术人员非常专业，具备丰富的电信行业经验。"他们能从复杂的数据中找到有用的信息，用图表的方式提供给我们，这些信息很容易看懂，并可以依此形成决策。他们对项目的把控能力也是一流的，系统交割清楚有序，并对我们的业务人员进行了系统的培训。"经过 SAS 的培训后，天津联通公司的业务分析人员已经能够熟练掌握系统的运行，从而独立操作，从数据中找到他们真正需要的东西。而这种"授之以渔"，融咨询、服务、培训为一体的模式，比起单纯销售产品，更符合客户的长远利益。同时，SAS 有着电信行业所特有的数据结构，还有着电信领域的出色专家与业已证实的成功分析模型，这些优势都构成了天津联通智能化管理的基础。

先进的数据挖掘方法论 SEMMA 帮助发掘真正的商业智能，为天津联通公司的市场决策做支持，而系统本身具有的智能应用、高可用性、高可靠性、高扩展性等特性也充分满足了客户在相当长一段时间内的需求。

提高决策成功率

越大的企业，决策的成本越高，一次错误的决策就可导致上千万乃至上亿的损失，降低决策风险，对于大企业有特别的重要的意义。而 SAS 是基于数据挖掘技术的 BI(商业智能，Business Intelligence)系统，不仅帮助客户提升了赢利能力，也通过变主观决策为数据决策，从而降低了决策失误的几率。

SAS 的 BI 系统不仅能满足客户当前的需求，也能满足当用户数量增加和业务规模扩大时的需求，具备高度可扩展性，真正做到了总体拥有成本最低。目前，这一智能解决方案的效果已经被证实十分明显，在新业务开发方面，天津联通公司原来每 1000 人的电话销售成功率是 40 人，而现在这一数字提高到了 200 人，也就是说成功率由原来的 4%提高到了 20%。

应用效果评价

目前电信业的竞争越来越激烈，迫使电信业必须从过去粗放式的营销模式转向精细化、科学化管理。决策层要想尽快掌握和调整市场方向，就必须从每天产生的不计其数的业务数据中寻找出准确、有效的数据。而 SAS 在数据挖掘领域技术不仅技术突出，而且其咨询和实施顾问有着丰富的行业经验。另外，其电信行业特有的数据结构，以及系统本身具有的高可用性和高可扩展性也满足了客户的需求。

在项目实施期间，SAS 为用户提供的业务流程和数据规范建议和意见，以及"授之以渔"的实施方法推动了用户对自身业务系统的优化和深入认识。天津联通公司计费营帐中心数据挖掘项目经理田龙表示，"SAS 帮助我们发现隐藏在数据之后的问题与机会，我们的营销变得更有洞察力，准确而迅速。"

资料来源：营销精细　决策简易——天津联通智能管理案例. 畅享网(www.vsharing.com)：2007-09-07

案例讨论题：

(1) 在本案例中，天津联通公司为什么要考虑采用数据挖掘技术对客户数据进行分析？
(2) 天津联通公司为什么选择了 SAS 公司？SAS 公司的方案对于天津联通带来了什么好处？
(3) 本案例中天津联通公司利用 SAS 数据挖掘技术实现了精细营销，对此你受到了什么启发？

实 践 训 练

1. 社会调查题

自己通过社会关系，联系相关企业，了解其客户档案数据库的建设情况。

2. 方案设计题

选择某一特定类型企业，利用 Excel 或者 Access 软件，为其设计一个客户数据库。

3. 案例调查题

通过网络搜索、文献阅读、实地调研等方法，了解并撰写有关以下主题的应用案例。
(1) 客户档案数据库的应用。
(2) 数据仓库技术的应用。
(3) 数据挖掘技术的应用。

第 8 章 客户服务中心及其应用

📚 知识架构

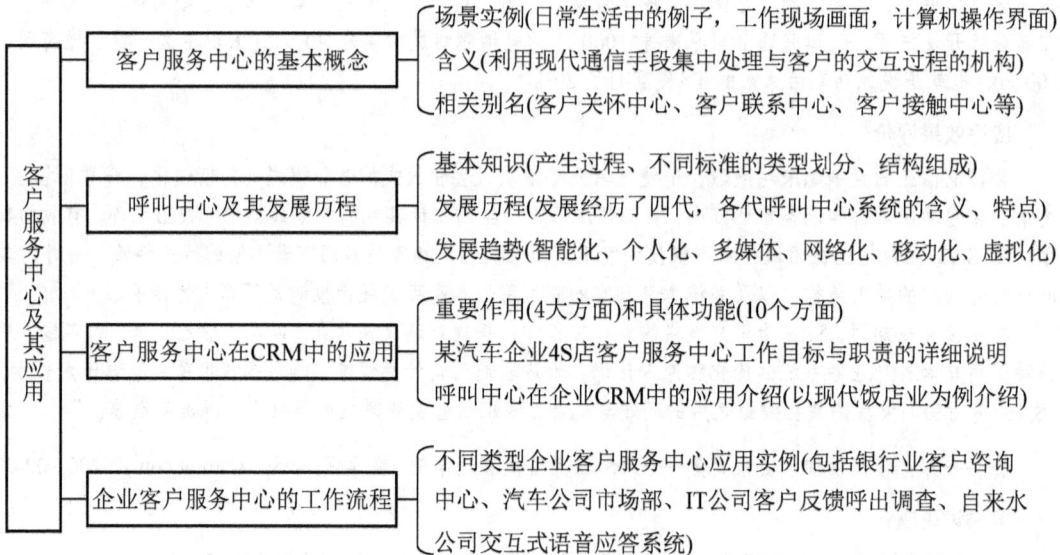

📚 学习目标

通过本章的学习，读者应该能够：
- 熟悉客户服务中心的含义与相关术语
- 理解呼叫中心的类型划分与结构组成
- 了解呼叫中心的产生、发展与趋势
- 掌握 CRM 中客户服务中心的作用
- 熟悉不同行业客户服务中心的功能
- 熟悉客户服务中心的工作目标与职责
- 了解客户服务中心的整体工作流程

第8章 客户服务中心及其应用

案例8-0：方太公司客户服务中心的典型应用

作为我国一家著名的厨房类产品家电企业，宁波方太厨具有限公司(以下简称方太公司)一贯重视售后服务。而呼叫中心系统的建立，则更加全面提升了其售后服务水平，完善了客户服务流程，降低了客户服务总体成本，并全面地提高了方太公司的产品竞争力。

方太公司的客户服务中心是采用计算机电话集成技术(Computer Telephone Integration，CTI)的新一代客户服务系统，主要由PC—PBX交换机、交换控制卡、坐席卡、语音卡、传真卡、数据库服务器等硬件设备和系统应用软件构成。它以电话服务为主要方式、结合对计算机信息系统的资料数据的统计、分析、运用，为客户提供全方位的服务。这不同于传统电话服务中心之处，在于将计算机的信息处理功能、PC交换机的电话接入和智能分配、自动语音处理技术、Internet 技术、网络组网技术与实际业务系统紧密结合在一起，充分利用先进技术、为客户提供更亲切周到、快捷、功能强大的服务。

方太公司客户服务中心与原售后服务系统进行无缝连接，为客户提供全员服务，最终实现"一个电话解决客户所有问题"的目标。客户服务中心认真处理每次客户呼叫，并提供路由选择、电话外拨、预计客户等待时间、屏幕弹出、呼叫和数据同步转移等先进功能，让客户感受到高质量的服务，增强客户的忠诚度，大大提高企业的竞争能力。同时，客户服务中心还能实现客户信息的集中处理，提高业务统计和呼叫统计分析等功能，帮助企业实现客户智能和决策分析。

方太公司客户服务中心除了提供传统电话呼叫通道外，还支持传真自动收发、IP 电话的快速拨号、WEB CALL 等多种服务方式，为客户提供融会贯通的交流渠道。Internet 多媒体呼叫中心技术的支持更将WEB 应用与呼叫中心的语音服务紧密结合，客户服务中心在营销、销售、服务支持等方面发挥了更大的作用，这也代表了客户服务中心今后的发展方向。

从本案例的文字描述中可以看出，方太公司成功实施客户服务中心系统后，全面提高了客户满意度，极大地降低了客户服务总体拥有成本，客户服务代表也能够为客户提供更周到快捷的客户服务，大大改善了方太公司的企业形象，并挖掘出更大的市场潜力。由此可见，基于呼叫中心的客户服务中心在企业客户关系管理中具有重要作用。

8.1 客户服务中心的基本概念

目前企业向客户提供服务的种类、规模和内容迅速增加，单纯依靠增加人员，强调服务纪律已不能满足客户服务的要求。而客户服务质量的高低，将是决定当今企业生存和发展的重要因素。为此，企业迫切需要根据自身实际情况，建立相应的客户服务中心。

8.1.1 客户服务中心场景实例

在日常生活中，各位读者想必都有这样的经历：足不出户，仅仅打个电话、发个短信或者上网点击几下鼠标，就能购买到所需的商品、享受到所需的服务。另外，有时候我们也会收到陌生的电话、短信或电子邮件，热情地向我们推介他们的产品或服务。有时候，他们的服务或产品确实正是我们所需的，也许我们自己还没有考虑到的需求，他们已经替我们想在前面了。有时候，我们可能觉得企业真是服务好，并且不自主地成为了该企业的忠诚客户。我们在充分享受着通信技术的发展带来的舒适与方便。

也许您根本就没有想到，在为您提供服务的某个电话号码或者某个服务网站的背后，都有一个采用先进的通信技术、计算机技术、网络技术及三者集成技术的、庞大的、人们称之为客户服务中心(Customer Service Center)的信息服务机构。

如图8.1所示就是某公司客户服务中心的工作场景。在现代化的客户服务中心里面，客户服务人员头戴有耳麦的耳机，手操作着鼠标，眼睛盯着计算机屏幕，一方面可通过电话与客户进行电话交流，或者以及时通信方式(如QQ)与客户在Internet上交流；另一方面，可以利用面前的计算机输入界面输入相关的投诉、咨询信息，或参阅相关文本页面，以便快速回答用户提出的相关问题，或单击相关按钮将信息以短信或电话录音方式及时发送给客户。

图8.1　某公司客户服务中心的工作场景

如图8.2所示为某公司客户服务中心工作人员操作界面的截图内容。

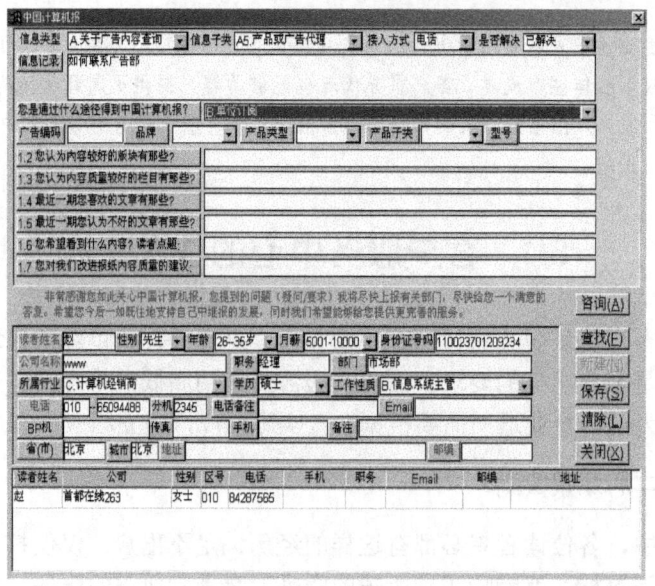

图8.2　某公司客户服务中心工作人员操作界面的截图

8.1.2 客户服务中心的含义

目前，客户服务中心这一概念的内涵十分丰富，最近几年出现了各种各样的有关客户服务中心的解释：有的从客户服务中心的服务方式上进行解释，有的从客户服务中心的技术构成上解释，有的强调电话服务和电话营销，有的强调其功能和作用，这些对客户服务中心不同的解释都从某些方面反映了客户服务中心的特征。

(1) 客户服务中心就是热线电话。
(2) 客户服务中心就是电话服务中心。
(3) 客户服务中心是基于 CTI 技术的信息服务机构。
(4) 客户服务中心是处理呼入呼出电话的场所。
(5) 客户服务中心是信息收集和信息服务机构。

综上所述，客户服务中心就是企业利用现代通信手段集中处理与客户的交互过程的机构。用于不同目的的客户服务中心所采用的技术的复杂性可以有很大的区别，其功能也会有很大的差别。典型的客户服务中心一般都采用了自动语音应答技术、呼叫自动分配技术、计算机电话集成技术和呼叫管理系统。客户互动可由客户发起，也可由客户服务中心发起。电话仍然是客户服务中心与客户联络的主要方式，但也不局限于此，有的客户服务中心还提供其他的接入渠道，如网上呼叫、文本交谈、自动传真、E-mail 回复等。

 阅读材料

客户服务中心的"别名"

不同企业的客户服务中心，根据其工作方式和内容不同，还有很多"别名"，较常见的如客户关怀中心(Customer Care Center)、客户联系中心(Customer Connect Center)、客户接触中心(Customer Contact Center)、客户接触区域(Customer Contact Zones)、客户支持中心(Customer Support Center)、多媒体接入中心(Multimedia Access Center)、客户关系中心(Customer Relation Center)以及电话营销中心(Telemarketing Center)等等。这些各种各样的"别名"大都力图去概括和反映其特色，并从不同侧面反映了该概念的复杂性和内容的广泛性。

8.2 呼叫中心及其发展历程

呼叫中心，是英文 Call Center 的直译，是服务供应商为提高服务水平，通过计算机、电话、传真、E-mail、互联网等技术向客户提供服务的综合性信息服务系统。本节介绍其产生过程、类型划分、结构组成等基本知识，并说明其发展历程与未来趋势。

8.2.1 呼叫中心的产生过程

呼叫中心最早源于北美，其雏形可以追溯到 20 世纪 50 年代美国的民航业和旅游业。20 世纪 50 年代初，美国的一些经营旅游餐饮业的公司，开通了电话服务热线。例如，1956 年美国泛美航空公司开通了电话服务热线，当时旅客可以通过这个 24 小时都提供服务的全

天候服务中心进行机票预订、航班查询等。呼叫中心形成一个初具规模的行业是在20世纪70年代,有代表性的是AT&T,其首家推出全球第一个用于电话营销的呼出型呼叫中心——免费的800服务号码。由于这一举措的有效性,800服务号码得到了非常广泛的使用。也是在20世纪70年代,IBM公司推出了专门的客户服务界面和工作站,这两点极大地促进了呼入型呼叫中心的快速发展。这一时期呼叫中心的应用主要集中在民航业、银行业和旅游业。

从20世纪80年代起,国外的呼叫中心业迅速发展为一个庞大的产业。作为一个产业,目前呼叫中心在国外不仅有各种硬件设备提供商、软件开发商、系统集成商,还有众多的外包服务商、信息咨询服务商、专门的呼叫中心管理培训学院,每年举办有大量的呼叫中心展会和数不清的呼叫中心杂志、期刊、网站等等,从而形成一个庞大的、在整个社会服务体系中占有相当大比例的产业。随着信息科技的发展和以顾客为中心的商业理念的被广泛认同,呼叫中心目前发展已从简单的热线电话演变到集电脑和电信技术之大成,从成本中心变成创造利润的工具,呼叫中心实际上就是为用户服务的"服务中心",这也是有人直接将呼叫中心称为"客户服务中心"的一个原因。

当今的呼叫中心已经是一种基于计算机网络、通信网络集成技术的,集信息采编、知识提取、自动流转于一体的智能信息服务系统,是目前企业客户服务的主要实现形式。

目前,我国国内"呼叫中心"已呈飞速发展势头,每年的增长率都在30%以上,在邮电、银行、航空、铁路、保险、证券房地产、旅游等行业广为应用。

8.2.2 呼叫中心的类型划分

按照不同的参照标准,呼叫中心可以分成多种类型,见表8-1。

表8-1 呼叫中心按不同标准的分类

分类标准	分类结果	类型含义
接入技术	基于交换机的呼叫中心	由交换机将用户的拨入呼叫接入到后台的工作人员,该方式稳定性和可靠性好,但成本较高
	基于计算机的呼叫中心	由计算机通过语音处理板卡完成对用户拨入呼叫的控制,该方式成本较低,但是可靠性和稳定性相对较差
呼叫类型	呼入型呼叫中心	这种类型呼叫中心不主动发起呼叫,其主要功能是应答客户发起的呼叫,其应用的主要方面是技术支持、产品咨询等
	呼出型呼叫中心	这种类型的呼叫中心是呼叫的主动发起方,其主要应用是市场营销、市场调查、客户满意度调查等
	呼入/呼出呼叫中心	单纯的呼入型和呼出型呼叫中心都比较少,大量的呼叫中心既能处理客户发出的呼叫,同时也能主动发起呼叫
中心规模	大型呼叫中心	一般超过100个人工坐席。它要有足够容量的大型交换机、自动呼叫分配设备、自动语音应答系统、CTI服务器、人工坐席和终端、呼叫管理系统以及数据仓库
	中型呼叫中心	人工坐席为50~100个。其PBX与CTI服务器、人工坐席直接相连,人工坐席又与应用服务器相连,客户资料存储在应用服务器中,应用服务器实时地将打入电话的客户的资料自动地在计算机屏幕上弹出
	小型呼叫中心	坐席数为50个以下,其结构与中型呼叫中心类似,不过主要几个部分如PBX(也可用板卡代替)、CTI服务器(主要板卡线数可选择低一些)、人工坐席、应用服务器(根据数据库大小确定)在数量上均可作相应减少

第8章 客户服务中心及其应用

续表

分类标准	分类结果	类型含义
使用性质	自建自用型呼叫中心	由企业自己规划与建设，企业自己使用和维护
	外包服务型呼叫中心	由呼叫中心服务公司建立，外包给企业使用，以收取费用
	ASP型呼叫中心	由ASP(应用服务提供商)提供呼叫中心的设备和技术平台，而由租用平台的企业自己进行日常运营管理
分布地点	单址呼叫中心	呼叫中心的工作场所分布于同一个地点。
	多址呼叫中心	工作场所分布于不同地点(甚至不同城市)。但是，无论处理呼出还是呼入，分布于不同地点的子中心给客户感觉都是同一个呼叫中心。分布于不同子中心之间的信息交互是通过企业广域网技术或因特网技术来实现的。

除以上分类外，按信息传输的方式来分，呼叫中心还可以分为电话呼叫中心、Web呼叫中心、IP呼叫中心、多媒体呼叫中心、视频呼叫中心以及统一消息处理中心等。在实际中，人们更多的是根据应用的不同情况和场合，将以上各种分类方式有机地结合起来。例如，某企业在其CRM总体建设规划中，对所要建立呼叫中心的描述为：一个中型的、基于交换机的、具有Web功能的、呼出型多址外包呼叫中心。

8.2.3 呼叫中心的结构组成

一个完整的呼叫中心系统包括智能网络、自动呼叫分配、交互式语音应答、计算机电话综合应用、来话呼叫管理、去话呼叫管理、集成工作站、呼叫管理、呼叫计费系统、监控系统、管理/统计系统以及帮助系统。同时，它还包括客户资料数据库以及多种应用服务器(如Web服务器、E-mail服务器、FAX服务器等)。另外，基于IP的呼叫中心中还有IP网关，Web呼叫中心中还应用VoIP(Voice over IP)技术和Web回叫技术，视频呼叫中心应用了视像技术等等。如图8.3所示为呼叫中心结构组成的总体情况。

下面将呼叫中心中主要组成部分及其关键技术介绍如下。

1. 智能网络

智能网络(Intelligence Network，IN)是呼叫中心依托的通信基础设施，可以根据企业的需要制定不同的路由策略、提供800免费呼叫服务、支持虚拟专用网等。智能网还可提供自动号码识别和被叫号码识别功能。自动号码识别允许呼叫中心的业务代表在收到语音呼叫的同时，在屏幕上看到有关呼叫者的信息，加快呼叫处理过程；被叫号码识别则允许企业通过一组共用线路处理不同的免费呼叫号码。

2. 自动呼叫分配

自动呼叫分配(Automatic Call Distributor，ACD)，俗称排队机，是现代呼叫中心有别于一般的热线电话和自动应答系统的重要标志。ACD支持把呼入请求按照用户的来源、业务类型以预先设定的策略进行多队列排队，通过智能路由分配到适当的话务员。如，可寻找上次为此客户提供服务的话务员是否空闲，如空闲则接入，如其处于繁忙状态可查找精通该业务的所有服务员是否处于空闲状态，如空闲则接入，或哪一个话务员空闲时间最长等。ACD还可以提供长途优先、延迟通知等客户友好服务，以及提供坐席管理所需的数据和报表。自动呼叫分配系统性能的优劣直接影响到呼叫中心的效率和顾客的满意度。

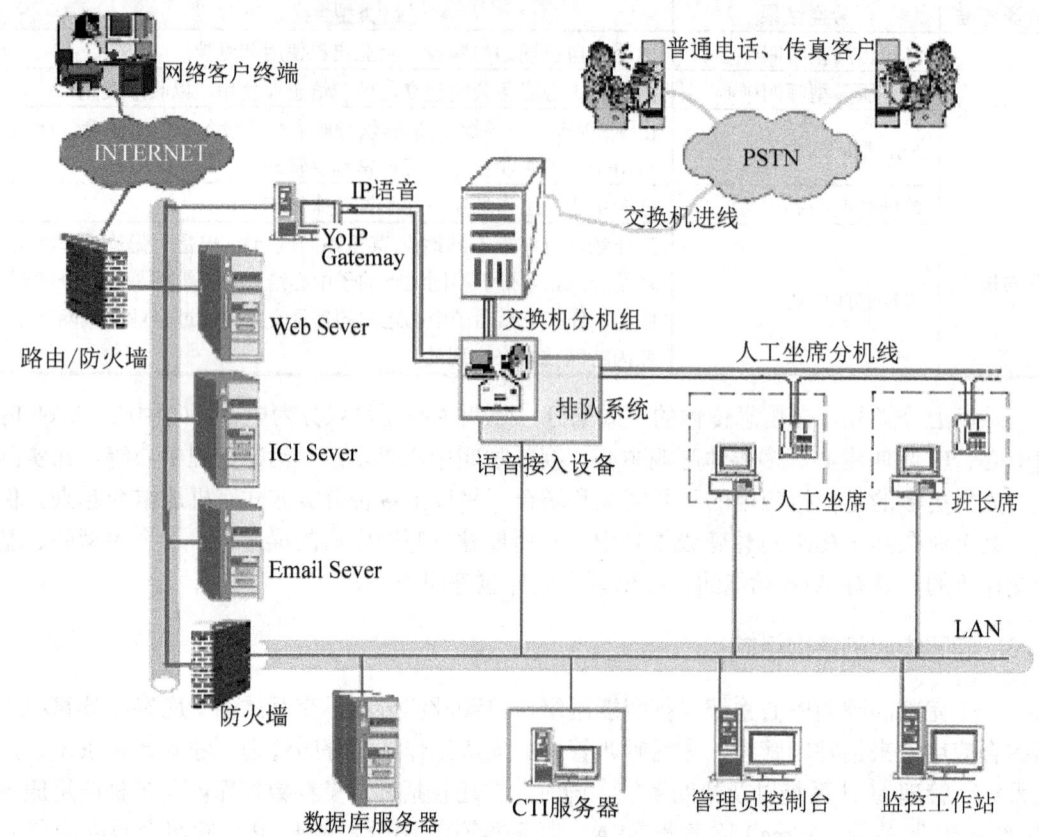

图8.3 呼叫中心的结构组成

3. 交互语音应答

交互式语音应答(Interactive Voice Response，IVR)所提供的自动话音服务是企业为客户提供的自助服务的主要设备。IVR 实际上是一个"自动的业务代表"。系统采用用户导向的语音目录，根据客户选择(通过电话键盘或语音)完成相应的信息查询和命令执行，可以说是通过电话机的按键控制计算机。通过在 IVR 后端连接数据库，IVR 能为客户提供动态的实时信息。IVR 作为企业客户服务的前端，可引导客户到达指定的坐席员，使客户得到及时、准确的服务。

通过 IVR，客户可以通过电话索取传真资料并使用留言信箱；支持常见问题应答(Frequently Asked Questions，FAQ)的自动语音咨询和管理；系统可定制和随时修改呼叫流程并实现语音导航，遇忙提示并播放音乐或广告信息；当用户在系统中等待时间超过一定时段时，系统给用户"继续等待/放弃/留言"的重新选择机会。

使用 IVR 可以使用户每周 7 天每天 24 小时(7×24)随时都能得到信息服务，提高了服务质量，并可以协调用户的操作过程。如果在呼叫中心使用了 IVR，大部分的呼叫就可实现自动化，这样可以节省大量费用，同时还能减轻坐席员的负担，使他们能从事更重要的客户服务工作。IVR 还可以利用驻留在数据库中的信息筛选来话并选择传送方式，也可与主计算机连接，使呼叫者得以直接访问主机数据库信息。这一点尤其重要，当客户来电仅仅是查询或提出惯例问题时，IVR可以自动回复他们，大大提高了工作效率。

先进的IVR甚至已具备了语音信箱、互联网和语音识别的能力。特别是随着语音识别技术的不断突破，现在的IVR还可以和语音识别相集成，通过直接的语言输入就可以操作计算机系统。这对IVR来讲，无疑扩大了应用范围，因为一般的电话机上毕竟最多只有16个按键。这种语音识别的IVR在航班查询、外汇查询、证券委托、公用事业费用查询和通知等领域具有广泛用途。

4. 计算机电话集成

计算机电话集成(Computer Telephony Integration，CTI)，是呼叫中心实现客户关系管理的关键技术之一。CTI可使电话与计算机系统实现信息共享，并允许根据呼叫者、呼叫原因、呼叫所处的时间段和呼叫中心的通话状况等来选择呼叫路由、启动功能和更新主机数据库，可以通过多种手段识别顾客身份和业务类型，自动弹出商务系统中处理相关业务的屏幕，自动完成顾客个人资料和业务记录的查询，同步实现用户电话和交易信息的显示和转移，实现多方会议电话等。CTI把通信技术和客户关系管理系统相融合，减少人工查询，提高服务水平，给顾客以惊喜。CTI技术在呼叫中心中的典型应用包括以下几种。

(1) 弹出式屏幕菜单。将电话与计算机数据库相连接，当客户来电时，客户的主叫信息与呼叫一起被传送到数据库，并随着铃声的响起而把客户的资料同步显示在坐席终端的显示屏幕上。

(2) 协调话音与数据转移。当将来话从一个坐席转接到另一个坐席时，可以将话音与屏幕上的数据同时转移到其他坐席上。

(3) 话机控制功能。可以通过客户端的应用程序来实现所有话机功能，工作人员只需集中在计算机屏幕上进行各种来话操作，比如可通过基于Windows的图形界面点击各种图标，完成来话应答、转接、释放及前转等一系列功能。

(4) 智能拨号。可以由计算机控制发起一个呼叫，然后再接通相应的坐席。

(5) 计算机增强路由控制。可以由计算机根据主、被叫等一系列信息对来话进行路由控制，从而根据来话类别接通到相应的坐席组。

(6) 计算机增强话音控制。可以由计算机根据主、被叫等信息对来话提供相应的语音处理，如不同的主叫或被叫提供不同的录音播放等。

5. 客户资料数据库

客户资料数据库是呼叫中心的宝贵资源。通过长期积累，逐渐收集并拥有齐全的客户资料，有助于开展主动营销和产品直销、发现市场趋势及掌握市场状况。

数据库系统是呼叫中心开展CRM的基础。收集客户服务数据并加以分类加工，通过数据挖掘(data mining)、数据仓库(data warehousing)和CTI技术完成数据分类，实现对客户数据信息的整理工作，然后将其分析、加工、整合，更好地判断客户的性质、类型和需求趋势，提交给企业一套完整的客户数据分析报告。

6. 录音监听系统

录音监听系统的主要作用在于语音数据的记录和存档、通过该系统的应用可以进行事故追踪和责任追查，并对呼叫服务的质量进行监督，以量化和改善服务质量。录音监听系统的采用还可以进行纠纷管理,对客户的投诉进行协调。通过电话统计的方式对服务人员、服务小组乃至呼叫中心系统进行等级评定。

8.2.4 呼叫中心的发展历程

呼叫中心系统的发展历程,从技术利用的角度分析,可以按 4 个阶段分为 4 代。

1. 第一代呼叫中心系统

第一代呼叫中心就是今天常说的热线电话,企业通常指派若干经过培训的业务代表专门负责处理各种咨询和投诉,客户只需拨通指定电话就可与业务代表直接交谈。

第一代呼叫中心的硬件设备为普通电话机或小交换机(排队机),简单、造价低、功能简单及自动化程度低,一般仅用于受理用户投诉、咨询,适合小企业或业务量小、用户要求不高的单位使用。目前,没有正式设立呼叫中心的单位一般用该方式。

第一代呼叫中心的缺点是:由于没有采用 CTI 技术,因此只能提供人工服务,用户的来话无法转接,网络及操作系统落后;由于基本靠人工操作,对坐席员的要求相当高,而且劳动强度大、功能差,已明显不适应时代发展的需要。

如图 8.4 所示为第一代呼叫中心系统的组成示意图。

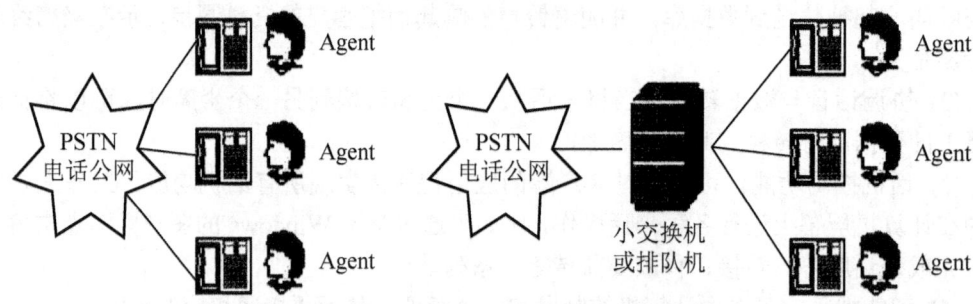

图 8.4 第一代呼叫中心系统的组成示意图

2. 第二代呼叫中心系统

第二代呼叫中心开始广泛采用计算机技术,如通过局域网技术实现数据库数据共享;通过语音自动应答技术用于减轻坐席员的劳动强度,减少出错率;采用自动呼叫分配器均衡坐席话务量、降低呼叫损耗率,提高客户的满意度等。但是,第二代呼叫中心也存在一定的缺点:它需要采用专用的硬件平台与应用软件,还需要投入大量资金用于集成和客户个性化需求,灵活性差、升级不方便、风险较大、造价也较高。

如图 8.5 所示为第二代呼叫中心系统的组成示意图。

3. 第三代呼叫中心系统

与第二代呼叫中心相比,第三代呼叫中心采用的 CTI 技术实现了语音和数据同步。它主要采用软件来代替专用的硬件平台及个性化的软件,内部采用了标准化的通用的软件平台和通用的硬件平台,使得呼叫中心成为一个纯粹的数据网络。

第三代呼叫中心系统的最大优点是:由于采用了 CTI 技术,可以同时提供人工服务与自动服务;采用通用软硬件平台,造价较低;随着软件价格的不断下调,可以不断增加新功能，特别是中间件的采用，使系统更加灵活，系统扩容量升级方便；无论是企业内部的业务系统还是企业外部的客户管理系统，不同系统间的互通性都得到了加强；同时还支持虚拟呼叫中心功能(呼叫中心的远程代理)。

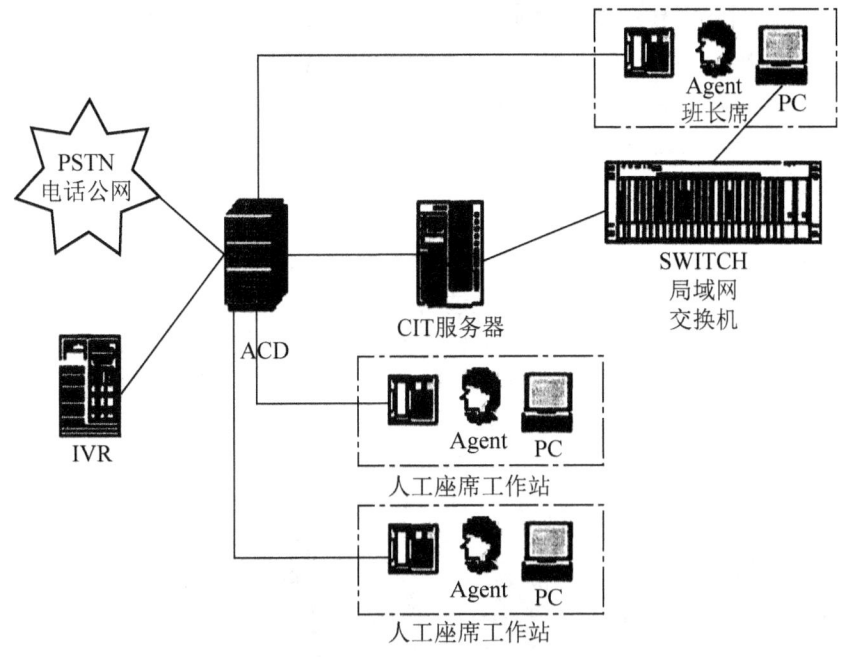

图 8.5　第二代呼叫中心系统的组成示意图

如图 8.6 所示为第三代呼叫中心系统的组成示意图。

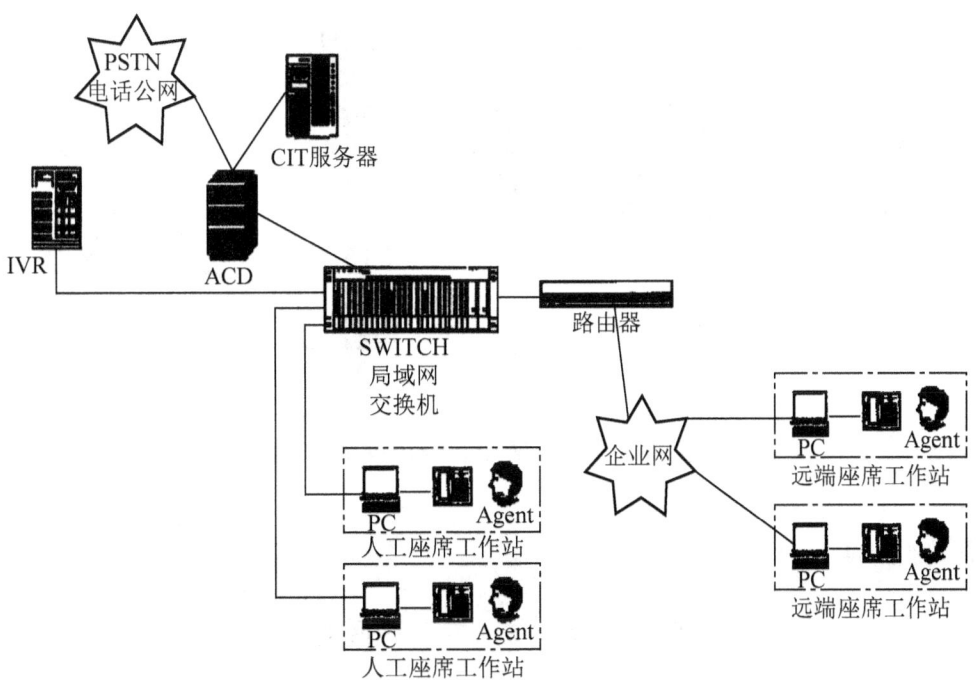

图 8.6　第三代呼叫中心系统的组成示意图

4. 第四代呼叫中心系统

随着 Internet 的飞速发展，企业纷纷在 Internet 上建立网站进行宣传，而部分企业又建有呼叫中心处理用户服务，如果可以在系统中增加 Internet 网关，用户就可以在访问网站的同时，通过浏览器软件直接呼叫企业的呼叫中心。这样呼叫中心的接入方式就不再局限于电话呼叫接入，而且可以充分利用数据库的信息资源，为将来利用 Internet 进行电子商务活动奠定基础。这样，基于 Internet 的第四代呼叫中心系统就诞生了。其优点是提供自动与人工服务，对坐席进行技能分组，采用先进的操作系统及大型数据库，支持多种信息源的接入。

由于 CTI 技术与 Internet 技术的紧密集成，使得呼叫中心由单一的以声讯访问为主转变为多种媒体手段的组合，可以提供声音、传真、E-mail、视频连接等多媒体手段的组合。基于 Internet 呼叫中心可以为用户提供先进的搜索引擎，自助式的 Web 页面访问；同时可以为用户提供 VoIP、Text-Chat、可视化协作、Web 导航等实时服务。呼叫中心可以针对用户的 E-mail、Web 信箱留言进行及时回复，可以按照用户的请求进行回叫服务。声音可以在用户进行 web 浏览时同步传输。

如图 8.7 所示为第四代呼叫中心系统的组成示意图。

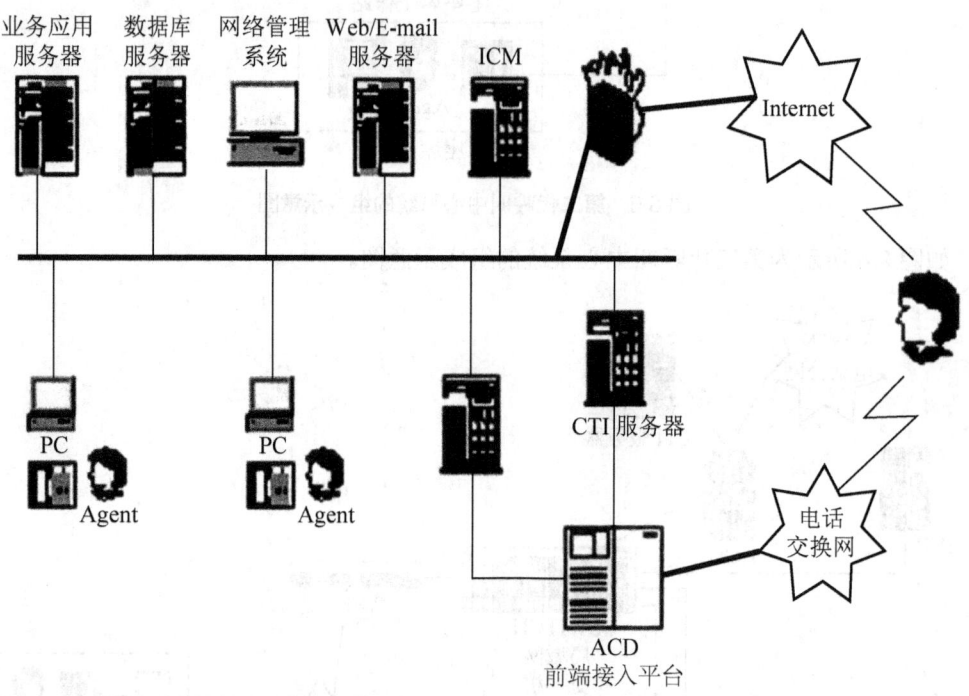

图 8.7　第四代呼叫中心系统的组成示意图

阅读材料

饭统网：呼叫中心在互联网的应用

北京锋讯在线信息技术有限公司(饭统网)是利用互联网加呼叫中心模式的一个成功案例。有人说饭统网是"餐饮行业的携程",这种说法非常准确,这不仅仅是对其行业地位的认可,也代表了评价者对其商业模式的准确认识。正如携程、艺龙从事的是酒店和机票的预订业务,饭统网从事的是就餐预订业务。呼叫中心在其收入中具有核心作用。

饭统网自成立客服以来方便了很多人的生活,他们的愿景是"让预订改变每个人的生活"。目前,客户通过400号码和网上预订来接受统一服务。同时根据客户的需求,客服中心又增加了在线、短信、MSN等多种渠道,方便客户随时预订。根据餐饮行业的特殊性,饭统网安排了7×24小时服务,且保证客户投诉及时处理、不耽误客户正常就餐。随着饭统网影响力的不断扩大,通过饭统网订餐的用户越来越多,为此在2007年10月份,饭统网开始考虑应用呼叫中心解决方案。经过多方对比,饭统网最终选择了采用天润托管型呼叫中心的解决方案,在1周时间内就完成了饭统网的呼叫中心建设工作。

自2007年下半年饭统网正式引进托管型呼叫中心后,原有的CRM系统与托管型呼叫中心系统进行了对接,将呼叫中心业务分为呼入、呼出,执行流程化管理,而且由于托管型呼叫中心的坐席数量可以"随需而变",使得饭统网可以方便地根据业务实际情况来随时调整坐席,大大提高了接听比率和服务质量,同时提高了数据质量、建立了内部沟通渠道,为开展市场调查活动等提供了准确数据。另外,通过一线信息汇总,可以准确分析出客户的喜好、习惯及特点,可以为餐厅提供客户的反馈信息及行业的趋势,帮助餐厅更好的经营。基于CRM系统,他们建立一系列管理制度和奖惩制度,对员工进行科学化、人性化的管理,鼓励员工提高数据的录入质量。在管理上,通过制定相应的规章制度来规范坐席代表的行为,并明确了奖惩机制,同时也对坐席进行现场抽查监控,并明确了风险紧急应对措施。

特色与价值

作为饭统网与顾客无障碍沟通的最佳渠道之一,呼叫中心的作用远不止于被动应对客户的提问。饭统网呼叫中心的最大特色就是建立在CRM理念上,使呼叫中心成为CRM基础数据库与客户之间最便捷的门户和最有效的互动渠道,而选择托管型呼叫中心则最合理地降低了企业在呼叫中心上的建设和后期运营成本。基于此,饭统网呼叫中心的特色主要包括4个方面。

第一、时效性强,详实、准确、生动的餐厅信息。饭统网向消费者推荐的5000家主流餐厅,都由公司安排客服人员以充分的时间进行实地走访,以便客服人员能够具备充分的亲身体会和直观印象。另外,随着客服人员不断的实地走访,他们收集到大量第一手资料,并能随时更新补充。

第二、方便为先,提供多种预订方式。饭统网目前有电话、在线预订、即时通讯、短信、WAP等5种预订方式,且保证7×24小时全时段迅速响应的餐饮预订及咨询服务,使客户不受时间和联系方式的约束,轻松自如地享受订餐咨询。

第三、与时俱进,深度进行数据挖掘以求不断提高服务。通过订餐记录对预订过的消费者进行分析,以便更准确地了解客户的口味偏好、地理位置、消费档次等,为今后的推荐累积数据资料,做好相关准备。另外,他们会定期更新美食信息库,共享所有重要的信息数据,使每个客服人员在工作中循序渐进地增长知识,并以餐饮专家级的服务质量,让顾客得到最大程度的满意。

第四、充分发挥托管型呼叫中心随需而变的特点,根据订餐业务具有周期性特点,灵活调整呼叫中心坐席规模,应用功能模块,使得饭统网在呼叫中心的资本投入与自身业务的发展保持高度一致性,进而通过应用呼叫中心获得最大收益。饭统网在餐饮行业以互联网加呼叫中心的模式获得了成功,呼叫中心在预订业务中的价值得以充分体现。饭统网的愿景是"让预定改变每个人的生活",呼叫中心的到来让这个愿景越来越变得清晰,为呼叫中心与社会生活紧密结合树立标杆。同时,饭统网呼叫中心能够根据餐饮行业的特点,摸索出一套适合自身业务的管理方式,这对呼叫中心未来在更多行业进行更为深入的应用提供借鉴；另外一方面，托管型呼叫中心在饭统网的成功应用，对大量在高速成长中的电子商务企业如何选择合适自身企业特点的呼叫中心解决方案，也同样具有指导意义。

(资料来源：客户世界网　http://www.ccmw.net/时间：2008-09-19)

8.2.5　呼叫中心的发展趋势

由于呼叫中心系统是 IT 技术的全面集成，因此在 IT 领域中的任何技术进步都将直接影响和推动呼叫中心的发展。下面将未来呼叫中心的几个发展方向进行介绍。

1. 基于 Internet 的新型呼叫中心

基于 Internet 的新型呼叫中心不是简单地把互联网中的信息提供给呼叫中心，而是把呼叫中心与 Internet 集成为一体。用户可以从 Web 站点直接进入呼叫中心，用单击按钮的方式实现与对方通话。当然远端可以用 IP 电话，也可通过白板功能进行文本交互，Internet 上的功能都可结合为一体共同使用，如 E-mail、IP 传真等。由于 IP 电话、IP 传真、E-mail 的价格便宜，使得这种呼叫中心为大的跨国公司建立环球服务中心成为可能，用户不用 800 号码也可全天候呼叫，企业减免了 800 号码的电话费用负担。

现在已有大公司尝试建立了环球呼叫中心，而且一般选在第三世界低工资水平的国家，企业可以把成本降到最低，而这些国家也可以获得更多的就业机会。

2. 多媒体呼叫中心

由于人类接收信息的 70%来自视频，因此呼叫中心引入视频技术，即采取多媒体技术将使呼叫中心在功能上有一个飞跃。当然要实现交互式视频通信，对用户端也提出了较高要求，所以它仍属于未来的呼叫中心。

3. 虚拟呼叫中心

利用智能化网络技术和虚拟现实技术，建立虚拟呼叫中心。这种呼叫中心可以是系统庞大、功能齐全、坐席数目过千的环球呼叫中心，可以用这样一个庞大的系统为若干中小企业同时服务，呼叫中心为运营商所有。各个中小公司的坐席员特别是资深的专家，可以在自己公司，自己实验室工作，用虚拟网络与中心相连，随时接受那些对公司极为重要的来自中心的询问。这种系统具有大型数据库或数据仓库，它可以为每一个"入网"的中小公司作决策和分析用，当然中心运营要保证各公司之间信息绝对保密和安全，以使任何一个公司不因采用共同呼叫中心而泄密。

4. 其他新型的呼叫中心

除了以上类型外，以后还会有其他的新型呼叫中心，如基于 ATM 技术的分布式呼叫系统，无线接入的移动呼叫中心等。实际上由于现代通信系统技术、互联网技术和交互式视频信号系统的发展，这些技术进步都会对呼叫中心产生影响，并直接被采用。因此，完全可以说，今后呼叫中心将随着信息技术进步，向着智能化、个人化、多媒体化、网络化、移动化的方向发展，由于呼叫中心会给企业带来巨大利润和良好的社会效益，为广大用户带来满意的服务，其快速发展和广泛被采用已成必然。

阅读材料

国内最先进的呼叫中心落户长沙　能识别新老顾客

《变形金刚》中有一个情节你一定记忆犹新,美国国防部的报警电话是由印度人外包接听的。这一幕在不久的将来将出现在湖南长沙。正在着力打造语音工业外包基地的长沙市开福区,今天迎来了国内最人性化、最先进的电话呼叫中心——快乐购大金马呼叫中心。

快乐购定位于"帮助型"与"自助型"结合的新型无店铺购物企业,其原来的呼叫中心已经不能满足飞速发展的业务,于是投巨资打造了这个占地 2 000m²、拥有 560 个台席、可以满足 1 500 人分时段接听电话的呼叫中心。该呼叫中心采用了国际先进的 AVAYA 呼叫中心系统、CTI 集成系统、家庭购物呼叫中心管理系统、IVR 自动语音系统等先进软件,能为顾客提供更加人性化的贴心服务。它的智能分配话务功能不仅能为 VIP 客户提供点对点的尊贵服务,还能将广东、广西等地的顾客的来话自动分配到粤语坐席上;它具有老朋友识别功能,当老顾客来电时,话务员可直呼其名打招呼,让顾客倍感亲切;自动语音订购功能,可以让老顾客无需通话即完成订购。

目前,快乐购呼叫中心每天处理话务 20 000 个以上,他们还计划未来将呼叫中心设立独立的公司,不仅仅为快乐购的电视购物业务服务,还对外提供呼叫中心外包服务,为长沙市形成语音工业外包基地提供一个样板,并希望将之打造成湖南文化产业一个新的亮点。

(资料来源:http://www.cccs.com.cn/news/2008/0704/content_34765.htm)

8.3　客户服务中心在 CRM 中的作用

通过建立客户服务中心,利用先进的科技手段和管理方法,能使企业的客户服务质量产生质的飞跃,有助于客户关系的改善,并能为企业带来无可估量的效益。

8.3.1　客户服务中心的重要作用

当前,以呼叫中心为主要形式的客户服务中心主要具有以下几方面作用。

1. 提高客户的满意度和忠诚度

对于企业来说,如何将客户与企业有机地结合起来,建立畅通快捷的沟通渠道,让客户经常感受到企业的关注,并且不断增加使客户感到满意的服务内容,这已成为企业在当今时代取得成功的一个重要因素。

2. 降低服务成本,有效地管理资源

客户服务需要一个庞大的支持系统,从客户服务的角度来讲,所需要的资源包括人力资源、数据资源、设备资源及通信线路资源。只有将先进的服务手段和这些系统紧密集成起来,才能实现高效的客户服务。随着 CTI 技术、Internet 技术的飞速发展和融合,产生了由先进计算机系统集成的呼叫中心。这种呼叫中心极大地改善了企业与用户接触的广度和深度,正在引发一场企业客户服务方式的革命。

同时，先进的管理思想越来越多地融入了呼叫中心的核心设计中，这使得企业对资源的管理可以更加有效。实践证明，管理系统的完善可以极大地提高呼叫中心的工作效率，使更大、更复杂的呼叫中心得以实现。

3. 保持并增强现有的市场渠道，挖掘新的市场资源

在现代市场竞争中，各种销售手段的灵活组合是取胜的有力武器。而将客户的投诉和抱怨转化为销售机会更是一种高明的销售技巧。

当客户进入呼叫中心后，呼叫中心坐席员可以通过及时访问数据库信息将客户问题转化成销售机遇，也可能将客户的误解、抱怨转化为另一项亲切的服务。在许多情况下，呼叫中心坐席员通过向客户介绍新增的服务项目和业务方案解决客户的提问。而在许多服务过程中，如果呼叫中心坐席员能够轻松地访问客户的概况和业务记录，那么客户就可以获得所需的信息，同时也将被推荐得到丰富的可选择的服务项目。在另外一些情况下，呼叫中心还能够主动访问客户，为其提供有效服务，将会使得潜在的客户得到挖掘。

4. 为企业提供市场分析数据

呼叫中心直接面向客户，接触的是最真实的市场需求。利用呼叫中心的计算机应用将这些市场数据加以统计分析，将对企业业务的开拓起到巨大的促进作用。这些珍贵的市场数据是每个企业梦寐以求的，也是呼叫中心在运营中不断升值的原因之一。因此，很多企业已不再把呼叫中心看作成本中心，而将其视为利润中心。

8.3.2 客户服务中心的具体功能

通过呼叫中心，企业可以利用互联网、电话、传真、E-mail 等信息渠道对客户提出的要求及时应答，能够实现全天候无间断的客户信息咨询服务。概括来讲，其主要功能包括：①信息资料查询服务；②自动语音应答与语音信箱服务；③商务代订服务；④销售业务受理服务；⑤建议与投诉服务；⑥业务监督和主管查询服务；⑦因特网服务功能；⑧客户回访服务；⑨业务统计报表功能；⑩系统维护管理功能等。

客户服务中心在不同行业的具体功能见表 8-2。

表 8-2 客户服务中心在不同行业的具体功能

行业	功能类型	具体功能
金融类企业	查询信息	查询账户余额、人民币、外币利率、汇率、基金净值、当日汇入汇出
	资产交易	转账缴款预约、自行转账、跨行转账、快速转账、信用卡缴款及预约、活存转定存或零存整取、预约交易、存款存单到期是否续存
	变更与挂失	变更密码、金融卡挂失、存折挂失、印章挂失
	业务申请	基金申请、支票申请、支存对账单申请、外汇买卖
	信息咨询	理财计算、贷款利息、存款利息、一般业务简介、新种业务简介
	Q&A 业务	存款业务、消费金融、企业金融、信托业务、外汇业务、信用卡业务、国际互联网问题、PC-Banking 问题
	委托服务	贷款申请、客户投诉、潜在客户名单、传真发送、客户记录

续表

行业	功能类型	具体功能
电信类企业	咨询业务	申请移动电话手续说明、办理注销移动电话说明、办理过户手续说明办理变更地址的说明、办理转账手续说明
	资费查询说明	入网费用、SIM卡费用、月租费用、漫游费用、长话费用市区话费、其他服务费、其他咨询服务的查询
	新活动信息	电信法令规章、新款手机介绍、手机使用说明
	通话费查询	查询本月通话费、查询上月通话费、查询上两月通话费
	变更与挂失	变更密码、挂失服务
	传真服务	传真办理手续说明、传真办理过户手续说明、传真地址变更说明、传真服务中心电话地址、传真电信业务说明、传真新办业务、传真新资费方案、传真新款手机信息、传真通话费明细
	话务员服务	潜在客户输入、客户投诉、维修服务中心查询、话费催缴
保险类企业	基本信息介绍	公司业务情况介绍、保险信息咨询
	保单处理	保单资料查询、前置的核保、保全处理
	保费查询	收付费状态查询
	理赔服务	满足当地和远程资料的查询、调取及工作流跟踪、回访
	营销服务	售后回访、跟踪调查、统计分析
	售后附加服务	保户卡申请、特约商家查询、急难援助、行政支援、救援

8.3.3 客户服务中心工作目标与职责

下面以某汽车4S店的客户服务为例，说明企业客户服务中心的工作目标和具体职责。

阅读材料

某汽车4S店客户服务中心的工作目标与具体职责

1. 客户服务中心的工作目标

客户服务中心要与销售部、售后服务部紧密配合，及时进行信息沟通，通过良好、及时、全方位的服务，努力提高客户满意度，并作好客户信息收集和客户意见反馈工作。

2. 客户服务中心的具体职责

(1) 及时更改车主的电话、地址等相关信息。避免在日后工作时出现不必要的麻烦。

(2) 在客户反映对产品和服务的希望、建议和意见时，相关的信息必须及时记录。

(3) 客户对公司的希望及时登记在客户资料里，避免出现遗忘，导致信息流失。

(4) 了解本公司各种汽车的型号、性能、价格、维修费用、相关维修常识等。在日常工作中无论是客户了解咨询有关销售的信息、售后服务、产品在使用中所发现的常见问题都能及时为客户提供信息服务。

(5) 开展预约工作。预约工作在开展销售的过程中，由销售人员提醒客户，在日后的维修保养，通过预约可减少客户的等待时间，合理安排车间人员的工作周期，避开店内的维修高峰期，避免维修人员过度疲劳，降低维修质量。另外，在进行预约工作时，还需要注意以下两点。

① 当客户来电预约时，进行登记。可配备专门的预约电话，及时与前台沟通，避免客户来店重复陈

述维修项目。及时跟进客户的来店信息，让客户感觉我们重视他的来电并关注他的爱车。

②通过登记客户的来电，有关客户咨询销售的情况或售后的维修预约，及时反馈给销售部对有购车欲望的客户进行跟踪；售后根据客户预约的维修项目进行单据打印、零部件库存确认、与车间人员进行沟通，在客户来店时提供及时的服务。

(6) 客户购车成交后，在一周内发出感谢信、短信息及电话。真诚感谢客户的购车，并关心车辆最近的使用状况，让客户了解到我们及时周到的服务。

(7) 3个月内对购车的用户进行首保的招揽工作。通过首保的招揽信件、联系电话、信息等确保客户接受到，并在客户未来店时进行及时的跟踪。避免因为耽误首保时间，导致客户不满。

(8) 维修保养招揽。财务部门及时交车在招揽工作中起很大的作用，计算机自动统计，如果不能及时交车，将影响到统计结果，影响招揽工作。针对3个月或3个月以上的客户通过信件、信息、电话招揽客户来店保养维修。如果因上次的维修保养工作影响到客户的来店，详细了解客户的抱怨，店内了解具体的情况，及时向客户解释。如果通电话客户仍不能理解的，应及时登门拜访、道歉，并及时把客户抱怨的内容进行针对性的处理。争取化解客户的不满。

(9) 维修保养的回访。如果客户在维修保养后发现一些问题或所维修的项目没有得到彻底的解决，记录下客户所提的问题，了解情况后邀请客户来店检查及时为客户解决问题。

(10) 用户满意度的调查。可制作用户调查表，不定期地向管理内用户寄发调查问卷，通过调查问卷向客户了解我们的服务质量，客户对我们服务存在的意见、看法。通过调查真实的反应我们所存在的问题，相应的改善，提高我们的服务质量。

(11) 会员管理。除了会员的优惠项目以外，要开展会员其他所享受的特殊待遇。每年2~4次的自驾游、生日的祝福（赠送礼品、发送祝福短信及电话）、店内活动赠送礼品等。真正感觉到贵宾的待遇。

(12) 积分管理。通过来店维修费用的积分，激励客户来店消费，积到一定分值赠送一些相应精品。

(13) 客户的投诉处理。遇到客户投诉处理，第一时间及时联系沟通，登门拜访等，详细了解情况，商议最恰当的解决方案，及时为客户解决问题，向客户表示因为我们服务不周带来的不便表示道歉，争取客户的谅解。处理完一星期内与客户联系，了解客户是否真正满意。表示能得到他的原谅我们非常感激，并欢迎他的下次光临。以后用更好的服务弥补我们给客户带来的麻烦。

(14) 针对客户的意见及处理过程做成案例应用分析，提出店内改善方案，争取下次不出现类似情况。

(15) 总结。每月对工作进行总结。包含招揽客户但是没有来店原因分析、客户意见投诉处理总结、客户对店内的期望及意见汇总。通过这些工作更好地服务客户，争取最大的满意度。

(资料来源：根据以下材料整理，http://www.carmanager.cn/ 2006-10-7 作者：huanghongan)

8.3.4 呼叫中心在CRM中的应用介绍

呼叫中心在CRM中具有重要的应用价值。本节仅以现代饭店业为例进行介绍。

1. 现代饭店CRM中应用呼叫中心的意义

通过呼叫中心的应用，现代饭店业在CRM方面的业务工作将从固定的地点扩展到任意的环境。只要在有网络和电话的地方，就可以完成各种信息交流和查询，使现代饭店业CRM工作的手段和服务质量产生质的飞跃。现代饭店应用呼叫中心系统具有以下重要意义。

1) 呼叫中心是实现客户关系管理的重要途径

呼叫中心又被称为CRM的门面，这是因为呼叫中心一旦建立起来，就会成为企业与客户之间的主要接触点,原来分散在各部门中的客服工作,会统一归口到呼叫中心。

饭店业对客户的服务主要是在饭店物业范围里面由饭店员工进行,是面对面的服务。而呼叫中心所扮演的角色,是在客户入住前和离店后提供服务,同样体现品牌服务的质量。通过800免费电话和呼叫中心的结合,呼叫中心可以为饭店顾客和潜在顾客提供入住前的信息咨询、饭店推介、预订、订单确认和取消、客户特别需要、行程安排等服务以及入住后的服务质量跟踪、满意度评估、投诉处理、失物追寻、改进建议、会员促销奖励等服务。这些服务如果不通过呼叫中心,而是分散到各个职能部门,效率将大打折扣。呼叫中心具有单一号码、24小时不间断运作、标准化服务流程、对客户沟通能力的专门培训、定质定量控制、高强度作业等的特性,使呼叫中心在现代饭店业实施客户关系管理中的地位是不可取代的。

2) 呼叫中心极大地改善了饭店客户服务的工作质量

首先,通过呼叫中心,客户可随时通过电话跟客户服务中心的工作人员进行沟通,大大拉近了饭店跟顾客的距离。其次,呼叫中心提供了多种与客户沟通的方式(包括电话、手机、传真、Internet浏览、E-mail、网络电话等),方便了用户与饭店的信息沟通和业务联系渠道。第三,呼叫中心系统可以提供完善的客户信息记录,只要输入客户的身份识别号(ID号)就可以将客户的所有记录调出,从而为客户提供最精确的诊断。第四,呼叫中心系统提供客户电话号码的识别功能,这种人性化的服务,使客户一旦接通电话,系统就能认出客户是谁。最后,当客户受到不公正的待遇时,可以随时拨打客户服务中心的投诉热线,让客户摆脱那种被动服从的心理压力。

3) 呼叫中心有助于优化饭店的服务流程

饭店呼叫中心的建立,可以使各部门的职责划分得更加明确,不必要、不合理的岗位可以精简,人员的工作量可以通过各种统计数字得到量化,并随时提供监督告警功能。而对于客户来说,可以更加明确地知道什么问题应该找谁解决,减少中间环节。这就可以大大优化了现代饭店业的服务工作流程。

4) 呼叫中心有助于提升饭店的品牌优势

目前大多数饭店都只是靠提高饭店服务人员的素质,改善传统的饭店前台的服务方式等来改善服务形象。而呼叫中心的建设,为饭店业提供了一个电子化(电话、Internet等)的服务窗口,从而有效地创造现代饭店业的品牌效应。

呼叫中心为饭店的对外宣传开辟了一个全新的大众媒体,即电话和Internet媒体。由于电话和Internet的延伸是无限的,比传统媒体拥有更广泛的消费群体,全世界的用户不论何时、何地,只要通过电话或Internet,就可以享受到饭店的服务。可见,呼叫中心对于现代饭店业的形象宣传和品牌树立,将会起到巨大推动作用。

另外,现代饭店业呼叫中心的建立还可以大大加快饭店业信息化建设的前进步伐,将现代饭店业的综合实力和现代管理水平提升到一个新的高度。

2. 呼叫中心与订房公司的区别

一谈到呼叫中心,人们往往想到的就是市面上林林总总打着某某订房中心旗号的订房中介机构。这些订房公司,通常就是一张桌子,几台电话,一部传真机。接听电话的小姐对于饭店的认识仅限于房价、联系人和传真号,对于客户的资料一无所知,对于客户的满意度漠不关心。订房公司与连锁饭店呼叫中心的本质区别,见表 8-3。

表 8-3 订房公司与连锁饭店呼叫中心的区别

项 目	订房公司	呼叫中心
经营目标	通过房间差价牟取利润	为在旅途的饭店顾客提供全方位服务
技术含量	低,只有几条中继线或小总机	高,包括专业平台、CTI 技术和大型数据库
人员素质	缺乏管理和培训	量化质量指标,严格培训考核、分级管理
功能	单一的订房业务	市场拓展、客房销售、客户服务、客户保持等
效果	盘剥饭店利润,客源不稳定	为饭店带来盈利和稳定忠诚的客户

3. 国内外饭店业呼叫中心的应用现状

在国外,连锁饭店运用呼叫中心技术已经趋于成熟。例如,世界第二大特许经营连锁饭店集团 Choice Hotels 在北美地区的 3 个呼叫中心拥有 250 个坐席,每天接听 20 000 多个电话;再如,希尔顿集团通过国际 IP 网络把在比利时、新加坡和日本的 3 个客户服务中心与旗下的饭店连成整体,处理顾客来电的同时,也挖掘和收集客人的重要信息,以便提供特别服务。但是,目前国内连锁饭店业的呼叫中心运用水平还较低,已经建立的某些高星级饭店集团的预定中心也规模较小、功能单一。

8.4 企业客户服务中心的工作流程实例

本节采用计算机操作界面列表和 IVR 流程演示的方式,介绍客户服务中心工作流程。

8.4.1 银行客户咨询中心呼入服务处理实例

如图 8.8~图 8.12 所示分别为中国建设银行咨询中心客户呼入服务的几个界面。

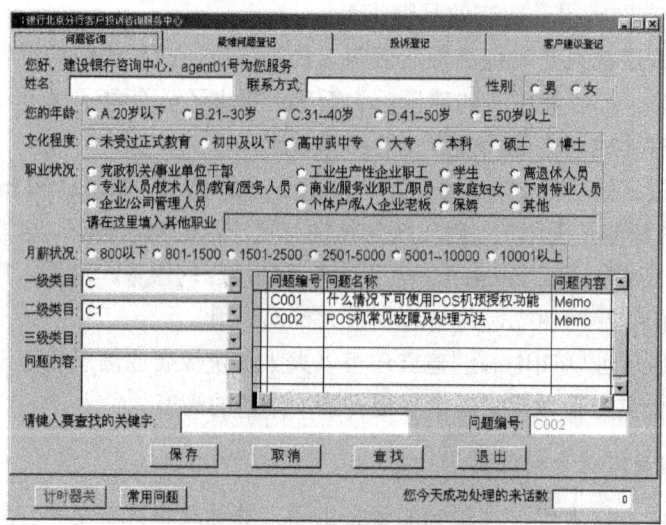

图 8.8 "问题咨询"界面

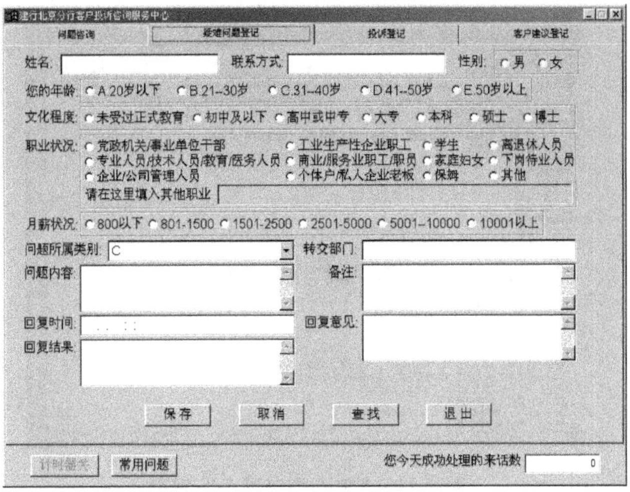

图 8.9 "疑难问题登记"界面

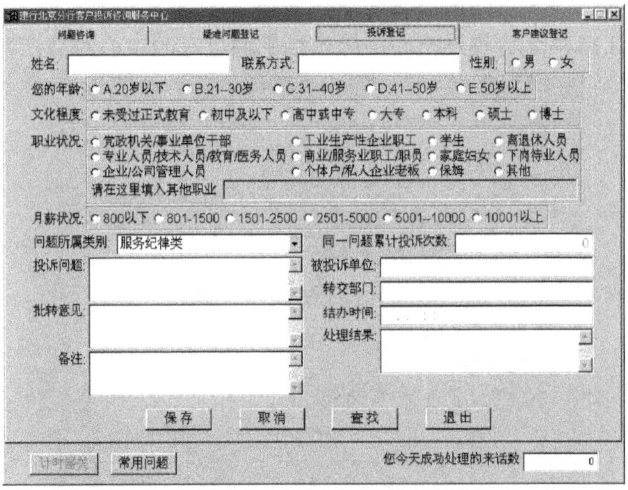

图 8.10 "投诉登记"界面

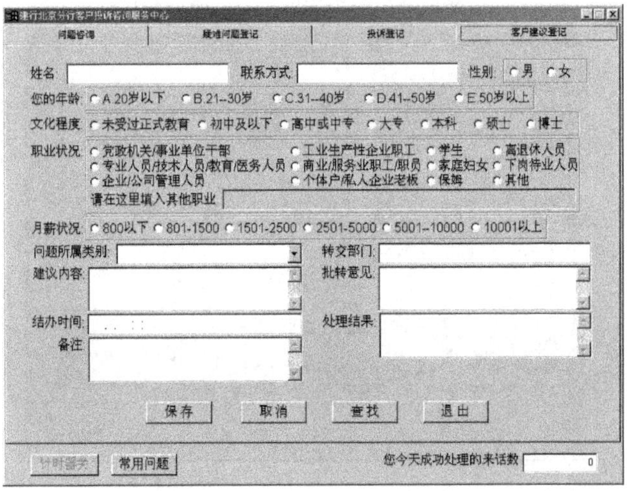

图 8.11 "客户建议登记"界面

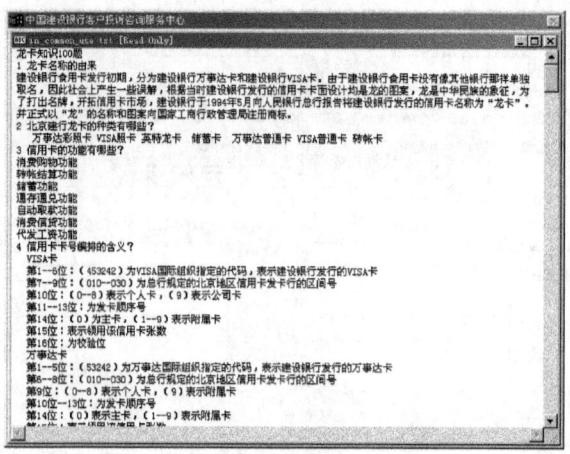

图 8.12 "查询信息显示"界面

8.4.2 汽车企业市场部对潜在客户呼出调查实例

在图 8.13～图 8.15 所示为奥迪汽车中国市场部通过呼叫中心对潜在客户呼出调查的界面。

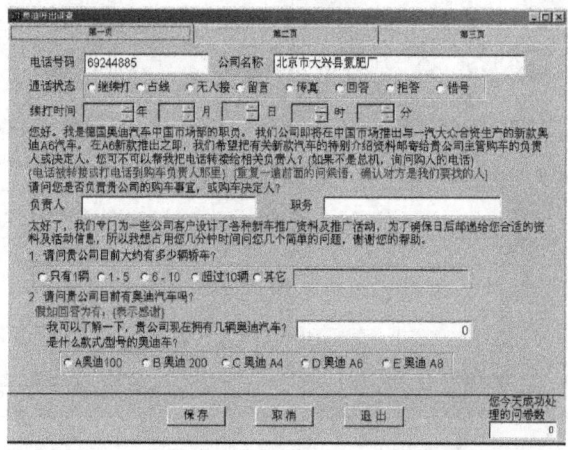

图 8.13 奥迪汽车中国市场部客户服务中心——"潜在客户呼出调查"界面第 1 页

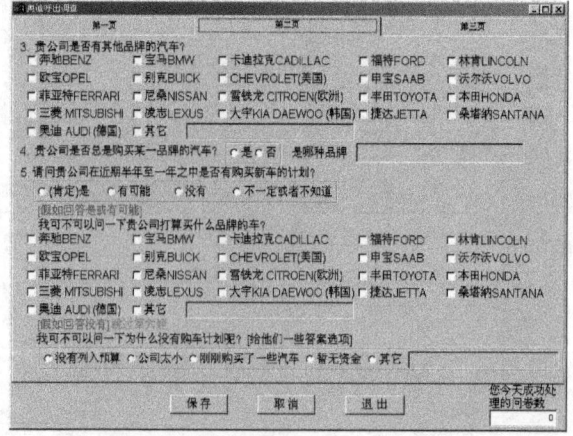

图 8.14 奥迪汽车中国市场部客户服务中心——"潜在客户呼出调查"界面第 2 页

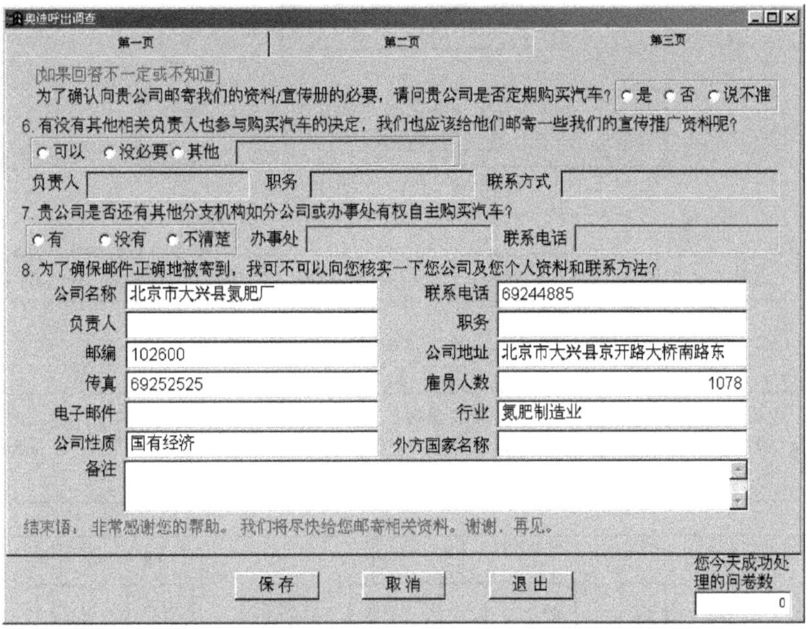

第8章 客户服务中心及其应用

图 8.15 奥迪汽车中国市场部客户服务中心——"潜在客户呼出调查"界面第 3 页

8.4.3 IT 公司产品解决方案客户反馈的呼出调查实例

如图 8.16 所示为 3COM 公司对产品解决方案的客户反馈情况进行呼出调查的界面。

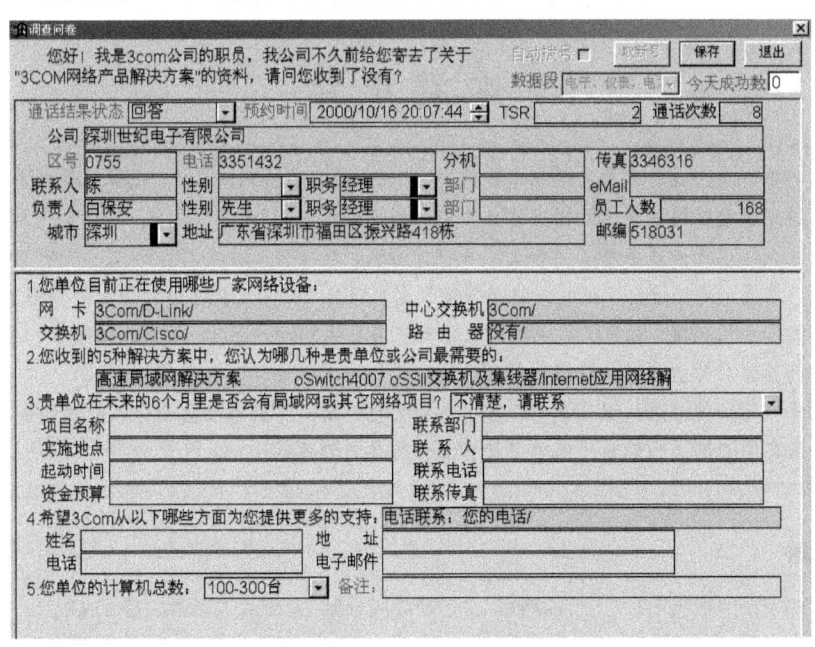

图 8.16 3COM 公司对产品解决方案的客户反馈进行呼出调查的界面

8.4.4 自来水公司客户服务中心交互式语音(IVR)流程实例

如图 8.17 所示为某市自来水公司客户服务中心交互式语音(IVR)系统的操作流程实例。

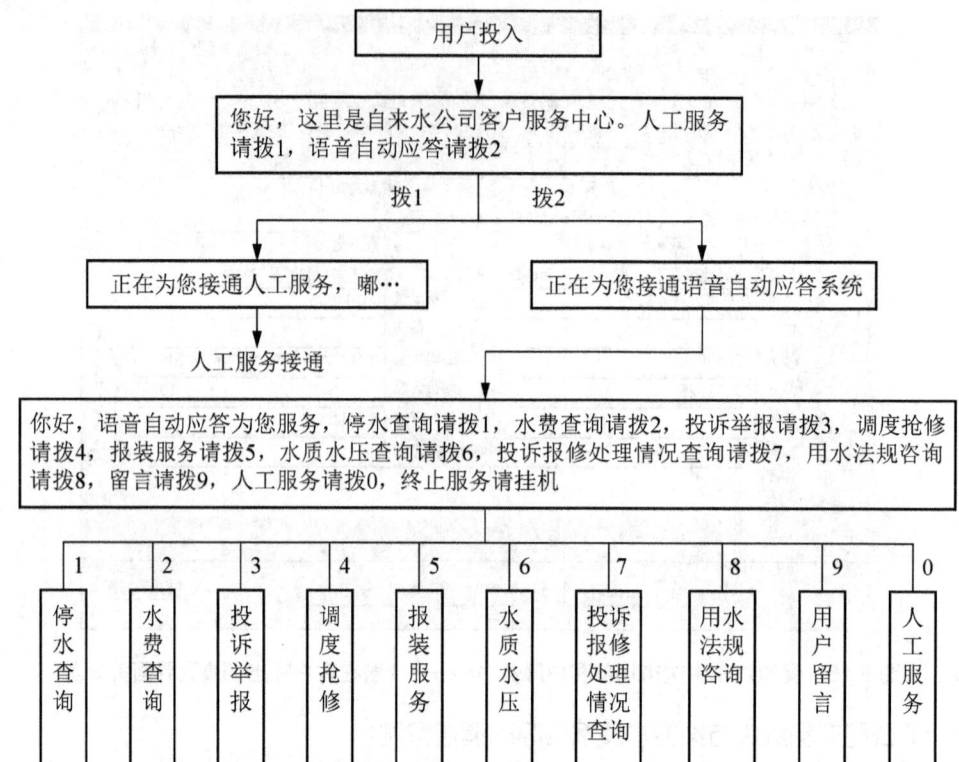

图 8.17　自来水公司客户服务中心 IVR 流程实例

本 章 小 结

客户服务中心是企业与客户沟通的重要渠道,有助于提高客户的满意度,能帮助企业降低服务成本。为此,企业迫切需要根据自身实际情况建立相应的客户服务中心。

本章首先介绍了客户服务中心的含义,并将作为客户服务中心主要存在形态——呼叫中心的类型、结构、产生、发展、趋势进行了说明;然后强调了客户服务中心在 CRM 中的作用,介绍了客户服务中心的具体功能和应用领域,客户服务中心的工作目标与具体职责;最后,本章还介绍了一些具体企业客户服务中心的具体工作流程与电脑操作界面。

通过本章学习,读者应认识到客户服务中心的重要作用;了解其类型划分、结构组成、发展过程;并熟悉客户服务中心的工作职责,简单了解其工作流程与操作方法。

关键术语

客户服务中心　　呼叫中心　　智能网络　　自动呼叫分配　　交互式语音应答 (IVR)

练 习 题

一、填空题

1. 呼叫中心最早源于_____,其雏形可以追溯到 20 世纪_____年代美国的_____行业。

2．呼叫中心按呼叫类型可以划分为3类，分别是_____呼叫中心，_____呼叫中心和_____呼叫中心。

3．一个完整的呼叫中心系统包括_____、_____、_____、计算机电话综合应用、来话呼叫管理、去话呼叫管理、集成工作站、呼叫管理、呼叫计费系统、监控系统、管理/统计系统以及帮助系统。

4．呼叫中心系统的发展已经历4代，其中第四代是基于_____的呼叫中心系统。

二、名词解释

1．客户服务中心
2．呼叫中心
3．智能网络(IN)
4．自动呼叫分配 (ACD)
5．交互式语音应答 (IVR)

三、简答题

1．什么是客户服务中心？ 请说说你在实际生活中与其沟通、联系的一些例子。
2．什么是呼叫中心？呼叫中心可以如何进行分类？
3．请说明呼叫中心的整体结构组成情况。
4．请说明呼叫中心的产生过程、经历阶段，以及未来发展趋势。
5．呼叫中心在 CRM 中有什么重要作用？请以某行业为例进行详细说明。
6．客户服务中心作为企业的一个重要的客户服务机构，其具体工作职责有哪些？

四、案例应用分析

案例 8-1 苏宁电器公司呼叫中心的开发与应用

建设背景

苏宁电器公司是中国 3C(家电、计算机、通信)家电连锁零售企业的领先者，自成立以来一直致力于为消费者提供多品种、高品质、合理价格的产品和良好的销售与售后服务，强调"品牌、价格、服务一步到位"。目前，苏宁电器公司在中国 28 个省、直辖市和自治区，200 多个城市拥有超过 600 多家连锁店，员工人数近 10 万人。苏宁电器公司以连锁店服务为基石，每进入一个地级以上城市，苏宁电器公司都配套建设了物流配送中心、售后服务中心和客户服务中心，为消费者提供方便快捷的零售配送、电器安装维修保养、咨询受理回访服务。

在呼叫中心承建以前，苏宁电器公司的客户服务采用纸和笔的方式记录电话内容，很不利于信息存储和查询。客户的咨询和投诉不能实时反馈。并且工单都采用人工传递的方式，导致流转周期过长、人员成本较高。

现在用户只要拨打苏宁电器公司全国统一客服号码 4008-365-365，即可享受从电器咨询、预订等便捷服务。系统除了提供多媒体接入渠道，及与企业内部管理软件完美融合外，还支持全天 24 小时的自动语音和人工服务，并提供外拨功能。呼叫中心系统为苏宁电器公司树立了现代客户服务理念和意识，进一步规范了业务管理，提升了品牌形象，从而将显著提高客户的满意度与品牌忠诚度。

系统组成

(1) 渠道接入。将多种接入渠道进行了整合，真正实现了电话，传真，E-mail，网络多媒体的接入方式。拓展了零售行业和客户的沟通渠道，为客户提供多种途径，便于更广大范围的服务和管理。

(2) 呼叫处理。集成了七号信令接入、呼叫排队及智能路由、自动语音交互服务、人工电话服务及录音质检等全面的呼叫中心系统平台功能。平台具有较高的集成度，可快速实施灵活配置、功能丰富、建设成本低廉，能够有效保护企业投资。

(3) 业务应用。能够实现服务请求接收、受理，工单流转、回访、专项回访以及服务满意度调查，全程的服务痕迹得到保留，有完善的统计报表进行数据分析。满足用户在呼叫中心平台实施运行后，利用平台的基础应用软件快速开展业务。

(4) 业务功能。包括业务咨询、业务受理、会员资料管理、工单闭环(工单受理—工单处理—工单回访—责任追究—客户理赔)、售后作业回访、录音质检、坐席状态监控等。

系统特点

(1) 高度集成、降低成本。采用合力金桥公司呼叫中心结合华为平台的解决方案，此平台集成度高，且功能丰富，建设成本低，真正构造了一个集语音，数据，图像等多媒体的综合应用平台。

(2) 整合多接入渠道。提供电话、传真、E-mail、网络等沟通渠道，客户可更方便、快捷地接入。

(3) 融合的业务系统。整合了业务受理、会员卡服务、业务咨询、作业回访、工单系统等业务，提高了客户的服务质量和坐席的工作效率。

(4) 全面的坐席监控。能够实时监控坐席工作情况，检查服务质量，提升坐席工作效率。

(5) 多样化的会员服务。通过与会员系统的集成，实现了会员资料的查询、修改、会员积分查询、会员密码验证、积分换服务等多种业务。

(6) 丰富的业务受理内容。坐席可以完成销售单据的创建、修改、冻结等各种服务。通过与自身工单系统的结合，可以高效完成由销售、服务单据到呼叫中心工单的转换，减少坐席填写工单的时间。

(7) 强大的工单系统。结合销售行业特点，苏宁电器公司呼叫中心在工单系统引入工作流引擎，使工单按类型、岗位自动流转。根据工单的严重程度，系统自动分配到小组，实行各处理环节实时监控。对于工单中存在的处理延迟，及时报警，责任到人，保证了工单由受理到处理再到回访的及时性，高效性。

(8) 高效的作业回访。可以灵活的从ERP系统导入任意时间段的服务作业(送货、安装、维修)，系统实现自动分配到登录坐席，坐席接到系统分配回访单，按流程回访。

(9) 知识库管理。使用知识库管理系统可以为坐席提供方便的知识查询功能。强大的检索功能使坐席能够迅速解决客户问题，提高服务水平，同时还丰富了知识采编、发布及权限设置功能。

全面受益

(1) 提高了客户满意度。实现了统一的服务窗口，并用多媒体交互的方式为客户提供一站式服务，服务过程实现闭环，可让苏宁电器公司的客户服务变被动为主动，从而建立客户关系管理体系。

(2) 增强了企业核心竞争力。通过建设呼叫中心，逐步将形成以市场和客户为中心的企业运营机制，并以此驱动，整合并管理企业的运营流程并控制成本，更能适应市场竞争并提高客户服务质量。

(3) 提高企业管理能力。可实现资源的有效整合，方便集中管理与控制从而对运营管理实现有力支撑并为企业决策做支持。

(4) 整合业务资源，降低服务成本。除提供多媒体接入渠道，与企业内部管理软件完美融合外，还支持全天24小时自动语音和人工服务，并提供外拨功能，不但提高了服务质量，而且降低了服务成本。

(资料来源：合力金桥公司. 合力金桥呼叫中心解决方案助力苏宁电器. 客户世界网：2008-08-20)

案例讨论题：

(1) 请分析苏宁电器公司传统的客户服务方式存在的主要弊端。

(2) 苏宁电器公司呼叫中心的建立对于其整体的发展起到了什么作用？

(3) 你怎么看待苏宁电器公司呼叫中心的系统功能？它还有什么不足之处吗？请说明。

案例 8-2　帅康集团呼叫中心应用案例

呼叫中心建设过程

帅康集团是中国家电行业中以生产家用电器、厨房设备系列产品为主的著名企业集团,为国内消费者提供高档深型吸油烟机、高档电热水器、豪华型燃气灶、全自动换气扇、高效暖风器及家电配套产品等。

家电行业的竞争这几年来愈演愈烈,价格战此起彼伏,但收效甚微,服务逐渐成为家电行业竞争的一个关键因素。帅康集团一贯重视售后服务,以"销售最优的产品,提供最佳的服务,真情无限,服务无限"作为工作的中心思想和行动纲领,以"新五讲四美三热爱"服务工作的原则,全面启动"帅康跨越 2000 服务系统",全面提升服务,为用户奉献优质合格的帅康产品,以超值服务追求顾客的最大满意。

帅康集团此前拥有集团售后服务热线,在帅康集团迅速发展的步伐中,原有系统逐渐老化,不堪重负,为适应新的需求,帅康集团急切需要一套能改善内部客户服务流程的、增强客户服务处理容量的系统。在对成功运营的企业呼叫中心进行考察之后,帅康集团决定建立呼叫中心,建立全面信息化的客户服务中心,通过此平台打通消费者与企业之间的沟通联系通道,打通集团内部相关的物流、信息流、资金流通道,实时调度集团资源配置,最终实现将信息源转化成利润源。

帅康集团呼叫中心立足于集团经营需求,秉承集团一贯坚持的"以客户为中心"的经营理念,在服务方式、服务功能以及服务流程管理上与过去发生很大的变化。在服务方式上,从单纯的被动服务变成主动服务,增加了主动呼叫功能,并且更多地增加了消费者自助服务功能,鼓励消费者要求服务,获取信息;在服务功能上,不再仅仅是服务投诉热线,而是拓展到了所有的售前售后服务,包括客户咨询、投诉、维修要求、客户回访等,而且要通过这种服务手段,获取客户信息,通过对客户信息的存储、分析、深加工,获得最有价值的客户信息,将信息源变成利润源。

整个系统主要提供 3 大业务功能。首先是咨询服务处理,为消费者的售前以及售后提供有关产品等信息的咨询服务,为消费者解疑,消费者可直接通过电话连接到服务代表处获取帮助,也可通过系统提供的自动语音、网上服务系统获取信息;其次是投诉、维修处理,投诉与维修电话可直接由语音引导接入,生成投诉单或维修单转发到各专业部门进行处理,把相关部门的处理意见通过呼出、语音信箱或打印信函方式反馈给消费者,同时征求消费者对处理意见的满意程度并作相应的记录;再次是回访服务处理,通过筛选功能选择回访目标消费者,然后派送给相关工作人员由其进行回访工作,并记录回访信息。

本着成本节约、收益大的原则,在对国内呼叫中心提供商进行详细调研和充分考察之后,最终选择了星际(杭州)网络技术有限公司。帅康集团客户服务中心系统工程分为两个阶段。第一阶段完成交换机平台、数据库应用平台等系统建设,开通一个整合了电话、计算机资源的消费者接入平台,为消费者开通售前咨询、售后服务投诉、维修要求等服务,开通 CRM 系统功能,实现对用户信息分类、存储、建立客户信息名址库。第二阶段实现集团内部服务流程的信息化,通过备件管理、派工管理等软件改善集团的服务流程,让消费者的服务请求处理更高效,让集团内部的资源分配更合理。

系统总体结构呼叫中心系统总体结构包含以下部分:(1)CTI 服务器。工控机,内含各功能板卡,运行硬件板卡的核心软件和坐席管理软件。(2)IVR 系统。运行 IVR 软件和自动呼出软件。(3)录音系统。运行录音软件。(4)传真系统。工控机(传真卡、Modem),运行传真服务软件。(5)管理工作站。包括坐席工作站、呼叫管理工作站、录音管理、查询工作站、PBX 计费工作站、语音信箱工作站等。(6)坐席系统。每个坐席由 PC 和电话机组成。(7) 服务流程管理系统。实现服务的全面自动化呼叫

呼叫中心功能简介

1. 自动呼叫分配(ACD)是呼叫中心的核心功能,负责客户电话的均衡分配

(1) 呼叫流程控制系统能够实时跟踪坐席状态并依此生成有效坐席队列,依据排队算法,将呼叫插入

最合适的坐席队列。系统具有循环振铃、集体振铃、自动排队、业务均衡量等4种方式，根据实际需要随时更改来电处理方法。一旦确定呼叫的最终目的地，呼叫即进入等待队列(技能组)。

帅康集团呼叫中心可同时处理客户投诉、报修、咨询等，系统根据服务时间、服务要求设置了处理流程，保证每个呼叫能及时、准确地到达各服务人员。

(2) 技能分配按照业务种类设置不同的技能组，每个技能组分配一定的坐席人员，并依据技能设置优先级，当一个呼入电话被转到一个技能组时，优先权较高的坐席代表优先接听该电话，而在优先级相同的情况下，可以设置多种算法进行分配(如平均分配、空闲分配等)。

(3) 外部数据接口星际网络 ACD 系统提供特殊功能，用以识别客户的身份，并可屏蔽骚扰电话。来电进入时首先将呼叫通过 CTI 接口转移到计算机中进行预处理，再重新转回分配到具体坐席。在预处理过程中，系统通过来电号识别客户身份，调用后台数据资料。如果坐席代表收到一些骚扰电话会在系统中进行记录，经审核确认后记录在专门的数据库中。这样，这个电话下次再拨进时，系统通过计算机中的预处理进行辨别，直接挂断该电话。使用这种功能能够充分利用计算机的计算和数据处理能力，提供比交换机更强的路由和话务分配方法。

(4) 预测等待时间星际网络 ACD 系统具有数据统计功能，对客户的等待时间等进行统计，为管理人员提供客户的等待时间的数据依据，测算某个呼叫在队列中需要等待的时间。利用这项技术，就可以适时对系统运行进行调整，找出存在的问题并进行改进。

2．自动语音服务(IVR)

IVR 是呼叫中心实现自助服务与自动语音导航的重要手段。IVR 提供语音工具，便于工作人员进行语音的录制、编辑、合成及播放，可根据业务的变化实时修改 IVR 流程，实现与软件的无关性。帅康集团的客户服务中心的业务特点是电话主要由人工处理，自动语音服务内容比较少，因此，IVR 主要应用于菜单提示。如客户拨进电话后，首先听到问候，然后接入到具体的坐席人员。

3．坐席系统

帅康集团呼叫中心的坐席代表使用一部电话和一台计算机，可以实现软电话功能，结合强大的呼叫中心流程管理软件，直接进入到业务处理，记录顾客实时交往记录。当顾客电话转到某一坐席时，计算机会弹出一个窗口，显示当前顾客的历史记录，以及数据录入界面。当该呼叫转到其他坐席时，所有的历史记录随同转移。在系统开发设计时，为了使用方便，帅康集团与星际公司协同开发了一套有软电话功能的多窗口浏览器，它除了一般浏览器所具有的全部功能外，还以按钮的形式将软电话的操作功能(如登录、退出、暂停、工作、转移电话、保持电话、拨出电话、主管监听等)镶嵌在界面上，将当前坐席的工作状态和队列情况也显示在界面上；可以直接通过单击鼠标右键拨出页面所示号码。

4．监控管理

为了保证系统正常运行以及及时了解整个系统的运行状态，依据高峰、低峰时段合理分配话务员的工作，呼叫中心提供了实时监控、数据统计、故障报警功能。该该系统也是保证服务质量和节约人员开销的重要手段。帅康集团呼叫中心设立专门的班长坐席，对呼叫总数、排队数、振铃数、应答数、接通率等进行监控、统计，对当前坐席的工作状态(如空闲、忙于外线或内线、正在振铃、免打扰、限制时间、报警、退出等)进行监控，对服务组的状态(如投诉组中的等待呼叫数、放弃的呼叫数、在服务的坐席数、空闲的坐席数等)进行监控。此外，还通过实时的录音监控监督话务员的工作质量。这样，对坐席人员的服务质量评定就有了一个客观的依据。

5．呼叫记录、报表统计分析

呼叫中心是企业与客户交往的一个窗口，每天都可以从这些电话中获取大量重要的信息，因此，对呼叫中心的统计分析是发挥呼叫中心功效的重要手段。帅康集团呼叫中心具备强大的统计分析功能，主要包含系统内部提供的数据的分析，如每天话务量的情况、每个电话平均接听时间等，以及对来自外部的数据进行客户满意分析。这些对呼叫中心的管理、监测和运营维护都非常有价值。

6. 呼出系统(回访系统)

帅康集团呼叫中心的呼出系统主要为回访工作服务。呼出系统包含呼出预览与呼出预约，即坐席可以在电话呼出之前先了解客户的情况，坐席也可以预先设置搜索条件并依此生成呼出电话队列，由系统自动拨号呼出，然后将该电话以及相应的客户信息转移到空闲的坐席代表进行回访处理。这样可最大限度地节约业务代表的时间，提高工作效率。同时为了节约成本，系统限制直接拨打长途电话，而通过 IP 电话拨打，IP 电话的卡号和密码无需坐席人工输入。

7. 传真收发和管理

帅康集团呼叫中心的传真系统包括传真发送和传真接收，无需再打印传真文件，可直接通过计算机进行发送，而接收的传真文件也以传真文件格式保存在计算机中。传真发送还包含自动发送功能，客户拨入后，直接输入传真文件编号即可索取相应的资料。帅康集团呼叫中心的自动传真系统主要服务于内部分支机构之间的沟通，各地分支机构只要通过自动传真系统传送总结，提取最新通知即可。

8. 呼叫中心后台服务流程管理系统

在帅康集团呼叫中心包含了强大的服务流程管理系统。该系统实现了服务部门的工作流程自动化，结束了几部电话、几个柜子、几堆表格的客户服务时代，让服务部门的信息流更为流畅，使客户服务部门成为企业的利润中心。该系统涉及整个公司的销售部门、维修服务部门及其他职能部门，如办公室、分管副总等。该系统包括工作流程管理系统、客户资料管理子系统、服务监管子系统、投诉管理子系统、派单监管子系统、备件管理子系统、客服报告子系统、智能知识库等。

呼叫中心在帅康集团的应用。帅康集团客户服务中心前台已投入运行，目前系统运行平稳、可靠，已经在许多方面显示了明显的优越性。首先，帅康集团客户服务部门将电话、互联网、网络电话等多种服务接入方式，在服务方式上打破时间、地域的概念，为用户提供 24 小时全天候不间断的服务。其次，帅康集团对客户的响应速度也得到提高，一般电话保证在 5 秒内得到应答。再次，整个部门的工作效率明显提高，实现部门工作的量化管理，对各分支的机构的管理也大大加强，原本分散的客户数据成为集团宝贵的资源。此外，售后服务的成本也得到有效控制。

(资料来源：帅康集团呼叫中心应用案例. IT 专家网：2008-05-12)

案例讨论题：

(1) 请根据本例分析：家电企业为什么要建立客户服务中心？

(2) 对于文中"帅康集团呼叫中心的建立，能够打通集团内部相关的物流、信息流、资金流通道，实时调度集团资源配置，最终实现将信息源转化成利润源"，你如何理解？

(3) 帅康集团呼叫中心的建立，使其传统的客户服务方式发生了翻天覆地的变化，请根据你自己的理解，对其进行详细说明。

实 践 训 练

1. 社会调查题

请根据自己的理解列出提纲，然后再进行实地调研，了解如下某一系统/行业中客户服务中心建设和应用情况(包括机构设置、系统配备、人员规模、服务职能等)。

①电力系统；②公安系统；③交通系统；④银行业；⑤电信业；⑥饭店业。

2. 信息搜索题

通过网络搜索或者专业图书杂志查询，了解呼叫中心系统的相关技术知识，包括

(1) 国内外呼叫中心系统的主要技术与服务提供商。

(2) 国内外相关公司对不同行业呼叫中心系统的解决方案。

(3) 呼叫中心系统的软件和硬件系统配置情况，以及当前的整体报价。

第9章 客户关系管理软件系统介绍

知识架构

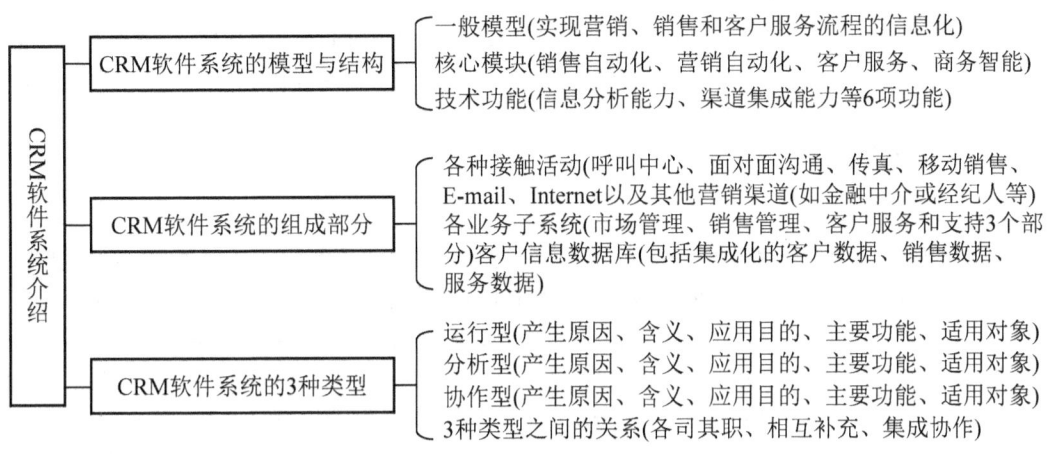

学习目标

通过本章的学习,读者应该能够:
- 了解 CRM 软件系统的一般模型
- 领会 CRM 软件系统的技术功能
- 熟悉 CRM 软件系统的核心模块
- 了解 CRM 软件系统中的接触活动
- 熟悉 CRM 软件各业务子系统的功能
- 熟悉客户信息数据库的内容及结构
- 熟悉 3 种类型 CRM 软件的主要功能
- 了解 3 种类型 CRM 软件的各自定位
- 了解 3 种 CRM 系统间的关系

客户关系 管理实务

导入案例

案例 9-0：中国网通公司 CRM 系统的合纵连横之道

与传统行业不同，电信企业与客户签订协议并不代表着可以高枕无忧地看着利润滚滚而来，只有时时挖掘客户价值，让客户形成持续消费，电信企业才能实现利润。因此，电信企业实施 CRM 不能仅限于搜集客户信息、为客户提供多种沟通手段这些简单的应用，而更需要通过 CRM 系统将这种理念固化为企业的本质。2007 年 2 月，中国网通北京分公司和中国网通国际部首先开始实施 TurboCRM 大客户模式下的 CRM 系统应用解决方案。根据中国网通公司的业务运营特点，TurboCRM 为网通设计了提供整合的客户信息平台、销售过程管理、协议管理、应收管理、基于产品规划后的销售分析等应用重点。中国网通公司 CRM 系统方案的实施，使其内部不论是纵向的销售过程，还是公司的横向业务管理，都将"以客户为中心"为基础的理念轴贯穿始终。

纵——深挖客户价值

中国网通公司的销售过程由获得销售机会、新建、分配、客户关系建立、商务谈判、获得标书等阶段构成，形成漏斗形态。在这一过程中 CRM 系统可以自始至终地进行监控。首先，经过前期的数据建设，将包括客户、产品、合作伙伴、协议以及订单等，通过接口按月进行拆分并导入 CRM 系统，计算出每月的预期收入，以此为依据合理制订该月的销售目标和销售计划；然后，通过系统任务由上而下地层层分解，中国网通北京分公司业务管理部将销售计划分配给企业各销售部门，各销售部门负责人将任务拆分到每个销售人员头上，销售人员接到任务后，参考这个数字指标，通过系统分配给他的客户，制定出自己的销售计划，包括设定期限、需要配合的员工、相关产品等，并制定详细的客户拜访计划。所有销售人员的销售过程在系统中全程记录，并不断调整跟踪状态。销售经理可以利用系统对多路销售进行密切跟踪，及时查看部门任务完成情况，进行客户负责人调整。同样，业务管理部可以查看公司任务完成情况。这一过程中，系统中的 POA（Plan of Action）管理可以督促各级做好工作计划，记录工作进程、计划、执行、检查、反馈形成 PDCA 循环。这样，销售过程的计划性和执行能力比手工管理方式下提高了许多。

另外，TurboCRM 系统可以对海量的数据库信息做出科学、准确地分析，将销售过程形成直观的销售漏斗，根据漏斗的状态，可以及时发现问题，不断将销售漏斗状态调整到最佳，以便寻找更多客户线索。

横——整合业务管理

CRM 软件系统涉及销售管理、市场管理、渠道管理、产品管理、分析决策等诸多业务领域。TurboCRM 的解决方案可以形成全面、综合、一体化的管理，使各个部门共享信息，默契配合，协同作战。

TurboCRM 系统提供整合的客户信息平台。所谓整合的客户信息平台，一方面是将客户信息、交易记录、客户反馈、相关任务、协议、订单等分散的信息整合起来；另一方面 CRM 系统也为业务管理系统等做了相应的接口，这几个系统的数据库与 CRM 数据库实现无缝对接，CRM 底层系统会自动判断各系统的信息并进行实时的数据传输和数据交换，保证了 CRM 系统的客户信息是最全的。同时，其他系统的用户也可以通过 CRM 系统了解各部门与客户的交往记录，做到心中有数。

同样，市场营销、渠道管理也根据 CRM 系统进行。只有在市场活动开展之前接近客户、了解客户，才能提高销售机会。以前，中国网通公司第三方数据库提供的数据很难被充分利用，而 TurboCRM 提供了销售机会导入功能，并对销售机会进行属性定义，根据数据分析，市场部可以清楚地知道哪些客户需要什么样的产品，那些活动更加有意义，还可以将市场活动期间的销售动态与前期做出对比分析，了解市场

第 9 章 客户关系管理软件系统介绍

活动的效果,保证了市场活动的开展具有方向性和针对性。

另外,通过 TurboCRM 系统的决策分析功能,可以建立评估机制,做多维分析,对销售机会进行有效性评估,对产品应用进行调查分析等等,帮助各级人员分析和决策。如系统的决策分析功能对客户的特点做了多达数百项的属性建设,通过分析,了解客户的特征,例如应用喜好、使用时间等,细致了解客户需要什么,指导销售人员寻找潜在客户、进一步挖掘客户。

道——"以客户为中心"

与传统制造行业实施 CRM 不同,中国网通公司 CRM 系统实施的最大的困难不在普及、转变观念以及人员培训上,而是网通 CRM 系统的数据接口多,涉及的部门多。为此,中国网通公司成立了包括由技术部门、业务部门人员组成的项目组,与 TurboCRM 的实施顾问一起与各方协调,保证其他系统与 CRM 系统的无缝连接。项目小组每周都进行工作周报、工作通报,工作备忘,及时总结、发现、解决问题,这使得整个项目实施进展非常顺利。

目前来看,中国网通公司实施 CRM 系统,带来的最显著的效果是"以客户为中心"这一适应市场需要的工作模式真正建立了起来,工作效率得到极大提高,更重要的是,知己知彼,方能运筹帷幄。应用了先进的管理理念和专业的软件技术完美融合的 CRM 系统,淹没在数据库中的海量信息尽可以实时、准确地掌握并提升为决策依据,为处于多变竞争环境中的企业展开了一张全方位的立体作战地图。

(资料来源:改编自王根慧.案例:中国网通 CRM 合纵连横之道,出处:www.turbocrm.com,2007-04-24)

 **点评**

"以客户为中心"服务理念的实施,一方面是企业客户战略的重要体现,但另一方面其具体实现策略,必须要依赖于强大的 CRM 软件系统提供的技术支持。本案例中,中国网通公司通过实施 TurboCRM 系统,有效地整合了业务管理过程,成功地实现了对销售渠道的监控,进而向客户提供了性价比较高的服务,从而最终提高了客户满意度和忠诚度。

9.1 CRM 软件系统的模型与结构

CRM 软件系统是一种以 IT 技术为手段,运用先进的管理思想,通过业务流程的变革,帮助企业最终实现以客户为中心的软件产品。本节首先描述了 CRM 软件系统的一般模型,然后介绍 CRM 软件系统的技术功能,最后介绍构成 CRM 软件系统的几个核心模块。

9.1.1 CRM 软件系统的一般模型

CRM 软件系统的一般模型如图 9.1 所示,其实现了对营销、销售和客户服务 3 个部分业务流程的信息化。

首先,在营销过程中,通过对客户和市场的细分,确定目标客户群,制定营销战略和营销计划。其次,销售的任务是执行营销计划,包括发现潜在客户、信息沟通、推销产品或服务、收集信息等,目标是建立销售订单,实现销售额。最后,在客户购买企业提供的产品或服务后,还需对客户提供进一步的服务与支持,这主要是客户服务部门的工作。产品开发和质量管理过程分别处于 CRM 软件系统的两端,由 CRM 软件系统提供必要的支持。

在 CRM 软件系统中,各种渠道的集成是非常重要的,CRM 软件系统将企业与客户之间进行沟通所需要的各种渠道(如电话、传真、网络、亲自访问等)进行了集成和自动化处理，使企业真正以客户为导向，满足了企业与客户间多样化和个性化的双向信息的沟通需求。

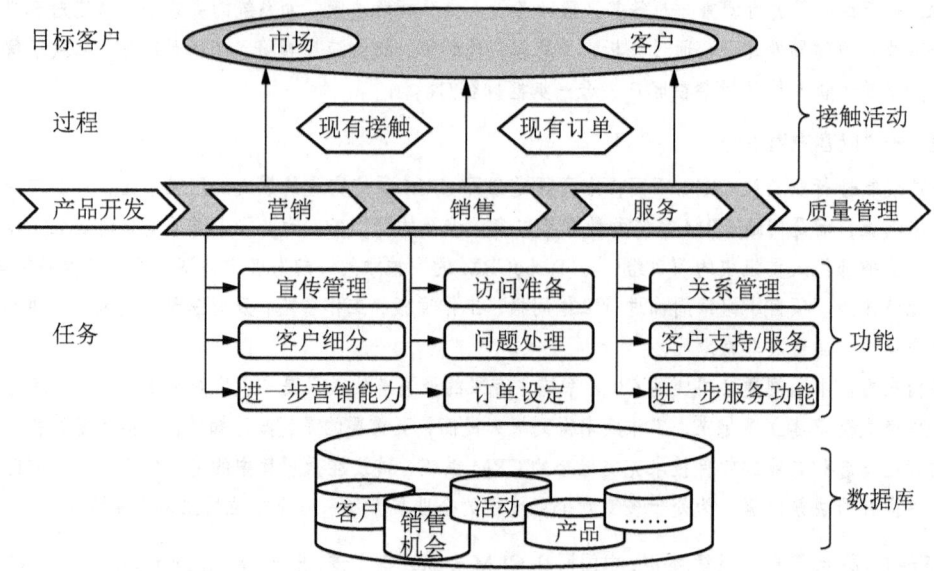

图 9.1 CRM 软件系统的一般模型

CRM 的目的就在于在适当的时间通过适当的渠道将合适的产品提供给合适的客户，CRM 软件系统可以很好地支持营销、销售和服务过程。通过 CRM 软件系统的应用，企业提高了前台业务的运作效率。客户信息可以从中央数据库完整地获取，而不依赖于销售渠道；产品及客户的分析结果以及产品销售、地区销售等的预测能够非常容易且实时地得到利用；企业可以通过 CRM 软件系统来对销售进行管理，使得能在有很多决策部门的大型组织中实现复杂的销售过程；CRM 软件系统还能简化识别目标客户的工作，加强与目标客户的联系；能够更为合理地分配营销资源，提高反馈率，并加强宣传的作用，从而减少市场营销的成本。

9.1.2 CRM 软件系统的核心模块

CRM 软件系统将先进的思想与最佳的实践具体化，通过使用多种先进的技术手段最终帮助企业来实现以上目标。从总体上来看，CRM 软件系统由以下几个核心模块所组成。

1. 销售自动化

销售自动化(Sales Force Automation，SFA)是 CRM 中最基本的模块，在国外已经有了十几年的发展，近几年在国内也获得了长足发展。SFA 早期是针对客户的应用软件，但从 20 世纪 90 年代初开始，SFA 的范围已经大大地扩展，包含一系列的功能，可以很好地提高销售人员的大部分活动的自动化程度，提高其工作效率。

SFA 的功能一般包括日历和日程安排、联系和客户管理、佣金管理、商业机会和传递渠道管理、销售预测、建议的产生和管理、定价、区域划分、费用报告等。

2. 营销自动化

营销自动化(Marketing Automation，MA)模块是 CRM 的最新成果，作为对 SFA 的补充，

MA 为营销提供了独特的能力,如营销活动(包括网络营销活动和传统营销活动)计划的编制和执行、计划结果的分析、清单的产生和管理、预算和预测、营销资料管理、"营销百科全书"(关于产品、定价、竞争信息等的知识库)、对有需求客户的跟踪、分销和管理。MA 模块不局限于提高销售人员活动的自动化程度,其目标是为营销及其相关活动的设计、执行和评估提供详细的框架。在客户生命周期中, MA 模块与 SFA 模块具有不同的功能,但它们常常是互为补充的。例如,成功的营销活动可能很好地了解有需求的客户,为了使得营销活动真正有效,应该及时地将销售机会提供给执行的人,如销售专业人员。

3. 客户服务与支持

在很多情况下,保持客户和提高客户利润贡献度依赖于提供优质的服务,否则客户只需轻点鼠标或打一个电话就可以转向企业的竞争者。因此,客户服务和支持对企业来说是极为重要的,可以帮助企业以更快的速度和更高的效率来满足客户的售后服务要求,以进一步保持和发展客户关系。在 CRM 软件系统中,客户服务与支持主要是通过呼叫中心和互联网实现。CRM 软件系统中强有力的客户数据使通过多种渠道(如互联网、呼叫中心)的纵横向销售变为可能。当把客户服务与支持功能同销售、营销功能比较好地结合起来时,就能为企业提供很多好机会,向已有的客户销售更多的产品。客户服务与支持的典型应用包括客户关怀、纠纷处理、订货、订单跟踪、现场服务、问题及其解决方法的数据库,维修行为安排和调度,服务协议和合同,服务请求管理等。

4. 商务智能

在企业的信息技术基础设施中,以数据仓库为核心的商务智能(Business Intelligence,BI)可以将大量信息转换成可利用的数据,并允许决策者从企业过去的记录中查找适用当前情况的模式,通过这一方法可使决策者更好地预测未来。

IB 是指利用数据挖掘、知识发现等技术分析和挖掘结构化的、面向特定领域的、存储于数据仓库内的信息,可以帮助企业认清发展趋势、识别数据模式、获取智能决策支持、得出结论。BI 的范围包括客户、产品、服务和竞争对手等。

在 CRM 软件系统中,BI 主要是指客户智能。利用客户智能可以收集和分析市场、销售、服务和企业的其他信息,对客户进行全方位的了解,从而理顺企业的资源与客户的需求之间的关系,增强客户的满意度和忠诚度,实现获取新客户、支持交叉销售、保持和挽留老客户、发现重点客户、支持面向特定客户的个性化服务等目标,提高赢利能力。

9.1.3 CRM 软件系统的技术功能

从实现效果角度来看,CRM 软件系统的技术功能和技术要求如图 9.2 所示。

1. 信息分析能力

强有力的商业情报和分析能力对 CRM 软件系统是很重要的。CRM 软件系统有大量关于客户和潜在客户的信息,企业应该充分地利用这些信息,对其进行分析,使企业的决策者所掌握的信息更完全,从而能更及时地做出决策。良好的商业情报解决方案应能使得 CRM 和 ERP 协同工作。

2. 对客户互动渠道的集成能力

对多渠道进行集成与 CRM 解决方案的功能部件的集成是同等重要的。不管客户是通过 Web 网络与企业联系，还是通过电话与销售人员联系，或是与呼叫中心进行代理联系，与客户的互动都应该是无缝集成的。另外，统一的客户互动渠道还能带来内外部效率的提高。

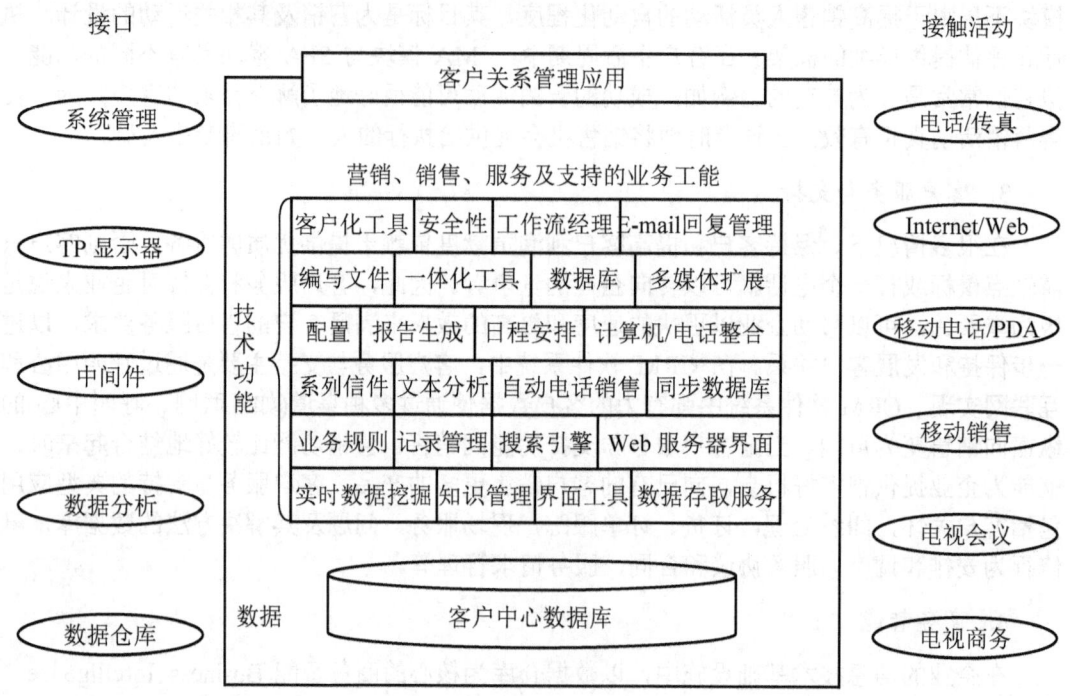

图 9.2　CRM 软件系统的技术功能

3. 支持网络应用的能力

在支持企业内外互动和业务处理方面，Web 的作用越来越大，这使得 CRM 软件系统的网络功能越来越重要。以网络为基础的功能对一些应用(如网络服务、自主销售)是很重要的。为使客户和企业的雇员都能方便地应用 CRM，需要提供标准化的网络浏览器，使 CRM 的用户只需很少的训练或不需训练就能使用系统。另外，基于互联网的系统配置，也可以节省很多相关费用。

4. 建设集中的客户信息仓库的能力

CRM 解决方案采用集中化的信息库，这样所有与客户接触的企业雇员可获得实时的客户信息，而且使得各业务部门和功能模块间的信息能统一起来。

5. 对工作流进行集成的能力

工作流是指把相关文档和工作规则自动化地(不需人为干预)安排给负责特定业务流程中的特定步骤的人。CRM 解决方案应该能具有很强的功能，为跨部门的工作提供支持，使这些工作能动态地、无缝地完成。

6. 与 ERP 功能的集成

CRM 要与 ERP 在财务、制造、库存、分销、物流、人事等方面连接起来，从而提供一个闭环的客户互动循环。这种集成不仅包括低水平的数据同步，而且还应包括业务流程的集成，这样才能在各系统间维持业务规则的完整，还使得企业能在系统间收集商业情报。

9.2 CRM 软件系统的组成部分

CRM 软件系统可划分为接触活动、业务功能及数据库 3 个部分。

9.2.1 CRM 软件系统中的接触活动

CRM 软件系统能使客户以各种方式与企业接触，典型的方式有呼叫中心、面对面的沟通、传真、移动销售、E-mail、Internet 以及其他营销渠道(如金融中介或经纪人等)，不同层次的接触活动如图 9.3 所示。企业必须协调这些沟通渠道，保证客户能够采取其方便或偏好的形式，随时与企业交流，并且保证来自不同渠道的信息完整、准确和一致。

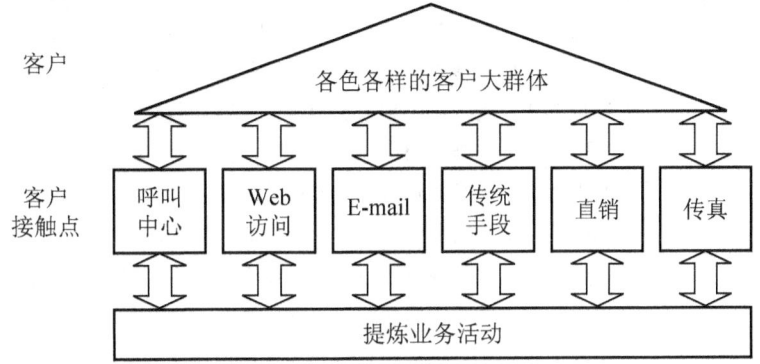

图 9.3 不同渠道的接触活动

在客户交互周期中的客户接触参与阶段，CRM 软件系统主要包含以下内容。

(1) 营销分析。包含市场调查、营销计划、领导分析以及活动计划，并提供市场洞察力和客户特征，使企业的营销过程更具计划性，达到最佳化。

(2) 营销活动管理。包括活动传送、计划、内容发展、客户界定、市场分工和联络。

(3) 电话营销。包含呼入/呼出管理，名单目录管理，支持一家企业多个联系人。

(4) 电子营销。保证互联网上个性化的实时、大量的营销活动的实施和执行。选定确切、有吸引力的目标组，通过为客户定制的内容和产品进行进一步互动。

(5) 潜在客户管理。通过对潜在客户的资格以及从销售机会到销售管理，跟踪和传递对潜在客户发展的管理。

9.2.2 CRM 软件的各业务子系统

CRM 软件系统的业务功能通常包括市场管理、销售管理、客户服务和支持 3 个部分。

(1) 市场管理。主要任务是通过对市场和客户信息的统计和分析，发现市场机会，确定目标客户群和营销组合，科学地制订出市场和产品策略，为市场人员提供制订预算、计划、执行和控制的工具，不断完善市场计划；管理各类市场活动(如广告、会议、展览、促销等)，对市场活动进行跟踪、分析和总结，以便改进工作。

(2) 销售管理。主要任务是使销售人员通过各种销售工具(如电话销售、移动销售、远程销售、电子商务等)，方便及时地获得有关生产、库存、定价和订单处理的信息。所有与销售有关的信息都存储在共享数据库中，销售人员可随时补充或及时获取，企业不会由于某位销售人员的离去而使销售活动受阻。另外，借助信息技术，销售部门还能自动跟踪多个复杂的销售线路。

(3) 客户服务和支持。主要任务是具有服务和支持两大功能。一方面，通过计算机电话集成技术(CTI)支持的呼叫中心，可以为客户提供每周 7×24 小时不间断的服务，并将客户的各种信息存入共享的数据库，以便及时满足客户需求；另一方面，技术人员可以对客户的使用情况进行跟踪，以便为客户提供个性化服务，并对服务合同进行管理。

表 9-1 以 Oracle 公司的 CRM 产品为例，给出了 CRM 软件各业务功能较为详细的描述。

表 9-1 Oracle 公司 CRM 系统的业务功能

模块名称	模块目标	各构成子模块及其所能实现的主要功能
销售模块	提高销售过程的自动化和销售效果	销售管理：销售是销售模块的基础，用来帮助决策者管理销售业务，主要功能包括额度管理、销售力量管理和地域管理
		现场销售：为现场销售人员设计，主要功能包括联系人和客户管理、机会管理，日程安排、佣金预测，报价、报告和分析
		掌上销售：这是销售模块的新成员。该组件包含许多与现场销售组件相同的特性，不同的是该组件使用的是掌上型计算设备
		电话销售：进行报价生成、订单创建、联系人和客户管理、潜在客户管理以及针对电话商务的功能，如电话路由、呼入电话屏幕提示以及回应管理
		销售佣金：允许销售经理创建和管理销售队伍的奖励和佣金计划，并帮助销售代表形象地了解各自的销售业绩
营销模块	对市场营销活动的计划、执行、监视和分析	营销管理：使营销部门实时地跟踪活动的效果，执行和管理多种多样、多渠道的营销活动
		针对特定行业的营销部件：在上面的基础营销功能基础上，针对特定行业(如电信、保险、零售)的具体实际，增加了一些附加的特定行业特色功能
		其他功能：可帮助营销部门管理其营销资料列表生成与管理、授权和许可、预算、回应管理
客户服务模块	提高那些与客户支持、现场服务和仓库修理相关的业务流程的自动化并加以优化	服务：完成现场服务分配、现有客户管理、客户产品全生命周期管理、服务技术人员档案、地域管理等。通过与 ERP 集成，可进行集中式的雇员定义、订单管理、后勤、部件管理、采购、质量管理、成本跟踪、发票、会计等
		合同：用来创建和管理客户服务合同，从而保证客户获得的服务水平和质量与其所花的钱相当。可以使得企业跟踪保修单和合同的续订日期，利用事件功能表安排预防性的维护活动
		客户关怀：是客户与供应商联系的通路，允许客户记录并自己解决问题，如联系人管理、客户动态档案、任务管理、基于规则解决重要问题等
		移动现场服务：使服务工程师能实时地获取关于服务、产品和客户的信息，还可使用该组件与派遣总部进行联系

续表

模块名称	模块目标	各构成子模块及其所能实现的主要功能
电子商务模块	帮助其实构建电子商务平台，实现电子商务功能	电子商店：此部件使企业能建立和维护基于 Internet 的店面，从而在网络上销售产品和服务
		电子营销：与电子商店相联合，电子营销允许企业创建个性化的促销和产品建议，并通过 Web 向客户发出
		电子支付：是电子商务的业务处理模块，能使企业配置自己的支付处理方法
		电子货币与支付：利用这个子模块后，客户可在网上浏览和支付账单
		电子支持：允许顾客提出和浏览服务请求、查询常见问题、检查订单状态。电子支持部件与呼叫中心联系在一起具有电话回拨功能
呼叫中心模块	利用电话来促进销售、营销和服务	电话管理员：包括呼入呼出电话处理、互联网回呼、呼叫中心运营管理、图形用户界面软件电话、应用系统弹出屏幕、友好电话转移、路由选择等
		开放连接服务：支持绝大多数的自动排队机，如 Lucent、Nortel、Aspect、Rockwell、Alcatel、Erisson 等
		语音集成服务：支持大部分交互式语音应答系统
		报表统计分析：提供了很多图形化分析报表，可进行呼叫时分析、等候时间分析、呼入呼叫的汇总分析、坐席负载率分析、呼叫接失率分析、呼叫传送率分析、座席绩效对比分析等
		管理分析工具：进行实时的性能指数和趋势分析．将呼叫中心和坐席的实际表现与设定的目标相比较，确定需要改进的区域
		代理执行服务：支持传真，打印机、电话和 E-mail 等，自动将客户所需的信息和资料发给客户，可选用不同配置使发给客户的资料有针对性
		自动拨号服务：管理所有的预拨电话，仅接通的电话才转到坐席人员那里，节省拨号时间
		市场活动支持服务：管理电话营销，电话销售、电话服务等
		呼入呼出调度管理：根据来电的数量和坐席的服务水平，为坐席分配不同的呼入呼出电话，提高客户服务水平和坐席人员的生产率
		多渠道接入服务：提供与 Internet 和其他渠道的连接服务，充分利用话务员的工作间隙，收看 E-mail、回信等

9.2.3 CRM 中的客户信息数据库

客户信息数据库是 CRM 软件系统的重要组成部分，是企业前台各部门进行各种业务活动的基础。从某种角度上讲，客户信息数据库甚至比各种业务功能更为重要，其重要作用体现在帮助企业根据客户生命周期价值来区分现有客户；帮助企业准确地找到目标客户群；帮助企业在最合适的时机以最合适的产品满足客户的需求，降低成本，提高效率；帮助企业结合最新信息制订出新的策略，塑造客户忠诚。运用数据库这一强大的工具，可以与客户进行高教的、可衡量的、双向的沟通，真正体现了以客户为导向的管理思想；可以与客户维持长久的、甚至是终身的关系来保持和提升企业短期和长期的利润。

可以这样说，客户信息数据库是 CRM 管理思想和信息技术的有机结合。

一个高质量的数据库包含的数据应当能全面地、准确地、详尽地和及时地反映客户、市场及销售信息。数据可以按照市场、销售和服务部门的不同用途分成 3 类：客户数据、销售数据、服务数据。客户数据包括客户的基本信息、联系人信息、相关业务信息和客户分类信息等,客户数据不但包括现有客户信息,还包括潜在客户、合作伙伴和代理商的信息等。销售数据主要包括销售过程中相关业务的跟踪情况,如与客户的所有联系活动、客户询价和相应报价、每笔业务的竞争对手以及销售订单的有关信息等。服务数据则包括客户投诉信息、服务合同信息、售后服务情况以及解决方案的知识库等。这些数据可放在同一个数据库中实现信息共享,以提高企业前台业务的运作效率和工作质量。

目前,飞速发展的数据仓库技术(如 OLAP、数据挖掘等)能按照企业管理需要对数据源进行再加工,为企业提供了强大的数据分析工具。这些知识在第 7 章已经有所阐述。

9.3 CRM 软件系统的 3 种类型

目前,在全球范围内,声称已开发出 CRM 软件系统的公司有很多。这些 CRM 软件系统的功能特点和适用对象不同,模块多少和系统规模各异。后来,美国著名的 IT 咨询公司 Meta Group 把 CRM 系统分为了运营型、分析型和协作型 3 类。本节就对这三类软件系统进行介绍。

9.3.1 运营型 CRM 及其功能

1. 运营型 CRM 的含义与产生原因

运营型 CRM 也称"前台"CRM 或操作型 CRM,如营销自动化、销售自动化和客户服务管理等与客户直接发生接触的部分,其目的是为了确保企业与客户的交流,确保企业能够通过各种客户互动渠道收集到所需要的客户信息,以便建立客户档案,并将各种相关的客户数据存储在中央客户数据库中。运营型 CRM 使得企业直接面对客户的相关部门在日常工作中能够共享客户资源,减少信息流动的滞留点,从而以一种统一的视图面对客户。

运营型 CRM 包括与客户直接发生接触的各个"接触点"的整合,以及前台和后台运营之间相互的平滑连接。这里的"接触点"可以是"输入"接触(如打给公司客户热线的电话),也可以是"输出"接触(如业务员的销售电话或者电子邮件促销)。

运营型 CRM 围绕客户信息进行了各个部门的协同工作,主要解决了以下的问题。
(1) 如何收集客户信息?
(2) 谁来收集客户信息?
(3) 收集什么样的客户信息?
(4) 与某个客户相关的所有信息是否是整合的?
(5) 企业前台管理的每个部门是否都建立起"以客户为中心"的理念?
(6) 对不同的客户是否能够提供不同的服务?

运营型 CRM 的设计主要是基于两点产生的:第一,在互联网时代,由于人们的联系越来越方便,客户的耐心指数大大下降。在与客户打交道时,无论电话、E-mail 或其他方式,迟缓、拖拉的办事方式都会使企业很快发生客户流失。第二,由于信息的高度畅通,客户很容易从多种渠道获得产品的信息,对供应商的选择余地很大。对企业来说,保持老客户变得越来越难,为此必须加强与客户的多渠道信息沟通。

运营型 CRM 主要用于针对企业的销售、市场营销、客户服务和支持等与客户有关的部门，使企业业务处理流程的自动化程度和效率更高，从而提高企业同客户的交流能力。

2. 运营型 CRM 的应用目的

应用运营型 CRM 的主要目的是加强和客户之间的联系和交流，通过有效的运作，运营型 CRM 将来自销售部门、市场营销部门、客户服务部门以及技术支持部门等多个部门的信息加以汇总加工，形成企业的客户信息中心。

运营型 CRM 为客户提供一个统一的客户接触平台，只要客户与企业发生联系，企业就可以借助这个平台实现该信息的内部共享，其中包括客户的个人信息、客户的通话状况、客户的缴费情况、与客户发生过的接触以及处理结果等。总之，企业内部任何一个部门如有需要，都可以迅速获得不同部门对同一客户要求的处理情况，使企业在与客户接触时，不会因不了解情况而引起客户的不满。运营型 CRM 给客户提供多种接触渠道，包括呼叫中心、多个分支机构、网络连接等，让客户能以最便捷的方式(电话、面谈或上网)获取企业的信息、选择便捷的购买和交付方式、寻求技术支持和服务、反馈消费意见和期望。国外有些厂商提供的这类系统还能跟踪营销活动中与客户的各种联系，根据事先安排好的时间提醒应该进行的活动，提醒客户的生日或爱好，甚至跟踪与客户有关的新闻报道等。

3. 运营型 CRM 的主要功能

运营型 CRM 使企业在网络环境中能够以电子化方式完成从市场、销售到服务的全部商务过程，主要包括以下 5 个方面的应用功能。

(1) 销售套件。销售套件可以为企业管理销售业务的全过程提供丰富强大的功能，包括销售信息管理、销售过程定制、销售过程监控、销售预测、销售信息分析等。销售套件将成为销售人员关注客户，把握机会、完成销售的有力工具，并可以帮助提高销售能力。销售套件对企业的典型作用在于帮助企业管理跟踪从销售机会产生到结束各销售阶段的全程信息和动作。

(2) 营销套件。营销套件可以为企业由始至终掌握市场营销活动的运作提供便利，提供从市场营销活动信息管理、计划预算、项目追踪、成本明细、回应管理、效果评估等功能，帮助企业管理者清楚了解所有市场营销活动的成效与投资回报。

(3) 服务套件。服务套件可以帮助企业以最低的成本为客户提供周到、及时、准确的服务，提供包括服务请求及投诉的创建、分配、解决、跟踪、反馈、回访等相关服务环节的闭环处理模式，从而帮助企业留住老客户，发展新客户。

(4) 电子商务套件。电子商务套件可以让企业商务过程"E"化的 Front Office(前台)，帮助企业将门户站点、各种商务渠道集成在一起，开拓新的销售渠道及商务处理方式。

(5) 商务平台套件。商务平台套件可以实现产品基础数据维护、安全控制、动态配置与工作流定制等。

根据上述分析可看出，运营型 CRM 最适合于制造业、零售业、保险业，这是因为这类行业的企业的客户数据太多，而且分散在大量的业务人员手中，没有办法进行系统管理。但解决好数据的共享是其应用的关键，随着移动通信技术的完善，以上应用的前景是被看好的。

4. 运营型 CRM 的适用对象

运营型 CRM 应用系统是客户关系管理软件中最基本的应用模块，主要能为以下几种人员提供便利，从而大大提高公司的效益。

(1) 销售人员。销售自动化要求销售人员及时提供客户的详细信息，业务内容涉及订单管理、发票管理及销售机会管理等。

(2) 营销人员。营销自动化是运营型 CRM 的主要模块，其中的促销活动管理工具可用于计划、设计并执行各种营销活动，寻找潜在客户并将他们自动集中到数据库中，通过自动派活功能分配给销售人员。

(3) 现场服务人员。使服务自动化，包括自动派活工具、设备管理服务合同及保质期管理、维修管理等。

从以上的应用领域可以看出，运营型 CRM 的应用模块在功能上与 ERP(企业资源计划)相似，如仓库管理、采购管理等，都是为了提高员工工作效率的一种应用工具。与分析型 CRM 相比，虽然销售用服务和营销(促销)模块中具有一定的数据统计分析能力，但它是浅层次的，与以数据仓库、数据挖掘为基础的分析型 CRM 是有区别的。另外运营型 CRM 不包含呼叫中心等员工同客户共同进行交互活动的应用，与协作型 CRM 也有一定的区别。

9.3.2 分析型 CRM 及其功能

1. 分析型 CRM 的含义

分析型 CRM 也称为"后台"CRM 或"战略"CRM，主要是通过分析运营型 CRM 中获得的各种数据，为企业的经营、决策提供可靠的量化依据。分析型 CRM 需要用到许多先进的数据管理和数据分析工具，如数据仓库、OLAP 分析和数据挖掘等。

如果说运营型与协作型 CRM 是企业的臂膀，那么分析型 CRM 就是企业的大脑。企业通过前台销售自动化、营销自动化及客户服务与支持协同运作积累了大量的客户信息资源，分析型 CRM 的作用就是让这些资源发挥作用，从前台所产生的大量交易数据中提取有价值的各种信息，进行包括 80/20 分析、销售情况分析等，并对将来的趋势做出必要的预测，是一种企业决策支持工具。具备分析能力的数据仓库能够通过建立客户的全景观图并与这些客户保持持续的沟通，帮助企业获得额外的市场竞争力，分析的目的在于得出结论，因此分析型 CRM 的核心在于让企业真正地了解客户，挖掘出重要的决策信息。

2. 分析型 CRM 的应用目的

分析型 CRM 则侧重在分析客户数据上，使企业更为清晰地了解自己客户的类型，把握不同类型的客户的准确需求，从而发挥最大潜力挖掘客户和更好地服务于客户。建立良好的客户关系，最理想的状况是集成覆盖整个企业的 CRM 软件系统，即用运营型 CRM 提供多种接触手段，用分析型 CRM 提供的数据深入了解客户，达到对不同客户区别对待的目的。而区别对待后的反馈数据又可以被运营型 CRM 再收集，从而循环往复，不断优化客户关系。

企业都希望把大容量的销售、服务、市场以及业务数据进行整合，将繁琐、多样的数据转化为有用、可靠的信息，再将信息转化为知识，进一步为整个企业提供战略上的商业决策，为客户服务和新产品的研发提供更准确的依据，提高企业的竞争能力，使企业能够把有限的资源集中服务于所选择的有效益的客户全体，同这些客户保持长期和有效益的关系。分析型 CRM 能使这一切成为可能，是一种处理大容量的客户数据的方法。为了获得可靠的信息支持策略和做出商业决策，为了给客户提供更好的服务，以赢得客户的忠诚，首先必须了解客户的贡献率。分析型 CRM 能够通过客户的各种背景数据和其过去交易行为数据，建立合适的客户终生价值模型，并按照客户的终身价值对客户进行分类，预测其未来的趋势，了解每类客户能为企业带来多少效益，从而向不同类型的客户提供他们最需要的服务和产品，使企业能够优化利用其有限的资源，集中服务于所挑选的客户群体。

"以客户为中心"策略的一个关键步骤是收集足够的客户背景信息和行为信息，并对客户进行细分。分析型 CRM 的销售、服务、市场、电子商务以及业务平台等功能可将客户的各种信息按照分析的要求有机地整合起来，为数据分析提供准确的数据源。将客户的背景数据、生活方式方面的信息，与客户行为信息相结合，通过建立合适的模型，对不同群体的客户采用针对性和有效的互动交流。市场将分析的结果信息反馈给销售系统，销售系统可通过呼叫中心对特定的客户进行特殊的服务或者提供交叉销售，以满足客户的需求。

3. 分析型 CRM 的技术功能

分析型 CRM 主要是分析运营型 CRM 中获得的各种数据，进而为企业的经营、决策提供可靠的量化的依据。具体来说，分析型 CRM 软件具备以下 6 大支柱性功能。

(1) 客户分析。其功能旨在让营销人员完整、方便地了解客户的概况信息，通过分析与查询，掌握特定细分市场的客户行为、购买模式、属性以及人口统计资料等信息，为营销活动的展开提供方向性的指导。此外，营销人员可以通过客户行为分析功能追踪营销活动的执行过程，从而了解这类活动的内容和随之传达的信息对客户所造成的实际影响。CRM 软件系统有能力让营销人员通过轻松的鼠标单击锁定特定客户群、建立新的细分市场。例如，对于银行来说，有的客户突然提取大笔现金，可能使银行处于高风险状态；有的客户虽然还贷比较迟缓，但基本上总能在一定的期限内归还，这就是银行最喜欢的客户，因为他总是在为银行带来利息收入。银行的 CRM 软件系统对此都应该及时察觉。

(2) 客户建模。客户建模功能主要依据客户的历史资料和交易模式等影响未来购买倾向的信息来构造预测模型。例如，根据客户的促销活动回应率、利润贡献度、流失可能性和风险值等信息，为每一位客户赋予适当的评分，进而根据评分结果构建一个完备的模型和规则库。例如，银行客户如果有大笔存款进入账户，则应考虑向其推荐股票或者基金等收益更高的投资项目。客户建模可以帮助企业建立成熟、有效的统计模型，准确识别和预测有价值的客户沟通机会。一旦这种模型得以建立，企业就可以对每一位客户进行价值评估，并在适当的时机以适当的方式与这个客户进行沟通，从而创造更多的盈利机会。

(3) 客户沟通。客户分析的结果可以与客户建模形成的一系列适用规则相联系。当这位客户的某个行为触发了某个规则，企业就会得到提示，启动相应的沟通活动。客户沟通功能可以集成来自企业各个层次的各种信息，包括客户分析和客户建模的结果，针对不同部门的不同产品，帮助企业规划和实施高度整合的营销活动。客户沟通的另一大特色是帮助企业进行基于事件的营销。根据客户与企业之间发生的貌似偶然的交互活动，企业可以迅速发现客户的潜在需求并做出适当的反应。客户沟通功能支持营销人员设计和实施潜在客户营销、单一步骤营销、多步骤营销和周期性营销 4 种不同类型的营销活动。

(4) 个性化。个性化功能帮助企业根据不同客户的不同消费模型建立相应的沟通方式和促销内容，以非常低的成本实现真正的一对一营销。例如，营销人员可以用鼠标点击方式建立和编辑个性化的 E-mail 模板，以纯文本、HTML 或其他适当的格式向客户发送促销信息。更重要的是，利用分析型 CRM 系统，营销人员还可以利用复杂的获利能力评估规则、条件与公式为不同的客户创建更具亲和力的沟通方式。

(5) 数据优化。每个营销人员每天应当处理多少个目标客户？应该每隔多长时间对客户进行一次例行联络？各类营销方式对各类客户的有效程度如何？对于这些问题，分析型 CRM 的优化功能都可以提供答案，帮助企业建立最优的处理模式。优化功能还可以基于消息的优先级别和采取行动所需资源的就绪状况来指导和帮助营销人员提高工作效率。

(6) 接触管理。接触管理功能可以帮助企业有效地实现客户联络并记录客户对促销活动的反应态度，将客户所发生的交易与互动事件转化为有意义、高获利的营销商机。例如，当接触管理模块检测到重大事件时，即刻启动特别设计的营销活动计划，针对该事件所涉及的客户提供适用的产品或者服务，这种功能又被称作实时事件注入。

4．分析型 CRM 的组成与运作

分析型 CRM 的组成如图 9.4 所示。

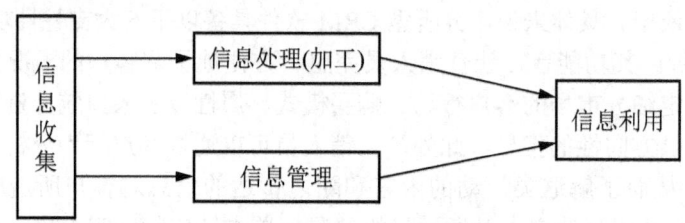

图 9.4　分析型 CRM 的组成

可以看出，分析型 CRM 首先需要有一个信息收集部分用来收集两方面的信息。一方面是企业和客户的交易信息，另一方面是企业的外部相关信息，并把这两方面的信息融合起来，组成企业数据仓库，作为 CRM 运作的基础。然后还要有信息管理、信息处理(加工)部分，最终是为了进行信息利用。通过这几个部分的运作，有助于分析型 CRM 在如下问题上做出正确的评价、认识和决策。

(1) 哪些活动可以赢得更多更好的客户？
(2) 最优秀的客户有哪些？
(3) 如何才能达到最好的宣传效果和宣传业绩？
(4) 哪些客户是我们需要投入精力来挽留的？

如果将上面 CRM 的组成具体化，可以把图 9.4 修改为如图 9.5 所示的更为直接的运作形式。

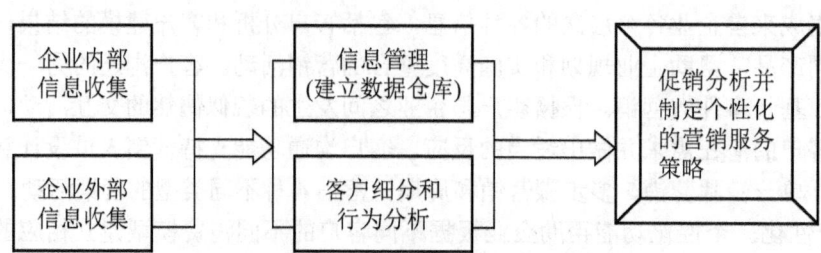

图 9.5　分析型 CRM 的运作

分析型 CRM 应用大量交易数据对未来的市场趋势做出预测，适合有大量客户的金融、电信、证券行业。一般由 BI 供应商提供的 CRM 主要是分析型 CRM，同时又能同运营型 CRM 进行平滑的集成和协同工作。BI 供应商提供的 CRM 通常包含的分析和应用主要有客户群体分类分析和行为分析、客户效益分析和预测、客户背景分析、客户满意度分析、交叉销售、产品及服务使用分析、客户信用分析、客户流失分析、欺诈发现、市场分类分析、市场竞争分析、客户服务中心优化等。

9.3.3 协作型 CRM 及其功能

1. 协作型 CRM 的含义

协作型 CRM 是指企业直接与客户互动(通常通过网络)的一种状态，能实现全方位地为客户交互服务和收集客户信息，形成与多种客户交流的渠道。协作型 CRM 强调的是交互性，借助多元化、多渠道的沟通工具，让企业内部的各个部门同客户一起完成某项活动。协作的意思就是可以让两个以上的人员一起工作。协作型 CRM 应用能够让企业客户服务人员同客户一起完成某项活动。例如，技术人员通过电话指导客户修理设备，因为在修理活动中同时有员工和客户共同参与，因此他们是协作的。而前面的运营型应用和分析型应用都是企业员工自己单方面的业务工具，在进行某项活动时，客户并没有一起参与。

协作型 CRM 将更大程度地实现全方位地为客户交互服务和收集客户信息，实现多种客户交流渠道，如将呼叫中心、面对面交流、Internet/Web、E-mail/传真等集成起来，使各种渠道融会贯通，以保证企业和客户都能得到完整、准确和一致的信息。

显然，协作型 CRM 的设计有其本身的特点。由于员工和客户一起完成某种任务，就有一个尽量要快的时间特点，有时间紧迫感。因为员工和客户都希望快一点解决问题。这种速度需要就要求协作型 CRM 必须能够帮助员工快速、准确地记录客户的请求以及快速找到问题的答案。换句话说，对特定协作业务必须有知识量丰富和智能查询等特点，同时，员工本身也必须经验丰富。如果问题无法在线解决，协作型应用还必须由智能路由对请求进行升级处理，员工必须及时做出任务转发的决定。

2. 协作型 CRM 的组成

协作型 CRM 将呼叫中心、Internet、E-mail、传真等多种道融为一体，同时采用先进的电子技术，并借助多渠道协作以及交互式语音响应(IVR)和计算机集成电话(CTI)技术，使客户能够在任何时间从任何地点通过自己方便的渠道了解相应的产品和服务。不仅如此，各机构还可以利用这种交互方式收集客户和潜在客户的信息。

现在很多 CRM 企业都提供了协作型 CRM 的解决方案，它们一般主要由呼叫中心、客户多渠道联络中心、帮助台以及自助服务帮助导航、向员工解释特定网页的内容等组成。

如图 9.6 所示，协作型 CRM 由媒体连接器、路由与管理规则引擎和桌面应用组成，外在的表现形式是移动桌面、Web 接入和呼叫中心电话接入。

CRM 的移动桌面是真正的移动桌面，只要有笔记本计算机，就可以帮助用户离线采集数据，在需要作数据同步时，则与企业的 CRM 数据库连接，实现数据装载或从系统获取数据。

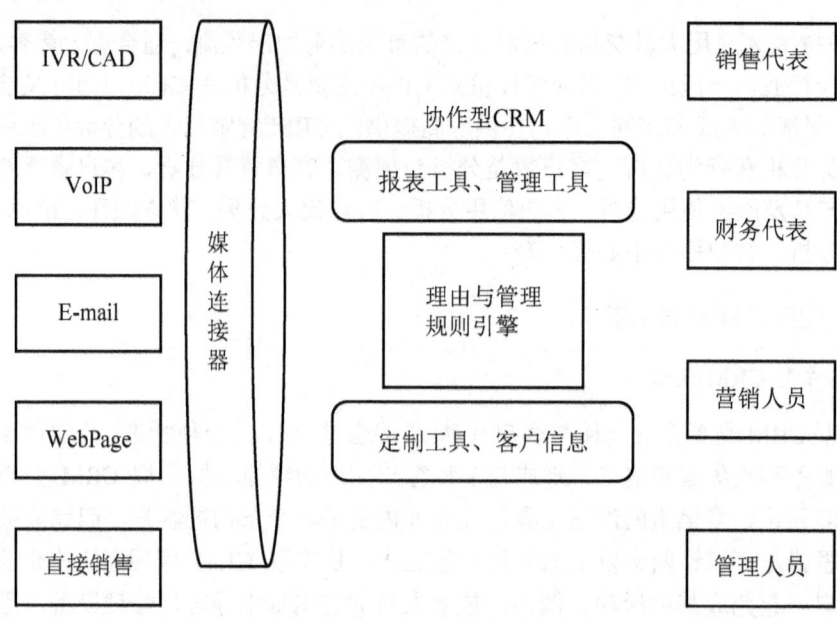

图 9.6 协作型 CRM 的组成

CRM 的 Web 接入服务，使得企业可以将客户信息采集、客户自助服务和代理商管理等许多业务功能在 Internet 上实现。Web 上产生的数据都将集成到企业的 CRM 数据库中。另外，具有多媒体多渠道整合能力的客户联络中心是今后协作型应用的发展趋势。

3. 协作型 CRM 的作用与功能

协作型 CRM 主要做协同工作，适应于那些侧重服务和客户沟通频繁的企业，且不拘于行业，适合于任何需要通过多种渠道和客户接触、沟通的企业。协作型 CRM 强调的是交互性，借助多元化、多渠道的沟通工具，让企业内部各部门同客户一起完成某项活动。

协作型 CRM 的主要作用是对各种沟通渠道的整合和协调各个部门之间的联系，其处理流程为先利用协作型 CRM 的运营功能从客户的各种"接触点"将客户的各种背景数据和行为数据收集并整合在一起，这些运营数据和外来的市场数据经过整合和变换，装载进数据仓库。然后，运用在线分析和数据挖掘等技术从数据中分析和提取相关规律、模式或趋势。最后，利用相应的动态报表系统和企业信息系统把有关客户的信息和知识在整个企业内得到有效的流转和共享。这些信息和知识将转化为企业的战略和战术行动，用于提高在所有渠道上同客户交互的有效性和针对性，把合适的产品和服务通过合适的渠道，在适当的时候，提供给适当的客户。

协作型 CRM 能全方位地为客户交互服务和收集客户信息，并实现多种客户交流渠道的集成，以保证企业和客户都能得到完整、准确和一致的信息。其主要功能包括以下几点。

(1) 电话接口。提供与世界先进水平的电话系统集成的接口，支持多种 CTI 中间件。

(2) E-mail 和传真接口。能与 E-mail 和传真集成，接收和发送 E-mail 和传真，能自动产生 E-mail 以确认信息接收等。

(3) 网上互动交流。进一步加强与网络服务器的集成以支持互动浏览、个性化网页、站点调查等功能。

(4) 呼出功能。支持电话销售/电话市场推广，如预知拨号、持续拨号、预先拨号。

9.3.4　3 类系统的关系与定位

上面按 CRM 软件系统的功能和应用范围把 CRM 分为 3 种类型，它们之间具有一定的关联关系，在实际运用过程中，要把它们集成起来协同使用，并做好各自职责定位。

1. 3 类应用系统之间的关系

在 CRM 实际项目的运作中，运营型、分析型、协作型是相互补充的关系，如图 9.7 所示。如果把 CRM 比作一个完整的人的话，运营型 CRM 是 CRM 的四肢，分析型 CRM 则是 CRM 的大脑和心脏，而协作型 CRM 就是各个感觉器官。

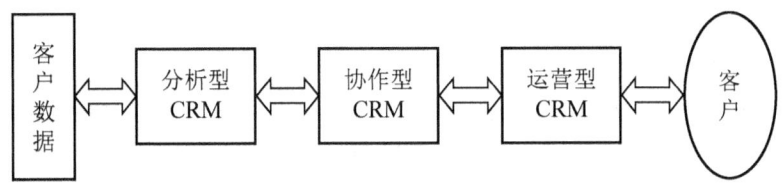

图 9.7　3 种 CRM 软件系统之间的关联关系

2. 3 类应用系统的功能定位

3 类 CRM 系统主要侧重于功能的分类。实际上，各种 CRM 产品并没有严格区分为运营型、分析型、协作型，而是多种应用贯穿其中，3 类应用系统的职责定位如图 9.8 所示。

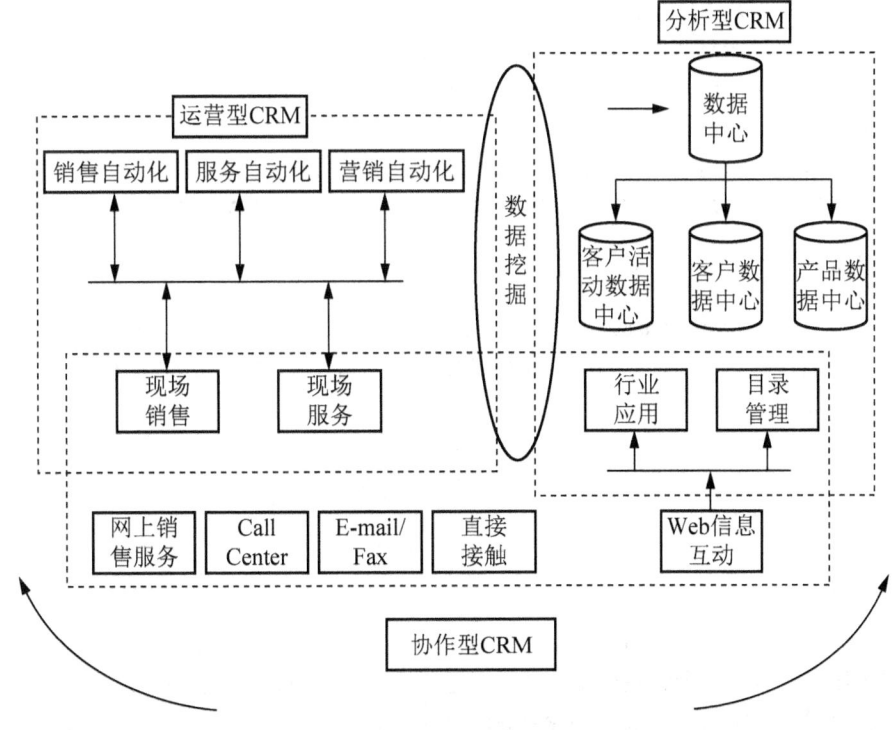

图 9.8　3 类 CRM 系统的职责定位

客户与企业的互动需要把分析型 CRM 与运营型 CRM 结合在一起。如网站的客户先通过运营型系统，客户要了解什么信息，运营型系统就把客户的要求传递给数据仓库，通过数据仓库来拿这些信息，然后返回客户界面，再传递给客户。运营型 CRM 的管理接触点适应于通过 Web 与客户联系，而数据仓库不管理接触点，适应于分析和决策。一个强大的 CRM 解决方案应该是把接触点的运营型 CRM 和分析型 CRM 的后台的数据仓库相结合，产生了被称为协作型 CRM。而后端和前端走向融合的关键点在于系统是开放的，只有开放的系统才能把各自的优点结合起来。

协作型 CRM 与客户交互共同完成任务，通过互联网、电话等交互渠道集成为业务管理用户提供多渠道的交互方式，包括网站、E-mail、电话、多媒体呼叫中心和无线接入，并且这些交互渠道是相互集成的，保证所有客户在不同的渠道上得到统一的服务，有统一的体验，也使企业的各种业务运作都可"随时随地"处理。

目前，运营型 CRM 产品占据了 CRM 软件系统市场大部分的份额，它虽然能够基本保证企业业务流程的自动化、企业与客户之间的沟通与协作等问题，但是随着客户信息的日趋复杂，它已难以满足企业进一步的需要，在现有 CRM 解决方案基础上扩展强大的业务智能和分析能力就显得尤为重要。因此，分析型 CRM、协作型 CRM 毫无疑问将成为今后市场需求的热门。

本 章 小 结

CRM 软件系统是实现 CRM 的重要技术工具和实现手段。在企业管理信息化快速发展的今天，要想顺利实现 CRM，必须正确地选择、实施和应用 CRM 软件系统。

本章首先介绍了 CRM 软件系统的一般模型、技术功能和组成结构，然后重点介绍了 CRM 软件系统的 3 个功能模块(包括客户接触管理、主要业务子系统、客户信息数据库)的相关知识，最后介绍了 3 种类型 CRM 系统各自含义、特点功能，以及相互之间的关联关系。

通过本章学习，读者应了解 CRM 软件系统的模型、结构、模块组成以及 3 种类型。

关键术语

销售自动化(Sales Force Automation，SFA)　　营销自动化(Marketing Automation，MA)
商务智能(Business Intelligence，BI)　　CRM 软件系统　　运行型 CRM　　分析型 CRM
协作型 CRM

练 习 题

一、填空题

1．CRM 软件系统的核心模块有 4 个，分别是＿＿＿＿、＿＿＿＿、＿＿＿＿和＿＿＿＿。

2．从整体来看，CRM 软件系统可划分为＿＿＿＿、＿＿＿＿和＿＿＿＿ 3 个部分。

3．美国 IT 咨询公司 Meta Group 把 CRM 系统分为＿＿＿＿、＿＿＿＿和＿＿＿＿ 3 类。

4．在一个企业 CRM 实际项目的运作中，运营型、分析型、协作型是＿＿＿＿的关系。如果把 CRM 比作一个完整的人的话，＿＿＿＿型 CRM 是 CRM 的四肢，＿＿＿＿型 CRM 则是 CRM 的大脑和心脏，而＿＿＿＿型 CRM 就是各个感觉器官。

第 9 章 客户关系管理软件系统介绍

5. 本章中缩略词 SFA、MA、BI 的英文全写分别是_____、_____和_____，所指的中文术语分别是_____、_____和_____。

二、判断题

1. 营销自动化(MA)是 CRM 中最基本的模块。（ ）
2. 在 CRM 软件系统中，商务智能主要是指客户智能。（ ）
3. 一定意义上来看，CRM 中的客户数据库比各种业务功能更重要。（ ）
4. 分析型 CRM 系统主要是用来完成营销自动化、销售自动化客户服务管理等与客户直接发生接触部分的相应功能，以便建立客户档案。（ ）
5. 运营型 CRM 应用系统是客户关系管理软件中最基本的应用模块。（ ）
6. 分析型 CRM，也称为"后台"CRM 或"战略"CRM。其中需要用到许多先进的数据管理和数据分析工具，如数据仓库、OLAP 分析和数据挖掘等。（ ）
7. 3 种类型的 CRM 软件系统之间是具有一定的关联关系的。在实际运用过程中，要把它们集成起来协同使用，并做好各自的职责定位。（ ）

三、名词解释

1. 销售自动化
2. 营销自动化
3. 运营型 CRM
4. 分析型 CRM
5. 协作型 CRM

四、简答题

1. CRM 软件系统主要包括哪些业务子系统？各自具有什么功能？
2. CRM 软件系统都支持哪些客户接触活动？一般通过什么方式进行？
3. 什么是运营型 CRM？运营型 CRM 的关注点是什么？
4. 什么是分析型 CRM？分析型 CRM 的关注点是什么？
5. 什么是协作型 CRM？协作型 CRM 的关注点是什么？
6. 运营型、协作型、分析型 CRM 系统之间具有什么样的关联关系？

五、案例应用分析

案例 9-1 W 公司 CRM 软件系统选型不当的后果

W 公司是一个专门生产和销售手机、电话机、小灵通等通信终端设备的大型企业。最近，W 公司的 CRM 项目主管李高翔非常郁闷。自从企业匆忙上了 CRM 系统后，公司领导对其实施一直不满意，这套 CRM 软件系统的硬伤首先体现在需求方面：最初是市场部门提出要更快地了解全国各地的市场信息、销售信息，更方便快速地统计，IT 部门接到需求后，从长远考虑出发，推荐了 CRM 软件系统，希望第一期实现市场部信息需求，接着是客户管理……，而不想简单地上一个数据收集系统，造成太多信息孤岛。这种想法本身很好，但是项目实施后的结果却是 CRM 软件系统并不擅长实现市场信息的收集和处理，需要大量的二次开发。勉强实现的功能扩展性也不好，不能适应公司不断增长的客户管理与服务的需求。

更让李高翔愤怒的是系统的开发。坦率地讲，公司选择的 CRM 平台很好(据说在国际上名列前茅)，但负责开发的人员却令人失望，技术和态度都差，一点也不从操作者的角度考虑。他们设计的数据录入界面十分繁琐,如输入销量时,要从每个零售店的界面中选择弹出一个窗口,然后再一个机型一个机型地录入,假设一个分公司管理200个零售店、10个机型,意味着要进入2 000次界面。再如报表输出部分,每种查询只能按固定的格式输出。如果公司要按机型、网型、分公司、零售店、促销员等多个角度来查询,开发人员说要开发数千个表,最后,原CRM项目组主管找到一个解决方法:找一个编程高手另外编一个报表形成程序。这样,CRM软件系统就分成了两部分,一部分是由原供应商提供的数据录入、原始数据管理系统,另一部分是高手开发的报表查询系统。面对这些问题,李高翔觉得很头疼。

本来关系融洽的IT部和市场部也因为这个系统产生了一些冲突,IT部门责怪市场部门需求变得太快、各地操作人员太笨,每天都要应对来自全国的大量的很简单的操作问题。市场部门责怪IT部门不了解需求,不能耐心地提供服务,对新需求的开发进度太慢……一位参与实施的员工在多次申请,终于脱离苦海后抛下一句话:"以后再也不跟IT人员打交道了!"

这一切让李高翔陷入了深深的焦虑。现在再埋怨当初选型、实施中的种种失误已经没有意义。他现在最想知道的是:这个令人气愤的CRM软系统"鸡肋",是否还有药可医?以及该如何医治?

案例讨论题:

(1) 本例中,W公司CRM软件系统建设遇到了什么困境?产生的主要原因是什么?

(2) 从文中叙述分析:W公司市场部门最初提出的用户需求,是想实施一个什么类型的CRM软件系统?而IT部门为其推荐的是何种类型的CRM软件系统?IT部门为什么这么做?

(3) 如果你是本例中的李高翔,你下一步将会怎么做?

案例9-2 挪威联合银行CRM软件系统的应用

20世纪90年代早期。挪威联合银行——挪威最大的储蓄银行拥有超过100万的个体客户和企业客户,但它发现自己正逐渐与客户失去联系,因此迫切需要尽快行动起来。这不仅意味着要实施CRM,还意味着要改变3 000名银行员工的工作方式。挪威联合银行成功地为客户提供了更加自动化的方式来办理银行业务,这种自动化不断地降低成本,并帮助银行减少了其他银行所遭受的损失。

挪威联合银行管理层看到虽然银行储存着客户数据,但大多数信息分散在多个运作系统上。为了获取客户的基本信息,银行需要寻找、收集、综合所有系统中的信息,这个流程就可能要花费数日。银行主管们在思考,如果要获取(更重要的是使用)相关的客户信息,银行需要一个完整统一的客户视图,这需要整合所有不同系统上的客户数据。事实上,银行认识到这种视图不仅要扩展到不同的产品,还要扩展到营销渠道及客户的人口统计资料。如果银行能够跟踪客户行为,他们就会对客户的未来行为和偏好有一种更好的理解。这种新信息能驱动交叉销售和目标营销创新,并肯定会提高收入和进一步降低成本。银行希望通过系统为员工提供一种集中化的分析平台,以确定谁是他们的客户。另外,为了削减数据收集的成本和时间耗费,数据库将提供360°客户视图,以使银行进一步认识客户。挪威联合银行除了日常分析,还将对市场机会迅速反应的能力与客户的信息联系起来,以提高市场份额。

挪威联合银行还使用它的最新的强大客户数据来协调渠道优化。例如,对于没有使用最适合他们的账单支付服务的客户,银行通过一个特定的促销来告知他们使用最好的支付服务将为他们节约多少资金。这不仅帮助银行削减了用于昂贵服务的成本,而且逐渐给客户灌输了这种理念:银行是客户的拥护者。

案例讨论题:

(1) 从功能看,挪威联合银行使用的CRM软件系统有哪些?

(2) 说说分析型CRM软件系统为挪威联合银行带来哪些好处?

(3) CRM软件系统除降低成本、减少损失、提高竞争力外,还使挪威联合银行发生了什么改变?

实 践 训 练

1. 社会调查题

自己通过相关关系,联系 2~3 家企业,对其 CRM 软件系统的实施情况进行调研。

2. 信息检索题

通过网络搜索、图书查询、文献查找等多种渠道,查询并回答如下问题:

(1) 目前在我国 CRM 软件系统市场上,都有哪些软件提供商占据了主要市场?

(2) 请检索出 2010 年在我国 CRM 软件系统市场上占有率前 3 名的 CRM 厂商。

(3) 选取上述厂商中的一个,对其 CRM 整体解决方案进行较为详细的描述。(包括其主要体系构架、功能模块、实施成本以及成功案例等相关内容)

第 10 章 CRM 软件系统模块功能示例

内容说明

目前国内外的 CRM 软件系统越来越多。本章选取金蝶 EAS—CRM 软件系统，介绍其设计思想、解决方案和系统架构，并重点介绍其中客户模块和销售模块的主要功能点。

对于有条件的教学单位，建议教师讲授本章时，增加 CRM 软件系统的上机演示和实验操作环节，以便使学生熟悉 CRM 软件系统的操作流程，并掌握其中各个模块的具体功能和作用。

鉴于内容特点，本章结构上增加了"内容说明"，取消了"知识架构"、"导入案例"、"本章小结"、"关键术语"、"练习题"、"实践训练"及"案例应用分析"等。

学习目标

通过本章的学习，读者应该能够掌握：
- 了解金蝶 EAS—CRM 系统的整体设计思路
- 理解金蝶 EAS—CRM 系统的应用结构框架
- 掌握金蝶 EAS—CRM 系统的模块结构组成
- 了解金蝶 EAS—CRM 客户管理模块的功能点
- 了解金蝶 EAS—CRM 销售管理模块的功能点
- 基本上了解 CRM 软件系统的简单操作流程

第10章 CRM 软件系统模块功能示例

10.1 金蝶 EAS—CRM 软件系统的解决方案

金蝶(KINGDEE)国际软件集团有限公司是亚太地区领先的企业管理软件及电子商务应用解决方案供应商，其 CRM 方面的主导产品——金蝶 EAS—CRM 在国内 CRM 领域，尤其是广大中小企业和快速成长性企业市场占有很高的市场份额，本章对该软件进行示例介绍。

10.1.1 金蝶 EAS—CRM 软件系统的业务流程

金蝶 EAS—CRM 软件系统应用的整体业务流程如图 10.1 所示，全面覆盖了市场、销售、服务的完整业务过程，实现了对 CRM 相关问题的整体解决。

在图 10.1 的整体流程中，在市场营销模块，从市场活动的制定，目标客户群的确立，市场活动的执行，市场费用的监控，市场活动的评估到产生销售线索；销售线索进入销售模块，从商业机会的确认，客户决策关系的分析，伴随着商机阶段的有效推进，从产品报价、商务洽谈到合同签署，这是完成了售前阶段；从订单执行、发货、安装调试到收款形成交付客户的商品，这是完成了售中阶段；在售后服务阶段，针对销售出去的商品进行售后服务，从客户服务请求、产品维修到客户满意度调查，要覆盖企业全部服务过程。

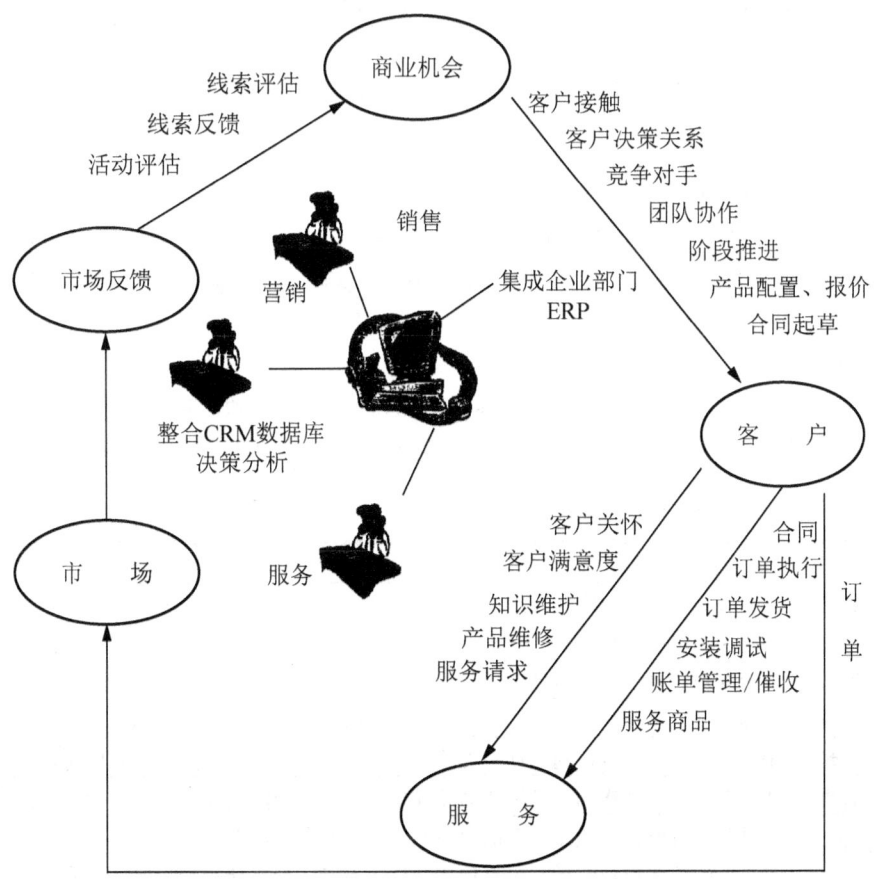

图 10.1 金蝶 EAS—CRM 软件系统的业务流程

10.1.2 金蝶 EAS—CRM 软件系统的整体结构

1. 应用架构

金蝶 EAS—CRM 软件系统包括后台、前台、客户互动以及数据分析 4 大部分，如图 10.2 所示。

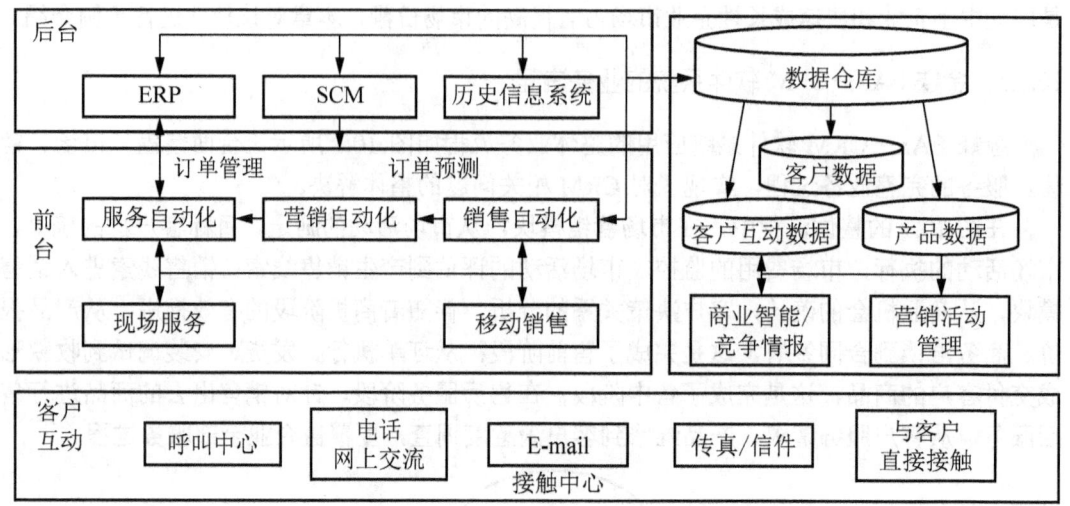

图 10.2　金蝶 EAS—CRM 软件系统的应用架构

2. 功能架构

金蝶 EAS—CRM 软件系统的业务功能由客户管理、销售管理、服务管理、市场管理、商业智能等业务模块组成，如图 10-3 所示。下面简单介绍各个模块的基本功能，对于其中的客户管理与销售管理，在 10.2 节和 10.3 节中还将专门介绍它们的具体信息流程和业务功能。

1) 客户管理

金蝶 EAS—CRM 软件系统实现了对客户 360°的全视图管理，包括客户基本信息、客户接触信息、客户交易信息和客户价值分析以及客户全生命周期的管理，具体介绍见表 10-1。

表 10-1　金蝶 EAS—CRM 软件系统的客户管理功能

功　　能	内容说明
客户档案管理	包括潜在客户、中间客户(代理商、经销商)和终端客户的信息档案以及客户细分定义
客户产品库存	销售人员定期拜访客户，了解经销商购销存产品的信息和市场分销链上产品销售的情况
客户接触管理	管理客户接触活动，包括客户拜访、客户投诉/服务请求、产品维修、客户满意度等
客户交易管理	管理客户交易信息，包括客户的线索、商机、报价单、合同/订单、购买商品等
客户价值管理	根据细分客户特点，建立针对细分客户的价值模型，最终形成企业的客户价值金字塔
生命周期管理	建立针对细分客户的客户生命周期模型，定义每个阶段应提供给客户的产品/服务
客户关系维系	通过客户价值计算找出潜在的价值客户，然后制订客户接触活动计划，销售或服务人员可按照活动计划，进行客户拜访，持续推进客户生命周期阶段，从而提升客户价值

第10章 CRM 软件系统模块功能示例

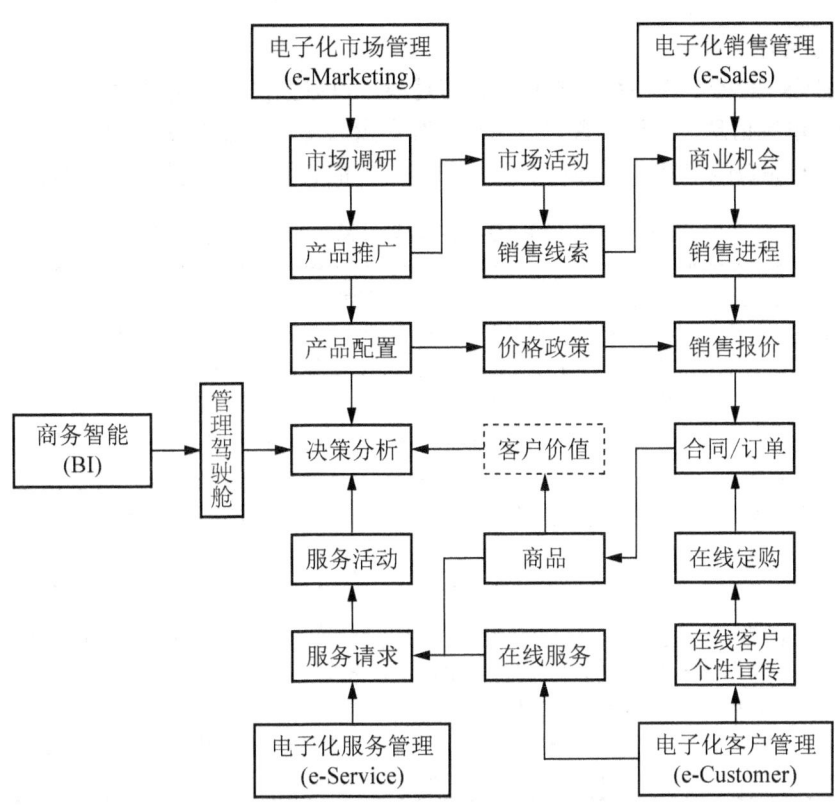

图 10.3 金蝶 EAS—CRM 软件系统的功能架构

2) 销售管理

金蝶 EAS—CRM 软件系统在对客户信息全面管理的基础上,实现了"线索→商机→销售→产品→合同→订单→合同/订单执行→收款"销售全过程的管理,其具体功能描述见表 10-2。

表 10-2 金蝶 EAS—CRM 软件系统的销售管理功能

功　能	内容说明
强大的销售计划预测	制定集团的年度销售计划,可按月、周分解到部门、业务员以及产品和分销商等。进行集团、分公司、部门等多层次销售预测分析,了解销售计划执行情况
完备的销售漏斗监控	使用销售漏斗可有效地监控销售过程,保持销售漏斗里不同阶段潜在客户的数量,可以有效地消除在销售过程中的"销售过山车"现象。通过销售漏斗预计未来的销售额,根据销售过程的转化率,还可及时提醒补充足够的线索和商机
完整的售前过程管理	销售过程可实现从线索→商机→商机阶段推进→报价→合同/订单→收款的整个过程。在线索转化为商机的过程中,可任意设置条件进行审核。在商机的跟踪过程中,可全面了解相关客户、联系人、竞争对手、知识库等方面的信息。订单完成后可实现和服务模块无缝连接,实现市场→销售→服务过程完整的工作流程
完整的订单执行过程	可以实现与 ERP 的无缝连接:订单中包括交货、收款计划,及相应实际交货和收款记录,全面反映了订单执行过程。针对直接建立的订单有完整的订单审批过程。订单执行完成后,合同订单信息将提交给服务模块进行日常服务管理
全面的销售业绩考核	包括日常拜访客户的考核和销售业绩的考核,系统提供销售佣金的计算功能

3) 服务管理

金蝶 EAS—CRM 软件系统的服务管理功能，可以共享销售自动化的客户/联系人、商品、合同/订单等信息，主要具有客户关怀、客户满意度、项目服务、服务请求、客户投诉、产品维修、产品缺陷等功能，还可实现"一对一"的客户服务，具体功能描述见表 10-3。

表 10-3 金蝶 EAS—CRM 软件系统的服务管理功能

功　能	内容说明
客户服务请求/投诉管理	记录客户的服务请求或投诉，并对其分配、处理、升级、挂起和关闭等环节跟踪，每个环节处理会留下历史记录，方便追溯。在服务过程中，系统根据产品缺陷，自动检索产品缺陷知识库，找出解决方案。服务请求完成后，可进行客户满意度调查
产品维修管理	在处理服务请求过程中，需要进行产品维修，可根据服务请求和产品缺陷生成产品维修单，下达维修任务。产品维修单实现工作流自动化，在维修诊断、维修派工、维修检查、维修结算等阶段进行管理和跟踪，打印服务派工单，分配服务人员进行服务，最后根据商品是否在保修期内，执行不同的维修收费
配件管理	在本系统中，维修站(有些可能就是经销商)被作为客户来管理，备品、备件库存在客户产品库存中管理，在产品维修过程中可以从配件库中领取配件，进行产品维修
知识管理	知识库用来记录销售、服务、市场方面相关的知识信息，可以对知识库进行多级分类管理。产品缺陷库记录产品的缺陷及其解决方案，对各类服务缺陷和产品缺陷制定详细的分类统计。可以有效地分析影响产品和服务质量的原因，制定相应的质量改进措施。通过搜索引擎，可以查询到系统中各种需要的知识信息

4) 商品管理

金蝶 EAS—CRM 软件系统中，对已销售的产品，系统自动生成商品，记录该商品的客户服务对象以及商品的保修类型和保修期，可以对商品进行系列号(单品)跟踪，以备服务人员对售后商品进行跟踪服务，可以对商品的维修历史记录进行跟踪。

5) 市场管理

市场管理功能包括营销战役的策划、执行和分析，客户需求反馈的收集和管理，市场活动的预算和预测，产品市场定价、竞争对手信息、市场情报、媒体宣传的汇总，对线索客户的搜寻，市场自动化的着眼目标是通过提供设计、执行和评估市场营销行动和其他与营销有关活动的全面框架，赋予营销专业人员以更强大的能力。

10.1.3 金蝶 EAS—CRM 软件系统的功能特点

金蝶 EAS—CRM 软件系统的产品设计具有以下几个功能特点。

(1) 与 ERP 的紧密集成，提供整体解决方案。金蝶 CRM 能与 K/3 ERP 在财务、制造、库存、分销、物流和人力资源等方面紧密集成，为企业提供一个闭环的客户互动循环。

(2) 灵活的可扩展性。企业客户可以根据实际情况，灵活选择或组合使用金蝶 CRM 的各项功能，甚至可以由用户自行拆分和组合每个模块的功能。在个性化需求更强烈的用户接口方面，金蝶 CRM 允许用户通过设置建立符合自己需求、满足自己喜好的自我系统。例如，同一企业内的不同使用者可以根据自己的喜好自行定制不同风格的系统用户界面，包括菜单组成、操作语言、专业词汇、色彩、图片、界面风格等表现形式。

(3) 技术平台先进性。金蝶 CRM 的可持续发展性以及对电子商务时代需求的支持，决定了其采用最先进的技术平台来开发软件系统。例如，对电子商务应用的支持需求确定了技术平台不再是局部的网络范围，而必须考虑更广泛的资源。例如支持 Internet 模式下的企业运作，以及顺畅地支持广泛的客户前端(移动电话、PDA 机等非 PC 类用户)。

10.2 金蝶 EAS—CRM 软件系统客户管理模块介绍

本节对金蝶 EAS—CRM 软件系统中的客户管理模块的设计思想、解决方案和功能点进行介绍。

10.2.1 金蝶 EAS—CRM 软件系统客户管理的设计思想

金蝶 EAS—CRM 软件系统在进行客户管理的设计时，充分体现了以下 3 个基本思想。

1. "360°客户全接触"

企业与客户关系的建立，常常通过多种接触点得以实现，如广告、销售、拜访、接待、网站、直邮、服务等。任何一次接触都是一个"真实瞬间的客户体验"。显然，企业中任何一个单独的职能部门都无法控制全部的接触点，无论是营销、销售或服务部门。

金蝶 EAS—CRM 软件系统能够实现对"360°客户全接触"的客户信息进行记录。通过记录客户接触点的信息，形成企业的精确广泛的客户数据库，包括销售，订单、履行和客户服务的历史记录。使得企业对每一位客户的历史资料有一个详细的了解和把握，能够根据客户的不同情况作为选择参数量体裁衣，为客户提供其所喜欢的渠道交互方式。

2. 优化客户体验

要优化客户体验首先要能够把握客户的偏好，不同的客户对产品或服务的要求是不一样的。有些客户对产品的质量要求较高，有些客户对产品的价格敏感，有些客户则需要一定程度的个性化服务和特色产品，而有些客户只是能够享用良好的服务态度就可以了。优化客户体验对于企业的难点恰恰就在于如何把握客户的偏好，如何挖掘客户的需求。

实际上，许多公司最近都开始建立自己的 CRM 软件系统，目的在于集成客户渠道，真正创造出所有客户渠道(客户服务、网络、市场营销、销售等)之间的无缝的相互作用，不管客户选择以何种方式与该企业发生关系，都将得到始终如一的、有价值的体验。

3. 细分价值客户

细分价值客户是 CRM 的核心思想之一，CRM 认为客户是应该分等级的，价值客户是企业利润的源泉。每个企业都应该建立自己的客户价值金字塔，通过客户价值精确量化，实现客户关系的量化管理，找出企业的价值客户。企业必须努力寻求方法为对自己有巨大价值的客户提供超值服务，满足一般客户的需求，同时找到为低价值客户提供服务的低成本替代方法。这就反过来要求企业了解客户价值的驱动力何在，关注不同客户群的价值构成，从而形成以每个客户创造的利润为基础，而不是笼统以收益为基础的客户价值衡量方式。

10.2.2 金蝶 EAS—CRM 软件系统客户管理的解决方案

金蝶 EAS—CRM 软件系统客户管理解决方案的整体结构如图 10.4 所示。

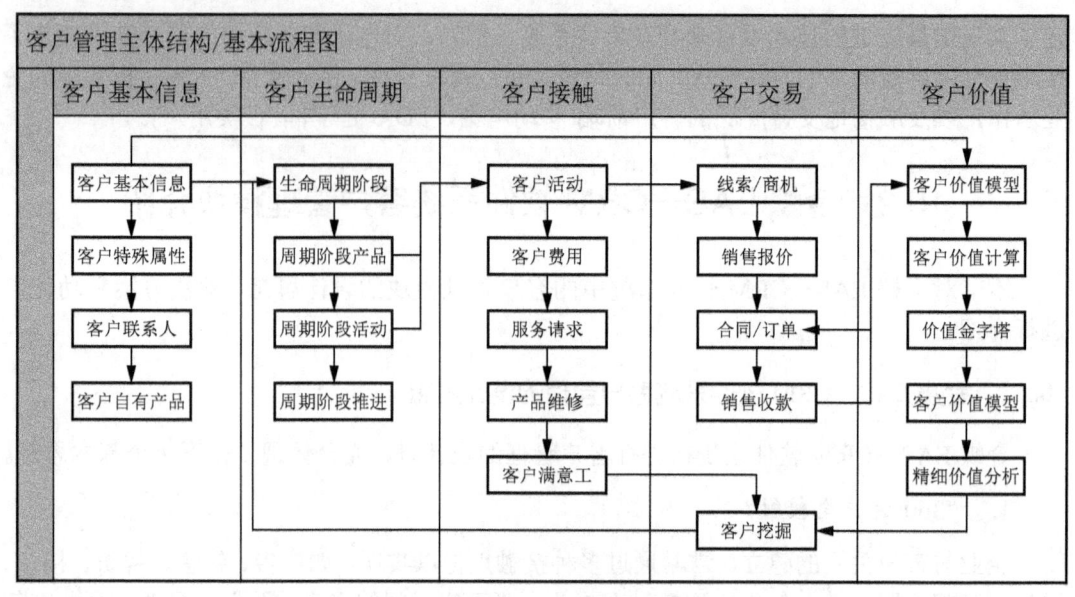

图 10.4　金蝶 EAS—CRM 软件系统客户管理的整体结构

以上结构很好地解决客户管理中的常见问题。例如，可以集中管理企业的多种客户，包括渠道、分销商、最终客户；可以定义不同客户类型的不同显示内容；可以定义并管理客户的附加属性；可以管理客户自己销售的产品；可以管理公司产品在分销渠道的库存；系统可以对销售人员，针对不同的客户进行销售提醒；通过客户价值金字塔，量化客户价值；可以定义客户的生命周期阶段模型，阶段定义能针对客户关注的活动和产品；根据生命周期模型，推进客户生命周期阶段；系统可以根据客户所处的生命周期阶段生成客户拜访日程；系统可以按照日、月、周来安排自己的日历活动；处理各种表格的制作、生成、分析；用户在一个地方了解客户所有信息(如基本信息、接触信息、交易信息)。

10.2.3　金蝶 EAS—CRM 软件系统客户管理的主要功能点

1. 客户/联系人管理

客户是 CRM 的核心对象，与客户相关的对象包括联系人、线索、商机、活动、费用、任务、报价单、合同、订单、收款、服务请求、服务项目、客户投诉以及产品等。客户的基本管理主要是对其基本信息的静态识别，不同类别的客户具体管理内容有差异，系统能够适应大中型企业不同类别客户并行管理的需求。同时，系统也对客户接触点的重要要素——联系人进行全面管理，包括联系人基本信息、联系人重要日期(如生日)、联系人变迁等；还包括客户多个联系人各职务和业务从属管理关系。

系统还可以实现客户与其他业务实际应用的关联集成，实现对客户联系人关键日期、活动类短信/邮件等客户活动的自动触发。另外，客户基础信息可同时为 CRM 中的市场、销售、服务模块所共用，而且可以通过数据交换模式与 ERP 系统其他业务实现信息共享。

客户/联系人管理的基本流程如图 10.5 所示。

第 10 章 CRM 软件系统模块功能示例

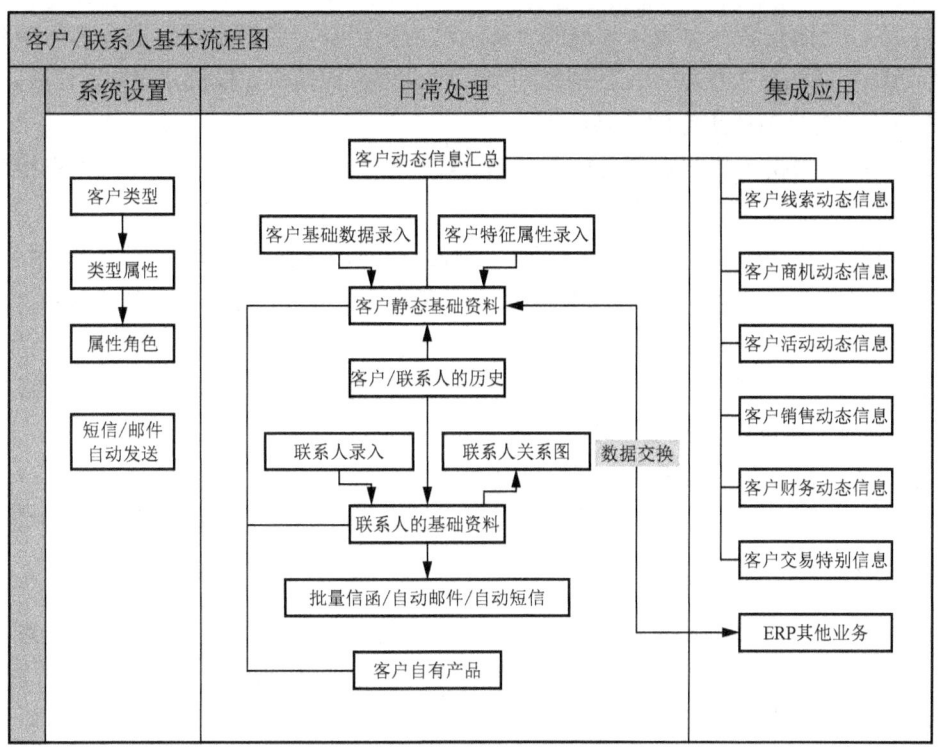

图 10.5　客户/联系人管理的基本流程

2．客户接触

客户接触包括两个方面，一方面是以客户为主对象的各类活动、各类费用、客户服务需求反馈、客户服务维护等基本业务接触过程的全面信息汇聚查看与管理，另一方面是开展客户满意度调查。客户接触信息的基本流程如图 10.6 所示。

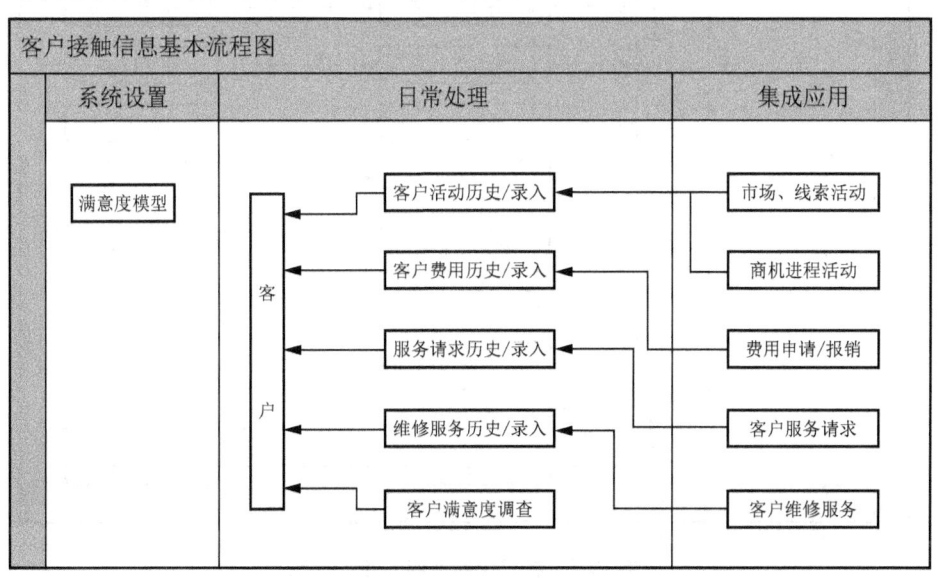

图 10.6　客户接触信息的基本流程

(1) 可以全面查看针对具体客户的全部活动历史记录，包括市场、服务部门牵头与具体客户明确相关的各类活动，包括销售环节针对具体客户商机、报价、合同、订单、发货、客户关怀等业务环节所进行的各项活动。

(2) 既可以根据销售的需要直接录入销售线内部的客户活动安排，也可以将相应的活动传递给市场、服务等其他部门。

(3) 可对各活动所发生的费用进行分类管理，查看历史费用，增加新活动费用。

(4) 既可以查看到从 CRM 服务模块集成而来的客户服务请求，也可以根据客户反馈直接在销售模块客户管理中录入客户服务申请，并集成传递给服务部门。同时，可以通过维修服务功能实时地跟踪对客户服务需求反馈是否及时处理的实际进程。对于重要客户的需求的快速响应，还可以通过服务请求升级申请来满足。

(5) 提供多维度的基本模式的客户满意度调查工具。

(6) 客户接触卡片全面完整地反映了与客户活动、费用、服务请求等概要接触信息。

3. 客户交易

客户交易管理主要包括商机、报价单、合同、订单、收款、发货、佣金等信息，是对客户交易性接触业务的全面信息的汇聚查看与管理。金蝶 CRM 是一个高度集成应用的系统。销售、市场、服务紧密集成，对用户上系统前的产品售后服务的继承性，可以通过客户下的商品维护功能实现。

客户交易管理的基本流程如图 10.7 所示。

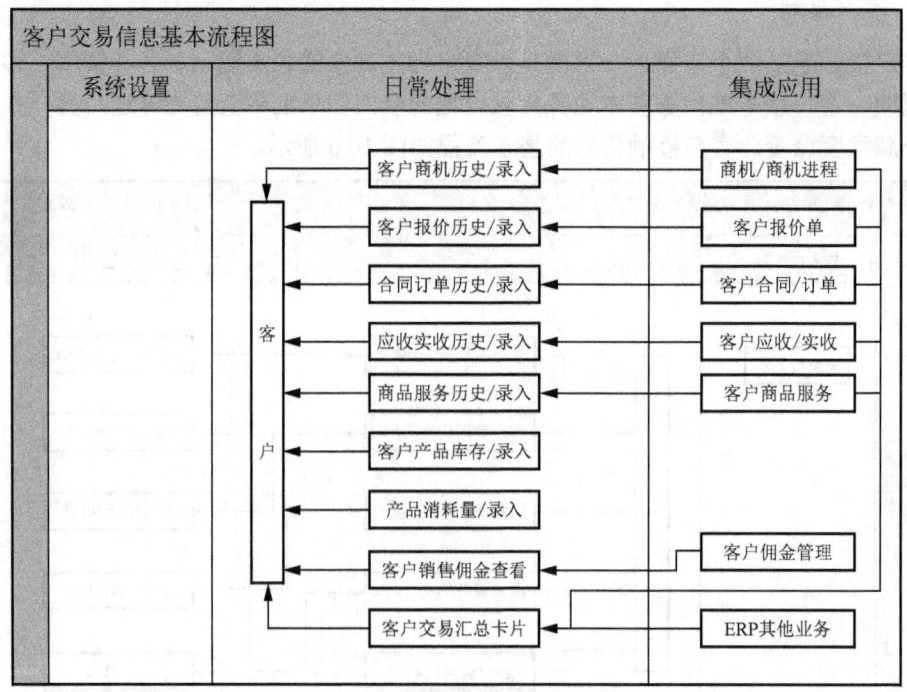

图 10.7 客户交易管理的基本流程

(1) 全面实时动态地查看以客户为中心的所有商业机会、报价过程、合同谈判进程、商业订单、应收款项、实收款项等一系列交易类的接触过程。

(2) 对以上交易类接触进行直接录入，便捷地纳入全面的客户交易接触进程管理。

(3) 可以系统地了解客户佣金的完整历史支付情况。

(4) 继承性地维护老客户使用的产品，树立企业完整良好的商业形象。

(5) 建立客户产品动态库存，提升分销模式下对代理商、分销商和重要客户的精细化营销水平。

(6) 对长期供货类客户消耗趋势进行管理，根据实际的客户订单、客户产品库存，结合客户产品消耗统计，实现销售辅助预测和销售活动提醒。

4. 客户生命周期

客户生命周期管理主要依据客户生命周期理论，根据具体客户实际所处的客户生命周期的位置，进行针对性的客户关系接触与生命周期进程推进。金蝶客户关系管理可以由企业自行定义多客户生命周期模型，满足完整客户生命周期大循环中市场、销售、服务各小循环的个性化需求。对客户生命周期各实际进程的推进，金蝶 CRM 提供了灵活模式以供选择。

客户生命周期管理的基本流程如图 10.8 所示。

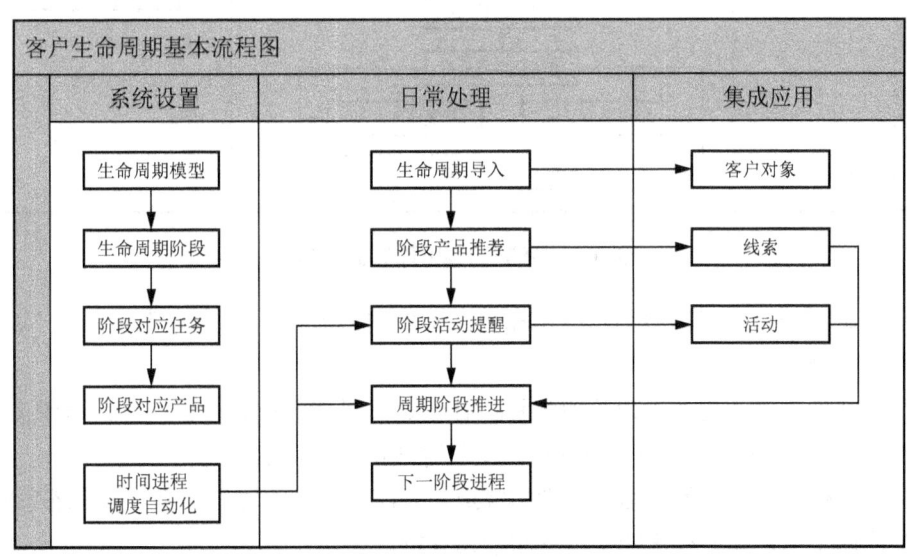

图 10.8　客户生命周期管理的基本流程

(1) 满足用户根据市场、销售、服务等业务，自行定义多种客户生命周期管理模型。

(2) 生命周期模型的生命周期阶段可跨部门与产品和市场、销售、服务等活动关联。

(3) 具体的客户生命周期阶段活动任务，可以通过系统提供的时间进程调度自动化实现相关的自动提醒。

(4) 生命周期阶段进程的实际推进，可根据实际情况采用手动/自动方式灵活处理。

5. 客户价值

客户价值管理可以在 CRM 客户信息高度集成共享的基础上，应用强大的数据分析、挖掘功能，实现客户群价值细分管理，帮助企业建立完整、科学、直观的客户价值分析金字塔，促进企业对不同类型价值群体的客户进行深入的剖析。

客户价值管理的基本流程如图 10.9 所示。

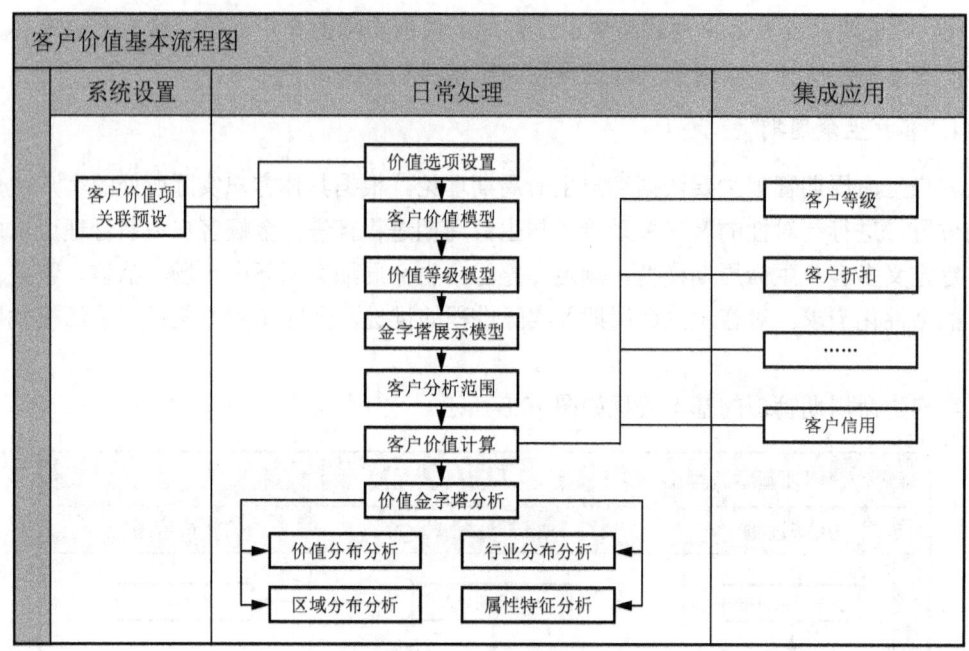

图 10.9　客户价值管理的基本流程

(1) 多客户价值分析模型并行应用模式，价值模型自行定义，满足跨部门、多业务个性化价值分析的需求。

(2) 全方位、多角度的客户价值指标自行设定，灵活的权重设定，满足多维度客户价值分析需求；实时同步的客户价值评估，保证客户价值的可信度。

(3) 可量化的客户价值评估，科学的等级划分，可视化的客户价值"金字塔"模型。

(4) 明晰金字塔模型客户的价值分布细化分析。

(5) 详细的金字塔模型客户区域分布、行业分布、属性特征等分析。

6. 客户分析

金蝶 CRM 除了提供系统级的客户信息综合分析以外，在客户对象下还提供客户维度的更精细的客户分析。帮助企业更加精准地掌握客户实际动态状态。

客户分析的基本流程如图 10.10 所示。

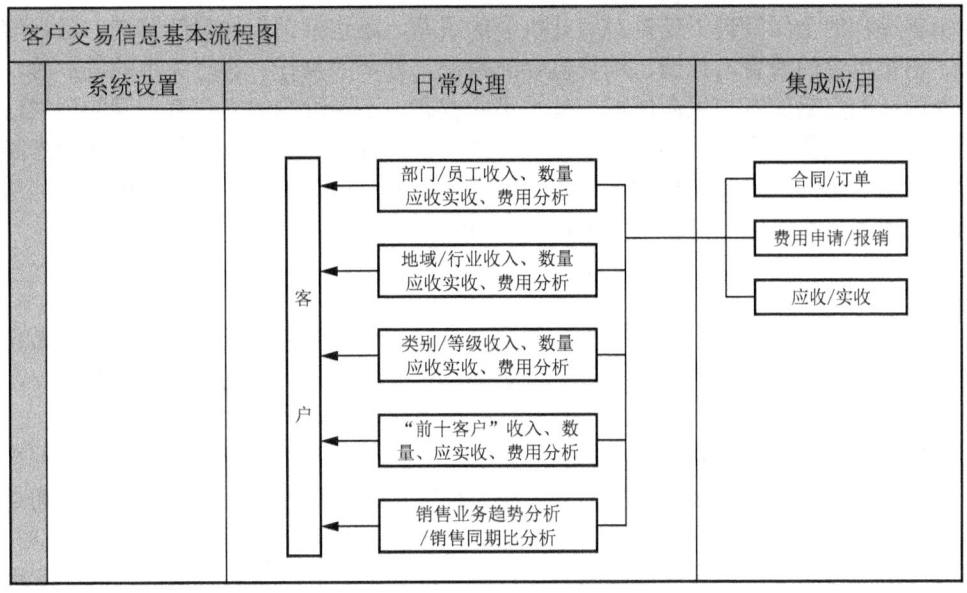

图 10.10 客户分析的基本流程

(1) 部门/员工负责各类客户的销售收入/数量、应收款、实收款、销售费用分析。
(2) 按国家、区域、城市等/以及相应销售/数量、应收款、实收款、销售费用分析。
(3) 按客户类别、客户等级的销售收入/数量、应收款、实收款、销售费用分析。
(4) 按客户所属行业、客户/属性的销售收入/数量、应收款、实收款、销售费用分析。
(5) 以上各分析类别"前十名客户(TOP 10)"的销售收入、销售数量、应收款、实收款、销售费用分析。
(6) 以上各客户维度的销售业务趋势分析以及相应的销售同期比分析。

10.3 金蝶 EAS—CRM 软件系统销售管理模块介绍

本节对金蝶 EAS—CRM 软件系统中的销售管理模块的设计思想、解决方案和功能点进行介绍。

10.3.1 金蝶 EAS—CRM 软件系统销售管理的设计思想

金蝶 EAS—CRM 软件系统在进行销售管理的设计时,充分体现了以下 4 个基本思想。

1. "以客户为中心",销售进程循环推进

销售管理的核心是树立客户导向的营销理念,要以客户为中心,在不同的销售阶段,依据客户的需求,提供不同的服务,以赢得客户的心,并维持客户的终身价值。

销售过程是以商机为主线,围绕着商机的产生、商机的控制和跟踪、合同签订、商机的终止等一个完整周期而展开的。在 CRM 商机全程管理中,贯穿了销售过程决定销售结果的科学思想。企业可以根据各自的销售特点,制订有效的销售方法进行销售过程控制。对应于不同的销售进程,销售方法提供了相应的阶段任务,督促销售人员按照企业规范的销售方法进行商机推进。

销售进程的全面管理不仅是对商业机会的跟踪，还包括销售线索的管理、目标客户的识别、销售机会的培育与挖掘、销售机会的跟踪、订单的执行、客户关系的维护等，是一个不断循环的完整的客户生命周期。处于不同状态、不同阶段的客户有不同的需求，满足其需求所需的人员、方法是不同的。一个有效的销售管理，其更重要的目标在于准确了解客户的具体状态与阶段，配置适合的手段、方法、人员，有效地满足客户的需求，从而推动销售进程有效地前进、提高整体销售能力和销售业绩。

2. "销售漏斗"：科学的业绩控制与预测

"销售漏斗"是一个形象的概念，其顶部是有购买需求的潜在客户，其上部是将本企业产品列入候选清单的潜在客户，其中部是将本企业产品列入优选清单的潜在客户，其下部是基本上已经确定购买本企业的产品只是有些手续还没有落实的潜在客户。

销售部门/销售人员根据"销售漏斗"可以非常清楚地进行大势判断：拥有的商机有多少？是否满足未来业绩达成的需要？各阶段所拥有的商机是否匹配？未来某一时期是否会出现业绩瓶颈？商机在漏斗中的状态是否正常？帮助企业制定正确有效的对策。同时，"销售漏斗"还可以间接地指导部门间的有效协同。例如，对应处于销售漏斗上部的商机销售部门可能更多的要和企业高层进行协同，中部的商机销售部门可能更多的与其市场部门协同，底部的商机销售部门可能更多的与财务部门协同。

3. "客户生命周期"各业务环节的高效协同

客户关系管理应该站在客户整个生命周期的角度看待企业的营销过程。通俗地讲，企业要实现多少的利润→需要多少订单→需要多少机会→需要多少线索→需要多大的市场投入……依此类推。合理地规划企业的营销资源，为客户生命周期的每个环节建立营销规范，加强各环节的协同运作，最终，实现客户价值的最大化。

在商机初期阶段，当销售人员面对客户的询问时，期望得到市场部门的大力支持与配合。在商机方案阶段，销售人员主要是和合格的潜在客户确定其需求并推销相应的产品，此时销售人员需要得到技术部门相关协作攻关。而在商务谈判阶段，销售人员需要的不仅仅是 CRM 软件系统中的客户信息，而更需要来自于后端系统的准确的产品价格、库存信息及相关财务信息。如果这些支持不够，即使签订了合同，以后的事情也许会变得非常糟糕。在客户生命周期的最后阶段，企业将提供产品和服务及收款，客户需要相应的支持，后续的客户关系仍然需要管理。目前，众多企业发现在客户生命周期内，最大的问题是其内部子系统的支持问题。CRM 软件系统通过协同方式让它们紧密联系起来，以一个系统的面孔面对客户，从根本上实现优质服务于客户，为实现新一轮客户生命周期循环打下良好的基础。

10.3.2　金蝶 EAS—CRM 软件系统销售管理的解决方案

金蝶 EAS—CRM 软件系统销售管理解决方案的整体结构如图 10.11 所示。

10.3.3　金蝶 EAS—CRM 软件系统客户管理的主要功能点

1. 销售线索管理

销售线索管理的是潜在客户，通过对企业潜在对象目标群体的确定、筛选挖掘出潜在的目标客户，进一步进行销售线索跟踪，最终将近期有可能出现商业计划的线索移交给具体的销售部门和销售人员进行商机的跟踪与推进。其基本流程如图 10.12 所示。

第10章 CRM 软件系统模块功能示例

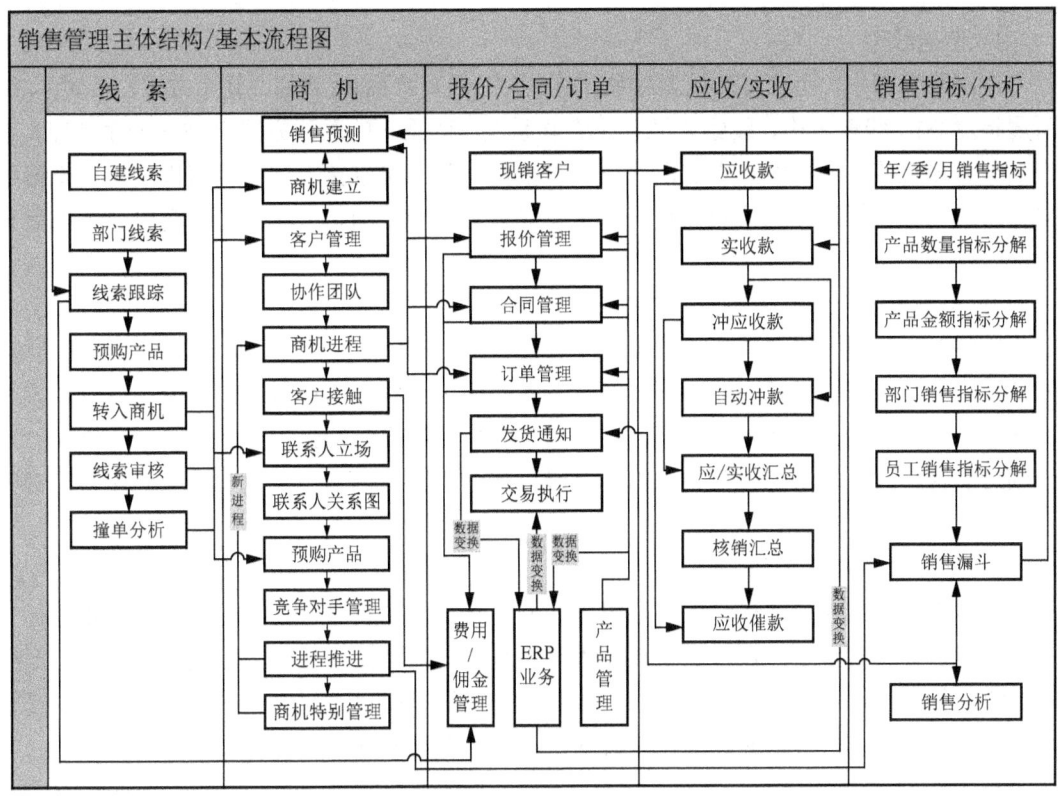

图 10.11 金蝶 EAS—CRM 软件系统销售管理解决方案的整体结构

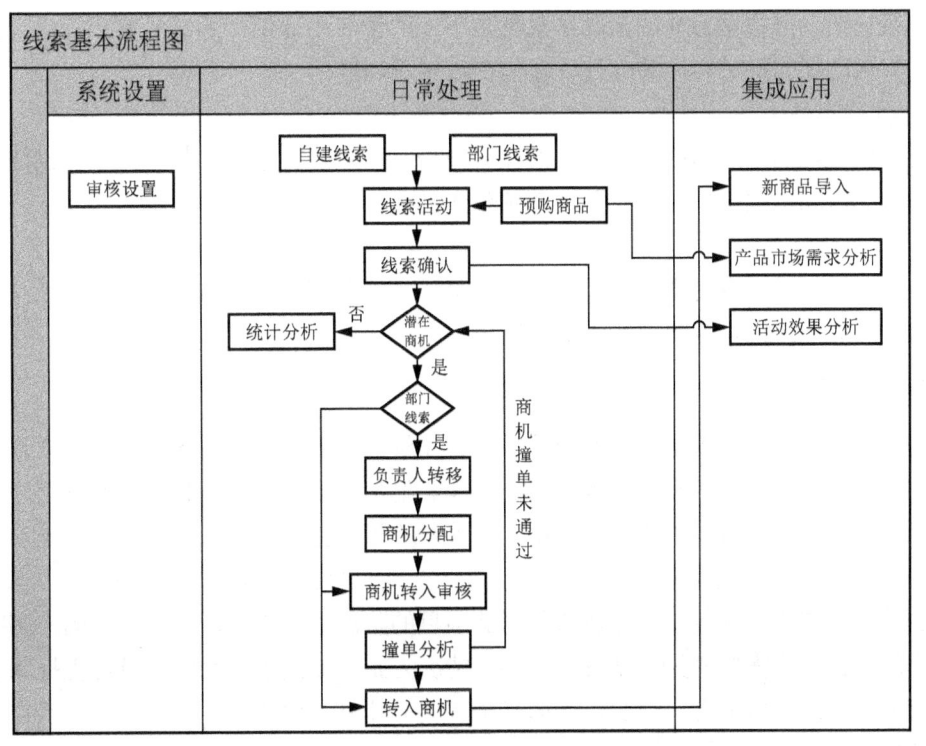

图 10.12 销售线索管理的基本流程

1) 自建线索

在线索管理中，企业可对线索对象(潜在客户)的基本标识(名称、联系方式、所属区域、所属行业等)、线索名称、线索来源、线索联系人、联系人的联系方式等进行全面管理。线索对象可以直接从原有客户中选取，也可以根据实际情况直接新建。销售人员可以直接建立自己的线索资料，根据系统设定，可以将线索直接转入销售人员所属的商机或审批后直接转入。

2) 部门线索

部门线索管理可以完成自建商机相同的内容。在此基础上强调了批量线索管理的功能。通常该功能用于部门根据企业的需要对某一个目标客户群体进行潜在客户调查追踪，该工作通常指派特定的人员或组织进行，完成后要将成功的线索转给相应的部门和负责人。系统同时支持将线索转给部门负责人由其逐级再行分配至具体销售人员和直接分配给线索人员两种线索分配方法。

3) 线索审核/商机分配

当线索确认后转入商机时，可以根据企业自行设定的线索审批条件自动对线索进行直接转入或进行线索审核。在线索审核过程中系统还提供"撞单分析"功能。系统会根据线索客户名称，自动寻找出系统内部相同或相近的商机呈现出来，供审批人进行商机项目重复判断。线索与成功转入的商机直接关联，可以查看到该商机的进程和成功与否。

4) 线索活动

对于需要分阶段进行跟踪的线索，系统提供活动支持功能。线索负责人可以为该线索制定一系列活动或根据目前的活动结果制定下一阶段活动计划。系统具有预订活动提醒功能。线索活动还支持对客户的邮件、短信交流接触功能。

5) 预购产品

在线索跟踪调查过程中，提供对潜在客户未来需求的详细记录功能。该记录随线索转入商机时，自动生成商机对应的预购产品和商机预计金额。

6) 线索分析

企业可以根据自身的实际需要按部门、员工、涉及产品、区域、行业、线索来源等维度，对线索数量或线索金额进行详细分析。

2. 商机管理

商机管理的目标对象是客户的商业项目，在销售自动化应用系统中占有重要地位。金蝶 CRM 可以根据不同的客户商业项目，提供相适应的商业机会销售控制管理手段。销售商机管理包括线索来源、产品需求、商机联系人及其角色、商机进程管理、预测/漏斗、活动/任务、协作团队、费用/佣金、竞争对手等。金蝶 CRM 商机进程管理提供客户自定义销售方法功能。在实际业务中，企业切入商业项目的阶段是不定的，项目进程的控制有时根据客户的项目变化需要变更，系统根据实际情况为企业提供了灵活的商机进程控制手段。根据商机项目的具体类型，企业可以选择强制性的项目进程控制，也可采用灵活自选的项目任务导入控制。商机管理的基本流程如图 10.13 所示。

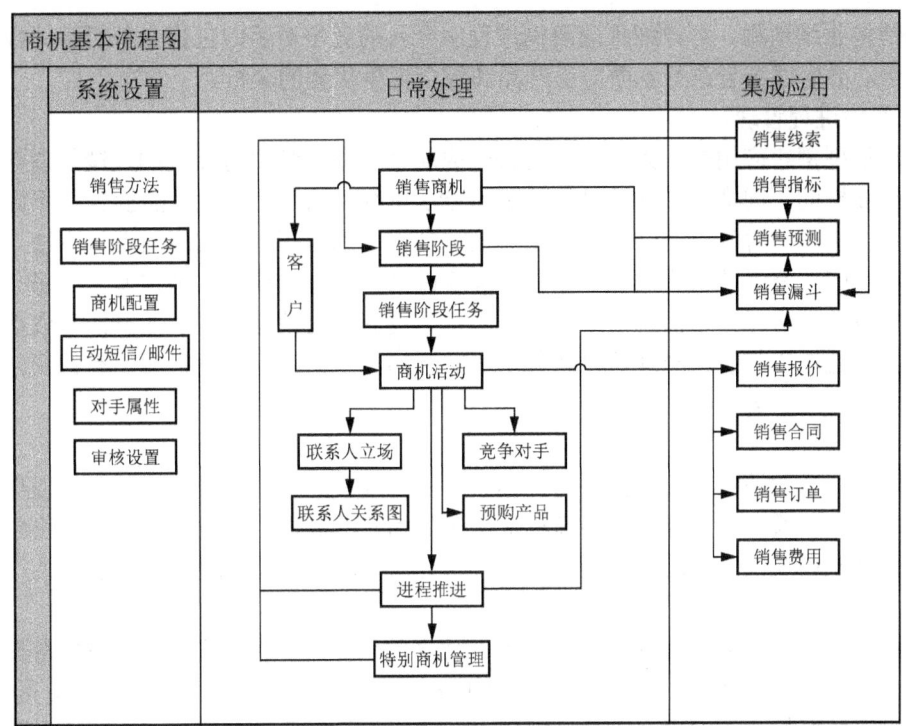

图 10.13　商机管理的基本流程

1) 商机

商机管理帮助企业对目标客户的具体商业项目进行管理。基本商机管理包括具体的商业项目、商机预计金额、预计商机成交时间、商机相关线索及来源、商机所处销售阶段、商机销售控制方法、销售成功概率、商机当前状态、竞争对手、商机负责部门以及商机负责人等。

商机与预购产品相关联，在商机进程中随客户对产品需求的变化会自动更新商机预计金额。根据具体商机可以选择具体的销售方法，不同的销售方法对于不同的销售阶段和销售任务，商机的成功率可随销售阶段的推进自动变更。根据商机项目的竞争对手，系统可配合进行竞争对手的产品和综合竞争优势分析。商机通过与具体部门和销售人员关联，结合销售指标、商机汇总、商机进程，可将项目纳入销售漏斗管理，进行销售趋势分析与控制，同时还可以辅助进行销售业绩预测。伴随着商机的推进，企业可以根据实际情况关闭商机，商机关闭有成功、失败关闭两种类型。无论是成功还是失败关闭，企业都必须选择成败原因，供商机统计分析。系统还提供设置，随合同的成功签约，自动进行商机成功关闭。

2) 客户/联系人

在具体的商机进程中，企业可以具体查看项目客户的详细信息，并根据实际的变化修改相应的客户信息。关于联系人的信息除查看、修改外，可根据需要新增联系人。对于商机来讲，企业需要更加深入地管理联系人在具体商机项目中所扮演的角色、项目决策体系的位置、对项目的态度以及与其具体接触的情况等，系统通过商机下的联系人和联系人关系图予以满足。

3) 预购产品/竞争对手

企业可随进程变化新增或变更预购产品，并动态更新商机的预计金额，配合销售漏斗管理和销售业绩预测。可详细管理商机进程中介入的竞争对手，包括竞争对手的报价、优势和劣势，并能够配合进行竞争对手产品和综合竞争优势的分析。

4) 销售进程管理

在项目型销售应用中，为了提高销售的成功率，通常都要将商机纳入销售漏斗进行管理。根据商机的不同类型，选择具体的销售方法进行销售进程控制。企业根据不同类型的产品、不同类型的对象、不同合同额度档次的商机可以自行制定相应的销售方法，保证可以与之相适应的有效的销售进程控制。企业可以清楚地查看到具体销售方法中每一销售阶段所应完成的销售任务与活动，根据项目的实际进展推进销售阶段、变更销售成功率。销售管理人员通过销售进程管理可以从各阶段的开始与结束时间、商机成功率的变化等总体把握商机的发展趋势。

5) 协作团队

对于项目型的销售，常常需要团队模式的协同攻关。在商机管理中，系统提供了"团队协作"应用，通过该功能可以将商机赋予协作团队的成员，并对其下达项目协作任务。同时，该功能还提供协作团队各成员对项目的贡献管理，与未来的业绩考核集成。

6) 任务/活动

企业可以针对商机建立各种任务/活动。建立的任务可以根据实际需要进行分配，可以根据任务建立协作团队。对于大型任务还可以根据需要分解成多个小任务。对于具体商机，系统还根据该商机具体的销售方法，提供自动销售阶段任务导入功能，快速建立商机进程推进任务，督促销售人员按系统的任务要求及时开展销售活动。对于各任务对应的活动，系统支持活动安排预提醒，可以根据企业对活动设定的提醒提前时间，通过邮件、短信、CRM系统等方式向活动负责人和活动协作团队成员进行活动提醒。

7) 活动进展

商机中的活动进展，按商机的销售阶段进行活动的汇总呈现。销售管理人员根据活动进展可以清楚地掌握该商机目前正处于什么阶段，完成的销售阶段中销售人员具体进行了什么活动，具体活动从何时开始，何时结束以及活动的结果如何，方便管理人员对商机的负责趋势进行综合判断。

8) 报价/合同/订单

在商机推进过程中用户可以管理对客户所进行的项目报价、签订合同与订单等交易活动。

9) 商机费用

系统可以对具体商机发生的费用进行精细化管理。例如企业可以根据需要自行定义按差旅费、通信费、招待费、市内交通费、其他等费用类型进行项目费用控制管理。并且允许将具体的费用关联到客户、产品、产品类别，方便最终的经营费用统计分析。系统对费用的申请和报销进行了集成管理，既可以通过直接报销管理商机费用，也可以采用费用申请与报销相结合流程进行费用管理。

10) 商机特别管理

在实际业务中，商机进程经常会出现一些特殊的情况，例如，在商机进程中负责人发生了变更；销售员商机进程推进不利，商机跟踪时间不断拉长。为了控制商机进程，系统提供商机阶段时间控制功能。系统可以按销售方法中对应的销售阶段任务标准时间确定商机跟踪控制时间，也可以根据企业的实际情况自行定义商机控制时间。系统通过销售超时自动调度功能，可以对全部商机进行是否超时判断。系统允许销售人员在自己跟踪的商机快超时之际，提交商机延时申请，批准后允许该商机继续跟踪。如果没有进行商机延时申请，系统判断商机跟踪超期，会将该商机冻结，由销售管理人员进行商机超时处理。管理者可以将该商机交由原负责人继续跟踪，也可以转给其他人员负责跟踪。所有商机进程中负责人的变更、延时、超时的变更均会在商机跟踪记录中体现出来。

11) 商机卡片/动态信息

商机卡片将商机基本情况如客户基本资料、商机构成信息；商机项目客户联系人基本信息、商机中角色、商机中态度；商机涉及的主要竞争对手基本信息、报价信息、优劣势；商机各阶段开始与推进时间、商机成功率的变化、各阶段进行的活动以及各活动的开始结束日期、目前活动所处状态以及活动结果；商机所发生的费用申请、报销情况；商机所涉及的产品、报价、预计收入、成功后的实际收入等主要综合商机信息呈现给商机相关人员和销售管理人员。在商机销售进程中，企业可以动态地将期间所发生的重大事件和阶段总结通过动态信息管理起来。

12) 商机分析

商机分析具体包括部门/员工负责的各类商机项目的数量、预计商机收入分析；按线索来源、线索质量的商机项目的数量、预计商机收入分析；按销售阶段、销售成功率的商机项目的数量、预计商机收入分析；按竞争对手、成败原因的商机项目的数量、预计商机收入分析；以年、季、月、周、日为单位，就商机的数量、预计商机收入、实际商机收入，从部门/员工、成功商机、失败商机等角度进行分析。以上各商机分析维度相应的商机同期比分析、商机销售漏斗分析、详见后面的"销售指标/销售分析"。

3. 报价/合同/订单的管理

报价/合同/订单管理的基本流程如图 10.14 所示。

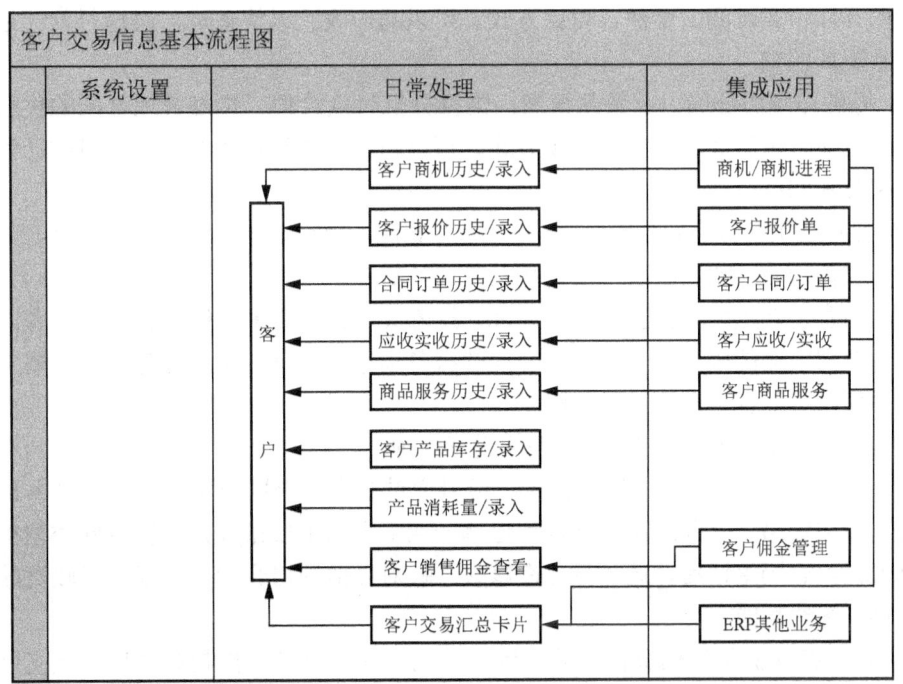

图 10.14　报价/合同/订单管理的基本流程

1) 报价单管理

(1) 报价单管理允许用户对客户、商机进行报价。支持多币别、支持多税率。

(2) 报价单可调用销售产品库，对用户进行产品销售明细报价，根据选用的价格策略按产品自动进行价格策略折扣计算，系统支持多价格策略体系。除了按产品结构树进行逐一报价外，系统还提供快速报价功能，可根据销售产品库的产品列表多选产品，集中报价。

(3) 对于一些特殊的报价，系统支持按产品折扣前的基本报价总额统一折扣模式，此时价格策略失效，产品报价明细均取统一折扣。系统支持成交取整功能，譬如报价总计151 500 元，用户要求去掉 1 500 元，系统可以满足，并将扣减额自动分配到产品明细中去。

(4) 支持报价单审批流程，可以根据用户自行定义报价审批条件，可以通过客户、产品、产品价格、平均折扣、折扣策略、报价总额等制定单一或复合的审批条件，根据条件类型执行不同的审批流程。

(5) 报价单具有版本管理功能，支持对客户的多重报价，持续跟踪客户报价重大变更过程。

(6) 报价单与合同、订单模块集成，可继承性生成对应的合同、订单。

(7) 报价单支持卡片方式呈现和报价单单据打印。

2) 合同管理

(1) 合同管理中的产品报价模式与报价单相同。

(2) 合同管理除了支持普通合同外，还支持意向性合同管理。合同管理与商机和销售预测集成，当合同签约完成时，系统会触发对应的商机成功关闭，同时将合同金额填入销售预测对应时段的实际收入项。

(3) 提供详细的合同付款条款管理，支持分批付款管理，详细管理合同的付款阶段以及对应的具体付款时间、金额、付款方式。可以与应收款模块集成，根据付款计划自动生成应收款及其明细。

(4) 提供详细的合同付款条款管理，支持分批付款管理，详细管理合同的付款阶段以及对应的具体付款时间、金额、付款方式。可以与应收款模块集成，根据付款计划自动生成应收款及其明细。

(5) 合同提供发货通知功能，与 ERP 库存集成，提供合同要求的发货产品、时间、客户对象、收货地点、收货联系人及其联系方式等信息。

(6) 合同支持服务条款管理，具体的服务条款与服务请求和执行进程相关联，向服务模块下达合同所需的服务任务，传递合同的服务项目、服务内容、服务时间与服务地点等信息，并可以跟踪整个合同执行进程。

(7) 合同可以对双方达成的违约条款进行管理。

(8) 合同的审批模式与报价单类似，可以通过客户、合同类别、产品、产品价格、平均折扣、折扣策略、合同总额等项目制定单一或复合的审批条件，根据条件类型执行不同的审批流程。合同签订后，通常不允许修改，针对目前国内合同变更率相对较高的现状，系统提供反签约功能。

(9) 合同模块提供对佣金管理的支持，通过合同佣金统一控制对客户佣金支付和销售员提成。对应由若干销售人员共同完成的大型合同，可以通过协作团队功能，实现合同参与人员按项目贡献大小比例进行项目奖金提成。

3) 产品/价格折扣

(1) 金蝶 CRM 软件系统销售管理系统的产品功能统一支持报价单、合同、订单业务。在产品中用户可以自行定义可供销售的多级产品类别以及终端类别所拥有的具体产品。

(2) 具体产品拥有基本价格、成本价格、最低价格 3 种价格参数；拥有常用计量单位、基本计量单位、辅助计量单位 3 种计量参数。

(3) 基本价格与常用计量单位关联，是向客户报价、签约的产品标准价格。最低价格是在与客户交易中，无论采用什么价格策略均不能低于的产品控制的最低交易价，对于特别的报价与签约，系统会自动生成特别审批流程。成本价格提供了是否盈利的分水岭。

(4) 3 种价格参数均允许客户在 CRM 中自行输入，也可以与 ERP 中对应的模块集成通过数据交换方式导入。CRM 中产品的基本计量单位、辅助计量单位主要用于与 ERP 中库存管理的集成。

(5) 通常的普通产品的标准价格在报价、签约中是不允许销售人员自行修改的，但也有一些服务类、协作类的产品价格并非固定，而是随行就市经常变更的。针对这一类情况，系统在产品管理中设有"是否固定价格"参数予以适应。

(6) 产品管理中具有产品组件功能，产品可以由若干子产品构成，表明了主产品与子产品之间的种类与数量关系。方便 CRM 产品与 ERP 系统的集成。

(7) 产品报价统一由产品价格策略予以支持。产品价格策略由折扣策略、价格策略、价格控制设置构成。折扣策略可按金额、数量的不同交易数值段设定不同的折扣系数，支持多折扣策略。价格策略是按产品选择相应的折扣策略，报价时会按具体的产品和交易量进行相应的交易折扣计算，支持多价格策略。价格策略设定是将具体的价格策略赋予具体的销售人员和销售管理人员，销售人员在实际交易中只能按自己拥有的价格策略的产品折扣向客户进行交易报价。

4) 佣金管理

(1) 佣金管理可以对销售佣金和销售人员提成进行统一管理。客户佣金直接按合同配套的客户佣金中的提取比例得出，按项目进程和收款提出客户佣金支护申请、审批与实际支付。

(2) 对于销售人员的提成管理，系统首先制定提成基本算法公式，然后建立计算方法。佣金计算方法支持单一交易提取方式和按交易汇总提取方式，支持不同交易数量段不同提取比例应用模式。企业可以根据自己的奖金分配周期对部门和员工进行相应的奖金提取计算，得出销售人员和部门对应的奖金提取额。

(3) 大型合同由多人共同完成，可通过协作团队功能对奖金提成人员进行奖金提成比例分配。系统会自动按该比例和合同交易数量，根据选用的计算方法将计算结果分配给参与分配的销售协作人员。

(4) 根据销售人员和销售部门的实际收款，生成相应的销售奖金支护申请，通过报批实现奖金的实际支护。

(5) 销售管理人员可以非常清楚地及时掌握每笔合同应付佣金与提成金额、已付佣金与提成金额和剩余佣金与提成金额。

5) 订单管理

(1) 订单管理中的产品报价模式与报价单相同。

(2) 用户根据实际需要,在商机进程中可以直接生成销售订单,也可以通过报价单、合同继承性地生成订单。订单更注重对发货以及执行进程的管理,基本模式与合同相同。对应一笔合同,企业可以通过若干子订单实现总合同的分期执行。

(3) 订单可以和应收款模块集成,自动生成应收款。

(4) 订单的审批模式与报价单类似,可以通过客户、订单类别、产品、产品价格、平均折扣、折扣策略、订单总额等项目制定单一或复合的审批条件,根据条件类型执行不同的审批流程。

6) 报价/合同/订单分析

(1) 部门/员工负责的各类合同/订单的数量、交易总收入、子项收入分析。

(2) 按签约时间、关闭时间的各类合同/订单的数量、交易总收入、子项收入分析。

(3) 按客户、状态的各类合同/订单的数量、交易总收入、子项收入分析。

(4) 按合同/订单类别、关联商机各类合同/订单数量、交易总收入、子项收入分析。

(5) 按价格策略、税种的各类合同/订单的数量、交易总收入、子项收入分析。

(6) 以上分析内容的进一步组合分析。

4. 应收/实收款管理

应收/实收款管理的基本流程如图 10.15 所示。

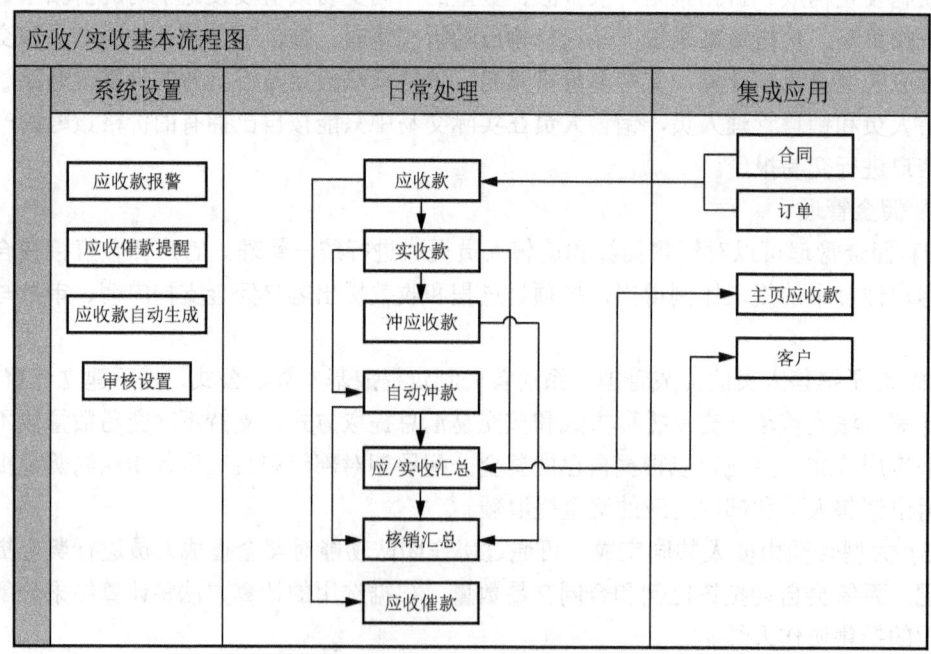

图 10.15　应收/实收款管理的基本流程

1) 应收款

(1) 在应收款管理中可对应收款关联的合同、订单、客户、负责员工/部门、合同/订单执行阶段、币别、结算方式、应付日期、应付总额、已付总额、未收总额等进行全面管理。

(2) 应收款可以由系统内部的合同/订单业务完成时自动生成，也可以通过 ERP 物流管理相应业务完成后生成的应收款通过数据交换生成，还可以接收 ERP 财务传来的发票号和发票签发时间等信息。

(3) 支持合同/订单对应多笔应收款功能。应收款与实收款可双向关联进行核销。

2) 实收款

(1) 在应收款管理中可对实收款关联的合同、订单、客户、负责员工/部门、币别、实收款/预收款、实收日期、实收金额等进行全面管理。

(2) 应收款与实收款可双向关联进行核销。企业可以选择具体的应收款进行转实收款操作实现实收款的自动生成与冲销，也可以从实收款中对应收款实行自动冲销和手动冲销。自动冲销实收款将按客户名对应收款自动核销。手工冲销允许客户将一笔实收款对多笔应收款进行手工核销。

3) 应收/实收分析

(1) 客户对象任意时段的应收款/实收款汇总分析。

(2) 部门/员工对象任意时段的应收款/实收款汇总分析。

(3) 按客户、客户类型的各类应收款/实收款总金额、未收金额、已收金额、应收/实收款数量的图表分析。

(4) 按员工/部门的各类应收款/实收款总金额、未收金额、已收金额、应收/实收款数量的图表分析。

(5) 按关联合同/订单的各类应收款/实收款总金额、未收金额、已收金额、应收/实收款数量的图表分析。

(6) 按结算方式、单据状态的各类应收款/实收款总金额、未收金额、已收金额、应收/实收款数量的图表分析。

(7) 以上分析内容的进一步组合分析。

5. 销售指标/销售分析

实际营运中，销售管理人员要实现具体业绩综合考核目标，还要常常关心诸如销售龙虎榜、销售业务趋势、销售收入/费用、销售商机状况、销售指标完成状况等应用分析。

销售指标/销售分析的基本流程如图 10.16 所示。

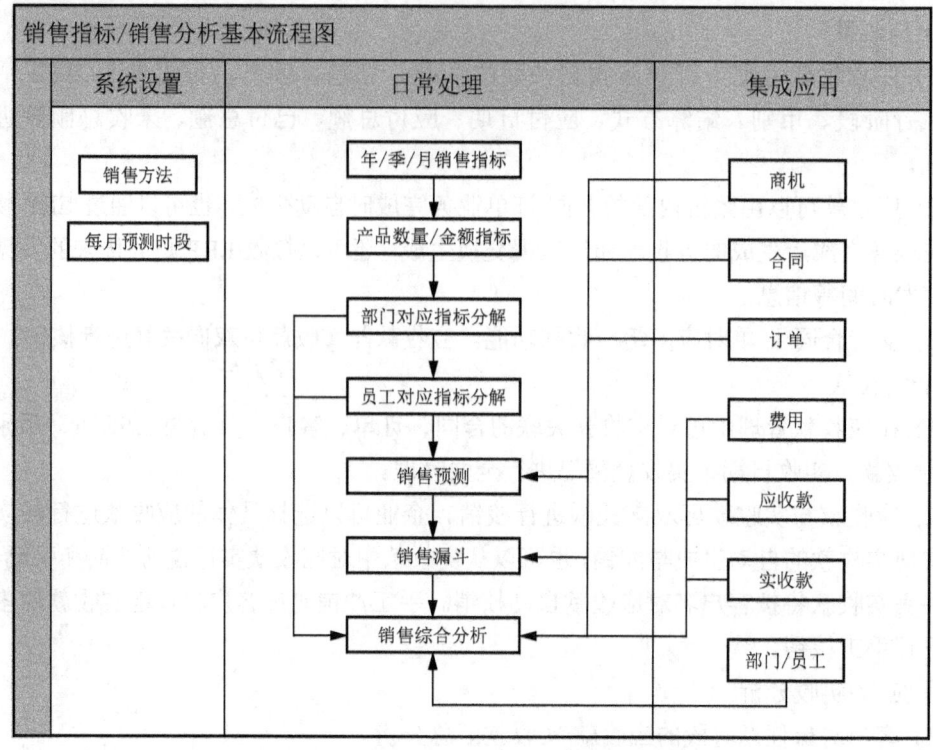

图 10.16 销售指标/销售分析的基本流程

1) 销售计划

企业可以根据年度经营目标,进行销售业绩指标的制定。可以按月制定具体的业绩完成比例,并自动换算成对应的业绩指标金额。

各下级销售部门可以参照企业的年度经营目标和经营业绩指标计划,自行建立各部门的指标与各时段的具体业绩指标。具体指标额可按企业月度比例分配模式,自动生成季度、月、周指标金额。具体指标金额可以和产品关联,分解出相应的产品销售计划。

2) 销售预测

销售预测建立在销售指标与商机管理紧密集成的基础上。在销售预测中系统可以全面管理每一个销售部门和销售人员的业绩指标。

通过与销售商机集成,每一个销售人员和每一个销售管理人员均可以在每月初,根据销售漏斗中的商机实际分布,进行当月业绩完成预测,系统会自动将该预测固化,供月末进行业绩完成执行评估参考。销售人员和销售管理人员可以通过销售预测,实时查看到自己所关心的时段中,市场上企业与竞争对手共同竞争的商业机会的项目金额,企业可能赢得的项目金额,当前的赢单金额、当前的输单金额、剩余的争夺金额、剩余的可赢单金额。销售管理人员还可以进一步了解到哪些单赢了,哪些单输了,还剩了哪些单,这些单的赢面有多大等方面的详细情况。

销售业绩预测可以针对部门也可以针对员工,既可以查看当前周、月、季的预测,也可以查看未来的周、月、季预测。

3) 销售漏斗

销售漏斗为销售管理人员提供了一个非常有用的进行未来销售业绩精细化分析与控制

的工具。销售管理人员可以根据销售业绩指标,对自己的部门、子部门和员工对未来某一时段范围内(如未来 1 个月、2 个月、6 个月)的销售趋势进行分析。通过销售漏斗模型,可以清楚地看到未来某一时段对业绩贡献有关的商机进程状态的分布情况,清楚地分辨出该形态分布是否符合企业销售统计的规律分布,制约未来业绩实现的瓶颈究竟在何处,应该采用什么样的针对措施。

4) 销售分析

商机报表/指标分析可对商机进行一个更加全面的汇总分析。可针对具体的销售部门和员工,查看任意时段的商机情况,包括商机的预计金额、赢单、输单情况,以及这些商机具体客户行业构成比例,区域构成比例、销售阶段构成比例、销售产品构成比例。还可以针对部门/员工的实际业务完成,查看具体合同金额范围构成比例,例如,合同金额在 10 万以内的比例,10 万以上的比例等等。另外,还包括以下各种销售数据分析。

(1) 任意时段各部门/员工销售计划指标、销售预测金额、销售完成业绩的图表分析。
(2) 任意时段各部门/员工销售业绩指标完成排行榜,及对应完成金额和总体贡献率。
(3) 任意时段各部门/员工销售收入与销售费用统计分析,以及收入/费用比值分析。
(4) 任意时段的产品类别以及产品种类业绩构成及比例分析。

另外,系统还提供了灵活的自定义报表,可根据用户实际需要快速地进行二次开发。

第11章 客户关系管理战略及其实施

知识架构

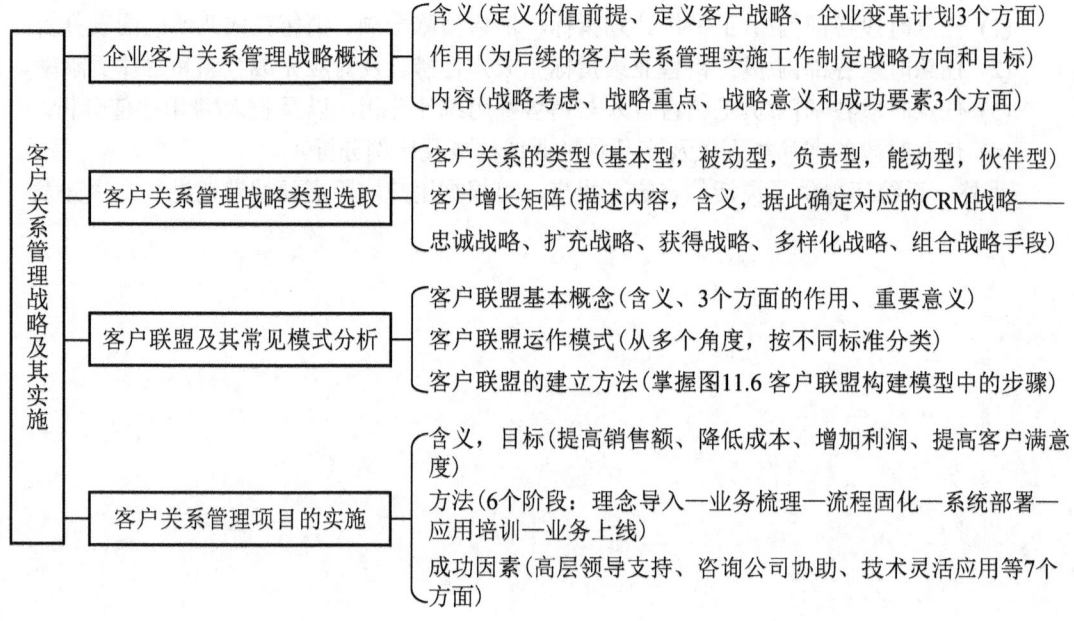

学习目标

通过本章的学习，读者应该能够：
- 熟悉客户关系管理战略的含义与作用
- 掌握客户关系管理战略所包含的内容
- 理解客户关系类型的划分及其各自特点
- 了解客户增长矩阵与对应的客户战略
- 掌握客户联盟的含义、作用与运作模式
- 掌握客户联盟的建立方法与遵循原则
- 理解CRM项目实施的方法与成功因素

第11章 客户关系管理战略及其实施

导入案例

案例 11-0：A 证券公司客户关系战略的规划与实施

A 公司是我国一家综合类证券公司。该公司在进行 CRM 相关工作时,并没有急于选择技术供应商,而是充分利用内外部资源,首先进行了详尽和认真的 CRM 规划工作。在这个阶段中,A 公司成立了制订 CRM 战略的工作小组,成员包括公司领导和主要业务部门骨干等。工作小组对公司所处的市场环境进行了分析,以公司发展战略为基础,初步界定了客户关系管理工作的方向。

工作小组就公司在实施 CRM 的分析与规划、对于客户体验的理解、业务绩效体系、客户管理制度、业务模式和关键流程、组织和人员的理解和现有信息技术系统等多方面设计了详细的关于公司在实施 CRM 准备程度的分析工具。通过采用定性和定量结合的分析方法,工作小组调查了公司内部未来 CRM 工作可能涉及的主要部门和人员,并就客户期望情况进行了分析。当时的工作范围包括了总部层面的大多部门和北京、上海等地的 6 个营业部等业务部门和单位。通过分析,A 公司发现了自身在 CRM 准备度中"分析与规划"、"客户体验"和"价值取向与定位"方面的基础较弱,准备度评估的平均值分别为 35%、29% 和 30%(CRM 准备度分析中各方面的评估满分值为 100%),而在"客户管理"和"人员和组织文化"方面的准备度较高,平均值为 62% 和 59%。基于以上分析,A 公司掌握了下一步 CRM 实施和推广过程中,在以上主要方面的准备程度,明确存在的主要改善空间和工作内容,针对在实施和推广过程中可能遇到的阻力与助力,制订了针对性策略。

随后,工作小组在以上的工作基础上,设定了关于细分客户、效益目标、客户管理、运营管理和组织/人员/技术管理等 CRM 战略中主要的战略考虑和重点,同时,工作小组分析了这些方面的战略意义,并依此确立了 A 公司进行 CRM 的关键要素。工作小组和相关部门人员通过 1 个多月的 CRM 战略规划的工作,在理解 CRM 战略中战略要素、重点和意义的过程中,加深了对于 CRM 的理解,对于未来公司的 CRM 目标形成了一致的共识。根据形成的关键要素,结合自身的 CRM 准备度情况,A 公司明确设定了"获取客户"、"挽留客户"和"客户收益最大化"的 CRM 目标、根据总体目标分解的不同阶段的 CRM 目标和相关考核方法。

根据所设定的 CRM 战略,A 公司的工作小组形成了具体的战略执行计划,并为下一个阶段的客户分析、渠道资源整合和业务功能设计等具体工作提出了详细的要求和分工。考虑到公司内部对于 CRM 准备度较为薄弱的几个方面,A 公司还着重加强安排了相关的研讨和培训。在此期间,从总部到具体业务部门和单位,参与的规模超过了 100 人次。

在 CRM 战略规划的工作阶段内,工作小组和主要部门的相关人员进行了大量认真和细致的工作,过程中也伴随着各种理念的碰撞和激烈的讨论。最终,以公司的发展战略为基础,大家厘清了如何在 CRM 中有效执行公司的战略,对 CRM 战略规划方案达成了一致的共识。这个阶段的工作成果在后期的执行和实施中起到了指引作用,对于部分在后来具体战术执行层面遇到的问题和困惑有了清晰和一致的判断标准。通过以后的具体分析、详细设计和实施等项目阶段的实际效果,A 公司在 CRM 战略规划阶段的工作成果对于实现公司 CRM 目标起到了至关重要的作用。

点评

CRM 是一种经营管理战略和新型服务理念,而并非仅仅是某种信息技术,或者就是安装一套软件就可以万事大吉的。在具体操作中,必须通过一系列的战略制定、流程改造、职能重设、人员调整以及与技术辅助手段整合等系列过程来实现。

11.1 企业 CRM 战略概述

CRM 功能的发挥离不开 CRM 战略的制订与实施。本节介绍 CRM 战略的基本知识。

11.1.1 CRM 战略的含义

所谓 CRM 战略，即从管理和战略上明确 CRM 的发展目标，确定其对于组织、技术、流程和业务模式等的要求，从而为 CRM 的实施制订规划和战略方向。对于大多数公司而言，一个产品开发战略、人力资源战略等都很好理解。但是 CRM 战略却不太让人理解。这是因为在产业界、学术界对"CRM 是什么"、"CRM 战略由什么组成"还没有达成共识。一般来讲，CRM 战略必须包括 3 个方面内容，即定义价值前提、定义客户战略、企业变革计划。

1. 定义价值前提

企业价值前提是指作为一个企业应当完成什么使命，企业价值观是什么。这是一家企业区别于其他企业的核心所在。针对 CRM 的价值前提必须被应用到两个领域：它必须确定客户价值是什么(现在企业大多已经树立了"以客户为中心"的理念)；它必须确定能为客户提供什么(企业的品牌价值)。如果与价值前提密切相关的这两个方面没有得到很好的界定，企业的客户价值交付必然会存在问题，企业将难以赢得客户满意。

 阅读材料

几个知名企业"以客户为中心"理念的体现

菲利普·科特勒在《营销管理》一书中指出："企业的整个经营活动要以客户满意为指针，要从客户的角度，用客户的观点而非企业自身利益的观点来分析、考虑客户的需求。"这些言论确立了"以客户为中心"的营销主旨。自此以后，无论是营销理论还是营销实践都围绕客户而展开的，"以客户为中心"的新经营方式得到了广泛的认同。以下是几家企业"以客户为中心"理念的体现。

(1) 美国所罗门兄弟公司作为世界上最大的投资银行之一，其宗旨是"为客户创造价值"。
(2) 美国联合航空公司的理念是"客户就是主人"。
(3) 美国快餐业汉堡王公司的理念是"任客户称心享用"。
(4) 世界最大的手机制造商诺基亚公司的理念是"用户至上"。
(5) 零售业巨头沃尔玛公司的理念是"不仅为客户提供最好的服务，而且具有传奇色彩"。
(6) 克莱斯勒公司："公司中每一个人所拥有的唯一的保证来自于质量、生产率和满意的顾客"。
(7) 斯堪的纳维亚航空公司："在资产方面，我们应该填的内容是：去年我们的班机共有多少愉悦的乘客，因为这才是我们的资产——对我们的服务感到高兴，并会再来买票的乘客"。
(8) 联邦快递公司："想称霸市场，首先要让客户的心跟着你走，然后让客户的腰包跟着你走"。
(9) 施乐公司创办人约瑟夫·威尔森认为："我们究竟有没有饭吃，最后还是由客户来决定"。
(10) 思科公司的企业文化是"客户永远第一"。
(11) 摩托罗拉公司的企业文化是"我们的目标——使顾客完全满意"。

2. 定义客户战略

客户战略定义为公司如何建立和管理客户组合,一个客户战略至少包括4个元素。

(1) 客户理解。客户战略的中心在于将客户群分解成可管理的细分客户,而细分客户形成客户组合的结构。对于每一种细分,客户对产品和服务需求必须要被考虑在内。而对于每一种产品和服务需求,企业需要区分是积极的还是被动的需求,即"推式需求"还是"拉式需求"。总之,企业应当深刻理解客户、理解客户的需求。

(2) 客户竞争。在一个竞争激励的市场中,一个客户战略必须能够为竞争服务。要认清企业的竞争力战略是否既可以保持原有客户的份额,也可以提高客户的份额?

(3) 客户亲和力。客户对公司的亲和力是非常关键的,这将是公司能够通过交叉销售和向上销售来保持和提取更大客户价值的首要因素。

(4) 客户管理。在大多数公司中存在一个有趣的问题:谁来管理客户?事实上,客户正受公司的每个职员的管理;而且已经有一部分公司把管理客户的工作交给了技术,而不是人。这些做法行吗?谁应当管理有情感的客户?客户关系由谁来维护?

一个客户战略必须要能够回答:客户是谁?客户想要什么?客户如何被管理?这种理解将能够确保客户群被作为一种客户组合来管理,而不是简单作为营销活动的对象。

3. 企业变革计划

客户战略并非只是描绘出一个简单的规划图。客户战略的实施需要很多方面变革的支撑,特别是"以客户为中心"理念的实施必须要有配套的保障措施。

(1) 业务流程调整。企业所有主要的流程(包括市场、销售、客户服务)都必须从客户战略的角度来重新定位,流程要能够确定"是否"以及"如何"满足客户的需求。

(2) 组织机构变革。企业组织变革、企业文化转变、人力资源调整、内部员工满意度的关注以及制定一套有效的奖惩激励措施,都是绝大多数建立客户战略的企业所不可避免的问题。客户对企业评价好坏的主要因素依然是人际交互,而并不是技术能力。

(3) 位置调整和设施安装。企业的实物资产也要受到客户战略的影响,尤其是客户所访问的部门(例如连锁企业的分店)的位置对"客户感知企业"有着深远影响,甚至通过职员的作用,接触中心设施和公司网站也会对客户有间接的影响。

(4) 数据流的分析。对于绝大多数客户战略而言,必须要收集大量的数据,然后对数据加工、处理、传递、存储,再让企业员工和客户得到不同程度的共享。

(5) IT系统的设计。在一个CRM项目中,IT系统是费钱又费力的重要因素之一。因此,在具体实施CRM战略时,企业必须要考虑IT系统的设计,包括硬件、软件和人。

阅读材料

以客户为中心的3大误区

以客户为中心的理念本身没错,正所谓将心比心,换位思考,替他人着想的人才能得到别人的认同。然而,光有理念是解决不了问题的。从操作层面考虑,以客户为中心并不是客户要什么就给什么,而应该是基于自身的产品和服务能力的客户价值最大化。以客户为中心请不要走入以下3大误区。

误区一：光"说"不做。也就是不是为了客户去改善产品，而是围绕客户和产品去找说法，最后美其名曰以客户为中心。很多企业往往是在已经有了产品后，才开始"以客户为中心"的。操作方式经常是这样的，首先通过消费者分析，再结合产品的功能点，两者结合得出所谓的诉求点。这样的说法既容易打动客户，又在产品上有支撑，所以，原本不知道是否以客户为中心的产品通过这么一"说"，就真的以客户为中心。这样的做法在短期内可以获得客户的认同，推动客户的产品价值的理解，但也容易诱导企业走捷径，因为开展这种工作之前，本身就带着取巧、迎合的目的。

误区二：重"外"轻内。也就是说不是基于自身团队可持续的服务能力出发，不考虑整个系统的健康运行，而是一味地迎合客户，满足需求。这样一来，本身企业员工特别是一线员工的压力很大，这样的努力可能在短期内能获得客户的认同，但长期这样却有可能会让自己失去了持续提供服务、创造价值的能力，最终将不利于客户稳定。从理论上来说，产品和服务的缺陷是永远存在的。所以，企业在发展的过程追求的是各方面利益的平衡，追求的是企业价值链的健康运行。在这方面有些企业已做得很好。例如，作为一家在中国拥有60000多名员工的企业，麦当劳人才管理的谆言是"只有员工感到快乐，才能向顾客传递快乐"，而"员工第一、客户第二、股东第三"的观点已被江南春、马云等商业翘楚所认同。

误区三：迷"失"自我。也就是说仅仅为了客户一时之需频繁改变自己，从而忽视企业的产品优化，失去了品牌个性。品牌需要迎合还是需要坚持，这个问题至今仍没有定论。在一个强调自主和自我意愿的社会，我们的迎合已经变得非常之难，迎合的成本也变得越来越高。再加上现在企业的危机问题层出不穷，很多都是因为夸大宣传、重"客户诉求"而轻"产品技术"造成的，迎合的风险也越来越大。在消费者需求已经变得游离和多变的时候，无法迎合就需要更多的坚持，就像万宝路公司坚持使用牛仔形象、可口可乐公司坚持其配方一样。而坚持，会让企业的目标更清晰、底气更足。

资料来源：摘引自 彭旭知.以客户为中心的3大误区[J].企业研究，2010(17)

11.1.2 CRM 战略的作用

CRM 是公司实施新的战略举措而进行的管理工作，试想，如果没有根据公司总体发展战略和目标制定明确的 CRM 战略，如何有效实现过程中在组织、营运和流程等方面的优化和改善？没有一个明确的战略目标，如何能确保 CRM 的目标收益？所以，CRM 战略不仅是在规划阶段就应认真完成的战略步骤，而且它还将为下一阶段的 CRM 实施工作制定战略方向。

除此之外，明确的 CRM 战略也为企业指明了具体的 CRM 目标，明确了具体的工作方向和范围。更为重要的是正确的 CRM 战略为企业在实施和推行 CRM 过程中所要面对纷繁复杂的情况提供了明确的价值标准。

阅读材料

缺乏 CRM 战略而带来的一些困惑

CRM 是一种经营管理战略，而并非仅仅是一种 IT 工具。在具体操作中，必须通过一系列的战略设定、流程优化、职能重设和技术辅助手段等整合的过程而实现。很多企业在规划和实施 CRM 的过程中，由于没有进行 CRM 战略的规划，都曾有过各种各样的困惑，通常包括以下方面。

(1) 无法清晰界定 CRM 的目标，不知道工作成功的标志是什么。

(2) 实施 CRM 后，在企业的营运和操作层面并没有实际落实执行。
(3) 企业开展了一系列工作，而似乎客户并不完全认可，实际收效甚微。
(4) 部分机构和一些员工在接受理念和管理及制度上的转变存在抵触等等。

在 CRM 战略制订的过程中，企业将基于内外部环境做仔细分析，同时对企业业务、组织和客户现状进行 CRM 准备度评估，才能明确资源、阻力、助力和目标等 CRM 战略关键要素。基于关键要素整合而形成的 CRM 战略对于企业进行 CRM 相关工作的重要作用，主要体现在以下几个方面。

第一，以企业发展战略为基础，明确未来以客户为中心的业务营运模式蓝图，理解 CRM 在实现企业战略过程中的重要性、预期收益和战略使命。

第二，对于目标客户价值定位的总体分析，明确哪一部分客户是企业 CRM 工作的重点目标，形成未来这部分客户与企业之间关系的愿景。

第三，对于 CRM 工作的总体目标有明确的设定，并可据此逐步分解到效益收益、客户管理、业务运营、组织人员和信息技术等具体 CRM 目标。

第四，明确企业进行 CRM 工作的准备度，根据 CRM 目标设计在具体工作开展中的方式和原则。

第五，对下一步实施和推广过程中的工作成果形成评估的方法，并可以有原则的对工作方法和目标进行优化。

11.1.3 CRM 战略的内容

CRM 战略包括战略考虑、战略重点、战略意义和成功要素 3 个组成部分。其中，战略考虑是构筑 CRM 战略中的核心部分，战略重点是未来 CRM 战略执行中的重点所在，而战略意义和成功要素将指导企业 CRM 工作的方向、目标、原则和评估。如图 11.1 所示，描述了 CRM 战略内容的 3 个部分之间的相互关系。

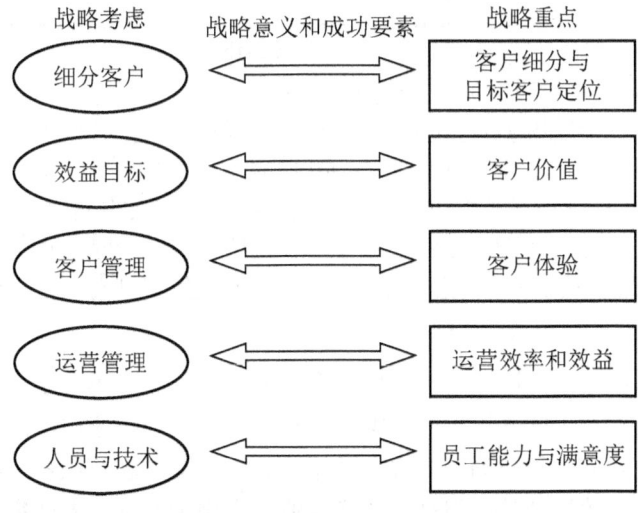

图 11.1 CRM 战略内容的组成

1. 战略考虑和战略重点

CRM 战略一般由以下 5 个部分的战略考虑和相关的战略重点构成。

(1) 细分客户。在 CRM 战略中,"细分客户"这一战略考虑是设定企业 CRM 所专注的客户细分,与之相关联的战略重点是针对客户细分的价值定位。

(2) 效益目标。"效益目标"这一战略考虑是设定企业 CRM 战略中的针对细分客户的收益目标,与之相关联的战略重点是最大化针对细分客户的客户价值。

(3) 客户管理。"客户管理"的战略考虑是设定 CRM 战略中为了实现针对细分客户实现效益目标的关键因素。与之相关联的战略重点是最大化客户体验。

(4) 运营管理。"运营管理"的战略考虑是设定为实现之前目标而在于企业业务执行层面的关键要素,诸如明确的市场、销售、服务和客户支持等业务功能,并且还将对实现这些业务功能的客户互动渠道资源提出具体要求。

(5) 人员与技术。"人员与技术"战略考虑是设定在实现以上目标过程中,对 CRM 功能中于组织、人员和信息技术的策略。

2. 战略意义和成功要素

战略意义和成功要素是企业 CRM 战略中指引企业进行战略执行的部分。战略意义和成功要素将协助企业实现和完成 CRM 战略中战略重点的方法和目标。

11.2 CRM 战略类型选取

企业客户关系具有不同的类型,根据其具体发展状况,可以制定相应的管理战略。

11.2.1 客户关系的类型

按照客户关系的不同水平和程度,可以将其区分为 5 种类型,见表 11-1。

表 11-1 客户关系的类型

类　型	特征描述
基本型	销售人员把产品销售出去后就不再与客户接触
被动型	销售人员把产品销售出去,同意或鼓励客户在遇到问题或有意见时联系企业
负责型	产品销售完成后,企业及时联系客户,询问产品是否符合客户的要求,有何缺陷或不足,有何意见或建议,以帮助企业不断改进产品,使之更加符合客户需求
能动型	销售完成后,企业不断联系客户,提供有关改进产品的建议和新产品的信息
伙伴型	企业不断地协同客户努力,帮助客户解决问题,支持客户的成功,实现共同发展

需要说明的是,以上 5 种客户关系类型之间并不具有简单的优劣对比顺序。因为企业所采用的客户关系类型既然取决于产品以及客户的特征,那么不同企业甚至同一家企业在对待不同客户时,都有可能采用不同的客户类型。例如,一家家电产品制造企业与其终端消费者之间经常会建立一种被动型的客户关系,企业设立的客户服务中心将听取客户的意见、处理客户投诉以改进产品;但是,这家企业与大型批发商、专业家电市场、综合零售商场或连锁家电销售机构之间,可能会建立一种伙伴型的客户关系,以便实现产销企业之间的互惠互利。

一般来讲,企业的客户关系类型并不是一成不变的,那么该如何选择适当的客户关系类型呢？其实，企业在经营管理实践中，要建立一种什么类型的客户关系，必须针对其商品的特性和对客户的定位来做出抉择。具体操作中，企业可以根据其拥有的客户数量，以及产品的边际利润水平，依据如图 11.2 所示的思路，选择合适的客户关系类型。

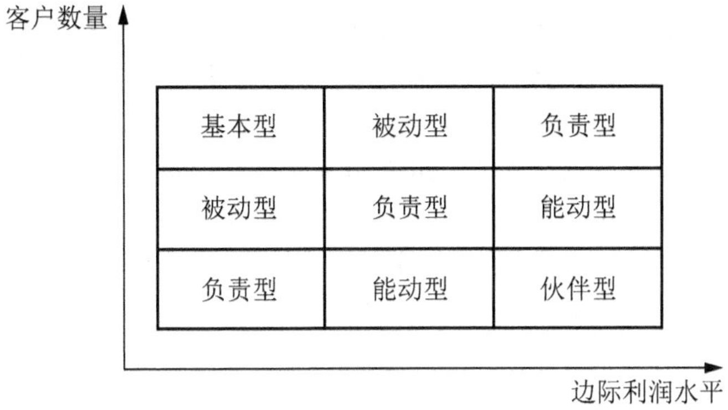

客户数量		
基本型	被动型	负责型
被动型	负责型	能动型
负责型	能动型	伙伴型

边际利润水平

图 11.2　企业客户关系类型的选择方法示意图

从图 11.2 中可以看出，当企业在面对少量客户时，提供的产品或服务的边际利润水平相当高时，应采用"伙伴型"的客户关系，力争实现客户成功的同时，自己也获得丰厚的回报；反之，当产品或服务的边际利润水平很低，而客户数量极其庞大，企业应倾向于采用"基本型"的客户关系，否则可能因为售后服务的较高成本而出现亏损；其余的类型则可由企业自行选择或组合。因此，一般说来，企业对客户关系进行管理或改进的趋势应当朝着为每个客户提供满意服务，并提高产品的边际利润水平的方向转变。

11.2.2　客户增长矩阵

如图 11.3 所示，客户增长矩阵描述了企业现有客户及新客户的增长以及现有业务与新业务的组合情况。可以看出，根据这个矩阵，企业需要通过选择不同的战略，与客户建立起特殊的关系。例如，对新客户提供现有产品/服务，主要是采取措施获得客户；对现有客户提供现有产品/服务，主要是维持好客户忠诚；而对现有客户提供新产品/新服务，则是一种客户扩充；对新客户提供新产品/服务，则会是一种多样化策略。

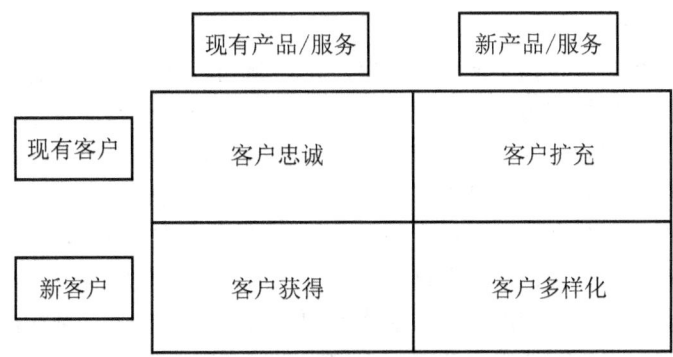

图 11.3　客户增长矩阵

11.2.3　几种典型的 CRM 战略

根据如图 11.3 所示的客户增长矩阵，企业可根据实际情况，选择不同的 CRM 战略。

1. 客户忠诚战略

所谓客户忠诚战略，就是指企业应该将战略上的关注焦点集中在客户的回头率，认为培养忠诚客户比获得更大的市场份额更重要。经验表明，忠诚于企业的客户倾向于将大量的时间花在企业上，他们担当了推荐介绍方面的代理商，从而为企业带来了新的客户，并且最终为他们服务可能还比为新客户服务所花费的成本要少得多。

一个企业致力于客户忠诚战略是获得持续竞争优势的基础。如果企业没能拥有稳定的客户群，企业的持续发展就没有保证。如图11.4所示，表明了企业的收益率直接与客户的忠诚程度相联系。可以看出，客户与企业合作时间的长短，会对企业客户资产构成的许多方面产生较大影响。对于一个忠诚客户，随着时间的延长，他给企业创造的利润会逐年增加。随着客户对企业忠诚度的逐渐增强，能从许多方面产生出渐增的利益率。

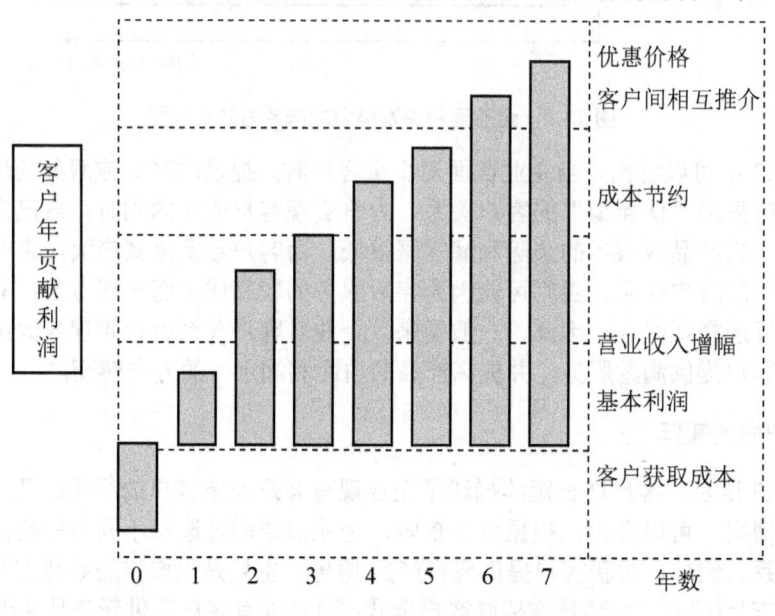

图 11.4　客户忠诚与贡献的关系

2. 客户扩充战略

所谓客户扩充战略，是指不断向现有客户提供新的产品或服务，进一步获取更多市场份额的一种战略。客户扩充战略常常与客户忠诚战略结合在一起使用。它们都涉及了要维持企业已经与客户建立起来的关系问题，但是通过提供更为广泛的产品或服务，企业的客户群将大大地扩展，从而促进企业的进一步发展。客户扩充战略使行业或者市场的界定变得越来越模糊，如保险与银行、铁路与公路。以前处于不同市场范畴的企业，现在正为获得同样的客户而竞争，并且正依靠着这些战略去满足同样的客户需求。

需要说明的是，企业新增的产品或服务都要适合于客户群体。例如，通过零售商店提供金融服务就是从客户扩充战略中获得更大回报的一个实例。

3. 客户获得战略

所谓客户获得战略，是指企业将战略重点放在获得更多更合适的客户上。例如，当企业在迅速增长的市场中运作时，或当快速增长有一些特殊需求时，或为了获得比竞争对手更大的经济规模和更丰富的经验时，企业客户资产经营的重点可能是要获得大量新客户，但这些新客户的需求类似于现有的客户。当前的客户群体是否能够在招徕新客户上扮演某种角色，对于客户获得战略具有重要的意义。对于许多小型企业来说，实施客户扩充战略时可以通过企业当前客户的口碑传播，以低成本获得新客户。

4. 客户多样化战略

客户多样化涉及了最高的风险问题，因为客户多样化战略意味着企业将战略重点放在了使用新产品或服务来与新客户做生意谋求发展的情况。除非有特殊机会，否则将客户多样化战略作为企业所遵循的切实可行的战略是不可靠的。例如，前几年在国营军工企业向民用企业转型中，许多企业新产品开发出很久，仍未找到合适的客户，结果造成产品大量积压，究其原因是客户群体、销售渠道发生了根本变化。如果客户多样化战略在没有充分地研究透彻之前就进入实施阶段，企业不但要应付全新的客户，同时还要解决新产品的技术问题。

5. 不同客户战略组合

所谓不同客户战略组合，是指对在不同战略上的客户关系选择进行的概括性描述。如图 11.5 所示，通过依靠现有的忠诚客户向下推荐、介绍新产品或服务，以及向客户提供新产品或服务，将客户扩充战略及客户获得战略与客户忠诚战略结合起来，使企业不断地获得新客户，而且使现有客户变得更加忠诚。其根基就在于客户忠诚战略是客户发展战略的基础，这也是客户关系管理的基本出发点。

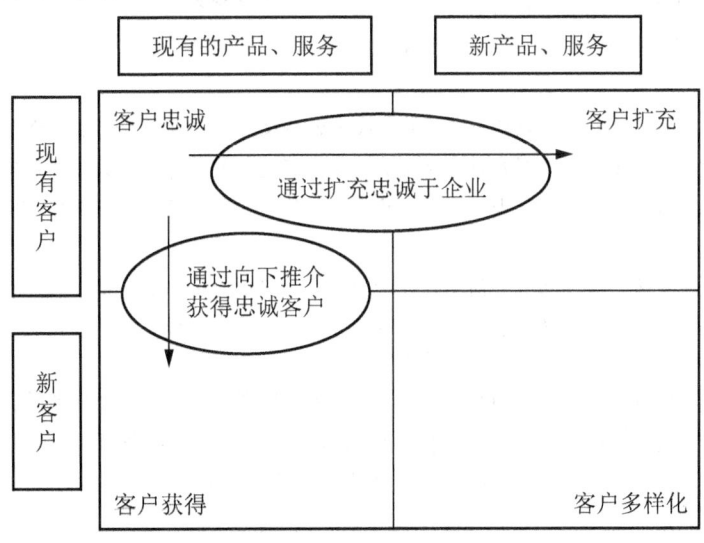

图 11.5　客户增长矩阵的要素组合

11.3　客户联盟及其常见模式分析

在当前以网络经济、知识经济、信息经济为特点的新经济条件下，任何企业都不可能独立完成整个价值链的增值过程，联盟成为当前企业走向成功最重要的管理战略之一。在传统CRM理念的基础上构建"供应商——客户联盟"是提高客户满意、实现客户忠诚和双赢的有效途径。本节介绍客户联盟的含义、作用、常见模式及其建立方法。

11.3.1 客户联盟含义与作用

1. 客户联盟的含义

从客户角色演进历史看,客户联盟是客户理念发展的必然。对于企业活动,客户从被动的接受者逐渐转变成为积极的参与者,成为了企业创造价值活动的伙伴。

所谓客户联盟,是指营销渠道中的供应商与客户两个关系主体,在信任、开放和共同利益的基础上,通过彼此的业务整合、资源共享等方式共同创造客户价值,建立一种动态的合作关系,实现关系主体价值增加、双方关系强化、最终达到双赢的联盟。客户联盟提倡企业要竭尽所能为客户服务,它倡导这样一个准则:汇集企业所有的创造力和想象力,无论是来自服务部门的优异表现还是技术部门的信息资源,加速合作中的交互作用。客户联盟的核心在于朴素而基本的承诺:交付最完美的结果。这也就意味着客户联盟中的企业应针对客户的特殊需求,帮助其制订最佳的解决方案。

阅读材料

客户联盟的两个简单例子

通用塑料公司作为一个销售消耗品的公司,派技术支持小组到客户的工厂去传授如何节约日常消耗,这是不是反常呢?可是在仅仅一年中,该公司就在为客户们节约了近 6 800 万美元的同时为自己增加了 11% 的收益。

美国尼普公司作为一个塑料模具的小制造商,决定舍弃仅有的几百名客户中的绝大多数,只保留了几个追求尖端产品的客户,为每一个客户量身定制新的生产工艺,甚至与客户的技术和市场小组一起合作,从而在客户以更低的价格、更短的周期得到更合适产品的同时,使自己的年利润在10年中从不到100万增加到 1 300 多万美元。

通用塑料公司和尼普公司成功的共同之处在于他们在如何对待客户的问题上采取了建立"客户联盟"的战略,也就是说,要帮助客户解决已存在的难题,挖掘未实现的潜能,创造出一种动态的合作关系。

供应商与客户之间的紧密、双赢的客户联盟新型关系,使两个机构从最简单的供需关系演变为在技术和运作方式上密切合作的联合体,发展出一种全新的思维模式,一个全新的运作方式:新的结构,新的策略,新的价值观,新的前景。

2. 客户联盟的作用

客户联盟对于维系至关重要的客户资源的重要作用主要表现在以下3个方面。

(1) 通过客户联盟,企业可以了解客户对企业的产品或服务不断变化的需求和在购买、使用或维护产品中所积累的经验等,这些信息有利于提高企业的产业预测能力、应变能力和价值创造能力,因而构成企业在动态环境下竞争优势的基础。

(2) 在客户联盟中,企业与客户紧密互动可以获得以下机会:在服务交付中利用客户知识、吸收客户知识、合作开发知识、边学边干等其他动态关系效应。

(3) 对于企业来说，客户联盟是其最为重要的知识信息源泉和开发的合作者。组建客户联盟、向客户学习，对于资源的充分运用与构建具有重要意义。

3. 客户联盟的意义

建立客户联盟并不是盲目地满足客户的要求，而是要真正对客户的业绩负责，也不是给出难题与提供解答的简单关系，而是一种协同合作，共同致力于提出完全解决方案的关系。这正如上面例子中通用塑料公司深知客户的表现与自己的声誉密切相关，坚持提供低消耗操作法，建立稳固的客户联盟以获取长期稳定的利润源和行业声誉；又如尼普公司也是集中有限的能力与少数精心选择过的客户进行完美合作，以获取高速成长。

客户的本性在于不断追求满意。随着时代的发展，客户的需求层次越来越高，它们所追求的满意已经不仅仅是最低的价格和最优的产品，而是最优的结果。企业只有设法提供完全解决方案，才能满足客户的需求。例如，客户乘坐飞机所需要的远不止最低的票价，他们实际需要的是一次完美的旅行经历。英国航空公司意识到了这一点，在全公司范围内推出"无缝隙"服务制度，增进乘客在各方面的感受：培训自己的票务预订人员，提供优质的服务；改善机场服务，减少乘客的候机时间；在候机厅提供电话服务、大屏幕电视、分类期刊报纸等便利措施。自实施这项制度以来英国航空公司的年收入翻了一番。

再如，物业管理公司购买电梯并非是目前科技最先进、价格最高的电梯，他们实际上所需要的是电梯在寿命期内能够高效安全的运行。早在1984年，美国奥的斯公司就开始为自己生产的电梯安装监视其运行状况的电子装置，这种装置可以向公司的维修中心发送电梯的运行状态信息，警告事故的发生，甚至可以预测何时进行预防性维修。这样，奥的斯公司提供了客户所需要的完整的安全运行解决方案，从而赢得了市场。

11.3.2 客户联盟的运作模式

客户联盟的运作模式可以从多个角度，按照不同标准进行分类，见表11-2。

表 11-2 客户联盟的不同模式类型

划分标准	结果类型
按发展阶段	定制模式——"我们将为你的困难提供量身定制的解决方案" 引导模式——"我们将通过培训、灌输和指导来帮助你获得最好的结果" 合伙人模式——"我们将作为独立的公司和盟友同你一起到达任何需要的地方"
按联盟对象	B2E 型联盟——企业与内部员工(也按客户对待)间建立的联盟，以便实现内部营销 B2C 型联盟——企业与消费者之间建立的联盟，以便更好地为消费者提供终端服务 B2B 型联盟——企业与供应链上相关市场型或合作性企业(如直销、分销、物流、互补、再加工、配件生产等)之间建立的联盟，其目的是团结协作，实现互惠互赢
按资本纽带	参股模式——供应商与客户之间互相少量参股，或单方少量参股 互补模式——供应商与客户充分利用各自技术、市场等优势共同出资组建子公司
按联盟目的	新产品开发联盟——供应商和客户组建联盟，从客户处获取创意，进行新产品的开发 产品品牌联盟——供应商和伙伴企业组建联盟，共同为产品品牌推广做出贡献 分销渠道联盟——供应商和伙伴企业组建联盟，共同建立产品的分销渠道 客户资源共享联盟——供应商和伙伴通过产品互补共同开发和共享客户资源 合资战略联盟等——供应商和伙伴企业之间通过资金纽带(控股、入股等)组建联盟

对表 11-2 中后面 4 种分类标准及其对应的分类结果，内容相对简单，比较容易理解，这里不再进行展开说明。下面仅对第一种按发展阶段划分的 3 种类型详细阐述。

1. 定制模式——向客户提供量身定制的解决方案

所谓定制模式，是指企业在大规模生产的基础上，将每一位客户都视为一个单独的细分市场，根据每位客户的特定需求来进行市场营销组合，以满足每位客户的特定需求，为其提交最合适的、量身定制的解决方案。定制模式能使企业在销售产品时变被动为主动。

随着经济的快速发展，居民收入、购买力水平和消费同步提高，消费需求呈现出多元化和个性化的趋势。定制模式因为能更好地迎合客户的需求，其应用范围将越来越广泛，不仅可以用于汽车、房地产、自助餐、服装、自行车等有形产品，还可以用于金融咨询、送货服务、旅游、教育、个人理财、保险等无形产品，再加上原本就以个性化量身定制为销售根本的 IT 和软件行业，定制概念正在成为企业吸引客户的法宝。

定制模式的核心在于提供最合适的解决方案。企业可根据其产品的生产特点与客户的参与程度，选择不同方式的定制方式，满足客户的要求。常见到有以下几种方式。

(1) 选择合适的时机推出合适的产品，使其服务个性化。例如，通用电气公司的医疗机械部门一直密切关注售出的 CT 扫描仪的运作情况，根据客户对机器性能需求的变化推出升级软件。在国内，海尔集团也适时推出了"定制冰箱"服务——客户根据自己的需求来设计想要的冰箱，企业则根据客户的设计要求来制造个性化的冰箱。如果消费者看中了"金王子"的外观，"大王子"的容积，"欧洲型"的内置，"美国型"的线条，设计人员只需对其进行科学的搭配，实施流程化管理，就可以完成个性化的定制。

(2) 精心制定针对性强的定制方案。这种方式在软件业比较典型，大公司往往需要软件公司为其量身定做各类相关的设计、生产、运营、管理、控制等方面的软件。而在其他领域，定制个性化方案也不乏成功的案例。例如，戴格蒙特公司是一家在全球 40 多个国家拥有净化工厂的水处理公司。在多种语言中，戴格蒙特就代表着水资源净化的含义。戴格蒙特公司的每一项业务所涉足的国家都拥有独特的文化、风土人情、语言、水净化和环保标准，甚至在一个国家内，还存在着地域的差距。该公司稳定的成功业绩根植于定制完全解决方案：通过多年的观察、研究来预测客户的需求，为散布于全球各个角落、彼此千差万别的客户定制解决方案，以此提供最合适、最有针对性的产品或服务。

(3) 参与管理式深度定制，通过承担更多的责任和义务，做客户自己不能或不想做的事，对客户负责到底，彻底解决客户的难题。例如，美国的卡利伯物流公司专门设计和管理综合的物流分配系统，负责监管客户的数百家供应商发来的零件，使其实现零库存，在将客户的难题带走的同时，自己也获得了市场。

 阅读材料

日本住友公司采用定制模式实现客户联盟

对于一个想建造新房子的人来说，千篇一律的预制住宅往往无法满足自己特定的需求，而雇佣专门的设计师的成本又很高。日本住友建设公司针对客户的这种难题，将定制模式结合到大规模住宅建造业务中去。客户只需来到住友公司，就会有专门的销售人员引导他们一起使用公司的 CAD/CAM 系统终端来构筑

第11章 客户关系管理战略及其实施

自己理想中的住宅,包括选择和设定计算机资料库中成千上万种屋顶、平面设计、室内装修等。选定完毕,就会由计算机生成一份预算清单,确定后生成订货单,很快施工队伍就开始工作。这样,客户用较低的成本、很短的时间就可以得到理想的住所,而公司也因此吸引了大量的客户,公司和顾客实现了双赢。这就是采用定制模式实现客户联盟的典型例子。

2. 引导模式——引领客户走向成功

引导模式是指企业通过培训、启发和指导来帮助客户获得最好的结果,引领客户走向成功。在引导模式中,企业必须不断地了解客户业务的每一个方面,能够从客户的角度看待困难和可能的解决方案。使你的产品特性最优化是所有指导模式的根本目标。

在现实生活中,针对不同情况,可以采取不同的引导模式,下面是常用的3种。

(1) 展示产品所有的优势。通过指导客户了解产品的所有潜力和以前未充分利用的功能,可以帮助客户解决产品未充分利用或市场未充分开发的问题,从而增加其产品的价值。例如,美国的 Arm & Harmer 公司主要经营发酵粉,通过引导客户认识到发酵粉的功能来获取市场。该公司告诉消费者发酵粉可以和醋混在一起清洗抽水马桶,可以放进冰箱清除异味,可以放进洗衣机使衣服更加洁白等,从而使发酵粉成为很多美国人的家居必备品,开拓了广阔的市场。

(2) 指导客户改变使用习惯。向客户展示如何改变使用产品的习惯是引导模式的第二种方式。例如,施乐公司推出能够扫描图像的 DocuTech 印刷机后,针对客户习惯使用传统复印机以及不了解新产品功能的现状,专门组建了咨询小组,帮助像波音飞机制造公司那些需要处理繁杂文件的客户更好地使用该产品,发挥其全部效能。

(3) 与客户一起开辟新领域,引导客户开创新的商业增长点。例如,加拿大的软饮料生产商考特公司帮助坦途超级市场树立了自己的苏打水品牌;再如,银行机构与商业企业、与公交企业联合开展具有多种用途的信用卡业务都是这种引导模式成功的典范。

 阅读材料

通过引导模式建立客户联盟模式的两个成功范例

范例1:美国 MBNA 公司主要经营信用卡发行业务,他们的做法是在选择合适的客户后,如一家俱乐部,引导其开展信用卡业务。俱乐部提供给会员一张俱乐部 VISA 卡,并从会员的信用卡消费中提取0.5%的费用。这种最终用户的信用卡不仅显示出俱乐部与会员的亲密关系,也给俱乐部带来可观的收益。这样,MBNA 公司成功地为4.1万个组织提供了信用卡服务,成为美国发展最快的信用卡发行商。

范例2:当顾客要购买家具时,往往面对展厅中样式繁多的家具无从选择,他们往往并不真正了解不同家具的设计或材料的特点和优势。瑞典的宜家家居公司针对这一点,在出售的家具上贴上详尽的介绍标签,表明其主要特点、用料和优点所在,并将家具组合起来,按照家庭布局进行陈列,并允许顾客试坐沙发,试开柜子抽屉等,从而引导顾客对要购买的家具有了更为深入的认识,并能够选择真正满意的家具。宜家家居公司采用的这种引导客户走向成功的模式取得了巨大成功,已成为全球最大的家居用品公司。

3. 合伙人模式——与客户共同创新

合伙人模式的宗旨是与客户共同进行创新,并创造出完美的结果。相对于定制模式,

合伙人模式改进了定制模式仅仅是寻找最佳方案而客户不需要改变日常经营方式的不足。相对于引导模式，企业不再仅仅充当引导者的角色，而是和客户共同承担寻找最富成效的解决方案、改变经营模式和商业实践，以及在共同追求相互利益中的行为模式的责任。合伙人模式需要建立非同寻常的相互信任，是供应商和客户关注共同利益的真正结合。

在合伙人模式下，有3条寻求合伙人模式的道路可循。

(1) 合作设计。客户和供应商从各自的专业知识领域出发，共同设计出新的产品或服务。例如，尼普公司与客户合作设计出客户最需要的新型塑料模具。

(2) 同步运作。供应商和客户同步运作，以确保合作设计的产品或服务能即时和有效地交付。成功的共同运作具有两个至关重要的特点。第一，客户和供应商必须使其信息和技术保持同步，每一方都需要指派特定的人员从事团队协作的工作。第二，团队必须持续不断地发挥效力。如尼普公司与阿伯特实验室开展了运作中的共同监控，从而成功地设计出了产品缺陷率为零的新型塑料血液检测袋。

(3) 纵向结合。供应商和客户结合各自的业务机制，双方一起重新设计运作模式以创造出共同工作的全新方式。合作双方除了在客户和供应商之间业已存在的模糊不清的界限划分，每一方继续贡献自己的力量和专业知识，结合在一起的企业所采用的结构和方式依赖于新型合作小组如何最好地改善协作的要素。合作目的是为双方创造新价值。

 阅读材料

克莱斯勒公司与琼森公司之间合伙人模式的成功范例

美国的汽车制造商克莱斯勒公司同一家汽车零部件供应商琼森公司之间存在的关系就是合伙人模式成功的范例。克莱斯勒公司在20世纪80年代陷入困境，面对市场的变化，克莱斯勒公司无力独自提供更新颖的造型、更高的质量和更快捷的交货速度，于是决定通过其全面的供应链来共同开展这个创新活动。世界上最大的汽车座椅和配套产品即时供应商——琼森公司被选中来共同接受这个挑战，结果琼森公司很好地做到甚至超过了克莱斯勒公司的期望。例如，1994年克莱斯勒在Neon车型开发中，琼森公司几乎对车型设计、工程设计、货源监控、装配等全过程负起责任，公司的工程师和克莱斯勒公司的工作组共同工作，以保证提供双方都满意的形式和功能。同时，作为新车型近80%的座椅零件供应商，琼森公司承担了使系统开发与克莱斯勒公司的其他外部供应商结合起来的责任，协调组织每一位成员的行动来确保生产出最佳产品。琼森公司的员工和供货商一同关注产品质量、成本控制和交货能力，以确保在每一步都超出克莱斯勒公司的期望。琼森公司还将其新组装工厂的即时序列产品与比邻的克莱斯勒公司自身的组装工艺结合起来，在接到克莱斯勒公司订单的两小时内，就能将交付座椅及其他配套产品准备就绪。琼森公司和克莱斯勒公司之间存在的关系就是合伙人模式，在这种模式下，供应商和客户共同创造了完美结果。

11.3.3 客户联盟的建立方法

客户联盟的建立需要经过大量的、有效的前期工作分析，其中既要采取有效的工作步骤，又要分析联盟各方的动机，以便在联盟主体间达成一致，形成稳固的合作基础。

如图11.6所示描述了企业联盟的构建模型，下面对其中各个阶段的内容进行分析说明。

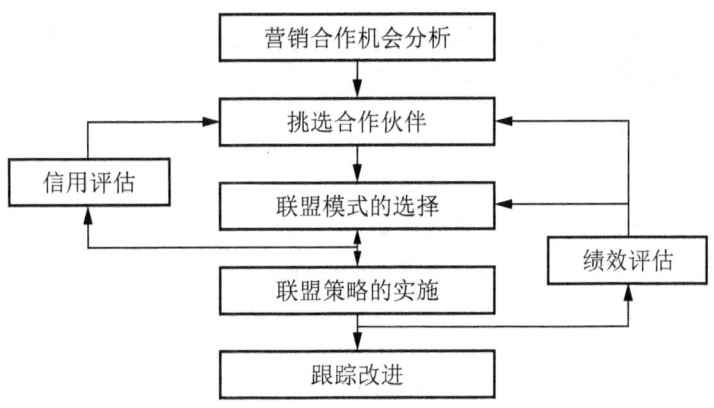

图 11.6　客户联盟的构建模型

1. 营销合作机会分析

在营销合作机会分析方面，企业首先需要对选择建立客户联盟的动因进行分析，即从客户关系角度出发对环境进行 SWOT 分析，并在此基础上发现自身的内部能力以及外部面临的竞争压力，树立正确的战略目标。另外，为了确保企业能够顺利地进入联盟合作阶段，吸引、保留并保持有效的联盟关系网络，企业价值观念的转变举足轻重。企业必须培养与客户共同创造价值的协作精神，建立以合作、双赢为指导思想的企业文化。

2. 挑选合作伙伴

识别与选择合适的合作伙伴是联盟成功的关键。客户联盟意味着分享知识、风险和利润，因此企业需要客观地按照完全不同于约定俗成的分类方式来确定目标客户。客户联盟型企业应选择那些关注将来，并对建立长期合作关系感兴趣的客户，选择需要不断改进产品性能和表现的、具有持续性特征的客户，甚至关注于挖掘有实力的潜在客户等。除了目标客户能够给企业带来的机会优势外，双方在文化上必须具有相容性。文化上相容、相似是双方沟通的前提，是联盟能顺利进行的保障。

3. 联盟模式的选择

前面已经介绍过，合作企业之间的联盟模式并不仅限于一种。在前期营销合作综合分析和准确选择合作伙伴的基础上，联盟型公司要根据本企业的实际情况选择一种适合的联盟模式。例如，国内家电连锁巨头苏宁电器公司和国内家电第一品牌海尔集团强强联手，组建全新的销售公司——"海尔苏宁销售管理公司"。这一联盟既体现了销售商与厂商自主联合的模式，二者共同组建的销售公司更是资金运作模式中的"互补模式"。再以日本商社为例，商社参与产业链的每一个环节，财团内的企业交叉持股现象非常普遍，"董事会里，你中有我，我中有你，都捆绑在一起，一荣俱荣，一损俱损"，在无形的品牌凝聚力下组成联盟利益共同体。

4. 信用评估

联盟内的企业要自觉地建立起高度的信用以赢得合作伙伴的信任，并且要在联盟内倡导"双赢"、"诚信"等理念，辅之以建立信用制度，加大对失信者的惩罚力度等措施，逐步建立起适应于联盟的信用评价体制。在客观评价成员企业对联盟整体绩效所作贡献的基础上，把构建联盟所产生的效益和成本在企业之间及企业内部之间进行合理的分配，并逐步建立完善的绩效评价体系，为联盟实施过程作监控。

5. 联盟策略的实施

企业在确定联盟模式后应针对不同对象实施不同的策略。B2B 型客户购买产品和服务的目的是在其企业内部将购得的产品附加到自己的产品上再销售，以实现产品的增值，因此联盟型企业应为之提供兼容性好、质量高的产品。渠道分销商和代销商充当企业和终端客户之间的桥梁，为了赚取更多的利润，分销商和代理商都要求企业产品性价比高，而且要求供货渠道通畅，售后服务完善等。对于企业性质的直接消费者，联盟型企业应致力于与其共同解决难题，并进行技术创新降低成本，从长远角度出发为增强联盟的整体竞争力而努力，实现最高意义上的合作。

6. 绩效评估

由于联盟各成员企业都是独立的利益主体，它们之间不可避免地会发生冲突，进而影响联盟企业之间的协作关系。为此，在企业发展的不同阶段，都要以前期建立的评估体系为基准进行绩效评估，这是维持和提高客户联盟经济效益的方法，有助于清楚地认识联盟内利益与风险分配的作用，正确分辨各企业对整个联盟获利过程中所作的贡献。绩效评估包括客户占有率、客户保持率、企业的利润增长率等定性指标，或者以完成特定任务的时间、成本、在目标客户中所达到的认可程度和产品的利润等为评测尺度。

7. 跟踪改进

客户联盟的建立与施行受到很多因素的影响，联盟的核心企业应建立相应的合作监测和监测系统，跟踪联盟的全过程，结合评价机制，确定成员的满意度，以及整个联盟的竞争水平，及时发现问题并采取有效措施加以解决，确保联盟合作与变革的顺利进行。

客户联盟有一定的合作伙伴生命周期，其合作伙伴关系是一个动态的、不断演变的过程，联盟的结果可能是退出合作、维持原有状态或扩大合作。因而联盟的最终结果取决于联盟过程中各种决策的制定以及持续的控制和改进。

 阅读材料

客户联盟维持需要遵循的 3 条原则

企业将客户联盟的概念付诸实施并获取利润有 3 条规律可循，也是联盟所必须遵守的法则。

第一，展开你的商业想象力。为客户和市场合作伙伴尽可能地搜寻出最佳的问题解决方案。

第二，培育沟通渠道。客户联盟需要建立一种基于相互信任并经得住时间考验的相互沟通关系。

第三，承诺，承诺，再承诺。企业必须为客户和市场合作伙伴做出承诺，并要想方设法保证兑现。

以上客户联盟需要遵循的这 3 条法则——想象力、沟通、承诺，是互相交织、互相依赖的。

11.4 CRM 项目的实施

CRM 作为一种新兴的管理理念，与 CRM 软件系统同样重要的是项目实施。CRM 系

统作为企业信息化管理软件群体中的一个子集,和其他管理软件都有着密切的关系。要想成功实现 CRM 战略,必须要成功地实施和评估好 CRM 项目。

11.4.1 CRM 项目实施的含义与目标

1. CRM 项目实施的含义

CRM 项目实施就是利用 CRM 软件系统中蕴含的管理思想、流程和方法来为企业进行管理规划,将通用的 CRM 管理软件按照企业的特点进行个性化应用,是一个协助企业从现有管理模式逐步接近并达到目标的过程。在实施过程中,咨询顾问将详细了解企业的运营、管理状况,企业的管理者也将更深入地理解 CRM 软件中包含的管理思想、流程和规范,在此基础上共同确立适应企业本身特点的 CRM 应用模式,并将之固化于软件中。

2. CRM 项目实施的目标

CRM 项目的实施在一定程度上将改变企业对市场及客户的看法。也就是说,企业不但要重视新客户的发展,更要注重对原有客户的保持和潜力发掘。通过对客户交往的全面记录与分析,不断加深对客户需要的认识,开发现有客户存在的购买潜力,达到提高销售额、降低成本、增加利润、提高客户满意度的目标。

(1) 提高销售额。利用 CRM 软件系统提供的多渠道的客户信息,确切了解客户的需求,增加销售成功的概率,进而提高销售额。

(2) 增加利润率。由于对客户有更多了解,业务人员能够抓住客户的兴趣点,有效进行销售,避免价格战,从而提高销售利润。

(3) 提高客户满意度。CRM 软件系统提供给客户多种形式的沟通渠道,同时又确保各类沟通方式中数据的一致性与连贯性。利用这些数据,销售部门可以对客户要求作出迅速而正确的反应,让客户在对购买产品满意的同时也愿意保持与企业的有效沟通关系。

(4) 降低市场销售成本。由于对客户进行了具体甄别和群组分类,并对其特性进行分析,使市场推广和销售策略的制定与执行不再盲目,节省时间和资金。

11.4.2 CRM 项目实施的具体方法

CRM 项目的具体实施方法,一般采用"六阶段实施法",其过程如图 11.7 所示。

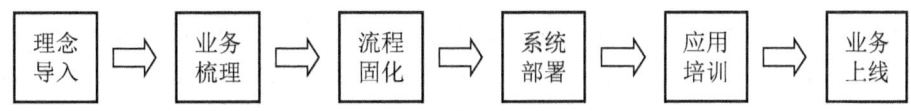

图 11.7 "六阶段实施法"的过程

在"六阶段实施法"中,可通过向咨询顾问学习经验,辅以标准的规范文档,合理地组织人员和资源,为成功完成 CRM 项目提供切实的保障。整个实施方法具有很强的专业性、规范性、操作性,能够充分保证实施的质量。其中各个过程的含义与内容如下。

(1) 理念导入。主要包括组建实施小组、确定人员和时间、项目动员和 CRM 理念培训。其中,理念培训是实施中的重要价值点。可以采用"体验式培训",介绍大量国内外的真实案例,以启发式教学的方法,让企业上下深入理解"以客户为中心"的管理方式,将客户而非产品放在企业核心竞争力的位置。也可以通过案例讨论,让企业的各级人员了解 CRM 对现代企业的重要性,以及可以从哪些方面来加强和提升客户关系。

(2) 业务梳理。这是系统实施的重要步骤和控制实施周期的关键。通过业务梳理,咨询顾问能了解企业的经营状况及工作方式,提炼出市场、销售、服务中各环节的关键点控制点,暴露出隐藏的问题。同时,咨询顾问可充分发挥"第三方"的优势,提出个性化的实施建议,并对实施中可能出现的阻力做充分准备,是进行下一步工作的基础。

(3) 流程固化。其重点是在调整和优化原有工作流程的基础上,建立基于 CRM 软件系统的、规范的、科学的、以客户为中心的企业运营流程。在方案设计过程中,咨询顾问应运用在相关行业的成功实施经验,根据在业务梳理过程中总结的有关信息,重新进行流程规划调整。

(4) 系统部署。主要完成正式启用系统的数据准备工作。在此过程中,咨询顾问应根据方案设计中规定的企业运营流程、工作传递关系、企业组织结构以及企业经营产品的特点等将基础数据录入或导入到系统,指导企业建立协调统一的信息标准(或参照 ISO 标准)。系统部署由咨询顾问和企业内部的 CRM 项目负责人共同完成,确保知识传递。

(5) 应用培训。通过培训,企业员工能够很快熟悉 CRM 软件系统,了解自身工作在 CRM 软件系统中的角色及如何利用 CRM 软件系统提高工作效率,使 CRM 软件系统得以尽快投入到实际工作中,解决现有的问题,使工作更协调。

(6) 业务上线。将原有模式切换到 CRM 软件系统,系统正式启用。具体任务包括应用广度、应用频率、应用规模评估;应用深度、应用功能、流程优化评估;应用效果评估(包括数据整合度、流程完整性、效率提升、销售提升、客户满意度、客户忠诚度等)。

11.4.3　CRM 项目实施的成功因素

企业实施 CRM 项目不是一蹴而就的,要承受来自各方面的压力和风险,如人事压力、财务压力、技术选择的风险、开发失败的风险等。要成功实施 CRM 项目,就必须创造一定的因素。通过对国内外成功实施 CRM 项目的案例应用分析与研究,发现它们有如下几个共同特点。

1. 高层领导的支持

如果缺少了高层领导的支持,前期的研究、规划也许会完成,一些小流程的重新设计也许会完成,购买技术和设备也许会完成,但 CRM 项目的实施很难完成。CRM 项目更多是关于营销、销售和服务的优化,而不仅仅是营销、销售和服务的自动化。当 CRM 项目涉及跨业务部门业务时,高层领导的支持更是必须的。一般来讲,成功的 CRM 项目都有一个行政上的项目支持者,必要情况下可能还需要"一把手"或者委任一个"二把手"亲自领导。

2. 咨询公司的协助

CRM 项目作为一项大型的企业管理软件项目,实施难度比较大。由于国内企业在 IT 建设上缺乏经验及业务人才,导致项目实施具备较大的风险。因此,成功的 CRM 项目实施离不开专业的咨询公司的参与和帮助,要充分重视咨询公司的作用。成功的 CRM 项目离不开专业的咨询公司的参与,用户想闭门造车,完成 CRM 项目的实施,是不切实际的。

第11章 客户关系管理战略及其实施

在 CRM 项目的实施过程中,专业的 CRM 项目实施咨询顾问,可以起到的协助作用有以下几种。

1) 挖掘企业的潜在需求

发掘一些潜在的企业需求非常重要。因为如果在 CRM 项目后期,再进行需求范围变更的话,对于项目来说,是非常不利的,而且企业可能要付出更多的精力与成本。

 阅读材料

咨询公司帮助企业发掘潜在需求的例子

在需求调研的过程中,有些需求是明显的,但有些需求是不明显的,这就是潜在需求,甚至有些需求用户可能自己都不知道。但是,CRM 项目咨询顾问会征询用户的意见,在他们的启发下,用户会发现,自己确实需要这个功能。例如,对于销售漏斗管理,可能企业以前在 CRM 中从来都没有用到这个工具,甚至他们还不知道有这个管理工具。但是,在咨询过程中,CRM 项目咨询顾问会探索性地询问销售经理是否需要销售漏斗管理,若有必要的话,CRM 项目咨询顾问还会给销售经理演示销售漏斗是如何工作的,对企业来说它有哪些方面的用途,等等。可能听过咨询顾问比较专业的介绍后,销售经理会觉得非常有必要使用销售漏斗来管理。此时,这个潜在的需求就在咨询顾问的引导下被挖掘出来了。

又如,公司以前在 CRM 中,没有采用信用额度的管理,认为其管理麻烦。但是,CRM 项目在业务调研的过程中,会建议用户使用信用额度管理,会给用户展示利用 CRM 软件系统进行信用额度管理的便利性,利用信用额度管理的好处等等。用户以前在手工管理信用额度中遇到的麻烦事,在咨询顾问的一番讲解下,可能就不存在了。如此,用户新的需求又被确定下来。

2) 优化企业管理流程

在业务流程重组中,咨询顾问可以给出一些有价值的参考流程,例如同行业企业的管理流程、管理标准流程等,让企业在两者之间进行对比,发现自己流程的漏洞。然后,企业可以借鉴别人成功的管理流程,取长补短,改善企业的管理流程。同时,咨询顾问还可以告诉企业现有管理流程的风险。例如付款条件流程可能存在哪些风险,要通过哪些流程来补救,等等。因为咨询顾问见识过很多企业的管理流程,自己也可能从事过相关工作,所以,对于企业常规流程中存在的一些漏洞是比较熟悉的,他们能够如数家珍的报出来。这对于企业通过 CRM 软件系统,防患于未然,是非常有帮助的。

3) 提供问题解决方案

针对企业提出的管理问题,咨询顾问会提出相应的解决方案。特别是那些资格较深的咨询顾问,提出的解决方案一般都是在其他企业已经用过且效果不错的解决方法,这比起书本上的那种纯理论的方案要强得多。针对同一个问题,咨询顾问还可能给出一些不同档次、不同费用的解决方法,企业可以自己分析比较,以便选择一个适合的解决方案。这比企业自己不断地尝试解决问题,速度要快得多,而且,成本也要节省多。

4) 组织 CRM 软件系统的实施

CRM 软件系统的实施工作是个非常复杂的工作,在整个项目的实施过程中,牵涉到很多方面的内容。例如,要对企业进行需求调研,要进行项目的规划,要对企业进行培训,要组织业务流程重组,要安排企业进行模拟训练等。这些工作都是非常有技巧的,若企业

没有这方面的工作经验，很难作好这些事情。CRM 项目的实施工作，最好要由经验丰富的专业咨询顾问来承担。虽然说由其承担，CRM 项目不一定能够成功，但是，若没有咨询顾问的帮助，CRM 项目必然会磕磕碰碰，四处碰壁。

5) 支持软件二次开发

CRM 是一个非常复杂的系统，包含着非常丰富的管理思想。而 CRM 的二次开发过程，也不是光有技术人员就可以实现的。一般来说，二次开发是由企业提出需求，然后交由咨询顾问。咨询顾问会评估整个需求有没有进行二次开发的必要，会考虑这个需求能否通过一定的配置在系统中实现。若咨询顾问觉得有必要进行二次开发的话，则会根据这个需求分解成一个个小事件，让程序员能够理解，然后程序员再根据咨询顾问提供的简单事件进行二次开发。可见，咨询顾问在这中间起的角色，就相当于是足球场上的教练，是非常重要的。若没有咨询顾问，这些工作要么由企业自己来处理，要么是由程序员来做。但是，无论是由谁来做，都很难称职地处理好这些工作。

3. 技术的灵活运用

在那些成功的 CRM 项目中，技术的选择总是与要改善的特定问题紧密相关。如果在一家企业，销售人员或服务工程师在现场工作时很难与总部取得联系，这家企业很可能选择机会管理功能。如果企业处理订单时的出错率很高，则很可能选择配置器功能。如果销售管理部门想减少新销售员熟悉业务所需的时间，这家企业应该选择营销百科全书功能。选择的标准应该是根据业务流程中存在的问题来选择合适的技术，而不是调整流程来适应技术要求。

虽然很多企业的 CRM 项目的实施是从单个部门(如营销、现场销售或客户服务)开始的，但在选择技术时要重视其灵活性和可扩展性，以满足未来的扩展需要。企业要把企业内的所有客户集中到一个系统中，使得每个员工都能得到完成工作所需的客户信息，项目初期选择的技术就要比初期所需要的技术复杂，这样才能满足未来成长的需要。

4. 专注于管理流程

企业要实施 CRM 项目，注意力应该首先放在流程上，而不能仅仅只是放在技术上。技术只是促进因素，技术本身并不是解决方案。因此，实施 CRM 项目的第一件事是去研究企业现有的营销、销售和服务流程中的问题，然后再分析原因，解决问题，找出改进方法。

阅读材料

CRM 项目实施小组发现并解决问题的具体方法

为了发现企业现有流程的问题，CRM 项目实施小组应该事先分析企业是怎样营销、销售和服务的，顾客在哪种情况下、什么时候会购买企业的产品或服务。一方面，在企业内部要和营销、销售和服务部门的人员开展深度访谈，了解他们做些什么、为了做好并不断改善工作需要哪些条件、信息；另一方面，从企业外部了解用户认为存在的问题，如难以获得产品专家的支持。

项目小组应该了解和研究客户购买产品的过程，如客户如何对各种产品进行评估、选择厂商、评估产品价格,并对流程进行审视,找出是哪些环节阻碍了潜在的客户购买产品,如对客户需求的响应速度过慢、给出的建议不完全、售后服务不良等。

找出了流程中的问题后,分析其原因。例如,为什么从发现潜在客户到向其提供服务之间要有很长时间,为什么销售人员不能获得关键的客户支持数据等,还要分析这些问题继续存在所造成的损害。通过这些工作,项目小组确定了要解决的问题,而且可以在项目实施后把原来的状况与当前的状况相比较,看是否有所改观。

5. 组织强有力的团队

强有力的团队是 CRM 项目实施成功的保障,为此须在 3 个方面具有较强的能力。第一,系统的客户化和集成化。不论企业选择了哪种解决方案,一定程度的客户化工作都是必需的。作为一个新兴事物,大部分 CRM 产品都应用了最新的技术,应该根据企业的工作流程对 CRM 工具进行修改,这对系统能否获得最终用户的接受是一个很关键的因素。系统集成也很重要,特别对那些打算支持移动用户的企业更是如此。第二,对 IT 部门的要求。这包括合理设计网络的大小、对用户桌面工具的提供和支持、数据同步化策略等。第三,改变工作方式。实施小组应具有改变管理方式的技能,并提供桌面帮助。这两点对于帮助用户适应和接受新的业务流程是很重要的。

对那些最成功的 CRM 项目的调查显示,这些 CRM 项目对上述 3 个方面都非常重视。对这 3 个方面进行评估后,如果发现某一个环节比较薄弱,就应该从别的部门、咨询公司等寻找新的人员加入小组,充实这一方面的力量,从而保证项目小组能实施复杂的 CRM 项目。

6. 注意系统的分步实施

在 CRM 项目规划时,具有 3~5 年的远景很重要,那些成功的 CRM 项目通常把这个远景划分成几个可操作的阶段。毕其功于一役给企业带来的冲击太大,往往欲速则不达。通过流程分析,可以识别业务流程重组的一些可以着手的领域,确定实施优先等级,每次只解决几个领域。例如,一个计算机公司在当前的订单生成流程的改造中,CRM 识别了 42 个可以进行流线化的流程步骤。但该公司并没有把这 42 个地方一次改变,而是挑选了 3 个潜在回报最大的步骤首先进行重组。这样只需几个月就能教会了用户使用 CRM 的工具。通过使用新系统和改造后的流程,销售人员在系统投入使用后的 4 个月内缩短了销售周期 25%,仅仅这部分的回报就已经超过了软硬件和客户所花的费用。

7. 注重系统的集成

系统各个部分的集成对 CRM 的成功很重要。CRM 的效率和有效性的获得有一个过程,依次是终端用户效率的提高、终端用户有效性的提高、团队有效性的提高、企业有效性的提高、企业与客户之间有效性的提高。

实践证明,为了获得用户对项目的支持,CRM 小组首先要解决终端用户问题,初始重点是营销、销售和服务流程所存在的问题。如果用户对计算机不熟悉,CRM 项目小组首先要提高用户个人的效率,使用户熟悉计算机和网络。CRM 项目整合提高的过程中,关键在于准确地评估企业当前状况,然后以此为出发点,一步一步地开始建设。

 阅读材料

CRM 项目实施失败的 9 大主要问题

1. 缺乏配套管理制度

CRM 是一种新型的企业销售管理模式和方法，企业任何使用计算机系统的人员都必须遵循一个统一的原则和规范，决不允许各行其是、各走各道。因此，必须在模拟运行的基础上，结合本企业的具体情况，制定出一套行之有效的管理制度，包括系统登录、数据录入、数据安全、数据保密、权限设置等。

2. 管理数据不尽准确

有人将企业信息系统的工作量说成是"三分技术，七分组织，十二分数据"，这一点都不过分。无论在试运行阶段，还是在正式运行阶段，数据的整理与录入都是实施的难点。对 CRM 软件系统中各类数据的采集、审核、编码、录入、处理、使用、传递、备份等，都要坚持"严"、"细"、"准"的要求。

3. 项目启动时无战略规划

很多企业在实施项目的时候都声明"我们今年要实施 CRM 项目"，其实这不是战略。一个 CRM 战略需要很清晰地界定客户对企业的认识和判断、明确企业如何维护好与客户的联系过程，在这个过程中同样需要明确如何制订计划实现这样的结果。另外，不要认为 CRM 项目是一个孤立的项目，CRM 战略不能与企业整体战略脱钩。如何发展和提升客户关系是企业的生命线，客户必须成为整个企业战略的核心。

4. 试图"毕其功于一役"

有些企业总想把 CRM 项目设计的所有内容一次实施完毕，来一次完善"全面的 CRM"。其实，想尽快地、一次地改变整个组织，并让它正常运行是很困难的。每个组织都有自己的特性，都需要时间适应新的变化，应该在组织中先执行高优先级部分，然后循序渐进，且每一步的调整应在可控范围之内。

5. CRM 软件工具选型不当

目前市场上有很多 CRM 软件工具可以选择，并且这些工具也在不断地发展，试图为客户提供更多的功能。企业在应用 CRM 前，应当对 CRM 工具和企业的需求进行评估，从而得到更贴近自己需求的产品。并非所有的人是用同样的方法、同样的业务流程来服务客户，另外，管理客户的优先级也是不相同的。

6. 项目没有考虑客户体验

在快速实施 CRM 解决方案的时候，大多数企业很容易忘记那些在企业外部的人——客户。实际上，在实施 CRM 项目时，应该首先和客户进行广泛交流，发现他们真正所需要的服务内容。你如何更好地满足他们的需求？你如何与客户合作获得真正的成功？其他供应商是怎样做的？这些都是需要考虑的。

7. CRM 项目没有设定目标

对于一种新的流程，很重要的一部分就是期望业务能得到改善。如果你不期望执行力得到提高，不去衡量，不去管理，企业管理水平是不会得到提升的。所以应该设定期望值，及时测量、提供反馈、促进提高，并寻找持续改善的方法。为此，就需要在项目实施一段时间后进行 CRM 项目绩效评估。

8. 把 CRM 项目当作短期行为

CRM 项目启动后并不是就万事大吉，而仅仅是项目的开始，应该把项目的启动作为企业的革命性变革，需要很多重复工作才能实现。企业中可能会有很多反对变化的员工，在整个过程中会产生很多抵触。

因此，要做好中长期打算，从处理过程中获得新数据，细化战略，建立新目标，制定能达到目标的计划。

9. 没有强调 CRM 的全员参与

虽然 CRM 的购买者不是一般的员工。但是在 CRM 的应用中，每一个员工都会感受到一些根本的变化，项目实施时应让所有的员工参与进来，创造关注客户的良好氛围，提供更多的培训机会，让员工知道自己的角色和自己应该适应的变化。一定要调动员工的积极性，使大家更好地服务客户，使企业更成功。

本 章 小 结

企业 CRM 思想的导入，必须首先制定一套切实可行的 CRM 战略并稳步实施。而 CRM 软件系统是只是实现 CRM 的重要技术工具和实现手段。

本章首先介绍了 CRM 战略的基本知识，包括其含义、组成、作用、内容以及基于客户关系类型划分和客户增长矩阵的 CRM 战略 5 种类型及其选取原则；然后重点介绍了客户关系战略中一种重要合作形式——客户联盟及其运作模式，包括客户联盟的含义、作用、运作模式(重点介绍按发展阶段划分的 3 种模式——定制模式，合伙人模式，引导模式)和建立方法；最后概括性介绍了 CRM 项目实施的相关内容，包括其含义、目标、实施方法以及主要成功因素和需要注意的一些常见问题。

通过本章学习，读者应熟悉 CRM 战略的内容及其项目实施的成功因素。

关键术语

CRM 战略　　客户增长矩阵　　客户忠诚战略　　客户扩充战略　　客户获得战略
客户多样化战略　　客户联盟　　定制模式　　合伙人模式　　引导模式

练 习 题

一、填空题

1. CRM 战略包括_____、_____和_____3 个方面的内容。

2. 一个客户战略至少包括 4 个元素，分别是_____、_____、_____和_____。

3. 按照客户关系的不同水平和程度，可将其划分_____、_____、_____、_____和_____5 种类型。

4. 按照发展阶段划分，客户联盟可以划分为_____、_____和_____3 种模式。

5. 客户关系管理项目实施的目标包括_____、_____、_____和_____ 4 个方面。

二、判断题

1. 企业开展 CRM 工作，最重要的就是购买一套 CRM 软件系统。　　　　　　　　(　　)

2. 企业的客户关系类型并不是一成不变的，在经营管理实践中必须针对其商品的特性和对客户的定位来做出抉择。　　　　　　　　　　　　　　　　　　　　　　　　　　　　　　(　　)

3. 客户多样化战略风险较高，除非特殊情况，一般不要使用。　　　　　　　　　　(　　)

4. 企业 CRM 项目的成功实施，离不开高层领导的支持。（ ）

5. 企业实施 CRM 项目不是一蹴而就的，要承受来自各方面的压力和风险，如人事压力、财务压力、技术选择的风险、开发失败的风险等。（ ）

三、名词解释

1. CRM 战略
2. 客户增长矩阵
3. 客户忠诚战略
4. 客户联盟
5. 定制模式

四、简答题

1. CRM 战略具有什么作用？
2. CRM 战略包括哪些组成部分？
3. 客户关系包括哪些类型？企业应该如何选择相应的类型？
4. 什么是客户增长矩阵？如何根据它制定和选择不同的客户关系战略？
5. 常见的客户关系战略有哪几种？说明各自的含义、作用、适用情形。
6. 什么是客户联盟？它具有什么重要作用？
7. 请说明定制模式、合伙人模式、引导模式3种模式的各自含义及其实现方式。
8. 请画图说明客户联盟的建立步骤，以及各个阶段的主要工作。
9. 请描述 CRM 项目"六阶段实施法"的过程及其每个阶段所作的主要工作。
10. CRM 项目实施的成功因素有哪些？需要注意避免哪些常见问题？

五、案例应用分析

案例 11-1　华为公司的大客户战略联盟策略

大客户战略联盟从本质上来说就是联盟关系管理，其发展的每一阶段都需要预先采取积极的措施，以保证供应商与大客户的联盟不断加强，同时防止竞争对手的进入，华为公司深谙此道。

1. 华为公司大客户关系的建立

华为公司意识到与大客户战略联盟的重要性，想方设法要把传统的互为对手的关系转变成基于信任的合作关系，完成这一转换需要一定的方法，华为主要采用了如下几种方法。

(1) 分配公平。指的是合作双方之间的利益如何分配和责任如何分担。华为公司清楚地知道，作为弱小的供应商要想占领市场，必须首先充分考虑大客户的利益满足问题。例如，华为公司通过与中国电信公司建立战略联盟，与中国电信公司之间的合作会使得双方的战略联盟产生一种整合效应，产生比非合作状况下更多的利益。在早期，华为公司与邮电部门各地区公司成立区域性合资公司，年终分给大客户的红利高达70%，当然，华为也收益颇丰，真正做到了"大家都有钱赚"。

(2) 个人关系。供应商—大客户所在企业的高层管理人员之间的关系对大客户战略联盟关系有着相当深刻的影响。华为公司规定公司的高层都要经常性地拜访大客户，副总裁就是高级大客户经理，非常重视与大客户相关的领导者之间建立信任关系，大大地促进了双方信任关系的发展。华为公司通过与大客户建立起异常亲密的个人关系，以此超越传统的交易关系而达到成功的伙伴关系。

第11章 客户关系管理战略及其实施

(3) 相互沟通。如果大客户对供应商所在组织的目标、政策了解得较清楚，知道对方正在寻求己方的合作以实现其战略，并且有能力进行合作来促进双方的绩效，这样自然而然就会对对方产生一种信任感。要获得大客户的信任，除了制定出合作战略之外，还必须想办法让大客户了解自己的合作战略以及实施这些合作战略的意愿和能力，也就是说要让大客户熟悉自己。华为公司主要通过开设试验局、投放产品广告、参加各种电信专业展览会和电信论坛、与客户进行技术交流、邀请客户参观公司等，以增强客户对华为的全面了解。

2. 华为大客户关系的提升

大客户关系的提升，华为公司通过顾问式营销，同时关注大客户的组织利益与个人利益、短期利益与长远利益、有形利益与无形利益等多个方面的满足，在自身赢利的基础上，建立、维持和促进与大客户的关系，以实现供需双方的目标，从而形成一种兼顾双方利益的长期关系。华为公司为了巩固与大客户的战略联盟关系，从战略高度提出与大客户建立合作关系的结构性纽带。

(1) 顾问式营销。其他公司还将客户关系停留在"降价、喝酒、回扣"的层次上，华为公司已在各地进行"咨询营销"，帮助运营商分析网络现状，以真正的实力抢夺大客户，发展新业务。1999年，华为公司帮郑州本地网做的网络分析和规划送到了河南省局高层的桌面上，获得了高度认可。华为公司还高薪聘请IBM公司的专家，打着"飞的"给华为公司的各地客户进行国际电信发展趋势和经营管理的培训。

(2) 强调大客户细节接待。相对于"走出去"，"请进来"更是华为公司抓住客户的营销武器。例如，当客户代表在深圳火车站见到华为公司的接站人员时，一份请柬式样、印制精美的"参观日程安排表"就在第一时间递到了客户代表手里。从接待人员，到讲解人员，再到具体接受采访的新闻部人员，华为公司的组织工作严谨、细致。事实上，华为公司的客户导向绝不像外界片面理解的"会搞关系"那样，他们是真正理解客户选择对生存的重要意义的公司。请大客户到华为公司来看看，照顾好他们，让他们认可华为公司是有承诺实力也有践诺实力的公司。

(3) 帮助大客户同步成长。华为公司的决策层意识到要想保证市场的持续成长，就必须积极主动地帮助大客户健康成长。如果说华为公司早期主要依靠个人公关与情感营销攻城略地的话，那么当华为公司百炼成钢后，就充分利用自己的优势资源，强化大客户的价值链。由于与国际大公司频繁开展激烈的竞争，有力地磨炼了华为公司的整体战斗力，处于相对强势的华为公司利用自己成功的企业文化、营销理念与管理模式等来提升大客户的管理水平。例如，华为管理学院聘请与培养了一支既具有深厚的理论水平、又积累了丰富的实践经验的高水平培训师队伍，他们每年飞往全国各地执行一项特殊的任务——代表华为公司培训大客户的中高层管理人员。这些讲师采取专家顾问式培训模式，深入了解大客户所在行业企业的现状与未来发展趋势，除了传授先进的管理方法外，通过调研与诊断，与大客户管理层开展思想交流，为大客户的战略制订、管理优化、人力资源开发与利用提供有效的咨询建议，让大客户在发展过程中少走弯路。

3. 华为公司大客户关系的巩固

(1) 与大客户共同学习。客户发展的成功要素在于所提供的产品或服务需要具备知识性。大客户战略联盟模式下供应商所销售的产品，其复杂与专业性较高，而这种知识与专业的要求，不仅使供应商取得了对大客户教育培训的机会，增加与大客户组织内部建立关系的直接渠道，而且有力地隔离了竞争者。例如，2001年12月16日至20日，中国联通召开GSM无线边际网工程技术研讨会。针对联通GSM网络覆盖现状和服务需求，为了提高联通网络服务质量，完善网络覆盖范围，合理利用工程建设投资，联通公司总部邀请华为公司等设备供应商参加研讨会，研讨内容包括热点地区、高速公路、低话务地区覆盖技术解决方案、已实施实际工程方案介绍、投资效益分析等。据华为公司内部资料介绍，在1996－2000年，华为公司每年都要参加几十个国际顶级的展览会。华为公司把参展的技巧提升到参加行业论坛，华为公司还自己召集国际运营商参加研讨会，通过对华为公司客户成功案例的解剖来增进彼此之间的了解。2004年7月，华为公司就在泰国召开了"彩铃业务国际研讨会",别的国家的运营商也被请到泰国,共同研究,增进了解。向客户学习也是巩固联盟关系之道。华为公司花巨资研发的 3G 产品是采取国内、国际并重的方式。国内市场延迟启动之后,华为公司立即转向国外,在阿联酋等地抢得商用合同,而在国际市场上积累的经验,反过来又可以在国内市场的竞争中应用。在看过西班牙电信公司的标书制作要求后,任正非的评价是"看看海外电信公司是怎么评价标书的。我认为它很科学很规范,国际市场拒绝机会主义。应该看到,国内的运营商也在逐渐地成熟、规范。"

(2) 与大客户亲密接触。华为公司诚意邀请大客户到深圳华为公司参观考察,成效显著。尼日利亚商务部长用"Seeing is believing(百闻不如一见)"的成语发表观感,以保守而严苛著称的英国电信 BT 技术官则认为"不选择华为会是一个错误"。一些竞争对手公司的负责人参观华为公司后感慨"终于明白谁是自己未来最大的对手了"。在华为公司遭思科公司起诉的艰难时刻,是 3Com 公司的首席执行官克拉夫林的出庭作证和斯坦福大学教授丹尼斯·拉里逊提交的第三方分析结论才力挽狂澜的。而这两人都曾被请到华为,现场参观华为公司的研发流程。尤其是克拉夫林告诉美国媒体的一段话"华为公司的工程师都具有相当天赋,他们在宽大的办公室里操纵着最新的设备和软件,他们拥有我所见过的最先进的机器人设备",更是为华为公司在美国市场甚至全球电信市场打了一个价值超高的形象广告。事实上,经过思科公司诉讼案一役,连思科公司都认为"华为公司在这场官司中赢得了比思科更多的商业利益和市场机会"。

(3) 与大客户产权捆绑。大客户战略联盟的价值,往往取决于联盟伙伴所能提供的独特的共享资源的价值,以及其所能产生的协同效益。要形成关系资产,需要联盟双方进行专用资产的投资,华为公司重视对大客户特定资产的培植,加强与各主要运营商的合作关系,长期采取"利益共同体"策略。2003 年,华为公司与香港第五大电讯运营商 SUNDAY 公司进行的以投资换订单的合同,就为国内市场迟迟不见动静的销售开辟了一条生路。而 2003 年中国电信公司海外上市时,华为公司持有其亿股,实现了与客户的紧密捆绑,使得利益同盟关系更加牢靠。华为公司通过这种排他性资产的强制,一方面,牢固地把大客户捆绑在"共同利益"的战车上,另一方面,巧妙地将竞争者排除在市场大门外。

资料来源:摘引自赵肖飞. 华为:大客户联盟制胜[J]. 管理与财富.2007(06).

案例讨论题:

(1) 华为公司是如何建立、提升和维持与大客户之间的联盟关系的?
(2) 请分析:像华为、中兴这种大型通信公司在客户关系管理中要注意哪些问题?
(3) 根据本例,参考本章内容,分析大客户联盟在客户关系管理中的重要作用?

案例 11-2 太平洋保险 CRM 实施的成功案例

金融保险企业的信息化也如润物细雨在不知不觉地改变着太平洋保险公司。近日,中国太平洋保险公司北京分公司再次向联成互动公司购买使用授权,扩大其 SFA 的应用,并成功地实施了 CRM 项目。

1. 为什么要采用 CRM?

中国太平洋财产保险股份有限公司是国内金融保险行业具有重要地位的企业。其北京分公司的业务范围面向北京地区的集体与个人,从成立伊始就以非常健康的态势发展,保险业务量急剧增长,企业形象与信用保证已得到客户的广泛认可,市场规模不断扩展。随着市场竞争的加剧与公司规模的增长,尤其是中国金融保险企业信息化建设的蓬勃发展,公司大力引入先进的管理理念与管理工具,以适应内外部环境的不断变化。公司在 2001 年开始启动企业 CRM 系统来管理公司的销售业务。

同其他行业不同,保险业具有自己鲜明的特点。其销售既有面对广泛个体客户的关系型销售,又有面对大客户的项目型销售;既要管理好高价值客户,把一个新保/转保客户发展成为续保客户,又要在此基础上扩大其他险种的销售,通过不断维护与管理,稳定与发展客户关系;对于一些企事业单位的大的项目,还要通过严格的项目控制与多部门不同人员的工作协同,来确保达到良好的效果与销售目标。同时,保险公司推销给客户的产品(险种)其实是对客户的承诺与服务。因此,需要管理好保单的销售与理赔,并通过对客户成本(赔款)与保费的对比分析进行客户的风险评估,以准确判断客户续保的可能性,从而保证公司的收益,抵御风险与损失。怎样维护客户关系?如何保证公司的利益?这样的工作仅仅靠手工管理显然达不到要求。行业的特殊要求和公司面临的问题使太平洋保险公司在信息化建设方面迈出了一大步,公司高层决定选择 CRM。

2. CRM 方案选择

国内外的 CRM 产品数不胜数,太平洋保险公司最后选择了联成互动软件技术有限公司的产品 MyCRM for SFA。这其中既有双方的销售管理理念一致的原因,也有 MyCRM for SFA 已经在很多企业实施成功的示范性因素,而最重要的原因是 MyCRM for SFA 根据特殊的行业特点,为太平洋保险公司提供了量身定做的销售自动化管理方案。这是太平洋保险公司最后选择联成互动的决定因素。

首先,MyCRM for SFA 为太平洋保险公司北京分公司提供了一个统一的保险业务销售管理平台,如图 11.8 所示。在这个平台上,MyCRM for SFA 可以帮助公司统一管理客户资源,使公司管理层能够全面掌握公司的销售业务的进展情况。同时帮助销售管理人员及业务人员有效管理销售线索、客户、联系人、销售机会、保单、日常行动等各方面信息,及时了解重要销售机会的进展情况、重要客户和联系人的近况及需求,及时了解保单的销售情况、执行情况和理赔信息。

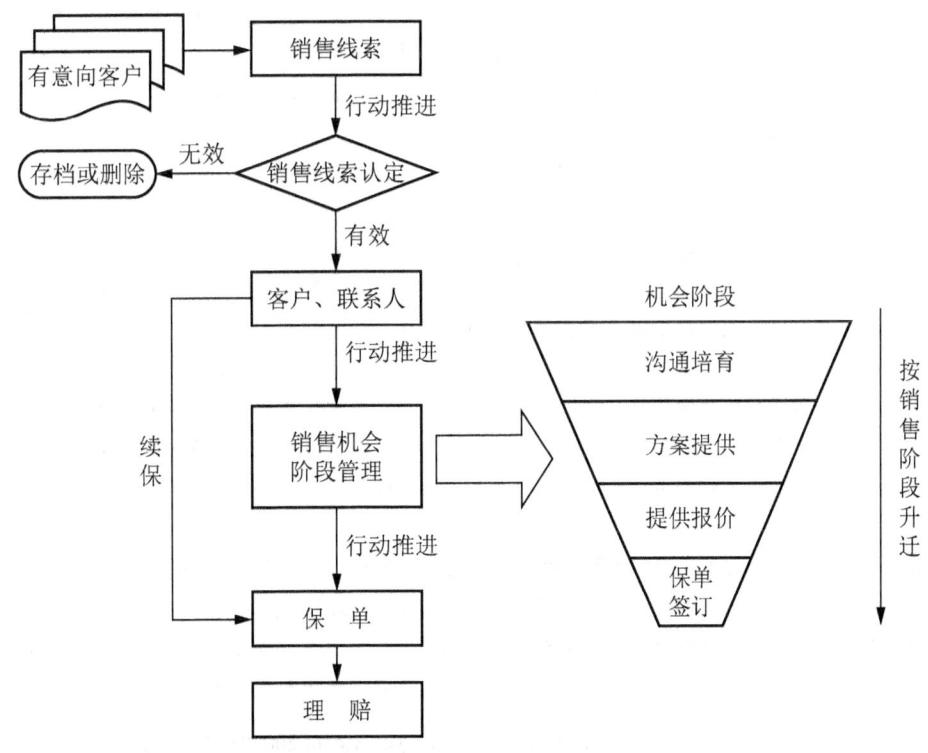

图 11.8 保险业务销售管理平台

其次,通过对各类信息的分类和统计分析,CRM 软件系统帮助公司准确了解高价值客户的销售、各部门签单保费、实收保费与赔款和新增客户等各类信息。系统要求每一位销售人员进行每天的日程安排和制订行动计划,使销售人员每天工作的计划性和目的性显著增强,同时能够让管理者进行有力的监控,及时了解员工销售项目的进展情况并可以适当地加以必要的指导和参与。在此基础上，对员工的绩效管理也有据可依。考核的公平也极大增强了员工的工作积极性。

第三，通过量化的销售过程跟踪与管理，将销售管理落实到具体的行动上，使销售人员逐渐形成科学、规范的工作习惯，从而提升整个公司的销售能力和销售业绩，使公司的销售管理制度化、规范化。

3. 太平洋保险 CRM 实施

有了好的产品，有了好的解决方案，如何把他们应用的企业中来，并不是一件简单的事情。一个软件系统的实施就是一个项目管理的过程，其中包括了团队建设、需求分析、项目控制、技术支持等很多环节，其中的每一个环节都不能落下。太平洋保险公司正是按照项目管理的方法，一步一步地建设自己的 CRM 软件系统。他们的成功经验也许将对国内准备或者正在实施 CRM 项目的企业起到很好的示范性作用。

第一，组建有效的实施团队。一个项目的成功实施不仅仅需要一把手的支持与热情，组建一支业务精通且有项目管理经验的得力的实施团队更是项目取得成功的重要砝码。而项目负责人更是既要精通业务，又要有丰富的项目管理经验。太平洋保险公司的项目负责人是电子商务部经理。多年负责出单中心的业务管理及本公司的信息化建设，具备丰富的业务及 IT 知识。在全面了解软件功能后，结合公司的业务特点与联成互动公司实施小组制定了切实可行的实施计划。在项目推进过程中，有效调动与协调内部资源，积极与实施方沟通交流，起到了枢纽及桥梁的核心作用。正是这样，才把双方的关系拉得很近，及时解决实施中出现的问题，使系统实施顺利进行。

第二，进行严格的项目控制。制定合理可行的实施计划是项目按期完成的关键。实施之初，太平洋保险公司和联成互动项目小组成员就实施步骤、实施进度、责权分配、防范措施等可预见的环节进行了充分沟通，在达成共识的基础上制定详细周密的实施计划。在项目推进过程中，双方严格按计划步骤及时间安排执行。对于突发事件，双方及时讨论解决；对于因不确定因素而影响到计划的正常进行，采用加班或其他连续作战的方法及时弥补，从而确保系统在预定的时间内正式上线运行。

第三，做好充分的需求调研。成功的软件实施，首先必须进行充分的客户调研，得到客户的关键需求。即客户最关心什么，最希望通过软件应用加强、改善业务及管理的哪些方面。这是项目实施前的基础工作。联成互动公司结合自己的软件特点，编制了详细严密的需求调研表，在深入了解太平洋保险公司的业务与管理流程的基础上，在太平洋保险公司员工的积极配合下，与不同角色的人员进行大量充分的沟通，再经过内部的总结分析，准确编制应用需求报告，为项目的顺利进行打好基础。

第四，确定合理的实施预期。项目实施是一个长期分阶段的过程，不可能在短时间内一蹴而就。联成互动结合太平洋保险公司的关键需求，在双方沟通的情况下，确定了合理的可在实施期限内实现的目标，即集中管理客户，特别是高价值客户、管理保单与理赔、管理人员绩效 3 个方面，并对各管理业务角色所需要的视图与报表都做了详细的定义。预期效果一开始的清晰呈现，使系统实施完全按照既定的目标有条不紊的顺利完成。

第五，厂商强有力的技术支持。通用软件的个性化一定会涉及二次开发，联成互动公司也秉承这样的原则。对于太平洋保险公司这样的典型行业客户，联成互动的产品部专门成立了维护小组，在已成熟产品的基础上做系统改动，对太平洋保险公司提出的合理化需求尽量满足。做到调研、开发、试用快速响应，从而保障了实施进度的正常进行。联成互动强大的技术支持是系统顺利实施的最根本保证。

(资料来源：天极网. http://www.yesky.com/20020712/1620117.shtml，作者李珂)

案例讨论题：

(1) 在本例中，中国太平洋保险公司北京分公司决定实施 CRM 项目的原因是什么？

(2) 从文中叙述和自己理解分析企业在 CRM 软件产品选型时，需要考虑哪些因素？

(3) 除了本文中提到的 CRM 项目实施 5 条成功经验，你还能否再举出一些？请说明。

实 践 训 练

1. 企业调查题

自己通过相关关系，联系 2～3 家企业，对其 CRM 战略工作制定情况进行调研，写出初步调查提纲和最终调查报告。根据实际调研的结果，进行如下问题的分析。

(1) 如果你认为某一企业的 CRM 战略管理工作开展的好，请介绍其主要做法。

(2) 如果你调查的某一个企业根本没有制订 CRM 战略，请分析其原因。

(3) 如果你认为某一个/几个企业的 CRM 战略工作已经开展，但是实施效果并不好，请根据本章所讲知识，帮助其诊断其中的原因并提出一些合理化的建议。

2. 文献搜索题

通过查阅相关文献，系统了解 CRM 战略制定或者 CRM 项目实施的成功因素、常见问题、注意事项，然后自己撰写一篇 3000 字左右的小论文。

3. 案例搜集题

通过搜索引擎检索或查阅相关文献，找出更多的企业 CRM 战略及其实施的案例，根据案例内容，模仿本章下面"案例应用分析"的格式，设计讨论题目，同学之间进行交流。

第 12 章 典型行业 CRM 的应用与实例分析

内容说明

作为本书前面所讲各章相关理论知识的实践应用，本章介绍 CRM 在部分典型行业的应用情况。各行业的所讲内容包括相关行业的特点，CRM 在本行业管理中的重要作用和应用价值，本行业典型企业 CRM 应用案例或者软件开发公司的本行业 CRM 解决方案。

鉴于讲述内容的特点，本章在结构上增加了"内容说明"，取消了"知识架构"、"导入案例"、"本章小结"、"关键术语"、"练习题"、"实践训练"以及"案例应用分析"部分。

学习目标

通过本章的学习，读者应该能够掌握：
- 零售业的特点以及应用 CRM 的相关技术
- 旅游业的特点以及应用 CRM 的主要作用
- 饭店业的特点以及引入 CRM 的重要意义
- 汽车行业 4S 模式的特点及其 CRM 适用性
- 医药行业的服务特点及其引入 CRM 的意义
- 房地产业的特点及其对 CRM 系统的应用需求
- 相关行业 CRM 的企业应用实例或解决方案

第12章 典型行业 CRM 的应用与实例分析

12.1 零售业 CRM 的应用与案例介绍

CRM 在零售企业的全面应用,能给零售市场倡导一种以客户服务为主的理念,有助于零售企业的决策支持和智能分析,对零售业今后的科学发展起到重要的作用。本节介绍 CRM 在商业零售业中的主要作用、应用方式、应用策略以及几个实际企业应用案例。

12.1.1 CRM 在商业零售业中的主要作用

从营销、客户服务、分析决策等角度分析,CRM 在零售业中有如下几方面的作用。

1. **分析企业市场活动的回报**

商业企业每年都有长期或短期的市场推广计划,在各种市场活动中投入大量的资金,但是所做的这些市场活动究竟能在多大程度上对企业的销售业绩产生正面影响,成为困扰企业市场营销部门的问题。而 CRM 可以从以下两个方面对其效果进行确定。

(1) 硬指标分析。由于 CRM 只有由市场活动生成销售任务,并由销售任务产生销售业务的功能,所以通过市场活动分析,可以得到某个特定的市场活动直接带来的销售业绩前后的变化,通过查询市场活动的相关工作进程,可以得到与市场活动相关联的销售进展情况。除此之外,还可以通过对销售状况的某个时间段趋势分析,得到某个市场活动举办前后销售业绩的变化情况,从而可以准确地分析市场活动的有效性。

(2) 软指标分析。由于 CRM 的反馈功能可以反映针对产品市场的表扬或投诉,所以通过查询分析市场促销活动前后,客户满意度的变化,进而分析市场活动的有效性。

2. **挖掘企业产品的市场卖点**

所谓市场卖点,就是吸引客户的产品性能特征。传统的零售企业只是从意识上高度重视产品必须具有市场卖点,却无法找到简单实用的分析工具或方法,动态地分析产品的哪些性能指标可以成为市场卖点,而 CRM 就可以提供此类功能。通过 CRM 建立企业产品信息档案,找出不同特性指标的具体内容与销售指标的对应金额,可以分析得到产品的市场卖点。

3. **确定商业企业的主打产品**

一个家零售企业目前的主打产品就是该企业在近期内最具市场卖点的产品。通过 CRM 所提供的功能,可以找出近期内能为企业带来最大营业价值的产品,同时分析该产品的特性,找出产品之所以能够热卖的原因,排除非正常因素。同样,未来的主打产品是指在未来一段时间内能够为企业带来大量利润的产品。通过某几种或某几类产品的比较,找到销售上升趋势明显且具有稳定表现的产品。以此作为销售计划中的产品销售额分配依据。

4. **明确各类客户的真实需求**

"客户就是上帝"早已成为绝大多数企业的座右铭,了解客户所想是实现这一宗旨的核心内容,所谓"一对一"的营销模式,正是基于这一基础。通过 CRM 对大量客户,特别 VIP 客户资料的分析,能清楚地掌握客户的需求,明确回答诸如"老客户对产品的认识怎样？新客户对产品的感知程度如何？如何向企业的老客户推荐企业的产品？怎么带动潜在客户认识产品的特点？怎样找到可能购买产品的客户，并能转化为销售机会？"等问题。

5. 有助于科学地进行员工绩效考核

在传统零售商业模式下，考核员工工作能力的指标只是单纯的销售额或销售利润。而通过 CRM 可以对员工销售额、销售利润、成功率等排行分析，再结合该员工档案的信息资料，可以轻松地找到在以上各个方面都表现突出的员工，让其承担更重要的工作，同时可以根据针对评比结果，对不同的销售员工给予不同的奖励。

6. 能够加强客户反馈信息的共享

客户反馈信息是企业制定营销策略的重要来源。在零售企业传统工作模式下，这些信息往往被某些客户服务人员所拥有，其他市场、销售、服务人员，甚至包括营销部门管理人员都不太清楚。如果这些服务人员没有及时主动汇报客户反馈信息，而将其大量丧失，而即使企业间有规范的管理制度，仍然会由于种种原因而出现问题，造成企业的损失。通过 CRM，企业可以建立反馈信息共享，让相关人员在同一时间，以同一方式得到相同的反馈信息。

7. 监控服务质量，规范服务队伍

对企业而言，服务质量的好坏直接关系到企业形象和产品品牌的建立。CRM 可以跟踪服务过程，及时了解客户服务任务的状态、任务内容等，可以实现对整个客户服务过程的全程监督。经验丰富的导购是企业重要的财富，但是企业的发展不能仅依靠有限的人员支持日益增长的业务要求。让所有的服务人员的服务意识和服务经验保持在同等的高度，是企业行销的期望。把客户服务中的经验教训及时共享，可以加速人员技能的更新。

8. 对商业竞争做出快速反应

随着国外零售企业的大量进入，国内零售企业面临的市场竞争日益激烈。为此，如何了解竞争对手的核心竞争能力，如何对竞争对手的竞争手段作出有力的回击，是企业生存与发展的一个严峻挑战。通过 CRM 中的竞争对手档案库，可以在产品的销售过程中不断搜集竞争对手的动态、市场活动、销售失败原因分析，能为企业提供竞争对手反应机制的第一手资料。

9. 公司销售业绩实时汇集

传统零售企业工作模式下，由于工作人员的工作时间的不配合，往往造成企业的销售业绩和交易信息的传递相对滞后，企业的决策者往往不能依据实际业务的最新数据作出相应决策。而通过 CRM 的网络运行环境和动态销售分析功能，可以及时提供决策支持，从时间和空间上有效促进管理人员的决策效率。

12.1.2 零售企业实施 CRM 的方法与策略

随着 IT 技术在商贸流通领域应用的不断拓宽和深入，利用 IT 手段维持客户关系的方法已经逐步成熟。下面介绍商业企业实施 CRM 的一些相关方法和策略。

第12章 典型行业 CRM 的应用与实例分析

1. 零售企业获取客户信息的技术手段

为了实施 CRM，零售企业必须先要使用一定的技术手段，准确获取第一手资料。这种信息渠道的建立是一个必不可少的过程。下面介绍几种常用的获取客户信息的技术手段。

1) 利用购物卡和 VIP 卡

卡技术可以最直接地记录客户的贡献度，同时能够确认客户的保留度。此类技术在我国已经广泛应用。客户要想获得会员卡首先需填写企业需要的数据信息，这些数据被直接存储到数据库中，企业给予拥有卡的客户相应的优惠政策。使用卡能够给企业带来相当大的便利，尤其是在利用数据库技术进行统计时。目前许多 POS 机和读卡器都能够很容易地读卡，不但不会增加客户的结账等待时间，相反能大大加快购物付款的效率，因此这种技术比较实用，在零售企业的推广也最有力。同时，由于此类卡上没有资金，只能够进行折扣，因此客户和企业都没有信用风险。不同类别的卡也很容易区分客户群，例如许多 VIP 卡结合文化特色被称为金卡、银卡，从名称上即可辨别客户所享受的服务级别。

2) 利用网上支付、银行卡和信用卡

由于客户在使用银行卡、信用卡支付和通过网络银行在线支付时，填写的信息一般都是真实信息，企业可以很容易使用信息技术获得各类所需要的更确切的消费信息。例如客户在当当书店上消费填单，书店很容易获取客户的信息，并易于追踪客户的消费频率，该技术同样适用于追踪客户的贡献度和保留度。

3) 采用问卷调查、有奖参与调查

这种方法是指向客户发放问卷，设置若干选项来请客户填写的方法。该类方法的要点是要设计出友好的、有代表性、容易量化为统计指标的问卷。为了刺激客户的填写欲望，不少企业使用赠送小礼品的方式来吸引客户，但造成的缺陷是有些客户为了小礼品而随意填写问卷，影响了调查的准确率。该方法一般用来调查客户满意度，获取客户改进意见。

4) 利用电话访问、手机短信

直接和客户对话是最好的调查手段，对成熟、稳定的客户进行电话访问和发送短信是较好的信息获取手段之一。中国台湾辅仁大学的谢邦昌教授曾经展示过其设计的电话访问系统，取得了很好的经济效益。同时，由于移动电话的普遍使用，短信也逐渐成为一种沟通新形式。这两种技术可以直接嵌入到信息系统中。使用这些技术时不需要给消费者带来额外的负担能够有力地提高客户的保留度和满意度。

5) 利用客流分析系统

建立专门的客流分析系统，对进出商场的客户进行自动记录，并统计其消费情况，可以方便地挖掘客户的信息，包括客户的跟踪、调查、客户消费习惯的把握、消费记录的积累等等。可以精确到每一天、每一个小时有多少客流量，甚至每一个电梯上下的客流情况，计算客户平均的人流是多少，计算出这个客流在商场的平均滞留时间，可以按照每一个店的消费量做一个分析，最终对商场的利益概率做出精确的数据。

阅读材料

南京德基广场客流分析管理系统的应用

南京德基广场位于被称为"中华第一商圈"的南京市商业中心——新街口，于 2003 年开始筹建。

德基广场秉承高起点、高品位的经营战略，第一次进入零售行业就以公司的经营理念建立起为消费者服务的体系，强调专业化、个性化和特色化是德基广场的内涵。在购物中心的建设过程中，德基广场凭借先进的管理理念与信息技术，将购物中心客户群定位在中、高消费群体，引进了众多国际品牌，并与IBM公司携手建立起一套完善的客流管理系统，为购物中心的长足发展奠定了坚实的经营基础。

德基广场认为，要做好购物场，必须准确真实地了解购物广场的实际情况，因此，周密的调查研究和市场细分是必不可少的步骤。购物广场的收入与交易的密度(即每平方米的销售额)直接相关。大量研究证实，交易密度与购物者密度成正比。如果购物者密度可以准确测量，就可以恰当管理，掌握客流量，那么，交易密度就会增加，自然而然，销售收入就会持续增长。

然而，要了解消费者的行为习惯、购物广场的人流量、购物广场的吸引力和购物广场的运营情况并非易事。德基广场充分利用CRM软件系统为购物中心带来的优势，认真地对客流量进行了分析，这样可以帮助管理者更贴近消费者的真实情况、更易搜集原始数据并结合实际运营进行分析、更好地实施特色化管理。

德基广场CRM软件系统中的客流量分析功能具有3个特点。第一，方便挖掘客户的信息。包括客户的跟踪、调查、客户消费习惯的把握、消费记录的积累等。可以精确到每一天、每一个小时有多少客流量，甚至每一个电梯上下的客流情况，计算客户平均的人流是多少，计算出这个客流在商场的平均滞留时间，可以按照每一个店的消费量做一个分析，最终对商场的利益概率做出精确的计算。第二，能对每一次促销方案费用的投入、产生的效果进行纵向比较，分析得失。从中可以知道如何把客户留在不同的消费领域，并开展促销工作分析。第三，德基广场CRM软件系统中客流量分析的应用，还能用来管理商铺，能及时了解每个商铺每一天的销售数据；了解每一家品牌的经营状况，甚至可以细到每笔交易的销售情况。

总之，德基广场应用客流量分析系统，能很好地发现问题、协助解决问题，从而提升经营效益。相信随着德基广场对这套客流量分析系统应用的不断深入、对技术的不断创新，这种模式会越来越成熟和完善。

6) 利用网站调查反馈

建立商业网站的留言板、论坛等栏目也是进行调查的好方式。因为网络的虚拟性可以使客户畅所欲言，能够真实地反映出客户的心理状况，但却很难追踪客户。该方法可用来反映客户的满意度、提供售后服务支持，IT厂商往往更重视该手段。

7) 生物认证手段

对个人的身份鉴别和信用识别在鉴定客户时非常重要。目前，已经知道可以使用DNA、指纹和面部特来识别个体。但由于识别成本居高不下，这一技术没有大规模地展开应用，仅仅局限于少数领域。最新的计算机技术可使客户的信息具体化，让商家具体地识别和联系单个消费者。生物认证手段可能是未来鉴别客户的最好形式。

2. 分析客户信息的主要技术

通过上述技术手段获取的客户信息一般要进行一次筛选。这些信息通过前台处理、量化后，最终流入企业的信息系统，形成有效的客户信息数据。这些数据存储在企业后台的数据库中，形成进行客户管理的原始集合。

数据筛选后，下一步是针对目标客户进行分类，以最后确定目标群体。这一技术方法通常紧密地和数学模型、统计回归、高性能计算、管理信息系统集成在一起，构成决策支持的核心，也可以看作是企业数字系统的关键所在。

客户分析的常用技术工具包括数据库管理系统、应用程序的支持、操作系统平台、POS机、OLAP系统、WAP系统、统计分析软件、商业智能(BI)分析包等。

如图 12.1 所示是一个典型的商业零售企业实施客户关系管理系统的体系结构和构成视图。

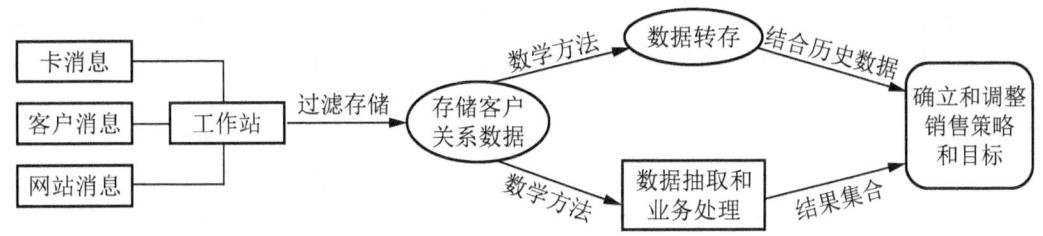

图 12.1　分析客户信息的技术体系构成图

3. 客户的区分处理原则和信用体系

经过上述阶段，基本上可以得到需要的客户信息，并据此制定具体的策略。按照营销的"2/8 原则"，即企业的 80%的利润是由 20%的客户创造的，大体可以做以下对策。

(1) 对于稳定客户和高端客户，例如年消费在 10 万元以上的或消费超过 100 次的，可以适当返还购物券、现金。实施节日送礼、定期的电话回访，给予亲情服务、上门服务。

(2) 对于有开发潜力的客户，例如购买力很强但实际购买物品很杂乱的客户，由于没有形成对品牌的认同，此时进行电话访问、产品促销要更好。这将构成新的利润增长点。

(3) 对于消费量不大，但是频繁光顾的客户，使用促销和广告的方式更能够接受。

同时，还要注意 CRM 软件系统必须要建立在信用基础上，即在营销双方都有信用的基础条件下进行。因此，需要避免一些典型的欺骗行为，例如，填写虚假信息、骗取网上获奖等。在美国已经出现了一些使用网络机器人进行欺诈的情况。例如，一个进行在线拍卖的网站被网络机器人所追踪，最后拍卖物品被该程序的书写者以起拍价格低价获得。同时，伪造信用卡等问题也层出不穷。新技术的使用在带来了福音的同时，也带来了新的问题。

总之，商业零售企业实施 CRM 是一个系统工程，需要有基础设施、人员、资金的相应投入。同时，投入 CRM 在短时间内不一定能带来立竿见影的效益，这就要求企业有恒心、有耐心去做这方面的工作。目前一些以大型客户为营销目标的商业企业单位已经率先开始这方面的投入，而许多面向群体消费者的超市、百货店和购物中心在这方面的投入还不是很大。但令人欣喜的是，CRM 的意识已经逐渐被零售业所重视，并开始考虑系统实施。

12.1.3　北京翠微大厦 CRM 的应用实例

下面通过北京翠微大厦客户管理与业绩提升实例分析，说明商业企业中 CRM 的应用。

阅读材料

北京翠微大厦客户关系管理的应用

北京翠微大厦股份有限公司(以下简称翠微大厦)创立于 1997 年，开业十年多来，企业经济效益迅速增长，已成为中国商业名牌企业和服务名牌企业，其成功因素有很多，其中重视 CRM 的应用功不可没。

以顾客为中心进行信息化管理与业务流程再造

翠微大厦创建之初,他们就对自身定位和发展模式进行了深入广泛的研究。他们认为,必须学会用"两双眼睛"看市场:一双眼睛看别人的优点,吸纳别人的长处,在普遍中找出个性,以弥补自身不足;另一双眼睛看问题,发现和总结百货商业中普遍存在的不足,研究出破解之策。这样,他们一开始就意识到,面对国外零售企业的巨大冲击,首先应当学习国际上先进的经营理念和管理经验。

有两项工作对翠微大厦后来的客户关系管理的发展起到决定性的作用。

一是确立了以顾客为中心的理念。翠微大厦推行的价值观念是:顾客的利益永远是翠微人思考问题的出发点;翠微大厦的经营哲学是:顾客的满意是我们存在的目的,顾客的光顾是对我们最大的鼓励,顾客的认同是对我们最大的回报;翠微大厦的服务铭是:全心全意投入,尽善尽美服务;翠微大厦的发展理念是:今天的服务就是明天的市场。在以顾客为中心的理念指导下,翠微大厦冲破了传统百货商业中的业务流程,进行了企业业务流程再造,其指导思想是:全体员工遵循以顾客为中心而不是以"领导"为中心的原则;企业的业务以流程为中心,而不是以专业职能部门为中心进行;在一张白纸上开始构建翠微大厦理想的业务流程,包括学习和吸纳国内先进企业的管理经验;大幅度提高组织绩效;充分运用信息技术手段。

正是由于确立了以顾客为中心的理念,翠微大厦的业务流程在实际运行当中给企业带来了效益。例如,按照翠微的理念,供应商同样是顾客,于是创造出对供应商的"一卡通"结算方式。现在来看结算货款已经不是什么问题,但在翠微开业时,拖欠供应商货款却是普遍存在的问题,而翠微大厦在全国率先实行了"一卡通"结算,从而赢得了供应商的支持,供应商把最新、最好的商品优先供给翠微大厦,取得了双赢的效果。

二是与北京长益科技有限公司联合设计开发了适用于大百货零售企业的计算机信息管理系统,在全国百货商业企业中率先实行了计算机全程管理,实现了计算机对人、财、物管理的无缝链接。就目前我国商业体系架构来说,商业的机能分为四流,即工作流、商品流、人资流与信息流。翠微大厦的 IT 战略是根据上述四流加以制定的,其中,信息流通标准化、商品信息化是基础。

翠微大厦是全国第一家实行进价核算、单品管理的零售企业,这对后来的顾客管理起到了至关重要的作用。如果不能管到单品,那么计算机信息系统所获得的只能是大类商品的信息,这些信息是粗线条的,无法用于精细管理和科学决策,所以,能否管到单品是大百货商场信息化管理成败的关键。

CRM 的系统框架

在翠微大厦,CRM 的系统框架分为以下几个部分。

(1) 应用层。也就是作业层。主要功能是对 VIP 卡的管理和应用。

(2) 分析层。根据管理的不同层次,结合 ERP 系统的信息,通过多维数据库提供不同的分析信息。将分析结果用于经营管理全过程,并为不同层次的顾客提供个性化服务。

(3) 呼叫中心。包含短信平台、电子邮箱、固定或移动电话等,全方位增加与顾客的接触点,搭建顾客与企业沟通的良好平台。其主要目的是优化服务体系,强化服务设施,培育忠诚顾客,提高服务的快速反应能力。呼叫中心的建立关系到企业流程重组、企业组织架构的职责定义和重新规划,以及形成以顾客为中心的各传统管理部门向新型执行部门转变的现代商业管理模式。

如图 12.2 所示为翠微大厦客户关系管理的功能示意图。

翠微大厦开业初期先后开发了金卡、银卡、便民卡、机关购物卡、相伴卡等以促销为目的的优惠卡,还结合翠微大厦商圈的特点,开发了以教师为优惠对象的"园丁卡"、针对军人的"拥军卡"和针对出租车司机的"TAXI 卡"等专用优惠卡。在开业进入市场阶段,优惠卡的开发有效地促进了经营业绩的提升。但经过近一年的实践发现,这种纯粹为了吸引客流,以优惠幅度吸引顾客的赠卡方式,对实现真正意义上的顾客管理、信息传递、信息反馈来说意义并不大。为此,他们广泛征求顾客意见,把以促销为主要目的的会员卡提升到以信息管理为主要目的的高度,并最终以"家园卡"、"拥军卡"为主提出顾客信息收集的新要求,实行有效的顾客信息管理。

第12章 典型行业 CRM 的应用与实例分析

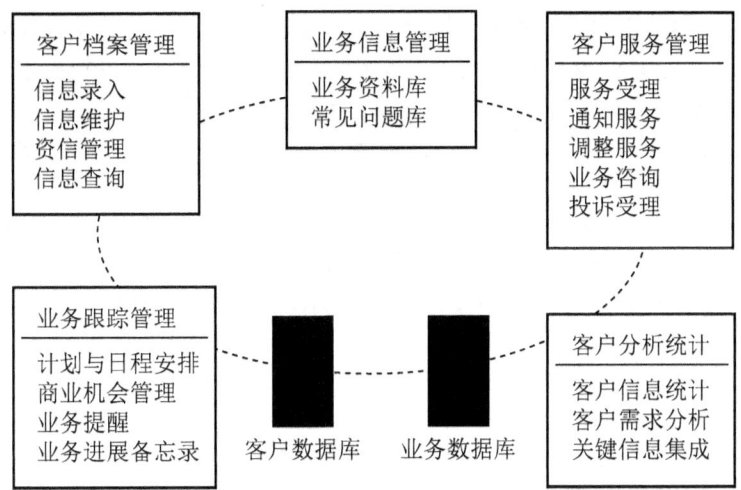

图 12.2　翠微大厦客户管理功能示意图

顾客办理会员卡时，工作人员把持卡人的姓名、地址、职业、年龄、收入、电子信箱、家庭人口、家庭总收入等信息记录存档，并输入计算机，设专门数据库管理，以后还对每一位持卡顾客的消费进行后台监控分析，将统计数据分类记录以供查询。顾客名址信息库的建立，为营销策划提供了一个良好的渠道。

通过对顾客信息中住址、年龄、性别、职业、家庭人口、收入等相关信息的分类统计，翠微大厦划分出不同的顾客群体，专门在一年中的特定节日，如"三八妇女节"、"教师节"、"建军节"、"重阳节"，或根据不同主题的策划创意向特定消费群体邮寄专类 DM 广告或发送电子信息。由于在软件开发时系统已经能够按年龄、职业、收入、性别分类，计算机会自动打印生成相应顾客的信封，工作人员所要做的只是装进特定对应的"内容"就行了。

由于商场里有许多商品对持会员卡的顾客是不打折的，这就影响到持卡顾客刷卡的积极性，造成一些顾客在购买价值不高的商品时不刷卡，这对信息的收集十分不利，影响到信息的完整性和准确度。为了改变这种情况，翠微大厦对不打折商品采取了积分累计的办法，年终时按积分给予一定的回报，积分越高，回报比例越高，多的可以拿到上万元的"积分返还回报"，调动了持卡顾客刷卡的积极性，刷卡频率越来越高。翠微大厦还对会员一年的消费金额进行累计，把年终数据统计排名靠前的消费者按档次划分层次，视为重点顾客，并调阅顾客消费明细表，分析购物特点、购买习惯、消费水平、购买频率等，从中发现他们的个性化需求、阶段性需求，掌握规律，以便开展有针对性的营销策划。

翠微大厦常常采取上门征求意见、网上联系、发短信、电话回访、逢结婚纪念日或生日送贺卡或贺礼的方法，进行感情交流，将其培养成企业的忠诚顾客。

同时，翠微大厦把较低消费额的群体也列为重点分析对象，从他们的住址到翠微大厦的距离、交通条件、购物习惯等几项内容中分析他们的共性，对在翠微大厦商圈范围内的持卡顾客进行普遍的消费满意度调查，根据调查结果，采取相应的营销对策。通过一系列的工作，这部分持卡顾客的消费额上升了 68%。

不断与消费者的需求赛跑

企业经济效益的增长主要有两个途径：一是扩大销售；二是提高商品的利润。而简单地提高毛利率会影响到顾客的满意度，进而影响到销售额的提高，在商品极大丰富、价格竞争激烈的今天，这样做会使企业走向死路。因此，抓好商品的引进环节，多引进适销对路的新品、名品，提高销售额，就成为最主要的手段。但关键问题是什么是适销对路的商品，这不是凭拍脑瓜就能做出正确决策的。很多商品在有些商场卖得好，到另外一些商场可能就卖得不好，因为商场的定位不同。

翠微大厦开业后不久进行过一次调查，海淀区是高收入人群聚集的地区，个人所得税缴纳额占全国的2%，而海淀区缺乏为这部分人服务的高档店，在燕莎、赛特购物的顾客有近30%来自海淀区。因此翠微大厦在对翠微大厦商圈中18万顾客进行调查的基础上确立了发展方向，即建立适度超前的成熟名品百货名店，将目标顾客群定位于"追求生活品质的消费群体"。这部分人在满足物质需求的选购和消费行为中，更多地融进了自己的审美观念、价值取向等代表精神需求的文化消费意识，认为买商品就是买具有内涵价值的品牌。因此，翠微大厦在2002年1月首次对商场经营布局、经营结构进行了全面调整。这种被业内人士称为"变脸"的调整具有很大风险性，有些原来效益不错的商场，经过调整效益反而急剧下降，但翠微大厦对调整有着十分的把握，因为调整的依据是计算机信息系统提供的全方位数据，尤其是几年来顾客消费层次的分类。翠微大厦是按照消费额高、中、低层顾客的性别、年龄、职业，确定调整中、大类品牌在价格带中分别所占的比例的，所以这种调整是有明确目标的，是有的放矢的调整。举一个简单的例子，比如将男鞋价格从500元到1万元分为若干个价格单元，如果1 000至1 500元的鞋卖得最好，那么就要增加这个价格单元的品牌、花色、品种，这就有效地增加了交易次数，从而增加了销售额。

随着人们收入的不断增长，顾客的需求也不断变化。翠微大厦提出：在服务和管理上不断与消费者的需求赛跑。所以，近几年来，翠微大厦根据计算机信息系统提供的数据，对商品结构、品牌结构进行了持续不断的调整，通过调整，调出了品位，调出了时尚，调出了形象，调出了效益，调出了可持续发展的空间。

翠微大厦目前有50多万会员顾客，会员消费占翠微大厦销售总额的74%。这些会员每年至少可以接到他们发送的DM广告7份，还可以收到按性别、年龄、职业等区分的有针对性的个性化商品信息，他们利用IT技术，以最经济的手段向目标顾客传达信息。顾客在生日、结婚纪念日等会收到翠微大厦寄出的贺卡。有一对部队的离休干部夫妇，两个儿女都在国外，丈夫在生日的当天收到了翠微大厦的生日贺卡，老两口激动不已，当天专程到翠微大厦表示感谢。翠微大厦从情感维系、服务维系、商品维系3个层面上增强顾客的忠诚度，根据不同层次的会员特点，翠微大厦组织丰富多彩的活动，每年举办数十次消费课堂，参加人数在1万人次以上。此外还开展中秋游船会、夏令营、登山等活动。针对高端顾客事业有成、收入稳定但工作压力大、缺乏与子女沟通的特点，翠微大厦举办了亲子夏令营，请教育专家给父母讲青少年的培养和教育，给子女讲如何全面发展。课后开展一系列模拟家庭生活的教育活动，以家庭为单位开展竞赛，活动结束后，每个家庭都会得到一本记录活动情况的影集、一个DVD光盘。整个活动由新闻媒体进行了立体报道。活动结束后，翠微大厦收到了几十位家长和孩子写的感言，有的还上了报纸。这种活动的凝聚力和影响力超出了翠微大厦的想象。

客户管理是一个庞大的系统工程，精细化管理的程度往往决定着成败。目前，翠微大厦正在与科研单位一起着手开发智能化的消费行为分析程序，将客户管理推向一个新的水平。

12.2 旅游业CRM的应用及其案例介绍

现代旅游业面临激烈的市场竞争，如何开拓新的客源市场，保持现有市场份额，让旅游企业与客户间保持信息畅通，都需要与客户进行广泛交流，这都是CRM应用所涉及的内容。本节介绍CRM在现代旅游企业中的应用价值，并列举一些解决方案和应用实例。

12.2.1 旅游企业管理中CRM的应用价值

旅游业[①]与零售、银行、保险、电信等行业一样，是一个需要获得客户广泛支持的行业。

---

① 说明：这里说的旅游业重点是旅行社行业，而不是包含"吃、住、行、游、购、娱"6大因素在内的大旅游业。

第12章 典型行业 CRM 的应用与实例分析

特别是随着旅游电子商务的不断发展,基于 Internet 的客户关系管理尤为重要。

如果一家旅行社在发展中遇到过如下问题,那么就必须得考虑准备实施 CRM。

(1) 工作人员不负责任的离职,带来团队安排情况(旅游用车、预订的酒店、团款收支及其他预订)的混乱,甚至恶意带走大量的组团资源、客人资料等。

(2) 天天不断地寻找新客户,却少有老客户继续预订公司服务。

(3) 组团利润越来越低,办公成本却居高不下。

(4) 行程中的团队突然有事,当前团队负责人却联系不上。

(5) 出差在外/不在办公室,却急需为客人报价、发行程、查资料。

(6) 在约见老客户前,想先查一下他的基本资料、以往旅程以及其他相关信息等。

随着大量的旅游消费在网上进行,业务员抱着大堆资料开展旅游业务传统的操作方式已经不能适应信息社会的要求。电子商务要求我们的工作要与网络相适应,满足客户的多样化要求、个性化服务,做到顾客至上。另外,随着中国加入 WTO,中国的旅游业也将面临更加严酷的挑战。国外著名的旅游品牌和先进的管理将给国内旅游带来强大冲击。整合优势资源、形成自己的核心竞争能力已经迫在眉睫。只有充分利用先进的 CRM 思想,才能提高企业自身参与国际竞争的能力。目前,在旅游企业内实施 CRM 已成为国内知名旅游企业的一项战略投资。旅行社实施 CRM,至少有如下实用功能。

(1) 无论身在何处,全面的组团资源、客户数据库可随时供有关管理人员查询。

(2) 以前几个人的工作现在可能一个人就能完成,大大提高了工作效率。

(3) 业务操作记录全部准确地存档,各种旅游数据资源实现全社共享。

(4) 某些职员的恶意离职不会为公司带来太大麻烦。

(5) 客户关系持续发展,新的市场机会来自老客户及其身边的亲戚、朋友。

 阅读材料

我国旅游企业 CRM 的实施现状

2003 年 9 月 27 日,CRM 论坛曾经对旅游行业的 CRM 实施情况进行了一次调研,这次调研结果显示,多数旅游公司都将 CRM 和 Internet 作为他们最看好的两个基本优势。被调查的公司中有一半认识到了他们需要重视从客户得来的信息,从而促进他们对客户的了解,也能对自己的赢利点有更深的理解。但是一些公司发现很难全面地、360 度地了解客户,因为目前的数据分散在许多系统中,格式也互不相同。目前的情况是,50%多的旅游公司的客户数据库是孤立的,只是记录在纸面上;30%的大型公司仍然用纸记录客户档案;花在客户服务的费用不到整个 CRM 实施费用的 20%。

12.2.2 旅行社 Web CRM 解决方案与应用实例

在旅行社 CRM 产品中,由成都两点网络营销部设计,中国旅游产业信息化研究所策划推广的《旅行社 Web CRM 解决方案》是一个性能较好的产品,下面对该产品作简单介绍。

1. 系统概述

《旅行社 Web CRM 解决方案》立足于对客户的深度挖掘,分析出各类重要的客户数

据，广泛开展一对一的网络营销，发展企业的忠实客户群。该系统采用基于 Web 的开发模式，在 Internet 已深入千家万户的今天，可发挥营销范围广泛，成本低廉，传播快捷，客户即时反馈，参与交流方便的互动性等特点。该解决方案的系统框架如图 12.3 所示。

图 12.3 《旅行社 Web CRM 解决方案》系统框架

2. 功能模块

《旅行社 Web CRM 解决方案》的整个系统功能模块框架如图 12.4 所示。

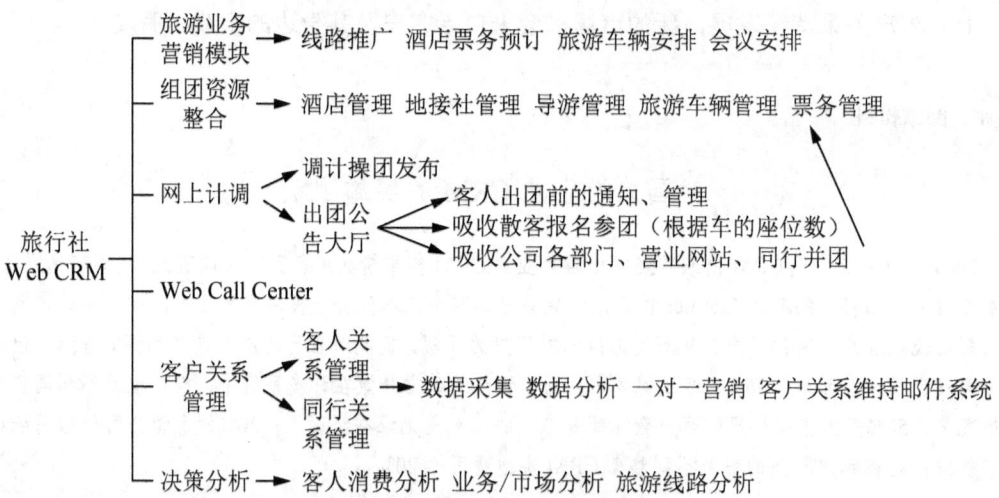

图 12.4 《旅行社 Web CRM 解决方案》功能模块

3. 数据采集

该系统中，数据的采集渠道如图 12.5 所示。

4. 系统原理

本解决方案立足于对客户的深度挖掘，分析出各类客户数据，其原理如图 12.6 所示。

第12章 典型行业 CRM 的应用与实例分析

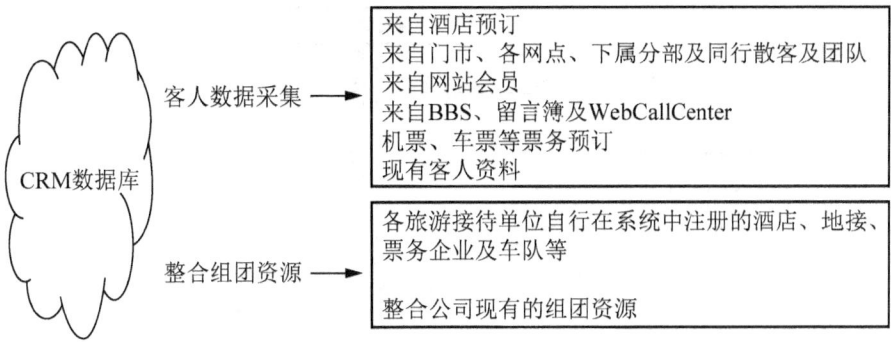

图 12.5 《旅行社 Web CRM 解决方案》中数据采集的渠道

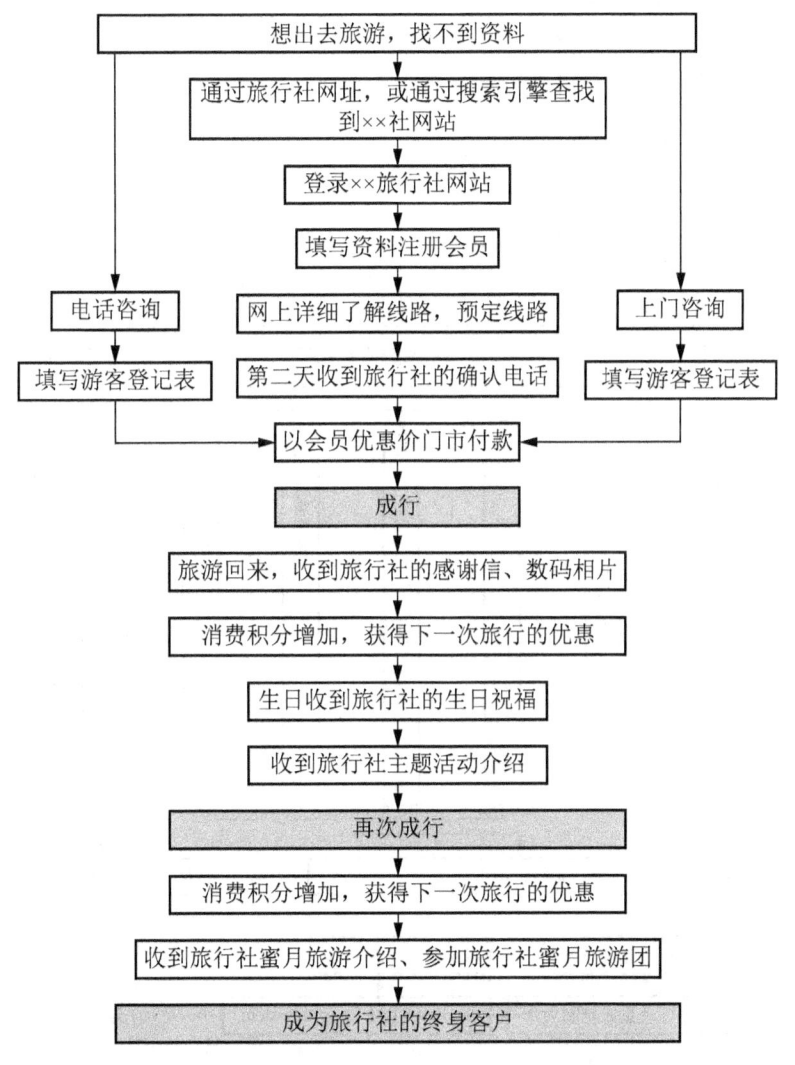

图 12.6 《旅行社 Web CRM 解决方案》的系统原理

5. 操作流程

该系统解决方案中，CRM 系统的使用者包括客户和管理人员两个方面，他们分别充当着系统前台与后台的角色，各自的操作流程分别如图 12.7 和图 12.8 所示。

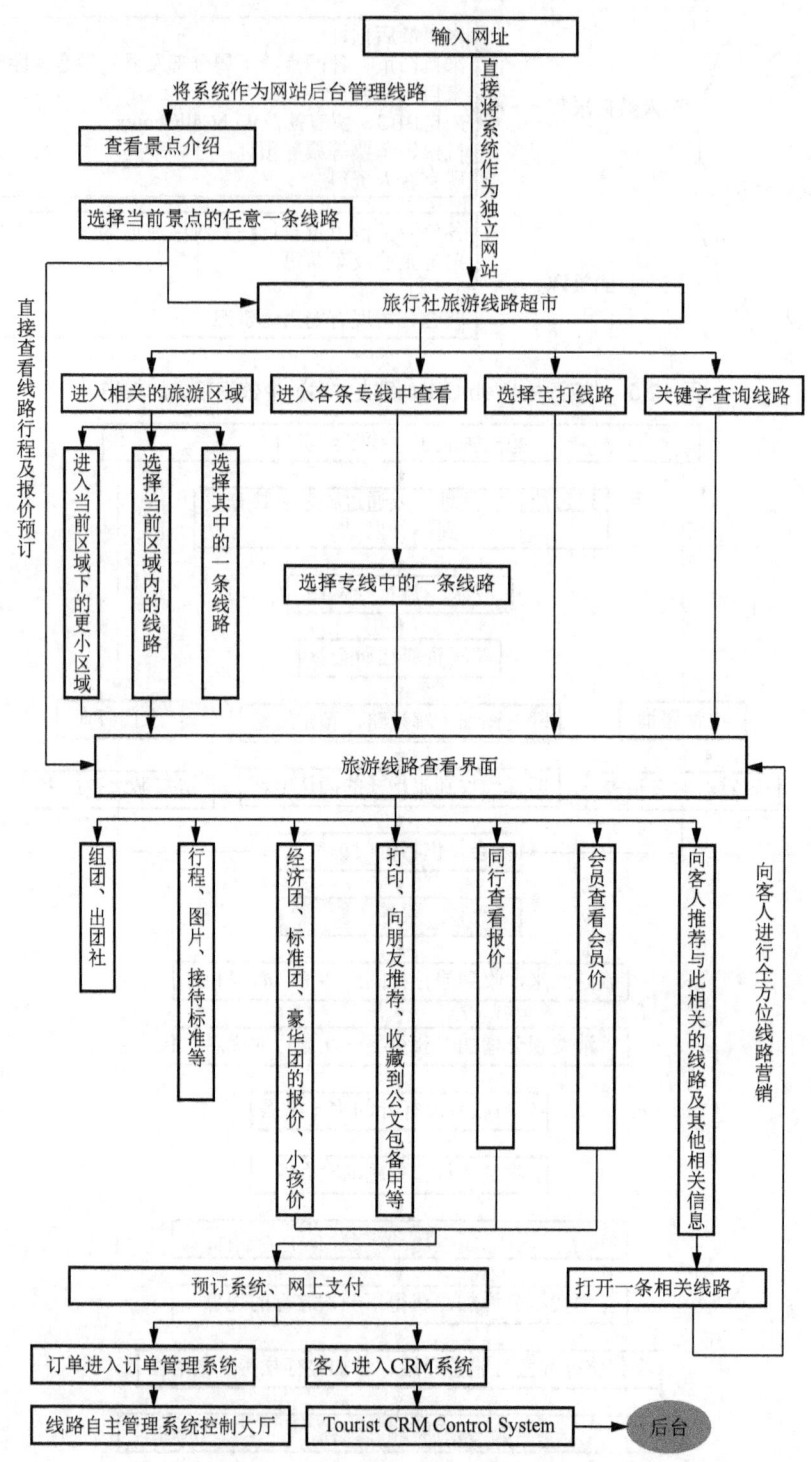

图 12.7 《旅行社 Web CRM 解决方案》的客人操作流程图

6. 数据分析

在该方案中,系统使用一段时间后,需要进行数据分析,具体原理如图 12.9 所示。

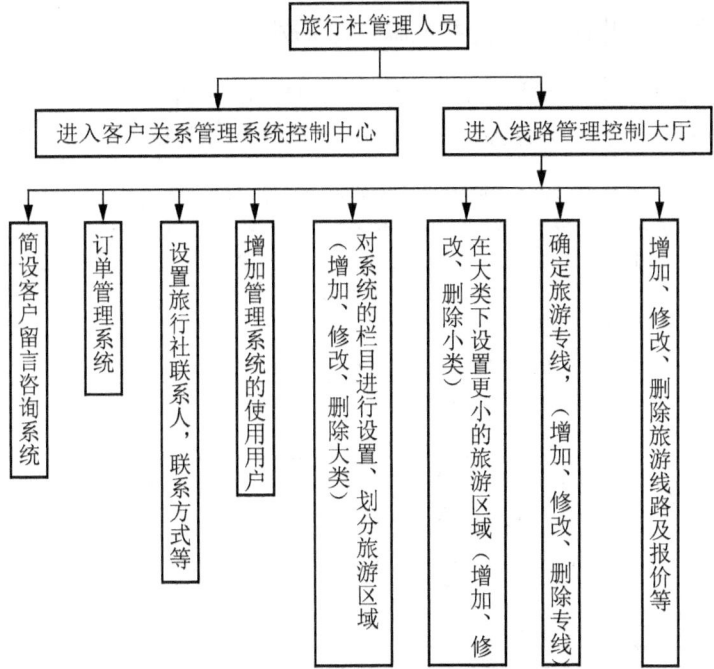

图 12.8 《旅行社 Web CRM 解决方案》的管理人员操作流程图

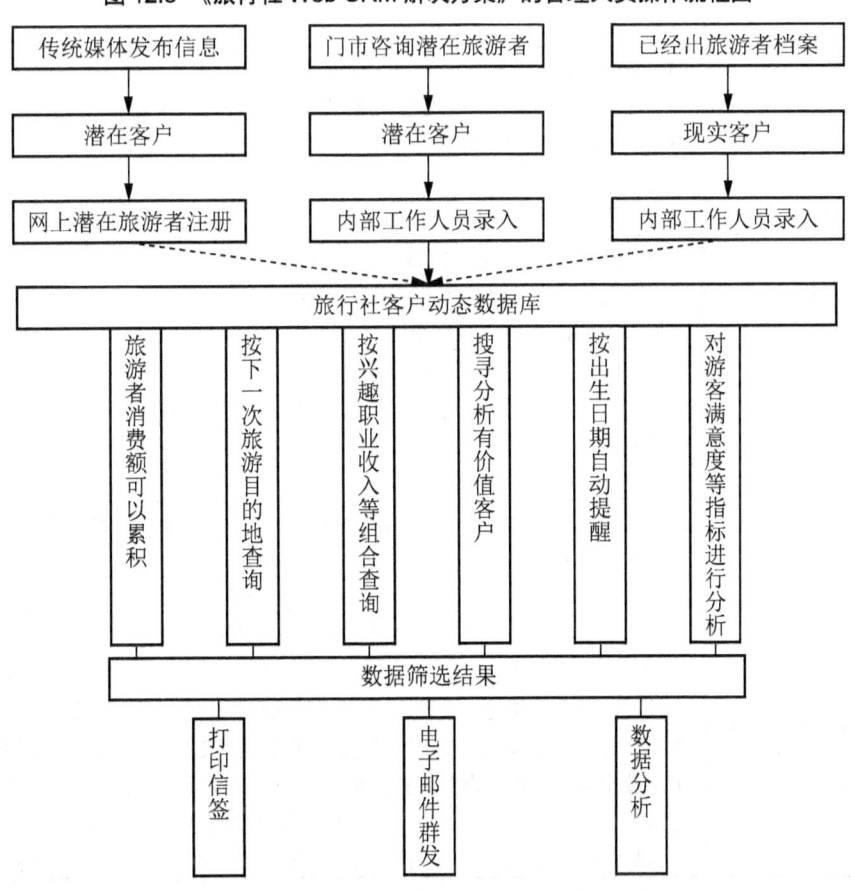

图 12.9 《旅行社 Web CRM 解决方案》的数据分析流程图

12.2.3 旅游服务业呼叫中心解决方案及其应用实例

关于呼叫中心本书第 8 章已做详细介绍，下面仅以深圳博宇科技有限公司的"博宇旅行社呼叫中心系统"为例，介绍旅游服务业中呼叫中心的主要功能，见表 12-1。

表 12-1 博宇旅行社呼叫中心系统的主要功能

序号	功能	详细内容
1	信息资料查询	咨询景点、风景区资料；查询旅游线路、旅游日程、费用、服务特色等；查询旅行社其他基本业务的服务及其流程(包括语音查询和传真索取模式)；查询各营业部的电话号码；国家相关法规咨询；疑难问题咨询
2	自动语音应答	为顾客提供语音自动应答服务，按要求转接来话；为客户提供语音信箱，方便查询；实现录音、放音、监听功能
3	商务代订服务	与民航/铁路票务系统联网，实现代订机票、汽车和火车票、出票等功能；酒店推荐、服务介绍、住房标准价位、折扣等功能
4	旅游业务受理	接受散客或团体对各种游种的报名和业务洽谈；旅行确认；订票业务受理；团队订票业务、退订处理、直客订票/订房业务、国际机票处理、定制散拼团；订房订餐受理
5	建议与投诉服务	处理客户的服务质量投诉，通过声讯资料或人工录入资料进行备案；对相应的投诉给出处理意见并转给相应的部门进行处理；接受顾客对旅行社的建议并及时给出答复
6	语音信箱服务	语音信箱将提供实时录音记录，避免信息遗漏；通过语音信箱回答客户的问题；要求客户留下回电号码、相关问题内容及是否希望回复等信息；提示坐席代表有空闲时进行回复，并将处理意见及时反馈给客户
7	业务监督和主管查询	通过录音、监听等对坐席、业务过程监督管理；主管查询相应权限范围内的资料
8	回访服务	处理客户档案，在客户档案数据库中列出重点服务对象或对服务对象进行分级；利用电话、传真或电子邮件等完成如生日回访、特别游种推荐、项目推荐等服务；利用回访进行市场调查、满意度调查等
9	统计业务报表	对服务的各方面情况、各种业务数据进行统计，以报表的形式输出或上报，为改进管理和制定市场策略提供更加科学的、量化的决策依据；系统网络可与各网络系统如订票、营业、信息等业务系统相连，可以通过访问不同的业务数据库，实现各种业务的查询、咨询、投诉、业务受理等全能坐席功能
10	Internet 服务	结合 Internet 技术，提供客户网上自动响应，拓展服务功能；在 Internet 上进行咨询、景点/旅游线路/日程安排费用明细查询、服务质量投诉等
11	系统维护管理	(1)计费管理功能。对呼入、呼出电话的时长和主叫、被叫号码进行统计，并可打出话费清单。同时，可以明确地了解和掌握外拨费用，并对其进行调整和控制。(2)安全管理功能。对所有的坐席根据不同工种或特定需要设置不同的权限，以提高系统的安全性；设置每人登录系统的工号和口令，一方面可以对其工作量进行准确考核，同时又保证了对坐席工作状态的更准确的监控。(3)坐席管理功能。通过设置班长席来监督和管理坐席人员，以提高坐席人员的服务素质、服务质量及工作效率。同时可以准确统计每个坐席人员的业务量，便于考核。(4)其他功能。包括软电话应用、自动呼叫分配、全程电话录音等

(资料来源：根据深圳市博宇科技有限公司网站 (http://www.boyutech.com)资料整理)

 阅读材料

携程旅游服务公司利用呼叫中心促进企业发展

1. 企业背景

携程公司是一家以高科技为手段的旅游服务公司,1999年初公司成立,在北京、上海、广州、香港等地设有分公司,2003年12月9日,携程公司在美纳斯达克挂牌上市,开盘首日涨幅就达到了88.56%。携程公司主要通过800电话呼叫中心和互联网为客户提供快捷、优惠的订房、订票等旅行综合服务。自1999年10月开通以来以其独到的经营模式迅速在旅游行业中占据领先地位,预订业务中酒店订房的业务量已经相当于中国的最大的订房中心,月交易额已逾2 000万元。

2. 从800电话起步

携程公司的呼叫中心有一个渐进的发展过程。刚开始主要是通过互联网为客户提供服务,后来根据客户要求开通了800国内免费热线电话,通过板卡式的语音处理设备和几个座席人员为客户提供各种服务。由于电话的普及、方便等特点非常适合各种层面的客户使用,因而800电话的小呼叫中心一经推出就很快得到社会的普遍认可。在2002年5月1日时,通过800电话接入的预订房和预订票的信息出现了高峰。7月份又进行了较大规模的人员直销活动,进一步刺激了市场人气,呼叫中心预订业务又上了新的台阶。板卡式的设备成为瓶颈后,又更换成交换机。随着业务的突飞猛进,呼叫中心不仅无法适应客户规模的要求,而且在性能方面也制约了业务的拓展。

3. 如虎添翼

经过充分的市场调研后,携程公司于2002年11月份对原有的呼叫中心进行了升级。交换机选择了朗讯G3SI,由它提供呼叫中心服务。软件部分由于要考虑与原有系统的延续性,所以仍然选择由上海寰讯公司进行定制化的开发。目前的软件是在NT环境下运行,数据库采用微软公司的SQL7.0,现有的系统增加了许多CRM的功能。互联网与呼叫中心也是有机地结合在一起。通过互联网、传真、800电话介入的信息都进入一个数据库,实现了信息的统一化。现在的呼叫中心是50个座席。服务人员是每天3班工作制,为客户提供7×24小时的服务。为了提高工作效率,订房服务与订票服务是通过不同的座席人员来完成。座席人员也借助系统实现交叉销售,大约有15%的客户有这样的需求。

4. 几点体会

(1) 实施CRM要和主营业务发展紧密结合,而不能够游离在主营业务之外。反之,这个项目就会成为一个摆设,难以产生效益。

(2) 要循序渐进,不要想一口吃个胖子。携程公司的呼叫中心经过3个发展阶段:板卡阶段、小交换机阶段和现在的大交换机阶段。事后也有人提出,为什么当时不一步到位呢?携程公司的回答是,刚开始没有那么大的业务,如果采用大的交换机无疑是浪费投资。

(3) 呼叫中心要与CRM相结合,才会有更大效益。

(4) 呼叫中心只是一个信息工具,还必须与企业的市场活动,与一线销售人员的工作有机地结合。

12.3 饭店业CRM的应用与案例介绍

在饭店业的日常运作和管理中,CRM是保证其实现更多利润,保持其永续经营和发展

的重要法宝。本节介绍 CRM 在饭店业应用的基本知识和相关企业的实际应用案例。

12.3.1 饭店业实施 CRM 的必要性

饭店业是一个需要获得客户广泛支持的行业，获得了稳定、可靠、忠诚而且有相当消费能力的顾客，饭店业也就取得了成功。因此，饭店业加强 CRM 非常必要。

1. 市场竞争环境的需要

随着饭店业飞速发展，外资饭店、超大型、连锁化饭店类企业的大量出现，饭店业的竞争日益激烈。而饭店业的竞争归根结底都体现在对客户的竞争上。

2. 保持客户忠诚度的需要

在饭店业竞争日益激烈的今天，客户拥有更多的选择空间，很难盲目地保持对某一企业的绝对忠诚，稍有不满就可能转向竞争对手。各大饭店和餐饮企业除了必须有良好的就餐环境、可口的菜肴外，良好的客户关系已成为饭店企业在竞争中获胜的关键因素。

3. 满足客户个性化需求的需要

目前许多饭店的客户都在追求个性化消费，CRM 可以对客户的特征和历史消费进行量化分析，挖掘客户消费潜力，提高销售额和销售利润。另外，CRM 还能从客户的消费行为进行多个方面的分析，对客户流失、价值下降等情况能自动报警，为管理者提供决策依据。

在引入 CRM 前，一般的饭店和餐饮企业也都有客户档案管理。但是，CRM 与传统的客户档案管理有着明显的区别，其功能更加强大。二者的主要区别见表 12-2。

表 12-2　客房关系管理与传统客户档案管理的区别

项　　目	客户关系管理	传统客户档案管理
管理内容	预订管理、销售管理、服务管理、客户关怀、分析决策、销售机会挖掘、会员管理	客户基本信息档案的管理
管理工具	客户关系管理系统	手工记录、Excel 或 Word 表格
分布式管理	建立共享信息平台、跨区域管理、移动办公	无法实现
工作流管理	随时了解和监控业务进程、实现协同工作	无法实现
价值客户的关注	价值客户的服务与关怀、满足个性化需求	无法实现
电子商务应用	电子促销、商业信函批量打印、电子文档传真	无法实现
提升核心竞争力	通过对客户、产品、员工的追踪及对市场、销售、服务的统计分析，全面提升核心竞争力	无法实现

12.3.2 饭店业中客户关系管理的主要功能

饭店业中客户关系管理系统的主要功能表现在以下几个方面。

1. 提供个性化服务

当前，老客户对饭店的要求越来越高，客户不希望每次来就餐总要重复一些相同的事情，如"先生，喝点什么酒？先生，需要什么烟？"。这样客户就会有一种陌生的感觉，服务的最高境界可能就是要做到"服务员就像客户的家里人一样，对于客户喜欢喝的酒、抽的烟、吃的菜都一清二楚，使客户有"到家的感觉"。这就需要服务人员去了解客户的喜好，如什么烟、什么酒、什么菜，对于一个新服务员来说可能要花几个月时间，但对于饭店和餐饮业来讲，服务人员的流动性较大，服务员可能才刚刚熟悉了客户，但就被其他饭店挖走或另谋职业，这其实对饭店的损失很大。

CRM 可以很容易地在客户住店和就餐的全过程提供个性化服务，从而满足客户个性化需求。例如，在客人预订阶段，通过使用 CRM 软件系统，预定人员可随时了解客户住宿喜欢的房间类型、个人偏好；在饭店餐厅时，CRM 软件系统能立刻查询出客户上次来店消费的时间、上次开的菜单、忌讳菜肴，以及就餐时喜欢的包厢等信息，从而能迅速开出符合客户个性化需求的菜单，大大减少手工错误，提高效率和客户满意度；在菜肴制作环节，厨师可及时、方便地了解客户的相关信息，例如客户的口味特征、喜好，以及更好地控制菜肴制作时间，大大提高了服务质量，为客户提供了个性化的服务。

2. 适时开展客户关怀

客户关怀的目的就是提高客户的忠诚度。CRM 能随时查询了解到今天哪位客人过生日或者其他纪念日，根据客户的价值排行进行相应关怀，如送鲜花、生日蛋糕、寿面等。

总经理、经理坐在办公室里就能了解到今天哪些客户将要来就餐，以及就餐的具体时间、包厢，对与重要客户如"市委领导"、大客户，可以事先迎接，提高客户忠诚度。

3. 积极开展主动营销

利用 CRM 软件系统，饭店可以进行主动营销，从而挖掘客户消费机会，增加饭店销售额。例如特殊日子的促销，在个人客户的生日、结婚纪念日，公司客户的公司成立日，客户即将举办的活动时，提前通过各种方式(电话、拜访、E-mail 等)关心客户、拜访客户。

根据统计，通过主动营销这种方式可大大提高饭店促销的成功率，随着客户数据的积累，将能带来更多销售机会。再如，美食节的促销，饭店为了吸引客户，保持客户的新鲜感，需要经常创新菜品，举办美食节活动，在报纸、电视上做广告，一方面成本大，另一方面针对性不强。而利用 CRM 系统，能根据美食节的特点，如"海鲜美食节"，自动搜索出喜欢海鲜的客户名单，发送邀请函、传真，这样成本低、又有针对性。

4. 方便进行客户行为分析

利用 CRM 软件系统，可以对客户的行为进行深入分析，从而提供决策支持。

对于大型饭店，如何识别新客户并将其发展成老客户，需要数据的支持。CRM 系统可自动分析识别新客户，并根据其价值情况提供给管理者。例如，可通过预订电话(手机号码)分析来就餐 5 次以上，但还未发展为会员的客户名单，在下次客户来就餐时可由餐厅经理主动关怀，索取客户资料，发展成会员。再如在客户价值分析方面，利用 CRM 系统，可以非常容易地分析客户的消费额、消费次数、人均消费、利润额，并可快速找出价值上升客户与价值下降客户，还可对客户流失情况进行统计和分析，并能自动分析客户就餐频率变化，提出客户流失报警。

12.3.3 希尔顿饭店集团 CRM 的应用实例

下面通过希尔顿饭店集团 CRM 应用的实例，说明饭店业应如何正确实施 CRM。

 阅读材料

希尔顿饭店集团 CRM 的应用

希尔顿饭店集团是美国一家超大型的饭店集团，目前在世界上近 100 个国家经营着 4 000 多家连锁饭店，从 2000 年以来，希尔顿饭店集团曾经多次步入美国电子商务应用 100 强前列。

希尔顿饭店集团具有强烈的 CRM 意识，经常在内部培训中强调以下事实：获得一个新客户比维持一个老客户的成本要高出 7 倍；满意的客户买得更多并愿意支付更高的价格。而谈到 CRM 时，他们认为：20%客户的离开是因为价格；而 80%客户的离开是因为服务质量低下、缺乏应有的关注、以及缺乏购买后的关系维持。希尔顿饭店集团为此专门开发了一套名为"H honor"的 CRM 软件系统。这套 CRM 的运营目标是：借助信息技术手段，与世界范围内客户，包括旅游者、旅行社、会议组织者和旅游业协会保持联系。目前，希尔顿饭店集团通过 H honor 系统实现的客户接触总次数每年达近 1000 万人次。

饭店企业 CRM 的基本步骤可以分为客户资料收集，客户细分，客户接触，个性化客户服务。这 4 个步骤是"H honor"的客户关系管理系统的设计基础，其功能也完全包括了以上 4 项内容。

1. 客户资料收集

为了方便客户资料的收集，"H honor"采用了以下措施。
(1) 鼓励浏览者在电子商务网站上注册，提供个人信息。
(2) 为注册的潜在客户提供个性化的服务，包括发送每月活动信息和特色服务信息。
(3) 记录个人或企业客户在网站上的累计预订量。
(4) 发现有价值的客户，区分其类型和价值程度。

2. 客户细分

希尔顿饭店集团认为，对于不同类型的客户，必须进行细分，以便采取"一对一"的营销策略。为此，他们借助 CRM 进行了如下的客户细分。
(1) 按客户类型细分。旅游者、常客、旅游批发商、代理商、会议组织者等。
(2) 按客户所在的区域细分。大陆客人、港澳台客人、美国客人、日本客人等。
(3) 按人口、职业、收入特征细分，与特殊身份客人维持特殊关系，等等。

3. 与客户接触

在饭店 CRM 运用中，必须采用多种方式加强与客户的接触。为此，采用了如下方案。
(1) 在网上建立"全体代理商交流中心"，进行知识交流。
(2) 通过经常沟通增加代理商的主动性。
(3) 建立 H honor 客户服务中心：通过电话、邮件等多种途径与客户联系。

4. 针对客户特点提供个性化的服务

希尔顿饭店集团的"H honor"客户关系管理系统在这方面采取了以下措施。
(1) 对于回头客，从客户数据库中直接调出客户基本资料，提高入住登记速度。
(2) 对于重要顾客免去预订金。
(3) 记录重要顾客的偏好和行为习惯，为他们提供更好的服务。
(4) 为饭店集团"豪华度假"会员提供相互交流的机会。
(5) 对于长期合作的旅行商、重要的同业伙伴提供及时信息和特殊优惠。
(6) 为预订客房的会议组织者提供"会议策划津贴"和免费的"逍遥旅游"等。

12.4 汽贸行业 4S 店 CRM 的应用与解决方案

汽车贸易行业(以下简称为"汽贸行业")4S 店营销模式，实质上就是一套完善的汽车营销服务体系，其中 CRM 的应用至关重要。本节介绍这方面的相关知识和解决方案。

12.4.1 汽贸行业 4S 营销模式的特点

4S 店营销模式是指以整车销售(Sale)、配件供应(Spare part)、售后服务(Service)、信息反馈(Survey) "4S 核心业务"四位一体的一种营销模式，其具体业务功能如下。

(1) 整车销售。这是 4S 店的核心业务，其销售对象包括私人客户和企业、政府大客户。其中除向客户推介整车外，销售顾问还要向客户推荐购买车险、车饰品等连带销售。

(2) 售后服务。指各类汽车维修业务，包括修理、索赔、事故修理、年审、内部修理、返修等。服务的方式以服务站现场服务为主，也包括外出救援拖车、对集团大客户的上门保养维修服务等。扩大维修业务量、保有维修客户资源是汽贸企业最重要的收益点。

(3) 配件供应。主要是做维修领用(可视同销售)，一般不直接对客户销售。通常不允许汽贸企业直接向供应商采购配件，而是由整车企业集中配件采购，再供应给服务站。

(4) 信息反馈。主要是指汽贸企业和整车制造商之间进行关键业务信息的反馈，如销售顾客信息、销售预测信息、客户定车信息、维修信息、索赔业务信息、客户投诉信息、客户满意度信息等，目的是使汽贸企业与整车企业建立面向客户的敏捷的供应链体系，保持营销服务网络的核心竞争优势。

4S 营销模式是世界汽车工业几十年探索出来的成功的营销模式，目前已经成为汽车流通领域的主流和发展方向。短短几年内，这种模式在国内也迅速得到了广泛普及和推广，国内的各品牌汽车制造厂商也都已经建立起覆盖全国的 4S 营销网络。据统计，目前国内以轿车为代表的 4S 销售服务店的数量已有数万家之多，且处于快速增长中。

12.4.2 汽贸行业 4S 营销模式 CRM 需求分析

4S 营销模式的生命力在于真正体现了以客户为中心的经营理念，能够维系密切的客户关系；但 4S 企业客户关系的维系需要以 CRM 软件系统为核心的信息化管理手段的支撑。一方面，汽车作为价值度比较高的消费品，车主服务的要求比较高，个性化服务需求强烈。因此，为了提高客户满意度，提高客户服务能力，4S 企业迫切需要信息化管理手段的支撑。另一方面，作为 4S 企业，因整车企业对其经营管理能力有严格的要求和评估，迫于竞争的压力，4S 企业也迫切需要信息化管理手段的支撑，提升竞争力。然而，目前很多汽车 4S 店还主要是以单店的财务系统和配件的进销存系统为主，辅助一些小公司开发的汽修汽配系统。这样的系统已经不能满足现代 4S 企业的管理要求。作为 4S 企业，迫切需要一套全面体现 4S 营销理念的 CRM 软件系统，从而达到提高销售、降低成本、提升营销水平的目的。

根据汽贸行业的特点，适应该行业 4S 营销模式的 CRM 软件系统必须具备如下业务功能。

1. 统一的客户资源管理

这主要解决两个问题：一是及时准确把握客户的需求，进行准确的市场定位；二是根据客户需求及变化，以正确的时间、正确的地点、正确的渠道提供正确的产品和服务。

2. 销售资源与队伍的分析管理

这是实现汽车销售任务的关键环节，包括销售计划的管理、销售机会的管理、销售网点的管理、销售人员的跟踪管理及销售的统计分析，实现交叉销售的管理等。

3. 市场营销分析管理

市场营销分析管理包括产品和目标的定位、费用与活动的计划、人员的安排、竞争对手与相关产业政策的分析、活动的评估、销售线索的挖掘管理等。

4. 快速、有效的客户服务管理

快速、有效的客户服务管理包括服务的分类管理、服务的请求管理、人员的调度安排管理、服务费用管理、客户满意度管理等。

5. 快捷、畅通的物流管理

物流业务指整车、饰品、配件的采购、库存、销售业务。其根本目的是快速有效地响应市场需求，防止产生需求产品库存短缺而市场不需求产品库存积压现象。使其随时能准确快速掌握可用库存量，提高销售效率。同时也为采购计划、出库与发货提供决策依据。

6. 业务知识管理

业务知识管理是对 4S 企业多年积累的销售知识、服务知识等相关知识的管理。如何提高这些知识的利用率，并防止由于人员流动而导致知识流失，是 4S 企业急需解决的问题。

12.4.3 解决方案举例：博士德汽贸 4S 店管理系统介绍

石家庄博士德软件科技开发有限公司(以下简称博士德公司)创建于 1999 年，自成立以来，博士德公司时刻关注着汽车行业的发展，以汽车行业管理的规范化、科学化、现代化为己任，研发出一系列管理软件，满足了不同规模企业的需求。经过多年努力，博士德公司的客户拥有量和市场占有率迅速扩大，已经为逾万家汽车及相关行业的企业提供了管理软件。其中，博士德 4S 软件以其实用、先进、可靠、成熟等特点树立了博士德软件的精品形象和领袖风范，成为众多 4S 汽车销售店的首选软件。博士德 4S 管理系统主要包括 5 大模块，分别是配件管理、维修管理、整车销售、经理查询、客户管理。这 5 大模块及其下设的菜单都可以自由拆卸、组合，极大地方便了各种客户的需求。

(1) 软件主界面。如图 12.10 所示，以菜单形式列出博士德 4S 管理系统的业务功能。

(2) 整车管理。如图 12.11 所示，以业务导航形式列出了"整车管理"的各项功能。

(3) 配件管理。如图 12.12 所示，以导航器的形式列出了"配件管理"的各项功能。

第12章 典型行业 CRM 的应用与实例分析

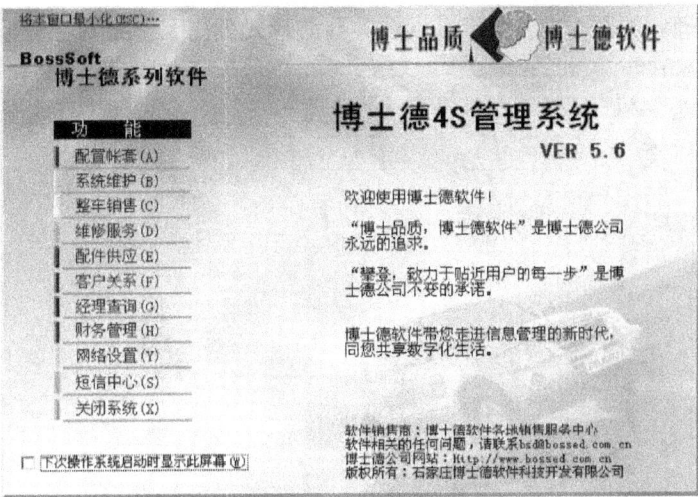

图 12.10　博士德 4S 管理系统主界面

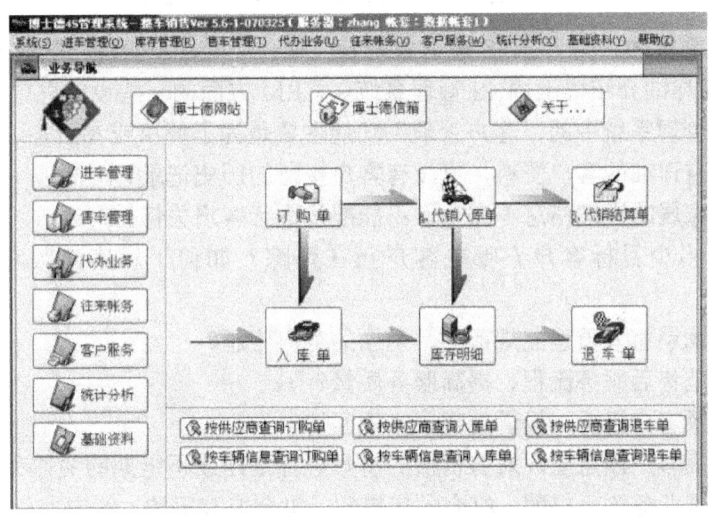

图 12.11　博士德 4S 管理系统"整车管理"业务导航图

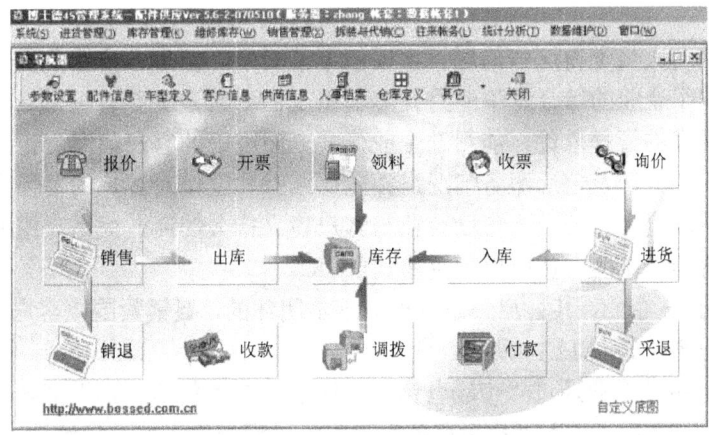

图 12.12　博士德 4S 管理系统"配件管理"业务导航图

(4) 维修管理。如图 12.13 所示，以业务导航形式列出了"维修管理"的各项功能。

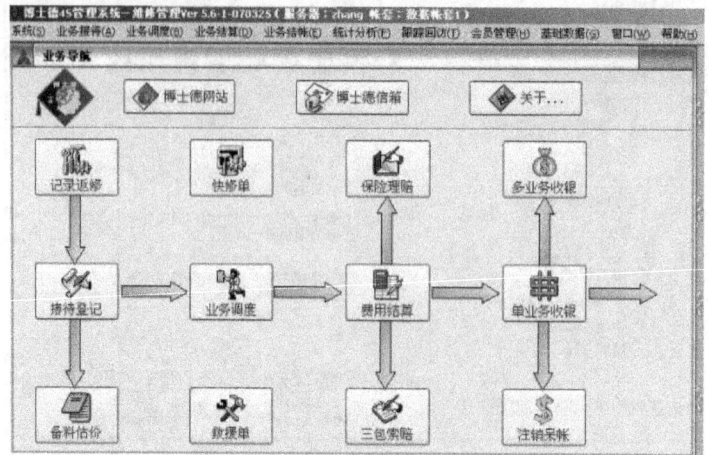

图 12.13　博士德 4S 管理系统"维修管理"业务导航图

(5) 客户关系管理。博士德 4S 管理系统专门有一个"客户管理"的业务功能。作为本书的主题，下面详细介绍博士德 4S 管理系统在 CRM 方面的一些设计思想。

博士德 4S 管理系统中的"客户管理"功能主要是为了解决或者回答以下问题。

① 企业没有详细的客户资料，更没有客户接待的历史记录！
② 客户及家属的详细信息不完全，不能准确进行客户关怀。
③ 企业有多少目标客户？哪些客户正在跟踪？如何了解客户跟踪中的业务进展细节？
④ 如何帮助销售人员建立规范的、全面的客户信息？
⑤ 如何规范售后服务流程、提高服务质量？
⑥ 如何记录客户投诉、投诉处理、投诉回访？
⑦ 如何提高客户满意度，对有价值的客户进行定期或不定期的关怀和回访？
⑧ 如何实现业务联系提醒、机会预售提醒、机会追踪提醒、约定上门提醒、客户回访提醒等等各种自动提醒和预报功能？

……

可能有些销售人员觉得这些问题"重要但不紧要"，但是，恰恰是这些"不紧要"的问题极大地影响了企业的综合竞争能力！博士德 CRM 客户关系管理是专门为解决企业这些困惑问题而开发的管理软件，能帮助企业建立全面准确的客户信息，记录对客户的跟踪过程、销售明细、回访及售后服务情况，并能够跟踪和定位对客户的关怀方式和内容等。这样，就可以从制度上、习惯上帮助企业与客户建立持久的商业关系，挖掘客户价值，提高客户的满意度与忠诚度，从而提高企业竞争力。

良性循环的 4S 企业，其客户关系流程应该是闭环的，要紧紧围绕客户，处处体现了以客户为中心的理念，如图 12.14 所示。

在图 12.14 中，企业通过"市场营销"，吸引客户"售前咨询"准备买车，满意后实现"产品销售"，之后，进入"售后服务"，服务过程产生"客户反馈"，综合客户反馈，企业确定市场需求，并发现新的"市场机会"，然后重新进行"市场营销"。

第12章 典型行业 CRM 的应用与实例分析

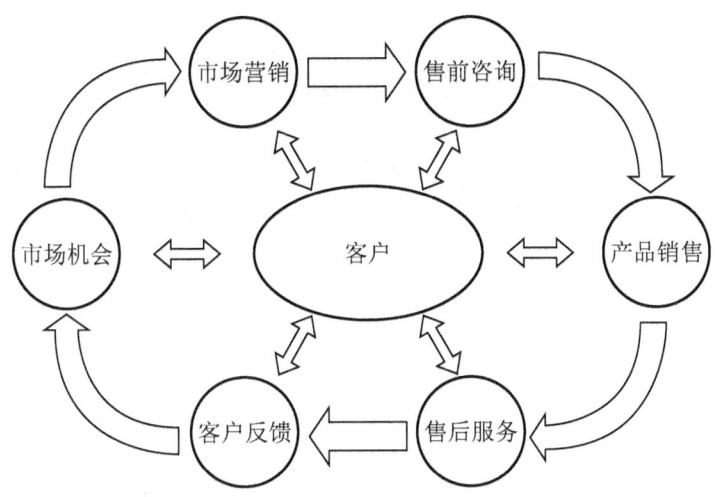

图 12.14　博士德 4S 店客户关系良性循环图

博士德汽贸 4S 店 CRM 系统的主要功能介绍见表 12-3。

表 12-3　博士德汽贸 4S 店 CRM 系统主要功能介绍

模块	菜单	管理内容和功能
客户管理	客户管理	客户基本信息、每个客户对应的联系人列表、业务联系列表、机会列表、机会追踪列表、请求服务列表、请求派工列表、售后服务单列表、回访记录、关怀记录、客户投诉、投诉处理、投诉回访
	联系人管理	一个客户可能对应多个联系人。联系人管理主要内容包括联系人基本信息记录和查询、联系人列表、业务联系列表、机会列表、请求服务列表、请求派工列表、售后服务单列表、回访记录、关怀记录
售前管理	业务联系管理	业务联系是指除机会客户以外的一般客户的业务联系。内容包括客户和联系人信息、业务联系类型、主题、详细说明、下次联系否、下次联系时间、说明
	机会信息管理	一般联系可以转化为销售机会。机会信息包括预售日期、预售金额、机会状态、成交概率、机会负责人、竞争对手信息、备注、其他关联信息
	机会追踪	机会追踪的内容：已采取措施、下一步措施、下次联系否、预计下次联系时间、是否预约、预约时间、预约类型、内容、本次追踪人、本次对方经办人
售后服务管理	请求服务管理 请求服务结令	客户请求服务，应填写请求服务单，服务完毕，应填写服务结令单，表示该请求服务已经完成
	派工单	售后需要派工的，应该有记录。内容包括客户承担费用的标准等
	售后服务单	售后服务完成后，应填写服务单。内容包括是否解决、解决方案、服务工时、是否复命、客户满意度、调查满意度、客户意见、路费、差旅费标准等
	客户回访管理	客户回访记录的内容：回访主题、回访的详细信息、回访类型、备注
	客户关怀管理	记录所有的对客户进行的关怀
客户投诉管理		客户投诉列表、客户投诉处理、客户投诉回访
客服知识库管理		一般的，企业都将产品经常遇到的技术服务问题汇编成册，方便为用户迅速解决。知识库包括问题类型、解决方案1、方案2、方案3、方案评价、备注
系统提醒		对重要事情的自动提醒，包括业务联系提醒、机会预售提醒、机会追踪提醒、约定上门提醒、客户回访提醒
客户统计分析		主要统计包括客户累计购货情况统计分析、客户累计购货情况对比分析、客户累计购买某商品统计分析、供应厂家累计供货情况统计分析、各供应商累计供货对比分析、供应商累计供应某商品统计分析

12.5 医药行业 CRM 的应用及其应用案例

外资企业和国内的医药企业相比,他们之所以能成功,一方面是具有雄厚的资金实力、丰富的管理经验和先进的技术手段,另一方面,他们还有先进的客户服务理念。因此,我国医药企业要在竞争中获胜,必须转变经营观念、深度把握客户和渠道、深化服务内涵、改进服务手段,特别要加强 CRM 系统在医药企业的应用。

12.5.1 医药行业市场营销与客户服务的特点

医药作为特殊类型的行业,尤其是在中国这样的市场情况,其营销模式存在着相当的复杂性,医药行业对客户关系的管理、对价值客户的认定与评价都具有其一定的独特性。

要想做好国内医药行业的营销工作,就要了解国内医药市场的状况,特别是医药市场营销的特点。

(1) 医药服务必须具有同步性。药品的出售应该伴随着服务的出售——客户在购买医药产品的同时,应该为其提供药品购买和使用的咨询服务。这样才能赢得较高的客户忠诚度。

(2) 医药服务要具有前瞻性。在医疗过程中,最为普遍的就是个性化需求表现特别突出,同样的需求在不同的客户身上体现出来的个性化特征尤为明显。在产品上市前进行的市场调查、客户需求调研以及把握客户的消费心理,满足客户的人性化消费意识等服务性工作非常重要。只有提前对客户和市场进行适当的研究,才能赢得市场和客户。

(3) 医药行业利润的偏见。由于垄断等原因,医药行业曾经有过不合理的高利润现象,这从一定意义上对提高客户满意度构成了较大的阻碍。因此,必须要设法通过与客户的交流和关怀,理解和把握消费者,使产品的价格与客户满意度之间建立起合理的互动关系。

(4) 医药产品具有同质性。市场经济的自由竞争也在某种程度上加剧了医药产品的同质性,医药企业都希望在能够获利的产品上加大力量,这在客观上也给客户提供了更多的选择。但客户在获得更大产品选择余地的同时,也面临着用错药、用假药、高成本的风险,因而对医药营销服务的针对性提出了更高的要求,需要医药营销队伍提高自身的水平。

12.5.2 医药行业客户服务常见问题及其 CRM 的应用价值

由于长期以来不注重 CRM,我国的医药行业中的企业存在很多客户相关问题,根据我国一家知名 CRM 软件企业——创智集团的总结,这些问题包括如下几个方面。

(1) 客户资料不能及时收集,信息难以共享,甚至造成客户信息流失。
(2) 难以对客户进行有效分类和筛选,以致无法进行有针对性的客户关怀活动。
(3) 分销体系(商业客户)管理不完善,信息反馈不及时,导致分销体系出现漏洞。
(4) 客户历史交易数据记录不详细,难以进行客户交易分析。
(5) 药品质量跟踪不到最终客户,导致质量投诉与质量反查处理不及时,造成公司声誉的损害。
(6) 投诉信息传递不畅,导致客户投诉处理不及时,严重影响同客户的关系。
(7) 销售流程烦琐造成管理漏洞,系统管理不完善,管理人员成为"救火队员"。
(8) 销售合同签订不规范,无法及时了解和跟踪执行情况和状态,市场营销活动不统一。

(9) 无法有效树立品牌形象,营销效果难以准确评估,造成资源浪费。

(10) 销售队伍管理不完善,无法客观、准确地对销售人员进行绩效考核,导致销售队伍不稳定。

随着服务理念不断深化,医药企业实施 CRM 的意义日益突出,体现在以下几个方面。

(1) 促进销售模式方面的变革。医药行业的营销要把握住客户关系方面的重点,而在现实的工作中,很多营销人员并没有将客户关系的管理放到实处来解决,大部分企业没有统一的数据库来管理客户资料,客户资源分散在各个销售人员手中,有时还会引起"抢单"现象。另外,当销售人员离开公司时,有可能造成公司的客户资源流失。CRM 系统可以有效地改变这一情况。

(2) 促进对客户的分析。医药产业由于产品雷同,厂家们往往会陷入价格战。因此,对于销售趋势和客户的把握往往是十分重要的。如何对现有的销售和客户进行分析,并使其成为公司管理决策的基础,通常是公司管理层非常关心的问题。在帮助企业分析时,可以使用大量的报表以及一些数据分析工具对客户的行为进行深层次的分析,为公司的管理和经营决策提供帮助。

(3) 规范流程管理。CRM 的实施,从整体上而言,是为企业带来一种更科学、合理的流程管理。不论是销售、市场,还是服务环节都需要流程,然而,目前大多数用户在规范流程上还有一定的差距,基本还是基于传统的人治方式。因此,企业要实现流程首先需要管理层对流程的认识和员工对流程的理解,在此基础上,企业与厂商一起制订以"客户为中心"的流程,并将流程在 CRM 解决方案中加以实现,逐渐实现由系统控制人的工作。

12.5.3 医药行业 CRM 应用实例:惠普公司为德国拜尔公司实施 CRM 项目

德国拜尔公司是世界著名的医药企业,在世界医药史上占有一席之地,被称为"阿司匹林之父"。拜尔公司为了实施 CRM 项目,购买了 2 000 台惠普 Jomada720 随身计算机作为终端,在销售和市场部门实施 CRM。拜尔公司是惠普公司在医药行业的 ISV,在其正式进入中国市场以前,上海的施贵宝公司和美国的伊来药厂已经是其在中国市场的客户。拜尔公司 Richard Pan 说:"从我们对中国市场的了解看,在中国医药行业,首先 CRM 前景广阔;其次在使用 CRM 方案时,掌上电脑是一个非常实用的工具。"基于这些观点,拜尔公司开始了其 CRM 项目建设。

惠普公司承担了拜尔公司的 CRM 建设任务,惠普公司在实施 CRM 项目时一般将饮料、百货、医药等归为零售制造行业(易耗消费品企业),它认为这些行业具有实施移动信息管理的共同需求:首先,销售与生产信息需要及时更新;第二,对供应链管理的要求较高;第三,企业 IT 应用水平较高,企业内部实施了 MIS、ERP 系统或应用企业级数据库;第四,对销售信息的实时性要求非常高,需要销售人员将信息及时更新到系统数据库中;第五,销售人员移动性大,需要经常在各个卖点、供应商之间移动办公。

惠普公司在这个项目中建议使用掌上电脑作为终端,建议的配置为 Jomada545/548,或带键盘的 688、720/710。Richard 说:"我们分析过医药行业用的一些工具,首先,从日常工作拜访来看,目前市场上的笔记本计算机一般都在 2~3kg,很不方便;其次,如果想记录信息,笔记本计算机从开机到亮出屏幕需要几分钟,而医药代表拜访过程中的时间是很短暂的。掌上电脑弥补了笔记本计算机的这些缺陷,尤其是 Jomada 高端产品,既可以用手写也可以键盘输入，更加方便"。代表性的 Jomada720 可以替代笔记本计算机的绝大部分应用。体积上只有普通笔记本计算机的 1/4，具有 76%正常尺寸的全功能键盘。另外预装全套 Office 办公软件并内置 Modem，文字处理、报表统计、幻灯讲座、上网等都可在熟悉的环境下完成。长达 9h 的使用时间也比笔记本计算机有优势。由于 720 自身支持 ODBC 标准，自带 Access 数据库软件，所以很容易开发出支持移动数据库的应用，而且完全符合桌面管理接口(DMI)标准，MIS 部门可以更方便地将其作为移动式计算机的一部分进行管理。

笔记本计算机在加入系统以后可以和后台的 ERP、CRM 等系统进行集成。在拜尔公司项目中后台系统使用的是一个完全独立的 NT 系统，与其他系统完全分开。在这个平台上的数据和以后销售代表采集到的数据都是单独存储在这两个服务器上，系统集成上也要注意各种接口的方便使用。Richard 说："中国医药行业现在一是缺乏完整的管理系统，不知目标客户在哪里，不知潜力有多大；二是落实到销售代表，企业要求的工作计划多是有数量没有质量。""我们提供 CRM 理论，是想从数量和质量两方面来提升医药代表的销售效率，做到效率最大化，在现阶段是比较可行的。"拜尔还计划以后将企业培训也放到 720 上来做。

对用户来说，惠普公司所能提供的良好的服务也是非常重要的因素，同时他们是唯一一家为行业用户提供租赁销售模式的公司。例如拜尔公司在全国有 50 个城市会用到掌上电脑，而惠普公司的金牌服务包覆盖全国 59 个城市，目前拜尔公司有计划的使用金牌服务包。

惠普消费产品部刘宏江说："拜尔医药是我们在行业领域的一个亮点，我们将一个非常高端的产品推到行业里去了，现在有许多医药厂家来与惠普和拜尔谈一些合作。相信以后会有几万到十几万的终端产品的采购，当然也要配合软件的销售。"

12.6 房地产行业 CRM 的应用及其解决方案

房地产客户信息是一种比较特殊的客户信息，需要企业对其进行全面的收集和深度的开发才能发挥其作用。本节介绍房地产行业 CRM 应用的相关知识及其解决方案。

12.6.1 房地产企业对 CRM 的业务需求

CRM 是一种解决问题的综合方案，它能够提供多方面的功能，不同类型的房地产企业对 CRM 有不同的需求，总的来讲，房地产企业对 CRM 的需求见表 12-4。

表 12-4 房地产企业的 CRM 主要需求方向

需求方向	详细介绍
用 CRM 提高服务能力	随着房地产业竞争激烈程度加剧，很多房地产企业都通过提供给客户多类型的服务吸引客户。而实施 CRM 可以更加准确地把握客户的需求，通过服务质量培养客户的忠诚度，为客户提供更为良好的服务，在竞争中取胜
用 CRM 管理客户投诉	随着房地产企业的规模扩大，客户的数量也不断增加，投诉的数量也就会增多。房地产商对待投诉的态度和做法，对其企业形象的经营有着很重要的影响。搞好客户投诉处理，也是 CRM 被采纳的重要原因之一
用 CRM 促进销售工作	销售是现在房地产上普遍面临的问题。企业急需借助导入 CRM，提升企业客户关系能力，提高一线销售人员对于客户跟踪、客户服务的能力

12.6.2 房地产企业中 CRM 的功能实现

为了满足房地产的各种需求,需要设计软件来组成 CRM 项目实施。一般情况下,目前房地产企业运作的各个部分,都有相应的软件和 CRM 的功能实现,见表 12-5。

表 12-5 房地产企业管理的相应软件和 CRM 功能实现

软件模块	应用定位	适用范围	主要特点
售楼系统	围绕成交客户的售中业务管理系统	销售公司、代理中介	以楼盘为业务展开线索,向新一代以客户为中心的销售系统过渡
物业管理软件	面向物业小区的物业管理系统	物业公司及其管理处	管物、管财为主,管人为辅
营销 CRM 系统	售前、售后的销售 CRM	销售公司、代理中介、财务	以客户为中心,销售自动化管理系统
呼叫中心系统	统一企业服务热线,提供一站式服务	客户服务中心	借助呼叫中心技术,实现服务请求统一受理与分派
客户全程 CRM 服务系统	提供售前、售中、售后全程客户服务	服务、营销、市场、工程、物业、设计等	建立集销售、售中管理、物业服务于一体的完整 CRM 解决方案
客户分析型 CRM 系统	围绕客户信息的分析型 CRM 系统	销售、客户服务、品牌及管理层	辅助企业决策分析系统

(资料来源:透视房地产 CRM 应用模式,中国营销传播网,2003-06-30,作者:刘磊)

12.6.3 房地产行业 CRM 方案实例:创智 PowerCRM 房地产业方案

随着市场经济的发展,房地产市场中买卖双方的力量博弈发生了变化,主要由卖方市场逐步转向了买方市场。房地产企业在发展的过程中,先是以价格取胜、质量取胜,到今天随着竞争激烈程度的加深和客户消费意识的觉醒,已经发展到了目前以客户满意取胜的阶段。在这种背景下,创智开发了 PowerCRM 系统来满足房地产企业的客户管理要求。

作为一个大型 CRM 软件系统,PowerCRM 的客户处理能力很强,能够同时处理数百万的客户量,在功能整合上具有 PowerCRM for PlatForm(应用平台)、PowerCRM Cantact(协作型)、PowerCRM Operation(运营型)、PowerCRM BI(分析型)、PowerCRM for EAI(企业应用集成)5 大层面的功能。它以客户为中心,以市场、销售、服务为龙头,采用企业应用集成(EAI)和业务流程自动化实现与其他在线系统的无缝集成。采用数据仓库技术、3 层平台设计思想、基于 Web 技术的全动态交互的电子商务基础平台。

PowerCRMM 房地产行业总体解决方案是建立在 PowerCRM 通用产品平台基础上,并结合了国内房地产行业管理现状、业务特点、迫切需求而产生的。如图 12.15 所示为 PowerCRM 房地产行业总体方案设计框架,在这个设计中,考虑了房地产企业市场、销售和服务 3 个方面的整合,使房地产企业能够在统一的结构下从事各个分模块的工作。

通过对潜在客户的信息的系统化管理,这个系统建立了一个跨越整个房地产企业市场策划、经营销售、客户服务、物业管理等各个部门的"以客户为中心"的统一客户信息平台,实现对客户的市场策划、经营销售、售后服务等信息的全方位、流程化地分析、管理与跟踪。另外,信息共享也是本系统的特色之一,PowerCRM 系统上实现了房地产企业各个部门的客户信息共享、客户工作的协调和衔接,最大限度地提高客户的满意度、挖掘市场潜在客户、提高整个企业的管理水平和工作效率。

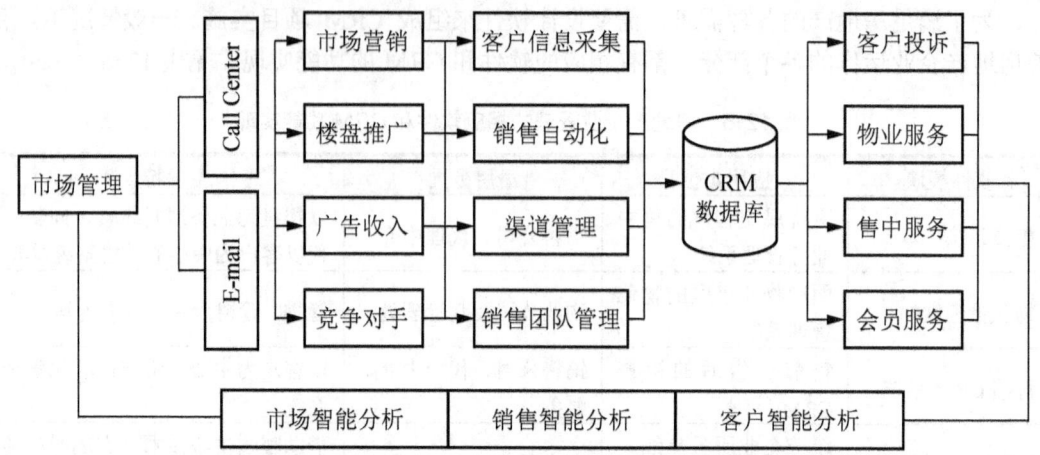

图 12.15　创智 PowerCRM 房地产行业总体方案设计框架

Power CRM 房地产行业解决方案为企业提供了下面一些关键功能,以实现企业的要求。

(1) 对客户信息的系统收集和管理。客户分为现实客户和潜在客户两大种类。对于房地产业来说,潜在客户的信息比已成交客户的信息更加重要、更加有价值。房地产企业应树立将客户信息作为企业战略资源的策略。CRM 涉及客户生命周期的全过程,其处理的是客户营销、客户分类、客户挖掘、机会跟踪、客户关怀、售后服务的全过程。

(2) 针对客户特点的个性营销。通过对房地产潜在客户群体进行细分,针对那些还没有购房的潜在客户,及时了解他们的需求。在针对楼盘进行广告宣传、市场营销活动时,采取有针对性的策略,争取吸引这一部分客户;针对不同背景、不同层次、不同需求的潜在客户,利用现代先进的沟通手段向具体潜在客户群体发布营销信息、楼盘信息等。

(3) 指导新楼盘的设计和推广。在新楼盘推出的时候,能够利用数据库中的资料对其进行相应的推广,这种推广由于事先掌握了客户的特点和需求,因此能取得较好的效果。

(4) 对楼盘销售的过程进行过程管理。对房地产市场的销售过程管理是一件很重要的工作,围绕潜在客户的购房机会的整体生命周期,实现完整的销售管理、跟踪、预测、统计和查询等,形成一个围绕购房销售机会的自动化进程和信息闭环。

(5) 会员制的管理模式。在当前,会员制已经成为很多行业采用的营销方法,而针对房地产行业现状及目前面临的问题,创智也开发了会员制的管理模块供公司使用。

另外,Power CRM 房地产行业解决方案还有加强服务质量手段,提高客户满意度,以及拓展客户推荐,增加链式销售机会等相应功能。

12.7　其他行业 CRM 的应用及其案例介绍

除了上述行业外,其他行业如电信、保险、银行、制造业、传媒业、出版业、制造业也都是 CRM 应用的主要行业,并且 CRM 的应用还有向政府机关、事业单位、咨询机构发展的趋势。下面列举一些相关行业的 CRM 实用案例，对某些其他行业的应用作以介绍。

12.7.1 电信行业：内蒙古联通公司大客户管理系统成功案例

1. 项目背景

电信业务市场的竞争格局在我国已逐步形成。竞争给电信业务运营带来的一个突出的特点就是市场由卖方市场向买方市场转变。为适应这一市场特点并在市场中保持和提升竞争优势，中国联通公司的经营战略正在逐步从以产品业务为中心向以客户为中心转变。

大客户业务是联通公司整体营销战略的重要组成部分，发展大客户能给公司带来很好的经济效益。大客户管理系统的建设旨在在大客户售前、售中和售后的整个生命周期中，为客户的市场开拓、有关大客户的信息管理、客户服务及营销决策支持提供一个综合信息处理平台。内蒙古联通大客户管理系统的建设正是基于上述这些背景而提出的。

2. 组网结构

内蒙古联通公司大客户管理系统的整体结构如图 12.16 所示。

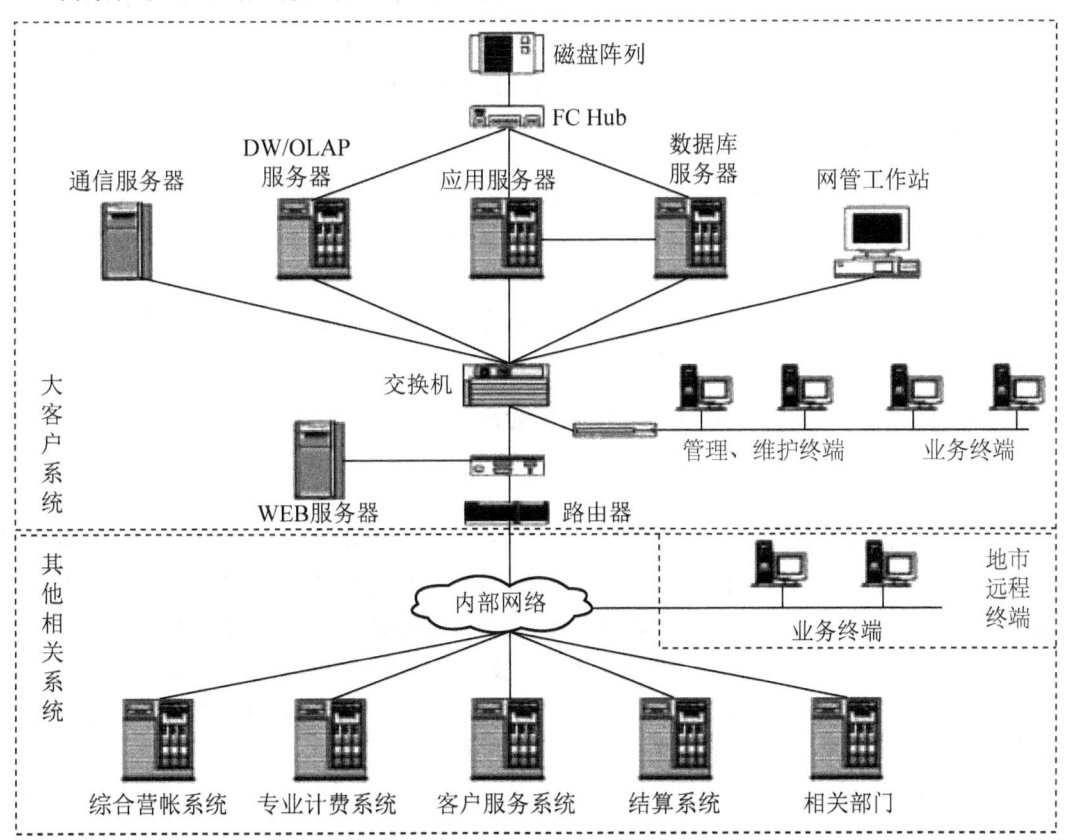

图 12.16　内蒙古联通大客户管理系统的整体结构

（资料来源：田英雷，内蒙古联通大客户管理系统实例解析. http://solution.chinabyte.com/175/1720175.shtml, 2003-08-08）

3. 业务功能

(1) 大客户资料管理。包括大客户相关资料信息管理和大客户基本业务两个方面。大客户客户资料的基本信息包括客户基本资料、客户营业业务资料、客户计费账务资料、客户信用资料、客户服务资料、内部重要员工资料、项目工程资料、资源占用资料等。

(2) 绿色通道。围绕客户走访、业务办理、合同签订、工程实施和业务开通工作流程，实现对大客户业务的售前、售中的过程管理，并通过人机协作实现流程的自动化。

(3) 黄色通道。处理与大客户服务相关的业务，包括客户走访、客户来访、友情服务等日常业务联系活动。

(4) 红色通道。处理与大客户有关的故障、投诉等业务。

(5) 渠道管理。用于管理渠道代理信息，以及与渠道相关的业务信息，包括绩效佣金管理、合同管理、培训管理。

(6) 客户经理管理。管理大客户发展中心员工及与大客户发展中心有业务往来的相关部门的员工信息，以及与员工相关的业务信息，包括基本信息管理、奖金绩效管理、业务计划管理、工作日志管理、回访走访管理、培训管理。

(7) 资源市场信息管理。信息内容包括产品信息、宏观经济信息；行业经济信息；客户需求信息(按行业划分)；竞争对手信息；行业经典案例；政策、法律环境、法律环境对企业可能的影响；企业所处行业的发展态势及行业内竞争状况。

4. 应用效果

内蒙古联通公司在实施 CRM 后，协调和改进原有业务流程，使其所有的业务环节更好地满足客户需求和降低运营成本，从而达到保留现有大客户和发掘潜在大客户并提高企业盈利的目的。通过为大客户提供高品质、个性化的服务，大客户管理系统的实施提高了大客户的信赖度和忠诚度，形成并保持内蒙古联通公司核心竞争力，并带来了良好经济收益。

12.7.2 保险行业：中国平安保险北京分公司实施 CRM 的案例

1. 公司背景

中国平安保险股份有限公司北京分公司于 1993 年正式成立。公司经营各种本、外币财产保险、责任保险、信用保证保险、人身保险、再保险，代理保险检验、理赔追偿业务。公司自成立以来，经手的理赔案件数以万计，支付赔款逾亿元，为众多受损保户解了燃眉之急。随着业务的发展，面对客户需求的多样性、激烈的行业的竞争、信息的快捷传递、员工工作有效的管理、业务拓展的有效支持等问题，采用一套高效可行的管理系统来解决现有情况是中国平安保险股份有限公司北京分公司的急切需求。

2. 业务需求

该公司希望从不同的角度都能够得到与客户有关的全部信息，从而达到当客户与业务人员联系时，需要从部分的客户信息马上了解到该客户的全方位的情况。例如，有的客户只提供车牌号、有的客户只提供保单号、还有的客户只提供身份证，而不论是客户提供何种的唯一标识，都能够检索到与客户相关的全部信息，客户信息不仅是姓名、电话等，还包括投保的险种、保单到期时间、提供服务的频率等动态的全面业务情况，这些信息帮助业务人员及时识别客户的等级，为他们提供最恰当的服务。另外，续保客户是"成本低，利润高"的价值客户，平安保险希望能够及时了解到当天或某段时间需要续保的客户名单，并根据与客户的联系情况来获得继续续保、不再续保和正在考虑中的客户名单，从而保证能够及时跟进客户、减少客户资源的流失。通过向客户提供验车、验证等主动服务，提高客户满意度，让潜在客户成为正式客户，让正式客户成为忠实客户。

3. 解决方案

根据中国平安保险股份有限公司北京分公司的现有情况和将来发展的需要，TurboCRM 公司为其量身制定了一套解决方案和分步实施计划：第一，建立统一的客户信息数据库，各个部门共同使用统一的客户信息，同时使用智能查询技术满足业务人员对客户信息的多条件检索的需求；第二，建立以客户为中心的营销模式，针对现有的客户群体进行细分，制定不同客户群体营销计划；第三，由部门向企业推进，根据现有的情况，从销售部门开始进行推进，再带动其他的部门(理赔部、市场部)，实现企业部门间信息传递和共享的良性循环；第四，业务流程在系统中实现，对于各种的业务流程(投保、续保、理赔等)在系统中采用进程式的记录方式来实现各业务环节的衔接；第五，管理规范的建议，根据公司的实际情况，TurboCRM 公司为其提供了适合其情况的一些合理化建议。

4. 效果评价

平安保险公司的华经理介绍，"通过 TurboCRM 系统，我们解决了最想克服的问题。第一，将针对同一客户的相关信息，如客户的基础信息、与业务人员的历次联络记录、投保的险种、有无索赔案及次数、反馈、以前的投保公司等在一个平台上进行统一管理。只要输入与要查询客户相关的唯一标识(如客户的车牌号、保单号)，系统就能够搜索到对应客户的全部相关的信息和交往记录。第二，能够通过输入任意条件查询出客户，从而为该客户及时提供服务。例如，输入日期，查询出当天需要续保的客户，为客户办理续保手续；通过车牌尾数查找出需要验驾驶证的客户等等。目前，我们已经实现了对车险近万客户资料的完备管理，根据客户的需求为客户提供相应的服务。第三，TurboCRM 系统实现了对业务人员的管理。系统将服务划分为任务、任务提醒、阶段进程等几个层次。一次服务可以被看成是一个任务，完成这个任务需要经历过多个阶段性进程，我们管理人员就可以随时察看任务执行的状态，监控未完成的任务，了解每位员工的工作进展情况。当某一任务完成时，标志会呈现结束状态。此外，TurboCRM 系统提供了多种分析手段，如"销售分析"中的"特征分析"、"客户分析"、"伙伴分析"、"丢单分析"，"销售管理"中的"客户挖掘"，"客户服务"中的"反馈处理"，"分析决策"中的"市场分析"使我们从不同角度对业务信息进行综合分析，更加了解自身产品、价格、服务的优势和弱点，从而及时采取有效的措施，提高产品与服务的竞争力，达到提高市场占有率的目标。"

(资料来源：转引自 TurboCRM 信息科技有限公司，平安保险北京分公司实施 CRM 案例. http://www.ciotimes.com/ application/CRM/c/CRM200802221027.html, 2008-02-22)

12.7.3 IT 与网络服务业：搜狐公司 CRM 系统实施案例

如果说 CRM 分为广义和狭义两种类型的话，在搜狐则没有纯粹的、狭义的 CRM，它不只需要销售自动化，或者进行客户管理、服务管理，而是包括了硬件、通信等一系列设备，需要一个平台，能随着业务的不断变化而进行良性、适度的拓展。对于搜狐这样依靠广告生存，并且客户资源不断壮大的网站来说，要与时俱进，必须选择一款适合自己的CRM。

互联网媒体最主要的生存支柱是广告，搜狐公司也不例外。作为2008年奥运会的赞助商，广告业务在搜狐公司的整体业务中占到三分之二的比重。这一年是它实现广告业务大幅增长的绝佳机会，业务代表更想借此机会争取更多的广告客户，提高工作效率。

而搜狐公司的销售团队仍处于依靠人工和 Excel 来支持协作的阶段，根本谈不上即时掌握销售数据、互动地管理和协同销售过程。因为依靠 EXCEL 进行数据连接，容易造成数据不完整，也降低了准确性和及时性，并且，单纯依靠人工来控制销售管理流程，增加了客户资源管理的风险。而且，对于搜狐公司这样客户资源不断壮大，广告费用也实时变化着的网站来说，没有一个统一准确的客户数据中心，显得很不"与时俱进"。

2006年10月，搜狐公司终于决定启用新的 CRM 软件系统，选择软件和合作伙伴也颇让人伤脑筋。从2002到2004年，搜狐软件之前的 CRM 软件系统光实施就花费了3年时间，真正上线时仍留有尾巴问题没有解决干净，结果在使用过程中，这些小问题就滚雪球一样越来越大。

搜狐公司广告部的高级经理张军说："互联网最大的特点就是变化，产品的更新层出不穷，每天都会推出数十个专题，签订50个以上的广告合同，并且绝大多数都是个性化的广告需求。CRM 本身也需要随着业务和管理的需求去顺应变化。"从寻找厂商到选择合作伙伴，这一次又经过了半年的时间。张军本身也是做 ERP 软件出身的，他很清楚什么是花架子，什么才是自己的企业真正需要的。2007年4月，终于敲定由怡海软件来实施 Microsoft Dynamics CRM。怡海的客户名单也在一定程度上打动了他，里面卡特彼勒、王老吉、EMC、FESCO 等遍布机械制造、饮料、IT 分销、人力资源等各个领域的企业相当具有说服力。一切敲定之后，部署和实施就变得很快了。4个月之后的2007年10月，新系统部署完成，2008年1月终于正式投入使用。

对于新兴的互联网行业来说，CRM 其实意味着 XRM，不再是传统意义上的客户关系管理，而是细分为市场(Market)、销售(Sale)、服务(Service)三个模块，客户的定义越来越大，关系也越来越复杂。"以客户为中心"这句看似口号的真理，不得不转化为竞争力，落在实处。在 Sohu CRM 系统中，客户被分为多个层次，从各级商业客户的管理和控制，到对终端客户的拜访和跟踪，再到对消费者的信息的获取，和围绕客户进行成本、利润分析。所有的业务流程和信息收集都是围绕客户进行的。

怡海软件业务咨询顾问王钧源介绍说，Sohu CRM 系统的应用可以分为3个层次：具体的业务操作人员、中层管理人员及高层领导。这3个层次人员的需求和应用方式完全不同，但要保证业务操作人员能够方便地输入信息，中高层领导能够监控和从系统中方便地获取所需信息。销售人员的打单活动，必须是一个端到端的完整流程。因为销售合同的执行需要很长一段时间，从最早的排期、报价，到订单的执行、审批，到最终与 ERP 结合，以及财务收入的确认。 这其中 CRM 可以发挥重要作用。"

(资料来源：转引自徐立洋，搜狐公司 CRM 系统实施案例. http://www.c800.com/msg/2008/05/04/09.php, 2008-05-04)

12.7.4 出版传媒行业：北京晨报媒体 CRM 系统建设案例

1. 北京晨报概况

《北京晨报》是由北京日报报业集团主管的一张首都报，在 1998 年 7 月 20 日正式出版发行后，迅速填补并占有了北京的早报市场，主要版面包括要闻、都市、热线、经济、国内、国际、体育、文化、证券、投资等新闻版，还开设了深入报道热点新闻的"视点"专版，"早茶"副刊及新经济周刊、房地产周刊、IT 周刊、服务周刊等。目前，《北京晨报》拥有遍及北京十几个城区、几百个发行站、几千名发行员的发行网络，日发行量达到 50 万份，读者受众群体达到上百万人，广告额同步迅速增长。2000 年 8 月，晨报正式迁入北京东环广场 A 座新址办公，新址建筑面积 4480 平方米，采用开放式办公布局，拥有北方第一个规范的、现代化的新闻采编平台，同时大力投资于网络信息系统平台和业务应用系统平台的建设，在北京市新闻媒体中率先实现了"告别纸与笔"的技术性变革。

2. 客户需求

目前，报业竞争已趋于白热化，这种竞争包括新闻竞争、广告竞争、发行竞争与管理竞争等多个方面。另外，报业市场也已打破时间和地域界限，日报、早报、晚报甚至杂志的界限开始模糊，跨类别的竞争已经司空见惯，互联网作为"第四媒体"的出现给本已竞争激烈的报业市场带来了又一次冲击。如何在激烈的竞争中取得竞争优势，赢得公众和读者，寻求更广阔的生存和发展空间，已成为晨报所面临的现实而严峻的问题。

"如何提高晨报的市场竞争力，IT 信息系统的建设成为关键因素之一。解决这些问题的关键在于两个方面：第一，建设易于管理的、低成本而高效率，并且能充分适应企业未来业务发展需求的网络通信平台。第二，建设以呼叫中心以及未来的多媒体客户交互中心为基础的报业客户关系管理系统。"北京晨报技术部主任徐曙光这样说。

3. 呼叫中心和客户关系管理应用系统

《北京晨报》经过认真选型，最终选择了基于 3Com 网络电话系统解决方案提供的呼叫中心系统，其话音、数据和控制完全基于纯数据网络系统。为支持上层的晨报客户关系管理业务应用系统提供了强有力的平台支持。

晨报 CRM 系统完成了新闻线索、咨询服务、投诉建议、广告预订、报刊订阅、市场调查等业务流程，以满足客户日益变化的需求；并能跟内部采编、广告、发行等业务流程实现紧密衔接，共享客户信息和资源，实现协同工作；从不同角度深度量化分析客户和业务数据，提升媒体自身竞争能力，以适应市场的变化，实现报社和客户的互动。

4. 商业利益的实现

建设呼叫中心和 CRM 系统有力地提高了企业的市场竞争力。基于网络电话系统的呼叫中心解决方案，使 CRM 应用系统的建设更快捷，功能更丰富，使晨报可以与读者、广告客户更好的交流和提供服务，并能及时采集、分析信息，更有利于企业的经营决策，从而真正提高企业的市场竞争力。

(资料来源：转引自刘勋，北京晨报媒体客户关系管理系统建设案例。http://www.chinabyte.com/solution/435/1937435_1.shtml, 2005-04-08)

12.7.5 电力行业：BEA 助力重庆市电力公司客户关怀系统项目

随着市场竞争机制正在电力行业逐步建立，重庆市电力公司(简称重庆电力公司)为解决客户对于门户和数据集成的需要，实现统一入口，决定启动 CRM 系统建设项目。

1. 业务挑战：信息孤岛成为发展瓶颈

经过多年的建设，重庆电力公司已经建成了多个应用系统，但随着应用的深入以及 IT 在企业经营管理中的作用日益凸显，加上这些应用系统在构建之初并没有很好地考虑系统与其他业务部门应用系统之间的关联，每个应用系统都有自己独立的业务流以及业务数据库。在这种情况下，各系统资源难以形成共享，形成了一个个的"信息孤岛"。

2004 年，重庆电力公司启动了重庆电力平台集中改造工程，以整合现有应用系统，让信息化为重庆电力的再次腾飞提供强有力的支撑。

2. 慎选方案：统一、集成是关键

重庆电力公司给此次电力平台集中改造工程命名为"客户关怀系统"。之所以称之为关怀，是希望能更多地利用这个系统进行资源调配以及售用电的管理等，并与其他系统进行整合，然后利用所有可用资源开发更丰富的应用，最后服务用户。重庆电力公司还希望通过项目的实施，对电费采集、计量统计以及财务系统等各应用进行深度挖掘，辅助领导决策。

最终，重庆电力公司将目光锁定在业界领先的应用基础结构软件供应商 BEA 系统有限公司身上，选择了 BEA 提供的基于 BEA WebLogic Integration 的解决方案，对其超过 20 个下辖市的电力系统平台进行集中改造。针对此次构建的客户关怀系统，重庆电力公司在部署 BEA WebLogic Integration 后将实现预期的目标，诸如集成目前常用的业务应用系统，简化内部处理流程；实现多个业务系统数据的统一访问；为客户提供统一的业务入口，从而提高客户满意度。此外，不仅仅是集成现有应用系统，通过本项目所构建的应用基础平台还能够为重庆市电力公司后续业务系统开发提供足够的扩展能力。

3. 客户满意：强有力的平台支撑能力

系统从 2004 年 10 月正式开始实施，分成了两个阶段。第一阶段主要是实现 CCS 系统与 95598 系统、银电联网系统、远光财务系统、智能表售电系统的集成。第二阶段是实现 CCS 系统与客户现场管理系统、计量系统、账单打印系统、GIS 系统、办公自动化系统、短信系统、触摸屏系统、校验台、邮件服务器、网站、综合应用平台等的集成。

重庆电力公司客户关怀从项目签约到正式上线，仅仅用了不到半年时间。此外，该项目的成功实施，还有力地推动数字证书技术在重庆电力公司的广泛应用，保证了应用系统具有长久的生命期，同时提升了企业应用平台的功能和内涵，并在应用系统中广泛运用目录服务，建立统一的网络身份管理体系。总结项目实施效果，相关负责人表示重庆电力解决了客户对于门户和数据集成的需要，实现统一入口，并使管理软件开发项目的建设更加规范化。

(资料来源：刘勋，BEA 助力重庆市电力公司客户关怀系统项目. http://www.chinabyte.com/solution/156/2128156.shtmll, 2005-09-21，内容略有删改)

参 考 文 献

（按照编撰者姓氏拼音排列）

[1] ARC 远擎管理顾问公司．客户关系管理深度解析[M]．北京：清华大学出版社，2003．
[2] [美]保罗·格林伯格．实时的客户关系管理[M]．王敏，译．北京：机械工业出版社，2002．
[3] [美]菲利普·科特勒．营销管理[M]．梅汝和，译．北京：中国人民大学出版社，2001．
[4] [英]肯·博内特．核心客户关系管理[M]．刘瑞红，译．北京：机械工业出版社，2001．
[5] [英]帕翠珊·B·希伯尔德．客户关系管理理念与实例[M]．叶凯，译．北京：机械工业出版社，2002．
[6] 宝利嘉．客户关系管理解决方案：CRM 的理念、方法与软件资源[M]．北京：中国经济出版社，2002．
[7] 陈桂玲．服装企业客户关系管理[M]．北京：中国纺织出版社，2005．
[8] 陈明亮．客户关系管理理论与软件[M]．杭州：浙江大学出版社，2004．
[9] 丁建石．客户关系管理[M]．北京：北京大学出版社，2006．
[10] 丁秋林，力士奇．客户关系管理[M]．北京：清华大学出版社，2002．
[11] 管政，魏冠明．中国企业 CRM 实施[M]．北京：人民邮电出版社，2003．
[12] 何荣勤．CRM：原理，设计与实践[M]．北京：电子工业出版社，2003．
[13] 江林．顾客关系管理[M]．北京：首都经济贸易大学出版社，2005．
[14] 宿春礼．客户主管实务[M]．北京：经济管理出版社，2003．
[15] 徐文峰．客户管理制度[M]．广州：广东经济出版社，2009．
[16] 李志刚．客户关系管理理论与应用[M]．北京：机械工业出版社，2006．
[17] 李志宏，王学东．客户关系管理[M]．广州：华南理工大学出版社，2005．
[18] 吕廷杰．客户关系管理与主题分析[M]．北京：人民邮电出版社，2002．
[19] 马刚，李洪心，杨兴凯．客户关系管理[M]．大连：东北财经大学出版社，2005．
[20] 孟凡强，王玉荣．CRM 行动手册：策略、技术和实现[M]．北京：机械工业出版社，2002．
[21] 欧阳峰，傅湘玲．企业信息化管理导论[M]．北京：清华大学出版社，2006．
[22] 彭志忠，李蕴．客户关系管理：理论、实务与系统应用[M]．济南：山东大学出版社，2005．
[23] 齐佳音，万映红．客户关系管理理论与方法[M]．北京：中国水利水电出版社，2006．
[24] 邵兵家．客户关系管理：理论与实践[M]．北京：清华大学出版社，2004．
[25] 苏朝晖．客户关系的建立与维护[M]．北京：清华大学出版社，2007．
[26] 汤兵勇．客户关系管理[M]．2 版．北京：高等教育出版社，2008．
[27] 田同生．客户关系管理的中国之路[M]．北京：机械工业出版社，2001．
[28] 王广宇．客户关系管理(CRM) [M]．北京：经济管理出版社，2001．
[29] 王广宇．客户关系管理方法论[M]．北京：清华大学出版社，2004．
[30] 王奕，李欣．大客户管理[M]．北京：机械工业出版社，2006．
[31] 王永贵．顾客资源管理[M]．北京：北京大学出版社，2005．
[32] 王永贵．客户关系管理[M]．北京：清华大学出版社，2007．

[33] 韦福祥. 服务质量评价与管理[M]. 北京：人民邮电出版社，2005.
[34] 邬金涛. 客户关系管理[M]. 武汉：武汉大学出版社，2008.
[35] 薛华成. 管理信息系统[M]. 4版. 北京：清华大学出版社，2003.
[36] 杨德宏，李玲. 客户关系管理成功案例[M]. 北京：机械工业出版社，2002.
[37] 杨路明. 客户关系管理[M]. 重庆：重庆大学出版社，2004.
[38] 杨永恒. 客户关系管理——价值导向及使能技术[M]. 大连：东北财经大学出版社，2002.
[39] 张学军. CRM实施宝典[M]. 北京：国防工业出版社，2005.
[40] 周贺来. 商业管理信息系统[M]. 北京：中国水利水电出版社，2006.
[41] 周贺来. 客户关系管理实用教程[M]. 北京：机械工业出版社，2009.
[42] 周贺来. 酒店计算机信息管理[M]. 北京：中国水利水电出版社，2010.
[43] 周贺来. 旅游企业信息化管理[M]. 北京：中国水利水电出版社，2010.
[44] 周洁如，庄晖. 现代客户关系管理[M]. 上海：上海交通大学出版社，2008.
[45] 朱爱群. 客户关系管理与数据挖掘. 北京：中国财政经济出版社，2001.

北京大学出版社本科财经管理类实用规划教材（已出版）

财务会计类

序号	书名	标准书号	主编	定价	序号	书名	标准书号	主编	定价
1	基础会计（第2版）	7-301-17478-4	李秀莲	38.00	20	初级财务管理	7-301-20019-3	胡淑姣	42.00
2	基础会计学	7-301-19403-4	窦亚芹	33.00	21	财务管理学	7-5038-4897-1	盛均全	34.00
3	会计学	7-81117-533-2	马丽莹	44.00	22	财务管理学实用教程（第2版）	7-301-21060-4	骆永菊	42.00
4	会计学原理（第2版）	7-301-18515-5	刘爱香	30.00	23	基础会计学学习指导与习题集	7-301-16309-2	裴玉	28.00
5	会计学原理习题与实验（第2版）	7-301-19449-2	王保忠	30.00	24	财务管理理论与实务	7-301-20042-1	成兵	40.00
6	会计学原理与实务（第2版）	7-301-18653-4	周慧滨	33.00	25	财务管理学原理与实务	7-81117-544-8	严复海	40.00
7	会计学原理与实务模拟实验教程	7-5038-5013-4	周慧滨	20.00	26	财务管理理论与实务（第2版）	7-301-20407-8	张思强	42.00
8	会计实务	7-81117-677-3	王远利	40.00	27	公司理财原理与实务	7-81117-800-5	廖东声	36.00
9	高级财务会计	7-81117-545-5	程明娥	46.00	28	审计学	7-81117-828-9	王翠琳	46.00
10	高级财务会计	7-5655-0061-9	王奇杰	44.00	29	审计理论与实务	7-81117-955-2	宋传联	36.00
11	成本会计学	7-301-19400-3	杨尚军	38.00	30	会计综合实训模拟教程	7-301-20730-7	章洁倩	33.00
12	成本会计学	7-5655-0482-2	张红漫	30.00	31	财务分析学	7-301-20275-3	张献英	30.00
13	成本会计学	7-301-20473-3	刘建中	38.00	32	银行会计	7-301-21155-7	宗国恩	40.00
14	管理会计	7-81117-943-9	齐殿伟	27.00	33	税收筹划	7-301-21238-7	都新英	38.00
15	管理会计	7-301-21057-4	彤芳珍	36.00	34	基础会计学	7-301-16308-5	晋晓琴	39.00
16	会计规范专题	7-81117-887-6	谢万健	35.00	35	公司财务管理	7-301-21423-7	胡振兴	48.00
17	企业财务会计模拟实习教程	7-5655-0404-4	董晓平	25.00	36	税法与税务会计实用教程（第2版）	7-301-21422-0	张巧良	45.00
18	税法与税务会计	7-81117-497-7	吕孝侠	45.00	37	政府与非营利组织会计	7-301-21504-3	张丹	40.00
19	税法与税务会计实用教程	7-81117-598-1	张巧良	38.00	38	财务管理学	7-301-21887-7	陈玮	44.00

工商管理、市场营销、人力资源管理、服务营销类

序号	书名	标准书号	主编	定价	序号	书名	标准书号	主编	定价
1	管理学基础	7-5038-4872-8	于干千	35.00	19	市场营销学	7-81117-676-6	戴秀英	32.00
2	管理学基础学习指南与习题集	7-5038-4891-9	王珍	26.00	20	市场营销学（第2版）	7-301-19855-1	陈阳	45.00
3	管理学	7-81117-494-6	曾旗	44.00	21	市场营销学新论	7-5038-4879-7	郑玉香	40.00
4	管理学原理	7-5655-0078-7	尹少华	42.00	22	国际市场营销学	7-5038-5021-9	范应仁	38.00
5	管理学原理与实务（第2版）	7-301-18536-0	陈嘉莉	42.00	23	市场营销理论与实务（第2版）	7-301-20628-7	那薇	40.00
6	管理学实用教程	7-5655-0063-3	邵喜武	37.00	24	现代市场营销学	7-81117-599-8	邓德胜	40.00
7	管理学实用教程	7-301-21059-8	高爱霞	42.00	25	消费者行为学	7-81117-824-1	甘瑁琴	35.00
8	通用管理知识概论	7-5038-4997-8	王丽平	36.00	26	商务谈判（第2版）	7-301-20048-3	郭秀君	49.00
9	现代企业管理理论与应用	7-5038-5024-0	邸彦彪	40.00	27	商务谈判实用教程	7-81117-597-4	陈建明	24.00
10	管理运筹学（第2版）	7-301-19351-8	关文忠	39.00	28	消费者行为学	7-5655-0057-2	肖立	37.00
11	统计学原理	7-301-21061-1	韩宇	38.00	29	客户关系管理实务	7-301-09956-8	周贺来	44.00
12	统计学原理	7-5038-4888-9	刘晓利	28.00	30	公共关系学	7-5038-5022-6	于朝晖	40.00
13	统计学	7-5038-4898-8	曲岩	42.00	31	公共关系理论与实务	7-5038-4889-6	王玫	32.00
14	应用统计学（第2版）	7-301-19295-5	王淑芬	48.00	32	公共关系学实用教程	7-81117-660-5	周华	35.00
15	管理定量分析方法	7-301-13552-5	赵光华	28.00	33	公共关系理论与实务	7-5655-0155-5	李泓欣	45.00
16	新编市场营销学	7-81117-972-9	刘丽霞	30.00	34	跨国公司管理	7-5038-4999-2	冯雷鸣	28.00
17	市场营销学	7-5655-0064-0	王槐林	33.00	35	质量管理	7-5655-0069-5	陈国华	36.00
18	市场营销学实用教程	7-5655-0081-7	李晨耘	40.00	36	跨文化管理	7-301-20027-8	晏雄	35.00

序号	书 名	标准书号	主编	定价	序号	书 名	标准书号	主编	定价
37	企业战略管理	7-5655-0370-2	代海涛	36.00	54	员工招聘	7-301-20089-6	王 挺	30.00
38	企业文化理论与实务	7-81117-663-6	王水嫩	30.00	55	服务营销理论与实务	7-81117-826-5	杨丽华	39.00
39	企业战略管理	7-81117-801-2	陈英梅	34.00	56	服务企业经营管理学	7-5038-4890-2	于千千	36.00
40	企业战略管理实用教程	7-81117-853-1	刘松先	35.00	57	服务营销	7-301-15834-0	周 明	40.00
41	产品与品牌管理	7-81117-492-2	胡 梅	35.00	58	会展服务管理	7-301-16661-1	许传宏	36.00
42	东方哲学与企业文化	7-5655-0433-4	刘峰涛	34.00	59	现代服务业管理原理、方法与案例	7-301-17817-1	马 勇	49.00
43	运营管理	7-5038-4878-0	冯根尧	35.00	60	服务性企业战略管理	7-301-20043-8	黄其新	28.00
44	生产运作管理（第2版）	7-301-18934-4	李全喜	48.00	61	服务型政府管理概论	7-301-20099-5	于千千	32.00
45	运作管理	7-5655-0472-3	周建亨	25.00	62	新编现代企业管理	7-301-21121-2	姚丽娜	48.00
46	组织行为学	7-5038-5014-1	安世民	33.00	63	创业学	7-301-15915-6	刘沁玲	38.00
47	组织行为学实用教程	7-301-20466-5	冀 鸿	32.00	64	管理学	7-301-17452-4	王慧娟	42.00
48	流程型组织的构建研究	7-81117-519-6	岳 澎	35.00	65	公共关系学实用教程	7-301-17472-2	任焕琴	42.00
49	人力资源管理（第2版）	7-301-19098-2	颜爱民	60.00	66	现场管理	7-301-21528-9	陈国华	38.00
50	人力资源管理经济分析	7-301-16084-8	颜爱民	38.00	67	现代企业管理理论与应用（第2版）	7-301-21603-3	邸彦彪	38.00
51	人力资源管理原理与实务	7-81117-496-0	邹 华	32.00	68	服务营销	7-301-21889-1	熊 凯	45.00
52	人力资源管理实用教程（第2版）	7-301-20281-4	吴宝华	45.00	69	管理学实用教程	7-301-22218-8	张润兴	43.00
53	人力资源管理：理论、实务与艺术	7-5655-0193-7	李长江	48.00					

经济、国贸、金融类

序号	书 名	标准书号	主编	定价	序号	书 名	标准书号	主编	定价
1	政治经济学原理与实务	7-81117-498-4	沈爱华	28.00	22	金融市场学	7-81117-595-0	黄解宇	24.00
2	宏观经济学原理与实务（第2版）	7-301-18787-6	崔东红	57.00	23	金融工程学理论与实务	7-81117-546-2	谭春枝	35.00
3	宏观经济学	7-5038-4882-7	蹇令香	32.00	24	财政学	7-5038-4965-7	盖 锐	34.00
4	微观经济学原理与实务	7-81117-818-0	崔东红	48.00	25	保险学原理与实务	7-5038-4871-1	曹时军	37.00
5	微观经济学	7-81117-568-4	梁瑞华	35.00	26	东南亚南亚商务环境概论	7-81117-956-9	韩 越	38.00
6	西方经济学实用教程	7-5038-4886-5	陈孝胜	40.00	27	证券投资学	7-301-19967-1	陈汉平	45.00
7	西方经济学实用教程	7-5655-0302-3	杨仁发	49.00	28	金融学理论与实务	7-5655-0405-1	战玉峰	42.00
8	西方经济学	7-81117-851-7	于丽敏	40.00	29	货币银行学	7-301-15062-7	杜小伟	38.00
9	现代经济学基础	7-81117-549-3	张士军	25.00	30	国际结算（第2版）	7-301-17420-3	张晓芬	35.00
10	国际经济学	7-81117-594-3	吴红梅	39.00	31	国际贸易规则与进出口业务操作实务（第2版）	7-301-19384-6	李 平	54.00
11	发展经济学	7-81117-674-2	赵邦宏	48.00	32	金融风险管理	7-301-20090-2	朱淑珍	38.00
12	管理经济学	7-81117-536-3	姜保雨	34.00	33	国际贸易学	7-301-20919-6	张 肃	28.00
13	计量经济学	7-5038-3915-3	刘艳春	28.00	34	国际贸易理论、政策与案例分析	7-301-20978-3	冯 跃	42.00
14	外贸函电	7-5038-4884-1	王 妍	20.00	35	国际结算	7-301-21092-5	张 慧	42.00
15	国际贸易理论与实务（第2版）	7-301-18798-2	缪东玲	54.00	36	金融工程学	7-301-18273-4	李淑锦	30.00
16	国际贸易（第2版）	7-301-19404-1	朱廷珺	45.00	37	证券投资学	7-301-21236-3	王 毅	45.00
17	国际贸易实务（第2版）	7-301-20486-3	夏合群	45.00	38	金融工程学理论与实务（第2版）	7-301-21280-6	谭春枝	42.00
18	国际贸易结算及其单证实务	7-5655-0268-2	卓乃坚	35.00	39	跨国公司经营与管理	7-301-21333-9	冯雷鸣	35.00
19	国际金融	7-5038-4893-3	韩博印	30.00	40	货币银行学	7-301-21345-2	李 冰	42.00
20	国际金融实用教程	7-81117-593-6	周 影	32.00	41	政治经济学原理与实务（第2版）	7-301-22204-1	沈爱华	31.00
21	国际商务	7-5655-0093-0	安占然	30.00					

相关教学资源如电子课件、电子教材、习题答案等可以登录 www.pup6.com 下载或在线阅读。

扑六知识网(www.pup6.com)有海量的相关教学资源和电子教材供阅读及下载(包括北京大学出版社第六事业部的相关资源)，同时欢迎您将教学课件、视频、教案、素材、习题、试卷、辅导材料、课改成果、设计作品、论文等教学资源上传到 pup6.com，与全国高校师生分享您的教学成就与经验，并可自由设定价格，知识也能创造财富。具体情况请登录网站查询。

如您需要免费纸质样书用于教学，欢迎登录第六事业部门户网(www.pup6.com)填表申请，并欢迎在线登记选题以到北京大学出版社来出版您的大作，也可下载相关表格填写后发到我们的邮箱，我们将及时与您取得联系并做好全方位的服务。

扑六知识网将打造成全国最大的教育资源共享平台，欢迎您的加入——让知识有价值，让教学无界限，让学习更轻松。联系方式：010-62750667，wangxc02@163.com，lihu80@163.com，欢迎来电来信。